全本全注全译丛书

中华经典名著

缪文远　缪伟　罗永莲◎译注

战国策　上

中华书局

图书在版编目（CIP）数据

战国策/缪文远，缪伟，罗永莲译注. —北京：中华书局，2012.6
（2025.1 重印）
（中华经典名著全本全注全译丛书）
ISBN 978-7-101-08568-6

Ⅰ.战…　Ⅱ.①缪…②缪…③罗…　Ⅲ.①中国历史-战国
时代-史籍②《战国策》-注释③《战国策》-译文　Ⅳ.K231.04

中国版本图书馆 CIP 数据核字（2012）第 031199 号

书　　名	战国策（全二册）
译 注 者	缪文远　缪　伟　罗永莲
丛 书 名	中华经典名著全本全注全译丛书
责任编辑	刘胜利　舒　琴
装帧设计	毛　淳
责任印制	韩馨雨
出版发行	中华书局
	（北京市丰台区太平桥西里 38 号　100073）
	http://www.zhbc.com.cn
	E-mail:zhbc@zhbc.com.cn
印　　刷	北京盛通印刷股份有限公司
版　　次	2012 年 6 月第 1 版
	2025 年 1 月第 22 次印刷
规　　格	开本/880×1230 毫米　1/32
	印张 34⅝　字数 750 千字
印　　数	263001-278000 册
国际书号	ISBN 978-7-101-08568-6
定　　价	76.00 元

目　录

上　册

前言 …………………………………………………… 1

卷一　东周策 ……………………………………… 1

一　　秦兴师临周而求九鼎 ……………… 1

二　　秦攻宜阳 …………………………… 4

三上　东周与西周战 …………………… 7

三下　东周与西周争 …………………… 8

四　　东周欲为稻 ………………………… 9

五上　昭鱼在阳翟 ……………………… 10

五下　秦假道于周以伐韩 ……………… 11

六　　楚攻雍氏 …………………………… 12

七　　周最谓吕礼 ………………………… 13

八　　周相吕仓见客于周君 …………… 14

九　　温人之周 …………………………… 16

一〇上　或为周最谓金投曰 …………… 17

一〇下　周最谓金投曰 ………………… 19

一一上　右行秦谓大梁造曰 …………… 20

一一中　谓薛公曰 ……………………… 20

一一下　齐听祝弗 ……………………… 22

一二　苏厉为周最谓苏秦曰 ……………… 23

一三　谓周最曰 …………………………… 23

一四上　为周最谓魏王曰 ……………… 25

一四下　谓周最曰 ……………………… 26

一五　赵取周之祭地 …………………… 27

一六　杜赫欲重景翠于周 ……………… 28

一七　周共太子死 ……………………… 29

一八　三国隘秦 ………………………… 31

一九　昌他亡西周之东周 ……………… 32

二〇　昭翦与东周恶 …………………… 33

二一　严氏为贼 ………………………… 34

卷二　西周策 …………………………… 36

二二　薛公以齐为韩、魏攻楚 ………… 36

二三　秦败魏将犀武军于伊阙 ………… 38

二四　秦令樗里疾以车百乘入周 ……… 40

二五　雍氏之役 ………………………… 41

二六　周君之秦 ………………………… 44

二七　苏厉谓周君曰 …………………… 45

二八　楚兵在山南 ……………………… 46

二九　楚请道于二周之间以临韩、魏 …… 47

三〇　司寇布为周最谓周君曰 ………… 48

三一　秦召周君 ………………………… 50

三二　犀武败于伊阙 …………………… 51

三三　韩、魏易地 ……………………… 53

三四　秦欲攻周 ………………………… 54

三五　宫他谓周君曰 …………………… 55

三六　谓齐王曰 ………………………… 56

三七　三国攻秦反 …………… 57
三八　犀武败 ………………… 58

卷三　秦策一 ………………… 60
三九　卫鞅亡魏入秦 ………… 60
四〇　苏秦始将连横说秦惠王曰 … 62
四一上　秦惠王谓寒泉子曰 …… 71
四一下　冷向谓秦王曰 ……… 72
四二　说秦王曰 ……………… 73
四三　张仪欲假秦兵以救魏 …… 86
四四　司马错与张仪争论于秦惠王前 …… 86
四五　张仪之残樗里疾 ……… 91
四六　张仪欲以汉中与楚 …… 92
四七　楚攻魏 ………………… 93
四八上　田莘之为陈轸说秦惠王曰 … 94
四八下　张仪又恶陈轸于秦王 … 95
四九　陈轸去楚之秦 ………… 97

卷四　秦策二 ………………… 101
五〇　齐助楚攻秦 …………… 101
五一　楚绝齐 ………………… 106
五二　秦惠王死 ……………… 108
五三　义渠君之魏 …………… 109
五四　医扁鹊见秦武王 ……… 111
五五　秦武王谓甘茂曰 ……… 112
五六　宜阳之役，冯章谓秦王曰 … 116
五七　甘茂攻宜阳 …………… 117
五八　宜阳未得 ……………… 118

五九　宜阳之役，楚畔秦而合于韩 ……… 119

六〇　秦王谓甘茂曰 ………… 120

六一上　甘茂亡秦且之齐 ………… 121

六一下　甘茂相秦 ………… 124

六二　甘茂约秦、魏而攻楚 ……… 125

六三　陉山之事 ………… 126

六四　秦宣太后爱魏丑夫 ………… 130

卷五　秦策三 ………… 132

六五　薛公为魏谓魏冉曰 ………… 132

六六　秦客卿造谓穰侯曰 ………… 133

六七　为魏谓魏冉曰 ………… 136

六八　谓应侯曰 ………… 138

六九　谓穰侯曰 ………… 139

七〇　谓魏冉曰 ………… 139

七一　五国罢成皋 ………… 141

七二　范子因王稽入秦 ………… 142

七三上　范雎至秦 ………… 145

七三下　范雎曰 ………… 155

七四　应侯谓昭王曰 ………… 158

七五　秦攻韩 ………… 161

七六　应侯曰 ………… 162

七七　天下之士合从相聚于赵 ………… 163

七八　谓应侯曰 ………… 165

七九　应侯失韩之汝南 ………… 167

八〇　秦攻邯郸 ………… 169

八一　蔡泽见逐于赵 ………… 171

卷六　秦策四 ·················· 182

八二上　秦取楚汉中 ·········· 182

八二下　薛公入魏而出齐女 ······ 184

八三上　三国攻秦 ············ 185

八三下　秦昭王谓左右曰 ········ 186

八四上　楚、魏战于陉山 ········ 189

八四下　楚使者景鲤在秦 ········ 190

八五　　楚王使景鲤如秦 ········ 191

八六　　秦王欲见顿弱 ·········· 193

八七　　说秦王曰 ·············· 195

八八　　或为六国说秦王曰 ······ 203

卷七　秦策五 ·················· 207

八九　　谓秦王曰 ·············· 207

九〇　　秦王与中期争论 ········ 211

九一　　献则谓公孙消曰 ········ 211

九二　　楼啎约秦、魏 ·········· 212

九三　　濮阳人吕不韦贾于邯郸 ·· 214

九四　　文信侯欲攻赵以广河间 ·· 219

九五　　文信侯出走 ············ 223

九六　　四国为一 ·············· 228

卷八　齐策一 ·················· 234

九七　　楚威王战胜于徐州 ······ 234

九八　　齐将封田婴于薛 ········ 235

九九　　靖郭君将城薛 ·········· 236

一〇〇　靖郭君谓齐王曰 ········ 238

一〇一　靖郭君善齐貌辨 ········ 238

一〇二　邯郸之难 ·············· 242

一〇三　南梁之难 ·············· 244

一〇四　成侯邹忌为齐相 ·············· 246

一〇五　田忌为齐将 ·············· 247

一〇六　田忌亡齐而之楚 ·············· 249

一〇七　邹忌事宣王 ·············· 250

一〇八　邹忌修八尺有余 ·············· 251

一〇九　秦假道韩、魏以攻齐 ·············· 253

一一〇　楚将伐齐 ·············· 255

一一一　秦伐魏 ·············· 257

一一二　苏秦为赵合从 ·············· 260

一一三　张仪为秦连横说齐王曰 ·············· 263

卷九　齐策二 ·············· 267

一一四　韩、齐为与国 ·············· 267

一一五　张仪事秦惠王 ·············· 268

一一六　犀首以梁与楚战于承匡而不胜··· 271

一一七　昭阳为楚伐魏 ·············· 273

一一八　秦攻赵 ·············· 275

一一九　权之难 ·············· 276

一二〇　秦攻赵长平 ·············· 277

一二一　或谓齐王曰 ·············· 279

卷十　齐策三 ·············· 280

一二二　楚王死 ·············· 280

一二三　齐王夫人死 ·············· 286

一二四　孟尝君将入秦 ·············· 287

一二五　孟尝君在薛 ·············· 289

一二六　　孟尝君奉夏侯章以四马百人之食

　　　　　…………………………… 291

一二七　　孟尝君讌坐 ………………… 292

一二八　　孟尝君舍人有与君之夫人相爱者

　　　　　…………………………… 293

一二九　　孟尝君有舍人而弗悦 ……… 295

一三〇　　孟尝君出行国 ……………… 297

一三一　　淳于髡一日而见七人于宣王 … 299

一三二上　齐欲伐魏 …………………… 301

一三二下　国子曰 ……………………… 302

卷十一　齐策四 ……………………………… 306

一三三　　齐人有冯谖者 ……………… 306

一三四　　孟尝君为从 ………………… 313

一三五　　鲁仲连谓孟尝君曰 ………… 315

一三六上　孟尝君逐于齐而复反 ……… 317

一三六下　齐宣王见颜斶曰 …………… 318

一三七　　先生王斗造门而欲见齐宣王 … 324

一三八　　齐王使使者问赵威后 ……… 327

一三九　　齐人见田骈曰 ……………… 329

一四〇　　管燕得罪齐王 ……………… 330

一四一上　苏秦自燕之齐 ……………… 332

一四一下　苏秦谓齐王曰 ……………… 333

卷十二　齐策五 ……………………………… 335

一四二　　苏秦说齐闵王曰 …………… 335

卷十三　齐策六 ⋯⋯⋯⋯⋯⋯⋯⋯ 354

一四三　齐负郭之民有狐咺者正议 ⋯⋯ 354

一四四　王孙贾年十五 ⋯⋯⋯⋯⋯⋯ 357

一四五　燕攻齐 ⋯⋯⋯⋯⋯⋯⋯⋯⋯ 358

一四六　燕攻齐，齐破 ⋯⋯⋯⋯⋯⋯ 365

一四七　貂勃常恶田单 ⋯⋯⋯⋯⋯⋯ 367

一四八　田单将攻狄 ⋯⋯⋯⋯⋯⋯⋯ 372

一四九上　濮上之事 ⋯⋯⋯⋯⋯⋯⋯ 374

一四九下　齐闵王之遇杀 ⋯⋯⋯⋯⋯ 375

一五〇　齐王建入朝于秦 ⋯⋯⋯⋯⋯ 378

一五一　齐以淖君之乱仇楚 ⋯⋯⋯⋯ 380

卷十四　楚策一 ⋯⋯⋯⋯⋯⋯⋯⋯ 383

一五二　齐、楚构难 ⋯⋯⋯⋯⋯⋯⋯ 383

一五三　五国约以伐齐 ⋯⋯⋯⋯⋯⋯ 384

一五四　荆宣王问群臣曰 ⋯⋯⋯⋯⋯ 386

一五五　昭奚恤与彭城君议于王前 ⋯ 387

一五六　邯郸之难 ⋯⋯⋯⋯⋯⋯⋯⋯ 388

一五七上　江尹欲恶昭奚恤于楚王而力不能

　　　　　⋯⋯⋯⋯⋯⋯⋯⋯⋯⋯⋯ 390

一五七下　魏氏恶昭奚恤于楚王 ⋯⋯ 390

一五八　江乙恶昭奚恤 ⋯⋯⋯⋯⋯⋯ 391

一五九　江乙欲恶昭奚恤于楚 ⋯⋯⋯ 392

一六〇　江乙说于安陵君曰 ⋯⋯⋯⋯ 393

一六一　江乙为魏使于楚 ⋯⋯⋯⋯⋯ 396

一六二　郢人有狱三年不决者 ⋯⋯⋯ 397

一六三　城浑出周 ⋯⋯⋯⋯⋯⋯⋯⋯ 398

一六四　韩公叔有齐、魏 ⋯⋯⋯⋯⋯ 400

一六五　　楚杜赫说楚王以取赵 ………… 401

一六六　　楚王问于范环曰 ………… 402

一六七　　苏秦为赵合从 ………… 404

一六八　　张仪为秦破从连横 ………… 408

一六九　　张仪相秦 ………… 415

一七〇　　威王问于莫敖子华曰 ………… 417

卷十五　　楚策二 ………… 425

一七一　　魏相翟强死 ………… 425

一七二　　齐、秦约攻楚 ………… 426

一七三上　术视伐楚 ………… 427

一七三下　四国伐楚 ………… 428

一七四　　楚怀王拘张仪 ………… 429

一七五　　楚王将出张子 ………… 431

一七六　　秦败楚汉中 ………… 432

一七七　　楚襄王为太子之时 ………… 434

一七八　　女阿谓苏子曰 ………… 439

卷十六　　楚策三 ………… 440

一七九　　苏子谓楚王曰 ………… 440

一八〇　　苏秦之楚 ………… 442

一八一　　楚王逐张仪于魏 ………… 443

一八二　　张仪之楚贫 ………… 444

一八三　　楚王令昭雎之秦重张仪 ………… 446

一八四　　张仪逐惠施于魏 ………… 447

一八五　　五国伐秦 ………… 449

一八六　　陈轸告楚之魏 ………… 451

一八七　　秦伐宜阳 ………… 452

一八八　唐雎见春申君曰 ……………… 453

卷十七　楚策四 ……………………… 455
一八九　或谓楚王曰 ………………… 455
一九〇　魏王遗楚王美人 …………… 456
一九一　楚王后死 …………………… 458
一九二　庄辛谓楚襄王曰 …………… 459
一九三　齐明说卓滑以伐秦 ………… 465
一九四　或谓黄齐曰 ………………… 465
一九五　垂沙之难 …………………… 466
一九六　有献不死之药于荆王者 …… 467
一九七　客说春申君曰 ……………… 469
一九八　天下合从 …………………… 473
一九九　汗明见春申君 ……………… 475
二〇〇　楚考烈王无子 ……………… 478
二〇一　虞卿谓春申君曰 …………… 484

卷十八　赵策一 ……………………… 487
二〇二　知伯从韩、魏兵以攻赵 …… 487
二〇三　知伯帅赵、韩、魏而伐范、中行氏
　　　　 ……………………………… 489
二〇四上　张孟谈既固赵宗 ………… 497
二〇四下　晋毕阳之孙豫让 ………… 500
二〇五　魏文侯借道于赵攻中山 …… 504
二〇六　秦、韩围梁 ………………… 505
二〇七　腹击为室而巨 ……………… 506
二〇八　苏秦说李兑曰 ……………… 507
二〇九　赵收天下 …………………… 510

二一〇　齐攻宋 …………………………… 515
二一一　秦王谓公子他曰 ………………… 515
二一二　苏秦为赵王使于秦 ……………… 521
二一三　甘茂为秦约魏以攻韩宜阳 …… 522
二一四　谓皮相国曰 ……………………… 523
二一五　或谓皮相国曰 …………………… 524
二一六　赵王封孟尝君以武城 ………… 525
二一七　谓赵王曰 ………………………… 526

下　册

卷十九　赵策二 …………………………… 531
二一八　苏秦从燕之赵 …………………… 531
二一九　秦攻赵 …………………………… 539
二二〇　张仪为秦连横说赵王曰 ……… 544
二二一　武灵王平昼闲居 ………………… 548
二二二　王立周绍为傅 …………………… 561
二二三　赵燕后胡服 ……………………… 564
二二四　王破原阳以为骑邑 …………… 566

卷二十　赵策三 …………………………… 570
二二五　赵惠文王三十年 ………………… 570
二二六　赵使仇郝之秦 …………………… 573
二二七　齐破燕 …………………………… 574
二二八　秦攻赵蔺、离石、祁拔 ……… 575
二二九上　富丁欲以赵合齐、魏 ……… 577
二二九下　魏因楼缓且合于秦 ………… 579
二三〇　魏使人因平原君请从于赵 …… 580
二三一　平原君谓冯忌曰 ………………… 582

二三二　平原君谓平阳君曰 …………… 583

二三三　秦攻赵于长平 …………… 584

二三四　秦攻赵 …………… 591

二三五　秦、赵战于长平 …………… 593

二三六　秦围赵之邯郸 …………… 595

二三七　说张相国曰 …………… 605

二三八　郑同北见赵王 …………… 606

二三九上　建信君贵于赵 …………… 609

二三九下　卫灵公近雍疽、弥子瑕 …………… 611

二四〇　或谓建信 …………… 612

二四一　苦成常谓建信君 …………… 614

二四二　希写见建信君 …………… 615

二四三　魏魁谓建信君曰 …………… 616

二四四　秦攻赵 …………… 617

二四五　齐人李伯见孝成王 …………… 618

卷二十一　赵策四 …………… 620

二四六　为齐献书赵王曰 …………… 620

二四七　齐欲攻宋 …………… 622

二四八　齐将攻宋 …………… 627

二四九　五国伐秦无功 …………… 630

二五〇　楼缓将使 …………… 636

二五一　虞卿谓赵王曰 …………… 637

二五二　燕封宋人荣蚠为高阳君 …………… 639

二五三　三国攻秦 …………… 642

二五四　赵使赵庄合从欲伐齐 …………… 644

二五五　翟章从梁来 …………… 645

二五六　冯忌为庐陵君谓赵王曰 …………… 646

二五七　　　冯忌请见赵王 ·············· 647

二五八上　　客见赵王曰 ·············· 648

二五八下　　秦攻魏 ·············· 651

二五九　　　赵使姚贾约韩、魏 ·············· 654

二六〇　　　魏败楚于陉山 ·············· 655

二六一　　　秦召春平侯 ·············· 656

二六二　　　赵太后新用事 ·············· 657

二六三　　　秦使王翦攻赵 ·············· 661

卷二十二　　魏策一 ·············· 663

二六四上　　知伯索地于魏桓子 ·············· 663

二六四下　　韩、赵相难 ·············· 665

二六五　　　乐羊为魏将攻中山 ·············· 665

二六六　　　西门豹为邺令 ·············· 667

二六七　　　文侯与虞人期猎 ·············· 668

二六八　　　魏文侯与田子方饮酒而称乐 ··· 669

二六九　　　魏武侯与诸大夫浮于西河 ······ 670

二七〇　　　魏公叔痤为魏将 ·············· 673

二七一　　　魏公叔痤病 ·············· 675

二七二　　　苏秦为赵合从 ·············· 676

二七三　　　张仪为秦连横 ·············· 680

二七四　　　齐、魏约而伐楚 ·············· 685

二七五　　　苏秦拘于魏 ·············· 686

二七六　　　陈轸为秦使于齐 ·············· 687

二七七　　　张仪恶陈轸于魏王曰 ·············· 690

二七八　　　张仪欲穷陈轸 ·············· 690

二七九　　　张仪走之魏 ·············· 692

二八〇　　　张仪欲以魏合于秦、韩而攻齐、楚

　　　　　　　　　　　　……………… 692

二八一　张子仪以秦相魏 ……… 694

二八二　张仪欲并相秦、魏 …… 695

二八三　魏王将相张仪 ………… 696

二八四　楚许魏六城 …………… 697

二八五　徐州之役 ……………… 700

二八六　秦败东周与魏于伊阙 … 701

二八七　齐王将见燕、赵、楚之相于卫 … 702

二八八　魏令公孙衍请和于秦 … 704

二八九　公孙衍为魏将 ………… 704

卷二十三　魏策二 ……………… 706

二九〇　犀首、田盼欲得齐、魏之兵以伐赵

　　　　　　　　　　　　……………… 706

二九一　犀首见梁君曰 ………… 708

二九二　苏代为田需说魏王曰 … 709

二九三　史举非犀首于王 ……… 710

二九四　楚王攻梁南 …………… 711

二九五　魏惠王死 ……………… 712

二九六　五国伐秦 ……………… 715

二九七　田需、周宵相善 ……… 720

二九八　魏王令惠施之楚 ……… 721

二九九　魏惠王起境内众 ……… 722

三〇〇　齐、魏战于马陵 ……… 723

三〇一　惠施为齐、魏交 ……… 725

三〇二上　田需贵于魏王 ……… 726

三〇二下　田需死 ……………… 727

三〇三　秦召魏相信安君 ……… 730

三〇四　秦、楚攻魏 …………… 733

三〇五　庞葱与太子质于邯郸 ………… 735

三〇六　梁王魏婴觞诸侯于范台 ……… 736

卷二十四　魏策三 ……………… 739

三〇七　秦、赵约而伐魏 …………… 739

三〇八　芒卯谓秦王曰 …………… 741

三〇九　秦败魏于华 …………… 743

三一〇　秦败魏于华 …………… 747

三一一　华阳之战 …………… 751

三一二　齐欲伐魏 …………… 754

三一三　秦将伐魏 …………… 755

三一四　魏将与秦攻韩 …………… 759

三一五　奉阳君约魏 …………… 766

三一六上　秦使赵攻魏 …………… 767

三一六下　魏太子在楚 …………… 768

卷二十五　魏策四 ……………… 772

三一七　献书秦王曰 …………… 772

三一八　八年谓魏王曰 …………… 774

三一九　魏王问张旄曰 …………… 776

三二〇　客谓司马食其曰 …………… 777

三二一　魏、秦伐楚 …………… 778

三二二　穰侯攻大梁 …………… 779

三二三　白圭谓新城君曰 …………… 780

三二四　秦攻韩之管 …………… 781

三二五　秦、赵构难而战 …………… 783

三二六　长平之役 …………… 784

三二七　楼梧约秦、魏 ……………………… 785

三二八上　芮宋欲绝秦、赵之交 …………… 786

三二八下　为魏谓楚王曰 …………………… 787

三二九　管鼻之令翟强与秦事 ……………… 788

三三〇　成阳君欲以韩、魏听秦 …………… 789

三三一　秦拔宁邑 …………………………… 790

三三二　秦罢邯郸 …………………………… 790

三三三　魏王欲攻邯郸 ……………………… 791

三三四　周宵谓宫他曰 ……………………… 793

三三五　周最善齐 …………………………… 793

三三六　周最入齐 …………………………… 794

三三七　秦、魏为与国 ……………………… 795

三三八　信陵君杀晋鄙 ……………………… 797

三三九　魏攻管而不下 ……………………… 799

三四〇　魏王与龙阳君共船而钓 …………… 802

三四一　秦攻魏急 …………………………… 804

三四二　秦王使人谓安陵君曰 ……………… 806

卷二十六　韩策一 …………………………… 810

三四三上　三晋已破智氏 …………………… 810

三四三下　大成午从赵谓申不害于韩曰 … 811

三四四　魏之围邯郸 ………………………… 812

三四五　申子请仕其从兄官 ………………… 813

三四六　苏秦为楚合从说韩王曰 …………… 814

三四七上　张仪为秦连横说韩王曰 ………… 817

三四七下　宣王谓摎留曰 …………………… 821

三四八　或谓张仪 …………………………… 822

三四九　楚昭鱼相韩 ………………………… 823

三五〇　　秦攻陉 …………………… 823

三五一　　五国约而攻秦 ……………… 824

三五二　　郑彊载八百金入秦 ………… 826

三五三　　郑彊之走张仪于秦 ………… 827

三五四　　宜阳之役 …………………… 828

三五五上　秦围宜阳 …………………… 829

三五五下　公仲以宜阳之故仇甘茂 …… 830

三五六　　秦、韩战于浊泽 …………… 831

三五七　　颜率见公仲 ………………… 834

三五八　　为韩公仲谓向寿曰 ………… 835

三五九　　或谓公仲曰 ………………… 838

三六〇　　韩公仲相 …………………… 841

三六一　　王曰向也 …………………… 842

三六二　　或谓魏王 …………………… 843

三六三　　观津人朱英谓春申君曰 …… 844

三六四　　公仲数不信于诸侯 ………… 845

卷二十七　韩策二 …………………… 847

三六五　　楚围雍氏五月 ……………… 847

三六六　　楚围雍氏 …………………… 850

三六七　　公仲为韩、魏易地 ………… 852

三六八　　锜宣之教韩王取秦曰 ……… 853

三六九　　襄陵之役 …………………… 854

三七〇　　公叔使冯君于秦 …………… 855

三七一　　谓公叔曰 …………………… 856

三七二　　谓公叔曰 …………………… 857

三七三　　齐令周最使韩 ……………… 858

三七四　　韩公叔与几瑟争国 ………… 860

三七五　韩公叔与几瑟争国 ……………… 861

三七六　齐明谓公叔曰 …………………… 862

三七七　公叔将杀几瑟 …………………… 863

三七八　公叔且杀几瑟 …………………… 863

三七九　谓新城君曰 ……………………… 865

三八〇　胡衍之出几瑟于楚 ……………… 866

三八一　几瑟亡之楚 ……………………… 867

三八二上　冷向谓韩咎曰 ………………… 868

三八二中　楚令景鲤入韩 ………………… 869

三八二下　韩咎立为君而未定 …………… 869

三八三　史疾为韩使楚 …………………… 870

三八四　韩傀相韩 ………………………… 872

卷二十八　韩策三 …………………………… 878

三八五　或谓韩公仲曰 …………………… 878

三八六　或谓公仲曰 ……………………… 880

三八七　韩珉攻宋 ………………………… 882

三八八　或谓韩王曰 ……………………… 884

三八九　谓郑王曰 ………………………… 886

三九〇　东孟之会 ………………………… 890

三九一　韩阳役于三川而欲归 …………… 892

三九二　秦大国 …………………………… 893

三九三　张丑之合齐、楚讲于魏 ………… 894

三九四　或谓韩相国曰 …………………… 895

三九五上　公仲使韩珉之秦求武隧 ……… 895

三九五中　韩相公仲倗使韩珉之秦 ……… 897

三九五下　客卿为韩谓秦王曰 …………… 898

三九六　韩珉相齐 ………………………… 900

三九七　或谓山阳君曰 ·············· 902

三九八　赵、魏攻华阳 ·············· 902

三九九　秦招楚而伐齐 ·············· 904

四〇〇　韩氏逐向晋于周 ·········· 905

四〇一　张登谓费缋曰 ·············· 906

四〇二　安邑之御史死 ·············· 907

四〇三　魏王为九里之盟 ·········· 907

四〇四　建信君轻韩熙 ·············· 908

四〇五　段产谓新城君曰 ·········· 909

四〇六　段干越人谓新城君曰 ······ 910

卷二十九　燕策一 ·············· 912

四〇七　苏秦将为从 ·············· 912

四〇八　奉阳君李兑甚不取于苏秦 ··· 915

四〇九　权之难 ·············· 916

四一〇　燕王哙时 ·············· 917

四一一　人有恶苏秦于燕王者曰 ····· 920

四一二　张仪为秦破从连横 ········· 924

四一三　宫他为燕使魏 ·············· 927

四一四　苏秦北见燕昭王曰 ········· 928

四一五上　燕王哙既立 ·············· 933

四一五下　初苏秦弟厉因燕质子而求见齐王

·············· 937

四一六　苏秦过魏 ·············· 938

四一七　燕昭王收破燕后即位 ······· 939

四一八　齐伐宋 ·············· 942

四一九　苏秦谓燕昭王曰 ·········· 947

四二〇　燕王谓苏代曰 ·············· 953

卷三十　燕策二 ···························· 954

四二一　秦召燕王 ·························· 954

四二二　苏秦说奉阳君合燕于赵以伐齐

··· 962

四二三　奉阳君告朱谨与赵足曰 ········· 963

四二四　苏秦为燕说齐 ···················· 968

四二五　苏秦自齐使人谓燕昭王曰 ······ 969

四二六　苏秦自齐献书于燕王曰 ········· 972

四二七　陈翠合齐、燕 ······················ 974

四二八　燕昭王且与天下伐齐 ············ 977

四二九　燕饥，赵将伐之 ··················· 978

四三〇　昌国君乐毅为燕昭王合五国之兵

而攻齐 ·································· 979

四三一　或献书燕王 ······················· 986

四三二　客谓燕王曰 ······················· 988

四三三　赵且伐燕 ·························· 991

四三四　齐、魏争燕 ························· 992

卷三十一　燕策三 ······················· 994

四三五　齐、韩、魏共攻燕 ·················· 994

四三六　张丑为质于燕 ···················· 996

四三七　燕王喜使栗腹以百金为赵孝成王

寿 ·· 997

四三八　秦并赵 ···························· 1003

四三九　燕太子丹质于秦 ················· 1004

卷三十二　宋卫策 ······················· 1020

四四〇　齐攻宋 ···························· 1020

四四一　　公输般为楚设机 ·············· 1021

四四二　　犀首伐黄 ················· 1023

四四三　　梁王伐邯郸 ·············· 1025

四四四　　谓大尹曰 ··············· 1027

四四五上　宋与楚为兄弟 ··········· 1027

四四五下　魏太子自将 ············· 1028

四四六　　宋康王之时 ············· 1029

四四七上　智伯欲伐卫 ············· 1031

四四七下　智伯欲袭卫 ············· 1032

四四八　　秦攻卫之蒲 ············· 1033

四四九　　卫使客事魏 ············· 1034

四五〇　　卫嗣君病 ··············· 1036

四五一上　卫嗣君时 ··············· 1037

四五一下　卫人迎新妇 ············· 1038

卷三十三　中山策 ················· 1040

四五二　　魏文侯欲残中山 ········· 1040

四五三　　犀首立五王 ············· 1041

四五四　　中山与燕、赵为王 ········ 1044

四五五　　司马熹使赵 ············· 1048

四五六　　司马熹三相中山 ········· 1049

四五七　　阴姬与江姬争为后 ········ 1051

四五八上　主父欲伐中山 ··········· 1053

四五八下　中山君飨都士大夫 ········ 1054

四五九　　乐羊为魏将 ············· 1055

四六〇　　昭王既息民缮兵 ·········· 1056

前　言

　　《战国策》是我国古代的文史名著，它产生的时代背景如何？它的作者是谁？这是受到人们关注的重要问题。经过许多学者的研究，我们确知《战国策》是从战国到秦、汉间纵横家游说之辞和权变故事的汇编，既不作于一时，也不成于一手，不会是某一个人的作品。

　　战国时代，秦、楚、燕、韩、赵、魏、齐七国之间，斗争尖锐而频繁，于是有人专门从事外交策略的研究，讲究如何揣摩人主心理，运用纵横捭阖的手腕，约结盟国，孤立和打击敌国，古代把这些人称为纵横家。纵横家对游说之术非常重视，为了切磋说动人君的技艺，他们不断地收集材料，储以备用，有的亲自拟作，以资练习，《战国策》中的许多篇章就是这样产生的。当代学者中，有人主张秦、汉之际的辩士蒯通是《战国策》的作者，也有人认为西汉前期的政治家主父偃、文学家邹阳也是作者。可能他们都是编集者之一，而大量的篇章是无法确定作者的。

　　战国时期，我国历史发生了剧烈变化。在社会经济方面，由封建领主制转变为封建地主制；在政治方面，由春秋时期的小国林立，转变为七国争雄。由争雄到统一，成了战国时期政治军事活动的主要内容。以用人来说，春秋时期的官职多由贵族世代相承，到了战国时期，旧贵族没落，士阶层兴起，各国都加强了中央集权，由国君选任贤才，充当各级官吏。有才能的人，只要受到国君的赏识，便可以平步青云，朝为布衣，暮为卿相。智能之士纷纷奔走于各国之间，希望说动人君，采纳自己的主张，各家各派的人物莫不如此。孟轲以"善辩"著称，庄周巧于用寓言作比喻，墨翟说服楚王，止楚攻宋，流为佳话。韩非也讲究谈话技巧，提出进说不要犯人主的"逆鳞"；至于纵横之士，如公孙衍、张仪、陈轸、苏秦、虞卿等人，审时度势，提出奇策异谋，化危为安，转亡为存，更是战国舞台上的活跃人物。

西汉初年，先有韩信、彭越等异姓王之封，在刘邦、吕雉诛锄功臣之后，又封了许多刘家子弟，建立若干同姓王国，局势和战国相似，因而纵横权变之术继续流行，蒯通、主父偃、邹阳等人，就是其中的佼佼者。

纵横家们所写的权变故事和游说之辞，如果我们细心研讨，大体可分作两类。一类属于早期作品，写作时间距所涉及事件发生的时代不远，虽然文采较逊，但内容大致符合历史事实，《战国策》中的许多中短篇说辞都属于这一类。另一类是晚出的摹拟之作，写作时间距所拟托的时代已远，拟作者对史实已感到茫然，其中许多都是托喻之言、虚构之事，目的只是在于练习雄辩，不能当做史实看待。

有的学者谈到，古希腊和罗马的辩论家们在教授门下弟子修辞学时，要对他们施以特殊的训练，这就是任选一项历史上的（或传说中的）事件，作为问题提出，让弟子们充当假设场景中的人物，试行作出适当的建议，或提出适当的对策，用以比赛雄辩的技巧。中国古代可能也有类似的训练，《战国策》中的一些篇章，就是这种练习雄辩的产物。这类作品，谈形势则扞格难通，言地理则东西错位，多属信口开河，难称实事求是。《战国策》中的许多长篇说辞，如有名的苏秦、张仪以合纵、连横游说各国之辞，大都属于这类。《史记》的作者司马迁说过，世间谈到苏秦的事，有许多差异，因为后来类似的事件，往往附会到苏秦身上。不仅苏秦是箭垛式人物，其他人的事迹也有类似情形。

西汉末年，光禄大夫刘向奉诏校书，见到了皇家图书馆中许多记载纵横家说辞的写本，内容庞杂，编排体例不一，文字也错乱难读。他所见到的有六种本子,它们有《国策》(这是刘向所见的写本之一,不是今本《战国策》)、《国事》、《短长》、《事语》、《长书》、《修书》等几种不同的名称。刘向认为这些都是战国时游士向辅佐任用他们的国家提出的策谋,应称为《战国策》。他按照国别,略以时间编次,定为三十三篇。可知《战国策》的书名是刘向整理后所加的。"策"是策谋的意思,也有人理解为"书策"(写字用的竹简)的"策",和刘向命名的原意不合,也脱离了本书的实际内容,不如仍依刘向原说为是。

这类材料,除刘向所见的以外,在民间流传的还有不少。1973 年12 月,湖南长沙马王堆 3 号汉墓出土了一批帛书,其中有一部和《战国策》类似,整理者命名为《战国纵横家书》。这部帛书共 27 章,有 11 章被收入《战国策》和《史记》,其余 16 章是佚书。未经刘向编订的原始面貌,还可从这本书窥见一个大概。

《战国策》成书后,东汉学者高诱曾为它作注,和原书一起流行,但在流传中逐渐有所散佚,到北宋时原书已缺了十一篇,由著名文学家曾巩细心访求,才重新补足了三十三篇(卷)之数。南宋时,姚宏搜罗了十几种本子,在曾巩本的基础上,加以整理,并加续注,流传至今,号称善本。此本通称为"姚本"。和姚宏同时,鲍彪也注释此书,各国按王的顺序分章,暗寓为《战国策》重新编年之意。他的工作有不少缺憾,元代吴师道又为他作补正,和鲍注一起流传。此本通称为"鲍本",其实包含吴师道的校注在内。我们今天所见到的普通《战国策》本子,属于"姚本"系统,它的构成情况是:东周策一卷,西周策一卷,秦策五卷,齐策六卷,楚策四卷,赵策四卷,魏策四卷,韩策三卷,燕策三卷,宋、卫策一卷,中山策一卷。共十二个国别,三十三卷。《战国策》在流传过程中,经过许多次传抄和翻刻,产生了不少文字错讹,影响我们的阅读和理解。因此,历代有若干研究者对此书的文字进行校订和注释,有的是专书,有的是零篇短札,都可供我们参考。

《战国策》的价值,可从史学和文学两个方面来看。

战国时期，波翻云诡，策士纵横，政治、军事和外交斗争错综复杂，令人目迷五色。但我们在研习这段历史时，却感到材料异常缺乏，其原因是多方面的，一是当时各国对文献的销毁，更为严重的是秦始皇焚书，六国的史籍是焚烧的重点，竹帛烟消，典籍散亡，造成了难以弥补的损失。战国二百数十年间的历史，倚赖《战国策》保存了一个梗概，这是极其难得的。我们今天去古已远，尤其应该珍视。

在文学方面，《战国策》也是千古传诵的名著，历代许多知名的文学家都受其影响，从中汲取了宝贵的营养。

本书创造了众多的人物形象，各种不同身份、不同性格的人都栩栩如生，跃然纸上。

纵横家是战国舞台上风头最健的人物，他们不仅对天下大势、各国实力、风土人情、山川险隘了如指掌，还要揣度人主心理，有针对性地提出对策。如书中写苏秦、张仪游说各国，谈锋犀利，舌吐风雷，一席谈话，便使得国君俯首，倾心听从。又如写弹铗而歌的冯谖，为孟尝君焚券市义，赢得薛邑百姓的拥护。写陈轸为齐说昭阳，谈言微中，化解了齐、楚之间的一场战祸。特别是书中一些品格高尚的人物，形象突出，光彩照人。如写鲁仲连义不帝秦，指斥向强秦低头的辛垣衍，英气逼人，千古如见。唐代飘逸的诗仙李白，在诗篇中把仲连引为同调。写唐雎不畏权威，奋力抗争，终使秦王的野心收敛。写邹忌讽齐王纳谏，从身边的琐事悟入，小中见大，由近及远，诱导齐王虚心听取臣民的意见。此外，如写商鞅、范雎、田单、乐毅的政治、军事活动，写赵武灵王胡服骑射，锐意革新，都虎虎有生气，令人难忘。写反面人物，如谗臣王错、奸妃郑袖、暴君宋康王、昏君魏惠王等，则揭露他们的阴险愚昧、两面三刀，使魑魅无处遁形。此书可算得上是我国古代传记文学的光辉开端。

在语言方面，《战国策》的文风别具一格，铺张扬厉，雄浑恣肆，气势磅礴，笔力千钧。行文则波澜起伏，笔势纵放，绝无平铺直叙之笔。涵泳其中，可使我们执笔为文，富于曲折变化，不致板滞不灵。《战国策》

中还运用了许多寓言,如"狐假虎威"、"画蛇添足"、"南辕北辙"、"惊弓之鸟"等等,都一直活跃在人们的口头和笔下,表现了强大的生命力。

本书以清代黄丕烈《士礼居丛书》覆宋本作为底本,对《战国策》全书进行译注,其中错讹之处,根据鲍彪本、马王堆帛书《战国纵横家书》及其他有关资料径予订正,不出校记。每章前的"题解",主要概括介绍本章的大意,必要时作一些补充说明,或作简要的考辨。"注释"部分力求简明,主要注明疑难字词等译文中难以表述的内容。"译文"部分以直译为主,力求做到信、达、雅兼顾,以帮助读者顺利通读这部国学经典名著,从一个侧面了解祖国传统优秀文化的博大精深。

撰稿中吸收了许多前贤及当代学者的研究成果,也包括了我个人多年来研习《战国策》的一些心得体会,限于体例,概未一一注出。

全面译注《战国策》是我的宿愿,如今由于中华书局的支持,让我能在垂暮之年,把此书呈献给广大读者,我感到无限欣慰。

本书各章前的编码系据姚本,有姚本为一章而鲍本分为二章的,则用上、下分别标明。此编码和《战国策考辨》、《战国策新校注》的编码一致,唯此书用汉字数字彼书用阿拉伯数字,以便读者进一步查阅。

缪文远

2011 年 10 月

卷一　东周策

一　秦兴师临周而求九鼎

【题解】

九鼎是国家政权的象征，秦兴师求鼎，就是想取代周室，成为天下的新主人。求鼎不是简单的索取几件器物，而是关系到周能否继续存在的大事。周君所患，正在于此。颜率向齐求救，因为齐是东方可以和秦抗衡的强国，所以陈臣思率领的齐兵一出，秦军随即退去。

颜率用献出九鼎作为交换条件，换取齐国出兵，秦兵既退，如何向齐国交代，这又成了新问题。对此，颜率巧设了两道难关：一是九鼎巨大，运输需要数万人，难于解决。二是运送的路线也解决不了。从梁运输吧，梁国君臣早就对九鼎垂涎三尺；从楚运输吧，楚国君臣也是魂牵梦绕，早有问鼎之心。齐王无奈，只好知难而退。颜率巧妙地把违约责任推给对方，帮助周君化险为夷，躲过一场劫难。

秦兴师临周而求九鼎①，周君患之，以告颜率②。颜率曰："大王勿忧，臣请东借救于齐。"颜率至齐，谓齐王曰："夫秦之为无道也，欲兴兵临周而求九鼎。周之君臣，内自画计③，与秦，不若归之大国④。夫存危国⑤，美名也；得九鼎，厚实也⑥。愿大王图之。"齐王大悦，发师五万人，使陈臣思将以救周⑦，而秦兵罢。

【注释】

①九鼎：周王室的传国之宝。

②颜率：周臣。

③画计：商量。

④大国：指齐。

⑤危国：指周。时周受秦兵威胁，面临危亡。

⑥实：实际利益。

⑦陈臣思：齐威王的名将田忌。古代田、陈同音。

【译文】

秦国发兵逼近周境索取周的九鼎，周君感到担忧，就告诉颜率。颜率说："大王不要担心，我愿东到齐国借兵援救。"颜率到齐，对齐王说："秦国不讲道义，想发兵夺取周的九鼎。周的君臣寻思，与其给秦，还不如给贵国。保存濒危的国家，是美名；得到九鼎，是很实在的利益。希望大王考虑一下。"齐王非常高兴，发兵五万，命大将陈臣思率领救周，秦兵于是撤回。

齐将求九鼎，周君又患之。颜率曰："大王勿忧，臣请东解之。"颜率至齐，谓齐王曰："周赖大国之义，得君臣父子相保也，愿献九鼎，不识大国何途之从而致之齐？"齐王曰："寡人将寄径于梁①。"颜率曰："不可。夫梁之君臣欲得九鼎，谋之晖台之下、沙海之上②，其日久矣。鼎入梁，必不出。"齐王曰："寡人将寄径于楚③。"对曰："不可。楚之君臣欲得九鼎，谋之于叶庭之中④，其日久矣。若入楚，鼎必不出。"王曰：
"寡人终何途之从而致之齐？"颜率曰："弊邑固窃为大王患
之。夫鼎者，非效醯壶酱甀耳⑤，可怀挟提挈以至齐者；非效
鸟集乌飞、兔兴马逝⑥，漓然止于齐者⑦。昔周之伐殷，得九
鼎，凡一鼎而九万人挽之⑧，九九八十一万人，士卒师徒，器
械被具⑨，所以备者称此。今大王纵有其人，何途之从而出？
臣窃为大王私忧之。"齐王曰："子之数来者，犹无与耳。"颜
率曰："不敢欺大国，疾定所从出，弊邑迁鼎以待命。"齐王
乃止。

【注释】

①梁：即魏。魏惠王迁都大梁（今河南开封），故魏又称"梁"。

②晖台：台名。沙海：地名。在今河南开封西北。

③寄径于楚：由周至齐，并不经过楚国，这是拟议的话。

④叶庭：地在今湖北华容。

⑤醯（xī）：醋。甀（zhuì）：瓮。

⑥兔兴马逝：形容轻快。

⑦漓然：水渗流的样子。

⑧挽（wǎn）：牵引。

⑨被具：运鼎士卒需要准备的器具。

【译文】

　　齐国向东周索取九鼎，周君又担心起来。颜率说："大王不要焦虑，
我愿到东方解决此事。"颜率到了齐国，对齐王说："依靠大国的仗义相
助，周国上下得以保全，情愿献上九鼎，不知大国从什么途径运到齐
国？"齐王说："我打算向魏国借道。"颜率说："不可。魏国的君臣一心
想得到九鼎，在晖台脚下，沙海边上反复策划，日子已经很久了。九鼎

一进入魏国，肯定出不来。"齐王说："我就另向楚国借道。"颜率回答说："不行。楚国的君臣为了得到九鼎，在叶庭中密谋，时间也很长了。九鼎一进入楚国，不可能出来。"齐王说："我要从什么途径才能把它运到齐国呢？"颜率说："敝国私下替大王担忧。九鼎可不像醋瓶酱罐，可以怀揣手提就到达齐国的，也不像鸟聚鸦飞、兔跑马奔、瞬息就可到达齐国。从前周人攻殷，得到了九鼎，一只鼎用九万人牵引，共用九九八十一万人，而辅助的兵卒和器具，数量与此略等。如今即使大王有这些人，又从哪里经过呢？我私下真为您担忧啊！"齐王说："你屡次前来，无非不愿把鼎给与齐国罢了。"颜率说："不敢欺骗大国，请快快决定运送路线，敝国将把鼎迁出，随时待命运走。"齐王只好作罢。

二　秦攻宜阳

【题解】

宜阳是韩国军事重镇。宜阳之战，从秦国方面说，是志在必得；从韩国方面看，是势在必守。战事的结局将会如何？周君和赵累各自从不同的角度进行了分析。

周君认为，宜阳是八里见方的大城，加上有精兵十万，有可用数年的粮储，韩相公仲亲率二十万大军，指挥防御作战，楚将景翠又带领人马，驰赴伏牛山一线，作为声援，这些都是防守的有利条件。周君判断：秦国不可能拿下宜阳。

赵累的看法和周君判断相反，他认为甘茂是从楚国入秦的客籍人士，政治上的升降沉浮，全要看能不能为秦建功立业，必然全力奋战。在秦武王方面，他不顾重臣们的反对，坚持任用甘茂，如果无功而返，将无法面对群臣。所以宜阳必然失守。

周君向赵累问计，该怎么办？赵累建议他向楚军主将景翠进言，最好是静观战局的发展，秦、韩双方必然对楚争相拉拢，楚国便可两面得利。

　　结局果如赵累所料,秦攻拔宜阳,景翠乘机进兵。于是秦国割地,韩国献宝,景翠深深感激东周给他出了个好主意。

　　秦攻宜阳①,周君谓赵累曰②:"子以为何如?"对曰:"宜阳必拔也。"君曰:"宜阳城方八里,材士十万③,粟支数年,公仲之军二十万④,景翠以楚之众⑤,临山而救之⑥,秦必无功。"对曰:"甘茂羁旅也⑦,攻宜阳而有功,则周公旦也⑧;无功,则削迹于秦⑨。秦王不听群臣父兄之议而攻宜阳⑩,宜阳不拔,秦王耻之。臣故曰拔。"君曰:"子为寡人谋,且奈何?"对曰:"君谓景翠曰:'公爵为执圭⑪,官为柱国⑫,战而胜,则无加焉矣;不胜则死。不如背秦,秦拔宜阳,公进兵,秦恐公之乘其弊也,必以宝事公;公仲慕公之为己乘秦也,亦必尽其宝。'"

【注释】

①秦攻宜阳:周赧王七年(前308),秦武王派甘茂攻宜阳,次年攻克。宜阳位于洛阳西南熊耳山北端,洛水萦带,山坂纡回,是韩国西陲军事要塞,故城在今陕西北洛河北岸韩城。

②赵累:周臣。

③材士:有强劲战斗力的士兵。

④公仲:韩相国,名倗,又作"朋"。

⑤景翠:楚将。

⑥山:指伏牛山。

⑦甘茂:楚国下蔡(今安徽寿州)人,时为秦左丞相。

⑧周公旦:周文王子,武王弟,佐武王克商。武王死,辅佐成王,长

期主持国政。

⑨削迹:除名。

⑩群臣父兄:指秦国贵臣中反对甘茂的樗里疾、公孙郝等人。

⑪执圭:楚国的高级爵位,谓执玉圭(上尖下方的玉器)朝见君主。

⑫柱国:楚国的最高武官。楚怀王时,有破军杀将重大战功者拜上
柱国。

【译文】

秦国进攻宜阳,周君对赵累说:"你认为这场战争的结果如何?"赵
累回答道:"宜阳必定会被攻破。"周君说:"宜阳城方圆八里,拥有十万
勇士,粮食储备几年都吃不完,韩国的相国公仲还有二十万军队,楚国
大将景翠又率领兵马,逼近伏牛山前去救援,秦军必定会无功而返。"赵
累答道:"甘茂寄居秦国,如果攻下宜阳立下功劳,他就会像周公旦那样
长期执政;如果失败,他也就无法在秦国立足了。秦王不听群臣的意见
执意攻打宜阳,如果宜阳没被攻破,他会感到耻辱。所以我认为宜阳必
被攻破。"周君说:"您替我想想该怎么办?"赵累说:"您可这样对景翠
说:'将军的爵位已到了执圭的地步,官职也升到了上柱国,就算打了胜
仗,也没有什么可加官晋爵的了;如果打了败仗,就难逃一死。不如与
秦作对,等秦军攻下宜阳之后您再进兵,秦国会害怕您攻打他的疲惫之
师,必定会献出珍宝给您;而韩相公仲也会认为您是为救韩国而攻秦军
的,也一定把珍宝全部献上。'"

秦拔宜阳,景翠果进兵。秦惧,遽效煮枣①,韩氏果亦效
重宝。景翠得城于秦,受宝于韩,而德东周②。

【注释】

①效:献。煮枣:地名。在今山东菏泽西南,乃魏邑,此处恐有讹误。

②德:感恩,感激。

【译文】

秦军攻下了宜阳,景翠果然出兵。秦国害怕了,马上献出煮枣城,韩国果然也献出了珍贵的器物。景翠既从秦国夺到了煮枣城,又从韩国得到了珍宝,因此很感谢东周。

三上　东周与西周战

【题解】

战国时,周已十分微弱,又分成了东周和西周两个小国,更加微不足道。它们还互相开战,更加失去独立地位而成为大国的附庸。本章写说客为东周出谋划策,用西周的珍宝做诱饵,想骗得韩国的支持,不去援助西周。这种小花样,不值一笑,此事的结局如何,策文没有明言,显然是不值一提的。

东周与西周战,韩救西周。为东周谓韩王曰①:"西周者,故天子之国也②,多名器重宝。案兵而勿出,可以德东周,西周之宝可尽矣。"

【注释】

①韩王:韩襄王,原名韩仓。

②西周者,故天子之国也:周显王二年(前367),在韩、赵两国的干预下,周的领地被分裂为东周、西周两小国。周自敬王以后都住在成周(即今河南洛阳),即后来西周君所都,所以说西周是"故天子之国"。

【译文】

东周和西周开战,韩国打算出兵援助西周。有人为东周对韩王说:

"西周是从前周天子所在的地方,有很多知名的器物和珍宝。如果韩国不出兵,既可以讨好东周,西周的珍宝也都会为韩国所有了。"

三下　东周与西周争

【题解】

按时间顺序说,本年应在上章之前,应当是先"争"而后"战"。

说客齐明想为东周出谋,破坏西周拉拢楚、韩的行动。说辞内容和上章大体相同。上章没有指明说客的名字,从本章看,可能也是齐明。

东周与西周争,西周欲和于楚、韩。齐明谓东周君曰[①]:"臣恐西周之与楚、韩宝,令之为己求地于东周也。不如谓楚、韩曰:'西周之欲入宝,持二端。今东周之兵不急西周,西周之宝不入楚、韩。'楚、韩欲得宝,即且趣我攻西周[②]。西周宝出,是我为楚、韩取宝以德之也,西周弱矣。"

【注释】

①齐明:东周臣,后仕秦、楚及韩。

②趣(cù):促使。我:指东周。

【译文】

东周与西周冲突,西周想拉拢楚、韩两国。辩士齐明对东周君说:"我担心西周献宝给楚、韩两国,让楚、韩两国为本国向东周求地。您不如对楚、韩两国说:'西周对向你们献宝的行动持观望态度。如果东周不急攻西周,那么,西周的珍宝就不会送进楚、韩。'楚、韩要想得到珍宝,就必须促使我们攻打西周。西周献出珍宝,就是我们为楚、韩争得了宝物,从而讨好他们,西周自然就削弱了。"

四　东周欲为稻

【题解】

东周准备种稻,西周控制着河的上游,不肯放水。没有水,稻子怎么生长呢? 苏子为东周游说西周放水,两面讨好,取得了双方的酬金。

对本章中的苏子,我们颇有似曾相识之感。有的人对甲方示好,又向乙方卖乖,两面取巧,从中渔利。清夜扪心,这种苏子的传人无形中就站到了道德法庭的被告席上。

东周欲为稻①,西周不下水,东周患之②。苏子谓东周君曰③:"臣请使西周下水,可乎?"乃往见西周之君曰:"君之谋过矣! 今不下水,所以富东周也。今其民皆种麦,无他种矣。君若欲害之,不若一为下水,以病其所种④。下水,东周必复种稻;种稻而复夺之。若是,则东周之民可令一仰西周,而受命于君矣。"西周君曰:"善。"遂下水。苏子亦得两国之金也。

【注释】

①为:种植。

②患:忧虑,担心。

③苏子:这是虚拟的人,不能指实。

④病:损害。

【译文】

东周准备种稻,西周不放水,东周为此感到忧虑。苏子对东周君说:"请让臣去让西周放水,可以吗?"于是他去见西周君,说:"君王您的打算错了,现在不放水,那正好富了东周。他们现在都种麦子,没有种别的,君王如果要加害他们,不如放一下水,破坏他们的庄稼。一放水,他们必定会重新改种稻子;种稻以后,再断他们的水。那样,就可使东周民众完全依赖西周,从而听命于君王了。"西周君说:"好。"于是就放水。苏子也得到了两国的酬金。

五上　昭鱼在阳翟

【题解】

楚臣昭鱼在阳翟,周君打算派相国去和他相会。相国很不乐意,让苏厉去游说周君,希望周君取消他的阳翟之行。这时昭鱼和韩公子几瑟住在阳翟,参与争立为韩太子的活动。可能周君不愿介入,派相国去解释,相国感到棘手,所以不愿前往。

昭鱼在阳翟①,周君将令相国往②,相国不欲。苏厉为之谓周君曰③:"楚王与魏王遇也,主君令陈封之楚,令向公之魏;楚、韩之遇也,主君令许公之楚,令向公之韩④。今昭鱼非人主也,而主君令相国往;若其王在阳翟,主君将令谁往?"周君曰:"善。"乃止其行。

【注释】

①昭鱼:人名。楚令尹,曾为韩相。阳翟:地名。在今河南禹州。
②相国:官名。战国时除楚国外,各国皆设置相邦(即相国),为一国最高行政长官。
③苏厉:苏秦弟。
④"主君"五句:主君,对东周武公的称呼。陈封和向公、许公都是假托人名,职位在相国下。

【译文】

韩相国昭鱼到了阳翟，周君将要派相国前往，相国不乐意去。苏厉就替他对周君说："从前楚王与魏王会晤，君王您派陈封去楚国，派向公前往魏国；楚王与韩王相会，主君也曾派许公到楚国，派向公到韩国。现在昭鱼不是国君，您却派相国去；倘若他们的国王在阳翟，那么您又预备派谁去呢？"周君说："好。"于是就打消了派相国前去的主意。

五下　秦假道于周以伐韩

【题解】

秦国要进攻韩国，向东周借道。周如借道就得罪了韩国，不借道，就会开罪秦国。周作为一个小国，处在两个大国之间，实在难于措手。说客史黶提出，让他去游说韩、秦两国，既可使韩国割地赠周，又可使秦国不来借道。

秦、韩都是大国，不乏才智之士，怎么能轻易被史黶说动，特别是韩国，更不会平白地割地送人。史黶的说法，不过是表示辩士的机智而已，不可能成为事实。

秦假道于周以伐韩①，周恐假之而恶于韩，不假而恶于秦。史黶谓周君曰②："君何不令人谓韩公叔曰③：'秦敢绝塞而伐韩者④，信东周也。公何不与周地，发重使使之楚，秦必疑，不信周，是韩不伐也。'又谓秦王曰⑤：'韩强与周地⑥，将以疑周于秦，寡人不敢弗受。'秦必无辞而令周弗受，是得地于韩而听于秦也。"

【注释】

①假：借。

②史黡（yǎn）：人名。事迹不详。周君：东周武公。战国东周的第
　　四任君主。

③公叔：韩公族，时为韩执政大臣。

④绝：横穿。塞：险要的通道。

⑤秦王：秦武王嬴荡，秦惠文王之子，又称为秦武烈王。

⑥强（qiǎng）：强行。

【译文】

秦国向东周借道去攻打韩国，东周君担心借了道会得罪韩国，不借
道又怕得罪秦国。史黡对东周君说：“您何不派人对韩国公叔说：‘秦国
敢于渡过险隘来攻打韩国，是因为信任东周。您为何不把土地送给东
周，派重臣出使楚国，这样，秦国一定会怀疑，不相信东周。如此，韩国
就不会受到秦国攻打了。’您再对秦王说：‘韩国坚持要把土地送给我
们，想使秦国怀疑东周，我们不敢不接受韩国的赠地。’秦王一定无法不
让东周接受韩国的赠地，这样，东周既可以从韩国得到土地，又听从了
秦国的要求。”

六　楚攻雍氏

【题解】

在楚国攻韩的雍氏战役中，周把粮食供给秦、韩，因为周地处在韩
国的腹地之中，不得不这样做。

有人为周游说楚王，希望他谅解周的难处，这也是小国无可奈何的
办法。

这次战役发生在公元前 312 年，楚军被秦、韩联军打败，终于撤军
而去。

　　楚攻雍氏^①，周粻秦、韩^②，楚王怒周^③，周之君患之。为周谓楚王曰："以王之强而怒周，周恐，必以国合于所与粟之国，则是劲王之敌也^④。故王不如速解周恐。彼前得罪而后得解，必厚事王矣。"

【注释】

①雍氏：韩邑，在今河南禹州东北。

②粻（zhāng）：粮食。时秦救韩，周以米饷之。

③楚王：楚怀王熊槐，威王之子，顷襄王之父。

④劲：使动用法。使……战斗力强。

【译文】

　　楚国进攻韩国的雍氏，周把粮食供给秦、韩两国，楚王对周室甚为震怒。周君为此感到忧虑。有人为周君对楚王说："凭楚王的强大而迁怒于周君，周君就会害怕，定会联合他供应粮食的秦、韩两国，那就会使大王的敌手加强。所以大王不如赶快消除周君的顾虑。周君起初得罪了大王，后来又得到谅解，定会更加尽力地侍候大王了。"

七　周最谓吕礼

【题解】

　　吕礼本秦臣，和秦国的穰侯魏冉有矛盾，魏冉相秦，准备杀掉吕礼，于是吕礼在公元前 294 年出奔齐国，后来相齐，本章是他奔齐未相时事。

　　周最是亲齐而反秦的人，本章记他游说吕礼，让他使秦攻齐，迫使齐王任他为相。果真如此，齐国必然不会和秦亲善，而吕礼也不会受到重用。这是周最设的一个局，从后来的发展看，并未取得成功。

周最谓吕礼曰①:"子何不以秦攻齐? 臣请令齐相子,子以齐事秦,必无处矣②。子因令最居魏以共之,是天下制于子也。子东重于齐,西贵于秦,秦、齐合,则子常重矣。"

【注释】

①周最:人名。最,一作"冣"、"聚"。周的公子,时在齐国任职。吕礼:人名。本是秦的五大夫,在秦昭王三年(前302)出亡奔魏,后又奔齐。

②无处:无患。

【译文】

周最对秦臣吕礼说:"您为什么不使秦国攻打齐国呢? 我可以使齐王让您做相国,您使齐国服从秦国,就可高枕无忧了。您如果再让我在魏国与齐国共同尊事秦国,那么天下都会处在您的控制之下了。您东边得到齐国的重用,西边得到秦国的尊重,齐、秦联合,那您定能长久受到重视了。"

八　周相吕仓见客于周君

【题解】

本章所写的是周昭文君的前相工师藉和后相吕仓的矛盾。

前相工师藉的群众关系好,替他说好话的人多。后相吕仓则颇为众人所非议。

吕仓让人向昭文君进言,主要说忠臣让诽谤归于自己,让颂扬归于国君,并历举宋国的子罕和齐国的管仲为例,加以说明。进而说大臣获得赞扬,会危及君主的地位,并不是好事。昭文君认为他说得有理,就让吕仓继续任职,这位说客的话,显然起了作用。

周相吕仓见客于周君①。前相工师藉恐客之伤己也②，因令人谓周君曰："客者，辩士也，然而所以不可者，好毁人。"

【注释】

①吕仓：人名。事迹不详。见（xiàn）：推荐。周君：即下文的周文君。

②工师藉：人名。事迹不详。鲍本作"籍"。

【译文】

东周相国吕仓推荐一位能言善辩的人给周君，前相国工师藉怕这人会诽谤自己，因此让人对周君说："来人是个辩智之士，但是他的话不能相信，因为他喜欢诽谤别人。"

周文君免工师藉，相吕仓，国人不说也①。君有闵闵之心②。谓周文君曰："国必有诽誉，忠臣令诽在己，誉在上。宋君夺民时以为台而民非之③，无忠臣以掩盖之也。子罕释相为司空④，民非子罕而善其君⑤。齐桓公宫中七市，女闾七百⑥，国人非之。管仲故为三归之家以掩桓公⑦，非自伤于民也？《春秋》记臣弑君者以百数，皆大臣见誉者也。故大臣得誉，非国家之美也。故众庶成强，增积成山。"周君遂不免。

【注释】

①说：同"悦"，高兴。

②闵闵：忧虑。

③"宋君"句：宋君，春秋时的宋平公。他占用农忙时间，让农民筑

台,受到民众非议。

④子罕:人名。姓乐名喜,春秋时宋国贵族。司空:官名。掌管土
　木工程。

⑤民非子罕而善其君:子罕手持竹鞭,监督筑台的人,鞭打不努力
　工作的人。让民众非议自己,由自己来承担君主的过错。

⑥"齐桓公"二句:齐桓公,姜姓,名小白。春秋初年的齐国国君,他
　任用管仲为相,改革内政,国富兵强,成为五霸之首。他在宫内
　让宫女设市以取乐。闬,市门。

⑦管仲:人名。字夷吾,齐颍上人。三归:储存财富的地方。

【译文】

　　周昭文君免去了工师藉的相国职位,任命吕仓为相国,百姓很有意
见。昭文君感到闷闷不乐。有人对昭文君说:"国家所做的一切,总会
有人赞同有人反对,忠臣则会让百姓的批评和不满落在自己身上,让赞
美归于主上。宋平公占用百姓的生产时间,要他们修筑高台,百姓怨声
载道,这主要是由于没有忠臣代他受过。他的宰相子罕就辞去相位亲
自担任司空监督百姓筑台,百姓因此不满子罕而颂扬宋平公。齐桓公
在宫内开设七个集市,又弄来七百个歌伎,国民都极为不满。管仲故意
设立一个小金库,用这个办法来掩饰齐桓公的过错,不是让百姓的批评
落在自己头上吗?《春秋》上记载了大臣杀害君王的事有上百起,都是
因为大臣获得赞扬的关系。所以大臣获得赞扬对国君来说并不是好
事。因此说人多力量大,积累零星的土壤就堆成不可动摇的大山。"昭
文君认为此话有理,就没有免去吕仓的相国职位。

九　温人之周

【题解】

　　从本文看,东周的关卡甚严,对来人要仔细盘查,不能随意进入,温

人是客籍人士,又说明不了他居住的地方,因而被边吏囚禁。幸亏他巧于应对,这才得以脱身而去。

温人之周①,周不纳。问曰:"客耶?"对曰:"主人也。"问其巷而不知也,吏因囚之。君使人问之曰:"子非周人,而自谓非客,何也?"对曰:"臣少而诵《诗》,《诗》曰:'普天之下,莫非王土;率土之滨,莫非王臣。'今周君天下,则我天子之臣,而又为客哉? 故曰主人。"君乃使吏出之。

【注释】

①温:地名。魏邑,在今河南温县。

【译文】

温地人来到东周,东周不接待。问他:"你是客籍人士吧?"回答说:"我可是周地的主人。"问他住的巷名,他回答不上,小吏就把他囚禁起来。周君派人问他:"你不是周人,为什么说自己不是客人呢?"他回答说:"我年少时曾读过《诗》,《诗》上说:'整个天下,无一处不是君王的领土;四海之内,无一人不是君王的臣民。'现在您君临天下,那么我就是天子的百姓,怎么会是客人呢? 所以我说是主人。"周君就叫小吏把他释放了。

一〇上　或为周最谓金投曰

【题解】

战国后期,齐闵王骄横,成了各国攻击的对象,而赵国在策划攻齐的活动中,起了重要作用。

周最是周的公子,入魏为重臣而对齐亲善。秦臣吕礼奔齐,和周最意见相左。后来吕礼返秦,周最就由魏入齐,事在周赧王三十年(前285)。这时赵臣金投和赵将韩徐为欲联秦攻齐,本章记周最使人游说金投,让他与齐国亲善,而把矛头转向韩、魏。

周最说金投不听,秦、赵就联合起来,合谋进攻齐国。

或为周最谓金投曰①:"秦以周最之齐疑天下,而又知赵之难予齐人战,恐齐、赵之合,必先合于秦。秦、齐合,则公之国虚矣②。公不如救齐,因佐秦而伐韩、魏,上党、长子③,赵之有已。公东收宝于秦,南取地于韩、魏,因以困徐为之东④,则有合矣。"

【注释】

①金投:人名。赵臣,属于反齐派。

②国虚:国家灭亡,变为废墟。虚,同"墟"。

③上党:韩郡。在今山西东南部。长子:韩邑。在今山西长子西。

④徐为:人名。指赵将韩徐为。

【译文】

有人为齐相周最游说赵臣金投,说:"秦国因周最到齐国,就怀疑诸侯会联合攻秦,又深知赵国难与齐国交战,就担心齐、赵两国联盟,因此赵国必定先与秦国结成联盟。秦、齐两国结盟,则赵国必有灭国之灾。您不如拉拢齐国,帮助秦国进攻韩、魏,上党、长子都会为赵国所有。这样,您东边从秦国得到财宝,南边从韩、魏得到土地,阻止韩徐为东向攻齐,那么赵国就可与秦、齐联合了。"

一○下　周最谓金投曰

【题解】

本文与上章是同时的事。周最派人游说金投，未能奏效，因而又亲自出马，向金投进说，目的仍然是使赵国不要联秦攻齐。

周最谓金投曰："公今负秦与强齐战，战胜，秦且收齐而封之，使无多割而听天下之战；不胜，国大伤，不得不听秦。秦尽韩、魏之上党①，太原之西，秦之有已。秦地，天下之半也，制齐、楚、三晋之命②，覆国且身危，是何计之道也！"

【注释】

①韩魏之上党：韩的上党郡在今山西上党一带。魏的上党郡在今山西上党以东。

②三晋：韩、赵、魏三家分晋，故称"三晋"。

【译文】

周最对赵臣金投说："您现在依靠秦国和强齐作战，如果能战胜，秦国就会使齐国听任它支配，不让它多割地给别国，听任诸侯互相混战；如果被齐国打败，赵国就会元气大伤，不得不听任秦国摆布。秦国完全夺取韩、魏的上党地区，太原以西都会被秦国拥有。秦国占有天下一半的土地，掌握了齐、楚和三晋的命运，这会导致赵国覆亡，也会危及您的生命，这是怎么考虑的啊！"

一一上　右行秦谓大梁造曰

【题解】

本章当为东周君在秦时事,事在周赧王三十七年(前278)。

右行秦是主张亲周的人,所以既先向秦国掌权的大梁造进说,劝他善待周地来的人;又转而向周君进言,希望他派善辩的人,到秦游说,从而提升周君在秦王心目中的地位。

右行秦谓大梁造曰①:"欲决霸王之名,不如备两周辩知之士。"谓周君曰:"君不如令辩知之士,为君争于秦。"

【注释】

①右行:秦国武官。秦:是此人的名。大梁造:秦的高级爵位,执政而兼统军队。一作"大良造"。

【译文】

右行秦对秦国的大梁造说:"如果秦国决心要取得称霸称王的地位,不如广泛收罗东周、西周那些善于辩论并富于才智的人。"他又对周君说:"最好派善辩和有才能的人到秦国去,争取强秦的支持。"

一一中　谓薛公曰

【题解】

齐闵王时,苏秦为燕昭王的事到齐国活动,这时秦国逃亡的将领吕礼在齐国为相,齐国采取亲秦的态度,赶走周最。这时,苏秦为周最游说由齐至魏、在魏国掌权的薛公田文。

主旨是说,周最本是亲齐的人,如今齐闵王抛弃他而相信吕礼和祝弗,不过是为了拉拢秦国。秦、齐联合,薛公就会被轻视,不如向北进军争取魏、赵、秦三国联合,再拉拢周最倒向自己,天下都会谋攻齐,祝弗只好走路,齐王也就无人替他办事了。

谓薛公曰①:"周最于齐至厚也,而逐之。听祝弗②,相吕礼者,欲取秦也。秦、齐合,弗与礼重矣。有用齐者,秦必轻君。君弗如急北兵趋赵以和秦、魏,收周最以厚行,且反齐王之信,又禁天下之变。齐无秦,天下集齐,弗必走,齐王谁与为其国?"

【注释】

①薛公:田文的封号。薛,地名。齐邑,在今山东滕县南四十里。

②祝弗:齐人,主张联合齐、秦。

【译文】

有人游说薛公田文说:"周最与齐国的关系很深,可是齐王还是罢了他的官。齐王听信祝弗的话,任用吕礼为相,为的是要和秦国结盟。秦、齐两国如果结盟,祝弗与吕礼就会被重用。他们如被齐国重用,那秦国就必然轻视您。您不如加强北方的军事力量,促使赵国与秦、魏两国结盟,并联络周最以加强自己的势力。这样就可使齐王违反秦、齐两国的盟约,又可防止诸侯攻齐的态度有变。齐国没有秦国支持,则诸侯就会联合对付齐国,这样,祝弗在齐国就待不下去,齐王还有谁来帮助他治理国家呢?"

一一下　齐听祝弗

【题解】

本章和上章是同时的事。齐闵王任用祝弗排斥周最。有人为周最游说齐王，劝他不要听信祝弗。此人认为祝弗和吕礼都是主张亲秦的人，如他们在齐得势，齐、秦必然亲近。"夫齐合则赵恐伐"，必然对赵不利，并将受到各国的怀疑。目的是在说明任用祝弗，将给齐国带来严重的后果。

齐听祝弗，外周最。谓齐王曰①："逐周最、听祝弗、相吕礼者，欲深取秦也。秦得天下，则伐齐深矣。夫齐合则赵恐伐，故急兵以示秦。秦以赵攻齐，与之齐伐赵，其实同理，必不处矣。故用祝弗，郤天下之理也②。"

【注释】

①齐王：齐闵王。齐宣王之子，田齐政权第六任国君。公元前301年即位，在位十七年。

②郤(xì)：感情上的裂痕，此处作动词用。

【译文】

齐王听信祝弗的建议，排斥周最。有人对齐王说："您驱逐周最，听信祝弗的主意，任命吕礼为相，是想深深地和秦国结盟。秦国如果得到各国支持，定会坚定地进攻齐国。如果秦、齐两国联盟，那赵国会担心自己受到进攻，就会立即出兵攻打齐国表示联秦。秦联赵攻齐或联齐攻赵，其结果都对秦国有利，秦必持攻齐的态度不变。所以，听信祝弗就是和各国站到了对立面。"

一二　苏厉为周最谓苏秦曰

【题解】

本章所记的事在周最从魏归齐之后，当在周赧王二十九年(前286)。

让燕国有机会联合诸国伐齐，是苏秦在齐国活动的目的，苏厉与苏秦为兄弟关系，不应和苏秦处于对立地位，本章的"苏厉"当为佚名的某辩士托名"苏厉"者。

文中此人想让齐闵王用土地拉拢魏国，并造成赵国的恐惧，在南方则拉拢楚国作为盟国，看来，此时秦、燕和三晋合纵伐齐的局面正在形成，此人的目的，就是想破坏诸国的伐齐之谋。

苏厉为周最谓苏秦曰："君不如令王听最以地合于魏，赵必恐，合于齐，是君以合齐与强楚，事产于君。若欲困最之事，则合齐者君也，割地者最也。

【译文】

苏厉为周最对苏秦说："您不如要齐王采纳周最把齐地割让给魏国的建议，赵国必定害怕，就会和齐国联合，这样，您就可以凭借实力完整的齐国与强楚对抗，此事由您来主持。如果要找周最的麻烦，那么，保全齐国是您的功劳，而割让土地的事，就归咎于周最了。

一三　谓周最曰

【题解】

赵武灵王在位时，推行连结秦、宋，对抗齐、韩、魏的策略，他派仇赫相宋，又派楼缓相秦，结成了赵、秦、宋三国联盟。

　　此章记在公元前298年,齐、韩、魏三国攻秦时,有人为周最谋取兼相韩、魏,周最本亲齐,这样,他就将成为齐、韩、魏三国集团的核心人物。此人认为仇赫相宋后,在赵、宋和齐、韩、魏三国游移不定,看哪一方能够获胜,然后从中取利,这正是离间秦、赵的大好时机,希望周最乘机取得韩、魏的相权。

　　本文只说明这位说客对形势的分析和周最所应采取的对策,并未成为事实。

　　谓周最曰:"仇赫之相宋①,将以观秦之应赵、宋,败三国②。三国不败,将与赵、宋合于东方以孤秦。亦将观韩、魏之于齐也;不固,则将与赵、宋败三国,则卖赵、宋于三国。公何不令人谓韩、魏之王曰:'欲秦、赵之相卖乎?何不令周最兼相,视之不可离③,则秦、赵必相卖以合于王也。'"

【注释】

　　①仇赫:人名。本为赵臣,赵武灵王派他到宋国做相。

　　②三国:指齐、韩、魏。

　　③视之不可离:表示不可分离。视,通"示"。

【译文】

　　有人对周最说:"仇赫做宋的相国,是要看看秦国能否和赵、宋两国共同击败韩、魏、齐三国。如果三国不败,他将使赵、宋与韩、魏、齐三国联合,来孤立秦国,同时他也要看看韩、魏两国与齐国的关系;如果三国关系不牢靠,他就要让赵、宋两国与秦国联合攻击三国,那他只是利用赵、宋两国使自己获利而已。您何不派人对韩、魏两国的国君说:'想让秦、赵两国互相欺骗吗?最好让周最兼任韩、魏两国的相国,借以表示齐和韩、魏两国关系牢不可破。这样,秦、赵两国必然互不信任,而争相与韩、魏联合了。'"

一四上　为周最谓魏王曰

【题解】

齐闵王统治的后期,五国伐齐的战役,正在紧锣密鼓地准备中,亲齐的周最想要阻止魏国的加入,他设法挑拨魏国和秦、赵的关系,他想使魏王同意他离魏入齐,让魏国倒向齐国一边,从而使齐国摆脱孤立的困境。

为周最谓魏王曰①:"秦知赵之难与齐战也,将恐齐、赵之合也,必阴劲之②。赵不敢战,恐秦不己收也,先合于齐。秦、赵争齐而王无人焉,不可。王不去周最,合与收齐,而以兵之急则伐齐,无因事也。"

【注释】

①魏王:魏昭王。姬姓,魏氏,名遫。魏襄王之子。魏国第五代国君。

②阴劲:暗中增强……的战斗力。

【译文】

有人为周最对魏王说:"秦国知道赵国害怕和齐国作战,它又担心齐、赵两国结盟,所以一定会暗中帮助并加强赵国的力量。可是赵国不敢先和齐国交战,因为它害怕秦国不是真心和自己结盟,将会先倒向齐国。秦、赵两国都想争取各国和自己结盟,这样,大王就会没有人在齐国为您说话了,这是不好的。大王不要让周最离魏,通过他拉拢齐国,如因秦急于向东方出兵就去攻齐,就会使自己处于被动局面。"

一四下　谓周最曰

【题解】

　　在周最即将由魏入齐前夕,孟尝君正担任魏相,打算加入秦、赵攻齐的行动。公元前288年,吕礼罢相归秦,有人劝周最游说魏王和孟尝君,让他离魏至齐,这样就可打消各国对魏国暗中联齐的疑虑,周最也就不会因为在魏而成为魏国的负担了。

　　谓周最曰:"魏王以国与先生①,贵合于秦以伐齐。薛公倍故主②,轻忘其薛,不顾其先君之丘墓,而公独修虚信,为茂行,明君臣,据故主,不与伐齐者③,坐以忿强秦,不可。公不如谓魏王、薛公曰:'请为王入齐,天下不能伤齐。而有变,臣请为救之;无变,王遂伐之。且臣为齐故也,如累王之交于天下,不可。王为臣赐厚矣,臣入齐,则王亦无齐之累也。'"

【注释】

　　①魏王:魏昭王。

　　②倍:通"背",背弃,背叛。故主:田文原来的君主,指齐闵王。

　　③与:同意。

【译文】

　　有人对周最说:"魏王把国家委托给您,是希望您联秦攻齐。薛公田文背叛故君,抛弃故乡薛地,不顾其先君的墓所,而您却仍然忠齐,追求不切实际的美行,怀念和齐王的君臣之义,不同意攻齐,并因此惹怒强秦,这是行不通的。您不如对魏王、薛公说:'请同意我为了大王返回齐国,秦、赵两国无力伤害齐国,如果形势有变,臣请您去解救齐国;如果没有变化,大王即率兵伐齐。臣和齐王是旧交,臣如在魏,秦、赵将怀疑魏暗中和齐交往。大王对我的恩赐甚厚,我返归齐国,大王就不会因为我的关系而受到牵累了。'"

一五　赵取周之祭地

【题解】

赵国夺取了东周用于祭礼的土地。这在现代人看来,无足轻重。可是古代把祭祀看得非常隆重,认为是国家的大事,所以周君对此事感到揪心。

周臣郑朝是个足智多谋的人,他建议把三十金送给赵国的太卜,让他来解决此事。赵王后来生病,太卜装神弄鬼,说是周的祭地作怪。赵王信以为真,就把祭地还给东周,三十金自然成了太卜的囊中之物。

借占卜行骗,看来是赵太卜的一贯伎俩。后代的巫师神婆、邪教邪说都是他的徒子徒孙,他们一点也不怕鬼神的怪罪,那些受骗上当的人,难道就毫无觉察吗?

赵取周之祭地,周君患之,告于郑朝①。郑朝曰:"君勿患也,臣请以三十金复取之②。"周君予之,郑朝献之赵太卜③,因告以祭地事。及王病,使卜之。太卜谴之曰:"周之祭地为祟。"赵乃还之。

【注释】

①郑朝:人名。周臣。

②三十金:三十斤黄金。古代以黄金一斤为一金。

③太卜:官名。卜官之长。

【译文】

赵国夺取了东周的祭地,周君因此而担忧,把这事告诉郑朝。郑朝说:"君王不必忧心,请让臣用三十金再取回祭地。"周君就给了他三十金,郑朝把这三十金给了赵国的太卜,把祭地的事告诉他。后来,赵王生病了,要太卜占卜问病。太卜埋怨说:"这是东周那块祭地的鬼神在作怪。"于是赵王就把祭地归还给了东周。

一六　杜赫欲重景翠于周

【题解】

景翠本是楚国将领,这时可能因故逃亡到东周,所以杜赫认为他是"穷士",想让东周君重视他,这样他将来如果返楚得势,必然感激周的恩惠,有所回报,这是杜赫为周君预先布下的一着棋子。

一个人处在困境的时候,得到别人的照拂,很容易终身感德,看来,杜赫是很懂得这个道理的。

杜赫欲重景翠于周①,谓周君曰②:"君之国小,尽君之重宝珠玉以事诸侯,不可不察也!譬之如张罗者,张于无鸟之所,则终日无所得矣;张于多鸟处,则又骇鸟矣;必张于有鸟无鸟之际,然后能多得鸟矣。今君将施于大人,大人轻君;施于小人,小人无可以求,又费财焉。君必施于今之穷士,不必且为大人者,故能得欲矣。"

【注释】

①杜赫:人名。东周人。景翠:人名。楚将。

②周君:周昭文君。

【译文】

周人杜赫想让东周重用景翠，对东周君说："君王的国家很小，即使把全国的珍宝、珠玉都拿来侍奉诸侯，又会有什么用，您不能不考虑一下啊！譬如设网捕鸟，把网张在没有鸟的地方，整天也不会捕到一只鸟；网张在鸟很多的地方，又会把鸟吓跑。一定要把网放在有鸟而鸟不多的地方，这样才能多捕到鸟。现在君王如果网罗有地位的人，他们会不屑于为您所用，如果网罗那些地位低下的人，他们没有什么用处，又白费了钱财。我觉得君王一定要网罗那些现在看起来还穷困潦倒，将来可能飞黄腾达的人，这样才能实现您的愿望。"

一七　周共太子死

【题解】

周武公的太子死了，还有五个王妃所生的其他儿子，对于让谁登上太子的地位，武公一时还拿不定主意，于是出现了五龙争嫡的局面。

在争立的人中，公子咎得到楚国司马翦的支持，公若得到楚相的支持。根据有关的记载，最后是公子咎得立，而公若失败了。

周共太子死①，有五庶子，皆爱之，而无适立也②。司马翦谓楚王曰③："何不封公子咎而为之请太子④？"左成谓司马翦曰⑤："周君不听，是公之知困而交绝于周也⑥。不如谓周君曰：'孰欲立也，微告翦⑦，翦令楚王资之以地。'"

【注释】

①共太子：周武公的太子。共，太子的谥号（根据人一生的行为，给他用一个或两个字作评价称为"谥"）。按谥法，尊贤贵义曰

　　　"共"。
　②適立：嫡子当继立为君的人。適，通"嫡"，正妻所生的儿子称为嫡子。
　③司马翦：司马，楚国武官，"翦"是他的名。楚王：楚怀王熊槐。
　④公子咎：人名。周君五庶子之一。
　⑤左成：人名。楚臣。
　⑥知困：智谋难施。知，同"智"。
　⑦微：暗中。

【译文】

　　周君的共太子死了，有五个非正妻所生的庶子，周君都很宠爱，尚未确定立谁为太子。司马翦对楚王说："大王为何不趁此机会多多资助公子咎，并请求周君立公子咎为太子呢？"左成对司马翦说："如果周君不答应，这不仅使您太难堪，而且也会影响楚、周两国的正常关系。倒不如对周君说：'您准备立谁为太子，事先可暗中打个招呼，我好让楚王多给他土地来支持他。'"

　　公若欲为太子①，因令人谓相国御展子、廧夫空曰②："王类欲令若为之，此健士也，居中不便于相国。"相国令之为太子。

【注释】

　①公若：人名。周君的五庶子之一。
　②相国御展子：给周相国驾车的人，姓展。廧(sè)夫空：廧夫，小臣，名空。廧，同"啬"。

【译文】

　　公若想做太子，因此派人对楚相身边的人说："君王像是想让公若为太子，他是一个很有才能的人，如果留在楚国，将对相国不利。"相国于是支持公若立为太子。

一八　三国隘秦

【题解】

周赧王五十八年（前257），魏、赵、韩三国和秦国发生对峙，处在战争爆发前夕，东周对如何应付这种局势，颇费踌躇。

齐、秦是当时东西两方的两大强国，周君想让双方都相信自己，就派相国前往秦国。

有人对周相国建议，赶紧到秦国表明愿意充当坐探的态度，以取得秦国的重视；同时又不能忽略了齐国，但公子周最本是亲齐的，这样，周就在秦、齐两大国的心目中，都能保持良好的形象。

周的亲秦态度一表明，秦国就立刻攻打魏、赵、韩三国。

三国隘秦①，周令其相之秦，以秦之轻也，留其行。有人谓相国曰："秦之轻重未可知也。秦欲知三国之情，公不如遂见秦王曰：'请为王听东方之处②。'秦必重公。是公重周，重周以取秦也。齐重故有周最以取齐，是周常不失重国之交也。"

【注释】

①隘：阻塞。

②听：侦候。东方：指魏、赵、韩三国。处：变化。

【译文】

韩、赵、魏三国和秦对峙，东周派相国前往秦国，由于秦对周相意存轻视，因而滞留不进。有人对周的相国说："秦对您的态度如何尚不明朗。秦想了解三国的情况，您不如赶快去见秦王说：'我愿为大王刺探东方各国的变化。'这样,秦王必然重视您。重视您也就是对周重视,周、秦关系就亲密了。齐国重视周,则本有周最和齐国的亲密关系在,周处在秦、齐两国之间,将能始终和它们保持良好的邦交。"

一九　昌他亡西周之东周

【题解】

　　昌他从西周叛逃到东周,带走了西周的全部情报资料。西周君大为震怒,而又感到无可奈何。

　　西周臣冯且想出了一条妙计,让人带上三十金和一封密信,送给昌他,叫他做好在东周的卧底工作,事情如果败露,赶快抽身。同时又叫东周边防人员,防止坏人入境。东周抓住了送信的人,立刻杀掉昌他,坠入了冯且的反间计中。

　　昌他亡西周之东周①,尽输西周之情于东周。东周大喜,西周大怒。冯且曰②:"臣能杀之。"君予金三十斤。冯且使人操金与书,间遗昌他书曰:"告昌他:事可成,勉成之;不可成,亟亡来③!事久且泄,自令身死。"因使人告东周之候曰④:"今夕有奸人当入者矣。"候得而献东周,东周立杀昌他。

【注释】

　　①昌他:人名。西周臣。

　　②冯且(jū):人名。西周臣。

　　③亟(jí):立刻。

　　④候:在边境从事侦察的人。

【译文】

　　昌他从西周逃到东周，把西周的国情全都泄漏给了东周。东周君非常高兴，西周君大为恼怒。冯且对西周君说："我能杀掉昌他。"于是西周君就给冯且金三十斤。冯且派人拿着三十金和一封给昌他的密信，去找昌他，准备悄悄交给昌他的信上说："告诉你昌他：事情要能办成，就尽力办成；如果办不成，立刻返回！时间长了，一定会泄漏，就会白白送死。"冯且又派人告诉东周边防人员说："今晚有奸细要进入国境。"侦察人员果然捕获了送密信的人，搜出了那封信，交给了东周，东周立即杀了昌他。

二〇　昭翦与东周恶

【题解】

　　昭翦和东周闹矛盾，对于昭翦，东周是得罪不起的，因而派人向昭翦进说，提出当时西周正讨厌东周，恐将派人暗杀您，而把责任推到东周头上。昭翦被打动了，又怕东周也采用同样的手法，使自己受到两面夹攻，急忙与东周握手言和。

　　处在强邻环伺之中，小国的生存空间极为有限，东周采取旁敲侧击的诡诈手法，迫使昭翦转变态度，从而改善了自己的处境。对楚国重臣昭翦偶耳使用一下权术，这也是小国一种不得已的办法。

　　昭翦与东周恶，或谓昭翦曰："为公画阴计。"昭翦曰："何也？""西周甚憎东周，尝欲东周与楚恶，西周必令贼贼公，因宣言东周也，以恶之于王也。"昭翦曰："善。吾又恐东周之贼己而以诬西周恶之于楚。"遽和东周。

【译文】

楚臣昭翦和东周闹得很僵,有人为东周游说昭翦:"我私下为您考虑,颇为您的安全担心。"昭翦问:"此话从何说起?"这人说:"西周讨厌东周,很想东周和楚国的关系闹僵,西周定会派人暗杀您,扬言说这是东周干的,使楚王对东周不满。"昭翦说:"您的看法不错。我又担心东周派人杀我而把事情诬栽到西周身上,使楚对西周不满。"昭翦急忙和东周握手言欢。

二一　严氏为贼

【题解】

严遂派聂政行刺韩相国韩傀,事在周安王五年(前397)。

本书《韩策三》的文字提到:"东孟之会,聂政、阳坚刺相兼君。"鲍彪在注文中说,阳坚可能是聂政的副手。但《韩策二》载,聂政是独行仗剑入韩,没有副手,可能阳坚只是曾经为严遂策划过行刺的行动吧!

本章载阳坚进入东周,东周款待他十四天后,才用车马把他送走。韩国质问东周,东周解释说,我们知道他的所作所为,但贵国没有及时派使臣前来,我们只好把他放走。

东周力量微弱,惹不起韩国,只能设法辩解,以免触怒对方。

严氏为贼①,而阳坚与焉②。道周,周君留之十四日,载以乘车驷马而遣之③。韩使人让周,周君患之。客谓周君曰:"正语之曰:'寡人知严氏之为贼,而阳坚与之,故留之十四日以待命也。小国不足亦以容贼,君之使又不至,是以遣之也。'"

【注释】

①严氏：韩臣严遂。为贼：指严遂派人刺杀韩相的事件。贼，杀害。

②阳坚：人名。聂政暗杀行动的参与者。

③乘车驷马：四马驾一车为一乘。

【译文】

严遂派人行刺韩傀，阳坚参与其事。事后，阳坚经东周逃亡，周君留他住了十四天，然后用一辆四匹马拉的车，把他遣送出境。韩国因周放走了刺客，派人责备周君，周君感到为难。有人对周君说："不如干脆告诉韩国说：'寡人知道严遂暗杀韩相的事件，也知道阳坚参与其事，所以把他拘留了十四天，听候您的命令。敝国弱小，不能让刺客逗留境内，您又迟迟没有派人前来，我只好把他送走了。'"

卷二　西周策

二二　薛公以齐为韩、魏攻楚

【题解】

公元前298年，薛公田文率领齐、韩、魏三国攻秦，向西周借兵乞粮。处在齐、秦两大国之间的小小西周难于应付。答应田文，会开罪秦国；如不答应，会使齐国不满，真是两难。

韩庆为西周游说田文，提出了三点：一、停止攻秦，以免让韩、魏壮大。二、由西周转告秦王，释放被拘留的楚怀王，楚国将把东部的淮北之地献给齐国，这对齐有利，田文在薛的封邑也可永保安宁。三、秦国未受削弱，将会对三晋构成威胁，三晋定会更加重视齐国，齐国举足轻重。薛公认为此计大妙，就停止攻秦，向西周借兵求粮的事，也就无形化解。韩庆一石二鸟，既帮西周排忧解难，又使秦国免遭攻打。看来，他既是西周的谋士，也是秦国的说客。

薛公以齐为韩、魏攻楚①，又与韩、魏攻秦②，而藉兵乞食于西周。韩庆为西周谓薛公曰③："君以齐为韩、魏攻楚，九年而取宛、叶以北以强韩、魏④，今又攻秦以益之。韩、魏南无楚忧,西无秦患,则地广而益重,齐必轻矣。夫本末更盛,虚实有时,窃为君危之。君不如令弊邑阴合于秦而君无攻,又无藉兵乞食。君临函谷而无攻⑤,令弊邑以君之情谓秦王曰⑥:'薛公必不破秦以张韩、魏,所以进兵者,欲王令楚割东国以与齐也⑦。'秦王出楚王以为和⑧,君令弊邑以此惠秦,秦得无破而以楚之东国自免也,必欲之。楚王出,必德齐,齐得东国而益强,而薛世世无患。秦不大弱而处之三晋之西⑨,三晋必重齐。"薛公曰:"善。"因令韩庆入秦,而使三国无攻秦,而使不藉兵乞食于西周。

【注释】

①薛公以齐为韩、魏攻楚:薛,齐邑,故城在今山东滕县南四十里。齐威王封少子田婴于薛,子田文袭封,故称"薛公"。此薛公指田文。为,与。

②又与韩、魏攻秦:秦昭王八年(前299),田文入秦为相,不久受谗被囚,次年逃回齐国,任齐相。田文怨秦,因而和韩、魏攻秦。

③韩庆:西周臣。

④宛、叶以北:指今河南襄城、鲁山一带。宛,在今河南南阳。叶,在今河南叶县南三十里。

⑤函谷:秦关,在今河南灵宝北三十里。

⑥秦王:秦昭王。

⑦东国:自今河南郾城以东,沿淮北至泗上一带。

⑧出楚王:公元前299年,秦约楚怀王在武关相会,怀王被执入秦。

⑨三晋:韩、赵、魏三家分晋,故称"三晋"。

【译文】

薛公利用齐国和韩、魏攻打楚国,又和韩、魏攻秦,并向西周借兵求

粮。韩庆为西周对薛公说:"您利用齐国和韩、魏攻楚,历时九年,取得
宛、叶以北的地方,使韩、魏强大起来,现在又通过攻秦来增强他们的力
量。韩、魏南边不担心楚国,西边不担心秦国,于是土地扩大,地位提
高,齐国必受到轻视。事情的本末和虚实经常是互相变换的,我私下为
您感到不安啊。您不如让敝国暗地和秦国联合而您不去攻打秦国,也
不向敝国借兵求粮。您兵临函谷关下,不要展开进攻,让敝国把您的想
法告诉秦王说:'薛公定不会破秦来扩张韩、魏的势力,他之所以向秦国
进兵,为的是让大王把楚的东国地区割给齐国啊。'秦王释放楚王回国,
两国讲和,您让敝国以此讨好秦国,秦国不受破坏而可以用楚的东国来
免除自己的战祸,定会同意。楚王被释,定会感激齐国。齐得到楚的东
国会更加强大,薛邑也可以累世无忧。秦国未受重大削弱而处在三晋
的西方,对三晋构成威胁,三晋必然重视齐国。"薛公说:"很好。"就叫韩
庆到秦国去,同时停止了三国攻秦的行动,也不再向西周借兵求粮。

二三　秦败魏将犀武军于伊阙

【题解】

秦在伊阙之战中,打败魏将犀武,此战役发生在周赧王二十二年
(前293)。

公元前294年,白起任秦的左庶长,攻占韩的新城,夺取了伊阙的
前哨据点。次年,魏和韩、东周组成联军,防守伊阙,秦昭王复派白起为
主帅,攻打伊阙。伊阙是韩在中原的重要关塞,所以此次战役是韩、魏
和秦军的一场决战。白起在伊阙之战中大败韩、魏,斩首二十四万,随
即进军攻周。

周派人游说赵国的当权人物奉阳君李兑,主旨在制止秦军进攻,并
令秦、魏的战端重开。禁秦攻周,可收"却秦而定周"的效果;使秦、魏复
战,可使赵国举足轻重,李兑也会更加受到重视。

秦败魏将犀武军于伊阙①，进兵而攻周。为周最谓李兑曰②："君不如禁秦之攻周。赵之上计莫如令秦、魏复战。今秦攻周而得之，则众必多伤矣。秦欲待周之得，必不攻魏；秦若攻周而不得，前有胜魏之劳，后有攻周之败，又必不攻魏。今君禁之，而秦未与魏讲也。而全赵令其止，必不敢不听，是君却秦而定周也。秦去周，必复攻魏，魏不能支，必因君而讲，则君重矣。若魏不讲而疾支之，是君存周而战秦、魏也，重亦尽在赵。"

【注释】

①犀武：人名。魏将。伊阙：地名。俗称龙门，在河南洛阳南三十里。

②李兑：人名。赵大臣，号奉阳君，曾为赵司寇。

【译文】

秦军在伊阙击败了魏将犀武后，又转过来进攻西周。有人为周最对李兑说："您不如制止秦国进攻西周。对赵国来说，最好的打算，莫过于让秦、魏两国重新开战。如果秦国进攻西周，取得胜利，秦国士卒就会受很大的损失。秦国想要等待战胜西周，肯定不会立刻进攻魏国；秦国如果不能战胜西周，那么，它不久前刚战胜魏国，已经疲惫不堪，后来又被西周击败，也必定不会立刻进攻魏国。现在您要阻止秦国进攻西周，而秦国尚未与魏国讲和，那么，未遭受战祸损伤的赵国如果要让秦国不去进攻西周，秦国必定不敢不从。这样，您就阻止了秦国进军，使西周得以安定。秦国从西周撤军后，必定又会进攻魏国，魏国如果不能抵抗，肯定会通过您去和秦国讲和，那么，您的地位就会提高；如果魏国不与秦国讲和，那么，您就尽力支持魏国。这样，您既能保全西周，又可坐观秦、魏两国交战，赵国就可以掌握局势的主动权。"

二四　秦令樗里疾以车百乘入周

【题解】

周赧王八年(前307),秦在攻占韩国的重镇宜阳之后,随即派大臣樗里疾入周,为秦武王入周作准备。周君派出百人组成的仪仗队,恭迎樗里疾入境。楚王非常愤怒,因为在宜阳之役中,楚国是支持韩国的。

周君派遣游腾向楚王解释,举仇由和蔡国为例,说是没有防备就会亡国,或是受到偷袭,有这样的前车之鉴,所以周君派出的人,表面上看是保卫樗里疾,其实是把他暗中看管起来。听后,"楚王乃悦",其实不过借此收场。

秦令樗里疾以车百乘入周①,周君迎之以卒②,甚敬。楚王怒③,让周④,以其重秦客。

【注释】

①樗(chū)里疾:人名。秦惠王弟,秦武王时为右丞相。以:率领。
②卒:卫队。
③楚王:楚怀王。
④让:责备。

【译文】

秦国派樗里疾率领一百辆战车进入西周,西周君派仪仗队去迎接他,很是隆重。楚王大怒,责备西周君,因为西周君过分尊重从秦国来的客人。

游腾谓楚王曰①:"昔智伯欲伐厹由②,遗之大钟③,载以广车,因随入以兵,厹由卒亡,无备故也。桓公伐蔡也④,号言伐楚，其实袭蔡。今秦者，虎狼之国也，兼有吞周之意，使樗里疾以车百乘入周，周君惧焉，以蔡、郯由戒之，故使长兵在前，强弩在后，名曰卫疾，而实囚之也。周君岂能无爱国哉？恐一日之亡国，而忧大王。"楚王乃悦。

【注释】

①游腾：人名。周臣。

②智伯：晋卿智伯瑶。郯(qiú)由：古国名。在今山西盂县东北。

③遗(wèi)：给。

④桓公：齐桓公小白。蔡：国名。在今河南上蔡。

【译文】

　　周臣游腾为西周对楚王说："从前晋卿智伯要攻击郯由国，使用大车载了大钟送给它，大车后面跟随着大队兵马，郯由措手不及因此亡国，这是因为事先没有防备的缘故。从前，齐桓公攻打蔡国，扬言要攻打楚国，事实上却袭击了蔡国。现在秦国是如狼似虎的国家，贪得无厌，又有并吞西周之意。如今派樗里疾率领战车百辆进入周境，周君非常恐惧，由于有蔡国和郯由两国作为前车之鉴，他甚为戒备，所以安排戈矛在前，强弩在后，名义上是保卫樗里疾，实际上是监视他。西周君哪能不爱自己的国家呢？他担心一旦被灭亡，使得大王担忧。"楚王这才高兴起来。

二五　雍氏之役

【题解】

　　公元前312年，楚兵攻打韩国的雍氏，韩向西周征兵调粮。周君派人向秦求助，又向苏代问计。苏代替周君游说韩相国公仲，说是楚军主将昭应在出发前，曾经保证，一月之内必能拿下雍氏，时间已过五月，未能攻下,楚王的信心已经动摇。韩如在此时向周征兵征粮,无异公开宣布自己兵力不足,楚王定将增派援军,雍氏必难守住。不如把高都还给西周,周将倒向韩国,秦将与周断交,韩、周合二为一,加强了韩的防卫力量,岂不甚妙。公仲采纳了苏代的意见,雍氏也终于守住。

苏代的活动,使西周没有任何付出,反而得到高都,周君的喜悦,可想而知。

雍氏之役①,韩征甲与粟于周②,周君患之,告苏代③。苏代曰:"何患焉? 代能为君令韩不征甲与粟于周,又能为君得高都④。"周君大悦曰:"子苟能,寡人请以国听。"

【注释】

①雍氏:韩邑,在今河南禹州东北。

②甲:指兵卒。

③苏代:河南洛阳人,姚本注为苏秦之兄,鲍本注为苏秦之弟。

④高都:韩邑,在今河南伊阙南。

【译文】

在雍氏这场战役发生时,韩国向周国征调兵士和粮食,周君感到为难,告诉苏代。苏代说:"有什么好担忧的? 我可以替您叫韩国不向您征调兵士和粮食,又能让您得到高都。"周君非常高兴,说:"您如能办成,我愿意把国家大政交给您管理。"

苏代遂往见韩相国公仲曰①:"公不闻楚计乎? 昭应谓楚王曰②:'韩氏罢于兵③,仓廪空,无以守城,吾收之以饥,不过一月必拔之。'今围雍氏五月不能拔,是楚病也④,楚王始不信昭应之计矣;今公乃征甲及粟于周,此告楚病也。昭应闻此,必劝楚王益兵守雍氏,雍氏必拔。"公仲曰:"善。然吾使者已行矣。"代曰:"公何不以高都与周?"公仲怒曰:"吾无征甲与粟于周,亦已多矣!何为与高都?"代曰:"与之高都,则周必折而入于韩,秦闻之,必大怒而焚周之节⑤,不通其使。是公以弊高都得完周也,何不与也?"公仲曰:"善。"

【注释】

①公仲:韩相国公仲倗。

②昭应:楚将。楚王:楚怀王。

③罢:同"疲",疲劳,疲惫。

④病:困。

⑤焚周之节:焚节表示绝交。节,符节,使臣所执。

【译文】

苏代就去见韩相公仲,说:"您没有听说楚国的打算吗?楚臣昭应对楚王说:'韩国受到战争的消耗,仓库空虚,没有办法防守,我乘它饥饿的时机,要不了一个月,必定拿下来。'现在围攻雍氏已有五月,还不能拿下,楚国感到难办,楚王已经开始不相信昭应的说法了;如今您却向周国征兵调粮,这分明是告诉楚国,韩国已经很危急了。昭应听到这个消息,一定会劝说楚王增加兵力包围雍氏,雍氏必被拿下。"公仲说:"好。可是我向周国派出的使者已经动身了。"苏代说:"您为什么不把高都送与周国呢?"公仲生气地说:"我不向周国征调兵士和粮食,就算很好了!为什么还要把高都送给它呢?"苏代说:"把高都送给周国,那么它必然转而投向韩国。秦国听说,一定非常恼怒,就会烧掉周国的信物,不接纳它的使臣。这是您用残破的高都换得一个完整的周国,为什么不给他呢?"公仲说:"好。"

不征甲与粟于周而与高都，楚卒不拔雍氏而去。

【译文】

于是韩国不向周国征调兵士和粮食，却给了它高都，楚国的军队最终未能拿下雍氏，就撤军了。

二六　周君之秦

【题解】

周赧王四十五年（前270），秦欲攻周，故周君入秦，以求免受秦的攻击。周最当时可能随行，故有人劝周最提出以原作为太后的供养地，目的在于取悦于秦。

周君之秦。谓周最曰①："不如誉秦王之孝也②，因以原为太后养地③。秦王、太后必喜，是公有秦也。交善，周君必以为公功；交恶，劝周君入秦者必有罪矣。"

【注释】

①周最：周的公子，时随周君入秦。

②秦王：秦昭王。

③原：地名。周邑，在今河南济源西北。太后：秦昭王母宣太后。

【译文】

西周君要到秦国去。有人对周最说："您不如赞扬秦王对太后的孝心，并且把原邑送给太后作为供养之地。秦王和太后一定会很高兴，这是您对秦国友好的表示。如果周、秦两国关系友好，周君必定以为是您的功劳；如果两国关系不好，劝周君入秦的人定会有罪了。"

二七 苏厉谓周君曰

【题解】

公元前281年，秦昭王打算派白起攻梁。消息传出，苏厉面见周君，指出梁破则周危，最好让这事消弭在萌芽状态中，建议周君派人往见白起，用旁敲侧击的方法告诉白起，即使像养由基那样百发百中的人，当他精力疲敝时，也会一发不中而前功尽弃，如今您的情况，正好与此类似，不如请病假，不接受这次任务，还可保住已有的名声。由此，一场迫在眉睫的大战，就此烟消云散。

苏厉谓周君曰①："败韩、魏，杀犀武②，攻赵，取蔺、离石、祁者③，皆白起④，是攻用兵⑤，又有天命也。今攻梁⑥，梁必破，破则周危，君不若止之。谓白起曰：'楚有养由基者⑦，善射，去柳叶者百步而射之，百发百中，左右皆曰善。有一人过曰，善射，可教射也矣。养由基曰，人皆曰善，子乃曰可教射，子何不代我射之也？客曰，我不能教子支左屈右⑧。夫射柳叶者，百发百中而不已善息⑨，少焉气力倦，弓拨矢钩，一发不中，前功尽矣。今公破韩、魏，杀犀武，而北攻赵，取蔺、离石、祁者，公也。公之功甚多。今公又以秦兵出塞⑩，过两周，践韩而以攻梁，一攻而不得，前功尽灭，公不若称病不出也。'"

【注释】

①苏厉：苏秦弟。

②犀武：魏将。

③蔺:在今山西离石西。离石:在今山西离石。祁:在今山西祁县。

④白起:秦将,郿(今陕西眉县)人,以功封武安君。

⑤攻:通"工"。

⑥梁:当时魏都在大梁,故魏国亦称梁国。

⑦养由基:春秋时楚国善射的人。

⑧支左屈右:左手支弓,右手弯曲,引箭射出。左右,指左右手。

⑨已:通"以"。

⑩塞:指伊阙塞,在今河南洛阳南。

【译文】

苏厉对周君说:"打败韩、魏联军,杀掉魏将犀武,攻下赵国的蔺、离石、祁三城的,都是秦将白起,这是他善于用兵,又有上天保佑的缘故啊。如今攻打魏国,魏国定被攻破,魏破则周岌岌可危,您不如设法制止他。可以派人向白起说:'楚国有个叫养由基的人,是射箭高手,能够百步穿杨,百发百中,旁边的人都说他射技高明。有一人从这里经过说,射得好,可以接受射箭的教育了。养由基说,别人都说好,你却说够条件接受训练,你怎么不代我射它一下呢?这人说,我不能教你左右手如何具体操作。即使百步穿杨,不能及时休息,不久身体疲倦,便会弓箭歪斜,一发不中,从前的努力都白费了。如今击破韩、魏,杀掉犀武,向北攻取赵国,拿下蔺、离石、祁的,都是您,您的功劳很大。现在又率领秦兵出关,经过东、西两周,侵韩攻魏,一战不胜,就前功尽弃了,您最好还是请病假不要出来吧。'"

二八　楚兵在山南

【题解】

本章事在周赧王十一年(前304)。这时楚、秦联合攻韩,包围了韩国的纶氏。纶氏在今河南伊川与登封之间,正当缑氏、辕辕诸山之南。

本章说"楚兵在山南",正是指这件事。

周君害怕受到楚军的攻击。有人向周君献计,恭迎楚将吾得,并诳称吾得受到周的馈赠,使楚王不信吾得,君臣不和,攻周的事自然就化解了。

楚兵在山南①,吾得将为楚王属怒于周②。或谓周君曰:"不如令太子将军正迎吾得于境,而君自郊迎,令天下皆知君之重吾得也。因泄之楚曰:'周君所以事吾得者器,名曰某。'楚王必求之,而吾得无效也,王必罪之。"

【注释】

①山南:指伊阙山的南面。

②吾得:人名。楚将。楚王:楚怀王。

【译文】

楚军进驻伊阙山南,楚将吾得为楚正向西周寻衅。有人对周君说:"您不如派太子领军到边境去迎接吾得,您再亲自到郊外去欢迎,使天下都知道君王尊重吾得。这个消息也泄露给楚国知道,并且扬言说:'周君已把某某宝物赠送给吾得了。'这样,楚王必定会向吾得索取,而吾得拿不出来,楚王就必然会怪罪吾得了。"

二九　楚请道于二周之间以临韩、魏

【题解】

周是小国,在大国的夹缝之间生存,处境艰难。

楚国请求向二周借道以对付韩、魏,不过是个托辞,目的在于谋取周的九鼎。苏秦提出借助韩、魏、齐、秦的力量,牵制楚国,这样,九鼎就可以保全了。

楚请道于二周之间以临韩、魏，周君患之。苏秦谓周君曰："除道属之于河①，韩、魏必恶之。齐、秦恐楚之取九鼎也，必救韩、魏而攻楚。楚不能守方城之外②，安能道二周之间？若四国弗恶③，君虽不欲与也，楚必将自取之矣。"

【注释】

①除：修治。

②方城之外：方城山以北。方城，楚国北方险塞，在今河南方城东北。

③四国：韩、魏、齐、秦。

【译文】

楚国请求向东、西二周借路去攻打韩、魏，周君为此感到担忧。苏秦对周君说："您为楚国修治道路，一直通到黄河边上，那么韩、魏两国必定会为此担忧，齐、秦两国会担心楚国夺取周的九鼎，他们定会出兵救援韩、魏而去进攻楚国。楚国如果不能守住方城以北的国土，他怎么能通过东、西二周去进攻韩、魏呢？如果韩、魏、齐、秦四国不反对楚国的行动，君王您虽然不愿交出九鼎，楚国定会自行夺取的。"

三〇　司寇布为周最谓周君曰

【题解】

周最是周的公子，和齐国关系密切。东周武公的太子死后，诸子争立。周最想得到太子之位，让齐国替他说话。周君对此态度犹豫，派人向齐国说，是周最自己不肯做太子。司寇布替周最向周君进言，说是您如真想让周最做太子,就应使天下人共见共闻,不能只是自己知道。他以函冶氏为例,说明宝剑虽好,如果别人不了解,它的价值就难于体现。

司寇布在此提出了一个宣传的作用问题,可算得上是两千多年前的广告明星,在中国广告史上,应给予他一席之地。根据历史记载,周最始终奔走于周、秦、齐、魏、楚、韩之间,看来他做太子的愿望,可能是落空了。

司寇布为周最谓周君曰①:"君使人告齐王以周最不肯为太子也②,臣为君不取也。函冶氏为齐太公买良剑③,公不知善,归其剑而责之金④。越人请买之千金,折而不卖⑤。将死而属其子曰⑥:'必无独知。'今君之使最为太子,独知之契也⑦,天下未有信之者也。臣恐齐王之为君实立果而让之于最以嫁之齐也⑧。君为多巧⑨,最为多诈,君何不买信货哉?奉养无有爱于最也⑩,使天下见之。"

【注释】

①司寇布:周臣。司寇,主刑狱的官,布是其名。周最:周的公子。

②齐王:齐闵王。

③函冶氏:齐国善于观察宝剑的人。齐太公:田和,始代姜氏立为齐侯,故称为齐太公。

④责:求取。

⑤折而不卖:此言虽千金仍不够本价,故不肯卖。折,折本。

⑥属(zhǔ):嘱咐,告诫。

⑦契:契约,类似现在的合同,由双方分执。

⑧嫁:反推。

⑨巧:诈。

⑩爱：吝惜。

【译文】

　　司寇布替周最向周君说："您派人告诉齐王说是周最不愿做太子，我感到这种做法不妥。函冶氏曾经替齐太公买宝剑，太公不知是好剑，归还宝剑叫退还他的金。越国的人愿出千金购买，函冶氏认为价格不到位而不肯出卖。临终嘱咐他的儿子说：'不能只是自己知道剑好。'现在您让周最做太子，只有自己单方面知道，天下都没有人相信啊。我担心齐王认为您本打算立周果而却说周最自愿不做太子，从而欺骗齐国。您的态度不定，周最也富于心计，您为什么不买人人知道的好货呢？供养周最的东西不要吝惜，应该让天下人都看得清清楚楚。"

三一　秦召周君

【题解】

　　周赧王八年（前307），秦在攻占韩国重镇宜阳、打通了通往三川的道路后，就想取得南阳，进窥周室，挟天子以令诸侯，成就王业的梦想，秦召西周君，是想要他俯首听命，所以周君寻找借口，不愿前往。

　　秦召周君，周君难往。或为周君谓韩王曰①："秦召周君，将以使攻韩之南阳②，王何不出兵于河南③？周君闻之，将以为辞于秦而不往。周君不入秦，秦必不敢越河而攻南阳。"

【注释】

①韩王：韩襄王。

②南阳：地区名。在韩、魏之间。

③河南：地名。即西周的都城王城，在黄河之南。

【译文】

秦国召见西周君,西周君不愿前往。有人为西周君向韩王说:"秦国召见西周君,是打算让西周攻打韩的南阳,大王为什么不把兵力指向河南呢?周君听到这个消息,就可以用这件事作为借口而不到秦国去了。西周君不去秦国,秦国一定不敢越过黄河来攻打南阳。"

三二 犀武败于伊阙

【题解】

周军追随韩、魏,和秦军战于伊阙,大败而回,归途中,对梁囿非常欣赏。梁囿在魏都大梁近郊,是魏王游乐的地方,不可能给予周君,所以周臣綦母恢为周君向魏王请求温囿,条件是每年交一百二十金的租金,魏王认为有利可图,就答应了。

本章表面上是叙事,实则是从侧面写人。周君战事失利,求救不成,理当痛哭流涕,跪拜于宗庙,却反而高兴地去欣赏苑囿台池,真可谓丧失理智的愚人。文中不着一句评语,而周君的昏庸如见。行文委婉曲折,令人回味不尽。

犀武败于伊阙,周君之魏求救,魏王以上党之急辞之①。周君反,见梁囿而乐之也②。綦母恢谓周君曰:"温囿不下此③,而又近,臣能为君取之。"反见魏王,王曰:"周君怨寡人乎?"对曰:"不怨,且谁怨乎? 臣为王有患也。周君,谋主也④,而设以国为王扞秦,而王无之扞也,臣见其必以国事秦也。秦悉塞外之兵与周之众,以攻南阳,而两上党绝矣。"

【注释】

①魏王：魏昭王。上党：魏郡。在今山西和顺、榆社等县以南。

②梁囿：魏都大梁郊区蓄养鸟兽的游乐场所。

③温：地名。魏邑，在今河南温县。

④周君，谋主也：周、韩、魏战于伊阙，周君是主谋。

【译文】

秦国在伊阙打败了魏将犀武以后，乘胜进攻西周，周君向魏国求救，魏王以上党形势吃紧为借口，拒绝了周君的请求。在返国途中，周君看见魏国的梁囿，十分喜爱。大臣綦母恢对周君说："魏国的温囿，并不比梁囿差，而且又近，我能为君王要来。"于是，綦母恢返回大梁去见魏王。魏王说："周君抱怨我吗？"綦母恢回答说："他不怨您又会怨谁呢？我认为大王将有祸患临头。周君是攻秦的组织者，用整个国家做大王的屏障，防御秦国的进攻，大王却不肯帮助西周抵御秦国，我看西周必然会事奉秦国。秦国如果出动函谷关外的兵力与西周合军，进攻南阳，那么韩、魏两国上党的通道就会被切断了。"

魏王曰："然则奈何？"綦母恢曰："周君形不利事秦，而好小利。今王许戍三万人与温囿，周君得以为辞于父兄百姓，而利温囿以为乐，必不合于秦。臣尝闻温囿之利岁八十金，周君得温囿，其以事王者，岁百二十金。是上党无患而赢四十金。"魏王因使孟卯致温囿于周君而许之戍也①。

【注释】

①孟卯：人名。齐人，在魏国任职。亦称"芒卯"。

【译文】

魏王说："那可怎么办呢？"綦母恢说："从形势上看，事秦对周君是不利的,实际上他很爱占小便宜。大王如果答应派三万人去驻军西周的边境,并把温囿送给周君,周对宗室贵族和百姓既可以有所交代,又满足了他在温囿游乐的愿望,他就一定不会和秦国联合。我听说温囿一年可以获利八十金,周君得到了温囿后,每年可以给大王缴纳一百二十金。这样,上党既没有危险,每年又可多得四十金。"魏王听后,便派孟卯送上温囿,又答应派兵替西周防守边境。

三三　韩、魏易地

【题解】

本章事在周显王四十七年(前322)。

韩、魏皆有上党,易地之后,魏以所占上党地给韩,韩兼有两上党,就对赵构成威胁,对赵不利。韩把南阳、郑国故地、三川一带给魏,这样,就包有二周,九鼎成为它的囊中之物,对周不利,魏可由新得的地区进逼楚的北境,直指楚的方城要塞,对楚不利,樊余向楚王进说之后,楚就与赵联络,共同反对易地,易地的事就因而中止了。

　　韩、魏易地,西周弗利。樊余谓楚王曰[①]:"周必亡矣。韩、魏之易地,韩得二县,魏亡二县。所以为之者,尽包二周,多于二县,九鼎存焉。且魏有南阳、郑地、三川而包二周[②],则楚方城之外危;韩兼两上党以临赵,即赵羊肠以上危[③]。故易成之日,楚、赵皆轻。"楚王恐,因赵以止易也。

【注释】

①樊余:人名。周臣。楚王:楚宣王。

②郑地:指春秋时郑国的故地,在今河南新郑、郑州一带。三川:指

黄河、伊水、洛水流经的地方。

③羊肠：赵险塞名。山形曲折，状如羊肠，故名。在今山西晋城南
　　太行山上。

【译文】

　　韩、魏两国交换国土，西周感到对自己不利。周臣樊余为西周对楚
王说："西周一定会亡国。韩、魏两国交换国土，韩国获得两县，魏国要
失掉两县。它们之所以还要交换国土，那是因为魏国所换得的土地包
括东周、西周国土在内，得失相较，多得的部分超过二县，还能得到周的
九鼎。如果魏国占有南阳、郑地、三川，而把二周都圈在里面，那么楚国
方城以北就会发生危险；韩国兼有两个上党以进逼赵国，就会威胁到赵
国的羊肠要塞。所以韩、魏两国交换国土完成之日，楚、赵两国的地位
就降低了。"楚王感到惊恐，就同赵国一起阻止韩、魏两国交换国土的
行动。

三四　秦欲攻周

【题解】

　　周赧王四十五年（前270），秦欲攻周。周最为周君游说秦王，提出
三点：一、攻周对秦没有实际利益。二、中原诸侯恐惧，将和齐国联合，
使秦国孤立。三、秦国兵力被诸侯削弱，将不能通过周国号令天下，秦
国的王业就不能成功。结局如何，本文未明言，可能是秦国暂时采纳了
周最的意见吧！

　　秦欲攻周，周最谓秦王曰①："为王之国计者，不攻周。
攻周，实不足以利国，而声畏天下。天下以声畏秦，必东合
于齐。兵弊于周，而合天下于齐，则秦孤而不王矣。是天下

欲罢秦，故劝王攻周。秦与天下罢，则令不横行于周矣。"

【注释】

①秦王：秦昭王。

【译文】

秦国打算进攻西周，周最对秦王说："为君王的国家考虑，不能进攻西周。取得西周对秦没有什么实际利益，却会使天下感到恐惧。诸侯就必然向东与齐国联合，您的兵力因进攻西周而耗损，而又促使诸侯与齐国联合，那秦国就会处在孤立的地位，不能领导诸侯了。诸侯都希望秦国疲惫，才劝您进攻西周。如果秦国被诸侯弄得疲惫不堪，自然不能向他们发号施令了。"

三五　宫他谓周君曰

【题解】

本章事发生在周赧王二十二年（前 293），秦攻伊阙之前。周君恃韩、魏而轻视秦国，宫他劝他不要恃远援而轻视邻近之敌，并列举若干历史事例，来支持自己的论点。从后来周和韩、魏合军与秦在伊阙大战的事实看，宫他的建议显然没有被周君采纳。

宫他谓周君曰①："原恃秦而轻晋②，秦饥而原亡。郑恃魏而轻韩，魏攻蔡而郑亡③。邾、莒亡于齐④，陈、蔡亡于楚⑤，此皆恃援国而轻近敌也。今君恃韩、魏而轻秦，国恐伤矣。君不如使周最阴合于赵以备秦，则不毁。"

【注释】

①宫他:人名。周臣。

②原:国名。姬姓。公元前 635 年降于晋,战国时为赵邑。地在今河南济源西北。

③魏攻蔡而郑亡:韩哀侯二年(前 375),灭郑。时蔡已为楚国所并,此"攻蔡"所指当为"攻楚"。郑,国名。姬姓。在今河南新郑。

④邾(zhū):国名。己姓,一说曹姓。公元前 431 年为楚所灭,后地归于齐。莒,属城阳国,盈姓。后被楚所灭。

⑤陈、蔡亡于楚:陈,国名。妫姓。公元前 478 年为楚文王所灭。地在今河南淮阳。蔡,国名。姬姓。公元前 447 年为楚所灭。被灭时都下蔡,在今安徽州来。

【译文】

宫他对周君说:"从前原国依赖秦国,对晋国放松了警惕,当秦国遭到饥荒时,原国就被晋国乘机灭掉了。郑国依赖魏国,对韩国放松了警惕,当魏国进攻蔡国时,郑国就被韩国乘机灭掉了。邾、莒两国被齐国灭掉,陈、蔡两国被楚国灭掉,这都是由于依赖别国援助,而对邻近敌国放松了警惕所造成的。现在您只依赖韩、魏两国,放松对秦国的警惕,国家恐怕会有所损害。您不如派周最暗中和赵国联合,以防备秦国,这样,就不会有什么后患了。"

三六　谓齐王曰

【题解】

此章事大约发生在周赧王初年(前 314),约当齐宣王时。周最主张与齐亲善,所以齐国支持他立为太子。本章和《东周策·周共太子死》的内容大同小异,应当是一事的传闻异辞。

谓齐王曰①:"王何不以地赍周最以为太子也②?"齐王令司马悍以赂进周最于周③。左尚谓司马悍曰④:"周不听,是公之知困而交绝于周也。公不如谓周君曰:'何欲置? 令人微告悍,悍请令王进之以地。'"左尚以此得事。

【注释】

①齐王:齐宣王。

②赍(jī):资助。

③司马悍:人名。齐臣。

④左尚:人名。齐臣。

【译文】

有人对齐王说:"君王为何不拿土地去资助周最,让他能够立为太子呢?"于是,齐王就派司马悍拿土地去周国贿赂周君,建议立周最做太子。左尚对司马悍说:"如果周君不同意,那么,您不仅十分尴尬,而且还会使齐国与周断交。您不如对周君说:'您准备立谁为太子,可派人悄悄通知我,我会让齐王用土地资助他。'"左尚因此得到重要的职位。

三七　三国攻秦反

【题解】

周赧王十九年(前296),齐、韩、魏三国攻秦,取得一定战果。还军之际,周君恐魏借道,对己不利。有人为周君游说魏王,使魏军迅速离去,周可以免去迎送的费用。周国的确积贫积弱,处境艰难,于此可见一斑。

三国攻秦反①,西周恐魏之藉道也。为西周谓魏王曰②:

"楚、宋不利秦之德三国也,彼且攻王之聚以劲秦③。"魏王惧,令军设舍速东④。

【注释】

①三国:魏、韩、齐。反:同"返"。

②魏王:魏襄王。

③聚:积聚,军食粮饷之类。

④设舍:当为"拔舍",即拔营。军队驻扎的地方称为"舍"。

【译文】

　　魏、韩、齐三国攻打秦国得胜后准备返国,西周君担心魏军要通过西周国境。有人为西周对魏王说:"楚、宋两国感到秦国割地给魏、韩、齐三国讲和,对自己不利,他们将会袭击大王的粮食储备来加强秦国的力量。"魏王听说后大惊,立刻下令全军兼程东归。

三八　犀武败

【题解】

　　伊阙之战,周是战败国,面对战胜的秦国,不能不作出解释,因而周君要派相国周足入秦。有人建议周足向周君提出先免去相国职务,再行出使。玩弄这种小聪明,于国于己都没有什么好处,大约周足也未予采信吧!

　　犀武败,周使周足之秦①。或谓周足曰:"何不谓周君曰:'臣之秦,秦、周之交必恶。主君之臣②,又秦重而欲相者,且恶臣于秦,而臣为不能使矣。臣愿免而行,君因相之,彼得相,不恶周于秦矣。'君重秦,故使相往,行而免,是轻秦也,公必不免。公言是而行,交善于秦,是公之成事也;交恶于秦,不善于公且诛矣。"

【注释】

①周足:人名。周相。

②主君:对周君的称呼。

【译文】

魏将犀武被秦军击败,西周派周足出使秦国。有人对周足说:"您为何不对周君说:'我出使秦国,周、秦两国的关系肯定会恶化。主君的大臣中有与秦国关系很深的,他想做相国,肯定会对秦国说我的坏话。这样,我就不便于出使秦国了。我愿意辞掉相国职位后,再出使秦国,君王可任命那人为相国。他担任了相国,就不会在周、秦关系上说坏话了。'国君很看重秦国,所以才派您出使秦国。可是,既让您出使,又免去您的相国,这是不重视秦国的表现,因此,您是不会被免掉相国职位的。您对周君说了这番话再出使秦国,如果与秦国的关系改善了,这是您在外交上取得成功;如果两国关系恶化了,那个说您坏话而想做相国的人,必定会受到严惩。"

卷三　秦策一

三九　卫鞅亡魏入秦

【题解】

本章文字简洁,是一篇商鞅略传。首言商鞅由魏入秦,受到秦孝公重视,尊宠任职。接叙商鞅治秦的原则是"公平无私,罚不讳强大,赏不私亲近",一切按照法令的规定办。变法周年之后,所取得的效果是"道不拾遗,民不妄取,兵革大强,诸侯畏惧"。社会秩序井然,提高了秦的军威和国威。

后半部分,写孝公临终前,打算传位给商鞅,这表现出他们君臣关系的融洽,并反映了当时的禅让之风。

在秦惠王即位后,由于商鞅功高震主,相权和君权发生严重冲突,终致被杀。结尾说商鞅车裂而秦人不加同情,正和上文商鞅执法"刻深寡恩"相呼应。

卫鞅亡魏入秦①,孝公以为相②,封之于商③,号曰商君。商君治秦,法令至行,公平无私,罚不讳强大,赏不私亲近。法及太子,黥、劓其傅④。期年之后⑤,道不拾遗,民不妄取,兵革大强，诸侯畏惧。然刻深寡恩，特以强服之耳。

【注释】

①卫鞅：商鞅，本卫国的公子，故称"卫鞅"。

②孝公以为相：秦孝公，名渠梁，公元前361—前338年在位。他用卫鞅为左庶长，实行变法。卫鞅后因功升大梁造，执掌国政，此"为相"，指为大梁造而言。秦正式设相在武王时，孝公时尚未设相。

③商：故城在今陕西商州东九十里。

④黥（qíng）、劓（yì）其傅：指卫鞅因太子犯法，刑其傅公子虔，黥其师公孙贾。黥、劓，刻面、割鼻，为古代酷刑。

⑤期（jī）年：一年。

【译文】

卫鞅从魏国逃亡到秦国，秦孝公任命他为丞相，把商地分封给他，号称商君。商君治理秦国，法令贯彻，公正而没有偏私，行罚不避让有地位的人，行赏不偏向关系亲近的人。法令执行到太子头上，对太子师傅处以刻面、割鼻之刑。法令实施一年之后，掉在地上的东西无人去拾，民众都不取非法的东西，兵力非常强大，诸侯都感到害怕。但是商君刻薄少恩，只不过是用强力压服而已。

孝公行之八年①，疾且不起，欲传商君，辞不受。孝公已死，惠王代后，莅政有顷，商君告归。

【注释】

①孝公行之八年："八"上应有"十"字。秦孝公六年（前354），用卫鞅为左庶长，下令变法至二十四年（前338）卒，正好十八年。

【译文】

秦孝公用商鞅推行法令十八年，重病将死，想把君位传给商君，他推辞不肯接受。秦孝公死后，秦惠王继承君位，执政不久，商君要求回到自己的封地。

人说惠王曰①："大臣太重者国危，左右太亲者身危。今秦妇人婴儿皆言商君之法，莫言大王之法，是商君反为主，大王更为臣也。且夫商君固大王仇雠也，愿大王图之。"商君归还，惠王车裂之②，而秦人不怜。

【注释】

①说（shuì）：游说，劝说。

②车裂：支解身体的酷刑。

【译文】

有人对惠王说："大臣权势过重会危害到国家，身边的人过分亲近会危害到自己。现在秦国的男女老少都只说商君的法令，没有谁说是大王的法令，这样商君就成了主人，大王反而成为臣子了。况且商君本是大王的仇人，希望大王想办法对付。"商君从封地回到首都，惠王对他处以五马分尸的酷刑，秦国民众没有谁可怜他。

四〇　苏秦始将连横说秦惠王曰

【题解】

苏秦劝说秦惠王的话，主旨在揭出秦国的有利条件：有四塞之固，民富国强，兵精粮足，具有"并诸侯，吞天下"的潜力，希望秦王能用他来完成这个伟业。秦王则用毛羽未丰、时机尚未成熟，加以推辞。

　　苏秦在秦国很不得意，貂裘破损，床头金尽。归家之后，又受尽家人白眼。好在他家富有藏书，从数十箱书中，拣出太公《阴符》之谋，头悬梁，锥刺股，发愤苦读。一年之后，自我感觉良好，认为可以出去游说各国君王了。

　　他和赵王的一席谈话，非常契合，约纵散横，左右时局，由布衣而为卿相，成为政治舞台上一颗耀眼的新星。这中间有机缘的巧合，更离不开辛苦的耕耘。

　　苏秦始将连横说秦惠王曰①："大王之国，西有巴、蜀、汉中之利②，北有胡、貉、代、马之用③，南有巫山、黔中之限④，东有肴、函之固⑤。田肥美，民殷富，战车万乘，奋击百万⑥，沃野千里，蓄积饶多，地势形便，此所谓天府，天下之雄国也！以大王之贤，士民之众，车骑之用，兵法之教，可以并诸侯，吞天下，称帝而治。愿大王少留意，臣请奏其效。"

【注释】

①苏秦：字季子，战国时东周洛阳人，纵横家的代表人物之一。连横：联合六国共同事秦。说(shuì)：游说。指战国时策士们用谈话说动国君采纳自己的主张。

②巴、蜀：地名。巴指今重庆一带，蜀指今四川西部。汉中：地名。在今陕西南部及湖北西部。

③胡、貉(hé)：地名。今内蒙古南部。代马：地名。代郡、马邑，在今山西东北部。

④巫山：山名。在今重庆巫山东。黔中：郡名。在今湖南西部常德地区一带及贵州东北部。

⑤肴(xiáo)：或作"崤"、"殽"，山名。在今河南洛宁北。函：关名。

即函谷关,在今河南灵宝东北。

⑥奋击:能奋勇击敌的战士。

【译文】

苏秦开始用连横的主张去游说秦惠王道:"大王的国家,西边有巴、蜀、汉中的物产可供利用,北边有胡、貉、代郡、马邑的资财,南有巫山、黔中的险地,东有崤山、函谷关坚固的要塞。土地肥沃,人口众多而富足,拥有战车万辆,精兵百万,良田纵横千里,粮食储备丰富,地理形势便于攻守,这真是人们所说的天然府库,确实是天下的强国啊!凭着大王的贤能,军民的众多,战备的充实,战士的训练有素,完全能够兼并诸侯,统一天下,成为治理天下的帝王。希望大王稍加留意,让我向您陈述如何可以取得重大效果。"

秦王曰:"寡人闻之,毛羽不丰满者,不可以高飞;文章不成者①,不可以诛罚;道德不厚者,不可以使民;政教不顺者,不可以烦大臣。今先生俨然不远千里而庭教之,愿以异日。"

【注释】

①文章:此指法度。

【译文】

秦惠王道:"我听说,毛羽长得不丰满的鸟儿不能高飞;法制不健全的国家不能实施刑罚;道德不高尚的人不能役使百姓;政教不上轨道的君王不能拿战争来劳烦大臣。现在先生郑重地不远千里而来,亲临指教,我希望日后再来领教。"

苏秦曰:"臣固疑大王之不能用也。昔者神农伐补遂①,

黄帝伐涿鹿而禽蚩尤②，尧伐驩兜③，舜伐三苗④，禹伐共工⑤，汤伐有夏⑥，文王伐崇⑦，武王伐纣⑧，齐桓任战而伯天下⑨。由此观之，恶有不战者乎⑩？古者使车毂击驰⑪，言语相结，天下为一；约从连横，兵革不藏；文士并饬，诸侯乱惑；万端俱起，不可胜理；科条既备，民多伪态；书策稠浊，百姓不足；上下相愁，民无所聊；明言章理，兵甲愈起；辩言伟服，战攻不息；繁称文辞，天下不治；舌弊耳聋，不见成功；行义约信，天下不亲。于是乃废文任武，厚养死士，缀甲厉兵⑫，效胜于战场。夫徒处而致利，安坐而广地，虽古五帝、三王、五伯、明主贤君⑬，常欲坐而致之，其势不能，故以战续之。宽则两军相攻，迫则杖戟相橦，然后可建大功。是故兵胜于外，义强于内，威立于上，民服于下。今欲并天下，凌万乘，诎敌国⑭，制海内，子元元⑮，臣诸侯，非兵不可！今之嗣主忽于至道，皆惛于教，乱于治，迷于言，惑于语，沉于辩，溺于辞，以此论之，王固不能行也。"

【注释】

①神农：古部落首领名。始兴农业，故号"神农氏"。补遂：古部落名。

②黄帝：古部落联盟首领。涿（zhuō）鹿：地名。在今河北涿鹿西南。禽：同"擒"。蚩（chī）尤：古九黎族首领。

③尧伐驩兜（huān dōu）：尧，古部落联盟首领。驩兜，尧臣，为四凶之一，尧采纳舜的建议，把他放逐到崇山。

④舜：受尧禅让，继任部落联盟首领。三苗：古部落名。

⑤禹：因治水有功，被推为舜的继承人。共工：古部落名。

⑥汤伐有夏:夏桀无道,汤出兵讨伐,桀奔南巢(今安徽巢县西南)而死。汤,名履,又称"成汤",为商族首领。

⑦文王伐崇:崇侯虎助纣为虐,文王兴兵讨伐他。文王,名昌,周族首领,纣时为西方诸侯之长。崇,古国名。附属于商的小国,在今河南嵩县北。

⑧武王伐纣:武王名发,周文王子。商纣昏乱,武王把他灭掉,建立西周王朝。

⑨齐桓:齐桓公,名小白,僖公之子。任:用。伯:通"霸"。

⑩恶(wū):哪里。

⑪车毂(gǔ)击驰:使者的车子川流不息。毂,车轴的中心,可以插轴处。

⑫缀甲:把皮革片或铁叶连缀成战士的服装。厉:通"砺",磨快。兵:兵器。

⑬五帝:说法不一,通常指黄帝、颛顼(zhuān xū)、帝喾(kù)、帝尧、帝舜。三王:夏、商、周三代的开国君王,指夏禹、商汤、周文王、周武王。五伯:战国时的说法,通常指齐桓公、晋文公、楚庄王、吴王阖闾(hé lú)、越王勾践。去掉吴王、越王,加入秦穆公、宋襄公,是汉代的说法。

⑭诎:屈服,折服。

⑮元元:百姓。

【译文】

苏秦说:"我本就料到大王不会听取我的意见。从前神农氏讨伐补遂,黄帝涿鹿之战中擒获蚩尤,唐尧放逐驩兜,虞舜讨伐三苗,大禹制服共工,商汤征服夏桀,周文王消灭崇侯,周武王攻克商纣,齐桓公通过战争而称霸天下。由此看来,哪有不用武力而能办成大事的呢?从前各国使臣的车马堵塞了道路,奔走不休,诸侯们订约结盟,表示联为一体;或约纵,或连横,总是不能把兵甲收藏收来;文士粉饰文辞,诸侯无所适从;各种矛盾不断产生,简直难以清理;法令条文如牛毛,众人的欺诈不见少;公文发布多又多,百姓贫困莫奈何;君臣上下相埋怨,民不聊生怎么办;道理讲得很明白,战事更多难止息;说客服装耀眼明,战争总是不能停;发下公文知多少,天下更加治不好;谋士舌头都磨破,君主耳朵也听聋,国事总不见成功;尽管您讲究仁义守盟约,各国总是不和睦。这样一来,就要弃文用武,用厚禄供养敢死之士,缀甲磨刀,在战场上见个高低。假如无所事事就能得到好处,端坐不动就能扩充地盘,即使古代的五帝、三王、五霸那样贤明的君主,也很希望这样轻松地办到;但事实上是不可能的,最后只有依靠战争来解决问题。敌我双方,无论是在战场上摆开阵势,还是用兵器互相拼杀,总之要战胜对方才能建功立业。所以说,对外要靠战争取胜,对内要靠施行仁义来加强统治;国君在上面有了威信,百姓在下面自然就服从了。当今要想吞并天下,凌驾诸侯,战胜敌国,抚育万民,迫使诸侯称臣,非用武力不可! 当今的君主们都忽视了这个最重要的道理,不懂得怎样教化百姓,缺乏治理国家的办法,被一些纷歧的言论所迷惑,整天沉浸在巧言诡辩当中,这样看来,就难怪您不能采纳我的意见了。”

　　说秦王书十上而说不行。黑貂之裘弊^①,黄金百斤尽,资用乏绝,去秦而归。赢縢履屩^②,负书担橐,形容枯槁,面目犁黑^③,状有归色^④。归至家,妻不下纴^⑤,嫂不为炊,父母不与言。苏秦喟然叹曰:“妻不以我为夫,嫂不以我为叔,父母不以我为子,是皆秦之罪也。”乃夜发书,陈箧数十,得太公《阴符》之谋^⑥,伏而诵之,简练以为揣摩。读书欲睡,引锥自刺其股,血流至足。曰:“安有说人主不能出其金玉锦绣、取卿相之尊者乎?”期年,揣摩成,曰:“此真可以说当世之君矣。”

【注释】

①黑貂（diāo）：身体细长，皮毛珍贵。

②嬴：缠绕。縢（téng）：绑腿布。屩（jué）：草鞋。

③犁黑：同"黧黑"。

④归：通"愧"。

⑤纴（rèn）：织布机。

⑥太公《阴符》：姜太公，周初的开国功臣姜尚，被封于齐，是齐国始祖。《阴符》，相传是他所写的讲兵法权谋的书。

【译文】

苏秦游说秦王的奏章先后上了十次，意见始终未被采纳。他穿的黑貂皮衣破旧了，百斤金属货币也用光了，生活费用失去了来源，只好离开秦国回家。他腿上缠着绑腿，脚穿草鞋，背着书箱，挑着行李，神情憔悴，面色黄黑，脸上显出羞愧的神色。回到家里，正在织布的妻子不下机迎接，嫂子也不肯替他烧火做饭，父母也不和他讲话。苏秦长叹道："妻子不把我当做丈夫，嫂子不把我当做小叔，父母不把我当做儿子，这都是苏秦的过错啊。"当天晚上取出藏书，打开了几十个书箱，找到一部姜太公写的叫做《阴符》的谋略书，于是埋头苦读，选择精要处反复钻研。当读书困倦，睡意袭来的时候，他就用锥子猛扎自己的大腿，鲜血流到了脚跟。他说："哪里还会有游说列国君主而不能让他们拿出金玉锦绣、取得卿相高位的呢？"经过一年，苏秦钻研有得，感觉良好，他说："这下真能用来说服各国在位的君主了。"

于是乃摩燕乌集阙①，见说赵王于华屋之下，抵掌而谈②。赵王大悦，封为武安君，受相印，革车百乘，锦绣千纯，白璧百双③，黄金万溢④，以随其后，约从散横，以抑强秦。

【注释】

①燕乌集阙：古关塞名。今地不详。

②抵(zhǐ)：击，拍。

③璧：圆形的玉器，中有小圆孔。

④溢：同"镒"，重量单位，二十两为一镒(一说二十四两)。

【译文】

于是苏秦取道燕乌集阙，在华丽的宫殿里游说赵王，谈得甚是投机。赵王非常高兴，封他为武安君，赐给他相印，并赐给他兵车百辆，锦缎千匹，白璧百双，黄金万镒，跟随在他身后，联络东方各国建立合纵联盟，瓦解连横阵线，用以对付强大的秦国。

故苏秦相于赵而关不通。当此之时，天下之大，万民之众，王侯之威，谋臣之权，皆欲决苏秦之策。不费斗粮，未烦一兵，未战一士，未绝一弦，未折一矢，诸侯相亲，贤于兄弟。夫贤人在而天下服，一人用而天下从。故曰，式于政，不式于勇；式于廊庙之内①，不式于四境之外。当秦之隆，黄金万溢为用，转毂连骑，炫熿于道②，山东之国③，从风而服，使赵大重。

【注释】

①廊庙：朝庭。

②炫熿：光耀。

③山东之国：指秦国崤山以东的六国。

【译文】

由于苏秦做了赵国的相国，堵住了秦国向东发展的道路。这时，广大的天下，众多的百姓，威严的王侯，掌权的大臣，都要听苏秦的指挥。苏秦没有花费一斗粮食，没有动用一件兵器，没有出动一名战士，没有折断一根弓弦，没有损失一个箭头，就使得六国的君主和睦相处，比兄弟还亲。真是有贤人在位就能天下归顺，任用了一个人材就能使合纵得到成功。所以说，能用政治解决的问题，就不要动用武力；能在国内处理好的事，就不必拿到国外去解决。当苏秦事业隆盛时，带上万镒黄金的费用去游说诸侯，一路上车水马龙，声势显赫，崤山以东六国像风吹草伏一样，拜倒在他的脚下，使赵国的地位大大提高。

且夫苏秦特穷巷掘门、桑户棬枢之士耳①，伏轼撙衔②，横历天下，廷说诸侯之王，杜左右之口③，天下莫之能伉④。将说楚王，路过洛阳。父母闻之，清宫除道，张乐设饮，郊迎三十里。妻侧目而视，倾耳而听；嫂蛇行匍伏，四拜自跪而谢。苏秦曰："嫂何前倨而后卑也？"嫂曰："以季子之位尊而多金。"苏秦曰："嗟乎！贫穷则父母不子，富贵则亲戚畏惧。人生世上，势位富贵，盖可忽乎哉⑤？"

【注释】

①掘门：在墙上挖洞做门。棬（quān）枢：用弯木做门轴。

②轼：车前的横木。撙衔：用手拉住马缰绳。

③杜：堵塞。

④伉：同"抗"。

⑤盖：通"盍"。

【译文】

苏秦原先不过是一个住在陋巷寒门的穷书生，可是如今他扬鞭跃马，驱车周游列国，在诸侯的朝廷上高谈阔论，使各国的大臣无话可说，天下没有谁能和他抗衡。有一次苏秦将要去游说楚王，中途要经过他的家乡洛阳。他的父母听到消息，连忙清扫屋子，修整道路，摆下酒席，全家人到郊外三十里的地方恭迎。妻子见了他不敢抬头，只是斜着眼偷看他的脸色，倾听他说话；嫂子伏在地上，像蛇那样爬到苏秦面前，连续拜了四拜，跪在那里向苏秦赔礼道歉。苏秦说："嫂子，你为什么从前那样傲慢，现在又这样谦恭呢？"他嫂子说："因为小叔您眼下的地位高而钱财多啊。"苏秦不由得长叹一声道："唉！一个人在穷困落魄时，连父母都不肯认他；一旦富贵了，亲属们都敬畏他。可见人生在世，权势和财富这两样，怎么可以忽视呢？"

四一上　秦惠王谓寒泉子曰

【题解】

秦惠王打算让武安君白起担任外交使节，告诉东方诸侯，合纵抗秦就像连结群鸡的羽毛，互相牵制，不能成功。寒泉子则提出，武安君善于用兵，用他领兵出征是最好的人选；至于办理外交事务，还是应该派遣张仪为好。

用人应当按照各人的长处来安排，这才能人尽其才，用非所长，是难以完成任务的，寒泉子所要阐明的，就是这个道理。

本文重在说理，故在人物的时代安排上，颇有不合的地方。因白起封为武安君，在秦昭王时，并不在秦惠王时。

白起封武安君在秦昭王二十九年（前278），这时秦惠王已死三十三年（惠王死于公元前311年）。张仪死于周赧王二十六年（前309），白起封武安君在张仪死后三十一年。秦惠王、张仪、白起非同时人。此章乃是拟托之作。本章主要说明，用人应扬长避短，针对这个人的长处来使用他。

秦惠王谓寒泉子曰①："苏秦欺寡人，欲以一人之智反覆东山之君,从以欺秦。赵固负其众,故先使苏秦以币帛约乎诸侯②。诸侯不可一,犹连鸡之不能俱止于栖亦明矣。寡人忿然,含怒日久,吾欲使武安子起往喻意焉③。"寒泉子曰:"不可。夫攻城堕邑,请使武安子。善我国家使诸侯,请使客卿张仪④。"秦惠王曰:"敬受命。"

【注释】

①寒泉子:假托人名。

②币帛:使臣进献给他国的礼物。

③武安子起:秦将白起封武安君。

④客卿:战国时用别国人为卿的称号,位在相国之下一等。

【译文】

秦惠王对寒泉子说:"苏秦欺负我们,想凭一人的心智,操纵崤山以东六国的君主,用合纵政策欺负我们。赵王倚仗人多势众,派苏秦用厚礼去联络诸侯。可是诸侯各怀异心,不可能步调一致,就像把鸡的羽毛串连起来,不能一起上架一样,这是很明显的。我心中早就很气愤了,我想派武安子把这种情况告诉诸侯。"寒泉子说:"这可不行,如果是攻城夺地,倒可以派武安子去。如果为了维护国家利益,出使诸侯,请您派客卿张仪为好。"秦惠王说:"我恭敬地接受您的指教。"

四一下　冷向谓秦王曰

【题解】

周赧王二十九年(前286),齐闵王发兵攻宋,秦昭王欲加以阻止。冷向为齐游说,提出愿意让齐国侍奉秦国,换取秦王同意齐国攻宋。至于秦所得到的现实得益,就是"宋破,晋国危,安邑王之有也"。安邑是魏的旧都，地位十分重要。秦国早想取得，又怕齐国从中阻挠，如今齐国既然表示同意秦占有安邑，秦王也就同意齐国的攻宋行动了。

冷向谓秦王曰①："向欲以齐事王，使攻宋也。宋破，晋国危②，安邑王之有也③。燕、赵恶齐、秦之合，必割地以交于王矣。齐必重于王，则向之攻宋也，且以恐齐而重王，王何恶向之攻宋乎？向以王之明为先知之，故不言。"

【注释】

①冷向：人名。秦臣。秦王：秦昭王。

②晋国：魏国。

③安邑：地名。魏邑，在今山西夏县西北。

【译文】

冷向对秦昭王说："我想让齐国侍奉大王，所以主张让齐攻宋。如果宋国被灭，就会危及魏国，大王唾手就可取得安邑。燕、赵担心齐、秦联合，必定会割地给大王，这样，齐国就必定会重视大王。那么，我主张攻宋，就是使齐国有所畏惧而重视大王，大王为何抱怨我主张攻宋呢？我认为以大王的贤明，早已知道我的苦心，所以没有对您明言。"

四二　说秦王曰

【题解】

本文的作者，旧题作"张仪"，但所谈及的，大多是张仪死后的事，决非张仪所作。

本文又见《韩非子·初见秦》篇，故有人以为作于韩非。此外，又有学者认为是范雎、蔡泽或吕不韦所作，目前尚无定论。本文应是秦昭王晚年,某说客游说昭王之语。

秦昭王在位五十六年(前307—前251),是秦国蓬勃发展的时期。他即位后,灭义渠,吞二周,围赵邯郸,威震天下,于是"诸侯恐惧,会盟而谋弱秦"(贾谊《过秦论》语)。昭王五十一年(前256),赵、韩、魏、楚合纵攻秦,即本文开端所言"天下阴燕阳魏,连荆固齐,收余韩成从"的事。

进说者指出:天下攻秦,犯了以乱攻治、以邪攻正、以逆攻顺,这"三亡"之忌,而秦则赏罚严明,在地形、兵力诸方面,都占有明显的优势,何以不能成就霸王之业? 这是由于谋臣的失算。

接着,对秦和楚、魏、赵的三次大战进行分析,指出秦取楚的鄢郢之战,秦攻魏的华阳之战,秦攻赵的长平之战,都击溃了敌军主力,由于秦军没有抓住战机,乘胜攻击,给了敌人喘息的机会,致使功败垂成。

紧接下来,又举出历史上两次成功的范例,加以对比。一是周武王与商纣的牧野之战,一是赵襄子与智伯的晋阳之战,都是一举歼敌,大获全胜,置敌于死地。

本文论点鲜明,举例恰当,正反对比,逻辑谨严,令人无从辩驳,具有极强的说服力。

　　说秦王曰①:"臣闻之,弗知而言为不智,知而不言为不忠。为人臣不忠当死,言不审亦当死。虽然,臣愿悉言所闻,唯大王裁其罪。

【注释】

①秦王:秦昭王。

【译文】

有人游说秦王道:"我听说,不知道事情的原委就随意开口是不明智,知道对国家有利的事却不肯说是不忠心。做臣子的不忠,应当被处死;说话不慎重,也应当被处死。尽管是这样,我还是愿把我所知道的全都说出来，希望大王裁决定罪。

"臣闻，天下阴燕阳魏①，连荆固齐②，收余韩成从③，将西面以与秦为难，臣窃笑之。世有三亡而天下得之，其此之谓乎！臣闻之曰：'以乱攻治者亡，以邪攻正者亡，以逆攻顺者亡。'今天下之府库不盈④，囷仓空虚⑤，悉其士民，张军数十百万，白刃在前，斧质在后⑥，而皆去走不能死，非其百姓不能死也，其上不能杀。言赏则不与，言罚则不行，赏罚不行，故民不死也。

【注释】

①阴燕阳魏：此文以赵为主，谓北连燕，南连魏。阴，北面。阳，南面。

②荆：即楚。固：连结。

③余韩：当时韩弱，土地丧失很多，存在的只是它的残余部分。

④府库：藏货财的地方。

⑤囷（qūn）仓：粮仓。圆形的称"囷"，方形的叫"仓"。

⑥斧质：杀人的工具。质，同"锧"。

【译文】

"我听说，赵国北可以连燕，南可以连魏，联合楚国，拉拢齐国，收罗残破的韩国，结成合纵联盟，共同向西对抗秦国，我私下感到好笑。世上有三种会导致亡国的情况，东方诸侯样样具备，就是指此而言吧！我听说：'以内政混乱的国家去攻打内政清明的国家，必亡；以邪道治国的国家去攻打用正道治国的国家，必亡；以倒行逆施的国家去攻打顺应时势的国家，必亡。'现在，东方诸侯储存财物的仓库不充实，粮仓也空虚，动员全国的军民，号称有上百万的大军，向前面对敌人的兵刃，后退有严刑的威逼,可是军士们仍然向后退却,不去冲锋,这并不是他们的百姓不能拼死作战,而是因为诸侯们执法不严。君王说要赏,却不兑现;说要罚,又不执行,赏罚不能坚决执行,所以百姓不愿为国家效死作战。

"今秦出号令而行赏罚,有功无功相事也。出其父母怀衽之中^①,生未尝见寇也,闻战,顿足徒裼^②,犯白刃,蹈煨炭^③,断死于前者,比是也。夫断死与断生也不同,而民为之者,是贵奋也。一可以胜十,十可以胜百,百可以胜千,千可以胜万,万可以胜天下矣。

【注释】

①出其父母怀衽之中:指由婴儿抚育到成人。衽,衣襟。
②顿足:用足击地。徒:空手。裼(xī):脱去外衣,露出身体。
③煨(wēi)炭:盆中火。

【译文】

"现在秦国发号施令,赏罚严明,有功无功的人分得清清楚楚。人们出生以来,从未见过敌人,但一听说要作战,他们都奋勇地跺足、赤膊,迎着敌人的兵刃,赴汤蹈火,战死沙场,这样的人比比皆是。要知道拼死和求生是完全不同的事,而百姓都愿意决一死战,这是因为君王提倡奋勇杀敌的缘故。一人拼死可以胜过十人,十人拼死可以胜过百人,百人拼死可以胜过千人,千人拼死可以胜过万人,万人拼死就可以攻取天下了。

"今秦地形,断长续短,方数千里,名师数百万,秦之号令赏罚,地形利害,天下莫如也。以此与天下,天下不足兼而有也。是故秦战未尝不胜,攻未尝不取,所当未尝不破也。开地数千里，此其大功也！然而甲兵顿，士民病，蓄积索，田畴荒，囷仓虚，四邻诸侯不服，伯王之名不成，此无异故，谋臣皆不尽其忠也。

【译文】

　　"现在秦国的土地，截长补短，方圆数千里，精兵数百万，秦国号令严明，赏罚有信，地势优越，各国都比不上它。以这些条件来对付诸侯，诸侯是不难被秦国兼并的。可见秦国战无不胜，攻无不克，所向无敌。开拓疆域数千里，这可是伟大的功业啊！可现在秦国的兵力困顿，军民疲惫，蓄积耗尽，田地荒芜，粮仓空虚，四邻诸侯不服，霸王的事业不能成就，这没有别的原因，乃是谋臣都不肯尽忠的缘故。

　　"臣敢言往昔。昔者齐南破荆①，中破宋②，西服秦③，北破燕④，中使韩、魏之君⑤，地广而兵强，战胜攻取，诏令天下，济清、河浊，足以为限，长城、巨防，足以为塞。齐，五战之国也，一战不胜而无齐⑥。故由此观之，夫战者万乘之存亡也。

【注释】

①南破荆：公元前301年，齐闵王初立，使匡章领兵攻楚，击败楚将唐眛。

②中破宋：指公元前286年，齐灭宋事。

③西服秦：公元前298年，齐与韩、魏共击秦。

④北破燕：公元前296年，齐、燕权之战，齐破燕三军，擒燕二将。

⑤中使韩、魏之君：指驱使韩、魏共同伐楚、伐秦事。

⑥一战不胜而无齐：公元前284年，燕昭王派乐毅率领燕、秦和三晋五国联军攻齐，攻破齐都临淄，齐闵王出逃。

【译文】

"请允许我说说从前的事。从前,齐国南败楚国,中败宋国,西击秦国,北破燕国,中使韩、魏两国之君听命,地广兵强,战无不胜,攻无不克,诸侯无不听命,既有济水、黄河可为阻隔,又有长城和大堤可为险塞。齐国,是五战五胜的强国,可是一战失利而亡国。由此可见,用兵作战,可以决定万乘大国的生死存亡。

"且臣闻之曰:'削株掘根,无与祸邻,祸乃不存。'秦与荆人战,大破荆,袭郢^①,取洞庭、五都、江南^②。荆王亡走,东伏于陈^③。当是之时,随荆以兵则荆可举;举荆,则其民足贪也,地足利也。东以强齐、燕,中陵三晋,然则是一举而伯王之名可成也,四邻诸侯可朝也。而谋臣不为,引军而退,与荆人和,令荆人收亡国,聚散民,立社主^④,置宗庙,令帅天下西面以与秦为难,此固已无伯王之道一矣。

【注释】

①袭郢(yǐng):秦昭王二十八年(前278),秦将白起攻楚,拔郢。郢,楚都,在今湖北江陵北八十里纪南城。

②洞庭:湖名。在今湖南岳阳西南。五都:即五渚(zhǔ),楚地,湘、沅、资、澧四水同注洞庭,北会长江,故称"五渚"。江南:楚南境之地,主要指黔中(今贵州)地区。

③陈:地名。在今河南淮阳。

④立社主:迁都后,重建社稷宗庙。

【译文】

"我曾听说:'挖树要除根,不与祸为邻,祸患才不存。'秦国与楚国作战,大败楚军,拿下郢都,攻占洞庭、五都、江南等地,迫使楚王逃走,往东退到陈城自守。在这个时候，如果穷追猛打，就可以一举灭亡楚国；灭楚之后，楚民可为秦国所用，楚地可为秦国所有。向东可以对抗齐、燕，从中部可以进攻三晋，如此就可以一举成就霸王之名，使四邻诸侯来朝。可是谋臣却不这样做，反而引兵退却，与楚国讲和，让楚国收拾残局，招集逃散的民众，重新恢复国家社稷宗庙的祭祀，率领诸侯向西和秦对抗，这样就第一次失去了称霸称王的机会。

　　"天下有比志而军华下①，大王以诏破之②，兵至梁郭③，围梁数旬，则梁可拔；拔梁，则魏可举；举魏，则荆、赵之志绝；荆、赵之志绝则赵危；赵危而荆孤。东以强齐、燕，中陵三晋，然则是一举而伯王之名可成也，四邻诸侯可朝也。而谋臣不为，引军而退，与魏氏和，令魏氏收亡国，聚散民，立社主，置宗庙，此固已无伯王之道二矣。

【注释】

①华下：华阳城下。华阳，地名。在今河南新郑北四十五里。

②大王以诏破之：秦昭王三十四年（前273），秦将白起攻魏，拔华阳。

③梁郭：梁城。梁，指魏都大梁，在今河南开封。郭，外城。

【译文】

　　"诸侯同心同德，在华阳城下驻军，大王下令击破他们，兵锋直指魏都大梁，围困大梁数十天，就可以把它攻下；攻下大梁，就可以消灭魏国；灭魏则楚、赵联盟可破；楚、赵联盟瓦解则赵国危急；赵国危急，楚国就孤立了。这样，东可以对抗齐、燕，中可以威胁三晋，那么一举可以成就霸王之名，使四邻诸侯来朝。可是谋臣却不这样做，反而引兵退却，与魏国讲和，让魏国收拾残局，招集逃散的民众，重新树立社稷的神位，建立宗庙,这样就第二次失去了称霸称王的机会。

　　"前者穰侯之治秦也①,用一国之兵,而欲以成两国之功②,是故兵终身暴露于外,士民潞病于内,伯王之名不成,此固已无伯王之道三矣。

【注释】

　　①穰(ráng)侯:姓魏名冉,秦昭王母宣太后的异父弟。封邑在穰,故称"穰侯"。穰本韩邑,后入秦,在今河南邓县北四十里。

　　②两国:指秦国和穰侯的封邑。

【译文】

　　"从前穰侯在秦国掌权的时候,用一国的兵力,却想建立两国的功业,所以秦兵终身在外餐风露宿,国内的民众疲惫不堪,霸王的名声不能树立,这样就第三次失去了称霸称王的机会。

　　"赵氏,中央之国也,杂民之所居也,其民轻而难用,号令不治,赏罚不信,地形不便,上非能尽其民力,彼固亡国之形也,而不忧民氓①,悉其士民军于长平之下,以争韩之上党②,大王以诏破之,拔武安③。当是时,赵氏上下不相亲也,贵贱不相信,然则是邯郸不守④,拔邯郸,完河间⑤,引军而去,西攻修武⑥,逾羊肠,降代、上党⑦。代三十六县,上党十七县,不用一领甲,不苦一民,皆秦之有也。代、上党不战而已为秦矣,东阳、河外不战而已反为齐矣⑧,中山呼沲以北不战而已为燕矣⑨。

【注释】

①泯(méng)：民，特指从外地迁来的人。

②"悉其士民"二句：赵孝成王四年(前262)，秦攻韩，上党和韩本土联络的道路被切断，上党守冯亭向赵国请降，赵国派平原君赵胜受降，并发兵到长平，抗击秦兵。长平，地名。赵邑，在今山西高平西。

③武安：地名。赵邑，在今河北武安。

④邯郸(hán dān)：赵都，在今河北邯郸。

⑤完：乃"筦(guǎn)"字的残损。筦，包举。河间：漳水、黄河之间，赵的东境。

⑥修武：地名。赵邑，在今河南获嘉。

⑦代：赵郡名。在今山西东北部及河北、内蒙古部分地区。上党：韩郡名。在今山西东南部。

⑧东阳、河外：皆地区名。东阳，太行山以东地。河外，赵东境清河以东，在今山东清河、武城一带。

⑨中山：国名。都河北定县，后迁灵寿，为赵所灭。呼沲：即呼沲河，发源于山西繁峙，经河北境，流至天津入海。沲，通"沱"。

【译文】

"赵国地处燕、齐、韩、魏的中央，人们五方杂处，百姓轻浮，难以使用，法令不整，赏罚无信，地形不利，国君又不能充分使用民力，本来就是亡国的形势，又不去安抚百姓，竟动员全国民军驻扎在长平城下，去争夺韩国的上党。大王下令击破它，接着攻下武安。在这个时候，赵国的君臣互不相亲，官吏和民众互不信任，这样，赵都邯郸就无法坚守，攻下邯郸，收取河间，引军转向，西攻修武，越过羊肠险塞，降服代郡和上党。代郡和上党不战而归属秦国，东阳、河外不战而归属齐国，中山、呼沲以北不战而成为燕国的领土了。

"然则是举赵则韩必亡，韩亡则荆、魏不能独立，荆、魏不能独立，则是一举而坏韩、蠹魏、挟荆，以东弱齐、燕，决白马之口以流魏氏①，一举而三晋亡，从者败。大王拱手以须②，天下遍随而伏，伯王之名可成也。而谋臣不为，引军而退，与赵氏为和。以大王之明，秦兵之强，伯王之业曾不可得，乃取欺于亡国，是谋臣之拙也。

【注释】

①白马之口：黄河津渡名。在今河南滑县东。

②须：通"胥"，等待。

【译文】

"那么，如果攻下赵国则韩国必亡，韩亡则楚、魏不能独立，楚、魏丧失独立，就一举破坏了韩国，损伤了魏国，挟制了楚国，向东可以削弱齐、燕，再决开白马津的水口，用水冲灌魏国，一举就可灭掉三晋，六国合纵就瓦解了。大王只要拱手等待，诸侯都会相随臣服，霸王之名就可以树立起来。但谋臣并不这样做，反而引兵退却，与赵国讲和。凭着大王的英明，秦军的强大，称霸称王的事业竟不能成功，反被行将灭亡的赵国所欺，这全是谋臣的笨拙所造成的。

"且夫赵当亡不亡，秦当伯不伯，天下固量秦之谋臣一矣。乃复悉卒以攻邯郸，不能拔也，弃甲兵弩，战栗而却，天下固量秦力二矣。军乃引退，并于李下①，大王又并军而至，与战非能厚胜之也，又交罢却②，天下固量秦力三矣。内者量吾谋臣，外者极吾兵力。由是观之，臣以天下之从岂其难矣。内者吾甲兵顿，士民病，蓄积索，田畴荒，囷仓虚；外者天下比志甚固。愿大王有以虑之也！

【注释】

①李下：李城之下。李城，地名。赵邑，在今河南温县东。

②罢：同"疲"，疲惫。

【译文】

"再说，赵国该灭亡而没有灭亡，秦国该称霸而未能称霸，诸侯本已看透了秦的谋臣，此其一。秦国又动员所有兵力进攻邯郸，未能攻下，兵士们丢盔卸甲，抛掉武器，吓得直打哆嗦，狼狈后退，让诸侯看透了秦国的兵力，此其二。秦国的军队退却下来，集结在李城之下，大王合军奋力作战，未能取得重大战果，而又疲惫退却，诸侯当然看透了秦国的实力，此其三。他们在内看透了我们的谋臣，在外摸透了我们的兵力。这样看来，我认为诸侯的合纵是不难组织起来的。现在秦国国内军队困乏，军民疲病，积蓄消耗，田地荒芜，粮仓空虚；国外则诸侯联合的意志十分坚定。希望大王要有所虑啊！

"且臣闻之：战战慄慄①，日慎一日。苟慎其道，天下可有也。何以知其然也？昔者纣为天子，帅天下将甲百万，左饮于淇谷②，右饮于洹水③，淇水竭而洹水不流，以与周武为难。武王将素甲三千领④，战一日⑤，破纣之国，禽其身，据其地，而有其民，天下莫伤。

【注释】

①战战慄慄：戒慎恐惧。

②淇谷：即淇水。水出今山西陵川东境，经河南林县、淇县，南流入卫河。

③洹(huán)水：水出今河南林县西三十里林虑山，流经安阳、临漳，至内黄入卫河。

④素甲：白甲。武王处在服丧期间，故战士穿素服。

⑤一日：甲子日。

【译文】

"再者，我曾听说：战战兢兢，一天比一天谨慎。假如能谨慎地遵循这个道理，就可拥有天下了。怎么知道是这样呢？从前纣王做天子，带领百万大军，左边在淇水饮马，右边在洹水喝水，淇水被喝干，洹水也断流，以这样的兵力同周武王对抗。武王率领三千名身穿素甲的战士，在甲子日的一战，大败纣王，将他活捉，占领他的土地，拥有他的民众，天下没有谁为纣王感到伤痛的。

"智伯帅三国之众①，以攻赵襄主于晋阳②，决水灌之，三年，城且拔矣。襄主错龟、数策、占兆③，以视利害，何国可降，而使张孟谈④，于是潜行而出，反智伯之约，得两国之众，以攻智伯之国，禽其身，以成襄子之功。今秦地断长续短，方数千里，名师数百万，秦国号令赏罚，地形利害，天下莫如也。以此与天下，天下可兼而有也。

【注释】

①智伯：晋卿智伯瑶。三国：智、韩、魏。

②赵襄主：即赵襄子。晋阳：地名。赵邑，在今山西太原。

③错龟：即凿龟，在龟甲上钻孔，用火烧灼。数策：数蓍(shī)草的数目，排列成卦，进行占卜。占兆：看龟甲被灼后裂开的纹路，以预言吉凶。兆，裂纹的形状。

④张孟谈：人名。赵襄子的谋臣。

【译文】

"智伯率领智、韩、魏三家的大军,在晋阳城攻打赵襄子,决开晋水冲灌晋阳,战事持续三年,晋阳即将陷落。赵襄子凿龟甲、数蓍草、看兆纹,观察吉凶祸福,看哪一国可以争取。于是派张孟谈秘密出城,使韩、魏背叛了和智伯订立的盟约,率领韩、魏的部队,攻打智伯,把他生擒,成就了赵襄子的功业。现在秦国的土地,截长补短,有几千里见方,精兵数百万,秦国发号施令,赏罚严明,地势优越,诸侯不能和它相比,以这些条件对抗诸侯,是可以把诸侯完全兼并的。

"臣昧死望见大王,言所以一举破天下之从,举赵亡韩,臣荆、魏,亲齐、燕,以成伯王之名,朝四邻诸侯之道。大王试听其说,一举而天下之从不破,赵不举,韩不亡,荆、魏不臣,齐、燕不亲,伯王之名不成,四邻诸侯不朝,大王斩臣以徇于国,以为王谋不忠者。"

【译文】

"我冒着死罪,希望面见大王,陈述如何一举击破合纵联盟,灭赵亡韩,让楚、魏臣服,使齐、燕亲附,完成霸王大业,使四邻诸侯来朝的办法。大王试着听听我的建议,一举而诸侯的合纵联盟不破,赵国不拔,韩国不亡,楚、魏不臣服,齐、燕不亲附,霸王的功名不能成就,四邻诸侯不来朝见,大王可以斩了我在全国游行示众,以儆戒那些为大王谋划而不尽忠的人。"

四三　张仪欲假秦兵以救魏

【题解】

周显王二十七年(前322),魏将公孙衍在承匡和楚军交战,战事失利。时张仪初为魏相,故"欲假秦兵以救魏",来取得魏惠王的信任。

甘茂当时已为秦左丞相,他和张仪是政敌。左成向甘茂建议,顺水推舟,把秦兵交付张仪。如秦兵有重大伤亡,这支军队不能返秦,则张仪无法向惠文王交代,必不敢反秦;如果秦援魏之军战胜,奏凯回秦,则张仪在魏春风得意,也不会回到秦国。

左成的结论是:如以秦兵援魏,就可以为甘茂拔去张仪这颗眼中钉。

张仪欲假秦兵以救魏。左成谓甘茂曰:"子不如予之。魏不反秦兵,张子不反秦。魏若反秦兵,张子得志于魏,不敢反于秦矣。张子不去秦,张子必高子。"

【译文】

张仪想借秦兵去救魏国。秦臣左成对甘茂说:"您不如同意借兵给他,要是魏国不能送还秦军,那么,张仪就不敢返回秦国;如果魏国将秦军送还秦国,那张仪就有功于魏,也不会返回秦国。张仪如果不离开秦国,他的地位必然会在您之上。"

四四　司马错与张仪争论于秦惠王前

【题解】

秦惠王承商鞅变法之后,国基已立,准备拓展土地。司马错和张仪的争论,主旨在于向何处拓展比较恰当。张仪主张攻取中原心脏之地,以成就王业；司马错则认为秦还是地小民贫的国家，应先从容易处着手，取蜀地足以广国，得其财可以富民，所以主张伐蜀。他认为，这样就可以"利尽西海"，又可博得"禁暴正乱"的美名。惠王赞同司马错的意见，就派他领兵伐蜀。

司马错与张仪争论于秦惠王前①。司马错欲伐蜀，张仪曰："不如伐韩。"王曰："请闻其说。"

【注释】

①司马错：秦将。公元前361年，奉命领兵伐蜀。张仪：秦臣。本魏国人，是纵横家的代表人物之一。秦惠王：名驷，公元前337—前311年在位。

【译文】

司马错和张仪在秦惠王面前争论。司马错主张攻蜀，张仪说："不如攻韩。"秦惠王说："我愿听听你们的意见。"

对曰："亲魏善楚，下兵三川①，塞轘辕、缑氏之口②，当屯留之道③，魏绝南阳④，楚临南郑⑤，秦攻新城、宜阳⑥，以临二周之郊⑦，诛周主之罪，侵楚、魏之地⑧。周自知不救，九鼎宝器必出⑨。据九鼎，案图籍⑩，挟天子以令天下，天下莫敢不听，此王业也。今夫蜀，西辟之国而戎狄之长也，弊兵劳众不足以成名，得其地不足以为利。臣闻：'争名者于朝，争利者于市。'今三川、周室，天下之市朝也，而王不争焉，顾争于戎狄，去王业远矣。"

【注释】

①三川：韩郡名。因有黄河、洛水、伊水而得名。辖境包括黄河以南，今河南灵宝以东，中牟以西及北汝河上游地区。

②辍辕、缑（gōu）氏：均山名。辍辕山在河南巩县西南七十里，上有险关。缑氏在今河南偃师南二十里。

③屯留：韩地，在今山西屯留东南十里。

④南阳：地区名。在韩、魏之间，今河南济源、孟县、沁阳一带。

⑤南郑：韩都，在今河南新郑西二十五里。

⑥新城、宜阳：均韩地。新城，在今河南伊川西南。宜阳，在今河南宜阳西北十四里的韩城镇。

⑦二周：战国时，周分裂为东周、西周二小国。东周都巩（今河南巩义西南），西周都河南洛邑（今河南洛阳西）。

⑧楚、魏：当作"三川"。

⑨九鼎：相传是夏、商、周三代的传国之宝，是政权的象征。

⑩案：考察。图籍：指地图和户籍等档案文书。

【译文】

张仪回答说："先拉拢魏、楚两国，再出兵攻打韩的三川地区，堵住辍辕、缑氏的关口，塞住屯留的要道，让魏国切断韩国出兵南阳的路，让楚军进攻韩国的都城南郑，秦军再攻打新城和宜阳，兵锋直逼东、西二周的郊外，声讨二周国君的罪过，占领三川之地。周国知道无法援救，定会献上九鼎等宝物。我们占有了九鼎，并掌握地图和户籍等档案，就可以挟持周天子，号令诸侯，天下没有谁敢不服从，王业就成功了。现在的蜀国，只不过是西部偏僻的小国和戎狄部落的首领，损兵费力得不到称王称霸的名声，得到它的地盘也没有多大的好处。我听说：'争名要到朝廷上去，争利要到集市上去。'如今的三川、周室，正是天下的集市和朝廷，大王不去争夺它们，反而只去争夺落后的地区，这和建立王业相去就太远了。"

司马错曰："不然。臣闻之，欲富国者，务广其地；欲强兵者，务富其民；欲王者，务博其德。三资者备，而王随之矣。今王之地小民贫，故臣愿从事于易。夫蜀，西僻之国也，而戎狄之长也，而有桀、纣之乱①，以秦攻之，譬如使豺狼逐群羊也。取其地，足以广国也；得其财，足以富民；缮兵不伤众，而彼已服矣。故拔一国，而天下不以为暴；利尽西海②，诸侯不以为贪。是我一举而名实两符，而又有禁暴正乱之名。今攻韩劫天子，劫天子，恶名也，而未必利也，又有不义之名，而攻天下之所不欲，危！臣请谒其故。周，天下之宗室也；齐，韩、周之与国也③。周自知失九鼎，韩自知亡三川，则必将二国并力合谋，以因于齐、赵，而求解乎楚、魏。以鼎与楚，以地与魏，王不能禁，此臣所谓危，不如伐蜀之完也。"

【注释】

①桀、纣之乱：像夏桀、商纣那样的亡国祸乱。当时苴(jū)侯在汉中立国。蜀攻苴，苴侯奔巴。蜀又攻巴，苴侯求救于秦。

②西海：指蜀国。

③与国：同盟国。

【译文】

司马错说："不是这样。我听说，要使国家富足，务必扩大领土；要想兵力强大，务必使民众富有；要想建立王业，务必广施恩德。具备这三个条件，王业自然会随之而来。现在大王地小民贫，所以我希望从容易的地方着手。那蜀国确实是西方偏僻的小国和落后部族的首领，它恰好有夏桀、商纣那样的内乱，让秦国去攻打它，就好像用豺狼去追逐群羊一样容易。攻取它的地盘，足以扩大疆土；得到它的资源，就可使我们百姓富裕,这一仗不会伤亡多少人,它就已经降服了。这样,我们攻下一国,天下的人不会认为我们残暴;获取西方的财富,诸侯不会认为我们贪婪。我们这是一举而名利双收,能得到除暴止乱的好名声。如今去攻打韩国,胁迫天子,胁迫天子会背上坏名,而且未必能得到什么好处,又会落个不义的坏名声,攻打普天下都不赞成攻打的国家,这是很危险的! 请让我申诉一下理由。周是天下共尊的王室,齐是韩、周的同盟国。周国知道自己将失去九鼎,韩国知道自己将丢掉三川,它们两国就会齐心合力,通过齐、赵两国的疏通,让楚国和魏国不再以它们为敌。周把九鼎送给楚国,韩把土地送给魏国,大王是没法禁止的,这就是我说攻打韩、周存在危险的理由,不如攻打蜀国可保万全。”

　　惠王曰:“善! 寡人听子。”卒起兵伐蜀,十月取之,遂定蜀。蜀主更号为侯,而使陈庄相蜀①。蜀既属,秦益强富厚,轻诸侯。

【注释】

　　①陈庄:秦臣。公元前 314 年,秦惠王封公子通为蜀侯,任他为蜀相。

【译文】

　　秦惠王说:“好! 我听您的。”秦终于起兵攻蜀,用了十个月就占领了它,控制了蜀国的局势。蜀国君主改王号为侯,秦派陈庄去做蜀侯的国相。蜀国既已归附,秦国更加强大和富庶,更加轻视东方各国诸侯了。

四五　张仪之残樗里疾

【题解】

本章说樗里疾因受张仪的阴谋陷害,在出使楚国时,被迫出走。

樗里疾是秦惠王的异母弟,是秦国的贵戚重臣。惠王时,连年领兵出征,迭克名城,屡立战功,被封为严君,不可能有受张仪的残害而出奔的事。在秦武王时,张仪被逐奔魏,樗里疾为秦相,更不可能有此章所说的事。

本文所言,与史实不合,乃是拟托之作。

张仪之残樗里疾也,重而使之楚,因令楚王为之请相于秦。张子谓秦王曰:"重樗里疾而使之者,将以为国交也。今身在楚,楚王因为请相于秦。臣闻其言曰:'王欲穷仪于秦乎?臣请助王。'楚王以为然,故为请相也。今王诚听之,彼必以国事楚王。"秦王大怒,樗里疾出走。

【译文】

张仪要暗害樗里疾,就先提高他的地位,派他出使楚国,同时要楚王提出请秦王让樗里疾任相国。张仪对秦王说:"提高樗里疾的地位,派他出使楚国,乃是为了让两国友好。现在樗里疾在楚国,楚王就为他向秦国请求担任相国。我听他对楚王说:'大王您想要在秦国让张仪陷入困境吗?我愿意为您效劳。'楚王同意这样做,所以就为他请求在秦国担任相国。如果大王您真的答应楚王的请求,他必然会把秦国出卖给楚王。"秦王听了后,勃然大怒,樗里疾只好逃走了。

四六　张仪欲以汉中与楚

【题解】

本章言张仪欲以汉中与楚,受到甘茂的反对。据《史记·甘茂传》,秦惠王后元十三年(前312),甘茂佐魏章略定楚汉中地,可知平定汉中,甘茂是有功之臣,所以甘茂反对把汉中归还楚国。

张仪想以归还新取的汉中做条件,换取楚国参加连横。《史记·楚世家》载楚怀王十八年(前311)"秦使使约中分汉中之半以和楚",本章事当在其时。

张仪欲以汉中与楚,谓秦王曰:"有汉中蠹①,种树不处者,人必害之;家有不宜之财则伤本。汉中南边为楚利,此国累也。"甘茂谓王曰:"地大者,固多忧乎? 天下有变,王割汉中以和楚,楚必畔天下而与王。王今以汉中与楚,即天下有变,王何以市楚也?"

【注释】

①蠹(dù):蛀虫。此处为祸害之意。

【译文】

张仪打算把汉中让给楚国,他对秦惠王说:"占有汉中是个祸害,树种得不是地方,根部会受伤;家中有不义之财,人们会去伤害他。汉中靠近南边,是楚国的利益所在,它是我国的累赘。"甘茂对秦王说:"国土广大反而会成为国家的忧患吗? 天下的形势一旦变化,大王可用割让汉中做条件去联合楚国,楚国必定背离诸侯而支持大王。大王现在把汉中割给楚国,如果天下发生意外变化,大王又拿什么去讨好楚国呢?"

四七　楚攻魏

【题解】

　　周显王四十年(前329),楚攻魏,魏军反击,两军在陉山激战。张仪向秦惠王献策,不如出兵支持魏国,魏如战胜,将感激秦国,定会献出河西地区;魏如不胜,将无力守住西河,秦可乘机攻取。秦惠王采纳张仪的意见,出兵援魏,后来,魏击败楚军,但魏军也受到严重消耗,害怕受到秦军袭击,果然拱手献上河西地区,正如张仪的预料。

　　楚攻魏。张仪谓秦王曰[①]:"不如与魏以劲之,魏战胜,复听于秦,必入西河之外[②];不胜,魏不能守,王必取之。"王用仪言,取皮氏卒万人[③],车百乘,以与魏。犀首战胜威王[④],魏兵罢弊[⑤],恐畏秦,果献西河之外。

【注释】

①秦王:秦惠王。

②西河之外:即魏河西郡,包括黄河以西,洛水以东,华阴以北,延安以南的地区。

③皮氏:地名。本魏邑,后入秦,在今山西河津西二里。

④犀首:指魏臣公孙衍。借官名作人名。

⑤罢:同"疲",疲惫。

【译文】

　　楚国进攻魏国。张仪对秦王说:"您不如支持魏国,加强它的力量。魏国如战胜楚国,它将听命于秦国,一定会把西河之外的地区割给我们;如果魏国战败,它将无力防守,大王一定可以夺取过来。"秦王采纳张仪的意见,调动皮氏的大军万人,战车百辆,用来援助魏国。魏将犀首战胜了楚威王，但魏军已经疲惫，害怕秦国，果然献出了西河之外。

四八上　田莘之为陈轸说秦惠王曰

【题解】

陈轸和张仪同在秦惠王处受到重用，两人政见不合，处在对立地位。

田莘为陈轸游说秦惠王，以虢国的舟之侨和虞国的宫之奇为例，说明国有贤臣，才能使国家稳定。希望秦王信任陈轸，不要动摇。并指出张仪受楚指使，定会说陈轸的坏话。由于田莘的进说，秦惠王已有心理准备，张仪对陈轸的诽谤，自然就不起作用了。

田莘之为陈轸说秦惠王曰①："臣恐王之如郭君②。夫晋献公欲伐郭而惮舟之侨存③。荀息曰④：'《周书》有言，美妇破后。'乃遗之女乐以乱其政，舟之侨谏而不听，遂去。因而伐郭，遂破之。又欲伐虞⑤，而惮宫之奇存⑥。荀息曰：'《周书》有言，美男破老⑦。'乃遗之美男，教之恶宫之奇。宫之奇以谏而不听，遂亡。因而伐虞，遂取之。今秦自以为王⑧，能害王之国者，楚也。楚知横门君之善用兵⑨，与陈轸之智，故骄张仪以五国。来，必恶是二人。愿王勿听也。"张仪果来辞，因言轸也，王怒而不听。

【注释】

①田莘、陈轸：都是齐国人，当时在秦任职。

②郭：通"虢"，国名。姬姓。此指北虢，在今山西平陆。

③"夫晋献公"句：晋献公，春秋时晋国君，名诡诸，公元前676—前

338 年在位。伐虢,先后有二次,一次在公元前 658 年,一次在公元前 655 年。舟之侨,人名。虢国大夫,后带上他的族人去到晋国。

④荀息:人名。晋国大夫。

⑤虞:国名。姬姓,在今山西平陆东。

⑥宫之奇:人名。虞国大夫。

⑦老:指国老,资深的老臣。

⑧今秦自以为王:秦称王在惠王十三年(前 325),次年改元。

⑨横门君:秦将。

【译文】

田莘替陈轸对秦惠王说:"我担心大王将会遭到像虢君那样的危险。当初,晋献公想征伐虢国,又害怕虢国有大夫舟之侨在。晋大夫荀息说:'《周书》上说,美女能惑乱国君。'于是晋献公就把歌女送给虢君,扰乱他的政事。舟之侨劝说君主,虢君不听,舟之侨就离开了虢国。随后晋国出兵攻虢,终于灭掉虢国。晋国又想攻打虞国,又害怕虞国有大夫宫之奇在。荀息说:'《周书》上说,俳优能惑乱老臣。'于是晋献公就把俳优送给虞君,让他们乘机说宫之奇的坏话。宫之奇进谏,虞君不听,于是,宫之奇就逃离了虞国。晋国接着出兵攻虞,终于灭了虞国。现在大王称了王,能够危害大王国家的就是楚国。楚国知道横门君善于用兵,陈轸富于智谋,所以重用张仪,让他办理齐、燕、韩、赵、魏五国的事。张仪来到秦国,必然中伤这两人。希望大王不要听信他的话。"不久,张仪果然来说陈轸的坏话,惠王很生气,没有听他的话。

四八下　张仪又恶陈轸于秦王

【题解】

张仪又在秦惠王面前说陈轸在秦、楚两国之间摇摆不定,没有为秦国尽力,并且即将离秦入楚。

　　陈轸对秦王的询问,回答得非常巧妙。他以忠臣自命,说是只有忠臣孝子才是各方争取的对象,若不是忠臣,楚国怎么会接受他呢? 陈轸辩解的话,秦王无法反驳。陈轸真是一个富有机智的人。

　　张仪在秦惠文王十年(前328)担任秦相,陈轸随即出走到楚国。

　　张仪又恶陈轸于秦王,曰:"轸驰楚、秦之间,今楚不加善秦而善轸,然则是轸自为而不为国也。且轸欲去秦而之楚,王何不听乎?"

【译文】

　　张仪又向秦王说陈轸的坏话,他说:"陈轸奔走于楚、秦之间,可现在楚国并没有对秦国更加友好,却对陈轸友好,如此看来,陈轸全是为自己打算,而不是为了秦国。而且陈轸打算离开秦国到楚国去,大王您为什么不注意观察呢?"

　　王谓陈轸曰:"吾闻子欲去秦而之楚,信乎?"陈轸曰:"然。"王曰:"仪之言果信也!"曰:"非独仪知之也,行道之人皆知之。曰孝己爱其亲①,天下欲以为子;子胥忠乎其君②,天下欲以为臣。卖仆妾售乎闾巷者,良仆妾也;出妇嫁乡曲者,良妇也。吾不忠于君,楚亦何以轸为忠乎? 忠且见弃,吾不之楚,何适乎③?"秦王曰:"善!"乃止之也。

【注释】

　　①孝己:人名。殷高宗武丁的儿子,有孝行。
　　②子胥忠乎其君:子胥,人名。姓伍,名员,春秋时人,楚大夫伍奢

子,伍尚弟。楚平王杀奢及尚,子胥奔吴,忠于吴王,由于太宰嚭
(pǐ)的谗言,被吴王夫差赐令自杀。

③适:去,往。

【译文】

秦惠王对陈轸说:"我听说您想离开秦国到楚国去,是真的吗?"陈
轸说:"是真的。"秦王说:"看来张仪的话果然是对的!"陈轸说:"这事不
仅是张仪知道,连过路的人也知道。从前,殷高宗的儿子孝己爱自己的
父母,天下人都希望孝己做自己的儿子;伍子胥对吴王尽忠,天下君王
都希望伍子胥做自己的大臣。出卖仆妾,被邻里买下,这才是好仆妾;
被遗弃的女人,如果嫁给乡里,这才是好女人。我如果不忠于君王,楚
王又怎么会认为我是忠臣呢? 一片忠心,尚且被遗弃,我不到楚国去,
又能到哪里去呢?"惠王说:"好!"于是就让他留了下来。

四九　陈轸去楚之秦

【题解】

陈轸和张仪同事秦惠王,他们是一对冤家对头。张仪向秦王说,陈
轸是楚国奸细,经常为楚国提供情报,他不能和陈轸同朝共事,并进而
提出杀掉陈轸的建议。

眼看大祸临头,陈轸又如何渡过难关呢? 陈轸本是亲楚派,这是不
争的事实。秦王问他离秦后将会何往,陈轸干脆回答说,他愿到楚国。
这个回答,不是正和张仪说的话对上号吗? 真是惊险,不料陈轸却另有
高招。他辩解说,如果他在秦国任职,而又常向楚国传递情报,那就是
不忠于自己的君主,楚国怎么会接纳一个不忠的人呢? 要是楚国接纳
自己,不正表明自己是忠于秦国主子的吗? 一番话说得秦王无言以对,
只好善待陈轸。

史载,秦惠王对张仪的信任,并未因此而动摇。一年之后,张仪出

任秦相,陈轸也就灰溜溜地离开了。

　　陈轸去楚之秦。张仪谓秦王曰^①:"陈轸为王臣,常以国情输楚,仪不能与从事,愿王逐之。即复之楚,愿王杀之。"王曰:"轸安敢之楚也。"

【注释】

　　①秦王:秦惠王。

【译文】

　　陈轸离开楚国来到秦国。张仪对秦王说:"陈轸是您的大臣,常常把秦国的机密透露给楚国,我不能和这样的人共事,请大王驱逐他。如果他再想到楚国,请大王杀了他。"秦王说:"陈轸怎么敢再回楚国。"

　　王召陈轸告之曰:"吾能听子言,子欲何之? 请为子车约^①。"对曰:"臣愿之楚。"王曰:"仪以子为之楚,吾又自知子之楚,子非楚,且安之也!"轸曰:"臣出,必故之楚,以顺王与仪之策,而明臣之楚与不也^②。楚人有两妻者,人诳其长者^③,长者詈之;诳其少者,少者许之。居无几何,有两妻者死。客谓诳者曰:'汝取长者乎? 少者乎?''取长者。'客曰:'长者詈汝,少者和汝,汝何为取长者?'曰:'居彼人之所,则欲其许我也。今为我妻,则欲其为我詈人也^④。'今楚王,明主也;而昭阳,贤相也^⑤。轸为人臣,而常以国情输楚王^⑥,王必不留臣,昭阳将不与臣从事矣。以此明臣之楚与不。"

【注释】

①车约：当作"约车"。约，准备。

②不：同"否"。下同。

③诮(tiǎo)：同"挑"，挑逗，引诱。

④欲其为我詈(lì)人：言欲其忠于己。詈，骂。

⑤昭阳：楚怀王柱国(军政首脑)。

⑥楚王：楚怀王。

【译文】

秦王召见陈轸，对他说："我能听您说说，您想前往何处？请让我为您准备好车马。"陈轸说："我想回到楚国。"秦王说："张仪认为您想到楚国，我也知道您要到楚国去，除了楚国，您还能到哪里去呢！"陈轸说："我离秦必然故意到楚国去，以顺从大王和张仪的想法，这样来证明我是否倾向楚国。楚国有个人娶了两个妻子，有人调戏那个年龄较大的，受到责骂；调戏那个年龄较小的，她就答应了。过了不久，有两个妻子的那个人死了。旁人对调戏的人说：'你娶年龄大的还是年龄小的？'调戏的人答道：'娶年龄大的。'旁人说：'年龄大的骂你，年龄小的顺着你，你为什么还要娶年龄大的呢？'他回答：'在别人那里，就愿意她答应我的要求；现在做我的妻子，就愿意她为我去骂别人。'现在楚王是一个明智的君主，昭阳是贤明的丞相。我作为秦国的臣子，如果常把本国的情况泄露给楚国，楚王必然不会留下我，昭阳也就不会和我合作共事了。我将用这样的行动来证明我是否倾向楚国。"

轸出，张仪入，问王曰："陈轸果安之？"王曰："夫轸天下之辩士也。孰视寡人曰：'轸必之楚。'寡人遂无奈何也。寡人因问曰：'子必之楚也，则仪之言果信矣！'轸曰：'非独仪之言也，行道之人皆知之。昔者子胥忠其君，天下皆欲以为臣;孝己爱其亲,天下皆欲以为子。故卖仆妾不出里巷而取者,良仆妾也;出妇嫁于乡里者,善妇也。臣不忠于王,楚何以轸为? 忠尚见弃,轸不之楚而何之乎?'"王以为然,遂善待之。

【译文】

　　陈轸出去,张仪进来,问秦王说:"陈轸究竟会到哪里去?"秦王说:"陈轸是天下最能言善辩的人。他注视着寡人说:'我定会到楚国去。'我对他就是没有办法。我就问他道:'您一定要到楚国去,那么张仪的话果然说对了!'陈轸说:'不仅仅张仪这么说,路上的行人都知道会这样。从前,伍子胥对他的君主尽忠,天下都想让他做自己的臣子;孝己爱他的父亲,天下都想让他做自己的儿子。所以卖奴仆不离开里巷就卖掉的,这是好奴仆啊;被弃的妇人嫁到本乡本土的,定是好妇人啊。如果我对大王不忠心,楚国又怎么会让我做他的臣子呢? 忠心尚且被抛弃,我不到楚国,又能到哪里去呢?'"秦王认为他说得对,就好好对待他。

卷四　秦策二

五〇　齐助楚攻秦

【题解】

公元前313年，齐、楚合兵，攻占了秦地。秦国要想利益不受损害，必须拆散齐、楚邦交。于是张仪出马，扮演了重要角色。他用商於之地六百里做诱饵，欺骗楚怀王和齐绝交。陈轸看出了张仪的用心，竭力加以劝阻，利令智昏的楚怀王哪里听得进去。

楚怀王派人到秦国接受土地，张仪佯装生病，于是戏剧性的一幕出现了。楚怀王为了表示和齐绝交的诚意，竟然派出一名勇士，北上痛骂齐王。齐、楚断交，楚国孤立，成为定局。此时张仪巧变戏法，面对楚使，把六百里变成六里。怀王大怒，兴兵伐秦。陈轸再谏，怀王再度不听，孤立的楚军，终于被秦、齐、韩三国联军打得大败。

骗子张仪、昏君怀王、智士陈轸，合演了一台好戏。谁要相信天上会掉馅饼，结局就会如此。

齐助楚攻秦，取曲沃[①]。其后秦欲伐齐，齐、楚之交善，惠王患之，谓张仪曰：“吾欲伐齐，齐、楚方欢，子为寡人虑之，奈何？”张仪曰：“王其为臣约车并币[②]，臣请试之。”

【注释】

①曲沃：有两处，本文的曲沃在今河南陕县的曲沃镇。

②币：礼品。

【译文】

　　齐国帮助楚国攻打秦国，夺取了曲沃。后来秦国打算攻齐，齐国、楚国关系友好，秦惠王感到为难，对张仪说："我打算攻齐，齐国、楚国关系正融洽，您替我考虑，该怎么办？"张仪说："大王可以为我准备好车子和礼物，我愿意去试一下。"

　　张仪南见楚王曰①："弊邑之王所说甚者②，无大大王；唯仪之所甚愿为臣者③，亦无大大王。弊邑之王所甚憎者，亦无先齐王④；唯仪之甚憎者，亦无大齐王。今齐王之罪，其于弊邑之王甚厚，弊邑欲伐之，而大国与之欢，是以弊邑之王不得事令⑤，而仪不得为臣也。大王苟能闭关绝齐⑥，臣请使秦王献商於之地⑦，方六百里。若此，齐必弱，齐弱则必为王役矣。则是北弱齐，西德于秦，而私商於之地以为利也，则此一计而三利俱至。"

【注释】

①楚王：楚怀王。

②说：同"悦"。

③唯：音义同"虽"，即使是。

④齐王：齐宣王。

⑤令：善。

⑥闭关：关闭边关，不通使节。

⑦商於(wū)之地：指今陕西商州以南直至汉中的广大地区。

【译文】

　　张仪南行去见楚王,说:"敝国的君主最喜欢的人,莫过于大王您了;我所最愿意做臣子的,也莫过于大王您了。敝国的君主最讨厌的人,莫过于齐王了;我所最讨厌的人,也莫过于齐王了。如今对敝国来说,齐王的罪最深重,敝国想攻打齐国,而贵国和它关系融洽,所以敝国的君主无法为您效劳,我也不能做您的臣子。大王如能关闭边关和齐国断交,我愿意让秦王献上方圆六百里的商於之地。这样,齐国必定削弱;齐国削弱,就一定会受大王的差遣了。这样,既在北边削弱了齐国,又在西方讨好了秦国,又得到了商於之地,这样就把三方面的利益都得到了。"

　　楚王大说①,宣言之于朝廷曰:"不穀得商於之田②,方六百里。"群臣闻见者毕贺,陈轸后见,独不贺。楚王曰:"不穀不烦一兵,不伤一人,而得商於之地六百里,寡人自以为智矣! 诸士大夫皆贺,子独不贺,何也?"陈轸对曰:"臣见商於之地不可得,而患必至也,故不敢妄贺。"王曰:"何也?"对曰:"夫秦所以重王者,以王有齐也。今地未可得而齐先绝,是楚孤也,秦又何重孤国? 且先出地后绝齐,秦计必弗为也;先绝齐后责地③,且必受欺于张仪;受欺于张仪,王必惋之。是西生秦患,北绝齐交,则两国兵必至矣。"楚王不听,曰:"吾事善矣! 子其弭口无言,以待吾事。"楚王使人绝齐,使者未来,又重绝之。

【注释】

①说:同"悦"。

②不穀(gǔ):王侯自谦的称呼。

③责:求取,索取。

【译文】

楚王非常高兴,在朝中向群臣宣布:"我得到了商於方圆六百里的土地。"群臣听到都来祝贺,陈轸后到,唯独不祝贺。楚王说:"我没有动用一兵一卒就得到了商於方圆六百里的土地,我自认为很聪明了!士大夫们都来祝贺,唯独您不祝贺,为什么呢?"陈轸回答说:"在我看来,商於之地不能得到,而麻烦必定到来,所以不敢轻易地祝贺。"楚王说:"为什么?"陈轸答:"秦国之所以看重大王,是因为大王有齐国的支持。现在土地尚未得到,齐国的邦交就先断了,这会使楚国孤立,秦又怎么会看重一个孤立的国家?况且先献地后和齐国绝交,秦国一定不会同意;先和齐国绝交,再叫秦国献地,将会受到张仪的欺骗;要是受到欺骗,大王定会后悔。这样在西面产生了秦国的麻烦,北方和齐国断交,那么两国都会兵临楚国了。"楚王不听,说:"我这件事做得很好!您就闭口,不要再说,等待我完成此事。"楚王派出使者与齐国断交,使者还未回来,又再派人重申前议。

张仪反①,秦使人使齐,齐、秦之交阴合。楚因使一将军受地于秦。张仪至,称病不朝。楚王曰:"张子以寡人不绝齐乎?"乃使勇士往詈齐王。张仪知楚绝齐也,乃出见使者曰:"从某至某,广从六里②。"使者曰:"臣闻六百里,不闻六里。"仪曰:"仪固以小人,安得六百里?"使者反报楚王,楚王大怒,欲兴师伐秦。陈轸曰:"臣可以言乎?"王曰:"可矣。"轸曰:"伐秦非计也,王不如因而赂之一名都,与之伐齐,是我亡于秦而取偿于齐也。楚国不尚全乎?王今已绝齐,而责欺于秦,是吾合齐、秦之交也,国必大伤。"

【注释】

①反：同"返"。

②广从：横量为广，直量为纵。从，同"纵"。

【译文】

　　张仪返秦，秦国派人到齐，齐、秦两国暗中联合。楚国派出一位将军到秦国接受土地。张仪谎称有病，不上朝办事。楚王说："张先生您认为我不会和齐国断交吗？"于是派出勇士前往齐国，当面责骂齐王。张仪知道楚国已经与齐国断交，于是才出来接见楚国使者，说："从这里到那里，方圆六里。"使者说："我听说是六百里，而不是六里。"张仪说："我是个小人物，怎么能给六百里土地？"使者返回，报告楚王，楚王大怒，想要起兵攻秦。陈轸说："我还可以发言吗？"楚王说："可以。"陈轸说："攻秦不是办法，大王不如用一座大城贿赂秦国，和它一道攻齐，这样，我们在秦国方面失掉了土地，但可转而在齐国得到补偿。楚国不是没有受到损害吗？如今大王已和齐国绝交，而又责备秦国欺骗，那就是我们促成齐、秦两国的联合，国家必然受到重大伤害。"

　　楚王不听，遂举兵伐秦①。秦与齐合，韩氏从之，楚兵大败于杜陵②。故楚之土壤士民非削弱，仅以救亡者，计失于陈轸，过听于张仪。

【注释】

①举兵伐秦：楚怀王使将军屈匄（gài）伐秦。

②杜陵：当为"伎陵"之误，地在今陕西旬阳西。

【译文】

　　楚王不听，起兵攻秦。秦与齐国联合，韩国附合他们，楚兵在伎陵被打得大败。所以说楚国的力量并不微弱，但差一点就难免亡国的灾祸，这是由于没有采取陈轸的正确意见，错误地听信了张仪的谎言。

五一　楚绝齐

【题解】

齐、楚绝交,继而两国交战。楚王派陈轸使秦,秦王问陈轸该如何面对?

陈轸先是举出吴人病中吴吟的故事,表白对秦王旧情的怀念,接着又叙述了有名的卞庄子刺虎的故事。两虎相斗,一死一伤。卞庄子该出手时就出手,于是乎一举两得。建议秦王,先坐观成败,然后伺机取利,就像卞庄子所做的那样。

楚绝齐,齐举兵伐楚。陈轸谓楚王曰①:"王不如以地东解于齐,西讲于秦。"

【注释】

①楚王:楚怀王。

【译文】

楚、齐断交,齐兴兵攻楚。陈轸对楚王说:"大王不如用土地东边和齐国缓和关系,西边和秦国讲和。"

楚王使陈轸之秦,秦王谓轸曰:"子,秦人也①,寡人与子故也,寡人不佞,不能亲国事也,故子弃寡人事楚王。今齐、楚相伐,或谓救之便,或谓救之不便,子独不可以忠为子主计,以其余为寡人乎?"

【注释】

①子,秦人也:陈轸曾仕秦,故此云秦人。

【译文】

楚王派陈轸到了秦国,秦王对陈轸说:"您是秦国人,我和您是旧交,我不才,没有处理好国事,所以您抛弃我,投向楚王。如今齐、楚相攻,有人说救它好,有人说救它不好,您难道不可以在对您的主人尽忠的时候,也为我考虑一点吗?"

陈轸曰:"王独不闻吴人之游楚者乎?楚王甚爱之,病,故使人问之曰:'诚病乎?意亦思乎^①?'左右曰:'臣不知其思与不思,诚思则将吴吟。'今轸将为王吴吟。王不闻夫管与之说乎^②?有两虎诤人而斗者^③,管庄子将刺之^④,管与止之曰:'虎者,戾虫;人者,甘饵也。今两虎诤人而斗,小者必死,大者必伤。子待伤虎而刺之,则是一举而兼两虎也。无刺一虎之劳,而有刺两虎之名。'齐、楚今战,战必败一。败,王起兵救之,有救齐之利,而无伐楚之害。"

【注释】

①意:通"抑",或者。

②管与:鲁人。

③诤:通"争"。

④管庄子:即卞庄子,春秋时鲁国勇士。

【译文】

陈轸说:"您难道没有听说,有个吴国人在楚国做官的故事吗?楚王非常喜欢他,他生病了,就派人去探问他:'真的病了吗?或者是思乡呢?'楚王身边的人说:'我不知道他是否思乡,确实思乡,就会用吴国的乡音呻吟。'现在我也将为大王'吴吟'。大王没有听说过管与的意见吗?有两只老虎为争一个人而互相厮打,卞庄子准备去刺它,管与制止他，说：'老虎是猛兽，人是虎的美食。现在两虎争人而相互厮打，小的定会死，大的定会受伤。您等着老虎受了伤，再去刺它，就会一下解决了两只老虎。没有耗费刺杀一只老虎的力量，却获得了刺杀两只老虎的名声。'齐、楚如今交战，齐国必败。战败后，大王再发兵救它，获得了救齐的利益，而没有攻楚的损失。"

五二　秦惠王死

【题解】

秦惠王死，李雠向公孙衍建议，起用甘茂、公孙显、樗里疾，这三人都是张仪的对头，四人合力，张仪就必然靠边站了。

此章与事实不合，是时公孙衍在魏，甘茂、公孙显正在秦，樗里疾也并未废退。当出策士拟托。

秦惠王死，公孙衍欲穷张仪①。李雠谓公孙衍曰："不如召甘茂于魏，召公孙显于韩②，起樗里子于国③。三人者，皆张仪之雠也，公用之，则诸侯必见张仪之无秦矣！"

【注释】

①公孙衍：人名。魏国阴晋人。

②公孙显：人名。一作"公孙爽"，秦国贵臣。

③樗（chū）里子：即秦公子樗里疾。为人滑稽多智，人称"智囊"。

【译文】

秦惠王死了，公孙衍想要使张仪处于困境。李雠对公孙衍说："您不如从魏国召回甘茂，从韩国召回公孙显，在国内重新起用樗里疾。这三个人，都是张仪的仇敌，您任用他们，那诸侯必然知道张仪在秦国失宠了！"

五三　义渠君之魏

【题解】

义渠地处秦国后方，是羌族所建立的大国，和秦国经常发生冲突。

义渠君出访魏国，和魏相公孙衍有一次亲切交谈。由于相隔遥远，难得有再见的机会，公孙衍替义渠君提供了一个测量局势变化的晴雨表：秦国要是没有遇上麻烦事，会毫不留情地对义渠烧杀抢掠；如果在东方有战事，为了防止后院起火，就会尽量和义渠拉关系。这是暗示义渠君，应根据秦国的态度，采取适当的对策。

不久，五国攻秦，秦王向义渠君送去一份厚礼。按照公孙衍的说法，这不正是秦国有事的信号吗？机不可失，时不再来，义渠从秦国背后猛插一刀。公孙衍精心布下的一着棋，这时生效了。

义渠君之魏①，公孙衍谓义渠君曰："道远，臣不得复过矣，请谒事情。"义渠君曰："愿闻之。"对曰："中国无事于秦②，则秦且烧焫获君之国③；中国为有事于秦，则秦且轻使重币，而事君之国也。"义渠君曰："谨闻命。"

【注释】

①义渠：羌族建立的国家，地在今甘肃宁县、庆阳及宁夏固原一带。
②中国：指东方六国。事：指战事。
③烧焫(rè)：焚烧。

【译文】

义渠君到魏国去，公孙衍对义渠君说："道路遥远，我没有机会和您再见面了，我想告诉您一件事情。"义渠君说："我愿意倾听。"公孙衍回答说："东方各国如果对秦国没有军事活动，秦国就会焚烧并获取您的国家;东方各国如果对秦国有军事活动,秦国就会派出使臣,拿上厚礼来讨好您的国家。"义渠君说:"我会牢牢记住。"

　　居无几何,五国伐秦①。陈轸谓秦王曰:"义渠君者,蛮夷之贤君,王不如赂之以抚其心。"秦王曰:"善。"因以文绣千匹②,好女百人,遗义渠君③。

【注释】

①五国:楚、赵、魏、韩、燕。

②文绣:彩绣的丝织品。

③遗(wèi):赠予。

【译文】

过了不久,东方五国攻秦。陈轸对秦王说:"义渠君是蛮夷之地的贤明君主,大王不如贿赂他,安抚他的心。"秦王说:"好。"就用一千匹彩绣,百名美女,送给义渠君。

　　义渠君致群臣而谋曰:"此乃公孙衍之所谓也。"因起兵袭秦,大败秦人于李帛之下①。

【注释】

①李帛:秦邑,在今甘肃天水东八十里。

【译文】

义渠君召集群臣商议,说:"这不就是公孙衍所说的情况吗?"于是起兵偷袭秦国,在李帛城下把秦军打得大败。

五四　医扁鹊见秦武王

【题解】

扁鹊是传说中的名医,他精通医术,活人无数。山东微山两城山曾出土东汉时《扁鹊针灸行医图》的浮雕画像石,可见他的事迹流传久远,深入人心。

扁鹊本是春秋末年人,距离秦武王已有一百五十多年,本文所写的是一则寓言。

文中写秦武王请扁鹊治病,却又听左右的话,干扰扁鹊的诊治,引起了扁鹊的愤慨。目的在于说明,办事不能在"与知之者谋之"的时候,又去让"不知者败之",不然,只会把事情弄糟。以此治病会害死人,以此治国会导致亡国。做事让不懂行的人指手划足,必将出现险情。

医扁鹊见秦武王①,武王示之病,扁鹊请除。左右曰:"君之病在耳之前,目之下,除之未必已也,将使耳不聪,目不明。"君以告扁鹊。扁鹊怒而投其石曰②:"君与知之者谋之③,而与不知者败之④。使此知秦国之政也,则君一举而亡国矣。"

【注释】

①扁鹊:姓秦名越人,春秋战国间的名医。

②石:针石,治病的工具。

③知之者:指懂得医术的扁鹊。

④不知者:指秦王身边不懂医术的人。

【译文】

医生扁鹊拜见秦武王,武王谈了自己的病情,扁鹊愿意给他治病。

武王身边的人说:"大王的病,在耳朵的前面,眼睛的下面。治疗它未必能治好,将让听力受损,视力模糊。"武王告诉扁鹊。扁鹊生气地丢掉用来治病的针石,说:"您向懂得病情的人求教,而让不懂得病情的人从中破坏。要是秦国的政治也如此,那么您将会一下就亡国了。"

五五　秦武王谓甘茂曰

【题解】

攻韩、窥周,是秦国控制中原的战略目标,夺取宜阳则是实现这一目标的重要步骤。秦武王三年(前 308),派大将甘茂,实施宜阳战役。甘茂对秦武王分析了攻占宜阳的困难条件。在韩国方面,宜阳实力雄厚,防守坚固;在秦国方面,甘茂提军远征,又有樗里疾等人从内部掣肘。要想取得宜阳,必须有秦武王的完全信任。

甘茂举出几个例子,让秦武王对他委以全权。一是秦惠王信任张仪,因而取得"西并巴、蜀之地,北取西河之外,南取上庸"的赫赫战果。一是魏文侯派乐羊攻中山,虽然谤书盈箧,文侯毫不动摇,乐羊不负所托,终于灭掉中山。接着甘茂又用"曾参杀人"的故事,对谗毁他的人,先事预防。秦武王和甘茂在息壤定盟,表示对甘茂的坚定支持。

由于秦武王知人善任,用人不疑,甘茂终于克服重重障碍,拿下宜阳。

秦武王谓甘茂曰:"寡人欲车通三川以窥周室,而寡人死不朽矣。"甘茂对曰:"请之魏,约伐韩。"王令向寿辅行①。

【注释】

①向寿:人名。秦昭王母宣太后的外族,受到秦武王的宠幸。攻拔

宜阳之后,秦即派他驻守。

【译文】

秦武王对甘茂说:"我想把战车通到三川,灭掉周室,这样,我死后就可永垂不朽了。"甘茂回答说:"我要求出使魏国,约他们共同攻打韩国。"武王派亲信向寿,作为甘茂的副使。

甘茂至魏,谓向寿:"子归告王曰:'魏听臣矣,然愿王勿攻也。'事成,尽以为子功。"向寿归以告王,王迎甘茂于息壤①。

【注释】

①息壤:地名。在陕西咸阳东郊。

【译文】

甘茂来到魏国,便对向寿说:"您回去告诉大王说:'魏王已同意我的约定,但希望大王暂时不要进攻韩国。'事成之后,一切功劳全归于您。"向寿回到秦国,把这话告诉了武王,武王便在息壤迎接甘茂。

甘茂至,王问其故。对曰:"宜阳,大县也,上党、南阳积之久矣,名为县,其实郡也。今王倍数险,行千里而攻之,难矣。臣闻张仪西并巴、蜀之地,北取西河之外,南取上庸①,天下不以多张仪,而贤先王。

【注释】

①上庸:地名。楚邑,在今湖北竹山。

【译文】

甘茂到了息壤,武王问他为什么停止攻韩。甘茂回答:"宜阳是韩国的大县,上党和南阳两郡的财富都聚积在这里,它名义上是县,实际上相当一个郡。现在大王穿越重重险阻,要跋涉千里去进攻韩国,实在太难。我听说,张仪西并巴、蜀,北取西河之外,南占上庸,诸侯并不因此赞扬张仪的能力,却称颂先王的贤明。

"魏文侯令乐羊将,攻中山①,三年而拔之。乐羊反而语功,文侯示之谤书一箧②,乐羊再拜稽首曰③:'此非臣之功,主君之力也。'今臣羁旅之臣也,樗里疾、公孙郝二人者④,挟韩而议,王必听之,是王欺魏而臣受公仲倗之怨也⑤。

【注释】

①魏文侯令乐羊将,攻中山:魏文侯,名斯,周威烈王二十三年(前403),与韩、赵俱列为诸侯。乐羊,人名。魏将。中山,国名。春秋末年,白狄鲜虞族所建。战国初建都于顾(今河北定县),公元前406年,一度为魏所灭。

②箧(qiè):箱子。

③稽(qǐ)首:古代的跪拜礼,拜后,头至地,并作较长时间的停留,是最隆重的礼节。

④樗里疾、公孙郝:二人都是秦的公族,持亲韩的态度。

⑤公仲倗(péng):人名。韩相。

【译文】

"魏文侯派乐羊为将,进攻中山国,三年就灭掉了中山。乐羊返回魏国,称道自己的战功,文侯拿出一箱群臣诽谤乐羊进攻中山的意见书给他看,乐羊拜了两拜并行了稽首礼,说道:'这不是我的功劳,全是主上的力量。'我现在只不过是客居在秦国的人,樗里疾和公孙郝他们二人,抱着对韩国的偏心,非议攻韩的不当,大王定会听从,岂不是大王欺骗了魏国,而我又要受到公仲侈的怨恨了。

　　"昔者曾子处费①,费人有与曾子同名族者而杀人,人告曾子母曰:'曾参杀人。'曾子之母曰:'吾子不杀人。'织自若。有顷焉,人又曰:'曾参杀人。'其母尚织自若也。顷之,一人又告之曰:'曾参杀人。'其母惧,投杼逾墙而走②。夫以曾参之贤,与母之信也,而三人疑之,则慈母不能信也。今臣之贤不及曾子,而王之信臣又未若曾子之母也,疑臣者不适三人③,臣恐王为臣之投杼也。"王曰:"寡人不听也,请与子盟。"于是与之盟于息壤。

【注释】

①曾子:名参,字子舆,春秋时鲁国武城人,孔子弟子。费(bì):地名。鲁邑,在今山东费县西南。

②杼(zhù):织机的梭子。

③不适:不止,不仅。适,通"啻"。

【译文】

　　"从前,曾子在费地,费地有个与曾子同名同姓的人杀了人。有人告诉曾子的母亲说:'曾参杀了人。'曾子的母亲说:'我的儿子不会杀了。'她照样织布。过了一会儿,又有人来说:'曾参杀了人。'曾子的母亲仍然照样织布。又过了一会儿,一人跑来说:'曾参杀了人。'曾子的母亲就惊恐万状,扔掉梭子,翻过垣墙,仓皇逃跑了。像曾参这样贤德的人,而曾参的母亲又对他那样信任,可是三个人不实的话,就使曾参的慈母也不能信任他。现在我不如曾参贤能,大王相信我又不如曾子的母亲那样,猜疑我的更不止三人,我担心大王会像曾参的母亲那样对我扔掉梭子逃跑。"武王说:"我不会听信别人的议论,让我们订立盟约吧。"于是武王与甘茂在息壤订下了盟约。

　　果攻宜阳,五月而不能拔也。樗里疾、公孙郝二人在争之王,王将听之,召甘茂而告之。甘茂对曰:"息壤在彼。"王曰:"有之。"因悉起兵,复使甘茂攻之,遂拔宜阳。

【译文】

　　果然甘茂在继续攻打宜阳时,一连五个月未能攻下。樗里疾、公孙郝二人便在武王面前议论进攻宜阳不恰当,武王打算听从他们的意见,就召见甘茂,把情况告诉他。甘茂说:"息壤的盟誓就摆在那里。"武王说:"是有这回事。"于是调动全部兵力,支持甘茂继续进攻,终于攻下了宜阳。

五六　宜阳之役

【题解】

　　宜阳战役进行时,秦国的外交活动也在紧锣密鼓地进行。当时楚怀王派大将景翠领兵救韩,与宜阳的守军遥相呼应,对秦军形成两面夹攻的态势。冯章建议秦王,诈称把汉中地给予楚国,楚方必高兴而停止进军,韩国就孤立无援了。

　　战事结束,秦王反悔,答应向楚交出汉中的许诺,就成了一场骗局。

　　宜阳之役,冯章谓秦王曰①:"不拔宜阳,韩、楚乘吾弊,国必危矣! 不如许楚汉中以欢之。楚欢而不进,韩必孤,无奈秦何矣!"王曰:"善。"果使冯章许楚汉中,而拔宜阳。楚王以其言责汉中于冯章②。冯章谓秦王曰:"王遂亡臣,因谓楚王曰：'寡人固无地而许楚王。'"

【注释】

①冯章：人名。秦臣。秦王：秦武王。

②楚王：楚怀王。

【译文】

　　当秦、韩在宜阳交战之时，冯章对秦武王说："如果宜阳攻不下，韩、楚联合，乘我兵力疲惫前来进犯，那我们处境必然危险了！不如答应把汉中割给楚国，使楚国高兴。楚国一高兴，就不会进兵，韩国必然孤立，这样，韩国对秦国也就无可奈何了！"武王说："好。"果然派冯章出使，答应把汉中割给楚国，于是秦国攻下了宜阳。楚怀王随后要求冯章实现他的诺言，割让汉中给楚国。冯章对秦王说："大王就让我逃走，然后对楚王说：'我本来没有答应割地给楚王的。'"

五七　甘茂攻宜阳

【题解】

　　宜阳是韩国军事重镇，势在必守。秦军的这场攻坚战，进行得并不顺利。战事经历五月，未能奏效，损兵折将，士气大受影响。甘茂连擂三通进军鼓，战士仍然不肯冲锋，使他非常失望。

　　右将向寿及时提醒甘茂，如不讲求用兵之术，还将遭受更大的挫折。甘茂知道自己是客籍人士，没有后台，宜阳之战，欲罢不能，有进无退，只有拼死决战，才有出路；不然，宜阳城郊就是他的坟墓。于是把自己的私财加入公家的赏金中，对立功的人重重赏赐。第二天，击鼓进军，一举就拔掉宜阳。

甘茂攻宜阳，三鼓之而卒不上。秦之右将向寿对曰："公不论兵，必大困。"甘茂曰："我羁旅而得相秦者，我以宜阳饵王。今攻宜阳而不拔，公孙郝、樗里疾挫我于内，而公中以韩穷我于外[1]，是无茂之日已！请明日鼓之，而不可下，因以宜阳之郭为墓！"于是出私金以益公赏。明日鼓之，宜阳拔。

【注释】

①公中：即韩相公仲倗（péng）。中，同"仲"。

【译文】

甘茂攻打韩国的宜阳，擂罢了三通鼓，战士仍然不肯冲锋。秦国的右将军向寿说："您如果不论士气如何而进行强攻，定会陷入严重的困境。"甘茂说："我客居秦国而能当上丞相，是我用攻下宜阳来引得大王高兴。现在宜阳不能攻下，在国内有公孙郝、樗里疾的阻挠，国外有公仲倗用韩国的力量来窘迫我，这是我的末日到了！明天我再击鼓进军，如再攻不下，就把宜阳城郊作为我的葬身之地吧！"于是拿出自己的钱加在公家的赏金里。第二天击鼓进军，宜阳就被攻下了。

五八　宜阳未得

【题解】

宜阳战役是一场攻坚战，秦军损兵折将很多，主将甘茂一度信心动摇，要想半途而废。楚人左成为他分析内外形势，劝他坚持下去，定能攻克宜阳。

宜阳未得，秦死伤者众，甘茂欲息兵。左成谓甘茂曰：

"公内攻于樗里疾、公孙郝,而外与韩倗为怨,今公用兵无功,公必穷矣。公不如进兵攻宜阳,宜阳拔,则公之功多矣,是樗里疾、公孙郝无事也,秦众尽怨之深矣。"

【译文】

宜阳没有攻下,秦兵已经死伤很多,甘茂想罢兵不攻。楚人左成对甘茂说:"您在国内受到樗里疾、公孙郝的攻击,在国外又和韩公仲倗结怨,如果您不能建立战功,就会没有退路了。您不如继续攻打宜阳,攻下宜阳,您就建立了丰功伟绩,樗里疾、公孙郝二人再也没有攻击您的把柄,秦国的老百姓都会深深地怨恨他们二人。"

五九　宜阳之役

【题解】

宜阳战役开始时,楚曾经和韩联合,对秦国形成压力。

甘茂对秦王分析,楚、韩虽然联合,但是都心存疑虑,互相观望,不肯卖力作战,所以它们的联合必然脆弱,是很容易瓦解的,让秦王不要为此担心。

宜阳之役,楚畔秦而合于韩。秦王惧。甘茂曰:"楚虽合韩,不为韩氏先战;韩亦恐战而楚有变其后。韩、楚必相御也。楚言与韩,而不余怨于秦,臣是以知其御也。"

【译文】

当秦、韩在宜阳交战时,楚国背叛秦国而与韩国联合。秦武王非常害怕。甘茂说:"楚国虽与韩国联合,但它不会为韩国打头阵;韩国也担心秦、韩开战后,楚国会在自己后面偷袭。韩、楚两国必然互相防备。楚国虽然宣称与韩国联合,但又不愿与秦国结仇,所以我知道他们会互相戒备的。"

六〇　秦王谓甘茂曰

【题解】

秦王问甘茂说,楚国派来的使臣多半是态度强硬而善辩的人,使自己难于应付,应该怎么办?

甘茂提出的办法是,遇上健谈的对手,就用闭目塞听的手段对他;遇上言语温和的使臣,就尽量顺从他。这样,楚国自然就会派言辞温和的人来了,问题不是就解决了吗?

秦王谓甘茂曰:"楚客来使者多健,与寡人争辞,寡人数穷焉①,为之奈何?"甘茂对曰:"王勿患也。其健者来使,则王勿听其事;其需弱者来使②,则王必听之。然则需弱者用而健者不用矣,王因而制之。"

【注释】

①穷:辞穷,难于应答。

②需弱:软弱。需,通"懦",懦弱。

【译文】

秦武王对甘茂说:"楚国派来的使臣,多是能言善辩的人,他们和我争论,我常常难以对答,该怎么办呢?"甘茂说:"大王不用发愁。如果健谈的人出使我国,任他怎么说,大王也不听他的;那些态度温和口才差的人出使我国,大王一定听从他的意见。那么,懦弱的人受到任用而健谈的人就靠边站了，大王就可乘机控制他们。"

六一上　甘茂亡秦且之齐

【题解】

本章写苏子为甘茂奔走秦、齐之间，使他们都重视甘茂，甘茂得以重获要职。

甘茂是才智之士，他在离秦往齐的途中，恰好遇到苏子。甘茂用江上处女和群女会织，先到纺织处洒扫布席的寓言，希望苏子也能仿效，做这种无损于己而有益于人的事，拉他一把。

以下写苏子用利害关系，游说秦、齐两国的君主，争用甘茂，使甘茂骤形重要。秦王用相印到齐国迎接甘茂，让他官复原职，齐王则任命甘茂为上卿，让他留在齐国。甘茂的机智和苏子无碍的辩才，一一跃然纸上。

　甘茂亡秦且之齐①，出关遇苏子②，曰："君闻夫江上之处女乎？"苏子曰："不闻。"曰："夫江上之处女，有家贫而无烛者，处女相与语，欲去之。家贫无烛者将去矣，谓处女曰：'妾以无烛，故常先至，扫室布席，何爱余明之照四壁者③？幸以赐妾，何妨于处女？妾自以有益于处女，何为去我？'处女相语以为然而留之。今臣不肖，弃逐于秦而出关，愿为足下扫室布席，幸无我逐也。"苏子曰："善。请重公于齐。"

【注释】

①甘茂亡秦且之齐：秦昭王元年（前306），大臣向寿等谗毁甘茂，甘

茂害怕对己不利,遂出走。且,将。

②关:指函谷关。苏子:后文作"苏秦"。

③爱:吝惜。

【译文】

甘茂从秦国出逃,打算到齐国去。出关后遇见苏秦说:"您听说过江上处女的故事吗?"苏秦说:"没有听说过。"甘茂继续说道:"在江上的处女中,有一个家贫而无烛的人,其他处女互相商量,想赶走她。家贫无烛的那个处女在要离开时,对其他处女说:'我因为没有烛的缘故,所以经常先到,打扫房屋,铺好席子,何必吝惜照耀四壁的剩余烛光呢?大方地赐给我,对你们有什么妨碍呢?我自认为对你们也有一些好处,为什么还要赶我?'处女们相互商量,认为她说得对,就把她留下来。现在我不才,被秦抛弃,将要出关,愿意为您打扫房屋,铺好坐席,希望您不要赶我。"苏秦说:"好。我想法子让齐国重用您。"

乃西说秦王曰:"甘茂,贤人,非恒士也。其居秦累世重矣①,自殽塞、谿谷②,地形险易尽知之。彼若以齐约韩、魏,反以谋秦③,是非秦之利也。"秦王曰:"然则奈何?"苏秦曰:"不如重其贽、厚其禄以迎之④。彼来则置之槐谷,终身勿出,天下何从图秦?"秦王曰:"善!"与之上卿⑤,以相迎之齐⑥,甘茂辞不往。

【注释】

①居秦累世重矣:甘茂历事秦惠王、武王、昭王,所以说他数世受重用。

②殽(xiáo)塞:即崤山,在今河南洛宁北。西北接陕县,东接渑池县。崤有两峰,东西相距三十五里,故又称二崤。其山上有峻

坡，下临绝涧，山路奇狭。是极险之地。谿谷：此及后文"槐谷"，

《史记》并作"鬼谷"，其地在今陕西三原的清水谷。

③反：同"返"。

④贽(zhì)：古代见面时馈赠对方的礼物。男子相见，大的用玉帛，

小的用禽鸟。

⑤上卿：最高爵位。

⑥以相迎之：或作"以相印迎之"。下同。

【译文】

苏秦就西去向秦王进言说："甘茂是贤能的人，不是平常的人。他停留在秦国，几代受到重用，秦地的崤山、谿谷等地形的复杂情况，他都知道。他如果通过齐国拉拢韩、魏两国，转而对付秦国，这对秦国是没有好处的。"秦王说："如果那样，该怎么办？"苏秦说："不如拿上贵重的礼物，用丰厚的俸禄去欢迎他。他来了，就把他安置在槐谷，终身不让他出来，各国又怎么能算计秦国呢？"秦王说："好！"给予他上卿的爵位，用丞相的职位到齐国迎接他。甘茂推辞，不肯前往。

苏秦为谓齐王曰："甘茂，贤人也，今秦与之上卿，以相迎之，茂德王之赐，故不往，愿为王臣。今王何以礼之？王若不留，必不德王。彼以甘茂之贤，得擅用强秦之众，则难图也。"齐王曰："善。"赐之上卿，命而处之①。

【注释】

①命而处之：此文的末尾，《史记·甘茂传》有"秦于是厚待甘茂的家属以拉拢齐国"的话，作为此事的结束。

【译文】

苏秦替他对齐王说："甘茂是贤能的人。现在秦国给予他上卿的爵

位,用相印来迎接他,甘茂感谢大王的赐予,所以没有前往,愿意做大王的臣子,现在大王用什么礼节来对待他呢? 大王如果不留住他,他一定不会感谢大王。以甘茂的才能,又能动用强秦的力量,就难以对付了。"齐王说:"好。"就赐予他上卿的爵位,让他留下来。

六一下　甘茂相秦

【题解】

甘茂担任秦武王的左丞相。武王喜欢公孙衍,曾私下对他说,将要用他为相。甘茂的地位,显然受到了威胁。

甘茂的手下探听到这个消息,就告诉了甘茂。甘茂立即入朝,面见秦王,祝贺他得到了贤相。武王问他从哪里知道的。甘茂说,是公孙衍亲口告诉他的。武王对公孙衍不能保守秘密,很不高兴,就把他赶走了。

甘茂善于利用机密情报,编造公孙衍泄密的诳言,使对方有口难辩,从而排除了政敌。

甘茂相秦,秦王爱公孙衍①,与之间有所立,因自谓之曰:"寡人且相子。"甘茂之吏道穴闻之,以告甘茂。甘茂因入见王曰:"王得贤相,敢再拜贺。"王曰:"寡人托国于子,焉更得贤相?"对曰:"王且相犀首。"王曰:"子焉闻之?"对曰:"犀首告臣。"王怒于犀首之泄也,乃逐之。

【注释】

①公孙衍:人名。魏臣。下文"犀首"亦指的是公孙衍,借官名作人名。

【译文】

甘茂出任秦国的相国，而秦王喜欢公孙衍，和他私下谈话，亲自对公孙衍说："我将要任命您为相国。"甘茂的下属凿洞偷听到这番话，把这个情况告诉了甘茂。甘茂因此去拜见秦王，说："大王得到了贤相，我给大王道喜。"秦王说："我把国家大事委托给您，怎么说又得到贤相呢？"甘茂说："大王将要任命犀首为相。"秦王说："您从哪儿听来这番话呢？"甘茂回答说："是犀首告诉我的。"秦王认为犀首泄露了秘密，大为恼怒，就把他赶走了。

六二　甘茂约秦、魏而攻楚

【题解】

周赧王三年（前312），秦国由甘茂出面，约秦、魏联合攻楚，楚国派屈匄求和。

甘茂向秦惠王建议，让魏国主持和议。秦、魏亲善，必能从楚国多取得土地。后来媾和不成，秦、楚发生丹阳之战，楚军大败，楚将屈盖被虏，魏、韩乘机袭楚，可见甘茂联魏的策略是收到了成效的。

甘茂约秦、魏而攻楚，楚之拒秦者屈盖①，为楚和于秦，秦启关而听楚使。甘茂谓秦王曰："怵于楚而不使魏制和②，楚必曰'秦鬻魏'③。不悦而合于楚。楚、魏为一，国恐伤矣。王不如使魏制和，魏制和必悦。王不恶于魏，则寄地必多矣。"

【注释】

①屈盖：人名。楚将。又作"屈匄"。

②怵(xù):引诱。

③鬻(yù):卖。

【译文】

甘茂联合秦、魏去攻打楚国,楚国抗秦将领屈盖主张与秦国议和。秦国打开了关隘来接待楚国议和的专使。甘茂对秦王说:"如果您受楚国的利诱,而不让魏国主持议和,那楚国定会宣扬'秦国出卖了魏国'。魏国一怒之下就会与楚联合。楚、魏两国联合在一起,秦国恐怕就要受到伤害了。大王不如让魏国主持议和的事,魏国主持议和后必定会高兴。大王能不得罪魏国,那楚国割让给秦国的土地就一定会很多。"

六三　陉山之事

【题解】

周赧王三十年(前285),秦、赵联合,出兵陉山,东向攻齐。齐王恐惧,派大将田章赶赴赵国,以割地和派遣亲信子弟做人质为条件,要求与赵国议和。

赵惠文王很高兴,准备同意齐国请求,派人向秦昭王通报情况。秦王派公子他告知赵国,表示不同意,并说将加派甲士四万,攻打齐国。

这时苏秦在齐,正受到闵王的重用,他为齐献书穰侯,从五个方面说明三晋是秦的仇敌,"破齐肥赵",对秦有害无利,是极不明智的举动,劝说穰侯罢兵,不要攻齐。

这时,秦、赵与燕、韩、魏联合,五国伐齐,已如箭在弦,怎会因为这封信就半途而废呢!

陉山之事①,赵且与秦伐齐。齐惧,令田章以阳武合于赵②,而以顺子为质③。赵王喜④,乃案兵告于秦曰:"齐以阳武赐弊邑而纳顺子，欲以解伐，敢告下吏⑤。"

【注释】

①陉（xíng）山之事：即陉山之役。陉山，地名。在今河南新郑西南
　三十里。

②田章：人名。齐将。阳武：当为章武，地名。齐邑，在今河北沧州
　东北。

③顺子：齐闵王的子侄，过去就曾在赵国做过人质。

④赵王：赵惠文王。

⑤下吏：指秦吏。不敢直指秦王，故谦称"敢告下吏"。

【译文】

在陉山的战役中，赵国准备和秦国一起攻打齐国，齐王害怕，便派田章到赵国，以割让阳武为条件，希望与赵国和好，并以齐公子顺子作为人质。赵王很高兴，于是停止了对齐国的进攻，并告诉秦王说："齐国割让阳武给我，又以顺子作为人质，希望我们不要进攻。所以，我特将这个情况向您的手下通报。"

秦王使公子他之赵①，谓赵王曰："齐与大国救魏而倍约，不可信恃，大国不义，以告弊邑，而赐之二社之地②，以奉祭祀。今又案兵，且欲合齐而受其地，非使臣之所知也。请益甲四万，大国裁之！"

【注释】

①秦王：秦昭王。公子他：一作"公子池"，秦惠文王子，昭王之兄。

②二社：战国时，东方各国有里社。二十五家为里，里有社。二社，
　二里，五十家。

【译文】

秦王就派公子他到赵国,对赵王说:"从前齐国和贵国援救魏国,却违背了盟约,齐国是不可信赖的。您认为齐国处置不当,把这个情况告诉我们。可是以前您给秦国两社之地用来祭祀。现在却按兵不动,准备与齐国联合,还想接受他们割地的条件,这是我们不能理解的。我们就给您增加甲士四万,请贵国裁定吧!"

苏秦为齐献书穰侯曰:"臣闻往来之者言曰:'秦且益赵甲四万人以伐齐',臣窃必料弊邑之王曰:'秦王明而熟于计,穰侯智而习于事,必不益赵甲四万人以伐齐。'是何也?夫三晋相结,秦之深雠也。三晋百背秦,百欺秦,不为不信,不为无行。

【译文】

苏秦为齐国给秦相穰侯写信说:"我听最近在秦、赵之间来往的人说:'秦国准备给赵国增加甲士四万来进攻齐国。'我料想敝国君定会说:'秦王明察秋毫,而又善于谋划,穰侯智慧过人,又娴熟军事,他们一定不会派出四万兵力增援赵军去进攻齐国的。'为什么是这样呢?三晋联合,是秦国的大敌。三晋上百次背叛秦国,上百次欺侮秦国,秦国却不认为它们是不守信用、违背道德的行为。

"今破齐以肥赵,赵,秦之深雠,不利于秦,一也。秦之谋者必曰:'破齐弊晋,而后制晋、楚之胜。'夫齐罢国也①,以天下击之,譬犹以千钧之弩决溃痈也,秦王安能制晋、楚哉?二也。秦少出兵则晋、楚不信,多出兵则晋、楚为制于秦。齐恐,则必不走于秦且走晋、楚。三也。齐割地以实晋、楚则晋、楚安，齐举兵而为之顿剑则秦反受兵。四也。是晋、楚以秦破齐，以齐破秦，何晋、楚之智而齐、秦之愚！五也。

【注释】

①罢：同"疲"，疲弱。

【译文】

"现在贵国帮助赵国打败齐国，以增强赵国的国力，而赵国是秦国的大敌，这对秦国并不利。此其一。秦国的谋士们一定会说：'打败了齐国，三晋和楚国也会因此疲惫不堪，随后可以一举战胜三晋、楚国。'齐国疲弱，三晋和楚国攻打齐国，就像用千钧强弩去穿透脓疮那样容易，秦王又怎么能战胜三晋，楚国呢？此其二。秦国少出兵就不能取信于三晋和楚国，多出兵就会被三晋和楚国所控制。齐国如果害怕，就一定不会投靠秦国，而会投靠三晋、楚国。此其三。齐国割地给三晋和楚国，三晋、楚国就会退兵不进攻齐国，齐国回头举兵与秦国决战，秦国就反会受到攻击，此其四。这样，三晋、楚国借秦国之力打败齐国，又借齐国之力打败秦国。为什么三晋、楚国就这样聪明，而齐、秦却如此愚蠢！此其五。

"秦得安邑①，善齐以安之，亦必无患矣。秦有安邑，则韩、魏必无上党矣。夫取三晋之肠胃与出兵而惧其不反也，孰利？故臣窃必料弊邑之王曰：'秦王明而熟于计，穰侯智而习于事，必不益赵甲四万人以伐齐矣。'"

【注释】

①安邑：地名。魏旧都，在今山西夏县西北十五里。

【译文】

"秦国如果夺得安邑，与齐国和好，安定齐国，这就会相安无事。秦国据有安邑，韩、魏的上党就必然不保。占据三晋要害之地上党和安邑，这和出兵攻齐而担心有来无回相比，哪个有利呢？所以我料到敝国的君王定会说：'秦王明察秋毫，又善于谋略，穰侯才智过人，又懂军事，他们一定不会给赵国增加四万兵力去进攻齐国的。'"

六四　秦宣太后爱魏丑夫

【题解】

秦昭王母宣太后深爱着魏丑夫，当她病危时，传下话来说："要是我死了，一定要小魏殉葬，让他和我生死相依。"魏丑夫怕死，极不情愿。秦臣庸芮为他向宣太后进言道："以太后的冰雪聪明，明知死人没有感觉，何苦白白让自己亲爱的人殉葬呢？要是死者有知，先王早已火冒三丈，您怎么还能想到个人私情呢？"

庸芮的话打动了太后，此事终于作罢。

宣太后和魏丑夫的私情，显然是朝臣们都知道的，太后不怕别人说三道四，故遗命让魏丑夫殉葬。庸芮的说辞，雄辩而带有几分幽默，要是放在后世，就是"无人臣礼"，说不定性命堪忧。太后竟然点头称"善"，加以采纳，说明当时贵族们对婚外恋存在着颇为宽容的浪漫情怀。也可能因为秦国僻处边陲，杂戎狄之俗，和中原人士的礼制观念有所不同吧！

秦宣太后爱魏丑夫①。太后病将死，出令曰："为我葬，必以魏子为殉。"魏子患之。庸芮为魏子说太后曰②："以死者为有知乎？"太后曰："无知也。"曰："若太后之神灵，明知死者之无知矣，何为空以生所爱葬于无知之死人哉？若死者有知，先王积怒之日久矣，太后救过不赡，何暇乃私魏丑夫乎?"太后曰:"善。"乃止。

【注释】

①秦宣太后:秦惠王后,昭襄王母。魏丑夫:人名。魏人,名余。

②庸芮:人名。秦臣。

【译文】

秦宣太后爱恋魏丑夫,宣太后病重将死,便下令说:"如果我死了,一定要魏丑夫为我殉葬。"魏丑夫非常忧愁。庸芮为魏丑夫向太后说:"您认为人死了还会有知觉吗?"宣太后说:"不会有知觉了。"庸芮说:"像太后这样聪明的人,明明知道人死后不会有什么知觉,为什么白白地把自己喜欢的人和没有知觉的人同葬呢? 如果死人还有知觉的话,那先王早就不知道有多么生气了。太后补救过失还来不及,哪还有时间去私爱魏丑夫呢?"宣太后说:"好。"于是就把这事放下了。

卷五 秦策三

六五 薛公为魏谓魏冉曰

【题解】

薛公田文在齐国发动政变失败，出亡到魏国，和齐闵王成为仇敌，遂联合三晋攻齐。公元前288年，秦重臣吕礼在齐为相，秦昭王想通过吕礼拉拢齐国。齐、秦亲善，对三晋攻齐不利。这时，担任魏相的薛公，要设法阻止这种情况的出现，就为魏国写信给秦相魏冉，进行游说。信中说，如果齐、秦联合，兵临三晋，吕礼必然并相齐、秦，对魏冉有害无益。要是魏冉支持魏国攻齐，魏国将帮助他取得陶邑，作为封地。破齐定封，吕礼丧失了发言权，秦、齐都会对魏冉更加重视，这是上上之策。

薛公为魏谓魏冉曰①："文闻秦王欲以吕礼收齐以济天下②，君必轻矣。齐、秦相聚以临三晋，礼必并相之，是君收齐以重吕礼也。齐免于天下之兵，其雠君必深。君不如劝秦王令弊邑卒攻齐之事。齐破，文请以所得封君。齐破晋强③，秦王畏晋之强也，必重君以取晋。齐予晋弊邑而不能支秦，晋必重君以事秦，是君破齐以为功，挟晋以为重也。

破齐定封，而秦、晋皆重君；若齐不破，吕礼复用，子必大
穷矣。"

【注释】

①薛公：孟尝君田文。

②秦王欲以吕礼收齐：秦王，秦昭王。吕礼，人名。仕昭王为五大
夫。昭王十三年（前294），吕礼奔魏，后又奔齐，齐闵王任他
为相。

③晋：此指魏国。

【译文】

薛公田文为魏国劝说秦相魏冉说："我听说秦王想通过吕礼去联合
齐国，以征服天下，您一定会受到轻视。齐、秦联合起来以威胁三晋，吕
礼必然会做齐、秦两国的相国，这样您就等于替吕礼联合了齐国，从而
抬高了吕礼的地位。如果齐国避免了遭到诸侯的进攻，那就会加深对
您的仇恨。您不如劝秦王让敝国去完成攻齐的任务。如果攻破齐国，
我田文将请求魏王把所得的齐国土地作为您的封地。齐国如果被魏国
打败，魏国就会强大，秦王担心魏国强大，一定会借重您去联合魏国。
魏国在攻秦时已经疲惫不堪，不能对抗秦国，那魏国一定会借助您去讨
好秦国。这样，您既建立了打败齐国的功劳，又靠魏国抬高了自己的地
位。打败齐国，可以确定您的封地，而且秦、魏都会重视您；如果不打败
齐国，吕礼就又会在齐国被重用，那您必将陷入莫大的困境了。"

六六　秦客卿造谓穰侯曰

【题解】

公元前271年，秦相穰侯和客卿造商量，打算攻打齐国的刚（今山

东宁阳东北)、寿(今山东东平南),以扩大他在陶邑的封地。客卿造指出燕、齐是世仇,互相间怀着深深的敌意,建议联燕伐齐,使陶成为小国领袖。

这一年,在燕国是武成王元年,燕惠王被大臣成安君公孙操所杀,燕国的大权正操于成安君手中,所以客卿造让穰侯进说的对象不是燕王,而是燕相,是根据燕国当时形势来说的。

秦客卿造谓穰侯曰[1]:"秦封君以陶[2],藉君天下数年矣。攻齐之事成,陶为万乘,长小国,率以朝天子,天下必听,五伯之事也;攻齐不成,陶为邻恤而莫之据也[3]。故攻齐之于陶也,存亡之机也。

【注释】

①客卿造:客卿,安置外来人士的高级爵位。造,客卿名。

②陶:穰侯魏冉的封邑之一,在今山东定陶西北。

③邻恤:当作"廉监",低廉的盛水器,只能照见影子,并无实利可得。监,通"鉴",是古代盛水照影之器,同于现代的镜。

【译文】

秦国的客卿造对穰侯说:"秦国把陶封给您,让您控制天下局势已有好几年了。攻齐的事如果成功,陶就是拥有万乘的大国,领导小国,率领他们去朝见周天子,天下都会听您的话,您就会成为五霸那样的人;攻打齐国的事情不能实现,陶就会变成一件摆设,没法依靠。所以攻打齐国,对陶来说,关系到生死存亡。

"君欲成之,何不使人谓燕相国曰[1]:'圣人不能为时,时至亦弗失。舜虽贤,不遇尧也,不得为天子;汤、武虽贤,不当桀、纣不王。故以舜、汤、武之贤，不遭时不得帝王。今攻齐，此君之大时也已。因天下之力，伐雠国之齐，报惠王之耻②，成昭王之功③，除万世之害，此燕之长利而君之大名也。书云："树德莫如滋，除害莫如尽。"吴不亡越，越故亡吴④；齐不亡燕，燕故亡齐⑤。齐亡于燕，吴亡于越，此除疾不尽也。非以此时也，成君之功，除君之害，秦卒有他事而从齐⑥，齐、赵合⑦，其雠君必深矣。挟君之雠以诛于燕⑧，后虽悔之，不可得也已。君悉燕兵而疾攻之，天下之从君也，若报父子之仇。诚能亡齐，封君于河南⑨，为万乘，达途于中国，南与陶为邻，世世无患。愿君之专志于攻齐，而无他虑也。'"

【注释】

①燕相国：指燕成安君公孙操。

②报惠王之耻：燕昭王用乐毅破齐后，不久死去。燕惠王即位，改用骑劫代乐毅，齐田单凭借即墨击败燕军，燕所得齐地尽失，"惠王之耻"指此。

③成昭王之功：指燕昭王用乐毅破齐事。

④吴不亡越，越故亡吴：春秋末年，吴王夫差栖越王勾践于会稽（今浙江会稽），勾践派大夫文种求和，夫差许诺。后勾践生聚、教训，终灭吴国。

⑤齐不亡燕，燕故亡齐：指公元前314年齐宣王乘燕国内乱灭燕，后燕昭王复国，派乐毅率五国大军攻齐，几乎灭掉齐国。

⑥卒：同"猝"。

⑦赵：全文未及赵国之事。据鲍彪注当承上句改"赵"为"秦"。译文从之。

⑧雠：指齐。诛：讨。

⑨河南:黄河以南。

【译文】

"如果您要想办成这件事情,为什么不派人对燕相国说:'圣人不能创造时机,时机到了也不会放弃。舜虽然贤能,如果他没有遇上尧,也不可能成为天子;商汤王、周武王虽然贤能,如果没有碰上桀、纣就不会成就王业。就算是有舜、汤、武那样的贤能,没有碰到恰当的时机,也不可能成为帝王。如今攻打齐国,这是您的大好时机。依靠天下的力量,攻打齐国那样的对头,报惠王失败的耻辱,完成昭王破齐的功劳,除掉国家万年的祸害,这是燕国的永久利益,您也可以得到伟大的名声。古书上说:"办好事不嫌多,除害必须彻底。"吴国如不灭亡越国,越国就会灭掉吴国;齐国如不灭亡燕国,燕国就会灭掉齐国。齐国被燕国灭掉,吴国被越国灭掉,就是因为除害不彻底啊。如果不抓紧时机成就您的功劳,除掉您的祸害,秦国突然因为某种原因而倒向齐国,齐、秦两国联合,必然把您作为死敌,和您的仇人一道攻打燕国,虽然后悔,也无济于事了。您调动燕国全部兵力迅速进军,天下对您的附和,就会像儿子为父亲报仇那样积极。真要能灭掉齐国,把河南的地方分封给您,您就会拥有万乘,直达中原地区,南面与陶成为近邻,永世平安。希望您一心一意地攻打齐国,不要有其他的考虑。'"

六七　为魏谓魏冉曰

【题解】

本章语多难通,寻绎文意,似为周赧王十四年(前301),齐、韩、魏三国攻楚时事。三国联军在垂沙大败楚军,秦国震动,或于其时欲派魏冉至楚,为楚王声援,有人为魏游说魏冉,劝他打消去楚之行。

为魏谓魏冉曰①:"公闻东方之语乎?"曰:"弗闻也。"曰:

"辛张、阳毋泽说魏王、薛公、公叔也②，曰：'臣载主契国以与王约③，必无患矣。若有败之者，臣请挈领④，然而臣有患也。夫楚王之以其国依冉也⑤，而事臣之主⑥，此臣之甚患也。'今公东而因言于楚，是令张与泽之言为禹⑦，而务败公之事也。公不如反公国⑧，德楚而观薛公之为公也。观三国之所求于秦而不能得者，请以号三国以自信也。观张与泽之所不能得于薛公者也，而公请之以自重也。"

【注释】

①魏冉：人名。秦昭王母宣太后弟。昭王初年（前306），魏冉主持国政。

②"辛张"句：辛张、阳毋泽，人名。事迹不详，或俱魏臣。魏王，魏襄王。公叔，韩襄王庶子，时在韩掌权。

③主：木主。行军时用车载上，临战向它祷告。契国：以国结约。

④挈领：断颈。

⑤楚王：楚怀王。

⑥事：征伐。主：指齐、韩、魏。

⑦为禹：像禹那样有预见。

⑧反：同"返"。公国：指秦。

【译文】

有人替魏国对魏冉进言说："您听到崤山以东各国的议论吗？"魏冉说："没有听到什么。"这人说："辛张、阳毋泽游说魏王、薛公、公叔，他说：'我们已经用车子载了祖宗的牌位，代表本国与大王订立盟约，一定不会有什么后患。如果谁破坏了盟约，我就请求刎颈自杀，不过我还是有顾虑。楚王依赖秦国的魏冉，把国家大事交给魏冉决断，攻打我的君主，这是我感到忧虑的。'现在您要到楚国去和他们会谈，这岂不是证明辛张、阳毋泽他们所说的完全正确，而会破坏了您的大事。您不如返回秦国，仍和楚国友好，静观薛公他们对您采取什么态度，看看魏、齐、韩三国对秦国到底有什么要求现在还没有得到，您就对他们公开提出，使他们相信秦国，同时也观察辛张、阳毋泽他们到底还有什么要求现在还没有从薛公那里得到，您就替他们向薛公提出。这样，您就可以取得各国的重视了。"

六八　谓应侯曰

【题解】

公元前 256 年，秦、赵长平之战后，赵国的兵力遭受重大损失，急欲与秦媾和。赵使人游说应侯范雎，使他赞同此事，不要让白起在攻赵战役中继续立功。并说明，如果战事继续进行，不论胜负，都会有利于白起而不利于范雎，所以最好同意赵国割地求和的请求。

谓应侯曰①："和不成，兵必出。白起者，且复将。战胜，必穷公；不胜，必事赵从公，公又轻。公不若毋多，则疾封。"

【注释】

①应侯：范雎封邑在应，故以"应侯"称之。应，地名。在今河南鲁山东四十里。

【译文】

有人对应侯范雎说："如果秦、赵议和不成，那么，秦国定会出兵。白起将再次领兵出战。如果战胜，他定会对您不利；如果战事失利，秦国定会听从赵国，同意您议和，您又会受到轻视。您不如不要过多干预，很快就会得到封地的。"

六九　谓穰侯曰

【题解】

此章是苏秦劝说李兑助齐攻宋以定封的话。这里是《赵策四·齐将攻宋》的重出残简,又误以为谓穰侯的话。

谓穰侯曰:"为君虑封,莫若于陶①。宋罪重,齐怒深,残伐乱宋,德强齐,定身封。此亦百世之时也已!"

【注释】

①陶:地名。宋邑,在今山东定陶。

【译文】

有人对穰侯魏冉说:"为您谋求封地,最好是选择陶邑。宋国罪大恶极,齐国深恨宋国,灭掉无道的宋国,既能讨好强大的齐国,又能把您的封地确定下来。这是千载难逢的良机啊!"

七〇　谓魏冉曰

【题解】

楚怀王二十六年(前303),齐、韩、魏三国因为楚国背弃合纵盟约,倒向秦国,三国就联合攻楚。楚王派太子横入秦求救,又使人游说魏冉,指出,如果三国联军击破楚国,秦、齐两国将失去平衡。齐国本就拥有千里见方的土地,再取得楚国的滨海九夷之地,领土扩大了一倍。韩、魏则可瓜分楚国方城一带,兵力直达秦的南郑。这样的形势显然对秦不利。

于是秦派客卿通领兵救楚,三国就撤军退走了。

　　谓魏冉曰：“楚破，秦不能与齐县衡矣①。秦三世积节于韩、魏②，而齐之德新加与。齐、秦交争，韩、魏东听，则秦伐矣。齐有东国之地，方千里。楚苞九夷③，又方千里，南有符离之塞④，北有甘鱼之口⑤，权县宋、卫，宋、卫乃当阿、甄耳⑥。利有千里者二，富擅越隶，秦乌能与齐县衡？韩、魏支分方城膏腴之地以薄郑⑦，兵休复起，足以伤秦，不必待齐。”

【注释】

①县（xuán）：悬挂。下同。衡：平。

②秦三世积节于韩、魏：秦惠文王、武王、昭王三世与韩、魏有使节往来。节，使者所持的符节。

③苞：同“包”。九夷：淮北至滨海地区的夷族。

④符离：地名。在今安徽宿州东北符离集。

⑤甘鱼口：地名。在今湖北天门西北。

⑥阿、甄（zhēn）：地名。齐邑。阿，在今山东东阿西二十五里。甄，或作“鄄（juàn）”，在今山东鄄城北。

⑦薄：迫近。郑：地名。指秦的南郑（靠近汉中）地区。

【译文】

　　有人对魏冉说：“如果楚国被齐国打败，秦国就不能同齐国抗衡了。秦国已历经三代和韩、魏建立了友好关系，可齐国只不过刚刚开始和韩、魏友好。齐、秦两国互相争取韩、魏，如果韩、魏一旦和齐国结盟，那秦国就会遭到三国的进攻。齐国如果拥有楚国方圆千里的东部土地，又占据楚国方圆千里的九夷之地，南有符离塞，北有甘鱼口，衡量宋、卫两国的轻重，它们只相当于齐国的阿、甄两邑而已。齐国可以获取两个方圆千里之地，又拥有旧时越国的民众，秦国哪还能和齐国对抗呢？再说，韩、魏两国打败了楚国，瓜分了楚国方城一带富庶的土地，并迫近南

郑地区,然后休整士兵,进军攻秦,就会伤害秦国,不必等待齐国前来
进攻。"

七一　五国罢成皋

【题解】

周赧王二十七年(前288),赵相李兑组织三晋和齐、燕五国攻秦,因
进展不利,在成皋和秦国停战议和。

秦昭王提出,让成阳君担任韩、魏两国的相。成阳君是韩国公子中
的亲秦者,秦昭王十七年(前290),入秦朝见,后因秦国攻韩,秦、韩处于
敌对地位,成阳君不能回韩而去到齐国。这时,韩、魏表示出亲秦的意
向,秦王因而为他求相韩、魏。秦太后不同意,说是不能在他失势的时
候不理他,见他得势才去拉拢他,这样,他是不会为秦所用的。大约此
时成阳君已经回到韩国了。

　　五国罢成皋①。秦王欲为成阳君求相韩、魏②,韩、魏弗
听。秦太后为魏冉谓秦王曰③:"成阳君以王之故,穷而居于
齐,今王见其达而收之,亦能翕其心乎④?"王曰:"未也。"太
后曰:"穷而不收,达而报之⑤,恐不为王用。且收成阳君,失
韩、魏之道也。"

【注释】

①五国:齐、燕和三晋。成皋:地名。在今河南荥阳氾水镇西北
　　九里。

②成阳君:韩公子,属亲秦派。

③秦太后:昭王母宣太后。魏冉姊。

④翕(xī)：收服，和谐。

⑤报：通"襃"，进用，提拔。

【译文】

三晋和齐、燕五国联合攻秦，在成皋罢兵休战。秦昭王想向韩、魏谋求让成阳君担任两国的相国，韩、魏不同意。秦宣太后为魏冉向秦昭王说："成阳君因为您的缘故，困居在齐国，现在您见他得意了就拉拢他，这能使他心服吗？"秦王说："不能。"太后说："当他困难时，您不理睬他，在他得意时就去任用他，恐怕他是不会为您所用的。而且您推荐成阳君，是有损秦国与韩、魏关系的做法。"

七二　范子因王稽入秦

【题解】

魏国的智士范雎，在魏国受到当权者的折辱，难以立足。恰好这时秦昭王派亲信王稽使魏。范雎暗见王稽，谈得很投机，于是王稽把他带进秦国。

范雎在秦，待命年余。范雎献书秦昭王，希望对他量才录用，不要让他长期滞留。

范雎在信中歌颂昭王的英明，希望能让他一展抱负，不致被埋没。他又说："深刻的话，我不敢写在信上，望大王能抽暇接见，当面陈述。"

秦昭王读了信，十分高兴，立即派人用专车召范雎进宫。

范子因王稽入秦①，献书昭王曰："臣闻明主莅正②，有功者不得不赏，有能者不得不官，劳大者其禄厚，功多者其爵尊，能治众者其官大。故不能者不敢当其职焉，能者亦不得蔽隐。使以臣之言为可，则行而益利其道；若将弗行，则久留臣无为也。

【注释】

①范子因王稽入秦：范子，名睢，字叔，魏人。因受魏相魏齐之辱，由王稽载他入秦，后更名张禄，封应侯。王稽，人名。秦谒者令。

②莅正：主持国政。

【译文】

魏人范睢随着王稽来到秦国，给秦昭王呈上了一封信，信上说："我听说，英明的国君执政，对有功的人不会不赏，对有能力的人不会不安排职位，多出力的人给的俸禄多，功劳多的人受封的爵位高，能够管理民众的人，担任的官职就大。因此，没有能力的人就不敢随便任职，真正有能力的人，也不会被埋没。如果您认为我的话正确，那就照此实行，就会更加有利于国家的政治；如果不想依照我的话办，即使把我久留在秦国，也是不起什么作用的。

"语曰：'人主赏所爱而罚所恶；明主则不然，赏必加于有功，刑必断于有罪。'今臣之胸不足以当椹质①，要不足以待斧铖②，岂敢以疑事尝试于王乎？虽以臣为贱而轻辱臣，独不重任臣者后无反复于王前耶！

【注释】

①椹（zhēn）质：斩人的垫板。椹，同"砧"。

②要：同"腰"。铖（yuè）：大斧。

【译文】

"常言道：'昏庸的国君奖赏他所宠爱的人，惩罚他所讨厌的人；英明的君主就不是这样，赏赐必给有功的人，刑罚必判给有罪的人。'现

在,我的胸脯当不起砧板,我的腰挡不住斧头,又怎么敢拿没有把握的
主张来试探大王呢? 大王虽然认为我卑贱而对我轻慢,但是,推荐我的
人,自会保证我的忠心,在大王面前,决不会说话不算话的,大王怎么可
以不尊重!

"臣闻周有砥厄,宋有结绿,梁有悬黎,楚有和璞,此四
宝者,工之所失也,而为天下名器。然则圣王之所弃者,独
不足以厚国家乎? 臣闻善厚家者取之于国,善厚国者取之
于诸侯。天下有明主,则诸侯不得擅厚矣。是何故也? 为
其割荣也①! 良医知病人之死生,圣主明于成败之事,利则
行之,害则舍之,疑则少尝之,虽尧、舜、禹、汤复生,弗能
改已!

【注释】

①割荣:分割天下的荣权入于自己手中。

【译文】

"我听说,周有砥厄,宋有结绿,魏有悬黎,楚有和璞,这四件宝玉,
起初工匠都不能识别,可终于成为天下有名的宝物。那么,圣王所放弃
的人,难道就不会使国家富厚起来吗? 我听说,善于使封地富厚的,就
要向国家索取,善于使国家富厚的,就要向贵臣的封地征收财赋。天下
有了英明的君主,那么封地的诸侯也就不可能独享富厚之利了。这是
什么缘故呢? 因为昏庸的君主问题出在让重臣分走了国家的权力啊!
良医可以预见病人的生死,圣主可以预见事情的成败。认为有利的就
该实行,认为有害的就应放弃,认为可疑的就不妨稍加尝试,即使是尧、
舜、禹、汤复活,这个道理也是不能改变的!

"语之至者,臣不敢载之于书;其浅者又不足听也。意者,臣愚而不阖于王心耶①? 亡其言臣者将贱而不足听耶? 非若是也,则臣之志,愿少赐游观之间,望见足下而入之。"书上,秦王说之,因谢王稽,使人持车召之。

【注释】

①阖:合。

【译文】

"话说得深了,我不敢写在信上;话说得平淡,又值不得大王听取。可能是我愚蠢浅薄,说的话不能使大王中意吗? 要不,就是因为推荐我的人地位低,说的话值不得听信吗? 如果不是因为这些,那么我的愿望是,希望大王能抽出一点游览的空余时间,让我面见陛下。"秦昭王看了信,很高兴,就向王稽道歉,并派专人驾车,召见范睢。

七三上　范睢至秦

【题解】

函谷东起崤山,西至潼津,东西相距十五里,两岸壁立,林阴蔽日,关城位在谷中,号称天险。关以西是秦,关以东是六国,函谷关就成为战国七雄间的天然界限。这样的地理形势,使得秦要向东方发展,必然会采取远交近攻的蚕食政策。在范睢入秦前是这样,在范睢入秦后更是这样。所不同的是,范睢入秦前是自发采取,故收效不大。在范睢明确提出"不如远交而近攻"之后,目标明确,成效显著,秦国一步步地并诸侯,吞天下,完成一统伟业,所以自发执行和自觉执行,其间的差异是很大的。

　　范雎至秦^①，王庭迎^②，谓范雎曰："寡人宜以身受令久矣。今者义渠之事急^③，寡人日自请太后。今义渠之事已，寡人乃得以身受命。躬窃闵然不敏，敬执宾主之礼。"范雎辞让。

【注释】

①范雎(jū)：战国时魏人，字叔，著名辩士，因得罪魏相魏齐，受笞几乎死去，后被郑安平所救，改名张禄，由秦国使者谒者令王稽秘密带入秦国，后封应侯。

②王：秦昭王。

③义渠：羌族所建立的小国。

【译文】

　　范雎来到秦国，秦王在宫殿前的庭院里迎接他。秦王对他说："我早就该亲自聆听您的教诲了。现在恰好碰上要处理义渠的问题，我每天都得向太后请示。现在义渠的事已经办完，我这才有机会亲自接受您的教导。我深感自己行动迟缓，没有及时接见，请让我现在恭行宾主之礼吧！"范雎表示谦让。

　　是日见范雎，见者无不变色易容者。秦王屏左右，宫中虚无人，秦王跪而请曰^①："先生何以幸教寡人？"范雎曰"唯唯"。有间，秦王复请。范雎曰"唯唯"。若是者三。秦王跽曰^②："先生不幸教寡人乎？"范雎谢曰："非敢然也。臣闻始时吕尚之遇文王也^③，身为渔父而钓于渭阳之滨耳^④，若是者，交疏也。已一说而立为太师，载与俱归者，其言深也。故文王果收功于吕尚，卒擅天下而身立为帝王。即使文王疏吕望而弗与深言，是周无天子之德，而文、武无与成其王也。今臣羁旅之臣也，交疏于王，而所愿陈者，皆匡君之事，处人骨肉之间⑤，愿以陈臣之陋忠，而未知王心也，所以王三问而不对者是也。

【注释】

①跽：古人席地而坐，坐时臀部压在脚跟上。跽是谈话时为了表示敬意，就抬起臀部，挺直大腿。

②跽(jì)：双膝着地，上身挺直，表示敬意加深。

③吕尚：人名。本姓姜，名尚，其先封于吕，故称吕尚。

④渭阳：渭水之北，水北为阳。渭水发源于甘肃渭源鸟鼠山，流经陕西华阴入黄河。

⑤骨肉之间：此范雎表示将以太后、穰侯等人的事向昭王进言。

【译文】

这天在场见此情景的人，脸上无不表现出感动的神情。秦王让身旁的人退下，宫中已没有旁人。秦王挺直腰腿，诚恳地向范雎请教说："先生将会怎样荣幸地来指教我呢？"范雎应声道："哦，哦。"过了一会儿，秦王又问。范雎仍然只是"哦，哦"地应了两声。像这样连续三次。秦王跪在地上挺直身子说："难道先生不肯荣幸地指教我吗?"范雎道歉说："并不是这样。我听说从前吕尚遇见周文王时，他只是一个渔父，在渭水北岸钓鱼，在这个时候，交情还是很疏远的。不久，文王听了他一席话，就任命他做太师，载他同车回去，因为文王被吕尚的话深深地打动了啊。后来文王果然因为重用了吕尚而成就大功，终于统一天下，自己成为帝王。要是文王疏远吕尚而不愿和他深谈，那他就没有天子的品德，而文王、武王也没有人助他成就王业了。现在我只不过是一个旅居秦国的人，和大王的交情还很浅，我心里想陈述的，都是纠正大王政务不当的大事，说的是别人骨肉之间的事情，我愿表达微薄的忠心，但不知大王的心意如何，这就是大王连问三次我都不敢回答的缘故。

"臣非有所畏而不敢言也，知今日言之于前，而明日伏诛于后，然臣弗敢畏也。大王信行臣之言，死不足以为臣患，亡不足以为臣忧，漆身而为厉，被发而为狂，不足以为臣耻。五帝之圣焉而死，三王之仁焉而死，五伯之贤焉而死，乌获之力焉而死①，奔、育之勇焉而死②。死者，人之所必不免也。处必然之势，可以少有补于秦，此臣之所大愿也，臣何患乎？

【注释】

①乌获：人名。秦武王时力士。

②奔、育：孟奔、夏育，战国时勇士名。奔，一作"贲"。

【译文】

"我并不是因为有所畏惧而不敢直言，我知道今天把意见说了，接着明天就可能被杀，但是我并不敢因此而感到害怕。大王能采纳我的意见，死不算是我的祸患，逃亡我也不担心，身上涂漆生癞疮，披头散发颠狂也不算是我的耻辱。以五帝的圣明难免一死，以三王的仁义也要死，以五霸的贤能也要死，乌获力大无穷也要死，孟奔、夏育勇猛过人也要死。死是任何人都不能避免的。面对必然要来的死亡，只要对秦国有微小的补益，这就是我最大的心愿了，我还有什么顾虑呢？

"伍子胥橐载而出昭关①，夜行而昼伏，至于淩水②，无以饵其口，坐行蒲服③，乞食于吴市，卒兴吴国，阖庐为霸④。使臣得进谋如伍子胥，加之以幽囚，终身不复见，是臣说之行也，臣何忧乎？

【注释】

①伍子胥橐(tuó)载而出昭关：伍子胥，人名。名员，楚国人，父兄被
　楚平王所杀，子胥由楚奔吴。橐，口袋，子胥藏身其中，车载出
　关。昭关，楚关名。在今安徽含山北二十里小岘山上。

②菱(líng)水：即溧水，源出今安徽芜湖，东流注入太湖。

③坐：膝行。蒲服：即匍匐，爬行。

④阖庐：人名。春秋时吴国国君，名光。公元前514—前496年
　在位。

【译文】

　"伍子胥藏在布袋里逃出昭关，晚上走路而白天隐藏，到了菱水，没
有食物充饥，爬在地上，在吴国的集市上讨饭，后来终于使吴国兴盛，使
吴王阖庐成为霸主。如果我能像伍子胥一样献上计策，即使受到囚禁，
终身不得和大王相见，但我的计划已被采纳，我还有什么遗憾呢？

　　"箕子、接舆①，漆身而为厉，被发而为狂，无益于殷、楚。
使臣得同行于箕子、接舆，可以补所贤之主，是臣之大荣也，
臣又何耻乎？臣之所恐者，独恐臣死之后，天下见臣尽忠而
身蹶也，是以杜口裹足，莫肯即秦耳。

【注释】

①箕子、接舆：俱人名。箕子，殷纣王的叔父，谏纣王不听，就披发
　佯狂。接舆，春秋时楚国隐士，佯狂避世。

【译文】

　"箕子、接舆，涂漆生癞疮，披发装疯狂，可是对殷、楚毫无益处。假
使我的行为和他们一样，但可以对我崇拜的君主带来好处，将是我莫大
的荣幸，我又怎会感到耻辱呢？我所担心的只是担心我死之后，天下的

人见我因尽忠而身遭不幸,从而闭口止步,不敢到秦国来效力啊。

"足下上畏太后之严,下惑奸臣之态;居深宫之中,不离保傅之手;终身暗惑,无与照奸;大者宗庙灭覆,小者身以孤危,此臣之所恐耳。若夫穷辱之事、死亡之患,臣弗敢畏也。臣死而秦治,贤于生也。"

【译文】

"足下上边害怕太后的威严,下边又受到奸臣的娼媚态度所惑;住在深宫里面,离不开保姆的照顾,终身昏头昏脑,没有人帮您看清奸诈的行为;大则国家覆灭,小则自身孤立而危险,这才是我所恐惧的。至于那穷困羞辱的事、死亡的忧患,我是并不害怕的。如果我死而秦国的政治清明,那将比我活着更有价值。"

秦王跽曰:"先生是何言也? 夫秦国僻远,寡人愚不肖,先生乃幸至此,此天以寡人恩先生①,而存先王之庙也! 寡人得受命于先生,此天所以幸先王而不弃其孤也! 先生奈何而言若此? 事无大小,上及太后,下至大臣,愿先生悉以教寡人,无疑寡人也。"范雎再拜,秦王亦再拜。

【注释】

①恩(hùn):打扰,烦扰。

【译文】

秦王挺直身子说道:"先生怎么这样说呢? 秦国地处偏远的地方,我也愚笨无能,先生荣幸地光临到此,这是上天让我打扰先生,而使先王的宗庙祭祀得以保存啊! 我能够有机会聆听先生的教诲,这是老天眷顾我的先王而不抛弃他们的后人啊！先生为什么会这样说呢？不论事情的大小，上到太后，下到大臣，先生都可以发表意见，不要对我有什么不放心。"范雎拜了两拜，秦王也拜了两拜。

范雎曰："大王之国，北有甘泉、谷口①，南带泾、渭②，右陇、蜀③，左关、阪④；战车千乘，奋击百万。以秦卒之勇，车骑之多，以当诸侯，譬若驰韩卢而逐蹇兔也⑤，霸王之业可致。今反闭关而不敢窥兵于山东者，是穰侯为国谋不忠⑥，而大王之计有所失也。"

【注释】

①甘泉：山名。在今陕西淳化西北。谷口：地名。当泾水出山的口子，在今陕西礼泉东北。

②泾、渭：二水名。在今陕西中部。

③陇：陇山，在今陕西陇县西北。

④关、阪：函谷关与陇阪。

⑤韩卢：韩国出产的著名猛犬。蹇(jiǎn)：跛行。

⑥穰(ráng)侯：名魏冉，战国时楚国人，秦昭王母宣太后异父弟。昭王年少，宣太后掌权，他被任为相。封于穰(今河南邓县)，号穰侯。

【译文】

范雎说："大王的国家北有要塞甘泉、谷口，南有泾、渭两水环绕，西有险峻的陇、蜀山地，东边有险要的函谷关与陇阪；拥有战车千辆，精兵百万。凭着秦兵的勇敢，车马的众多，以这样的实力去对付诸侯，就像是用良犬去追逐跛足的兔子一样，霸王之业真是手到擒来。现在反而闭起关门，不敢向东方诸国用兵，这都怪穰侯没有忠心地为国家出谋划策,而大王的决策也有所失误啊!"

　　王曰:"愿闻所失计。"睢曰:"大王越韩、魏而攻强齐,非计也。少出师则不足以伤齐,多之则害于秦。臣意王之计,欲少出师而悉韩、魏之兵,则不义矣。今见与国之可亲;越人之国而攻,可乎?疏于计矣!昔者,齐人伐楚①,战胜,破军杀将,再辟千里,肤寸之地无得者,岂齐不欲地哉,形弗能有也!诸侯见齐之罢露②,君臣之不亲,举兵而伐之,主辱军破,为天下笑。所以然者,以其伐楚而肥韩、魏也。此所谓藉贼兵而赍盗食者也③。王不如远交而近攻,得寸则王之寸,得尺亦王之尺也。今舍此而远攻,不亦缪乎?

【注释】

　　①齐人伐楚:公元前286年,齐灭宋,接着攻占了楚的淮北地区。

　　②罢(pí)露:人力物力受到消耗。罢,同"疲",疲劳、疲惫。

　　③赍(jī):把东西送人。

【译文】

　　昭王说:"我很想知道究竟错在哪里。"范睢说:"大王越过韩、魏去攻打强大的齐国,这不是好办法。您派出的军队少了,就不能打败齐国;多派军队,又会对秦国有损。我估计大王想少派军队,而让韩、魏两国投入全部军力,但这是不恰当的。如今片面认为盟国韩、魏可靠,越过它们去攻齐,能行吗?这是谋划不周啊!从前,齐国人去攻打楚国,取得胜利,打败楚军,杀掉楚国将领,再次开拓上千里的土地,但最后齐国却连分寸土地都没有得到,哪里是齐国不想要土地,而是形势不允许啊!诸侯看到齐国军队疲劳,君臣又不团结,于是兴兵攻打齐国,齐王蒙羞,部队瓦解,被天下人所耻笑。之所以会这样,是因为攻打楚国实际上反而壮大了韩、魏的势力。这就是人们常说的把武器借给强盗,把粮食送给小偷啊。我认为大王不如与远方国家结盟而攻打邻近的国家,这样,得寸土就是大王的寸土,得尺地就是大王的尺地,现在不采用这个策略而去攻打远方的国家,不是犯了严重的错误吗?

"且昔者,中山之地方五百里,赵独擅之,功成、名立、利附,则天下莫能害。今韩、魏中国之处而天下之枢也。王若欲霸,必亲中国而以为天下枢,以威楚、赵。赵强则楚附,楚强则赵附。楚、赵附则齐必惧,惧必卑辞重币以事秦,齐附而韩、魏可虚也①。"

【注释】

①虚:同"墟"。

【译文】

"从前中山国拥有方圆五百里的领土,被赵国独吞,大功告成,名声树立,利益到手,天下谁也奈何不了它。如今韩、魏地处中原,是天下的枢纽。大王如想成就霸业,必须控制中部地区,用它们作为天下的枢纽,从而威胁楚、赵两国。赵国强大则楚国会依附秦国,楚国强大则赵国会依附秦国。楚、赵都依附秦国了,齐国必然恐惧,定会说好话,送厚礼来事奉秦国,只要齐国依附,秦国就可以使韩、魏成为一片废墟。"

王曰:"寡人欲亲魏,魏多变之国也,寡人不能亲。请问亲魏奈何?"范雎曰:"卑辞重币以事之,不可;削地而赂之,不可;举兵而伐之。"于是举兵而攻邢丘①,邢丘拔而魏请附。

【注释】

①邢丘:地名。魏邑,在今河南温县东南七十里。

【译文】

秦国说:"我想和魏国亲近,可魏是个变化无常的国家,我没法去亲近它。请问怎么才能拉拢魏国呢?"范雎说:"用美好的言辞和厚礼去讨好它,不行;割让土地去贿赂它,也不行;最好的选择是出兵攻打它。"于是秦国出兵攻打邢丘,拿下邢丘后,魏国就主动请求依附秦国了。

曰:"秦、韩之地形相错如绣。秦之有韩,若木之有蠹,人之病心腹。天下有变,为秦害者莫大于韩。王不如收韩。"王曰:"寡人欲收韩,不听,为之奈何?"范雎曰:"举兵而攻荥阳①,则成皋之路不通;北斩太行之道②,则上党之兵不下;一举而攻荥阳,则其国断而为三③。韩见必亡,焉得不听? 韩听而霸事可成也。"王曰:"善!"

【注释】

①荥(xíng)阳:地名。韩邑,在今河南荥阳东北。

②太行之道:即羊肠道,在山西晋城南太行山上。

③其国断而为三:新郑以南一,上党以北二,荥阳以西三。

【译文】

范雎说:"秦、韩两国的地形就好像锦绣的花纹一样,相互交错。韩国对秦国来说,就如同木头有蛀虫,人的内脏有病一样。天下的形势如果有变动,最能伤害秦国的就是韩国。大王不如收服韩国。"秦王说:"我想收服韩国,可是它不买账,怎么办呢?"范雎说:"出兵攻打荥阳,从成皋来救援的路就不能通行;北面切断太行山的要道,上党的援军就不能到达;一举攻占荥阳,韩国就被断为三截。韩国眼看灭亡就在眼前,怎么会不听秦国的支配呢？韩国服从，大王的霸业也就成功了。"秦王说："好！"

七三下　范雎曰

【题解】

秦昭王四十一年(前 266)，范雎向秦昭王进说，论述太后、穰侯、泾阳、华阳"四贵"把持大权对国家的危害。昭王被深深打动，于是废除太后和穰侯的权力，让高陵君回到封邑，并赶走了泾阳君。铲除"四贵"，是秦国的重大事件。李斯说："昭王得范雎，废穰侯，逐华阳，强公室，杜私门，蚕食诸侯，使秦成帝业。"

范雎此次进说后，即取代穰侯，成为秦相。

范雎曰："臣居山东，闻齐之内有田单①，不闻其王。闻秦之有太后、穰侯、泾阳、华阳②，不闻其有王。夫擅国之谓王，能专利害之谓王，制杀生之威之谓王。今太后擅行不顾，穰侯出使不报，泾阳、华阳击断无讳，四贵备而国不危者，未之有也。为此四者下，乃所谓无王已！然则权焉得不倾，而令焉得从王出乎？

【注释】

①田单：人名。齐将，以即墨破燕军，恢复齐国。齐襄王任他为相国，封安平君。

②泾阳：指泾阳君，是秦昭王同母弟公子市(fú)的封号。华阳：指华阳君，是秦昭王舅芈(mǐ)戎的封号，又号"新诚君"。

【译文】

范雎说："我在东方时，只听说齐国有田单，没有听说他们的王。只听说秦国有太后、穰侯、泾阳君和华阳君，没有听说有大王。能总揽国家大权的才算是王，能处理国家利害关系的才算是王，能掌握生杀予夺权威的才算是王。如今太后独断专行，无所顾忌，穰侯派遣使臣不向大王禀报，泾阳君和华阳君随意杀人，肆无忌惮，四贵横行而国家不发生危险，那是不可能的。大王的地位处在这四人之下，这就是我们说的秦国无王啊！这样，大权怎么会不旁落，大王怎么能发号施令呢？

"臣闻：'善为国者，内固其威而外重其权。'穰侯使者操王之重，决裂诸侯，剖符于天下①，征敌伐国，莫敢不听。战胜攻取，则利归于陶②；国弊，御于诸侯；战败，则怨结于百姓，而祸归社稷。《诗》曰③：'木实繁者披其枝，披其枝者伤其心；大其都者危其国，尊其臣者卑其主。'淖齿管齐之权④，缩闵王之筋，县之庙梁⑤，宿昔而死⑥。李兑用赵⑦，减食主父，百日而饿死。今秦太后、穰侯用事，高陵、泾阳佐之⑧，卒无秦王，此亦淖齿、李兑之类已。臣今见王独立于庙朝矣，且臣将恐后世之有秦国者，非王之子孙也。"

【注释】

①剖符：剖，分。符，古代传令、调兵、出使所持的凭证。铜虎符用来发兵，竹符用来出使，皆剖分为二，一在王所，一由使者持行。

②陶：地名。穰侯封邑，在今山东定陶西北。

③《诗》：古书引书，有时通称为《诗》。

④淖齿：人名。燕乐毅率五国伐齐，楚将淖齿领兵救齐，遂相齐闵王。

⑤县(xuán)：悬挂。

⑥宿昔：一夜。昔，通"夕"。

⑦李兑：人名。赵惠文王司寇。

⑧高陵：指秦昭王同母弟高陵君，名悝(kuī)。

【译文】

"我听人说：'善于治理国家的，对内要巩固他的威信，对外要加强他的权力。'如今穰侯的使臣利用大王的威名，分割诸侯的土地，任意动用兵符，攻打各国，没有谁敢不听从。战胜了，利益就归到他的封地陶邑；国家疲弊，受诸侯控制。战败了，就会和百姓结怨，而祸患则由国家来承担。《诗》上说：'树木的果实多了，会压断树枝，枝条断了，就会伤到树心；封邑过大，会危害国家，大臣过于尊贵，会使王的地位降低。'淖齿掌握齐国大权，抽掉闵王的筋，把他吊在宗庙的大梁上，一晚上就死去。李兑在赵国当权，减掉主父的饮食，百日后使他饿死。目前秦国由太后、穰侯掌权，高陵君和泾阳君帮助他们，眼里没有秦王，这和淖齿、李兑的行为正相类似啊。我现在看到的是大王在朝廷上孤立无援，恐怕后世统治秦国的，不会是大王的子孙了。"

秦王惧，于是乃废太后，逐穰侯，出高陵，走泾阳于关外。昭王谓范雎曰："昔者齐公得管仲①，时以为仲父②；今吾得子，亦以为父。"

【注释】

①齐公：齐桓公。

②仲父：齐桓公对管仲的尊称。

【译文】

秦王听了后，感到很恐惧，于是废掉太后，驱逐穰侯，让高陵君回到封邑，把泾阳君赶出函谷关外。秦昭王对范雎说："从前齐桓公遇到管仲时，称他为'仲父'；现在我得到您，也敬您如父吧！"

七四　应侯谓昭王曰

【题解】

本章和上章的内容大致相同，当为对同一事的不同记载。

本章借神丛和少年博弈作比喻，神丛把神力借给少年三天，神丛因而消亡，说大权不可旁落，希望秦王有所警觉。

上章强调把持秦国大权的是"四贵"，本章强调的是太后、穰侯、华阳"三贵"，侧重略有不同。

应侯谓昭王曰①："亦闻恒思有神丛与②？恒思有悍少年，请与丛博③，曰：'吾胜丛，丛籍我神三日④；不胜丛，丛困我。'乃左手为丛投⑤，右手自为投，胜丛，丛籍其神。三日，丛往求之，遂弗归，五日而丛枯，七日而丛亡。今国者，王之丛；势者，王之神。籍人以此，得无危乎？臣未尝闻指大于臂，臂大于股，若有此，则病必甚矣。百人舆瓢而趋⑥，不如一人持而走疾。百人诚舆瓢，瓢必裂。今秦国，华阳用之，穰侯用之，太后用之，王亦用之。不称瓢为器则已，已称瓢为器，国必裂矣。

【注释】

①应侯：范雎封邑在应，故称"应侯"。应，地名。在今河南鲁山东四十里。

②恒思：地名。今地不详。神丛：神祠。古人认为大树有鬼神凭依，故常在树木丛茂的地方立祠，称为"神丛"。

③博：指六博游戏，是古代的棋局。六博十二棋，用以赌胜负。

④籍：通"借"。

⑤投：把棋子投在棋局上。

⑥舆：通"舁（yú）"，共同抬物。趋：快走。

【译文】

应侯对秦昭王说："您听说过恒思有神丛吗？恒思有个强悍的少年，要求和神丛赌个输赢。他说：'我胜了您，您把神力让我借用三天，我输了，任由您处置。'于是用左手代神丛投下棋子，右手为自己落下棋子。他赢了神丛，丛把神力借给他。三天后，丛要求他归还神力，少年不肯交出。五天后丛树枯萎，七天后丛就死了。现在国家就好比大王的丛，权威就是大王的神力，把它给旁人，能够不危险吗？我从来未听说过手指会大过手臂，手臂会比大腿还粗，如果出现这种情况，那准是得上重病了。一百人抬着瓢走路，不如一个人拿着快走。要是百人同时拿着瓢，瓢必然会破碎。现在的秦国，华阳君在支配它，穰侯在支配它，太后在支配它，大王也在支配它。不把国家比作瓢也就罢了，如果把国家比作瓢，国家必然会四分五裂了。

"臣闻之也：'木实繁者枝必披，枝之披者伤其心；都大者危其国，臣强者危其主。'且今邑中自斗食以上至尉、内史及王左右①，有非相国之人者乎②？国无事，则已；国有事，臣必闻见王独立于庭也！臣窃为王恐，恐万世之后有国者，非王子孙也！

【注释】

①斗食：指佐史之类的小吏，一年的俸禄不满百石，日食一斗二升。

尉：武官，秦政府及郡县皆有尉，主管军事。内史：秦官，掌管农业经济。

②相国：指穰侯魏冉。

【译文】

"我听人这样说：'树木的果实繁茂就会把树枝压断，树枝断了就会伤到树心；封邑大了会危害到国家，大臣权力强大会危害国君。'现今秦国之内，从享有斗食俸禄的小属员以上，到尉、内吏和大王的左右近臣，能有不是相国的人吗？国家如没有什么变故就罢了；如有变故，我将看见大王在朝廷上孤立无援啊！我暗中为大王担心，恐怕万世之后统治秦国的，不是大王的子孙啊！

"臣闻古之善为政也，其威内扶，其辅外布，四时治政，不敌不逆，使者直道而行，不敢为非。今太后使者分裂诸侯，而符布天下，操大国之势，征强兵，伐诸侯，战胜攻取，利尽归于陶；国之币帛，竭入太后之家；竟内之利^①，分移华阳。古之所谓'危主灭国之道'必从此起。三贵竭国以自安，然则令何得从王出？权何得毋分？是王果处三分之一也。"

【注释】

①竟：通"境"。

【译文】

"我听说古来善于治理国家的人，在内他的威权全由自己操纵，在外他的心腹臣僚布满朝廷，一年到头，国家治理得秩序井然，使臣秉公办事，不敢为非作歹。如今太后派出使臣，使诸侯四分五裂，她的符节布满天下，操纵国家的权力，调动精兵，攻打诸侯，取得胜利后，利益都归到穰侯的陶邑；国家的财物，都送进太后的私家；国境内的财源，都转移到华阳君那里。古来所说'君危国亡的局面'必将从这里开始。三贵搜括国家的财富供自己享乐,那么国家的政令怎么能从大王这里发出,王权又如何能不被分散呢? 可见大王只不过拥有秦国三分之一的权力罢了。"

七五　秦攻韩

【题解】

秦昭王四十三年(前264),秦将白起领军,攻占韩的陉邑。在战役进行时,范雎对秦昭王提出:攻打一个国家,有两种不同的策略可供选择,有的看重赢得人心,有的侧重攻城略地。建议离间韩国君臣,使韩国掌权的张平为秦国出力,而不为韩国卖命,使敌国的人力转而为我所用。

秦攻韩,围陉①。范雎谓秦昭王曰:"有攻人者,有攻地者。穰侯十攻魏而不能伤者,非秦弱而魏强也,其所攻者地也。地者,人主所甚爱也;人主者,人臣之所乐为死也。攻人主所爱,与乐死者斗,故十攻而弗能胜也。今王将攻韩围陉,臣愿王之毋独攻其地,而攻其人也。王攻韩围陉,以张平为言,张平之力多,且削地而以自赎于王,几割地而韩不尽;张平之力少,则王逐张平,而更与不如张平者市。则王之所求于韩者,言可得也。"

【注释】

①陉:地名。韩邑,在今山西曲沃西北二十里。

【译文】

秦军攻韩,包围陉邑。范雎对秦昭王说:"攻打一个国家,有的看重攻打人心,有的侧重攻城略地。穰侯曾十次攻魏却不能伤害魏国,并不是秦弱而魏强,而是他侧重在攻占地盘的缘故。国君所爱惜的是土地,而人臣都愿为国君效死。攻打人君所爱惜的,而和愿意效死的人相斗,所以十次用兵都不能取胜。如今大王攻韩国的陉邑,希望大王不要只注意攻取土地,而要攻取它的人心。大王这次攻韩,要想达到目的,最好是建议韩国重用张平,张平的势大,就会割让土地来讨好大王,多次割地,韩国就完蛋了;张平的权力小,大王就不用张平,另外支持地位不如张平的人。这样,大王对韩国的要求从此就能如愿以偿了。”

七六　应侯曰

【题解】

范雎在魏国时,曾受到魏齐的迫害,几乎丧命。后来范雎入秦,拜相封侯,春风得意,回想起昔日的遭遇,哪里能饶过魏齐。秦昭王积极为范雎撑腰,通知魏王,快快把魏齐的首级送来,不然后果严重。魏齐闻讯出逃,藏匿在赵国平原君处。平原君此举,不是明摆着和范雎作对吗?于是遂有本文抨击平原君的一番议论,指摘平原君徒有贤名,名不副实。

应侯曰①:“郑人谓玉未理者璞,周人谓鼠未腊者朴②。周人怀璞过郑贾曰③:‘欲买朴乎?’郑贾曰:‘欲之。’出其朴,视之,乃鼠也,因谢不取。今平原君自以贤显名于天下④,然降其主父沙丘而臣之⑤。天下之王尚犹尊之,是天下之王不如郑贾之智也,眩于名,不知其实也。”

【注释】

①应侯:秦相范雎。本魏人,曾受魏当权者魏齐的侮辱,范雎入秦
　　为相后,欲报此仇,魏齐逃到平原君处躲起来,范雎不满,于是有
　　本文的这番话。

②腊:干肉。

③璞:当为"朴"。

④平原君:赵胜,赵惠文王弟,封于东武城(今山东武城西北),历相
　　赵惠文王及惠成王。

⑤降其主父沙丘而臣之:公元前295年,赵国宫廷内争,大臣们包
　　围主父(即赵武灵王)于沙丘宫(今河北平乡东北),使他饿死,平
　　原君大概参与其事,此当作"围其主父沙丘而死之"。

【译文】

应侯说:"郑人把没有经过雕琢的玉称为璞,周人把没有风干的老
鼠称为朴。周人拿着朴,对郑国商人说:'您买朴吗?'郑国商人说:'要
买。'周人拿出他的朴来看,原来是老鼠,于是谢绝不要。如今平原君自
认为他的贤能天下闻名,但是把他的君主在沙丘加以迫害,各国的君主
还是那么尊重他。那就是各国君王的聪明还比不上郑国的商人,这是
被虚名欺骗,而不了解他的实际情况啊。"

七七　天下之士合从相聚于赵

【题解】

战国后期,秦、齐并称为东西帝,成为超级强国。其后,燕将乐毅率
五国联军破齐,齐闵王身死国亡。虽不久齐又复国,但国势从此一蹶不
振,在东方,只有赵国还可与秦抗衡。本章说"天下之士合从相聚于赵,
而欲攻秦",应即这一时期的事。

如何对付那些扬言合纵抗秦的人? 应侯范雎提出的办法是制造内

部矛盾,用金钱挑起"合纵之士"的内部争端。

秦王派唐雎带上五千金住在武安,用金钱收买那些愿意倒向秦国的游士,还没有散完三千金,那些游士们就剧烈争斗起来。可见这些人唯利是图,并没有固定的政治主张。

　　天下之士合从相聚于赵,而欲攻秦。秦相应侯曰:"王勿忧也,请今废之。秦于天下之士非有怨也,相聚而攻秦者,又己欲富贵耳。王见大王之狗,卧者卧,起者起,行者行,止者止,毋相与斗者;投之一骨,轻起相牙者,何则? 有争意也。"于是使唐雎载音乐①,予之五千金,居武安②,高会相与饮,谓邯郸人:"谁来取者?"于是其谋者固未可得予也,其可得与者,与之昆弟矣。

【注释】

①唐雎:人名。魏人,当时在秦。

②武安:地名。赵邑,在今河北武安。

【译文】

　　东方各国主张合纵的谋士聚集在赵国,策划攻打秦国。秦相国应侯对秦王说:"大王不必担忧,让我现在去打消他们的行动。秦国和东方那些主张合纵的人,对秦国并没有什么仇恨,他们所以要合谋攻打秦国,不过是自己贪图富贵罢了。大王看看您身边的狗吧,有的睡,有的起,有的跑,有的停,都没有互相争斗的;如果扔去一根骨头,它们就很容易互相咬起来,为什么会这样? 因为它们产生了争夺的念头啊。"于是派唐雎带上乐队,并给他五千金,在武安设宴畅饮,问邯郸的人:"谁愿意来取这些金子?"这样,那些筹划合纵的人虽没有都拿到赏金,那些得了赏金的人都把秦国看作亲兄弟一样了。

"公与秦计功者,不问金之所之,金尽者功多矣。今令人复载五千金随公。"唐雎行,行至武安,散不能三千金,天下之士大相与斗矣。

【译文】

应侯又告诉唐雎说:"您和那些秦国派出的人计算功劳,不论赏金发给了谁,只要把赏金花光,他的功劳就算最多。现在叫人再带上五千金,随您前往。"唐雎又整装向武安出发,还没有发完三千赏金,那些从前主张合纵的人,就剧烈地互相争斗起来了。

七八 谓应侯曰

【题解】

周赧王五十六年(前259),赵军在长平败后,首都邯郸被围,形势危急。这时,秦国还派军攻打韩国。

有说客为赵国游说秦国范雎,挑拨范雎和白起的关系,让秦军不要穷追猛打,使赵国免于灭亡之祸。

不久,范雎便向秦昭王进说:"秦军已经疲劳,不如同意韩、赵割地求和的请求,以便休整部队。"秦王表示同意,于是让韩割垣雍,赵献六城,双方议和。

白起听说此事后,从此和范雎产生了严重矛盾。

谓应侯曰:"武安君禽马服乎①?"曰:"然。""又即围邯郸乎?"曰:"然。""赵亡,秦王王矣,武安君为三公②。武安君所以为秦战胜攻取者,七十余城,南亡鄢、郢、汉中,禽马服之军,不亡一甲,虽周、召、吕望之功③,亦不过此矣。赵亡,秦王王，武安君为三公，君能为之下乎？虽欲无为之下，固不得之矣。秦尝攻韩邢④，困上党，上党之民皆返为赵。天下之民不乐为秦民之日固久矣。今攻赵，北地入燕，东地入齐，南地入韩、魏，则秦所得无几何。故不如因而割之，无以为武安功。"

【注释】

①禽：同"擒"，击溃。马服：指赵将马服君赵括。

②三公：秦的高级职位，包括丞相、太尉、御史大夫。

③周、召、吕望之功：周公旦、召公奭(shì)、太公望三人辅佐周武王、周成王灭商，建立周朝，建立大功。

④邢：即陉，韩邑，在今山西曲沃东北。

【译文】

　　有人对应侯说："武安君白起已经击溃了赵将马服君的部队了吗？"应侯回答说："是的。"这人又问："秦军又随即包围了邯郸了吗？"应侯回答说："是的。"这人又说："赵国灭亡，秦国就将成为天下的共主了，武安君立下大功，将取得三公的高位。武安君替秦国克敌制胜，攻下了七十多座城，在南方夺取了楚国的鄢、郢和汉中，北边击溃马服君的部队，不损一兵一将，即使当年的周公、召公、吕望的功劳，也不过如此了。赵国被灭，秦王成就了王业，武安君升职为三公，您能忍受地位在他之下吗？即使您心里很不愿意地位比他低下，那也是办不到的。秦国曾经攻打韩国的陉邑，围困上党，上党的民众都转而投向赵国。东方国家的民众不愿做秦的臣民，这已是很久以来的事实。如果灭掉赵国，赵国北方的土地将归入燕国，东边的土地会归入齐国，南边的土地将落入韩、魏两国手中，这样，秦国所能得到的土地就没有多少了。所以不如让赵国割地求和，不要让武安君再次立功。"

七九　应侯失韩之汝南

【题解】

范雎失掉了他在韩国境内汝南的封邑,秦王问他,是否感到烦恼?范雎说他并不在意。由于言不由衷,引起秦王的怀疑,便私下派遣蒙傲去见范雎,了解他的真实想法,果然不出秦王所料。后来,凡是谈到韩国的事,秦王都不再相信,就是因为这件事的缘故。

应侯失韩之汝南①。秦昭王谓应侯曰:"君亡国,其忧乎?"应侯曰:"臣不忧。"王曰:"何也?"曰:"梁人有东门吴者②,其子死而不忧,其相室曰③:'公之爱子也,天下无有,今子死不忧,何也?'东门吴曰:'吾尝无子,无子之时不忧;今子死,乃即与无子时同也,臣奚忧焉?'臣亦尝无子,无子时不忧;今亡汝南,乃与乡梁余子同也④,臣何为忧?"

【注释】

①汝南:汝水之南,指应侯的封邑应乡,本韩地,后为秦所取,今又入韩。在今河南北汝河以南。

②东门吴:人名。东门,复姓,吴是其名。

③相室:主持家政的家臣。

④乡:通"向",先前。梁余子:即上文的东门吴。余子,卿大夫的庶子。

【译文】

应侯范雎失去了他在韩国汝南的封邑,秦昭王问应侯道:"您失去了汝南后是否会发愁呢?"应侯说:"我并不发愁。"昭王问:"为什么会这样呢?"回答说:"魏人有个叫东门吴的人,他的儿子死了,他并不忧伤。

他的家臣问他道：'您爱您的儿子，天下没有人比得上。如今您的儿子死了，却不感到忧伤，是什么原因呢？'东门吴说：'我曾经没有儿子，那时并不忧愁，现在儿子死了，就和从前没有儿子时一样，我有什么可以忧愁的呢？'我也曾经无子，无子的时候并不发愁；现在失掉汝南，就和魏的庶民东门吴情况相似，我有什么可以发愁的呢？"

秦王以为不然，以告蒙傲曰①："今也，寡人一城围，食不甘味，卧不便席。今应侯亡地而言不忧，此其情也？"蒙傲曰："臣请得其情。"蒙傲乃往见应侯曰："傲欲死。"应侯曰："何谓也？"曰："秦王师君，天下莫不闻，而况于秦国乎！今傲势得秦为王将，将兵，臣以韩之细也，逆显诛，夺君地，傲尚奚生？不若死。"应侯拜蒙傲曰："愿委之卿。"蒙傲以报于昭王。自是之后，应侯每言韩事者，秦王弗听也，以其为汝南也。

【注释】

①蒙傲：人名。齐人，仕秦昭王，官至上卿。蒙傲为秦将，屡立战功。傲，一作"骜"。

【译文】

秦昭王认为范雎所言不实，告诉蒙傲说："现在我如果有一城被围，就会吃饭不香，睡不好觉。如今应侯失去封地，却说他不感到忧愁，这哪里是人之常情呢？"蒙傲说："我愿为大王打探到真情。"蒙傲就去见应侯说："我想一死了之。"应侯问："您这是什么意思呢？"蒙傲回答说："秦王把您当做老师，天下都知道，何况是秦国呢！如今我有幸当上了秦王的将领，带兵出战，以弱小的韩国，违反大势所向，竟夺去您的封邑，我还有什么脸面活下去呢？不如干脆死掉算了。"应侯拜谢蒙傲说："今后,我把一切都托付给您了。"蒙傲把这种情况汇报给秦昭王。从此以后,应侯再向秦昭王谈到韩国的事,秦王总是不采纳,就是因为汝南的事梗在心里啊。

八〇　秦攻邯郸

【题解】

秦昭王五十二年(前255),秦军围攻邯郸,历时十七月还未攻下。有人向主将王稽建议,赏赐下级军官并厚待他们。王稽不同意。军官们果然诬告王稽和他的副手要谋反。秦昭王大怒,杀掉王稽。

王稽是范雎推荐的,按照秦国法律,范雎应当受到连坐。范雎用从前君臣相处融洽的恩情,使昭王感动,于是就赦免了他的死罪。

秦攻邯郸,十七月不下。庄谓王稽曰①:"君何不赐军吏乎?"王稽曰:"吾与王也,不用人言。"庄曰:"不然。父之于子也,令有必行者,必不行者。曰'去贵妻,卖爱妾',此令必行者也;因曰'毋敢思也',此令必不行者也。守闾妪曰:'其夕,某孺子内某士②。'贵妻已去,爱妾已卖,而心不有,欲教之者,人心固有。今君虽幸于王,不过父子之亲;军吏虽贱,不卑于守闾妪。且君擅主轻下之日久矣。闻'三人成虎,十夫揉椎。众口所移,毋翼而飞。'故曰,不如赐军吏而礼之。"

【注释】

①庄:人名。姓已佚去。
②孺子:妇人的美称。内:同"纳"。

【译文】

秦国围攻邯郸,历时十七月还未攻下。一个名庄的人对秦将王稽说:"您为什么不赏赐下级军官呢?"王稽说:"我和秦王之间,别人是不能进什么谗言的。"庄说:"不对。父亲对儿子,有的话儿子一定会听从,有的话一定不会听从。叫儿子'抛去尊贵的妻子,卖掉爱妾',这是定能做到的;叫儿子'不要再想她们',这是一定办不到的。看门的老婆子诳告此人的父亲说:'这天晚上,某位妇女接纳了某个男子。'尊贵的妻子已经离去,爱妾已经卖了,但心下歉然,想让她们仍然回到自己身边,人心都是这么想的。现在您和秦王,亲密关系不会超过父子,下级军官地位虽低,不会比守门的老婆子还卑贱。并且您专权而轻视部下的日子已经很久了。我听说:'三个人说市中有虎,十个人说木棒已被拉弯,别人就会相信。众口一词地编造谎言,谎言就会满天飞。'因此,我劝您不如赏赐下级军官并礼待他们。"

　　王稽不听,军吏穷,果恶王稽、杜挚以反①。秦王大怒,而欲兼诛范雎。范雎曰:"臣,东鄙之贱人也,开罪于魏,遁逃来奔。臣无诸侯之援,亲习之故,王举臣于羁旅之中,使职事,天下皆闻臣之身与王之举也。今遇惑,或与罪人同心,而王明诛之,是王过举显于天下,而为诸侯所议也。臣愿请药赐死,而恩以相葬臣,王必不失臣之罪,而无过举之名。"王曰:"有之。"遂弗杀而善遇之。

【注释】

　　①杜挚(zhì):人名。王稽的副手。

【译文】

　　王稽不肯采纳,下级军官们处境艰难,果然诬告王稽、杜挚,说他们谋反。秦王大怒,杀掉王稽,并想连范雎一起杀掉。范雎说:"我是东方边境地位低下之人,得罪了魏,孤身来投奔。全仗大王的恩遇,才能有今天的地位,天下的人都知道我的身份和大王对我的破格提拔。由于一时认识不清,偶然和罪臣王稽走到一起,遭到大王要处罚我公开降罪,会让天下的人议论您任人不当,不如让我饮药自杀吧!"请王降恩以丞相礼安葬我,这样大王就会既治了我的罪,又没有用人不当的名声。"昭王说:"有道理。"于是就不杀范雎并很好地对待他。

八一　蔡泽见逐于赵

【题解】

正在应侯为用人不当,害怕受到牵连而犯愁的时候,辩士蔡泽入秦,想取代他的位置。蔡泽列举国君忌害功臣,兔死狗烹,鸟尽弓藏,明智之士及时全身避祸的事,劝应侯功成身退。

蔡泽举出商鞅、白起、吴起、文种四人,成功不去,被杀惨死;范蠡助勾践灭吴之后,悄然引退,成为富甲天下的陶朱公,两相对比,何去何从,让应侯自己抉择。

蔡泽见逐于赵①,而入韩、魏,遇夺釜鬲于涂②。闻应侯任郑安平、王稽皆负重罪③,应侯内惭。乃西入秦,将见昭王。使人宣言以感怒应侯曰:"燕客蔡泽,天下骏雄弘辩之士也。彼一见秦王,秦王必相之而夺君位。"

【注释】

①蔡泽:燕人,游说之士。

②釜:古代的蒸锅。鬲:空足鼎。涂:同"途"。

③应侯任郑安平、王稽皆负重罪：范雎任命郑安平攻赵，被围，率两
　万军士降赵。其后，用王稽担任河东（郡名，今山西西南部）守，
　因和诸侯私下往来，被依法处死。

【译文】

　　蔡泽被赵国驱逐，就辗转到韩、魏去，在路上他的炊具被人夺走。
他听说应侯推荐的郑安平、王稽，都获得了大罪，应侯感到不安。蔡泽
就往西进入秦国，打算拜见秦昭王。他派人放出话来，激怒应侯说："燕
客蔡泽是天下最善于辩论的人。他如果上朝拜见秦王，秦王必任他为
相，夺取您的位置。"

　　应侯闻之，使人召蔡泽。蔡泽入，则揖应侯。应侯固不
快，及见之，又倨。应侯因让之曰："子常宣言欲代我相秦，
岂有此乎？"对曰："然。"应侯曰："请闻其说。"蔡泽曰："吁！
君何见之晚也。夫四时之序，成功者去①。夫人生手足坚
强，耳目聪明圣知，岂非士之所愿与？"应侯曰："然。"

【注释】

　　①四时之序，成功者去：指春生、夏长、秋收、冬藏。各完成其事而
　　互相更代。比喻应功成身退，让位给后来的人。

【译文】

　　应侯听说，派人召见蔡泽。蔡泽到来，只对应侯拜了一拜。应侯本
来就不高兴，见到他后，又认为他傲慢无礼。于是责备他说："你曾经宣
称打算取代我秦相的位置，真有这回事吗？"蔡泽回答："是这样的。"应
侯说："我愿意听听你的意见。"蔡泽说："唉！您的见识为什么这么迟
钝。春夏秋冬，四时互相交替，成功就会离开。人的身体健康，脑子聪
慧，难道不是人人都希望的吗？"应侯说："对。"

蔡泽曰："质仁秉义，行道施德于天下，天下怀乐敬爱，愿以为君王，岂不辩智之期与？"应侯曰："然。"蔡泽复曰："富贵显荣，成理万物，万物各得其所；生命寿长，终其年而不夭伤，天下继其统，守其业，传之无穷，名实纯粹，泽流千世，称之而毋绝，与天地终始。岂非道之符，而圣人所谓吉祥善事与？"应侯曰："然。"泽曰："若秦之商君，楚之吴起^①，越之大夫种^②，其卒亦可愿欤？"

【注释】

①吴起：人名。卫国左氏（今山东曹县西北）人，先仕魏，后相楚，佐楚悼王变法。悼王死，楚贵戚作乱，射死吴起。

②大夫种：春秋时越国大夫文种，字少禽，佐越王勾践灭吴，功成不退，被勾践赐死。

【译文】

蔡泽说："具备仁义的修养，把德政推行到天下，受到天下人的崇拜和敬爱，都愿让您做他们的君王，这难道不是雄辩和明智的人所期望的吗？"应侯说："是的。"蔡泽又说："享受富贵荣华，长养万物，把万物都安排得顺顺当当；都能获得长寿，享受天年而不致中途夭折。天下的人都能世代相传，守住他的事业，永远流传下去，名和实都完善无瑕，流芳千古，永远受到赞美，和天地一样长久，这岂不符合自然规律，是圣人所说的吉祥善事吗？"应侯说："是的。"蔡泽说："像秦国的商鞅，楚国的吴起，越国的大夫文种，他们的结局也是人们愿意看到的吗？"

应侯知蔡泽之欲困己以说，复曰："何为不可？夫公孙鞅事孝公，极身毋二虑，尽公不顾私，信赏罚以致治，竭智能，示情素，蒙怨咎，欺旧交，虏魏公子卬^①，卒为秦禽将破敌，攘地千里。吴起事悼王，使私不害公，谗不蔽忠，言不取苟合，行不取苟容，行义不顾毁誉，然为伯主强国，不辞祸凶。大夫种事越王，主离困辱②，悉忠而不解；主虽亡绝，尽能而不离，多功而不矜，贵富不骄怠。若此三子者，义之至、忠之节也！故君子杀身以成名，义之所在，身虽死，无憾悔，何为不可哉？"

【注释】

①虏魏公子卬(áng)：公子卬，魏惠王子，商鞅居魏时，他们是老交情。秦孝公二十二年(前340)，派商鞅领军攻魏，魏王派公子卬率军抵御，商鞅用诈计虏公子卬，大破魏军。

②离：同"罹(lí)"，遭逢。

【译文】

应侯知道蔡泽想用谈话来难倒自己，就又说："怎么不可以呢？公孙鞅为秦孝公办事，专心专意，为了公家的事，不顾私人的事情，赏罚严明，把国家治理得很好，竭尽自己的智慧和能力，一片忠诚，冒着别人的不满，欺骗老朋友，俘虏了魏国的公子卬，终于为秦国擒将破敌，开拓了千里的地方。吴起为楚悼王办事，不让私事妨害公务，谗言不能蒙蔽忠良，说话不随便迎合，办事不随便讨好别人，主持正义，不管别人是非议还是赞美，为了君主的霸业和国家强盛，不怕灾难临头。大夫文种为越王办事，国君遭受耻辱，还是尽忠不懈；越国虽然灭亡，还是竭尽所能，不肯离开，功劳多了不夸耀，既贵且富也不骄傲。像这三位，可算是义气的顶峰、忠心的表率啊！所以有修养的人，不惜牺牲以成就美名，虽然失去生命，也毫不感到遗憾和后悔，怎么不可以呢？"

蔡泽曰："主圣臣贤，天下之福也；君明臣忠，国之福也；

父慈子孝，夫信妇贞，家之福也。故比干忠^①，不能存殷；子胥知，不能存吴；申生孝而晋国乱^②。是有忠臣孝子，国家灭乱，何也？无明君贤父以听之。故天下以其君父为戮辱，怜其臣子。夫待死而后可以立忠成名，是微子不足仁^③，孔子不足圣^④，管仲不足大也。"于是应侯称善。

【注释】

①比干：人名。商纣王的叔父，为少师。纣王昏乱，比干屡次进谏，被纣剖心而死。

②申生：人名。春秋时人，晋献公太子，受到骊姬的谗言，自缢而死。

③微子：人名。名启，商纣王的庶兄，见纣王昏乱，弃商归周。武王克商，把他封在宋国。

④孔子：人名。名丘，字仲尼，春秋时鲁国人，是儒家学派的创始人。

【译文】

蔡泽说："君主有圣德而臣下贤能，这是天下的福气；君主英明而臣下忠心，这是国家的福气；父亲慈爱而儿子孝顺，丈夫忠诚而妻子贞节，这是家庭的幸福。比干忠心，却不能保存殷朝；伍子胥智慧过人，却不能保全吴国；申生尽孝而晋国仍然混乱。即使有忠臣孝子，而国和家仍然不能免于危亡，是什么原因呢？那是由于没有明君和贤父能听取他们的意见。所以天下为他们的君父感到羞耻，而可怜他们的臣子。要到死后才能表现出忠心和树立名声，那微子就不能看作仁人，孔子也算不上圣人，管仲也不值得颂扬了。"于是应侯认为他说得好。

蔡泽得少间，因曰："商君、吴起、大夫种，其为人臣，尽忠致功，则可愿矣。闳夭事文王①，周公辅成王也②，岂不亦忠乎？以君臣论之，商君、吴起、大夫种，其可愿孰与闳夭、周公哉？"应侯曰："商君、吴起、大夫种不若也。"蔡泽曰："然则君之主，慈仁任忠，不欺旧故，孰与秦孝公、楚悼王、越王乎③？"应侯曰："未知何如也。"蔡泽曰："主固亲忠臣，不过秦孝、越王、楚悼。君之为主，正乱、批患、折难，广地殖谷，富国、足家、强主，威盖海内，功章万里之外，不过商君、吴起、大夫种。而君之禄位贵盛，私家之富过于三子，而身不退，窃为君危之。语曰：'日中则移，月满则亏。'物盛则衰，天之常数也；进退、盈缩、变化，圣人之常道也。

【注释】

①闳（hóng）夭：人名。周文王的贤臣。

②成王：周武王子，名诵。

③楚悼王：楚国君熊类，公元前401—前381年在位。

【译文】

　　蔡泽休息了一会儿，因而说："商君、吴起、大夫文种，他们作为人臣，尽忠心，立功劳，都算是人们愿意效法的人了。闳夭服事周文王，周公辅佐成王，岂不也是一片忠心吗？从君臣的关系来考虑，商君、吴起、大夫文种，和闳夭、周公比较起来，谁可作为我们的榜样呢？"应侯说："商君、吴起、大夫文种是比不上的。"蔡泽说："您的君主心地仁慈和任用忠良，不欺骗有旧交情的人，能比得上秦孝公、楚悼王和越王吗？"应侯说："不知是否能够比得上。"蔡泽说："您的君主信任忠良，超不过秦孝公、越王勾践和楚悼王。您为您的君主拨乱反正，排除祸患，扩张土地，增收粮食，使国家富有，家庭有积蓄，君主国力增强，声威压倒各国，在万里以外建立功勋，超不过商君、吴起和大夫文种。但是您的地位显赫,家庭的富有超过他们三位,而您还占着位子不肯退下来,我私下为您感到危险。常言说:'日到天中就会向西移动,月圆了就会亏缺。'万物到了顶峰就会衰落下来,这是自然界的普遍规律;前进和后退、扩张和收缩,以及随着时间的推移而变化,这些都是圣人经常遵循的准则啊。

"昔者齐桓公九合诸侯,一匡天下,至葵丘之会①,有骄矜之色,畔者九国。吴王夫差无适于天下②,轻诸侯,凌齐、晋,遂以杀身亡国。夏育、太史启叱呼骇三军③,然而身死于庸夫。此皆乘至盛不及道理也。

【注释】

①葵丘之会:公元前651年,齐桓公在葵丘会合诸侯。葵丘,地名。在今河南民权东北。

②适:通"敌"。

③夏育、太史启:俱人名。古代勇士。

【译文】

"从前,齐桓公多次会合诸侯,整顿天下的秩序,到葵丘之会时,有骄傲的表现,许多国家都背叛了他。吴王夫差无敌于天下,轻视诸侯,欺压齐、晋两国,终于国破身亡。夏育、太史启一声高叫,三军都被吓倒,却死在平庸的人手里。他们都是在声名全盛时,不懂得及时收手的道理啊。

"夫商君为孝公平权衡、正度量、调轻重,决裂阡陌,教民耕战,是以兵动而地广,兵休而国富,故秦无敌于天下,立威诸侯。功已成,遂以车裂。楚地持戟百万,白起率数万之师以与楚战，一战举鄢、郢①，再战烧夷陵②，南并蜀、汉，又越韩、魏攻强赵，北坑马服③，诛屠四十余万之众，流血成川，沸声若雷，使秦业帝。自是之后，赵、楚慑服，不敢攻秦者，白起之势也。身所服者七十余城，功已成矣，赐死于杜邮④。吴起为楚悼罢无能，废无用，损不急之官，塞私门之请，壹楚国之俗，南攻杨越⑤，北并陈、蔡，破横散从，使驰说之士无所开其口。功已成矣，卒支解。大夫种为越王垦草创邑⑥，辟地殖谷，率四方士，上下之力，以禽劲吴，成霸功，勾践终棓而杀之⑦。此四子者，成功而不去，祸至于此。此所谓信而不能诎⑧，往而不能反者也。范蠡知之，超然避世，长为陶朱⑨。

【注释】

①鄢：在今湖北宜城东南十五里。郢：楚都，在今湖北江陵北十里。

②夷陵：在今湖北宜昌东南。公元前 278 年，秦将白起击败楚军，在此焚烧楚先王墓。

③马服：赵国军事官员，这里指赵国将领赵括。

④杜邮：在今陕西咸阳东北十里。

⑤杨越：在今两广一带。

⑥草：荒地。

⑦棓：当作"倍"，通"背"，指背弃。

⑧信：通"伸"。诎（qū）：屈。

⑨陶朱：范蠡佐越王勾践灭吴，去往陶邑，改名为"朱公"，三致千金，世称"陶朱公"。

【译文】

"商君辅佐秦孝公实行变法，统一度量衡，开垦土地，训练百姓耕种、作战，一出兵就能扩大土地，战士停下来休息，国家就富有，所以秦国天下无敌，势压诸侯。大功告成后，他却受到车裂的酷刑。楚国拥有百万大军，白起率领数万部队和楚军作战，一战拿下鄢、郢，再战焚烧夷陵，南边兼并蜀、汉，又越过韩、魏攻打强大的赵国，在北边活埋了赵括，消灭了赵军四十余万，流血成河，呼喊声响彻云霄，使秦成就帝业。从此以后，赵、楚受到威胁，不敢攻秦，这都是白起的功劳。亲身攻下了七十多座城池，大功已经告成，却在杜邮被赐死。吴起替楚悼王罢免了无能无用的人，裁减了冗官，堵塞了豪门的请求，统一了楚国的风俗，南面攻打杨越，北边吞并陈、蔡，破坏了各国联合对付楚国的行动，使游说之士没有开口的机会。大功已经告成，终于被肢解杀掉。大夫文种替越王勾践开垦荒地，创建城邑，栽种粮食，率领广大部队，同心协力，击溃了强大的吴国，完成称霸的功业，终于被勾践杀掉。他们四人，成功后不能及时离开，就遭受了这样的惨祸。这就是能伸而不能屈，一条路走到底而不肯回头啊。范蠡懂得这个道理，悄然离去，成为富有的陶朱公。

　　"君独不观博者乎？或欲大投，或欲分功①，此皆君之所明知也。今君相秦，计不下席，谋不出廊庙，坐制诸侯，利施三川，以实宜阳，决羊肠之险，塞太行之口，又斩范、中行之途②，栈道千里，通于蜀、汉，使天下皆畏秦。秦之欲得矣，君之功极矣，此亦秦之分功之时也！如是不退，则商君、白公、吴起、大夫种是也③。君何不以此时归相印，让贤者授之，必有伯夷之廉，长为应侯，世世称孤，而有乔、松之寿④，孰与以祸终哉！此则君何居焉？"应侯曰："善。"乃延入坐为上客。

【注释】

①大投：言孤注一掷。分功：谓所得彩金和人共分。

②斩范、中行之途：范、中行，晋国的二卿，此以范、中行代晋国，谓截断三晋来往之路。

③白公：白起。

④乔：王子乔。松：赤松子。他们都是长寿不死的仙人。

【译文】

"您难道没有看到赌博的人吗？有的想个人独吞，有的让大家分享，这都是您清楚知道的。现在您在秦国为相，只在朝廷上出谋划策，坐着就可控制诸侯，取得韩国三川之地，来加强宜阳的防卫，控制羊肠险道，堵塞太行山口，又切断了三晋的联络，修筑了千里的栈道，通到蜀、汉，使各国都害怕秦国。秦国目的达到了，您的功劳也到了极点，这是该让大家分享成果的时候了！如不及时引退，那么商君、白起、吴起、大夫文种就是前车之鉴。您何不在这时候归还相印，让贤能的人来接任，必定会有伯夷那样的廉洁之名，永久担任应侯，代代相传，而又获得王子乔、赤松子那样的长寿，和受到不测之祸相比，您应该何去何从呢？"应侯说："好。"就请他入座，待为上宾。

后数日，入朝，言于秦昭王曰："客新有从山东来者蔡泽，其人辩士。臣之见人甚众，莫有及者，臣不如也。"秦昭王召见，与语，大说之，拜为客卿。应侯因谢病，请归相印。昭王强起应侯，应侯遂称笃，因免相。昭王新说蔡泽计画，遂拜为秦相，东收周室，蔡泽相秦王数月，人或恶之，惧诛，乃谢病归相印，号为刚成君。

【译文】

　　过了几天，范雎上朝，对秦昭王说："有位从东方来的蔡泽，这是个能言善辩的人。我见的人多了，没有能赶得上他的，我也自愧不如。"秦昭王召见蔡泽，和他谈话后，大为高兴，任命他做客卿。应侯就称病辞职，要求交回相印。昭王竭力挽留应侯，应侯就宣称病重，于是被免去相位。秦昭王新近欣赏蔡泽提出的计划，就拜他为相国，向东灭亡了周国。蔡泽做了几个月的秦相，有人诽谤他，他怕遭到不测，就称病交还相印，秦王封他为刚成君。

　　居秦十余年，事昭王、孝文王、庄襄王，卒事始皇帝。为秦使于燕，三年而燕使太子丹入质于秦。

【译文】

　　蔡泽在秦国住了十多年，先后侍奉秦昭王、秦孝文王、秦庄襄王，最后侍奉秦始皇。他曾为秦国出使燕国，三年之后，终于使燕国派太子丹到秦国来做人质。

卷六 秦策四

八二上　秦取楚汉中

【题解】

周赧王十三年(前302),秦夺取汉中后,又在蓝田大败楚军。韩、魏乘机向南袭击,打到楚的邓邑。

周赧王十四年(前301),齐、韩、魏三国在齐薛公主持下,由齐国章子领军,攻打楚国的方城一带。

薛公事先派人到楚国,游说楚王转而和三国攻秦,以离间秦、楚之交。楚王果然中计,于是三国合力攻楚。秦国心怀疑虑,不敢出兵救楚。三国大胜,杀楚将唐昧,取得楚方城以外,宛、叶以北的广大地区。

秦取楚汉中,再战于蓝田①,大败楚军。韩、魏闻楚之困,乃南袭至邓②,楚王引归。后三国谋攻楚③,恐秦之救也,或说薛公④:"可发使告楚曰:'今三国之兵且去楚,楚能应而共攻秦,虽蓝田岂难得哉!况于楚之故地?'楚疑于秦之未必救己也,而今三国之辞云,则楚之应之也必劝,是楚与三国谋出秦兵矣。秦为知之,必不救也。三国疾攻楚,楚必走秦以告急，秦愈不敢出，则是我离秦而攻楚也，兵必有功。”
薛公曰：“善。”遂发重使之楚，楚之应之果劝。于是三国并
力攻楚，楚果告急于秦，秦遂不敢出兵，大胜有功。

【注释】

①蓝田：地名。秦邑，在今陕西蓝田西三十里。

②邓：地名。楚邑，在今河南郾城东南。

③三国：齐、韩、魏。

④薛公：田文，时为齐相。

【译文】

　　秦国占领了楚国的汉中地区后，又和楚军在蓝田进行大战，打败楚
国的军队。韩、魏听说楚国陷入困境，就向南袭楚，直抵邓邑，楚王于是
收兵回国。后来齐、韩、魏三国策划攻打楚国，害怕秦国出兵援救，有人
游说薛公：“可派遣使者告诉楚国说：‘如今三国的军队将要离开楚国，
楚国如果响应三国而合力攻秦，即使秦国的蓝田也是不难到手的吧！
楚国的旧地就更不在话下了。’楚国怀疑秦国未必肯出兵救它，现在看
见三国撤军，楚国必会积极响应，就形成楚国和三国联合攻秦的局势。
秦国知道这种情况后，定不肯援救楚国。三国加紧攻打楚国，楚国必定
向秦国求救，秦国心存疑虑，更加不敢出兵。这样，我们就在离间秦、楚
的情况下进攻楚国，必然取得胜利。”薛公说：“很好。”于是派特使前往
楚国，楚国果然积极响应。于是三国合力攻打楚国，楚国果然往秦求
救，秦国不敢出兵，三国取得了丰硕的战果。

八二下　薛公入魏而出齐女

【题解】

周赧王二十一年（前294），薛公田文因田甲劫持齐闵王发动政变事，受到怀疑，于是出走到封地薛邑，不久又出走到魏国，魏昭王任他为相。薛公怨恨齐国，就劝魏王休弃他所娶的齐国女子。韩春则劝说秦王，把魏王休弃的齐女娶为妻子，这样就可以拉拢齐国，威胁魏国，并使薛公难堪。结果因秦王认为韩春的意见不妥，未予采纳。

薛公入魏而出齐女[①]。韩春谓秦王曰[②]："何不取为妻？以齐、秦劫魏，则上党，秦之有也。齐、秦合而立负刍，负刍立，其母在秦，则魏，秦之县也已。珉欲以齐、秦劫魏而困薛公[③]，佐欲定其弟[④]，臣请为王因珉与佐也。魏惧而复之，负刍必以魏殁世事秦。齐女入魏而怨薛公，终以齐奉事王矣。"

【注释】

①齐女：魏公子负刍（chú）之母。

②韩春：人名。秦臣。秦王：秦昭王。

③珉：即韩珉，齐臣而亲秦者，曾任齐相。

④佐：魏公子，负刍的庶兄。

【译文】

薛公田文进入魏国，就让魏王休弃了后宫的齐国女子。韩春对秦王说："为什么不娶齐女为妻呢？用齐、秦两国的力量威胁魏国，那么上党地区就会落入秦国手中。齐、秦联合去拥立魏公子负刍，负刍得立，他的母亲在秦国，那么魏国就成了秦国的属地了。韩珉想用齐、秦的力量胁迫魏国而使薛公处境困难，公子佐想使他弟弟的地位稳定，我请大王利用韩珉和公子佐的力量。魏王恐惧而让齐女返魏，负刍必会终身让魏国事奉秦国。齐女返回魏国，她会怨恨薛公，必将让齐国事奉大王了。”

八三上　三国攻秦

【题解】

秦昭王十一年(前296)，齐、韩、魏三国攻秦的军队，攻进了函谷关。秦昭王召见丞相楼缓说：“三国的军队已经深入秦国，我打算割河东地讲和，您看怎么样？”楼缓说：“这是父兄才能决定的事。”请秦王征询公子池的意见。秦王和公子池商量后，决定割三城与三国讲和。

韩取得武隧、魏取得封陵等二城，这些都是韩、魏两国的边防要地，收复后，暂时延缓了秦国东侵的威胁。

三国攻秦，入函谷。秦王谓楼缓曰①：“三国之兵深矣，寡人欲割河东而讲②。”对曰：“割河东，大费也；免于国患，大利也，此父兄之任也。王何不召公子池而问焉？”王召公子池而问焉，对曰：“讲亦悔，不讲亦悔。”王曰：“何也？”对曰：“王割河东而讲，三国虽去，王必曰：‘惜矣！三国且去，吾特以三城从之③。’此讲之悔也。王不讲，三国入函谷，咸阳必危④，王又曰：‘惜矣！吾爱三城而不讲。’此又不讲之悔也。”王曰：“钧吾悔也，宁亡三城而悔，无危咸阳而悔也。寡人决讲矣。”卒使公子池以三城讲于三国，三国之兵乃退。

【注释】

①秦王：秦昭王。楼缓：人名。赵人，初为赵武灵王臣。武灵王死，入秦，事昭王，时为秦相。

②河东：今山西黄河以东之地，先属魏，后属秦。

③三城：武隧、封陵、河外。

④咸阳：地名。秦都，在今陕西咸阳东北二十里。

【译文】

　　齐、韩、魏三国攻秦，直入函谷。秦昭王对楼缓说："三国的军队已深入秦国，我想割河东地求和，不知道您意下如何？"楼缓回答说："割河东损失太大；但解除国家的危难又有很大的好处，只有父兄才能承担此事的责任。大王为什么不征求公子池的意见呢？"秦王召见公子池，向他咨询。公子池说："我看大王是讲和也后悔，不讲和也后悔。"秦王问他："为什么？"回答说："大王割河东地讲和之后，三国一定撤兵，大王一定会说：'可惜啊！三国快撤兵了，我还送三城给他们。'这是讲和的悔；大王不割地讲和，三国攻入函谷关，必然危及咸阳，大王又会说：'可惜啊！我太吝惜三城没有讲和。'这是不讲和的悔。"秦王说："我都是后悔的，悔失三城和悔危咸阳，比较之下，我宁肯后悔失掉三城，不愿因危及咸阳而后悔。我决定讲和了。"于是派公子池割三城和三国媾和，三国的军队这才退去。

八三下　秦昭王谓左右曰

【题解】

　　秦昭王四十一年（前266），秦军攻占魏的邢丘。昭王踌躇满志，认为韩、魏都不是秦的对手，局势尽在秦国的掌控中。

　　中期认为昭王不当骄傲，举出智伯为例，说他灭掉范氏、中行氏，又在晋阳包围了赵襄子，曾经称雄一时，就因骄傲自满，导致身死国亡，希望把智伯作为前车之鉴，不要恃强轻敌。

　　秦昭王谓左右曰："今日韩、魏孰与始强？"对曰："弗如也!"王曰:"今之如耳、魏齐①,孰与孟尝、芒卯之贤②?"对曰:"弗如也!"王曰:"以孟尝、芒卯之贤,帅强韩、魏之兵以伐秦,犹无奈寡人何也! 今以无能之如耳、魏齐,帅弱韩、魏以攻秦,其无奈寡人何,亦明矣。"左右皆曰:"甚然。"

【注释】

①如耳:人名。先曾为魏臣,这时为韩臣。魏齐:人名。魏相。

②孟尝:即孟尝君田文,这时任魏相。芒卯:魏将。

【译文】

秦昭王对左右的人说:"如今韩、魏两国的强盛,能比得上从前吗?"回答说:"比不上啊!"昭王说:"现在如耳、魏齐比得上孟尝君和芒卯的贤能吗?"回答说:"比不上啊!"昭王说:"以孟尝君和芒卯的才能,率领韩、魏强大的兵力攻打秦国,还不能把我怎么样! 现在以无能的如耳、魏齐,带领削弱了的韩、魏兵力来攻打秦国,他们没有办法对付我,这也是明白不过的。"身边的人都说:"您说得很在理。"

中期推琴对曰①:"王之料天下过矣。昔者六晋之时②,智氏最强,灭破范、中行③,帅韩、魏以围赵襄子于晋阳④,决晋水以灌晋阳,城不沉者三板耳⑤。智伯出行水,韩康子御,魏桓子骖乘⑥。智伯曰:'始吾不知水之可亡人之国也,乃今知之。汾水利以灌安邑,绛水利以灌平阳⑦。'魏桓子肘韩康子,康子履魏桓子,蹑其踵,肘足接于车上而智氏分矣。身死国亡,为天下笑。今秦之强,不能过智伯;韩、魏虽弱,尚贤在晋阳之下也,此乃方其用肘足时也,愿王之勿易也!"

【注释】

①中期：人名。秦国辩士，初事秦武王，后仕昭王，是主管琴瑟的官。

②六晋：指春秋末期晋国执政的六卿，即智氏、范氏、中行氏、韩氏、赵氏、魏氏六家。

③灭破范、中行：智伯瑶灭范、中行二家，事在公元前 458 年。

④赵襄子：人名。名无恤。晋阳：地名。赵邑，在今山西太原西南。

⑤三板：高六尺。板，筑墙的夹板，高二尺为一板。

⑥"韩康子"二句：韩康子名虎，魏桓子名驹。古代乘车，主人居左，驾车的御者在中，骖乘在右。

⑦"汾水利"二句：安邑，地名。在今山西夏县西北，魏桓子邑，绛水下游的涑水流经其旁。平阳，地名。韩康子邑，在今山西临汾，汾水流经其西。本文的汾、绛二字应当互易。

【译文】

中期推开手中的琴回答说："大王对天下局势的估计错了。从前晋国六卿当政的时候，智氏最强，先灭掉了范氏、中行氏两家，又率领韩、魏两家的兵力，把赵襄子围困在晋阳城，决开晋水，直灌晋阳城，城头离水面只有六尺。智伯巡查水势，韩康子拉着马缰，魏桓子也同坐在车上。智伯说："我从前不知水可以灭亡人的国家，如今才知道。汾水可以很容易地淹没安邑，绛水可以很容易地淹没平阳。"魏桓子用胳膊碰了一下韩康子，韩康子踏了一下魏桓子的脚跟，这两人的胳膊和脚在车上一碰，而智氏就被瓜分了。智伯身死国灭，成为天下人的笑柄。如今秦的强大超不过当年的智伯，韩、魏虽然削弱了，还是比赵襄子当年在晋阳时的处境更好，这正是韩、魏用胳膊和脚互相碰撞的时候，希望大王还是不要轻视他们啊！"

八四上　楚、魏战于陉山

【题解】

周显王四十年(前 329),楚威王死,魏国乘机出兵,攻打楚国的陉山。魏把上郡许给秦国,以断绝秦、楚的联系。魏占领陉山后,不肯割地,背弃了对秦的承诺。

管浅向秦王献策,建议派人出使楚,约楚、秦两君相见,两面夹攻魏国。魏王听到消息,非常恐惧,次年就把上郡献给秦国,管浅的计策果然奏效。

楚、魏战于陉山①,魏许秦以上洛②,以绝秦于楚。魏战胜,楚败于南阳③。秦责赂于魏,魏不与。管浅谓秦王曰④:"王何不谓楚王曰⑤:'魏许寡人以地,今战胜,魏王倍寡人也⑥。王何不与寡人遇?'魏畏秦、楚之合,必与秦地矣,是魏胜楚而亡地于秦也。是王以魏地德寡人,秦之楚者多资矣。魏弱,若不出地,则王攻其南,寡人绝其西,魏必危。"秦王曰:"善。"以是告楚。楚王扬言与秦遇,魏王闻之恐,效上洛于秦⑦。

【注释】

①陉山:地名。在今河南新郑南三十里。

②上洛:地名。其地早已入秦,乃是商鞅封邑,此当是"上郡"之误,下同。上郡,魏文侯置,在今陕西榆林、绥德、延安、富县一带。

③南阳:古地区名。在今河南南阳地区,其地分属楚、韩,本文所指为楚地。

④管浅:人名。秦臣。秦王:秦惠文王。

⑤楚王:楚怀王。

⑥魏王:魏惠王莹。

⑦效:贡献,进献。

【译文】

楚、魏两国在陉山交战,魏国答应把上洛割给秦国,希望它不要援助楚国。魏国在南阳战胜了楚国。秦国向魏国要求割让上郡之地,魏国不肯。秦人管浅对秦王说:"大王为何不对楚王说:'当初魏王答应割地给我国,现在魏国打了胜仗,魏王却违背对我的承诺。大王为什么不和我会见呢?'魏国害怕秦、楚联合,必定会割地给秦,这样,魏国虽然战胜了楚国,却割地给秦国。这乃是大王拿魏国的土地与秦国友好。秦国亲楚的人就会有发言权了。魏国力弱,如果不割地给秦国,大王就进攻它的南部,秦国攻打它的西部,这样魏国必亡。"秦王说:"好。"于是把这番话告诉了楚王。楚王扬言与秦王相合。魏王听到这个消息,很害怕,于是把上郡之地割给了秦国。

八四下　楚使者景鲤在秦

【题解】

周赧王三年(前312),楚国的使者在秦,秦惠文王和魏襄王在两国边境的蒲坂关相会,景鲤也参加了,当时秦、韩、魏为一方,齐、楚为另一方,形成对峙局面。楚怀王怕景鲤参加秦、魏会见,会被齐王认为是楚和秦、魏暗中勾结,所以对景鲤生气,可见当时楚国非常重视齐、楚之交。

周最游说楚王,解脱了景鲤的困境,是一个善于利用形势进言的人。

　　楚使者景鲤在秦①,从秦王与魏王遇于境②。楚怒。秦令周最谓楚王曰③：“魏请无与楚遇而合于秦，是以鲤与之遇也。弊邑之于与遇善之，故齐不合也。”楚王因不罪景鲤而德周、秦。

【注释】

①景鲤：人名。楚怀王相。

②秦王：惠文王。魏王：魏襄王。

③楚王：楚怀王。

【译文】

楚国使者在秦国，跟随秦王在秦、魏边境和魏王会晤。楚王听到这个消息，非常生气。秦王派周最向楚王解释说：“魏王不希望楚国参加这次会晤，希望秦、齐联合，所以秦王让景鲤参加了这次会晤。因为敝国对景鲤很关照，致使齐王生疑，所以齐国才没有和秦国联合。”楚王因此没有加罪景鲤而感激周最和秦国。

八五　楚王使景鲤如秦

【题解】

楚怀王派景鲤使秦，有人向秦王建议，拘留景鲤，让楚国用土地来赎取，秦王同意了。

景鲤派人对秦王说，如果扣留他，就是向天下表示秦、楚绝交，秦国就陷于孤立，不如还是放他出来。秦王认为有理，不但放了他，还让他参与了秦、魏两王的会见。

本章应在上章之前。

楚王使景鲤如秦。客谓秦王曰：“景鲤，楚王所甚爱，王不如留之以市地。楚王听,则不用兵而得地;楚王不听,则杀景鲤,更与不如景鲤者市。是便计也。"秦王乃留景鲤。

【译文】

楚怀王派景鲤出使秦国。有人对秦惠王说:"景鲤是楚王的宠臣,大王不如把他拘留起来,让楚国用土地来赎取。楚王同意,则是我方不用兵而得地;楚王不同意,我们就杀掉景鲤,再和不如景鲤的人办交涉。这是一条好计啊。"秦王于是扣留了景鲤。

景鲤使人说秦王曰:"臣见王之权轻天下,而地不可得也。臣之来使也,闻齐、魏皆且割地以事秦,所以然者,以秦与楚为昆弟国。今大王留臣,示天下无楚也,齐、魏有何重于孤国也?楚知秦之孤,不与地,而外结交诸侯以图,则社稷必危,不如出臣。"秦王乃出之。

【译文】

景鲤派人去进见秦王说:"我看大王的权势会被各国看轻,土地也不能得到。我来出使的时候,听说齐、魏都准备割地给秦国,之所以会这样,因为秦和楚是兄弟国家。如今大王扣留我,是向各国表示秦已失去楚国,齐、魏怎么会看重孤立的秦国呢?楚国知道秦陷于孤立,就不会割地,并结交诸侯来图谋秦国,这样一来,秦国的处境就危险了,不如放我回国。"秦王于是放景鲤回到楚国。

八六　秦王欲见顿弱

【题解】

顿弱的说辞,主要谈到两件事:一是说秦王不孝,希望他改过;二是让秦王给他万金,去破坏六国的合纵。

战国后期,秦国强大而楚地辽阔,顿弱说"横成则秦帝,从成则楚王",是有一定道理的。

公元前229年,秦将王翦领兵攻赵,赵派李牧防御。李牧是名将,骁勇善战,秦军难以得手。史载,秦用金钱贿赂赵国宠臣郭开,诬告李牧谋反,李牧因而被杀。从本文看,秦国派去的人可能就是顿弱,所以说他"北游燕、赵而杀李牧",并进而瓦解了六国的合纵。

　　秦王欲见顿弱①,顿弱曰:"臣之义不参拜,王能使臣无拜即可矣,不即不见也②。"秦王许之,于是顿子曰:"天下有有其实而无其名者,有无其实而有其名者,有无其名又无其实者。王知之乎?"王曰:"弗知。"顿子曰:"有其实而无其名者,商人是也。无把铫推耨之势③,而有积粟之实,此有其实而无其名者也。无其实而有其名者,农夫是也。解冻而耕,暴背而耨,无积粟之实,此无其实而有其名者也。无其名又无其实者,王乃是也。已立为万乘,无孝之名;以千里养,无孝之实。"秦王悖然而怒④。

【注释】

①秦王:嬴政,即后来的秦始皇。顿弱:秦国辩士。
②不即:否则。不,同"否"。
③铫(yáo):古代的大锄。耨(nòu):古代的除草工具。

④悖然：生气的样子。

【译文】

秦王想召见顿弱，顿弱说："我的主张是不作参拜，大王能让我不拜就可以相见，不然就不必见面。"秦王同意了，于是顿子说："天下有有其实而无其名的，有无其实而有其名的，有无其名又无其实的。大王知道吗？"秦王说："不知道。"顿子说："有其实而无其名的，就是商人。不需要拿起农具耕种土地，就有储蓄粮食的实际收益的，这就是有其实而无其名的人。无其实而有其名的，就是农夫。土地解冻就下田耕种，顶着烈日去锄草，实际上却没有粮食的储蓄，这就是无其实而有其名的人。无其名又无其实的，就是大王。立为拥有万乘的君王，却没有孝名，用千里供养，却没有孝的实际。"秦王听了非常生气。

顿弱曰："山东战国有六①，威不掩于山东而掩于母②，臣窃为大王不取也。"秦王曰："山东之建国可兼与？"顿子曰："韩，天下之咽喉；魏，天下之胸腹。王资臣万金而游，听之韩、魏，入其社稷之臣于秦，即韩、魏从。韩、魏从，而天下可图也。"秦王曰："寡人之国贫，恐不能给也。"顿子曰："天下未尝无事也，非从即横也。横成则秦帝，从成即楚王。秦帝，即以天下恭养；楚王，即王虽有万金，弗得私也。"秦王曰："善。"乃资万金，使东游韩、魏，入其将相。北游于燕、赵而杀李牧③。齐王入朝④，四国必从⑤，顿子之说也。

【注释】

①山东：指崤山以东。

②威不掩于山东而掩于母：秦始皇母和嫪毐（lào ǎi）私通，生二子。始皇九年（前238），诛杀嫪毐三族，迁太后于萯阳宫，杀其二子。

　　此文所说秦王不孝事,均指此。

　　③李牧:赵国名将。

　　④齐王:齐王建。

　　⑤必:通"毕"。

【译文】

　　顿弱说:"崤山以东有六个国家,您的威势不能压倒崤山以东却压倒了自己的母亲,我私下认为大王的行动是不可取的。"秦王说:"崤山以东的几个国家可想法兼并吗?"顿子说:"韩国,是天下的咽喉;魏国,是天下的胸腹。大王为我提供万金去活动,让我到韩、魏,使他们的大臣入秦朝见,那么韩、魏就服从了。韩、魏服从,天下也就可设法兼并了。"秦王说:"我的国家贫穷,恐怕不能充分保证。"顿子说:"天下从来没有安定的时候,不是合纵就是连横。连横成功,则秦国称帝;合纵成功,则楚国称王。秦国称帝,就可以用天下来供养;楚国称王,大王纵有万金也不能享用。"秦王说:"好。"就提供万金,让他往东到韩、魏活动,使他们的将相入秦朝拜。往北到燕、赵活动,使李牧被杀。齐王入秦朝见,四国都服从秦国,这都是采纳了顿子意见的结果啊。

八七　说秦王曰

【题解】

　　秦始皇二十年(前235),东方六国中,以楚国较大,尚据有东南大片土地。本年魏投靠秦国,使秦助魏攻楚,想要夺取原来宋国的地盘。秦国调动四郡兵攻楚,目的在于摧毁楚国的实力,迫使楚国服从。这位游说人,就在秦国即将出兵时,向秦王嬴政进说。他认为秦国想用武力迫使各国称臣,恐有后患。又说,破楚而使韩、魏得利,并增强齐国的力量,将使韩、魏有能力和秦对抗,又使齐再次成为东方强国,因而攻楚的行动是不可取的。

　　本章首原有"顷襄王二十年"云云一段文字,乃《春秋后语》之文被误补入策文者,因本非《战国策》文字,且本章亦非黄歇之说,因此删去未录。

　　说秦王曰:"物至而反,冬夏是也;致至而危,累棋是也。今大国之地半天下,有二垂①,此从生民以来,万乘之地未尝有也。先帝文王、庄王②,王之身,三世而不接地于齐,以绝从亲之要③。今王使盛桥守事于韩④,盛桥以地入秦。是王不用甲,不伸威,而得百里之地,王可谓能矣。王又举甲兵而攻魏,杜大梁之门⑤,举河内⑥,拔燕、酸枣、虚、桃人⑦,魏之兵云翔不敢校,王之功亦多矣。

【注释】

①二垂:占有天下西、北二陲。垂,通"陲",边陲。

②文王、庄王:文王即秦始皇祖父孝文王,庄王即秦始皇父庄襄王。

③要:同"腰"。

④使盛桥守事于韩:派盛桥驻守韩国以监视其动向。盛桥,下文作"成桥",庄襄王子,始皇之弟。

⑤大梁:魏都,在今河南开封西北。

⑥河内:地区名。在今河南沁阳一带。

⑦燕、酸枣、虚、桃人:地名。皆魏邑。燕,即古南燕国,在今河南延津东北二十五里。酸枣,在今河南延津北十五里。虚,同"墟",即殷墟,今河南安阳小屯村,在洹水之南。桃人,在今河南长垣西。

【译文】

　　有人游说秦王说:"事物发展到了顶点,就要走向它的反面,冬与夏的更替就是这样;东西放得极高就很危险,叠起来的棋子就是这样。现在贵国的土地占到天下的一半，又拥有西面和北面两个边陲，这是自有人类以来，万乘大国从来未曾有过的。自先帝孝文王、庄襄王以至大王三代，始终没有和齐国接壤，以拦腰切断诸侯合纵的联系。现在大王派盛桥到韩国驻守，盛桥把他管辖的土地并入秦国。这样，大王既不用战争，也不施威力，就获得了百里的土地，大王堪称确有能耐了。您又派兵攻打魏国，堵塞了大梁的进出通道，拿下了河内，攻克了燕、酸枣、虚、桃人等地，魏国的部队像烟云飞散一样，不敢较量，大王的功劳也够多的了。

"王休甲息众三年，然后复之，又取蒲、衍、首垣①，以临仁、平丘②，小黄、济阳婴城③，而魏氏服矣。王又割濮、磨之北④，断齐、秦之要，绝楚、魏之脊。天下五合、六聚而不敢救也，王之威亦惮矣。王若能持功守威，省攻伐之心而肥仁义之地，使无复后患，三王不足四，五伯不足六也。

【注释】

①蒲、衍、首垣：地名。皆魏邑。蒲，在今河南长垣有蒲乡。衍，在今河南郑州北三十里。首垣，在今河南长垣东北三十里。

②仁、平丘：地名。皆魏邑。仁，与平丘近。平丘，在今河南长垣西南五十里。

③小黄、济阳：地名。皆魏邑。小黄，在今河南开封东北。济阳，在今河南兰考东北。婴城：绕城。婴，犹萦也，盖二邑环兵自守。

④濮、磨之北：包括今河北大名、山东聊城一带。濮，水名。磨，地名。近濮水。

【译文】

"大王休整了三年，然后再度出兵，夺取了蒲、衍、首垣，兵临仁、平丘、小黄、济阳只能环城自守,因而魏国便屈服了。大王又割取濮、磨以北的地区,斩断了连结齐、秦的腰身,折断了楚、魏的脊梁。天下诸侯多次会商,不敢互相援救,大王的威名可算是无与伦比了。大王如果能保持功绩,守住威严,收敛攻伐的野心,扩大仁义的训诫,使国家再没有后患,这样,三王不难成为四王,五霸也不难成为六霸了。

　　"王若负人徒之众,仗兵甲之强,壹毁魏氏之威,而欲以力臣天下之主,臣恐有后患。《诗》云:'靡不有初,鲜克有终。'《易》曰:'狐濡其尾。'此言始之易,终之难也。何以知其然也? 智氏见伐赵之利,而不知榆次之祸也①;吴见伐齐之便,而不知干隧之败也②。此二国者,非无大功也,没利于前,而易患于后也。吴之信越也,从而伐齐,既胜齐人于艾陵③,还为越王禽于三江之浦④。智氏信韩、魏,从而伐赵,攻晋阳之城,胜有日矣,韩、魏反之,杀智伯瑶于凿台之上⑤。

【注释】

①榆次:地名。在今山西榆次西北。

②干隧:地名。吴地,在今江苏吴县西北三十里万安山。

③艾陵:地名。齐邑,在今山东莱芜东北。

④三江之浦:三江,在今江苏境内的娄江、松江、东江。浦,水滨。

⑤凿台:台名。在今山西榆次南洞涡水侧。

【译文】

　　"大王如果仗恃人力众多,依靠武力强大,乘着击败魏国的威势,想要用武力屈服天下诸侯,我担心将会有后患。《诗经》上说:'万事都有开头,但很少能够有始有终。'《易经》上说:'小狐渡河,沾湿尾巴,终难渡河。'这就是说,开始容易而终结很难啊。怎么知道是这样的呢? 从前智伯瑶只看到最初攻伐赵国之利,而没有预见到在榆次有杀身之祸;吴王只看到最初攻伐齐国之利,而没有预见到在干隧有杀身亡国的失败。这两个国家并不是没有大功,因为他们都贪图眼前的利益,而不顾以后的祸患。吴王相信越王,因此舍去越国而去进攻齐国,已经在艾陵打败了齐国,回军转来却被越王在三江之浦擒获。智伯相信韩、魏,与他们一同攻赵,一直打到晋阳城下,眼看就要胜利了,但韩、魏倒戈,与赵国联合,在凿台之下杀了智伯。

　　"今王妒楚之不毁也,而忘毁楚之强韩、魏也,臣为大王虑而不取。《诗》云:'大武远宅不涉①。'从此观之,楚国,援也;邻国,敌也。《诗》云:'他人有心,予忖度之。跃跃毚兔②,遇犬获之。'今王中道而信韩、魏之善王也,此正吴信越也。

【注释】

①大武远宅不涉:即《周书·大武》篇:"远宅不薄。"古书引《书》或通作《诗》。

②毚(chán)兔:狡兔。

【译文】

　　"现在大王担心楚国不灭,却忘掉了灭楚反会加强韩、魏的势力,我为大王考虑,这样做是不可取的。《周书·大武》篇上说:'不入侵居住在远地的国家。'由此看来,楚国是秦国的友邦,而邻国是秦国的敌国。《诗经》上说:'别人有谗害之心,我可以猜出来。狡猾的兔子虽然跑得快,遇到猎犬就会被捕获。'现在大王半途去相信韩、魏对秦国友好,这正如当初吴国相信越国一样。

"臣闻，敌不可易，时不可失。臣恐韩、魏之卑辞虑患而实欺大国也。此何也？王既无重世之德于韩、魏，而有累世之怨矣。韩、魏父子兄弟接踵而死于秦者，累世矣。本国残，社稷坏，宗庙隳①，刳腹折颐②，首身分离，暴骨草泽，头颅僵仆，相望于境；父子老弱系虏，相随于路；鬼神孤伤无所食；百姓不聊生，族类离散，流亡为臣妾，满海内矣。韩、魏之不亡，秦社稷之忧也。今王之攻楚，不亦失乎？

【注释】

①隳（huī）：毁坏，废弃。

②刳（kū）：剖开。颐：脸颊。

【译文】

"我听说，对敌人决不掉以轻心，对时机决不可轻易失去。我担心韩、魏虽然对秦国辞意谦卑，低声下气，实际上是在存心欺骗。为什么这样说呢？因为大王历来既无恩德于韩、魏，却世代和他们结有怨仇。韩、魏父子兄弟接连死于秦国的，世代都有。国家残破，社稷被毁，宗庙遭到破坏，人们遭到屠杀，肚腹破裂，下颌折断，身首异处，白骨遍野，尸体重重叠叠，满目皆是；父子老弱成为俘虏，牵绳系索，相随于道；鬼神的孤魂得不到祭祀；民不聊生，妻离子散，沦为奴隶的全国皆是。韩、魏如果不亡，是秦国的忧患。可是现在大王却进攻楚国，岂不是大错特错吗？

"且王攻楚之日，则恶出兵？王将藉路于仇雠之韩、魏乎？兵出之日而王忧其不反也，是王以兵资于仇雠之韩、魏。王若不藉路于仇雠之韩、魏，必攻随阳右壤①。随阳右壤，此皆广川大水、山林溪谷不食之地。王虽有之，不为得地。是王有毁楚之名，无得地之实也。

【注释】

①随阳右壤：随，水名。在今湖北随州。右壤，西边的地方。随水的西边是古代的邓林之险。

【译文】

"再说大王在进攻楚国的时候，打算从哪条道路出兵呢？是准备借道仇敌韩、魏的国土出兵吗？那出兵之日，大王就会担心不能返回秦国了，这实际上是用武力去帮助仇敌韩、魏。您如果不借道于仇敌韩、魏，那就一定要进攻楚国随水以北的西部之地。而楚国随水以北的西部之地，广泛分布着大河大水、高山深谷，都是些不毛之地。大王虽然占有了这些地方，和不得地并无区别。这样，您徒有侵楚的恶名，而无得地的实惠。

"且王攻楚之日，四国必悉起应王①。秦、楚之兵构而不离，魏氏将出兵而攻留、方与、铚、胡陵、砀、萧、相②，故宋必尽。齐人南面，泗北必举③。此皆平原四达，膏腴之地也，而王使之独攻。王破楚以肥韩、魏于中国而劲齐，韩、魏之强足以校于秦矣。齐南以泗为境，东负海，北倚河，而无后患，天下之国莫强于齐。齐、魏得地葆利而详事下吏④，一年之后，为帝若未能，于以禁王之为帝有余。夫以王壤土之博、人徒之众、兵革之强，一举事而注地于楚，诎令韩、魏归帝重于齐，是王失计也。

【注释】

①四国：赵、韩、魏、齐。

②留、方与、铚（zhì）、胡陵、砀、萧、相：皆地名。宋邑。留，在今江苏
　　沛州东南五十里。方与，在今山东鱼台东北十五里。铚，在今安
　　徽宿州西南四十六里。胡陵，在今江苏沛州北五十里。砀，在今
　　安徽砀山西南三十五里。萧，在今江苏萧县西北十里。相，在今
　　安徽濉溪西北。

③泗北必举：言齐国将兼并鲁的故地。泗水以北是旧日鲁国的
　　领地。

④详事下吏：假意事秦。详，通"佯"。下吏，下级办事人员。不敢
　　直指秦王，故谦称和"下吏"交涉。

【译文】

　　"再说，大王攻楚的时候，韩、魏、赵、齐四国定会联合对付您。秦、楚交战，兵连祸结，魏国将乘机进攻留、方与、铚、胡陵、砀、萧、相等地，旧日宋国的土地将全被占领。齐国向南进攻，泗水以北必将陷落。这些都是四通八达的平原，肥沃的良田美地，大王却让它们独吞。大王打败了楚国，却扩大了中原韩、魏的领土，并增强了齐的国力，韩、魏的强大就足以和秦国抗衡了。齐国南边以泗水为界，东靠大海，北倚黄河，无后顾之忧，天下各国没有比齐国更强的。齐、魏扩大了领土，确保了利益，而又假意事奉大王，一年以后，称帝虽不能办到，但阻止大王称帝却是绰有余力的。以大王土地的广博、人口的众多、兵力的强劲，一旦出兵和楚国结怨，反倒让韩、魏支持齐国称帝，这是大王失策的地方啊！

　　"臣为王虑，莫若善楚。秦、楚合而为一以临韩，韩必授首。王襟以山东之险，带以河曲之利①，韩必为关中之侯②。若是王以甲戍郑，梁氏寒心，许、鄢陵婴城③，上蔡、召陵不往来也④，如此，而魏亦关内侯矣。王一善楚，而关内二万乘之主注地于齐，齐之右壤可拱手而取也。是王之地一经两海，

要绝天下也,是燕、赵无齐、楚,齐、楚无燕、赵也。然后危动燕、赵,持齐、楚,此四国者,不待痛而服矣。"

【注释】

①河曲:黄河拐弯处。黄河到潼关后,曲而东流,即所谓河曲。

②关中之侯:即下文的关内侯,秦爵名。享有封邑的大臣。此言韩犹如秦藩臣。

③许、鄢陵:地名。皆魏邑。许,在今河南许昌东三十里。鄢陵,在今河南鄢陵西北。婴城:环城。

④上蔡、召陵:地名。皆楚邑。上蔡,在今河南上蔡西南十里。召陵,在今河南郾城东。

【译文】

"我替大王考虑,不如和楚国友好。秦、楚合为一家兵临韩国,韩国就必然俯首称臣。秦国以崤山以东的险要做屏障,拥有河曲之利,韩国只不过相当于秦国的一个关内侯而已。如此,大王以精兵进驻韩国,魏国就会不寒而栗,如果许、鄢陵环城固守,楚的上蔡、召陵就会与魏国隔绝,魏国也会成为秦国的关内侯了。大王一旦和楚国亲善,那两个充当关内侯的万乘大国就会全力伐齐,这时大王就可轻易夺取齐国的西部领土。这样一来,大王的土地从西海直达东海,贯穿天下,从而使燕、赵失去齐、楚的援助,齐、楚也失去了燕、赵的支援。然后威胁燕、赵,挟持齐、楚,这四国不须急攻,就都会臣服了。"

八八　或为六国说秦王曰

【题解】

本章主旨在于说明如果一国的地位突出于诸国之上,会受到诸国的憎恨。公元前 288 年,齐、秦并称为帝,苏秦劝齐闵王取消帝号,以免成为众矢之的。齐取消帝号后不久,秦也跟着取消。秦去帝号,也有向它进言的人,本文就是此人的说辞。

　　或为六国说秦王曰①:"土广不足以为安,人众不足以为强。若土广者安,人众者强,则桀、纣之后将存②。

【注释】

　　①秦王:秦昭王。

　　②桀、纣:夏桀、商纣,夏、商两代的亡国之君。

【译文】

　　有人为了六国游说秦王:"地方大,未必会带来安定,人多不一定就会强盛。如果地大的就安定,人多的就强盛,那么桀、纣的后代将会至今还存在。

　　"昔者,赵氏亦尝强矣①。曰赵强何若? 举左案齐,举右案魏,厌案万乘之国二②,由千乘之宋也③。筑刚平④,卫无东野,刍牧薪采莫敢窥东门。当是时,卫危于累卵,天下之士相从谋曰:'吾将还其委质,而朝于邯郸之君乎?'于是天下有称伐邯郸者,莫令朝行⑤。魏伐邯郸⑥,因退为逢泽之遇⑦,乘夏车⑧,称夏王,朝为天子⑨,天下皆从。齐太公闻之⑩,举兵伐魏,壤地两分,国家大危。梁王身抱质执璧⑪,请为陈侯臣⑫,天下乃释梁。

【注释】

　　①赵氏:赵国。

②厌案:压制。厌,通"压"。

③由:通"犹",如同。

④刚平:在今河北清丰西南。

⑤莫:同"暮"。

⑥魏伐邯郸:公元前354年,魏惠王发兵包围赵都邯郸。

⑦逢泽之遇:魏惠王主持在魏都大梁附近举行的逢泽会议。
　遇,会。

⑧夏:指中原地区。

⑨为:于。天子:周敬王。

⑩齐太公:当为齐威王。

⑪质:通"贽(zhì)",礼品。璧:中有小孔的圆形玉器。

⑫陈侯:齐威王在称王前称陈侯。

【译文】

"从前,赵国曾经强盛。赵强的情况怎么样? 左边压制齐国,右边压制魏国,压倒两个万乘之国,就像支配千乘的宋国一样。修筑刚平,卫国不能控制东部,砍柴放牧不敢从东门进出。在这个时候,卫国岌岌可危,天下的人互相商量,说:'我们是否应归还礼物,去朝拜赵国的君王呢?'于是天下有谁说要攻打赵国的,晚上提议,第二天早上就付诸行动了。魏军包围邯郸,接下来召开了逢泽会议,乘坐中原的车,号称中原的王,朝拜周天子,天下都服从他。齐太公听说,出兵攻打魏国,国土被分成两半,国家非常危险。魏王送上礼物,拿上玉璧,请求做陈侯的臣下,天下这才放过魏国。

"郢威王闻之,寝不寐,食不饱,帅天下百姓以与申缚遇于泗水之上①,而大败申缚。赵人闻之至枝桑②,燕人闻之至格道。格道不通,平际绝③。齐战则不胜,谋则不得,使陈毛释剑撍④,委南听罪⑤,西说赵,北说燕,内喻其百姓,而天下乃释齐。

【注释】

①申缚：齐将。

②枝桑：与下文的"格道"都是地名。今地不详。

③平际：交际，交往。

④陈毛：齐臣。掫（zōu）：打更的工具。

⑤听罪：认罪。

【译文】

"楚威王听说齐国打败魏国后，睡不着，吃不好，带领天下百姓和申缚在泗水之上交战，把申缚打得大败。赵人听说，大军进至枝桑，燕人听说，大军进至格道。格道不通，交往断绝。齐国作战不能取胜，又想不出其他的办法，派遣陈毛放下兵器，屈身到楚国请罪，西边游说赵国，北边游说燕国，国内向百姓解释，天下这才放过齐国。

"于是夫积薄而为厚，聚少而为多，以同言郢威王于侧牖之间。臣岂以郢威王为政衰谋乱以至于此哉？郢为强，临天下诸侯，故天下谋伐之也。"

【译文】

"积薄变为厚，积少而成多，各国共同来商量如何对付楚威王。难道是楚威王政治混乱造成这种情况的吗？楚国过分强大，威胁天下诸侯，所以各国都想去攻打它。"

卷七　秦策五

八九　谓秦王曰

【题解】

公元前307年，秦军攻占韩国重镇宜阳，朝思暮想的目的一旦达到，秦武王的高兴可想而知。这时楚国出兵援韩，秦、楚发生矛盾，有人为楚游说秦王，应当胜而不骄，并和楚国搞好关系，以免让别国钻了空子。

谓秦王曰[①]："臣窃惑王之轻齐、易楚，而卑畜韩也。臣闻，王兵胜而不骄，伯主约而不忿。胜而不骄，故能服世；约而不忿，故能从邻。今王广德魏、赵而轻失齐，骄也；战胜宜阳，不恤楚交，忿也。骄、忿非伯主之业也，臣窃为大王虑之而不取也。

【注释】

①秦王：秦武王。

【译文】

有人对秦王说："我私下感到不解的是，大王为什么要轻视齐、楚而小看韩国。我听说王者战胜而不骄傲，霸主主持盟约而不急躁。战胜而不骄傲，所以能使诸侯悦服；主盟而不急躁，所以能使盟国顺从。如今大王重视拉拢魏、赵，把失去齐国交谊不放在心上，这就是因为骄傲之故；攻克宜阳，不顾楚国的交谊，这就是盛气凌人。骄傲、放肆不是王者和霸主所应有的风范，我私下为大王考虑，这种做法是不可取的。

"《诗》云：'靡不有初，鲜克有终①。'故先王之所重者，唯始与终。何以知其然？昔智伯瑶残范、中行②，围逼晋阳③，卒为三家笑④；吴王夫差栖越于会稽⑤，胜齐于艾陵⑥，为黄池之遇⑦，无礼于宋⑧，遂与勾践禽⑨，死于干隧⑩；梁君伐楚胜齐⑪，制赵、韩之兵，驱十二诸侯以朝天子于孟津⑫，后子死，身布冠而拘于齐。三者非无功也，能始而不能终也！

【注释】

①"靡不有初"二句：见《诗经·大雅·荡》。

②智伯瑶：一作"知伯"，春秋末期人，晋国六卿之一。公元前458年，灭六卿中的范氏、中行氏。

③晋阳：赵氏都城，在今山西太原西南。

④三家：指韩、赵、魏。

⑤吴王夫差：春秋吴国国君，公元前495—前473年在位。越：指越王勾践。会(kuài)稽：山名。在今浙江境内。

⑥艾陵：在今山东莱芜东北。

⑦黄池：在今河南封丘西南。

⑧无礼于宋：吴王杀掉宋国大夫，囚禁宋国妇女。

⑨勾践：春秋末越国国君，公元前497—前465年在位。

⑩干隧：地名。地址在今江苏吴县西北四十里阳山下。

⑪梁君：梁惠王，名罃(yīng)，公元前369—前319年在位。

⑫十二诸侯：又称泗上十二诸侯，分布在泗水流域的一些小国家。

孟津：在今河南孟津东北。

【译文】

"《诗经》上说：'开头都很好，但少有保持到最后的。'所以先王看重的就是有始有终。为什么知道是这样呢？从前智伯瑶灭掉范氏、中行氏，围攻晋阳，但终于失败，被韩、赵、魏三家所笑；吴王夫差迫使越王退守会稽山，在艾陵战胜齐国，召集黄池盟会，对宋国没有礼貌，终被勾践制服，死在干隧；魏惠王攻打楚国，战胜齐国，控制赵、韩的军力，带领泗上十二诸侯，在孟津朝见周天子，但后来太子申战死，只好戴上布冠向齐国屈服。上述三人不是没有战功，但都只有好的开头而不能善终啊！

"今王破宜阳，残三川，而使天下之士不敢言；雍天下之国，徙两周之疆，而世主不敢交；塞阳侯①，取黄棘②，而韩、楚之兵不敢进。王若能为此尾，则三王不足四，五伯不足六；王若不能为此尾，而有后患，则臣恐诸侯之君，河、济之士，以王为吴、智之事也。

【注释】

①阳侯：要塞名。在今山东沂水南。

②黄棘：在今河南新野东北。

【译文】

"现在大王占领宜阳，横扫三川，使天下的人不敢开口议论；切断诸侯的联系，缩小了两周的疆土，使诸侯不敢交往；堵塞阳侯隘口，夺取黄棘，而韩、楚的部队不敢前进。大王如果能贯彻到底，就能建立称王称霸的大业。大王如果不能善始善终，就会有灭亡的祸患，我担心各国的君主和知名人士会使大王步吴王夫差和智伯瑶的后尘。

"诗云①：'行百里者，半于九十。'此言末路之难。今大王皆有骄色，以臣之心观之，天下之事，依世主之心，非楚受兵，必秦也。何以知其然也？秦人援魏以拒楚，楚人援韩以拒秦。四国之兵敌而未能复战也。齐、宋在绳墨之外以为权②，故曰先得齐、宋者伐秦。秦先得齐、宋，则韩氏铄③，韩氏铄，则楚孤而受兵也。楚先得之，则魏氏铄，魏氏铄，则秦孤而受兵矣。若随此计而行之，则两国者必为天下笑矣。"

【注释】

①诗云："诗"当作"语"，指相传的古语。

②权：援助之势，能轻重四国之间。

③铄（shuò）：削弱。

【译文】

"古语说：'百里的路程，九十里只算到了一半。'这是说走完最后一程的困难。现在大王频频表现出骄傲的情绪，以我的愚见看来，天下的事情，照诸侯的想法，不是攻楚，便是攻秦。为什么知道会是这样呢？秦国援助魏国以抗御楚国，楚国援助韩国以抗御秦国。四国的兵力相当，不敢再轻易开战。齐、宋置身事外，举足轻重。所以说，先取得齐、宋支持的就可攻伐秦国。秦先拉拢齐、宋，韩国就会被削弱，韩国削弱了，楚国就会孤立而受到攻击。楚先拉拢齐、宋，魏国就会被削弱，魏国削弱了，秦国就会孤立而受到攻击。如果按照这个办法去做，秦、楚两国定会成为天下的笑柄了。"

九〇　秦王与中期争论

【题解】

在古代的君臣关系中,君主有绝对的主宰权。臣下的生死通常都掌握在君主的一喜一怒之间。中期和秦昭王争辩,占了上风,这差点给他带来杀身之祸。如果不是有人对昭王进行劝解,中期的结局可能就非常不妙了。

在这篇短文中,秦王的骄横,中期的傲视王侯和从容不迫,都给我们留下了深刻印象。

秦王与中期争论,不胜,秦王大怒,中期徐行而去。或为中期说秦王曰:"悍人也! 中期适遇明君故也,向者遇桀、纣,必杀之矣。"秦王因不罪。

【译文】

秦王与辩士中期发生争论,没有胜过中期,秦王大怒,中期从容地走了。有人为中期对秦王说:"中期真是耍横的人啊! 他刚才遇上的是英明的君王,如果遇上桀、纣那样的暴君,一定会把他杀掉了。"秦王因此没有怪罪中期。

九一　献则谓公孙消曰

【题解】

周赧王九年(前306),楚臣芈戎出走到东周。芈戎是秦昭王宣太后的弟弟,当时秦昭王初立,宣太后掌权,献则为芈戎游说秦国大臣公孙消,让他帮助芈戎取得东周的相位,以便为自己取得秦国相国之位创造条件。

献则谓公孙消曰①："公，大臣之尊者也，数伐有功，所以不为相者，太后不善公也②。芈戎者③，太后之所亲也，今亡于楚，在东周④。公何不以秦、楚之重资而相之于周乎？楚必便之矣。是芈戎有秦、楚之重，太后必悦公，公相必矣。"

【注释】

①献则：楚人，时在秦任职。公孙消：人名。秦臣。

②太后：秦昭王母宣太后。

③芈戎：宣太后同父弟，秦昭王舅，入秦后封为华阳君。

④东周：成周，在今河南洛阳东三十里。

【译文】

献则对秦臣公孙消说："您是大臣中受尊重的人，屡立战功。之所以没有被任命为相国，是因为太后对您没有好感。芈戎是太后的亲弟弟，现在逃亡到东周。您为何不借助秦、楚在诸侯中的声威，帮助芈戎在东周担任相国呢？楚国必然感到对它有利。芈戎有了秦、楚的大力支持，太后对您定有好感，您就定会在秦国担任相国了。"

九二　楼𫟅约秦、魏

【题解】

周赧王八年（前307），主张联秦的楼𫟅，积极奔走，让秦、魏结成联盟，并让魏太子到秦国做人质。主张联齐的纷强，从中反对，魏太后和魏襄王便让太子在中途停留下来。

恰好这时楚臣昭衍因东周的事来到魏国。楼𫟅让他对魏王说，如果秦、魏联盟不成，秦将出兵攻魏，以此来迫使魏太子成行。

　　楼䣓约秦、魏①,魏太子为质,纷强欲败之②。谓太后曰:"国与还者也,败秦而利魏,魏必负之,负秦之日,太子为粪土矣。"太后坐王而泣。王因疑于太子,令之留于酸枣③。楼子患之。

【注释】

①楼䣓:人名。魏人。䣓,后又作"梧"。

②纷强:人名。魏臣。

③酸枣:地名。在今河南延津西南。

【译文】

　　魏臣楼䣓邀约秦、魏结盟,以魏太子作为人质。魏臣纷强想从中破坏,对魏太后说:"任何国家总是为了本国的利益而态度摇摆不定的。如果秦国失败而魏国得利,魏国必然会背约,魏国一旦背约,太子的生命将会成为粪土。"太后守着魏王哭泣。魏王因而也为太子做人质的事犹豫不决,太子留在酸枣,不去秦国。楼䣓为此而担心。

　　昭衍为周之梁①,楼子告之。昭衍见梁王,梁王曰:"何闻?"曰:"闻秦且伐魏。"王曰:"为期与我约矣。"曰:"秦疑于王之约,以太子之留酸枣而不之秦。秦王之计曰②:'魏不与我约,必攻我;我与其处而待之见攻,不如先伐之。'以秦强折节而下与国,臣恐其害于东周。"

【注释】

①昭衍:人名。楚人,东周臣。

②秦王:秦武王。

【译文】

昭衍为东周去到魏国，楼酐把魏太子留在酸枣的事告诉了他。昭衍拜见魏王，魏王说："您听到什么情况了吗？"昭衍说："听说秦国准备进攻魏国。"魏王说："可是秦国与魏国已经约期相会了。"昭衍说："秦国怀疑大王的态度，因为太子留在酸枣，不去秦国。秦王考虑说：'魏王不和我相见，就定会进攻秦国。与其让秦国等待着被魏国进攻，倒不如先进攻魏国。'以强大的秦国竟俯首向盟国求援，我担心它会危害到东周。"

九三　濮阳人吕不韦贾于邯郸

【题解】

吕不韦凭他多年从事商业的经验，看出当时在赵国做人质的秦公子异人"奇货可居"，于是和异人结为政治投机的伙伴。

秦安国君妻华阳夫人在政治上很有势力，但膝下无子，吕不韦通过夫人弟阳泉君，说服华阳夫人，从赵国召回异人。

华阳夫人是楚人，异人返秦，吕不韦让他穿上楚地服装去参拜夫人，夫人一见，大为高兴，决定把异人收为己子，给他改名为"楚"，并劝安国君（即位后为孝文王）把子楚立为太子。孝文王即位，三日即死。接着子楚登位，是为庄襄王。由于吕不韦有拥立的大功，于是让他担任相国，主持国政，号为"文信侯"，并把蓝田十二县作为他的封邑。吕不韦终于如愿以偿，从一个精明的商人变成大权在握的政治家。

濮阳人吕不韦贾于邯郸[①]，见秦质子异人[②]，归而谓父曰："耕田之利几倍？"曰："十倍。""珠玉之赢几倍[③]？"曰："百倍。""立国家之主赢几倍？"曰："无数。"曰："今力田疾作，不得暖衣余食；今建国立君，泽可以遗世。愿往事之。"

【注释】

①濮阳：卫邑，在今河南濮阳西南。贾（gǔ）：做买卖。

②异人：秦孝文王子，时在赵做人质，后即位为庄襄王。

③赢：商业利润。

【译文】

濮阳人吕不韦在邯郸做生意，见到秦国人质公子异人，回去对他的父亲说："种田的利益有几倍？"父亲回答："十倍。"问："做珠宝生意的可获利几倍？"父亲回答："百倍。"问："拥立国君，可获利几倍？"父亲回答："无数。"吕不韦说道："如今努力耕种，还是穿不暖，吃不饱；如果拥立君主，利益可以留传后世。我想前往事奉他。"

秦子异人质于赵，处于廖城①。故往说之曰："子傒有承国之业②，又有母在中。今子无母于中③，外托于不可知之国④，一日倍约，身为粪土。今子听吾计事，求归，可以有秦国。吾为子使秦，必来请子。"

【注释】

①廖（yí）城：即聊城，在今山东聊城西北十五里。

②子傒（xī）：异人的异母弟，都是安国君（后即位为孝文王）之子。

③今子无母于中：异人母夏姬，无宠，异人等于无母。

④不可知：态度变化莫测。

【译文】

秦国公子异人在赵国做人质，住在廖城。吕不韦就去对异人说："子傒有继承君位的基础，又有母亲在宫中支持。现在您宫内没有支持您的母亲，又寄居在态度不定的赵国，一旦背弃盟约，您就完蛋了。现在您听从我的安排，要求回去，可以拥有秦国。我为您到秦国活动，一定让他们来迎接您。"

乃说秦王后弟阳泉君曰①："君之罪至死，君知之乎？君之门下无不居高尊位，太子门下无贵者②。君之府藏珍珠宝玉，君之骏马盈外厩，美女充后庭。王之春秋高③，一日山陵崩④，太子用事，君危于累卵而不寿于朝生⑤。说有可以一切，而使君富贵千万岁，其宁于太山四维⑥，必无危亡之患矣。"阳泉君避席⑦，请闻其说。不韦曰："王年高矣，王后无子，子傒有承国之业，士仓又辅之⑧。王一日山陵崩，子傒立，士仓用事，王后之门必生蓬蒿⑨。子异人贤材也，弃在于赵，无母于内，引领西望，而愿一得归。王后诚请而立之，是子异人无国而有国，王后无子而有子也。"阳泉君曰："然。"入说王后，王后乃请赵而归之。

【注释】

①秦王后：指安国君妻华阳夫人。

②太子：指子傒。

③王之春秋高：言其年老。王，指孝文王。

④一日：一旦。山陵崩：比喻秦王死，这是一种避讳的说法。

⑤朝生：指朝生夕落的槿花。

⑥太山：即泰山，在今山东泰安北。

⑦避席：表示恭敬。

⑧士仓：即昭王时的秦相杜仓。

⑨生蓬蒿：言无人行走，比喻门庭冷落。

【译文】

于是游说王后的弟弟阳泉君说："您犯有死罪,您知道吗? 您的手下都占据高官尊位,太子门下却没有有地位的人。您的仓库储藏了许多珍珠宝玉,马棚充满了骏马,后宫充满了美女。秦王的年事已高,一旦死去,太子继位,您就非常危险,性命将会不保。有一种办法可以让您富贵千万年,比泰山还安稳,必然没有危亡的祸患。"阳泉君离开座位说,愿听听高见。吕不韦说:"秦王年事已高,王后没有儿子。子傒有继承王位的条件,又有杜仓辅佐。秦王一旦死去,子傒继位,杜仓掌权,王后的门庭必然冷落。公子异人是贤能的人,被遗弃在赵国,在宫内没有支持他的母亲,伸长脖子向西边遥望,希望有机会回来。王后真能请求立他为太子,那么公子异人就是无国而有国,王后就是无子而有子了。"阳泉君说:"是这样。"就进宫告诉王后,王后就向赵国提出请求,让公子异人返秦。

赵未之遣,不韦说赵曰:"子异人,秦之宠子也,无母于中,王后欲取而子之。使秦而欲屠赵,不顾一子以留计^①,是抱空质也。若使子异人归而得立,赵厚送遣之,是不敢倍德畔施^②,是自为德讲。秦王老矣,一日晏驾^③,虽有子异人,不足以结秦。"赵乃遣之。

【注释】

①留计:延缓其计划。

②倍:通"背",背弃。畔:通"叛",违背,叛离。

③晏驾:对天子死的避讳说法。

【译文】

赵国还未放行,吕不韦游说赵王说:"公子异人是秦王宠儿,在宫中没有母亲,王后想让他做儿子。假使秦国要想消灭赵国,不会顾惜一个儿子而不行动,那您就是留了一个不起作用的人质。如果能让公子异人回国立为秦王,赵国用厚礼送归他,他一定不会忘记赵国的恩情,这是用恩德来联系。秦王老了,一旦驾崩,只有通过公子异人才能拉拢秦国。"于是赵国就送异人返回秦国。

异人至,不韦使楚服而见。王后悦其状,高其知,曰:"吾楚人也。"而自子之,乃变其名曰楚。王使子诵,子曰:"少弃捐在外,尝无师傅所教学,不习于诵。"王罢之,乃留止。间曰:"陛下尝轫车于赵矣①,赵之豪杰得知名者不少。今大王反国②,皆西面而望。大王无一介之使以存之,臣恐其皆有怨心,使边境早闭晚开。"王以为然,奇其计。王后劝立之。王乃召相,令之曰:"寡人子莫若楚。"立以为太子。

【注释】

①轫(rèn)车:停车,指为质的事。轫,阻止车轮滚动的木头。

②反:同"返"。

【译文】

异人回秦,吕不韦让他穿上楚国服装去拜见王后。王后喜欢他的打扮,认为他的智慧很高,说:"我是楚国人。"就把他当做自己的儿子,把他的名字改称为"楚"。秦王让他诵读念过的书,他说:"我从小被抛弃在外,没有师傅的教诲,不懂得念书。"秦王作罢,就把他留下来。吕不韦抽空对秦王说:"陛下曾经在赵国停留,赵国的豪杰和您关系好的不少。如今大王回国,他们都满怀希望向着西方。大王没有派遣一位使臣去慰问他们,我担心他们会抱怨,使边城局势不稳。"秦王认为他说得对,是个有才能的人。王后劝秦王立子楚为太子。秦王就召见丞相,对他说："我的儿子中最有才能的是子楚。"就立他为太子。

　　子楚立①，以不韦为相，号曰文信侯，食蓝田十二县②。王后为华阳太后，诸侯皆致秦邑。

【注释】

①子楚立：是为秦庄襄王。

②蓝田：在今陕西蓝田西十一里。

【译文】

　　子楚即位，以吕不韦做丞相，号为文信侯，封给他蓝田十二县。王后号为华阳太后，各国诸侯都给秦国送来封邑。

九四　文信侯欲攻赵以广河间

【题解】

　　本章写才智过人的少年甘罗，说服张唐相燕，又使秦国不用兵而得地的事。

　　秦王嬴政把河间封给吕不韦，吕不韦想联燕攻赵，扩大河间的封地。为了联络方便，准备派将军张唐前往燕国为相。张唐在攻赵时，曾杀死很多赵人，他害怕赵国报复，不敢经赵往燕。吕不韦因张唐不肯接受任务，很不高兴。这时，年仅十二岁的甘罗，主动站出来，自愿去说服张唐。

　　经过甘罗反复指明利害，张唐改变了态度，同意出发。吕不韦办不到的事，甘罗办到了。接着，甘罗又作为张唐的前驱，先到赵国探路，说动赵王"割五城以广河间"，并使赵在攻占燕上谷郡地之后，让秦国分享胜利果实。

　　文信侯欲攻赵以广河间①，使刚成君蔡泽事燕三年②，而燕太子质于秦③。文信侯因请张唐相燕④，欲与燕共伐赵，以广河间之地。张唐辞曰："之燕者必径于赵，赵人得唐者，受百里之地。"文信侯去而不快。少庶子甘罗曰⑤："君侯何不快甚也？"文信侯曰："吾令刚成君蔡泽事燕三年，而燕太子已入质矣。今吾自请张卿相燕而不肯行。"甘罗曰："臣请行之。"文信侯叱去曰："我自行之而不肯，汝安能行之也？"甘罗曰："夫项橐生七岁而为孔子师⑥，今臣生十二岁于兹矣，君其试臣，奚以遽言叱也？"

【注释】

①文信侯：秦相吕不韦，战国末卫国濮阳（今河南濮阳西南）人。河间：指漳、河之间，吕不韦封地。

②蔡泽：燕人，入秦代范睢为相。

③燕太子：燕王喜的太子，名丹。

④张唐：秦将军。

⑤少庶子甘罗：吕不韦的家臣，战国时楚国下蔡（今安徽凤台）人，秦大臣甘茂孙。

⑥项橐（tuó）：传说中的聪明儿童。孔子：公元前551—前479年在世，儒家学派的创始者，春秋时鲁国陬邑（今山东曲阜东南）人。

【译文】

　　文信侯吕不韦想攻打赵国，以扩大他在河间的封地，他派刚成君蔡泽到燕国办事三年后，燕太子丹就到秦国做了人质。文信侯因而请张唐到燕国做相，想和燕国共同伐赵，以扩大河间的封地。张唐推辞说："到燕国去，一定要取道赵国，赵人抓到我，会得到百里之地的赏赐。"文信侯很不高兴地离开了。少庶子甘罗问："君侯为什么那样地不高兴呢?"文信侯说:"我派刚成君蔡泽到燕国办事三年,而燕太子丹已经到秦国做人质了。现在我亲自请张卿去担任燕相,他却不肯去。"甘罗说:"我能让他动身。"文信侯呵斥他离开道:"我亲自叫他走他都不肯,您怎么能叫他动身呢?"甘罗说:"项橐七岁就做了孔子的老师,如今我已经十二岁了,您就让我试一下,为什么轻易就进行呵斥呢?"

　　甘罗见张唐曰:"卿之功孰与武安君①?"唐曰:"武安君战胜攻取,不知其数;攻城堕邑,不知其数。臣之功不如武安君也。"甘罗曰:"卿明知功之不如武安君欤?"曰:"知之。""应侯之用秦也,孰与文信侯专?"曰:"应侯不如文信侯专。"曰:"卿明知为不如文信侯专欤?"曰:"知之。"甘罗曰:"应侯欲伐赵,武安君难之,去咸阳七里②,绞而杀之。今文信侯自请卿相燕,而卿不肯行,臣不知卿所死之处矣。"唐曰:"请因孺子而行!"令库具车,厩具马,府具币,行有日矣。甘罗谓文信侯曰:"借臣车五乘,请为张唐先报赵。"

【注释】

①武安君:秦名将白起。

②咸阳:秦都,在今陕西咸阳东北。

【译文】

　　甘罗去见张唐道:"您的功劳和武安君相比怎么样?"张唐说:"武安君屡战屡胜不计其数,攻下城邑不计其数。我的功劳比不上他。"甘罗说:"您确实知道功劳比不上武安君吗?"张唐答说:"知道。"甘罗又问:"应侯在秦国执政,和文信侯相比,谁的权势更重?"张唐答说:"应侯比不上文信侯的权势重。"甘罗问:"您确实知道是比不上文信侯的权势重吗?"张唐答说:"知道。"甘罗说:"应侯想攻打赵国,武安君认为有困难而不肯接受任务，结果在被逐出咸阳七里处，绞刑处死。如今文信侯亲自请您到燕国做相，而您不肯动身，我不知道您会死在哪里了。"张唐说："请您转告文信侯，我愿意前往。"就叫准备车马和礼物，定下了行期。甘罗于是对文信侯说："请借给我五辆车子，我请先去通报赵王一声。"

　　见赵王①，赵王郊迎。谓赵王曰："闻燕太子丹之入秦与？"曰："闻之。""闻张唐之相燕与？"曰："闻之。""燕太子丹入秦者，燕不欺秦也。张唐相燕者，秦不欺燕也。秦、燕不相欺，则代赵危矣②。燕、秦所以不相欺者，无异故，欲攻赵而广河间也。今王赍臣五城以广河间，请归燕太子，与强赵攻弱燕。"赵王立割五城以广河间，归燕太子。赵攻燕，得上谷三十六县③，与秦什一。

【注释】

①赵王：赵悼襄王。

②代赵：指赵国。代本古国，被赵吞并。

③上谷：郡名。在今河北怀来一带。

【译文】

　　甘罗去见赵王，赵王到城外迎接。甘罗对赵王说："您听到燕太子丹进入秦国的消息了吗？"赵王答说："听说了。"甘罗问："您听说张唐到燕国做相的事了吗？"赵王答说："听说了。"甘罗说："燕派太子丹到秦国做人质，表明燕国不欺骗秦国。秦派张唐到燕国做相，表明秦国不欺骗燕国。秦、燕互不欺骗，赵国就危险了。燕、秦两国之所以互不欺骗，没有别的原因，就是想攻打赵国，扩大河间的地盘。如今大王割给我五城，以扩大河间的地盘。我将请秦遣燕太子归国，秦、燕断交后，再转而

和强赵攻打弱燕。"赵王立刻割五城给秦,以扩大河间的地盘,送燕太子
丹回燕国。赵国发兵攻燕,取得上谷郡三十六县,给了秦国十分之一。

九五　文信侯出走

【题解】

战国末年,东方各国大为削弱,秦国独强。秦臣司空马来到赵国,
做了赵的代理相国。

司空马对赵王分析了秦、赵形势,指出秦国占了压倒优势,并预言
赵的亡国日期。司空马是秦的坐探,虽然口头上说为赵国约结合纵联
盟,但他劝赵王割让一半国土给秦国,为秦国卖命的真面目跃然纸上,
难怪赵王不肯听从他的意见了。

文信侯出走,与司空马之赵①,赵以为守相②。秦下甲而
攻赵。

【注释】

①司空马:人名。文信侯的下属。

②守相:代理相国。

【译文】

文信侯吕不韦被逐出走,他的亲信司空马到了赵国,赵国任命他为
代理相国。这时秦国出兵进攻赵国。

司空马说赵王曰①:"文信侯相秦,臣事之,为尚书②,习
秦事。今大王使臣守小官,习赵事。请为大王设秦、赵之
战,而亲观其孰胜。赵孰与秦大?"曰:"不如。""民孰与之

众？”曰：“不如。”"金钱粟孰与之富？”曰：“弗如。”"国孰与之治？”曰：“不如。”"相孰与之贤？”曰：“不如。”"将孰与之武？”曰：“不如。”"律令孰与之明？”曰：“不如。”司空马曰：“然则大王之国，百举而无及秦者，大王之国亡。”

【注释】

①赵王：赵幽缪王迁。

②尚书：官名。秦相国的属官，主管文书。

【译文】

司空马游说赵王说：“文信侯做秦国丞相时，我在他手下管理文书，熟悉秦国的情况。现在大王让我担任代理相国，我也要熟悉赵国的情况。请让我假设现在秦、赵两国要交战，我们亲自去观察，到底谁能取胜。您看赵国和秦国哪个大？”赵王说：“赵国不如秦国大。”他又问：“哪一国人口多？”赵王说：“赵国不如秦国人多。”又问：“金钱、粟米哪一国富有？”赵王说：“赵国不如秦国富有。”"哪一国治理得更好？”回答说：“赵国比不上秦国。”又问：“哪一国的丞相贤能？”赵王说：“赵国的丞相不如秦国的贤能。”又问：“哪一国的将军指挥高明？”赵王说：“赵国的将军不如秦国的高明。”又问：“哪一国的法令严明？”赵王说：“赵国的法令不如秦国的严明。”司空马说：“这样说来，大王的国家哪一点也不如秦国，大王便要亡国了。”

赵王曰：“卿不远赵，而悉教以国事，愿于因计。”司空马曰：“大王裂赵之半以赂秦，秦不接刃而得赵之半，秦必悦。内恶赵之守，外恐诸侯之救，秦必受之。秦受地而却兵，赵守半国以自存。秦衔赂以自强，山东必恐亡，赵国危，诸侯必惧，惧而相救，则从事可成。臣请为大王约从。从事成，则是大王名亡赵之半，实得山东以敌秦，秦不足亡。"

【译文】

赵王说："您不认为赵国地远，能毫无保留地教导我治国方略，我愿意听取您的意见。"司空马说："大王可割出赵国一半的土地送给秦国，秦国不动一刀一枪而得到半个赵国，它一定非常高兴。秦国担心赵国内有守备，外有诸侯救援，必然会立刻接受割地。秦国接受了赵国的割地，就会撤军，赵国守住了一半的国土，仍然可以生存。秦国得到半个赵国，更为强盛，崤山以东各国诸侯必然害怕亡国；赵国处境危险，诸侯必然感到恐惧，一恐惧就会来援救赵国，这样，合纵抗秦的事就会成功。我请求替大王去组织合纵联盟。如果合纵联盟一旦成功，那大王名义上虽然失去了半个赵国，实际上却组成了崤山以东诸侯共同抗秦的合纵联盟，秦国也就不难被灭亡了。"

赵王曰："前日秦下甲攻赵，赵赂以河间十二县，地削兵弱，卒不免秦患。今又割赵之半以强秦，力不能自存，因以亡矣。愿卿之更计。"司空马曰："臣少为秦刀笔①，以官长而守小官，未尝为兵首，请为大王悉赵兵以遇。"赵王不能将。司空马曰："臣效愚计，大王不用，是臣无以事大王，愿自请。"

【注释】

①刀笔：指刀笔吏。古代在竹木简上记事，有错误就用刀削去，所以称为刀笔。

【译文】

赵王说："前些时候，秦国出兵进攻赵国，我们割让了河间十二县，土地减少了，兵力削弱了，还是免不了遭到秦国的战祸。现在又要割让半个赵国去增强秦国的力量，我实在无力自保，眼看就要灭亡了。希望您重新考虑。"司空马说："我年轻的时候，在秦国以办理文书的小吏而担任小官，没有做过军事将领，我请求带领赵国的全军去抗击秦国。"赵王不肯任命司空马为将。司空马说："我奉献计谋，大王不采纳，这样我也没有什么可以为大王效劳的了，请允许我离开赵国。"

司空马去赵，渡平原^①。平原津令郭遗劳而问："秦兵下赵，上客从赵来，赵事何如？"司空马言其为赵王计而弗用，赵必亡。平原令曰："以上客料之，赵何时亡？"司空马曰："赵将武安君^②，期年而亡；若杀武安君，不过半年。赵王之臣有韩仓者，以曲合于赵王，其交甚亲，其为人疾贤妒功臣。今国危亡，王必用其言，武安君必死。"

【注释】

①平原：津渡名。在今山东平原西南。

②武安君：赵将李牧的封号。

【译文】

司空马离开赵国后，经过平原津。平原津吏郭遗前来慰劳，问他："秦国出兵进攻赵国，贵客从赵来，赵国的情况怎么样呢？"司空马说到他给赵国献计，赵王却不采纳，赵国必然灭亡。平原令问："根据贵客的推断，赵国何时会灭亡呢？"司空马说："如果赵国以武安君李牧为将，一年就会灭亡；如果杀了武安君，不过半年就会灭亡。赵国大臣中有一个叫韩仓的，善于阿谀奉承，迎合赵王，赵王和他关系很亲密。这个人妒忌贤能，不满功臣。现在赵国正处于危急的时刻，赵王必会听从韩仓的话，武安君必死无疑。"

韩仓果恶之，王使人代。武安君至，使韩仓数之曰："将军战胜，王觞将军。将军为寿于前而捍匕首，当死。"武安君曰："缧病钩①，身大臂短，不能及地，起居不敬，恐获死罪于前，故使工人为木杖以接手，上若不信，缧请以出示。"出之袖中，以示韩仓，状如振梱②，缠之以布。"愿公入明之。"

【注释】

①缧（zuǒ）：李牧名。

②梱（yīn）：门轴。

【译文】

韩仓果真诽谤武安君，赵王就派人代理武安君。武安君被调回后，赵王让韩仓去责备武安君，韩仓说："将军打了胜仗，大王给您敬酒。将军给大王祝酒时却暗藏匕首，依法当斩。"武安君说："我的胳膊有病，不能伸直，因为手臂缩短了，不能触地，在大王面前起居不敬，恐获死罪，所以让工人做了个木杖接手，大王如果不信，我拿出来请您亲自过目。"于是他伸出胳膊给韩仓看，样子就像木杖，用布缠着。武安君说："请您在大王面前说明这些情况。"

韩仓曰："受命于王，赐将军死不赦。臣不敢言。"武安君北面再拜赐死。缩剑将自诛，乃曰："人臣不得自杀宫中。"过司马门①，趣甚疾，出棘门也②。右举剑将自诛，臂短不能及，衔剑征之于柱以自刺。武安君死，五月赵亡。

【注释】

①司马门：官门名。

②棘门：在司马门外的官门。

【译文】

韩仓说:"我接受大王的命令,要赐将军死,不能赦免。我不敢替您说话。"武安君便向北拜了两拜,感谢赐死之恩。抽出宝剑,准备自杀,他说:"人臣不能在宫中自杀。"于是穿过司马门,匆匆走出了棘门。他右手举起宝剑,可是因为手臂短,剑刃够不到脖子,于是他口衔宝剑的尖端,对着柱子就自杀了。武安君死后五个月,赵国就灭亡了。

　　平原令见诸公,必为言之曰:"嗟嗞乎①,司空马!"又以为司空马逐于秦,非不知也;去赵,非不肖也。赵去司空马而国亡。国亡者,非无贤人,不能用也。

【注释】

①嗟嗞(zī):叹声。

【译文】

平原令郭遗见到他的朋友时,为司空马叹息说:"唉!司空马!"同时认为司空马被秦国逐出,这并不是他没有才智;他离开赵国,也不是他没有出息。赵国不任用司空马而国亡。其所以亡国,并不是没有贤能的人,而是因为不能任用贤材啊。

九六　四国为一

【题解】

本章提出了人君应当如何用人的问题。

　　在荆、吴、燕、代四国联合,准备攻秦的时候,秦王召集智囊班子六十人,征求意见,六十人都束手无策。这时,姚贾挺身而出,愿意出使四国,打消他们攻秦的念头。姚贾出使,果然顺利完成任务,"绝其谋,止其兵"，改善了和四国的关系。秦王非常满意，重赏姚贾，任为上卿。

姚贾的成功招来韩非的嫉妒，他在秦王面前攻击姚贾，说他是魏国守门人的儿子，出身低贱，又是"梁之大盗，赵之逐臣"，有历史问题，不堪任用。姚贾针锋相对，提出了一个选择人才的标准。明君用人，不是求全责备，不取他的缺点，不听别人对他的诽谤，而是看他是否愿为自己出力，能为国家立功，对于自吹自擂，徒有虚名的人，绝不看重。秦王认为他说得对，仍对他信用不疑，而杀掉韩国派来的贵公子韩非。韩非对姚贾的中伤，不但没有起作用，反而搬起石头，砸了自己的脚。

四国为一①，将以攻秦。秦王召群臣宾客六十人而问焉，曰："四国为一，将以图秦，寡人屈于内，而百姓靡于外，为之奈何？"群臣莫对。姚贾对曰②："贾愿出使四国，必绝其谋而安其兵。"乃资车百乘、金千斤，衣以其衣冠，带以其剑。姚贾辞行，绝其谋，止其兵，与之为交以报秦。秦王大悦，贾封千户，以为上卿。

【注释】

①四国：据下文，指的是荆、吴、燕、代。

②姚贾：魏人，始皇时仕秦。

【译文】

荆、吴、燕、代四国联合，准备攻秦。秦王政召集臣下六十人，向他们问计，说："四国合一，打算对付秦国，寡人内则财力困窘，外则百姓耗损，如何应对？"群臣个个沉默不语。姚贾挺身说道："为臣愿出使四国，打消他们攻秦的念头，让他们停止军事行动。"秦王于是准备了百辆车、千斤金，让姚贾穿上自己的衣服，戴上自己的帽子，佩带上自己的宝剑。姚贾拜别秦王，打消了四国攻秦的念头，停止了军事行动，并和他们结交而还。秦王非常高兴，把千户封给姚贾，并拜他为上卿。

　　韩非短之①，曰："贾以珍珠重宝南使荆、吴②，北使燕、代之间三年，四国之交未必合也，而珍珠重宝尽于内，是贾以王之权、国之宝，外自交于诸侯，愿王察之。且梁监门子，尝盗于梁、臣于赵而逐。取世监门子、梁之大盗、赵之逐臣，与同知社稷之计，非所以厉群臣也。"

【注释】

①短：诽谤。

②吴：此指越，越灭吴，故此以吴代越。

【译文】

　　韩非诽谤他说："姚贾带上珍贵的物品，南到荆、吴，北到燕、代，活动三年，未必能把四国真正拉拢，但带去的珍宝财物耗尽，这是利用大王的权势、国家的珍宝，在外和诸侯相勾结，希望大王明察。况且他是大梁守门人的儿子，曾有在大梁盗窃的前科，在赵国又曾被驱逐出境。用守门人子、魏国的大盗、赵国的逐臣来过问国家的大政方针，恐怕不是鼓励群臣之道。"

　　王召姚贾而问曰："吾闻子以寡人财交于诸侯，有诸？"对曰："有之。"王曰："有何面目复见寡人？"对曰："曾参孝其亲①，天下愿以为子；子胥忠于君②，天下愿以为臣；贞女工巧，天下愿以为妃③。今贾忠王而王不知也，贾不归四国，尚焉之？使贾不忠于君，四国之王尚焉用贾之身？桀听谗而诛其良将，纣闻谗而杀其忠臣，至身死国亡。今王听谗，则无忠臣矣。"

【注释】

①曾参：鲁人，孔子弟子，以孝著称。

②子胥：即伍员，楚人，忠于吴，被吴王夫差所杀。

③妃：匹配。这里是配偶的意思。

【译文】

　　秦王召见姚贾问他道："我听说你带上我的财物去和诸侯交往，有这回事吗？"姚贾回答道："有。"秦王说："你有什么脸面再来和我相见？"姚贾回答说："曾参孝敬他的父母，天下都愿让他做自己的儿子；伍子胥对他的君王尽忠，天下的君主都愿让他做自己的臣子；女子善于女工，男人都愿让她做自己的配偶。如今我忠于大王却得不到信任。我不到四国，又到哪里去呢？假使我不忠于自己的君王，四国的君王怎么会信用我呢？夏桀听信谗言而杀掉他的良将，商纣听信谗言而杀掉他的忠臣，终于导致身死国亡。如今大王听信谗言，就不会再有人为您效忠了。"

　　王曰："子监门子，梁之大盗，赵之逐臣。"姚贾曰："太公望①，齐之逐夫，朝歌之废屠，子良之逐臣，棘津之不雠庸②，文王用之而王③。管仲④，其鄙之贾人也，南阳之弊幽⑤，鲁之免囚⑥，桓公用之而伯。百里奚，虞之乞人，传卖以五羊之皮，穆公相之而朝西戎⑦。文公用中山盗⑧，而胜于城濮⑨。此四士者，皆有诟丑，大诽天下，明主用之，知其可与立功。使若卞随、务光、申屠狄⑩，人主岂得其用哉？故明主不取其污，不听其非，察其为己用。故可以存社稷者，虽有外诽者不听；虽有高世之名，无咫尺之功者不赏⑪。是以群臣莫敢以虚愿望于上。"

【注释】

①太公望:姜尚,周开国功臣,后封于齐。

②棘津:在今山东日照境内。不雠庸:无人过问的佣工。雠,同
"售"。

③文王:姬昌,西周开国之君。王(wàng):称王。

④管仲:字夷吾,春秋时齐国名臣,佐齐桓公称霸。

⑤南阳:地区名。指今山东泰山以南,汶水以北一带。弊幽:隐沦
不为人知。

⑥鲁之免囚:齐国内乱,管仲奉公子纠奔鲁,后公子小白入齐,纠
死,鲁人囚管仲,送他归齐。

⑦穆公:秦穆公,名任好,公元前?—前621年在位,为春秋五霸
之一。

⑧文公:晋文公,名重耳,公元前?—前628年在位,为春秋五霸之
一。中山:古国名。在今河北正定东北。中山盗指晋文公的侍
从里凫须。

⑨城濮:在今山东鄄城西南临濮集。公元前633年,晋、楚两国在
此作战,晋军大获全胜,于是晋文公成为霸主。

⑩卞随、务光:都是商汤王时的隐士,不愿接受汤的让位。申屠狄:
商纣时人,见纣无道,投水自杀。

⑪咫尺之功:小功。周八寸为咫。

【译文】

秦王说:"你是守门人的儿子,魏国的大盗,赵国不要的臣子。"姚贾
说:"太公望,在东海之滨被老妇抛弃,在朝歌屠牛牛肉无人问津,在子
良手下办事被赶走,在棘津打工没有人雇用,但文王用他却成就了王
业。管仲,是齐国边远地区的小商贩,在南阳不为人知,又是鲁国赦免

的囚犯,但齐桓公用他而成为霸主。百里奚,是虞国的乞丐,被人用五张羊皮转卖到秦国,但秦穆公用他使得西戎来朝。晋文公任用中山的小偷,却取得了城濮之战的胜利。这四个人,都忍受过耻辱,遭受天下人的诽谤,但明君能任用他们,因为知道他们可以为国立功。假使像卞随、务光、申屠狄那样的隐士,人君怎么能使用他们呢？所以明君不看他的污点,不听人指摘他的过失,主要看他能否为自己所用。只要能安定国家,就不听外边对他的诽谤；即使有很大的名气,要是没有微功可录,也不加以赏赐。所以群臣就不会有无功受禄的非分之想。"

秦王曰："然。"乃复使姚贾而诛韩非。

【译文】

秦王说："您说得对。"就重新派出姚贾而杀掉了韩非。

卷八　齐策一

九七　楚威王战胜于徐州

【题解】

周显王二十八年(前341),齐、魏发生了马陵之战,魏军大败。魏惠王采纳惠施的建议,折节朝齐,并尊齐威王为王。楚威王大怒,在公元前333年,亲自率军攻齐,在徐州击败齐军,想乘胜让齐王驱逐相国田婴。齐臣张丑用切身利害游说楚王,指出田婴被逐,则田盼必受重用,这将对楚国不利。楚王认为他的话有理,就打消了驱逐田婴的念头。

楚威王战胜于徐州①,欲逐婴子于齐②。婴子恐,张丑谓楚王曰③:"王战胜于徐州也,盼子不用也④。盼子有功于国,百姓为之用。婴子不善,而用申缚⑤。申缚者,大臣与百姓弗为用,故王胜之也。今婴子逐,盼子必用。复整其士卒以与王遇,必不便于王也。"楚王因弗逐。

【注释】

①楚威王:名商,宣王之子,怀王之父。徐州:地名。即今山东滕县

的薛城,在滕县南四十里。

②婴子:田婴,号为靖郭君,这时还未受封,故称为婴子。

③张丑:人名。齐臣。

④盼子:即田盼,为齐威王时名将。

⑤申缚:人名。齐将。

【译文】

楚威王在徐州战胜了齐国,想让齐国驱逐田婴。田婴很担忧,齐臣张丑为田婴对楚王说:"大王在徐州取得了胜利,是因为田盼不被任用的缘故。田盼为国家建立了功勋,百姓都为他效力。田婴和田盼不和,而任用申缚。申缚是田婴的亲信,可是大臣和民众都不肯支持他,所以大王在徐州才战胜了申缚。如果田婴遭到驱逐,田盼必然会被任用,就会重整他的军队而与大王对敌,这必然对大王不利啊。"于是,楚威王就放弃了要齐国驱逐田婴的打算。

九八　齐将封田婴于薛

【题解】

周显王四十七年(前322),齐威王准备把薛邑封给田婴。薛邑靠近楚国边境,薛邑防务加强,有利于进窥楚国北方。楚怀王听到这个消息,大为恼怒,将要派兵攻齐。公孙闬用齐以薛邑封田婴、将使自身削弱的道理游说楚王,很符合楚王削弱齐国的心愿,因而楚王采纳他的意见,就不再阻止此事了。

齐将封田婴于薛。楚王闻之①,大怒,将伐齐。齐王有辍志。公孙闬曰②:"封之成与不,非在齐也,又将在楚。闬说楚王,令其欲封公也又甚于齐。"婴子曰:"愿委之于子。"

【注释】

①楚王：楚怀王熊槐。

②公孙闬(hàn)：人名。齐的公族。

【译文】

　　齐王将把薛邑封给田婴。楚王听后大为恼怒，准备出兵攻齐。齐王想把此事暂时放下。公孙闬对田婴说："您是否能够受封，不仅由齐国决定，也要受到楚国的制约。我去说服楚王，让他比齐王更迫切地想封您。"田婴说："我就把这件事委托给您了。"

　　公孙闬为谓楚王曰："鲁、宋事楚而齐不事者，齐大而鲁、宋小。王独利鲁、宋之小，不恶齐大何也？夫齐削地而封田婴，是其所以弱也。愿勿止。"楚王曰："善。"因不止。

【译文】

　　公孙闬为田婴对楚王说："鲁、宋两国讨好楚国，而齐国却不讨好楚国，这是因为齐国强大，而鲁、宋弱小的缘故。大王为什么偏偏只看到弱小的鲁、宋对楚国有利，却不担心齐国强大，这是什么原因呢？齐国拿出土地封给田婴，这是使齐国削弱的做法。希望您不要去阻止。"楚王说："好。"因此就不再阻止齐国封赏田婴。

九九　靖郭君将城薛

【题解】

　　靖郭君打算加强薛地的城防工事，引起邻国震恐，身边反对的人也不少。靖郭君最初不想听反对意见，后经一位门客用"海大鱼"的巧妙比喻，说服他放弃了原来的想法。

靖郭君将城薛①，客多以谏。靖郭君谓谒者无为客通②。齐人有请者曰："臣请三言而已矣！益一言，臣请烹。"靖郭君因见之。客趋而进曰："海大鱼。"因反走。君曰："客有于此。"客曰："鄙臣不敢以死为戏。"君曰："亡，更言之。"对曰："君不闻海大鱼乎？网不能止，钩不能牵，荡而失水，则蝼蚁得意焉。今夫齐，亦君之水也。君长有齐阴③，奚以薛为？失齐，虽隆薛之城到于天，犹之无益也。"君曰："善。"乃辍城薛。

【注释】

①靖郭君：齐国大臣田婴，"靖郭君"是他的封号。薛：靖郭君的封邑，在今山东滕县南四十里。

②谒者：靖郭君手下管传达的小吏。无：不。

③阴：同"荫（yìn）"，庇护。

【译文】

靖郭君将要修筑薛城，许多门客都来劝阻。靖郭君对传达小吏说，不要给门客通报。有一位齐国门客要求接见，说："我只说三个字就行了，多说一个字，就愿受烹煮之刑。"靖郭君于是接见他。门客急步走到靖郭君面前说："海大鱼。"说了转身就走。靖郭君说："您可留下把话说完。"门客说："我不敢用性命来开玩笑。"靖郭君说："我不怪罪你，请继续说吧。"门客说："您没有听说过海大鱼吗？网打不上，钩钓不到，一旦离开了水，蚂蚁都可以戏弄它。如今齐国就像是您的水。您有齐国为您遮风挡雨，拿薛来干什么呢？失去齐国，就算把薛的城墙筑到天那样高，仍然是没有用处的。"靖郭君说："您说得对。"就停止修筑薛的城墙了。

一○○　靖郭君谓齐王曰

【题解】

本文当从靖郭君的用意、事情的进展和最后的结局三个层次来看。作为国君,本当让各部门各司其职,各人办好各人的事;可是靖郭君却建议齐王必须要每天听取各部门的汇报,查阅各处送来的报告和统计资料,以考查官吏们的工作情况。过了几天,齐王就弄得身心疲倦,昏昏欲睡,无法再支持下去,只好说,还是交给靖国君去办。这正是靖郭君所企盼的,大权自然为靖郭君所掌握,而成了齐国的铁腕人物。

　　靖郭君谓齐王曰①:"五官之计②,不可不日听而数览也。"王曰:"诺!"已而厌之,令与靖郭君。

【注释】

①齐王:齐威王。

②五官:国家五个重要部门的主管官员。计:户口、钱粮等方面的统计资料。

【译文】

　　靖郭君田婴对齐王说:"对各部门主管官员有关户口、钱谷等的统计账册,大王不可不每天听取他们的汇报,并随时翻阅。"齐王说:"好吧!"可是不久就厌倦了,而把这些事务都交给靖郭君去处理。

一○一　靖郭君善齐貌辨

【题解】

　　靖郭君善于识别人才,重视人才,不因旁人的说三道四而动摇,具有一个政治家的优秀品质,因而也得到了应有的回报。

　　靖郭君对齐貌辨厚礼相待,力排众议,坚持自己的做法。齐威王死,宣王继立,靖郭君和他的关系处得很不融洽,只好辞职,郁郁地回到自己的封邑。

　　这时,齐貌辨挺身而出,为他面见齐宣王。提出靖郭君有两项不容忽视的重大贡献。一是宣王几乎被废,因靖郭君的力挺而稳定了太子之位。二是靖郭君封薛时,楚怀王派大司马昭阳攻魏,在襄陵打败魏军,接着又挥军东指,兵临齐境,提出用数倍土地交换薛邑,靖郭君没有同意。前者稳定了宣王的王位,后者维护了国家的安全。这两项大功,都是不应该忘记的。

　　齐宣王听了,深受感动,连忙让齐貌辨召回靖郭君,让他重掌齐权。

　　靖郭君善齐貌辨①。齐貌辨之为人也多疵,门人弗说。士尉以证靖郭君②,靖郭君不听,士尉辞而去。孟尝君又窃以谏,靖郭君大怒曰:"刬而类③,破吾家,苟可慊齐貌辨者④,吾无辞为之。"于是舍之上舍,令长子御,旦暮进食。

【注释】

　　①齐貌辨:人名。齐人,靖郭君的门客。

　　②士尉:人名。齐人,也是靖郭君的门客。

　　③刬(chǎn):同"铲",削除。

　　④慊(qiè):满意。

【译文】

　　靖郭君田婴很欣赏齐貌辨。齐貌辨的小毛病很多,门客们都不喜欢他。门客士尉规劝靖郭君,靖郭君不听,士尉就告辞而去。他儿子孟尝君又私下劝告他,靖郭君勃然大怒说:"即使牺牲你们这些人,毁掉我的家,如能让齐貌辨满意,我都不会拒绝去做。"于是,他给齐貌辨安排住上等客舍,让长子侍奉他,早晚把饭给他送去。

　　数年,威王薨①,宣王立②。靖郭君之交大不善于宣王,辞而之薛,与齐貌辨俱留。无几何,齐貌辨辞而行,请见宣王。靖郭君曰:"王之不说婴甚,公往,必得死焉!"齐貌辨曰:"固不求生也,请必行。"靖郭君不能止。

【注释】

①威王:名因齐。公元前356—前320年在位。

②宣王:名辟疆,威王子。公元前319—前301年在位。

【译文】

　　过了几年,齐威王去世了,齐宣王即位。靖郭君和宣王的关系很不好,靖郭君只好辞别宣王,回到自己的封地薛邑,齐貌辨也跟他一起去。没过多久,齐貌辨告别靖郭君,要到国都去拜见宣王。靖郭君说:"齐宣王很不喜欢我,您要去,那不是死路一条吗!"齐貌辨说:"我本来就没有想着要求生。请务必让我去吧!"靖郭君没能阻止他。

　　齐貌辨行至齐,宣王闻之,藏怒以待之。齐貌辨见宣王,王曰:"子,靖郭君之所听爱夫!"齐貌辨曰:"爱则有之,听则无有。王之方为太子之时,辨谓靖郭君曰:'太子相不仁,过颐豕视,若是者倍反。不若废太子,更立卫姬婴儿郊师①。'靖郭君泣而曰:'不可,吾不忍也。'若听辨而为之,必无今日之患也。此为一。至于薛,昭阳请以数倍之地易薛②,辨又曰:'必听之。'靖郭君曰:'受薛于先王③,虽恶于后

王,吾独谓先王何乎? 且先王之庙在薛,吾岂可以先王之庙
与楚乎!'又不肯听辨。此为二。"宣王太息,动于颜色,曰:
"靖郭君之于寡人一至此乎? 寡人少,殊不知此。客肯为寡
人来靖郭君乎?"齐貌辨对曰:"敬诺。"

【注释】

①郊师:人名。卫姬的儿子,宣王的庶弟。

②昭阳:人名。楚将,曾任楚大司马。

③先王:齐威王。

【译文】

　　齐貌辨到了国都,宣王听说这事后,满怀怒气等着他。齐貌辨见到
了宣王,宣王说:"您就是靖郭君言听计众,非常喜爱的那个人吧!"齐貌
辨说:"喜爱倒是有这回事,听信可是谈不上。当大王身为太子的时候,
我曾对靖郭君说:'太子的长相不好,脸颊过长,眼光无神,像这种人是
不会通情达理的。不如废掉太子,另立卫姬的儿子郊师。'靖郭君听了
以后哭着说:'不行,我不忍心这么做。'如果听了我的话,他也没有今天
的忧患了,这是其一。到了薛邑以后,楚将昭阳要求用几倍大的地盘来
换取薛邑。我又劝靖郭君:'您一定要同意这件事。'靖郭君说:'我从先
王那里接受了封邑,虽然大王现在对我不好,那样做怎么对得起先王
呢? 况且,先王的宗庙就在薛邑,我怎能把先王的宗庙交给楚国呢?'他
又不听我的话,这是其二。"宣王听后长长叹息,表情改变说:"靖郭君对
待我,竟然到如此地步吗? 我年轻,丝毫不了解这些情况。您愿意为我
把靖郭君请来吗?"齐貌辨说:"好吧!"

　　靖郭君衣威王之衣冠,带其剑。宣王自迎靖郭君于郊,
望之而泣。靖郭君至,因请相之。靖郭君辞,不得已而受。

七日,谢病强辞,靖郭君辞不得,三日而听。

【译文】

　　靖郭君来到后,穿的是威王赐给他的衣服,戴的是威王赐给他的帽子,佩的是威王赐给他的宝剑。宣王亲自到郊外去迎接他,看见他就忍不住流下眼泪。靖郭君回来了,于是就请靖郭君为相国。靖郭君一再辞谢,不得已才接受。七天以后称病一再请辞相位,过了三天,齐王才同意。

　　当是时,靖郭君可谓能自知人矣。能自知人,故人非之不为沮。此齐貌辨之所以外生、乐患、趣难者也①!

【注释】

　　①趣:同"趋"。

【译文】

　　在这个时候,靖郭君可说是善于发现人材了。能够了解人材,所以当旁人非议齐貌辨时,他毫不动摇。这正是齐貌辨能够置生死于度外、乐于救他的忧患、奔走赴他的急难的原因啊!

一○二　邯郸之难

【题解】

　　发生在公元前354年的桂陵之战,是在齐威王、段干纶的决策下,在田忌、孙膑的指挥下,对魏作战所取得的一次重大胜利。

　　"围魏救赵"一役,成了经典战例,被载入许多兵法书中。它的指导思想是攻其所必救,以达到趋利避害、机动歼敌的目的。

魏军素称骁勇，看不起齐军。面对凶猛的强敌，齐军利用赵、魏相争、互相消耗的机会牵着敌人的鼻子走，使对方疲于奔命，被动挨打。在魏军的归途中实施截击，在桂陵选好阵地，等到魏军到来，然后一举歼敌。

邯郸之难①，赵求救于齐。田侯召大臣而谋曰②："救赵孰与勿救？"邹子曰③："不如勿救。"段干纶曰④："弗救，则我不利。"田侯曰："何哉？""夫魏氏兼邯郸，其于齐何利哉？"田侯曰："善。"乃起兵，曰："军于邯郸之郊。"段干纶曰："臣之求利且不利者⑤，非此也。夫救邯郸，军于其郊，是赵不拔而魏全也。故不如南攻襄陵以弊魏⑥，邯郸拔而承魏之弊，是赵破而魏弱也。"田侯曰："善。"乃起兵南攻襄陵。七月，邯郸拔。齐因乘魏之弊，大破之桂陵⑦。

【注释】

①邯郸之难：指赵都受到魏军的攻打。邯郸，赵都，在今河北邯郸西南二十里。

②田侯：战国时齐国国君，即齐威王。

③邹子：即邹忌，齐威王大臣，他做齐相，被封在下邳(pī)，号称为"成侯"。

④段干纶：齐臣。

⑤之求：当作"言救"。且：抑或。

⑥襄陵：魏邑，在今河南睢县西一里。

⑦桂陵：齐地，在今河南长垣北。

【译文】

赵都邯郸被魏军包围，赵国向齐国求救。齐威王召集大臣们商议道:"救赵还是不救?"邹忌说:"不如不去救。"段干纶说:"不去救,会对我国不利。"齐威王说:"为什么呢?"段干纶回答说:"让魏国攻下邯郸,这对齐国有什么好处呢?"齐威王说:"好。"于是派兵,说:"大军驻扎在邯郸城外。"段干纶说:"我所说的利或不利,不是指的这样办。援救邯郸,而驻军在它的城外,会造成赵都不被攻下而魏国兵力无损的局面。所以说不如向南攻打襄陵,使魏军疲敝。邯郸被攻下而魏军疲敝,将使赵国残破而魏国削弱。"齐威王说:"好。"就派兵南下攻打襄陵。这年的七月,邯郸失守。齐军乘魏军疲敝之机,在桂陵把它打得大败。

一〇三　南梁之难

【题解】

　　周显王二十七年(前342),魏国出兵攻打韩国的南梁,韩军不敌,向齐求救。田侯召集大臣们商量,张丐建议早救,田忌则提出让韩、魏双方疲惫后,然后出兵。

　　对魏军的进攻,韩国以全力抵抗,双方相持,战事由年尾直打到次年五月。韩国五战五败,逐步后退。齐国在此时出兵救韩,由田忌指挥全军,孙膑任军师,田盼则作为前线主将;魏军方面,则由太子申、庞涓为将,率军迎击。两军在马陵决战,魏军惨败,太子申和庞涓均被杀。

　　南梁之难①,韩氏请救于齐。田侯召大臣而谋曰②:"早救之,孰与晚救之便?"张丐对曰③:"晚救之,韩且折而入于魏,不如早救之。"田臣思曰④:"不可。夫韩、魏之兵未弊而我救之,我代韩而受魏之兵,顾反听命于韩也。且夫魏有破韩之志,韩见且亡,必东愬于齐⑤。我因阴结韩之亲,而晚承魏之弊,则国可重,利可得,名可尊矣。"田侯曰:"善!"乃阴告韩使者而遣之。

【注释】

①南梁：地名。韩邑，在今河南临汝西南二十五里。

②田侯：指齐威王。

③张丏：人名。齐臣。

④田臣思：人名。即齐将田忌。

⑤愬(sù)：诉说，告发。

【译文】

魏国进攻韩国的南梁，韩国向齐国求救。齐威王召集大臣共同商议，他问："早救韩与晚救韩，到底哪种做法更有利呢?"张丏回答说："如果晚救韩，韩国必将转而投靠魏国，不如及早救韩。"田臣思说："不行。韩、魏的部队还未疲惫，我们出兵救韩，这等于我们代替韩军去承受魏军的攻击，反而使我们听从韩国的调遣。再说，魏国存心要灭掉韩国，韩国眼看自己将要被灭，一定会到东边来求救于齐国。我们就暗中和韩国友好，慢慢地等待魏军疲惫，这样，齐国就可以受到重视，得到好处，提高声望了。"齐威王说："好!"就暗中答应韩国的使臣，打发他回国。

韩自以专有齐国，五战五不胜，东愬于齐，齐因起兵击魏，大破之马陵①。魏破，韩弱，韩、魏之君因田婴北面而朝田侯。

【注释】

①马陵：地名。齐邑，在今山东鄄(juàn)城东北六十里有马陵道，涧谷险峻，可以设伏。

【译文】

韩国自恃有齐国援助，和魏国五战五败，就到东边向齐国求救，齐国因此出兵进攻魏国，在马陵大败魏军。这时魏国兵力受到损失，而韩国也被削弱，韩、魏两国的君主都只好通过相国田婴来朝拜齐威王。

一〇四　成侯邹忌为齐相

【题解】

马陵之战，齐将田忌大败魏军。他的政敌齐相邹忌，采用公孙闬的计谋，造谣诬陷，说是田忌将要谋反，并让人提供伪证。田忌无法自明，被逼出走。

成侯邹忌为齐相①，田忌为将，不相说②。公孙闬谓邹忌曰③："公何不为王谋伐魏？胜，则是君之谋也，君可以有功；战不胜，田忌不进，战而不死，曲挠而诛。"邹忌以为然，乃说王而使田忌伐魏。

【注释】

①邹忌：人名。初封于下邳，后封于成，号"成侯"。

②说：同"悦"。

③公孙闬：人名。齐人，邹忌门客。

【译文】

成侯邹忌担任齐相，田忌任将军，这两人关系不好。公孙闬对邹忌说："您为何不替大王出主意去进攻魏国呢？如果战胜了，因为用了您的计划，就可以立功；如果战败了，田忌没有努力向前进攻，即使没有战死，也会因临阵退缩的罪名被处死。"邹忌认为他说得对，就建议齐王派田忌攻魏。

　　田忌三战三胜,邹忌以告公孙闬,公孙闬乃使人操十金而往卜于市,曰:"我田忌之人也,吾三战三胜,声威天下,欲为大事,亦吉否?"卜者出,因令人捕为人卜者,亦验其辞于王前。田忌遂走。

【译文】

　　田忌连战连胜,邹忌把此事告诉公孙闬,公孙闬就派人拿了十金到集市上去算卦,说:"我是田忌的部下,我们屡战屡胜,威震天下,想要做一番大事业,看看吉利不吉利?"当算卦的人走出来时,就叫人把算卦的抓起来,带到齐王面前去证明这一席话。田忌只好逃离齐国。

一〇五　田忌为齐将

【题解】

　　田忌在马陵之战中大获全胜,形成功高震主的气氛。政敌邹忌又从背后对他发射暗箭,形势对田忌颇为不利。孙膑劝他带领轻车锐骑,直冲齐都的城门,这样就可以清君侧,逼走邹忌。田忌不听,结果就只能自己走人了。

　　田忌为齐将,系梁太子申^①,禽庞涓^②。孙子谓田忌曰^③:"将军可以为大事乎?"田忌曰:"奈何?"孙子曰:"将军无解兵而入齐,使彼罢弊老弱守于任^④。任者,循轶之途也,辖击摩车而相过^⑤。使彼罢弊老弱守于任,必一而当十,十而当百,百而当千。然后背太山^⑥,左济^⑦,右天唐^⑧,军重踵高宛^⑨,使轻车锐骑冲雍门^⑩。若是则齐君可正而成侯可走。不然,则将军不得入于齐矣。"田忌不听,果不入齐。

【注释】

①梁太子申:魏惠王的太子,名申。

②禽:同"擒",捉拿。庞涓:人名。魏将。

③孙子:即孙膑,齐人,田忌的军师。

④罢弊:同"疲惫"。任:地名。齐邑,在今山东济宁东南。

⑤辖(xiá):车轴两端的小铁键。

⑥太山:山名。即泰山,在今山东泰安北五里。

⑦济:水名。此指济水下游,平阴以下至千乘海口一带。

⑧天唐:地名。齐邑,即高唐,在今山东高唐东北。

⑨高宛:地名。齐邑,在今山东邹平东北。

⑩雍门:城门名。齐都临淄的西门。

【译文】

　　田忌担任齐将,俘虏了魏太子申,击溃了魏将庞涓的军队。孙膑对田忌说:"将军愿意做一番大事吗?"田忌说:"该怎么做呢?"孙膑说:"将军最好是不要解除武装返回齐国,而让那些疲惫老弱的士兵来驻守任这个地方。任地的道路狭窄,车辆只能碰撞摩擦才能通过。如果让那些疲惫老弱的士兵把守任地,定能以一当十,以十当百,以百当千。这样以后,将军背靠太山,左边有济水,右边有天唐,辎重直达高宛,只需轻车和精锐的骑兵就可以直冲齐都临淄的雍门。如此,齐国的君主就可由将军控制了,而成侯邹忌必定逃走。否则,将军就回不了齐国。"田忌没有听从,果然未能返回齐国。

一〇六　田忌亡齐而之楚

【题解】

田忌出走后到了哪里？本文告诉我们，他是到了楚国。从此，齐国的军政大权都落入了邹忌的手中。

邹忌担心田忌利用楚国的支持，重返齐国，报复自己。杜赫为他游说楚王，把江南的一个地方封给田忌。这样，田忌就不能再回齐国，从而解除了邹忌的后顾之忧。

田忌亡齐而之楚，邹忌代之相齐，恐田忌欲以楚权复于齐。杜赫曰[①]："臣请为留楚。"谓楚王曰[②]："邹忌所以不善楚者，恐田忌之以楚权复于齐也。王不如封田忌于江南[③]，以示田忌之不返齐也。邹忌以齐厚事楚。田忌亡人也，而得封，必德王。若复于齐，必以齐事楚。此用二忌之道也。"楚果封之于江南。

【注释】

①杜赫：人名。周人，与楚国有旧交情，此时仕齐。

②楚王：楚宣王，名良夫。公元前369—前340年在位。

③江南：泛指长江以南。战国时指今湖北的江南部分及湖南、江西一带。

【译文】

齐将田忌从齐国逃到楚国，邹忌代替他担任齐相，担心田忌凭借楚国的势力重回齐国。说客杜赫对邹忌说："我愿意为您把田忌留在楚国。"杜赫便去对楚王说："邹忌之所以和楚国不友好，是因为他担心田忌凭借楚国的势力重回齐国。大王不如把江南封给田忌，以表明田忌不会再重回齐国,邹忌便一定会让齐国和楚国友好。田忌是个逃亡在外的人,他现在得到了封地,一定会深深地感谢大王,如果将来他重回齐国,也一定会使齐国和楚国非常友好。这就是利用田忌、邹忌二人的办法。"楚王果然把江南封给了田忌。

一〇七 邹忌事宣王

【题解】

邹忌秉政,向齐宣王推荐了大量的人当官任职,宣王认为他过分使用权力,很不高兴。邹忌用"一子之孝,不如有五子之孝"的道理进行解释。

邹忌的比喻并不确切。韩非就提出了不同的观点。他说,如果一个人有五个儿子,儿子生子,子又生孙,这样下去的结果是:"人民众而货财寡,事力劳而供养薄",会引起民众的争端,影响到社会的安定。韩非的见解,较之邹忌的比喻显然要更为高明一些。

邹忌事宣王,仕人众,宣王不悦。晏首贵而仕人寡①,王悦之。邹忌谓宣王曰:"忌闻以为有一子之孝,不如有五子之孝。今首之所进仕者,以几何人?"宣王因以晏首壅塞之。

【注释】

①晏首:人名。齐臣,事迹不详。

【译文】

邹忌做齐宣王的臣子,他推荐任职的人很多,宣王不高兴。晏首是齐王的重臣,推荐的人却不多,宣王很喜欢他。邹忌便对宣王说:"我听人说,家里有一个孝子,不如有五个孝子。现在晏首到底推荐了几个人呢?"宣王因此认为晏首堵塞了荐贤的道路。

一〇八　邹忌修八尺有余

【题解】

本章主旨在说明接受批评、广开言路,在政治生活中的重要性。

齐相邹忌身长八尺,形象光彩照人,但比起城北徐公则远远不如,这是客观事实。邹忌的妻妾和客人却都说邹忌比徐公美,这就留下悬念,需要证实。恰好,第二天徐公来访,邹忌把他看了又看,觉得自己不如,这是邹忌有知人之明;邹忌又对着镜子自照,感到确实比徐公差了一截,这是邹忌有自知之明。邹忌从中受到启发,于是进见齐威王,指出"王之蔽甚矣"。齐威王不愧是有为之君,立即接受意见,广开言路,对凡能指陈时弊、提出批评的人,分别给予上、中、下三等不同的赏赐。最初进谏的人很多,后来逐渐减少。政治修明,各国来朝,这就是纳谏的明效大验。

邹忌修八尺有余①,身体昳丽②。朝服衣冠,窥镜,谓其妻曰:"我孰与城北徐公美?"其妻曰:"君美甚。徐公何能及君也!"城北徐公,齐国之美丽者也。忌不自信,而复问其妾曰:"吾孰与徐公美?"妾曰:"徐公何能及君也!"旦曰,客从外来,与坐谈,问之客曰:"吾与徐公孰美?"客曰:"徐公不若君之美也!"

【注释】

①修八尺有余:约1.70米的个子。修,长。尺,指周尺,一尺约为20厘米。

②映(yì)丽：光艳美丽。

【译文】

　　邹忌身高八尺有余，容貌光彩照人。一天早晨，他穿戴好衣冠，看着镜子，对他的妻子说："你看我和城北徐公比起来，谁更漂亮？"他的妻子说："您漂亮极了。徐公怎么比得上您呢！"城北徐公是齐国有名的美男子，邹忌不相信会是这样，又问他的小妾道："我漂亮还是徐公漂亮？"小妾说："徐公哪能比得上您呢！"第二天，来了一位客人，邹忌和他谈话时又问："我和徐公相比，谁更漂亮？"客人说："徐公比不上您漂亮啊！"

　　明日，徐公来，孰视之，自以为不如；窥镜而自视，又弗如远甚。暮寝而思之，曰："吾妻之美我者，私我也！妾之美我者，畏我也！客之美我者，欲有求于我也！"

【译文】

　　又隔一天，徐公来了，邹忌仔细端详他，觉得自己比不上；对着镜子看自己，更觉得比徐公差得很远。夜里，睡在床上反复考虑这件事，醒悟道："我的妻子说我漂亮，是因为她偏爱我啊！小妾说我漂亮，是因为她害怕我啊！客人说我漂亮，是因为他有求于我啊！"

　　于是入朝见威王曰："臣诚知不如徐公美，臣之妻私臣，臣之妾畏臣，臣之客欲有求于臣，皆以美于徐公。今齐地方千里，百二十城。宫妇左右，莫不私王；朝廷之臣，莫不畏王；四境之内，莫不有求于王。由此观之，王之蔽甚矣！"王曰："善。"乃下令："群臣吏民能面刺寡人之过者，受上赏！上书谏寡人者，受中赏！能谤议于市朝，闻寡人之耳者，受下赏！"

【译文】

于是,邹忌上朝对齐威王说:"我自知确实不如徐公漂亮,我的妻子偏爱我,我的小妾害怕我,我的客人有求于我,都说我比徐公漂亮。如今齐国的土地纵横千里,有一百二十座城池。大王宫中的后妃和身边的侍从,没有不偏爱大王的;朝廷里的群臣,没有不害怕大王的;国内的百姓,没有不想向大王求助的。这样看来,大王所受的蒙蔽真是非常厉害啊!"齐威王说:"说得对。"于是就颁布了一道命令:"无论朝廷群臣、小吏或百姓,凡是能当面指责我的过错的,受上等奖赏! 能上奏章规劝我的,受中等奖赏! 能在公众场合批评议论我,传到我的耳中的,受下等奖赏!"

令初下,群臣进谏,门庭若市;数月之后,时时而间进;期年之后,虽欲言,无可进者。燕、赵、韩、魏闻之,皆朝于齐。此所谓战胜于朝廷。

【译文】

命令刚颁布,官吏们纷纷前来提出意见,宫廷内外像集市一样热闹;几个月后,只是断断续续地有人来提意见;一年以后,就是有人想来进言,也没有什么可说的了。燕、赵、韩、魏等国听到这个情况,都到齐国朝见。这就是人们所说的,通过朝廷上的举措,不需要用兵,就可以战胜别国了。

一〇九　秦假道韩、魏以攻齐

【题解】

公元前314年,齐乘燕国内乱攻燕,诸侯出兵救燕,本章所载秦假道韩、魏以攻齐,即属于诸侯救燕之师。

　　齐国攻燕，统兵的本是章子，秦救燕之师既至，齐宣王就使章子领兵迎战。战争期间，多人谗毁章子，说他带兵降秦，宣王始终不为所动。

　　一个人的品质表现在各个方面。宣王认为章子能孝于父，必不会背君。"求忠臣必于孝子之门"，宣王真是目光如炬，知人善任。

　　秦假道韩、魏以攻齐，齐威王使章子将而应之①，与秦交和而舍②。使者数相往来，章子为变其徽章③，以杂秦军。候者言章子以齐入秦，威王不应。顷之间，候者复言章子以齐兵降秦，威王不应。而此者三。有司请曰："言章子之败者，异人而同辞，王何不发将而击之？"王曰："此不叛寡人明矣，曷为击之！"

【注释】

①齐威王：当为齐宣王，下同。章子：齐名将匡章。

②交和而舍：两军相对，军门称为"和"。舍，屯驻。

③徽章：包括旗帜和士卒衣服的标识。

【译文】

　　秦国向韩、魏借道去攻打齐国，齐威王派章子领兵应战，他和秦军一接触就驻扎下来。双方的人员多次来往，章子改变了军队衣服上的标识，和秦军混杂。侦察人员说章子带领齐兵投向了秦军，齐威王没有理会。不久，侦查人员又说章子带兵投降了秦军，齐威王仍旧没有理会。像这样重复了三次。有关主管人员提出说："说章子背叛的人，几个都异口同声，大王为什么不派兵攻打他？"齐威王说："很明显他不会背叛我，为什么要去攻打他？"

　　顷间，言齐兵大胜，秦军大败，于是秦王拜西藩之臣而谢于齐。左右曰："何以知之?"曰："章子之母启得罪其父，其父杀之而埋马栈之下。吾使章子将也，勉之曰：'夫子之强，全兵而还，必更葬将军之母。'对曰：'臣非不能更葬先妾也。臣之母启得罪臣之父，臣之父未教而死。夫不得父之教而更葬母，是欺死父也，故不敢。'夫为人子而不欺死父，岂为人臣欺生君哉?"

【译文】

不久，传来消息说，齐军大胜，秦军大败。于是秦王自称西边的藩臣并向齐国谢罪。齐威王身边的人说："您怎么知道章子不会背叛您?"齐威王说："章子的母亲启得罪了他的父亲，他的父亲杀了他的母亲，把她埋在马棚下面。我派章子领兵，鼓励他说：'以您的勇敢，凯旋而归，我一定重新安葬您的母亲。'章子说：'我并不是不能重新安葬死去的母亲。我的母亲启得罪了先父，先父没有留下什么吩咐就死了。我没有得到父亲的吩咐就擅自改葬母亲，这是在欺骗死去的父亲。所以不敢这样办。'作为儿子不欺骗死去的父亲，作为臣子怎么可能去欺骗活着的君主呢?"

一一〇　楚将伐齐

【题解】

马陵战役后，楚威王在此时(前333)准备攻齐。鲁君也发兵，打算和楚国合军。齐威王害怕楚国得到鲁军的加入而力量增强，就派遣重要谋臣张丐游说鲁君，不要贸然参战，最好等到胜负已分之后，再加入胜利的一方。鲁军随即撤走，但楚军仍坚持攻齐，在徐州大败齐军。

楚将伐齐，鲁亲之，齐王患之。张丏曰：“臣请令鲁中立。”乃为齐见鲁君。鲁君曰：“齐王惧乎？”曰：“非臣所知也，臣来吊足下。”鲁君曰：“何吊？”曰：“君之谋过矣。君不与胜者而与不胜者，何故也？”鲁君曰：“子以齐、楚为孰胜哉？”对曰：“鬼且不知也。”“然则子何以吊寡人？”曰：“齐、楚之权敌也，不用有鲁与无鲁，足下岂如全众而合二国之后哉！楚大胜齐，其良士选卒必殪，其兵足以待天下；齐为胜，其良士选卒亦殪。而君以鲁众合战胜后，此其为德也亦大矣。”鲁君以为然，身退师。

【译文】

楚国将要进攻齐国，鲁国与楚国亲善，齐国为此感到忧虑。张丏对齐王说：“我可以让鲁国保持中立。”于是张丏为齐王去见鲁君。鲁君说：“齐王害怕了吗？”张丏说：“这个我不了解，我是来哀悼足下的。”鲁君说：“哀悼我什么？”张丏说：“您的主意打错了。您不去帮助战胜者，而去帮助失败者，这是为什么呢？”鲁君说：“您以为齐、楚两国谁可以获胜呢？”张丏说：“连鬼都不知道。”“那么您为什么哀悼我呢？”张丏说：“齐、楚两国势均力敌，不在乎有没有鲁国参与，您不如保全兵力而静观两国相斗！如果楚国战胜齐国，楚国精锐必定都会战死，剩下的士卒便不能抵御其他诸侯；如果齐国战胜楚国，齐国精锐也必定都会战死。您再出兵援助战胜的一方，这是为它出了大力，他们也将非常感激您的援助。”鲁君认为张丏说得对，于是下令撤兵。

一一一　秦伐魏

【题解】

战国后期,秦的军事力量已凌驾于各国之上,对东方各国来说,只有合纵抗秦,才可以抵御秦国的进攻。

公元前298年,秦攻魏,合纵派的陈轸正在魏国任职,他联合了三晋,进而联络东方的齐国。陈轸提出三种不同的攻伐,一是古时王者的攻伐,是为了讨伐无道"正天下而立功名"。一是六国的互相攻伐,是消耗彼此的力量,让秦国坐收渔利。一是秦国的攻伐,是要让六国主辱而民死。韩、魏的民众死伤无数,齐国却安然无恙,全是因为位置远近的关系。秦国如果取得魏的绛和安邑,东向攻齐,直抵海滨,对齐非常不利。陈轸劝齐和三晋结盟修好,齐闵王同意了,就派出精兵和三晋一道,在绛、安邑的西边,加强防御力量。

秦伐魏,陈轸合三晋而东①,谓齐王曰②:"古之王者之伐也,欲以正天下而立功名,以为后世也。今齐、楚、燕、赵、韩、梁六国之递甚也,不足以立功名,适足以强秦而自弱也,非山东之上计也。能危山东者,强秦也。不忧强秦而递相罢弱③,而两归其国于秦,此臣之所以为山东之患。天下为秦相割,秦曾不出刀;天下为秦相烹,秦曾不出薪。何秦之智而山东之愚耶? 愿大王之察也。

【注释】

①陈轸:齐人,游说之士,此时在魏。

②齐王:齐闵王。

③罢:同"疲",疲劳,疲惫。

【译文】

秦国攻打魏国，陈轸联合三晋往东，对齐王说："古代王者的用兵，是为了整顿天下的秩序和建立功名，作为后世的榜样。如今齐、楚、燕、赵、韩、魏这六个国家轮流抢占上风，不能够建立功名，只是会使秦国强大，自己削弱，这不是崤山以东诸国的好办法。会给崤山以东诸国带来危险的，就是强大的秦国了。不怕强秦的威胁相互削弱，把双方都交给秦国控制，这是我认为崤山以东诸国做得不恰当的地方。天下替秦国互相割取，秦国并不需要用刀；天下替秦国相互放在锅里煮，秦国并不提供柴火。为什么秦国那么聪明，而崤山以东诸国那样愚蠢呢？希望大王明察。

"古之五帝、三王、五伯之伐也[①]，伐不道者；今秦之伐天下不然，必欲反之，主必死辱，民必死虏。今韩、梁之目未尝干，而齐民独不也，非齐亲而韩、梁疏也，齐远秦而韩、梁近。今齐将近矣！今秦欲攻梁绛、安邑[②]，秦得绛、安邑以东下河，必表里河而东攻齐，举齐属之海，南面而孤楚、韩、梁，北向而孤燕、赵，齐无所出其计矣。愿王熟虑之！

【注释】

①五帝、三王、五伯：泛指理想中的明君。伯，通"霸"。

②绛：即春秋时晋都新田，在今山西曲沃西南的侯马镇。安邑：魏的故都，在今山西夏县西北。

【译文】

"古代五帝、三王、五霸的用兵，是讨伐无道的国家；现在秦国攻打天下却不是这样，一定要反其道而行之，定要使别国君主受辱，百姓被杀被虏。现在韩、魏两国百姓的眼泪从来没有干过，而齐国的百姓单单不是这样，并不是齐国和秦国关系密切，齐国和韩、魏两国关系疏远，而是齐国距秦较远，韩、魏两国距秦较近。现在齐国将要和秦国靠近了！秦国打算攻打魏国的绛、安邑，秦得到绛、安邑，沿黄河东下，定会控制黄河两侧，向东攻齐，攻占齐地，直达海边，南面使楚、韩、魏孤立，北面使燕、赵孤立，齐国就没有什么办法可想了。希望大王好好考虑吧！

"今三晋已合矣，复为兄弟，约而出锐师以戍梁绛、安邑，此万世之计也。齐非急以锐师合三晋，必有后忧。三晋合，秦必不敢攻梁，必南攻楚。楚、秦构难，三晋怒齐不与己也，必东攻齐。此臣之所谓齐必有大忧，不如急以兵合于三晋。"

【译文】

"如今三晋已经联合，结为兄弟之国，派出精兵防守魏国的绛、安邑，这是万世的长久之计。齐国如果不赶快派遣精兵与三晋联合，必有后患。三晋联合，秦国一定不敢攻打魏国，就会向南攻打楚国。楚、秦交战，三晋埋怨齐国不和他们联合，就会向东攻打齐国。这就是我说的齐国必定会有严重后患，不如赶快派兵和三晋联合。"

齐王敬诺，果以兵合于三晋。

【译文】

齐王说："好。"果然派兵与三晋联合。

一一二　苏秦为赵合从

【题解】

本章是战国晚期纵横家嫁名苏秦的模拟之作,但在了解齐国经济发展的问题上,具有重要意义。

由于商品经济的迅速发展,战国后期出现了许多著名的商业城市,齐都临淄就是其中之一。户数超过七万,人口在二十万以上,居民财大气粗,游乐竞技成为时尚。"车毂击,人肩摩",市区道路的拥挤程度,不同凡响。据现代调查,临淄故城包括大小二城,总面积达六十余平方华里,真可算得上东方大都会了。

苏秦为赵合从①,说齐宣王曰:"齐南有太山,东有琅邪②,西有清河③,北有渤海,此所谓四塞之国也。齐地方二千里,带甲数十万,粟如丘山。齐车之良④,五家之兵⑤,疾如锥矢,战如雷电,解如风雨。即有军役,未尝倍太山、绝清河、涉渤海也。临淄之中七万户⑥,臣窃度之,下户三男子,三七二十一万,不待发于远县,而临淄之卒固以二十一万矣。临淄甚富而实,其民无不吹竽、鼓瑟、击筑、弹琴、斗鸡、走犬、六博、蹹踘者⑦。临淄之途,车毂击,人肩摩,连衽成帷,举袂成幕,挥汗成雨,家敦而富,志高而扬。夫以大王之贤与齐之强,天下不能当,今乃西面事秦,窃为大王羞之!

【注释】

①苏秦:本章为纵横家练习游说之作,此苏秦及下文齐宣王都是假

托人名。

②琅邪：山名。在今山东诸城东南。

③清河：指济水，是齐、赵边境界河。

④齐车：当作"三军"。

⑤五家之兵：又称"五都之兵"，为齐军主力。

⑥临淄：齐都，在今山东淄博东北。

⑦竽：乐器，笙类。瑟：乐器，似琴。古为五十弦，后改为二十五弦。
　　筑：乐器，似瑟而较大，头安弦，用竹击打。琴：乐器，古为五弦，
　　后用七弦。斗鸡：用鸡相斗的游戏。走犬：指田猎活动。六博：
　　古代棋戏之一。蹴鞠（tā jū）：类似足球，以皮做成，以毛充实。

【译文】

苏秦为赵国合纵，游说齐宣王说："齐国的南面有泰山，东面有琅邪山，西面有清河，北面有渤海，这就是四方都有要塞的国家。齐国方圆两千里，精兵数十万，粮食堆积如山。三军的勇士，五家的精选部队，行动像射箭那样快，打击敌人威力就像雷电，解散部队就像风雨那样说停就停。即使有军事活动，从来没有征调泰山下、清河边和渤海之滨的部队。单是临淄城中就有七万家，我私下估量，每户不少三个男子，三七二十一万，不需等待从远地调兵，临淄城中的兵力就已经达到二十一万了。临淄非常富庶而充实，它的百姓们没有不吹竽、鼓瑟、击筑、弹琴、斗鸡、走犬、六博、踢球的。临淄的路上，车轮的轴互相撞击，人们的肩膀互相摩擦，把衣襟连起来就成为帷帐，卷起袖子就成了幕布，挥出的汗水就像雨点，每家都非常富有，心胸远大而愉快。以大王的贤名与齐国的强大，天下没有谁能够相比，如今却向西服从秦国，我私下为大王感到羞耻！

"且夫韩、魏之所以畏秦者，以与秦接界也。兵出而相当，不至十日而战胜存亡之机决矣。韩、魏战而胜秦，则兵

半折,四境不守;战而不胜,以亡随其后,是故韩、魏之所以重与秦战而轻为之臣也。

【译文】

"韩、魏两国之所以惧怕秦国,是因为他们与秦国接壤。部队一出,双方相对,不到十天,胜败存亡就见分晓了。韩、魏两国战胜秦国,兵力就会损失一半,边境无法防守;要是战而不胜,就会走到灭亡的边缘,所以韩、魏不敢轻易和秦国开战,却容易向秦表示屈服啊。

"今秦攻齐则不然,倍韩、魏之地,过卫阳晋之道①,径亢父之险②,车不得方轨,马不得并行,百人守险,千人不能过也。秦虽欲深入,则狼顾,恐韩、魏之议其后也,是故恫疑虚猲③,高跃而不敢进,则秦不能害齐,亦已明矣。夫不深料秦之不奈我何也,而欲西面事秦,是群臣之计过也。今无臣事秦之名,而有强国之实,臣固愿大王之少留计。"

【注释】

①阳晋:卫地,在今山东郓城西。

②亢父:齐邑,在今山东济宁南五十里。

③猲(hè):通"喝"。

【译文】

"如今秦国攻齐却不是这样,背后是韩、魏的地方,穿越卫国阳晋的要道,通过亢父的险路,两车不能并驾,两马不能并行,一百人守住险隘,一千人都不能通过。秦军虽然想深入,老是心中不安,担心韩、魏从后面偷袭,所以虚声恫吓,迟疑不敢前进,秦国不能危害齐国,是很明显的事。不考虑秦国不能把我怎么样,而想向西服从秦国,这是群臣的计谋错了。现在没有臣事秦国的名声，而能得到强国的地位，我希望大王稍稍考虑一下。"

齐王曰："寡人不敏，今主君以赵王之教诏之，敬奉社稷以从。"

【译文】

齐王说："我不够聪明，现在您把赵王的教诲告诉我，我恭敬地把国家托付给您。"

一一三　张仪为秦连横说齐王曰

【题解】

本文是游说之士的拟托作品，其写作时间当在战国末期，秦即将完成统一大业的前夕。

文中强调秦国强大，不会因几次战争失利而受到影响。

文中提到，"秦、赵战于河漳之上，再战而再胜秦"，这指的是秦王嬴政三年（前233），赵将李牧和秦军在宜安（今河北石家庄东南）会战，大破秦军，秦将桓齮弃军逃走。

文中又提到"战于番吾之下，再战而再胜秦"，这指的是在宜安之战的次年，秦攻番吾，这里是秦军越过漳水与赵长城，进攻邯郸的战略要地。秦、赵在此会战，秦军又被赵大将李牧击破。

秦、赵的这几次决战，都发生在张仪死后七十余年，张仪怎能预见？文中又说齐国献鱼盐之地三百里于秦。秦、齐中隔三晋，秦国又如何去占有它呢？

张仪为秦连横说齐王曰:"天下强国无过齐者,大臣、父兄殷众富乐,无过齐者。然而为大王计者,皆为一时说而不顾万世之利。从人说大王者,必谓:'齐西有强赵,南有韩、魏,负海之国也,地广人众,兵强士勇,虽有百秦,将无奈我何。'大王览其说而不察其至实。

【译文】

张仪为秦国策划连横,游说齐王道:"天下强国没有哪一国能超过齐国,朝廷大臣、宗室贵族势众而富足安乐,也没有哪一国能超过齐国。可是,给大王出谋划策的人,都是一时的空论,而不顾及万世的长远利益。主张合纵政策的人游说大王,一定会说:'齐国西有强赵,南有韩、魏,是一个靠海的国家,地广人多,兵强士勇,即使有一百个秦国,对我们也没有办法。'大王只欣赏他们的话,而不去考察实际情况。

"夫从人朋党比周,莫不以从为可。臣闻之,齐与鲁三战而鲁三胜,国以危亡随其后,虽有胜名而有亡之实,是何故也?齐大而鲁小。今赵之与秦也,犹齐之于鲁也。秦、赵战于河漳之上①,再战而再胜秦;战于番吾之下②,再战而再胜秦。四战之后,赵亡卒数十万,邯郸仅存,虽有胜秦之名,而国破矣。是何故也?秦强而赵弱也。今秦、楚嫁子取妇,为昆弟之国。韩献宜阳,魏效河外③,赵入朝黾池④,割河间以事秦⑤。大王不事秦,秦驱韩、魏攻齐之南地,悉赵涉清河⑥,指博关⑦,临淄、即墨非王之有也⑧。国一日被攻,虽欲事秦,不可得也。是故愿大王熟计之!"

【注释】

①河漳：水名。即漳水，有清、浊二源皆出山西，至河南林县北合流，经河北大名入山东界，与卫河合流入运河。

②番（pán）吾：地名。赵邑，在今河北磁县境。

③河外：地区名。在今河南西北部黄河以南的地区。

④黾（miǎn）池：地名。秦邑，在今河南黾池县西。

⑤河间：地区名。指漳水与黄河之间，在今河北任丘、献县一带。

⑥清河：水名。源出今河南内黄，流经齐、赵二国，东入古黄河。

⑦博关：关名。在今山东博平西北。

⑧即墨：地名。齐邑，在今山东平度东南。

【译文】

"主张合纵联盟的人，他们相互勾结，结党营私，无不宣传合纵联盟可行。我听说，齐国与鲁国三次交战，鲁国虽三次取胜，可是鲁国却身处险境，终于亡国，徒有战胜的虚名，却遭到灭国之祸，这是为什么呢？因为齐国大而鲁国小。现在，赵国跟秦国就相当于鲁国跟齐国。秦、赵战于黄河、漳水之间，两次交战，两次赵国都战胜秦国；战于番吾城下，两次交战，两次都战胜秦国。赵国四次作战之后，损兵数十万，仅能保住国都邯郸，即使有战胜秦国之名，可是国家却遭到了严重的损伤。这是为什么呢？因为秦国强而赵国弱啊。现在，秦国嫁女，楚国娶妇，两国结为兄弟之国。韩国献出宜阳，魏国献出河外，赵国在黾池朝秦，献出河间向秦国表示友好。大王如果不服事秦国，秦国就会驱使韩、魏从南进攻齐国，动员赵国全国大军渡过清河，直指博关，而临淄、即墨就不会为大王所有了。齐国一旦遭到进攻，那时想要服事秦国，也就不可能了。所以，希望大王要深思熟虑啊！"

齐王曰："齐僻陋隐居，托于东海之上，未尝闻社稷之长利，今大客幸而教之，请奉社稷以事秦。"献鱼盐之地三百里于秦也。

【译文】

　　齐王说:"齐国处在边远偏僻的地方,寄居在东海边上,从来也不懂得如何为国家的长远利益考虑,现在幸蒙贵客教导,我愿意听从秦国的安排。"于是向秦国献出了盛产鱼盐的地方三百里。

卷九　齐策二

一一四　韩、齐为与国

【题解】

公元前314年，诸侯连兵不解，秦、魏攻韩，楚、赵救韩，这场战事把五国都牵连进去。此时恰逢燕国内乱，齐国攻燕，别国不可能干涉，所以田臣思对宣王说："是天以燕赐我也。"就连满口仁义的孟轲，也说是"机不可失，时不再来"，宣王于是出兵，很快扫平了燕国。

韩、齐为与国①。张仪以秦、魏伐韩②。齐王曰③："韩，吾与国也。秦伐之，吾将救之。"田臣思曰④："王之谋过矣，不如听之。子哙与子之国⑤，百姓不戴，诸侯弗与。秦伐韩，楚、赵必救之，是天以燕赐我也。"王曰："善。"乃许韩使者而遣之。

【注释】

①与国：同盟国。

②张仪以秦、魏伐韩：事在公元前341年。

③齐王：齐宣王。

④田臣思：齐将田忌。

⑤子哙(kuài)：即燕王哙，立七年，被齐军所杀。子之：燕王哙相，齐军攻燕，他和燕王哙都被杀。

【译文】

韩、齐结为同盟。张仪动用秦、魏的兵力攻韩。齐王说："韩，是我的盟国。秦国攻打它，我就要出兵援救。"田臣思说："大王的打算错了，不如不加过问。燕王哙把国家让给子之，老百姓不拥戴，诸侯不赞同。秦军攻韩，楚、赵两国必定会去救援，这是上天把燕国赐给我们。"齐王说："对。"就答应韩国使者的要求，送他回去。

　　韩自以得交于齐，遂与秦战。楚、赵果遽起兵而救韩，齐因起兵攻燕，三十日而举燕国。

【译文】

韩国自认为得到了齐国的支持，就和秦国交战。楚、赵两国果然很快起兵援救韩国，齐国于是出兵攻打燕国，三十天就拿下了燕国。

一一五　张仪事秦惠王

【题解】

周赧王五年(前310)，秦惠王死，武王即位。秦国大臣们很多都说张仪的坏话。张仪自觉难以继续留在秦国，就请武王把他送入魏国，说是齐王很讨厌我，我如果入魏，齐国必来攻魏，秦就可以乘机攻韩，进入三川，兵临两周，挟天子以成王业。

秦武王派车把张仪送入魏国，齐果然兴兵伐魏。张仪就派他的门客游说齐王,打消了齐王攻魏的念头。

秦武王在做太子时就讨厌张仪,即位后,群臣又纷纷提出意见,对张仪进行指责,武王就下令驱逐张仪。张仪是失势离秦,他到魏国,并非秦武王的有意安排。本文夸大失实,是游说之士用来表示张仪富于心计,可以左右逢源。

张仪事秦惠王。惠王死,武王立。左右恶张仪,曰:"仪事先王不忠。"言未已,齐让又至。张仪闻之,谓武王曰①:"仪有愚计,愿效之王。"王曰:"奈何?"曰:"为社稷计者,东方有大变,然后王可以多割地。今齐王甚憎仪,仪之所在,必举兵而伐之,故仪愿乞不肖身而之梁,齐必举兵而伐之。齐、梁之兵连于城下,不能相去,王以其间伐韩,入三川②,出兵函谷而无伐③,以临周,祭器必出④。挟天子,案图籍,此王业也!"王曰:"善。"乃具革车三十乘,纳之梁,齐果举兵伐之。

【注释】

①武王:秦武王,名荡,惠王子,公元前310—前307年在位。

②三川:韩郡名。辖境当今河南黄河以南、灵宝以东的伊、洛流域。

③函谷:秦关名。在今河南灵宝东北。

④祭器:祭祀专用的器物,钟鼎之类。

【译文】

张仪替秦惠王办事。惠王死后,他儿子武王继位。左右亲近的人诽谤张仪,说:"张仪对先王不忠。"话还没有说完,齐国派来谴责张仪的人又到了。张仪听说后,便对武王说:"我有一条愚计,愿意贡献给大王。"武王说:"什么样的计谋?"张仪说:"为国家设想,崤山以东六国如果发生大的军事行动，这样以后大王就可以多割得土地。现在齐国非常痛恨我，我所在的地方，他们一定会出兵攻打，所以我愿让我这不成才的身子到魏都大梁去，齐国一定会起兵攻魏。齐、魏的部队在大梁城下交战，不能抽身，大王乘机攻打韩国，进入三川，出兵函谷关，不动声色地进逼西周，定会得到周的祭器。大王挟持天子，掌握地图和户籍，这可是称王的大业啊！"武王说："好。"于是准备战车三十辆，把张仪送到魏国。

梁王大恐^①。张仪曰："王勿患，请令罢齐兵^②。"乃使其舍人冯喜之楚，藉使之齐。齐、楚之事已毕，因谓齐王："王甚憎张仪，虽然厚矣王之托仪于秦王也。"齐王曰："寡人甚憎仪，仪之所在，必举兵伐之，何以托仪也？"对曰："是乃王之托仪也。仪之出秦，固与秦王约曰：'为王计者，东方有大变，然后王可以多割地。齐王甚憎仪，仪之所在，必举兵伐之，故仪愿乞不肖身而之梁，齐必举兵伐梁。梁、齐之兵连于城下不能去，王以其间伐韩，入三川，出兵函谷而无伐，以临周，祭器必出，挟天子，案图籍，是王业也。'秦王以为然，与革车三十乘而内仪于梁。而果伐之，是王内自罢而伐与国，广邻敌以自孤，而信仪于秦王也。此臣之所谓托仪也。"王曰："善。"乃止。

【注释】
①梁王：魏襄王。
②罢：同"疲"，疲劳，疲惫。

【译文】
齐国果然出兵进攻魏国，魏王大为恐慌。张仪说："大王不必担忧，让我使齐兵撤走。"于是张仪派他的舍人冯喜到楚国去,借用楚国使者的名义转道往齐。把齐、楚的外交事宜办完后,乘机对齐王说:"大王很痛恨张仪,可是您却让张仪取信于秦王,您对张仪的情义实在太深厚了。"齐王说:"我很痛恨张仪,张仪在哪儿,我就出兵攻打哪儿,怎么说是让秦王信任张仪呢?"冯喜回答说:"您这就是让秦王信任张仪啊。张仪离开秦国时,本来就和秦王约定,说:'为大王国家考虑起见,崤山以东六国如果发生大的事变,大王就可以多割得土地。齐国非常痛恨我,我在哪里他一定会起兵讨伐,所以,我要求到魏都大梁去,齐国便一定会出兵攻打魏国。魏、齐交战于大梁城下,不能抽身,您乘机去进攻韩国,进入三川,出兵函谷关,您无讨伐之名,就进逼周君,周君必然会拿出名器重宝来,大王挟持天子,掌握地图和户籍,这乃是称王的大业。'秦王认为张仪说得对,给他兵车三十辆,将他送进魏国。大王果真出兵攻打魏国,这是大王内使国家疲惫,外攻自己的盟国,和邻国多结仇怨,使自己陷于孤立,让张仪取信于秦王。这就是我所说的让秦王信任张仪。"齐王说:"好。"于是停止进攻魏国。

一一六　犀首以梁与楚战于承匡而不胜

【题解】

周显王四十六年(前323),楚将昭阳大败魏军于襄陵,得八邑。承匡在襄陵西南,即此八邑之一。

承匡之战,犀首为将而大败,于是魏惠王任用张仪为相,采用他的连横策略,想和东方的齐国联合。犀首通过卫君,巧妙地运用计谋,使齐王怀疑张仪,使张仪的使命无法完成。

犀首以梁与楚战于承匡而不胜[①]。张仪谓梁王:"不用臣言以危国。"梁王因相仪。仪以秦、梁之齐合横亲。犀首欲败之,谓卫君曰:"衍非有怨于仪也,值所以为国者不同耳②。君必解衍。"卫君为告仪,仪许诺,因与之参坐于卫君之前③。犀首跪行,为仪千秋之祝。明日张子行,犀首送之至齐疆。齐王闻之,怒于仪曰:"衍也吾仇④,而仪与之俱,是必与衍鬻吾国矣。"遂不听。

【注释】

①犀首:此指魏将公孙衍。承匡:地名。在今河南睢县匡城集,在县城西南三十里。

②值:通"直",只不过。

③参坐:三人并坐。

④衍也吾仇:因公孙衍曾经率领魏军与齐作战。

【译文】

犀首公孙衍率领魏军与楚军在承匡交战,未能取胜。张仪对魏王说:"大王不听我的话,致使国家处境危险。"魏王因此任命张仪为相国。张仪要秦、魏两国和齐国结成连横阵营。犀首想破坏张仪的连横,便对卫君说:"我和张仪没有什么怨仇,只是治理国家的方法不同罢了。您一定要在张仪面前替我解释。"卫君就把这番话告诉了张仪,张仪答应了,因此与犀首一块坐在卫君面前。犀首跪地前行,祝张仪长寿。第二天,张仪动身走了,犀首把他一直送到齐国边界上。齐王听说这件事,对张仪很生气,说:"公孙衍是我的仇敌,可是张仪却和他在一起,这一定是要和公孙衍出卖我们的国家。"于是,就不再听信张仪的话。

一一七　昭阳为楚伐魏

【题解】

公元前 323 年，楚将昭阳领兵攻魏，在襄陵大败魏军，接着，又移兵攻齐。陈轸本是齐人，此时见宗国被攻，于是挺身而出，劝说昭阳罢兵，使自己的国家免遭战祸，这也和陈轸谋求齐、楚亲善的一贯主张相吻合。

陈轸的说辞中，讲了一个"画蛇添足"的寓言，它告诫人们，办事应掌握分寸，恰到好处，避免劳而无功。

昭阳为楚伐魏①，覆军杀将得八城，移兵而攻齐。陈轸为齐王使②，见昭阳，再拜贺战胜，起而问："楚之法，覆军杀将，其官爵何也？"昭阳曰："官为上柱国③，爵为上执圭④。"陈轸曰："异贵于此者何也？"曰："唯令尹耳⑤。"陈轸曰："令尹贵矣！王非置两令尹也，臣窃为公譬可也。楚有祠者，赐其舍人卮酒⑥。舍人相谓曰：'数人饮之不足，一人饮之有余。请画地为蛇，先成者饮酒。'一人蛇先成，引酒且饮之，乃左手持卮，右手画蛇，曰：'吾能为之足。'未成，一人之蛇成，夺其卮曰：'蛇固无足，子安能为之足？'遂饮其酒。为蛇足者，终亡其酒。今君相楚而攻魏，破军杀将得八城，不弱兵，欲攻齐，齐畏公甚。公以是为名亦足矣，官之上非可重也。战无不胜而不知止者，身且死，爵且后归，犹为蛇足也！"昭阳以为然，解军而去。

【注释】

①昭阳为楚伐魏：这次战役发生在公元前 323 年。昭阳是楚军主
　　将，官为大司马，掌管军事大权。

②陈轸：齐国人，有名的说客。

③上柱国：即大司马，楚国最高武官。

④上执圭：楚国的最高爵位。圭，上尖下长方的贵重玉器。

⑤令尹：楚国最高官职，是军政首脑，地位相当于别国的相。

⑥舍人：身边的侍从人员。卮(zhī)：古代的一种盛酒器，泛指酒杯。

【译文】

　　昭阳替楚国攻打魏国，击溃魏军，杀掉魏将，夺得八座城池，接着又
调动军队去攻打齐国。陈轸受齐王派遣，去见昭阳，他向昭阳拜了两
拜，祝贺他打了胜仗，然后起身问道："根据楚国的规定，击溃敌军，杀死
敌将，他能得到什么官爵呢？"昭阳说："官可以做上柱国，爵位可以封上
执圭。"陈轸说："比这更尊贵的官爵是什么？"昭阳答道："就只有令尹
了。"陈轸说："令尹是最尊贵的了！可是楚王不会设置两个令尹啊，请
让我为您打个比方吧。楚国有一个举行祭祀的人，祭毕，赐给他身边的
随从们一杯酒。这些人商量道：'这点酒几个人不够喝，一个人喝还有
剩余。让我们在地上画蛇吧，先画成的人喝酒。'有一个人先画好了，拿
起酒杯准备喝，他左手拿着酒杯，右手仍在继续画着，他说：'我还能给
蛇添上脚呢。'蛇脚还没画好，另一个人把蛇画好了，抢过酒杯说：'蛇本
没有脚，您怎么能给它添上脚呢！'说着就把酒喝掉了。那个给蛇添脚
的人，终于失去了他应得的酒。如今您辅佐楚国攻打魏国，击溃敌军，
杀死敌将，又得了八座城池，兵力没有受到什么损耗，您又想去攻打齐
国，齐国非常害怕您。您的威名已经远扬，这很够了，上柱国的官位之
上再没有什么官职可加了。连战连胜而不知道适可而止的人，将会丧
失性命，他的官爵也会留给后来的人，这就像给蛇添上脚一样啊！"昭阳
认为陈轸说得对，于是领兵回国。

一一八 秦攻赵

【题解】

秦军攻打赵国,赵派楼缓割地求和,想把战事移到齐国。赵足到齐国,建议齐、赵合纵抗秦,这样,齐国就可避免战祸了。

秦攻赵,赵令楼缓以五城求讲于秦①,而与之伐齐。齐王恐②,因使人以十城求讲于秦。楼子恐,因以上党二十四县许秦王③。赵足之齐④,谓齐王曰:"王欲秦、赵之解乎?不如从合于赵,赵必倍秦,倍秦则齐无患矣。"

【注释】

①楼缓:人名。赵人,主张亲秦。讲:讲和。

②齐王:齐王建。

③"因以上党"句:上党,韩郡名。长平战前降赵,治所在今山西长治北。秦王,秦昭襄王。

④赵足:人名。赵人,主张亲齐。

【译文】

秦国进攻赵国,赵国派楼缓用五城向秦国求和,并与秦国结盟共同进攻齐国。齐王恐惧,派人用十城向秦国求和。楼缓很害怕,于是答应把上党二十四县许给秦国。赵足来到齐国,对齐王说:"大王想要秦、赵联盟瓦解吗?倒不如齐、赵合纵,赵国一定会背离秦国,这样,齐国就没有忧患了。"

一一九　权之难

【题解】

燕王哙把王位让给相国子之,引起燕国内乱。齐国乘机出兵,差点灭了燕国。燕昭王即位后,一心要想报仇雪恨,于是在周赧王十九年(前296),齐、燕之间爆发了权之战。

赵国准备出兵,助燕击齐。齐派魏处游说赵的掌权者李兑,劝他按兵不动,让齐、燕互斗,赵可坐收渔人之利。

燕国在权之战中,被打得大败,再度濒于危亡。赵国则乘机灭掉中山,实现了多年的愿望。

权之难①,齐、燕战。秦使魏冉之赵②,出兵助燕击齐。薛公使魏处之赵③,谓李兑曰④:"君助燕击齐,齐必急,急必以地和于燕,而身与赵战矣。然则是君自为燕东兵,为燕取地也。故为君计者,不如按兵勿出,齐必缓,缓必复与燕战。战而胜,兵罢弊⑤,赵可取唐、曲逆⑥;战而不胜,命悬于赵。然则吾中立而割穷齐与疲燕也,两国之权归于君矣。"

【注释】

①权:地名。中山邑,在今河北正定北二十里。

②魏冉:人名。即穰侯。当时正执掌秦权,次年即被任为相国。

③薛公:孟尝君田文,时正执齐政。魏处:人名。时为齐臣,或系孟尝君门下宾客。

④李兑:人名。这时赵惠文王年少,李兑正执掌赵国大权。

⑤罢:同"疲",疲劳,疲惫。

⑥唐:地名。在今河北唐县。曲逆:地名。在今河北完县东南二
十里。

【译文】

齐、燕两国在权邑交战。秦国派魏冉到赵国,劝赵国出兵帮助燕国
进攻齐国。齐相薛公田文派魏处到赵国,对赵相李兑说:"您如果出兵
助燕攻齐,齐国必然告急,齐国告急,必然割地与燕讲和,它就会与赵国
作战。这样,赵国向东出兵就是为燕国而战,为燕国夺地。所以,为您
考虑,不如按兵不动,使齐国局势缓和,缓和后,定会重新和燕国作战。
齐国战胜了燕国,兵力疲惫,赵国便可乘机夺取中山国的唐、曲逆两地;
齐国如果没有战胜燕国,它的命运就完全掌握在赵国手里。这么说来,
如果您保持中立,而齐、燕在战争中互相削弱,齐、燕两国的大权,全都
由您掌握了。"

一二〇　秦攻赵长平

【题解】

周赧王五十五年(前260),秦军攻赵长平,齐、燕扬言出兵相救,但
却迟迟不动。秦国则在冷眼观察齐、燕的行动,以决定是继续进攻还是
撤军退走。

赵军缺粮,请齐支援而齐国不肯。周子游说齐王,指出齐、赵是唇
齿相依的国家,支援赵国是"义救亡赵,威却强秦"的明智选择,吝惜粮
食,不顾邻国安危的做法是错误的。

周子的道理讲得非常透彻,可是昏庸的齐王建却无动于衷,坐观成
败,使赵陷于孤立。

秦攻赵长平①,齐、燕救之。秦计曰:"齐、燕救赵,亲,则

将退兵；不亲，则且遂攻之。"赵无以食，请粟于齐而齐不听。周子谓齐王曰②："不如听之以却秦兵，不听则秦兵不却，是秦之计中而齐、燕之计过矣。且赵之于燕、齐隐蔽也③，齿之有唇也，唇亡则齿寒。今日亡赵，则明日及齐、楚矣。且夫救赵之务，宜若奉漏瓮④，沃焦釜。夫救赵，高义也；却秦兵，显名也。义救亡赵、威却强秦之兵，不务为此而务爱粟，则为国计者过矣。"

【注释】

①长平：地名。在今山西高平西北。

②周子：齐的谋臣。

③隐：通"荫"。

④奉：通"捧"。

【译文】

　　秦国进攻赵国的长平，齐、燕两国出兵相救。秦王考虑说："齐、燕出兵救赵，如果他们团结合作，我们就撤兵；否则，那我们就继续进攻。"赵国军队缺乏粮食，向齐国借粮，可是齐王不肯。谋臣周子对齐王说："不如答应赵国的请求，以迫使秦国撤兵，如果不答应，秦兵就无法打退，这样，正合了秦国的心意，齐、燕两国就失策了。况且赵国是燕、齐的屏障，就像牙齿有嘴唇保护一样，如果失去了嘴唇，牙齿就寒冷了。今天秦灭了赵，明天就会轮到齐、燕了。而且救赵的事，就像用手捧住漏水的瓮，又像往烧干的锅里浇水那样急迫。援救赵国，这是大义的行动；使秦兵退却，又享有威武的名声。既有救赵的义举，又树立了打退秦军的威风，不去致力于这样的大事，只知道爱惜粮食，这是对基本国策考虑的失误。"

一二一　或谓齐王曰

【题解】

秦始皇十七年(前230)，秦灭韩，置颍川郡。此时，赵、魏危亡在即，齐王建听从其母的主张，坐视秦国东侵，不救三晋的危难。

有人去劝齐王，不要联秦而攻赵、魏，指出如果赵、魏灭亡，齐国是不会幸免于难的。

或谓齐王曰①："周、韩西有强秦，东有赵、魏。秦伐周、韩之西，赵、魏不伐，周、韩为割，韩却周害也。及韩却周割之后，赵、魏亦不免与秦为患矣。今齐、秦伐赵、魏，则亦不异于赵、魏之应秦而伐周、韩。今齐入于秦而伐赵、魏，赵、魏亡之后，秦东面而伐齐，齐安得救天下乎？"

【注释】

①齐王：齐王建。

【译文】

有人对齐王建说："周、韩两国西有强秦，东有赵、魏。秦进攻周、韩的西部，赵、魏不进攻周、韩，周、韩将被分割，韩国退却，周被分割。等到韩国退却、周被分割之后，赵、魏也就免不了受到秦祸。现在齐国跟随秦国进攻赵、魏，也和当初赵、魏追随秦国进攻周、韩没有两样。现在齐国投到秦国一边，进攻赵、魏，当赵、魏灭亡之后，秦就会向东攻齐，齐又怎么可能得到诸侯的救援呢？"

卷十 齐策三

一二二 楚王死

【题解】

楚怀王死，太子在齐国做人质，对于楚太子是扣留还是送他回国，齐国君臣有不同的意见。

本章说，对此情况，苏秦可以采取十种不同的应对办法，接着就逐一加以阐述，但缺少了对最后一种办法的说明，可能是在流传中散失了。

本章胜意叠出，奇变无穷，但都是虚拟，并非事实，乃是研治纵横之术的老师为他的弟子们揣摩示范的文章。

楚王死①，太子在齐质。苏秦谓薛公曰："君何不留楚太子以市其下东国②？"薛公曰："不可。我留太子，郢中立王③，然则是我抱空质而行不义于天下也。"苏秦曰："不然。郢中立王，君因谓其新王曰：'与我下东国，吾为王杀太子。不然，吾将与三国共立之④。'然则下东国必可得也。"

【注释】

①楚王：楚怀王熊槐。公元前 328—前 299 年在位。

②下东国：地区名。楚淮北靠近齐国之地。

③郢（yíng）：地名。楚都，在今湖北江陵北十五里纪南城。

④三国：秦、韩、魏。

【译文】

楚怀王死时，太子横在齐国充当人质。苏秦对薛公田文说："您为什么不把楚太子扣留下来，要求楚国割让淮北的土地呢？"薛公回答说："不行。我如果扣留太子，楚国另立新王，我就白白扣留了一个无用的人质，而且诸侯会非议我做了不义的事情。"苏秦说："不是这样。如果楚国另立新王，您就对新王说：'把淮北之地给我，我就为大王杀掉太子。不然的话，我会联合秦、韩、魏三国共同拥立楚太子为王。'这样一来，淮北的土地一定可以到手。"

苏秦之事，可以请行，可以令楚王亟入下东国，可以益割于楚，可以忠太子而使楚益入地，可以为楚王走太子，可以忠太子使之亟去，可以恶苏秦于薛公，可以为苏秦请封于楚，可以使人说薛公以善苏子，可以使苏子自解于薛公。

【译文】

苏秦的事，可以请求出使楚国，可以使楚王很快割让淮北的土地，可以使楚国多割让土地，可以忠于楚太子而使楚国更多地献出土地，可以为楚王赶走太子，可以忠于太子让他很快离开齐国，可以在薛公面前说苏秦的坏话，可以为苏秦在楚王面前请封，可以派人游说薛公让他善待苏秦，可以让苏秦在薛公面前为自己开脱。

苏秦谓薛公曰:"臣闻谋泄者事无功,计不决者名不成。今君留太子者,以市下东国也。非亟得下东国者,则楚之计变,变则是君抱空质而负名于天下也。"薛公曰:"善。为之奈何?"对曰:"臣请为君之楚,使亟入下东国之地。楚得成,则君无败矣。"薛公曰:"善。"因遣之。故曰可以请行也。

【译文】

苏秦对薛公说:"我听说,计谋如果泄漏,事情就不能成功,定了计谋,如果犹豫不决,就不会成就名声。现在您扣留楚太子,是为了用他交换淮北的土地。如果您不能很快地得到淮北,就怕楚国改变计划,一旦楚国改变计划,您就只是白白地守着一个无用的人质,而在诸侯间背上不义的恶名。"薛公说:"是啊,该怎么办呢?"苏秦说:"我愿为您到楚国去,使楚国很快献出淮北的土地。如果齐、楚媾和,您就立于不败之地了。"薛公说:"好。"于是派苏秦到楚国去。所以说苏秦可以请求出使楚国。

谓楚王曰:"齐欲奉太子而立之。臣观薛公之留太子者,以市下东国也。今王不亟入卜东国,则太子且倍王之割而使齐奉己。"楚王曰:"谨受命。"因献下东国。故曰可以使楚亟入地也。

【译文】

苏秦对楚国新王说:"齐国准备奉立太子为楚君。我看薛公扣留太子,是为了让楚国割让淮北的土地。大王如果不赶快献出淮北,那么太子将会答应给齐国加倍割地,换取齐国立自己为楚君。"楚国新王说:"我恭敬地接受您的指教。"于是献出淮北。所以说可以使楚王很快献出淮北之地。

谓薛公曰:"楚之势可多割也。"薛公曰:"奈何?""请告太子其故,使太子谒之君,以忠太子;使楚王闻之,可以益入地。"故曰可以益割于楚。

【译文】

苏秦对薛公说:"看楚国的形势,是可以多割取它一些土地的。"薛公说:"怎么办?"苏秦说:"请把齐国以多割楚地为条件同意立太子为楚君这件事告诉太子,让太子正式向您请求加倍割地;再让楚国新王知道这一事实,这样就可以更多地得到楚地。"所以说可以从楚国更多地割得土地。

谓太子曰:"齐奉太子而立之,楚王请割地以留太子,齐少其地。太子何不倍楚之割地而资齐,齐必奉太子。"太子曰:"善。"倍楚之割而延齐。楚王闻之恐,益割地而献之,尚恐事不成。故曰可以使楚益入地也。

【译文】

苏秦对太子说:"齐国要拥立太子为楚王,而楚新王请求割地给齐国,让齐国扣留太子,齐国嫌楚国割地太少了。太子为何不答应加倍割地给齐国,这样齐国一定会奉立您为楚王。"太子说:"好。"便答应加倍割地给齐国。楚王听说后,很害怕,于是也加倍献出楚地,唯恐事情办不成。所以说可以使楚国更多地献出土地。

谓楚王曰:"齐之所以敢多割地者,挟太子也。今已得地而求不止者,以太子权王也,故臣能去太子。太子去,齐无辞,必不倍于王也。王因驰强齐而为交,齐必听王。然则是王去雠而得齐交也。"楚王大悦,曰:"请以国因。"故曰可以为楚王使太子亟去也。

【译文】

苏秦对楚新王说:"齐国之所以敢于向楚国要求多割地,是因为他拿太子扣留在齐国做要挟。现在齐国已经得到楚地,可是它的要求没有止境,就因为太子在齐国,和大王势均力敌,所以我能让太子离开齐国。太子离开齐国后,齐国就没有立太子的借口了,这样,他就不会违背大王。大王则转而和强齐建立友好关系,齐国定会同意您的要求。这样,大王就赶走了对头,结交了齐国。"楚王听了大为高兴,说:"我愿意把国托付给您。"所以说可以为楚王使太子尽快离开齐国。

谓太子曰:"夫劓楚者王也①,以空名市者太子也,齐未必信太子之言也,而楚功见矣。楚交成,太子必危矣。太子其图之。"太子曰:"谨受命。"乃约车而暮去。故曰可以使太子急去也。

【注释】

①劓(zhì):同"制",裁制,控制。

【译文】

苏秦对太子说:"控制楚国的人是楚王,用空话做交易的是太子,齐国未必相信太子的话,这样,就显示出楚王确有献地的诚意。当齐、楚的邦交建立,太子的处境就一定危险了。太子您得想办法才行。"太子说:"遵命。"于是准备好车辆,晚上就走了。所以说可以让太子马上离开齐国。

苏秦使人谓薛公曰："夫劝留太子者苏秦也。苏秦非诚以为君也，且以便楚也。苏秦恐君之知之，故多割楚以灭迹也。今劝太子者又苏秦也，而君弗知，臣窃为君疑之。"薛公大怒于苏秦。故曰可使人恶苏秦于薛公也。

【译文】

苏秦派人告诉薛公说："劝您扣留太子的是苏秦，苏秦并不是真正为您打算。他完全是为了楚国的利益。苏秦怕您识破，所以要楚国多割土地，掩盖为楚国帮忙的痕迹。现在，劝太子离齐的又是苏秦，可是您对此并不知道。我真是为您感到疑惑。"薛公于是对苏秦大为不满。所以说可以让人在薛公面前说苏秦的坏话。

又使人谓楚王曰："夫使薛公留太子者苏秦也，奉王而代立楚太子者又苏秦也，割地固约者又苏秦也，忠王而走太子者又苏秦也。今人恶苏秦于薛公，以其为齐薄而为楚厚也。愿王之知之。"楚王曰："谨受命。"因封苏秦为武贞君。故曰可以为苏秦请封于楚也。

【译文】

苏秦又派人对楚新王说："让薛公扣留太子的是苏秦，尊奉大王取代太子而立为楚王的又是苏秦，割地给齐国以巩固齐、楚关系的是苏秦，忠于大王而赶跑太子的还是苏秦。现在有人在薛公面前说苏秦的坏话，是因为他对齐国情薄，而对楚国情深。希望大王了解这一点。"楚王说："遵命。"于是封苏秦为武贞君。所以说可以为苏秦在楚王面前请封。

又使景鲤谓薛公曰:"君之所以重于天下者,以能得天下之士而有齐权也。今苏秦天下之辩士也,世与少有。君因不善苏秦,则是围塞天下士而不利说途也。夫不善君者且奉苏秦,而于君之事殆矣!今苏秦善于楚王,而君不蚤亲,则是身与楚为雠也。故君不如因而亲之,贵而重之,是君有楚也。"薛公因善苏秦。故曰可以为苏秦说薛公以善苏秦。

【译文】

苏秦又让楚相景鲤告诉薛公说:"您所以能被天下看重,是因为能结交天下有能力的人士,并在齐国握有实权。现在苏秦是天下能言善辩的人,举世少有。您如果不好好对待苏秦,就会堵塞了天下人士游说进身的路。那些与您关系不好的人,都会支持苏秦,您的处境就会危险了!现在苏秦与楚王关系不错,如果您不及早与苏秦亲近,那将会成为楚国的对头。所以您最好与苏秦亲近,让他显贵,这样,您就会得到楚国的支持。"薛公于是对苏秦很好。所以说可以为苏秦游说薛公,让他善待苏秦。

一二三　齐王夫人死

【题解】

本章是薛公为齐相国时的故事。文中说,齐王夫人死,薛公献上七只玉珥,其中一只特别精美,用以测度齐王爱的是谁,然后顺水推舟,加以推荐。这说明薛公对于揣摩齐王心理有一套固宠专权的方法。

齐王夫人死,有七孺子皆近①。薛公欲知王所欲立,乃献七珥②,美其一。明日视美珥所在,劝王立为夫人。

【注释】

①孺子:王的妃嫔,比夫人低一等。

②珥(ěr):串有珠玉的耳饰。

【译文】

齐王的夫人死了,有七个妃子都是齐王所宠爱的。薛公想要知道齐王打算立哪一个为夫人,就献给齐王七副耳饰,其中有一副最为美丽。第二天看是谁戴着那副耳饰,就劝齐王立她为夫人。

一二四　孟尝君将入秦

【题解】

在齐国执政的孟尝君得到信息,秦昭王打算见他,而且用泾阳君作为人质,于是铁了心肠要去,无数门客劝阻他都不起作用。这时,苏秦出马劝驾,充分展现了纵横家能言善辩的才能。

苏秦不是直接去扫孟尝君的兴头,而是从眼前的事实入手,即兴地道出了土偶和桃梗交谈的寓言。泾阳君来自西方的秦国,苏秦把他比作西岸的土偶;孟尝君是东方人士,苏秦把他比作东国的桃梗,淄水则是齐国境内的一条水。苏秦把这些人与景信手拈来,巧妙地组成一个完整的故事,生动形象,情景交融,大大加强了说服力。听了苏秦的一席话,孟尝君终于口服心服而停辔不往。

孟尝君将入秦①,止者千数而弗听。苏秦欲止之,孟尝曰:“人事者,吾已尽知之矣;吾所未闻者,独鬼事耳。”苏秦曰:“臣之来也,固不敢言人事也,固且以鬼事见君。”

【注释】

①孟尝君:即田文,靖郭君田婴的儿子,这时做齐相。

【译文】

孟尝君将要到秦国去,上千的人劝阻他,他都不肯听从。苏秦打算劝阻他,孟尝君说:"讲人事的话,我通通都知道了;我还没有听说过的,只有鬼神的事罢了。"苏秦说:"我这次来,本来不敢谈人事,就是打算和您谈谈鬼神的事。"

　　孟尝君见之。谓孟尝君曰:"今者臣来,过于淄上①,有土偶人与桃梗相与语②。桃梗谓土偶人曰:'子,西岸之土也,埏子以为人③,至岁八月④,降雨下⑤,淄水至,则汝残矣。'土偶曰:'不然。吾西岸之土也,吾残则复西岸耳。今子,东国之桃梗也,刻削子以为人,降雨下,淄水至,流子而去,则子漂漂者将何如耳。'今秦,四塞之国⑥,譬若虎口,而君入之,则臣不知君所出矣。"孟尝君乃止。

【注释】

①淄:水名。源出今山东莱芜东北。

②土偶人:用泥土做成的人形。桃梗:用桃木刻成的人像。

③埏(shān):用水调和泥土。

④八月:此指周历八月,相当于夏历六月,正值雨季。

⑤降雨:大雨。降,通"洚"。

⑥四塞之国:四面都有高山、要塞的国家。

【译文】

　　孟尝君接见了苏秦。他对孟尝君说:"我这次来,经过淄水,遇见有个土偶人和木偶人在互相谈话。木偶人对土偶人说:'你是西岸的泥土,把你做成人形,到了八月间,天降大雨,淄水暴发,你就会被冲坏了。'土偶人说:'不对。我本是西岸的泥土,我被冲坏,不过仍然回到西岸而已。可是你呢,本是东方的桃梗,被雕成了人形,大雨下来,淄水来到,把你冲走,那时你飘飘荡荡,不知哪里才是你的归宿。'如今秦是一个四方都有险塞的国家,就像是虎口,您进去了,我不知道您能从哪里出来呢。"孟尝君就停止了他的行程。

一二五　孟尝君在薛

【题解】

孟尝君大权在握,是齐国的铁腕人物,齐闵王对此深为不满,刚一即位,就对孟尝君说:"寡人不敢让先王的大臣屈尊做我的臣下。"孟尝君只好郁郁地回到封地薛邑。

楚国一直认为薛邑威胁到楚的边境安全,这时见到孟尝君失势,就派兵攻薛。

孟尝君礼待淳于髡,让他游说齐王,出兵救薛。淳于髡用来打动齐闵王的话,主要是"清庙在薛"。古代把祭祖看得非常重要,所谓"国之大事,在祀与戎",就表达了这样的思想。通过祭祀,寄托了人们对先代的怀念和崇德报功的心情,齐闵王因清庙的原因而派兵驰援薛邑,自是必然的事。淳于髡看准了这一点,他在对闵王进说之前,早已是成竹在胸的。

孟尝君在薛,荆人攻之。淳于髡为齐使于荆[1],还反,过薛。孟尝君令人体貌而亲郊迎之[2],谓淳于髡曰:"荆人攻薛,夫子弗忧,文无以复侍矣[3]。"淳于髡曰:"敬闻命矣。"

【注释】

①淳于髡（kūn）：齐人，复姓淳于，赘婿出身，仕于齐，多次出使诸侯。

②体：通"礼"。

③文无以复侍矣：言时机紧迫。

【译文】

孟尝君住在薛邑时，楚人起兵攻薛。淳于髡为齐国出使楚国，回来时经过薛邑。孟尝君率领手下亲自到郊外迎接，对淳于髡说："楚人攻打薛邑，您如不为它担忧，恐怕我就不能再招待你了。"淳于髡说："我明白了。"

至于齐，毕报，王曰①："何见于荆？"对曰："荆甚固，而薛亦不量其力。"王曰："何谓也？"对曰："薛不量其力而为先王立清庙②，荆固而攻之，清庙必危。故曰薛不量力而荆亦甚固。"齐王和其颜色曰："嘻③！先君之庙在焉。"疾兴兵救之。

【注释】

①王：齐闵王。

②清庙：宗庙。

③嘻（xī）：表示惊讶的叹词。

【译文】

淳于髡返回齐都，汇报结束后，齐王问："您在楚国有何见闻？"淳于髡说："楚国很强大，而薛邑也太不自量力了。"齐王忙问："这是什么意思？"淳于髡说："薛邑不自量力要替先王建立宗庙，强大的楚国一旦强攻薛邑，先王的宗庙就危险了。所以我说薛邑不自量力，面对的楚国也确实很强大。"齐王紧张地说："啊！先王的宗庙在薛邑。"马上派兵援薛。

颠蹶之请，望拜之谒，虽得则薄矣。善说者，陈其势，言其方，人之急也，若自在隘窘之中，岂用强力哉？

【译文】

辛辛苦苦地四处奔走请求，诚心诚意地去拜望，但却事倍功半。而善于游说的人能认清形势，想出解决办法，当别人有急难时就如同自己身处困境一样，难道还用得上强力吗？

一二六　孟尝君奉夏侯章以四马百人之食

【题解】

孟尝君对夏侯章待以厚礼，可是他却经常指责孟尝君的不是。有人问夏侯章为什么要这样做？夏侯章说他是用这种方法来树立孟尝君的长者形象。

孟尝君奉夏侯章以四马百人之食①，遇之甚欢。夏侯章每言未尝不毁孟尝君也。或以告孟尝君，孟尝君曰："文有以事夏侯公矣，勿言。"董之繁菁以问夏侯公②，夏侯公曰："孟尝君重非诸侯也，而奉我四马百人之食，我无分寸之功而得此，然吾毁之以为之也。君所以得为长者③，以吾毁之者也。吾以身为孟尝君，岂待言也哉？"

【注释】

①夏侯章：人名。孟尝君门下宾客。

②董之繁菁：人名。齐人，事迹不详。

③长者：德高望重的人。

【译文】

孟尝君用四马驾车和供养百人的待遇，款待夏侯章，对他特别尊重。而夏侯章经常在谈到孟尝君时，都要说他的坏话。有人把这个情况告诉孟尝君，孟尝君说："我知道怎样对待夏侯先生，不要再说了。"董之繁菁去问夏侯章，夏侯章说："孟尝君虽然很受尊重，但他毕竟不是诸侯，却用上等门客的待遇款待我，我没有丝毫功劳，竟得到这样优厚的待遇，我说他的坏话，正是为了抬高他。孟尝君所以能够获得'长者'的美名，就是因为我说他的坏话。我牺牲个人的名誉去成全孟尝君，哪里是仅凭几句赞扬的话呢？"

一二七　孟尝君谦坐

【题解】

孟尝君和几位门客坐在一起聊天，征询他们对自己的意见，这几人都分别表示，愿用各自不同的方法为他效力，从侧面展示了士为知己者用的风气。

孟尝君谦坐①，谓三先生曰："愿闻先生有以补文之阙者。"一人曰："訾天下之主②，有侵君者，臣请以臣之血湔其衽③。"田瞀曰④："车轶之所能至⑤，请掩足下之短，诵足下之长。千乘之君与万乘之相，其欲有君而使也，如弗及也。"胜瞀曰⑥："臣愿以足下之府库财物收天下之士，能为君决疑应卒⑦，若魏文侯之有田子方、段干木也⑧。此臣之所为君取矣。"

【注释】

①谦坐：闲居。谦，同"燕"。

②恣：通"恣"，任凭。

③湔：同"溅"。袥：衣襟。

④田瞀(pán)：人名。齐人，事迹不详。

⑤车轶之所能至：表示很远的地方。轶，通"辙"。

⑥胜瞽(gǔ)：人名。齐人，事迹不详。

⑦卒：同"猝"。

⑧若魏文侯之有田子方、段干木：魏文侯，名斯，战国初期魏君，任
　贤使能，使魏富强。田子方，人名。名无择，学于子贡，为魏文侯
　师。段干木，人名。魏人，姓段干，名木，学于子夏，为魏文侯师。

【译文】

　　孟尝君和三位先生坐在一起闲谈，孟尝君说："希望诸位先生能提出意见，弥补我的过失。"一人说："各国的君主，有敢欺侮您的，不论他是谁，我都要和他拼命。"田瞀说："凡是车子能到的地方，我都要掩盖您的短处，颂扬您的长处。使各国君主和大臣迫不及待地想请您为他们工作。"胜瞽说："我愿用您的钱财去为您访求贤士，寻求能为您解疑难和应付突然事变的人，就像魏文侯手下有田子方、段干木那样的人一样。这就是我要为您去做的。"

一二八　孟尝君舍人有与君之夫人相爱者

【题解】

　　孟尝君有个门客和他的夫人有暧昧关系，有人建议杀掉这位风流门客。可是孟尝君却采取了极为开明的态度，认为喜欢美女是人之常情，不予追究。

　　孟尝君后来把这位门客介绍到卫国，成为权臣。为报答孟尝君的宽容之恩，这位门客不惜牺牲性命，制止了一场由卫国联合他国攻齐的战争。

　　"始爱贤，不爱色，青娥买死谁能识?"孟尝君把对这场婚外恋的容

忍，转化成了对他政治活动的助力。

孟尝君舍人有与君之夫人相爱者。或以问孟尝君曰："为君舍人而内与夫人相爱，亦甚不义矣，君其杀之。"君曰："睹貌而相悦者，人之情也，其错之勿言也。"

【译文】

孟尝君有个门客和他夫人有私情。有人告诉孟尝君说："他身为您的门客，竟然和您夫人有私情，这也太不讲道义了，您应该把他杀了。"孟尝君说："看见美貌的人而爱慕，这也是人之常情，把这事放下吧，别再提了。"

居期年，君召爱夫人者而谓之曰："子与文交游久矣，大官未可得，小官公又弗欲。卫君与文布衣交①，请具车马皮币②，愿君以此从卫君游。"舍人游于卫甚重。

【注释】

①卫君：卫嗣君。布衣交：在未显贵时就有交情。
②皮币：皮毛和缯帛。

【译文】

大约过了一年，孟尝君召见那个与夫人有私情的门客，对他说："你跟随我的时间已经很久了，大官得不到，小官您又不愿做。卫君在没有即位时就和我交情很好，我为你准备了皮裘、缯帛等见面礼物，希望你和卫君交往。"这人果然在卫国很受重用。

齐、卫之交恶，卫君甚欲约天下之兵以攻齐。是人谓卫君曰：“孟尝君不知臣不肖，以臣欺君。且臣闻齐、卫先君刑马压羊①，盟曰：‘齐、卫后世无相攻伐，有相攻伐者，令其命如此。’今君约天下之兵以攻齐，是足下倍先君盟约而欺孟尝君也。愿君勿以齐为心。君听臣则可；不听臣，若臣不肖也，臣辄以项血湔足下衿。”卫君乃止。齐人闻之曰：“孟尝君可谓善为事矣，转祸为功。”

【注释】

①刑、压：都是杀的意思。

【译文】

后来齐国和卫国的邦交恶化，卫嗣君想联合诸侯之军进攻齐国。这个人对卫嗣君说：“孟尝君不认为我没有才能，把我推荐给您。我听说齐、卫两国的先君曾杀马宰羊，结盟宣誓说：‘齐、卫两国的后代不许互相攻打，如果双方相互攻打，让他们的命就像今天的马、羊一样。’现在您联合诸侯之军去进攻齐国，这是违背了齐、卫先君的盟约，欺骗了孟尝君。希望您不要一心想着攻齐。您要是听从我的劝告还可以，如果不听从我的劝告，我没什么能力，我就把脖子里的血溅在您的衣衿上。”卫嗣君就放弃了攻打齐国的打算。齐国人听到这事以后都说：“孟尝君真可算是善于处理事情的人啊，能够把祸患转变为功劳。”

一二九　孟尝君有舍人而弗悦

【题解】

金无足赤，人无完人。人都有各自的优缺点，就看怎么对待。人和人相比，水平有高有低。就一个人来看，也有他的长处和短处。鲁仲连和孟尝君的谈话，对如何看待一个人的长处和短处，作了深刻的阐述。

　　孟尝君有舍人而弗悦,欲逐之。鲁连谓孟尝君曰[1]:"猿狝猴错木据水,则不若鱼鳖;历险乘危,则骐骥不如狐狸。曹沫之奋三尺之剑[2],一军不能当[3];使曹沫释其三尺之剑,而操铫耨[4],与农夫居垄亩之中[5],则不若农夫。故物舍其所长,之其所短,尧亦有所不及矣[6]。今使人而不能,则谓之不肖[7];教人而不能,则谓之拙。拙则罢之,不肖则弃之。使人有弃逐,不相与处,而来害相报者,岂非世之立教首也哉!"孟尝君曰:"善。"乃弗逐。

【注释】

①鲁连:即鲁仲连,战国时齐国人,善于出谋划策,排难解纷,终身不肯出来做官。

②曹沫:一作"曹刿(guì)",春秋时鲁国人,曾在一次盟会上逼齐桓公归还齐国所侵占的鲁国土地。

③一军:一万二千五百人。

④铫耨(yáo nòu):古代除草的两种农具。

⑤垄(lǒng)亩:田亩。垄,田中高处。

⑥尧:传说中古代的圣君。

⑦不肖:没有才能。

【译文】

　　孟尝君不喜欢他身边的一位侍从,打算赶走他。鲁仲连对孟尝君说:"猿猴离开树木到了水里,就比不上鱼鳖;经历险地和攀登峭壁,骏马就比不上狐狸。从前鲁将曹沫挥动三尺长剑,一支大军也不能抵挡;假使叫曹沫放下手中的三尺长剑,拿上农具,和农夫一起在田间耕种,还不如农夫。因而一个人如果舍弃他的长处,使用他的短处,就是像尧那样的圣人也有不如人的地方啊。现在用人,如果他做不到,就说他没有本领；教他而他没有学会，就说他笨。认为是笨拙的就罢免他，认为是没有本领的就抛弃他。使人受到驱赶，不能很好相处而回头来伤害您、报复您，这哪里是世上的用人之道！"孟尝君说："对。"就不赶那个侍从了。

一三○　孟尝君出行国

【题解】

热心公益事业，帮助困难群体，这是一个身居高位的公众人物应该具备的品质。孟尝君到楚国进行国事访问，楚王把一张象床作为礼品送给他。

公孙戍劝孟尝君不要接受楚王的赠予，以免破坏他在人们心目中形成的良好形象，孟尝君欣然同意了。

本文写孟尝君不但善于接受意见，而且还鼓励别人多提意见，以帮助自己改正错误，表现出一个政治家的良好风范。

孟尝君出行国，至楚，献象床。郢之登徒直使送之①，不欲行，见孟尝君门人公孙戍曰："臣，郢之登徒也，直送象床。象床之直千金，伤此若发漂②，卖妻子不足偿之。足下能使仆无行，先人有宝剑，愿得献之。"公孙曰："诺。"

【注释】

①登徒直使：登徒，复姓，名已佚去。直使，当值奉派。直，通"值"。
②发漂：很微细。漂，通"秒"。

【译文】

孟尝君出国访问，到了楚国，楚王送给他一张象牙床。楚都的登徒正好当班,该他去送象牙床,可是他不想去,就去求孟尝君的门客公孙戍,说:"我是郢都的登徒,被派护送象牙床。但象牙床价值千金,如果有丝毫损伤,就是卖了妻室儿女也赔偿不了。您如果能让我不去送象牙床,我愿把传家的宝剑送给您。"公孙戍说:"好。"

入见孟尝君曰:"君岂受楚象床哉?"孟尝君曰:"然。"公孙戍曰:"臣愿君勿受。"孟尝君曰:"何哉?"公孙戍曰:"小国所以皆致相印于君者,闻君于齐能振达贫穷,有存亡继绝之义。小国英桀之主,皆以国事累君,诚说君之义,慕君之廉也。今君到楚而受象床,所未至之国,将何以待君?臣戍愿君勿受。"孟尝君曰:"诺!"

【译文】

公孙戍进见孟尝君说:"您难道已经接受了楚王送的象牙床了吗?"孟尝君说:"是的。"公孙戍说:"我希望您不要接受。"孟尝君说:"为什么呢?"公孙戍说:"小国之所以都把相印交给您,是因为听说您在齐国能赈济贫困的人,有存亡继绝的义举。小国英明的君主才能把国家大事委托给您,他们真心喜欢您的义气,仰慕您的廉洁。现在您一到楚国,就接受了象牙床,那些您还没有去的国家,又将如何来接待您呢?我希望您不要接受这份礼品。"孟尝君说:"好吧!"

公孙戍趋而去,未出至中闱①,君召而返之,曰:"子教文无受象床,甚善。今何举足之高,志之扬也?"公孙戍曰:"臣有大喜三,重之宝剑一②。"孟尝君曰:"何谓也?"公孙戍曰:"门下百数,莫敢入谏,臣独入谏,臣一喜;谏而得听,臣二喜;谏而止君之过,臣三喜;输象床,郢之登徒不欲行,许戍以先人之宝剑。"孟尝君曰："善。受之乎?"公孙戍曰："未敢!"曰："急受之!"因书门版曰③："有能扬文之名,止文之过,私得宝于外者,疾入谏!"

【注释】

①闺:宫中的小门,上圆下方,好像长条形的玉圭。

②重(chóng):加上。

③门版:挂在门上的木板,类似现代的广告牌。

【译文】

公孙戍快步离开,还没有走到中门,孟尝君就把他叫了回来,问他道："您叫我不要接受象牙床,这很好。可您为什么这样趾高气扬呢?"公孙戍说："我有三件大喜事,还可以得到一把宝剑。"孟尝君说："这是什么意思?"公孙戍说："您门下有几百人,没有人敢来劝您,唯独我来劝您,这是我的第一喜;我劝您,而您又听从我的规劝,这是我的第二喜;我劝您,还能改正您的错误,这是我的第三喜。楚王赠送象牙床,郢都的登徒不愿去,还答应给我一把传家宝剑。"孟尝君说："很好。您接受了吗?"公孙戍说："我还不敢!"孟尝君说："您赶快收下这份礼物吧!"于是写出布告,说："有谁能宣扬我的美名,纠正我的错误,而在外私自接受了宝物的,赶快来给我提意见!"

一三一　淳于髡一日而见七人于宣王

【题解】

淳于髡在一天内就向齐宣王推荐了七个人,宣王认为他推荐得太多。淳于髡就用鸟兽和药材作题材,说明物以类聚,人以群分,贤士需要靠贤士来推荐的道理。

本文逻辑谨严，环环相扣，具有极强的说服力。

　　淳于髡一日而见七人于宣王①。王曰："子来，寡人闻之，千里而一士，是比肩而立；百世而一圣，若随踵而至也。今子一朝而见七士，则士不亦众乎？"

【注释】

①宣王：齐宣王，名辟疆，公元前319—前301年在位。

【译文】

　　淳于髡在一天之内就向齐宣王推荐了七位贤士。宣王说："您来，我听说千里之遥才有一个贤士，就像一个挨一个地站着一样；百世之久才出一个圣人，就像脚尖挨着脚跟出现一样。现在您一天之内给我推荐了七位贤士，那贤士岂不是太多了吗？"

　　淳于髡曰："不然。夫鸟同翼者而聚居，兽同足者而俱行。今求柴胡、桔梗于沮泽，则累世不得一焉①，及之皋黍、梁父之阴②，则郄车而载耳③。夫物各有畴，今髡贤者之畴也。王求士于髡，譬若挹水于河，而取火于燧也。髡将复见之，岂特七士也！"

【注释】

①"今求"二句：柴胡、桔梗是山上生长的植物，沼泽地里是没有的。

②皋黍、梁父：都是山名。皋黍，地不详。梁父，在今山东泰安东南。阴，山北为阴。

③郄：同"郤（xì）"，敞开，不加覆盖。

【译文】

淳于髡说:"不对。鸟儿飞行能力相同的,才一起飞翔;走兽脚力相同的,才一起奔跑。现在要在低湿的地方去采集柴胡、桔梗,几代也找不到一根;但如果到皋黍、梁父两山的北面去采集,那就可以敞开车子装载。物以类聚,人以群分,如今我淳于髡是属于贤士一类的人。大王要从我这里寻求贤士,就好比从黄河里舀水,用燧石取火一样,我还会向您继续推荐贤士,岂只是这七个人呢!"

一三二上　齐欲伐魏

【题解】

本章淳于髡用狗兔相逐两败俱伤、老农夫从中得利的寓言,劝阻齐王伐魏,比喻生动而形象,充分展示了淳于髡善于辩说的机锋。

《战国策》中有许多精彩的寓言,同一主题,可以用多种不同的寓言来表述。本章和鹬蚌相争、两虎争人的寓言,都是说明双方相争、将由第三者得利的道理,但写来各有妙处,各擅胜场,不仅丰富了寓言故事的宝库,对我们行文和谈论也深具启发,引人入胜。

齐欲伐魏①,淳于髡谓齐王曰②:"韩子卢者③,天下之疾犬也。东郭逡者④,海内之狡兔也。韩子卢逐东郭逡,环山者三,腾山者五,兔极于前,犬废于后,犬兔俱罢⑤,各死其处。田父见之,无劳倦之苦,而擅其功。今齐、魏久相持,以顿其兵,弊其众,臣恐强秦、大楚承其后,有田父之功。"齐王惧,谢将休士也。

【注释】

①齐欲伐魏：事在公元前340年。

②齐王：齐威王。

③韩子卢：韩国的良犬，名卢。

④东郭逡(qūn)：兔名。

⑤罢：同"疲"，疲惫。

【译文】

　　齐国想攻打魏国，淳于髡对齐王说："韩子卢犬以速度快而闻名。东郭逡这种兔以敏捷而著称。韩子卢追赶东郭逡，绕山跑三圈，翻山五座，兔在前面已经疲惫不堪，狗也追得上气不接下气，兔子和狗都累倒在地。农夫这时不费吹灰之力，轻松得到。现在齐、魏相争，士兵和百姓都会为此劳敝，我担心强大的秦国、楚国会乘虚而入，就像农夫那样轻松得利。"齐王听后，感到害怕，下令撤回了进攻魏国的军队。

一三二下　国子曰

【题解】

　　秦始皇十七年(前230)，秦兼有二周，灭亡韩国，赵、魏、楚三国受到严重威胁。齐大夫国子向齐王指出，三国和秦边界相连而祸急，齐和秦边界不连而祸缓。齐在秦和三国之间，举足轻重，应充分发挥自己的作用。

　　如何发挥作用？国子没有明言，看来他的倾向是支持三国，防患于未然的。

　　国子曰①："秦破马服君之师②，围邯郸。齐、魏亦佐秦伐邯郸，齐取淄鼠③，魏取伊是④。公子无忌为天下循便计⑤，杀晋鄙⑥，率魏兵以救邯郸之围，使秦弗有而失天下，是齐入于魏而救邯郸之功也。

【注释】

①国子：齐大夫。

②秦破马服君之师：马服君指赵括，他承继了父亲赵奢的封号。秦将白起在长平之战中，坑杀了赵括率领的赵军四十万。

③淄鼠：地名。赵邑，今地不详。

④伊是：地名。赵邑，在今山西安泽东南。

⑤公子无忌：魏昭王少子，安釐王异母弟，封为信陵君。循便计：采取变通的方法。循，行。

⑥晋鄙：人名。魏将军。秦围邯郸，魏使他领兵救赵，他畏秦，停留不进，公子无忌派朱亥用椎击杀晋鄙，领兵救赵。

【译文】

国子说："秦军打败了马服君赵括的军队，包围了赵都邯郸。齐、魏也帮助秦国进攻邯郸，齐国攻下了淄鼠，魏国夺得了伊是。魏公子无忌根据当时情况，采取变通的办法，杀了魏将晋鄙，率领魏军解救了邯郸之围，使秦国一无所得，而失去了独霸天下的良机。这是齐国当时支持魏国、共同解救邯郸之围的结果。

"安邑者，魏之柱国也①；晋阳者，赵之柱国也；鄢郢者，楚之柱国也。故三国欲与秦壤界②，秦伐魏取安邑，伐赵取晋阳，伐楚取鄢郢矣。逼三国之君③，兼二周之地，举韩氏取其地，且天下之半。今又劫赵、魏，疏中国，封卫之东野④，兼魏之河内⑤，绝赵之东阳⑥，则赵、魏亦危矣。赵、魏危，则非齐之利也。

【注释】

①柱国：都城。

②壤界：国界相连。

③三国：魏、赵、楚。

④封：割取。东野：东部地区。

⑤河内：地区名。在今河南黄河以北。

⑥东阳：地区名。赵地，今河北太行山以东地区。

【译文】

"安邑是魏国的都城，晋阳是赵国的都城，鄢郢是楚国的都城。魏、赵、楚三国本来就与秦国接界，秦国攻魏可以夺取安邑，攻赵可以夺取晋阳，攻楚可以夺取鄢郢。秦国威逼三国的国君，兼并了东周、西周，灭掉了韩国，所得之地合计起来将有天下的一半。现在又威胁赵、魏，离间中原各国，占领卫国东边的土地，兼并魏国的河内，切断赵国的东阳，这样，赵、魏就处于危险境地。赵、魏危急，是不符合齐国的利益的。

"魏、赵、楚之志，恐秦兼天下而臣其君，故专兵一志以逆秦。三国之与秦壤界而患急，齐不与秦壤界而患缓，是以天下之势不得不事齐也。故秦得齐则权重于中国，赵、魏、楚得齐则足以敌秦。故秦、赵、魏得齐者重，失齐者轻。齐有此势，不能以重于天下者，何也？其用者过也！"

【译文】

"魏、赵、楚三国担心秦国兼并天下，使得他们的君主臣服于秦，所以他们集中兵力，一心一意地共同抗秦。三国与秦国接界，灾祸紧迫，齐国不与秦国接界，所以形势比较缓和，因此，根据这种形势，诸侯就不得不倚重齐国。如果秦国得到齐国支持，它就会在诸侯中占优势；赵、

魏、楚三国得到齐国的支持就可以对抗秦国。所以，秦、赵、魏谁争取到
齐国，谁就可以处于有利的地位；谁要失去了齐国，谁就会处于不利的
地位。齐国有这样的优势，却不能在诸侯中起到举足轻重的作用，这是
为什么呢？就是因为当权者运用策略有失当的地方啊！"

卷十一　齐策四

一三三　齐人有冯谖者

【题解】

本章写孟尝君善待冯谖，冯谖为他"市义"，为他经营"三窟"，使他终身无祸，突出了冯谖过人的才能，是一篇富有情趣的冯谖传。

本章立意甚奇，行文变化莫测，高潮迭起，如入武夷九曲，步步引人入胜。开始写冯谖生活无着，投靠孟尝君，完全未受重视。其后冯谖三歌长铗，改善了自己和老母的生活，也可看出孟尝君待门下是真诚的。到冯谖挺身自任，愿为孟尝君收债，已微露头角，所以孟尝君改容礼谢。冯谖问："以何市而反？"问得好，其实心中早有主意。孟尝君答："视吾家所寡有者。"答得妙，实际上是许他便宜行事。冯谖到薛，矫命焚券，为孟尝"市义"，奇峰突起。他返齐报命，虽竭力解释，孟尝君始终不悦，可见是不以为然的。后来孟尝君就国于薛，薛民百里相迎，孟尝君这才佩服冯谖市义是为他办了一件大好事。冯谖接着游说魏王，设法为孟尝君恢复相位；又为他谋画在薛立宗庙，使孟尝君终身无祸。三窟的经营，显示了冯谖确实是一个高瞻远瞩的谋士。

　　齐人有冯谖者①，贫乏不能自存，使人属孟尝君②，愿寄食门下。孟尝君曰:"客何好?"曰:"客无好也。"曰:"客何能?"曰:"客无能也。"孟尝君笑而受之曰:"诺。"左右以君贱之也,食以草具③。

【注释】

①冯谖(xuān):又作"冯驩"。

②属(zhǔ):嘱托。

③食(sì):给……吃。

【译文】

齐国有个叫冯谖的人,穷得没法养活自己,就求人向孟尝君请求,在他的门下当一名食客。孟尝君问:"客有什么爱好吗?"冯谖回答说:"没什么爱好。"孟尝君又问:"客有什么才能?"冯谖回答说:"没有什么才能。"孟尝君笑着答应道:"好吧!"孟尝君身边的人因为主人看不起冯谖,就随便拿些粗劣的饭食给他吃。

居有顷,倚柱弹其剑,歌曰:"长铗归来乎①!食无鱼。"左右以告。孟尝君曰:"食之,比门下之客。"居有顷,复弹其铗,歌曰:"长铗归来乎!出无车。"左右皆笑之,以告。孟尝君曰:"为之驾,比门下之车客。"于是乘其车,揭其剑,过其友曰:"孟尝君客我。"后有顷,复弹其剑铗,歌曰:"长铗归来乎!无以为家。"左右皆恶之,以为贪而不知足。孟尝君问:"冯公有亲乎?"对曰:"有老母。"孟尝君使人给其食用,无使乏。于是冯谖不复歌。

【注释】

①铗(jiá)：剑柄，这里指剑。

【译文】

住下不久，冯谖靠在廊柱上，弹着他的佩剑歌唱着："长剑啊，咱们回去吧！吃饭没有鱼啊。"随从们把这事报告给孟尝君。孟尝君说："给他鱼吃，把他当中等门客对待。"没过多久，冯谖又弹着剑歌唱道："长剑啊，咱们回去吧！出门没有车坐。"周围的人都笑他，又告诉孟尝君。孟尝君说："给他备车，让他享受乘车门客的待遇。"于是冯谖坐着车，举着剑，去拜访他的朋友说："孟尝君把我当门客看待。"此后不久，冯谖又弹着剑歌唱道："长剑啊，咱们回去吧！没办法养家啊。"孟尝君周围的人都讨厌他，认为他贪心不足。孟尝君问："冯先生有亲属吗？"冯谖回答说："有个老母亲。"孟尝君派人把吃的用的给她送去，不让她感到短缺。于是冯谖也就不再歌唱了。

后孟尝君出记①，问门下诸客："谁习计会，能为文收责于薛者乎②？"冯谖署曰："能。"孟尝君怪之，曰："此谁也？"左右曰："乃歌夫'长铗归来'者也。"孟尝君笑曰："客果有能也，吾负之，未尝见也。"请而见之，谢曰："文倦于事，愦于忧，而性愞愚③，沉于国家之事，开罪于先生。先生不羞，乃有意欲为收责于薛乎？"冯谖曰："愿之。"于是约车治装，载券契而行，辞曰："责毕收，以何市而反④？"孟尝君曰："视吾家所寡有者。"

【注释】

①记：文告。一说，指账册。

②责：同"债"。

③拧(nuò)：同"懦"，懦弱。

④反：同"返"。

【译文】

后来孟尝君出了文告，向门客们征询道："有谁熟悉会计业务，能替我到薛邑去收债呢？"冯谖签上自己的名字，说："我能办到。"孟尝君感到奇怪，问道："这人是谁呀？"侍从们告诉他："就是那个歌唱'长剑回去吧'的人啊！"孟尝君笑着说："这位门客真是有本领啊，我对不起他，还从来没有接见过他呢。"就把冯谖请来见面，并向他道歉说："我被各种事务困扰得很疲劳，愁得心烦意乱，我又生性懦弱，陷入国事的忙碌中，以致开罪了先生。先生不见怪，还愿意为我到薛邑收债吗？"冯谖说："我愿意。"于是备车整装，带上契约，准备上路，辞行时问道："收完债，买些什么东西回来呢？"孟尝君说："就看着我家所缺少的东西买吧。"

驱而之薛，使吏召诸民当偿者悉来合券。券遍合，起矫命，以责赐诸民，因烧其券，民称万岁。

【译文】

冯谖驱车来到薛邑，叫差役召集该还债的百姓前来核对契约。核对完毕后，冯谖起身假传孟尝君的命令，宣布免掉百姓所欠的债务，并当众把契约烧掉，百姓们欢呼万岁。

长驱到齐，晨而求见。孟尝君怪其疾也，衣冠而见之，曰："责毕收乎？来何疾也！"曰："收毕矣。""以何市而反？"冯谖曰："君云'视吾家所寡有者'。臣窃计，君宫中积珍宝，狗马实外厩，美人充下陈①。君家所寡有者，以义耳！窃以为君市义。"孟尝君曰："市义奈何？"曰："今君有区区之薛，不拊爱子其民②，因而贾利之③。臣窃矫君命，以责赐诸民，因烧其券，民称万岁。乃臣所以为君市义也。"孟尝君不说④，曰："诺。先生休矣！"

【注释】
①下陈：堂下的庭院。
②拊：抚爱。
③贾(gǔ)利：用商人的手段取利。
④说：同"悦"。

【译文】
　　冯谖扬鞭催马赶回齐都临淄，一大早就去拜见孟尝君。孟尝君对他很快返回感到奇怪，穿戴好衣帽出来接见他，问道："债收完了吗？回来得好快啊！"冯谖答说："收完了。"孟尝君又问："买了什么回来？"冯谖说："您说'看着我家所缺少的东西买'。我想，您宫中堆放着珍宝，狗马充满了畜圈，美女站满了堂下。您家所缺少的就是义啊！我私下为您把义买回来了。"孟尝君问："买义是怎么一回事呢？"冯谖说："现在您只有一个小小的薛邑，不抚爱那里的百姓，反而像商人一样地在他们身上取利。我已擅自假传您的命令，把债款赐给了百姓，并烧掉了契约，百姓们高呼万岁。这就是我给您买回的义啊。"孟尝君听了很不高兴，说："好啦，先生下去休息吧！"

　　后期年，齐王谓孟尝君曰①："寡人不敢以先王之臣为臣。"孟尝君就国于薛。未至百里，民扶老携幼，迎君道中。孟尝君顾谓冯谖曰："先生所为文市义者，乃今日见之。"

【注释】

①齐王：齐闵王。

【译文】

过了一年，齐闵王对孟尝君说："我不敢把先王的大臣当做自己的臣下。"孟尝君只好回到自己的封地薛邑。在距薛邑还有百多里路的地方，百姓扶老携幼，早已等在路上迎接他了。孟尝君回过头对冯谖说："先生为我买的义，我今天算是看到了。"

冯谖曰："狡兔有三窟，仅得免其死耳。今君有一窟，未得高枕而卧也。请为君复凿二窟。"孟尝君予车五十乘，金五百斤，西游于梁，谓梁王曰："齐放其大臣孟尝君于诸侯，诸侯先迎之者，富而兵强。"于是，梁王虚上位，以故相为上将军，遣使者，黄金千斤，车百乘，往聘孟尝君。冯谖先驱诫孟尝君曰："千金，重币也；百乘，显使也。齐其闻之矣。"梁使三反，孟尝君固辞不往也。

【译文】

冯谖说："狡兔有三个洞穴，仅仅能够免掉一死而已。现在您只有一个洞穴，还不能高枕无忧。请让我为您再凿两个洞穴。"孟尝君就给他五十辆车，五百斤黄金，让冯谖到西边的魏国去游说，对魏王说："齐王把他的大臣孟尝君放逐到国外去，诸侯中有谁能先迎接他的，就会国富而兵强。"于是魏王就空出最高的职位，把原来的相国调任为上将军，派遣使者，带着黄金千斤，车一百辆，前去聘请孟尝君。冯谖抢先驱车去告诫孟尝君说："千金是贵重的聘礼，百辆车是显赫的使节。齐王大概会听说这件事了吧！"魏国使者往返多次，孟尝君始终坚辞不肯前去。

　　齐王闻之,君臣恐惧,遣太傅赍黄金千斤^①,文车二驷^②,服剑一^③,封书谢孟尝君曰:"寡人不祥,被于宗庙之祟,沉于谄谀之臣,开罪于君,寡人不足为也。愿君顾先王之宗庙,姑反国统万人乎?"冯谖诫孟尝君曰:"愿请先王之祭器,立宗庙于薛。"庙成,还报孟尝君曰:"三窟已就,君姑高枕为乐矣。"

【注释】

①太傅:官名。三公之一,齐的高官。赍(jī):把物品送给别人。

②文车:有彩绘的车。二驷:二辆。

③服剑:国君佩带的剑。服,佩。

【译文】

　　齐王听到消息,君臣惶恐,派太傅带上黄金千斤,彩车二辆,佩剑一把,并带去了对孟尝君道歉的书信,信中说:"我很不幸,撞上祖宗神灵降下来的灾祸,被谄媚逢迎的臣子所迷惑,得罪了您,我是值不得您辅佐的。希望您看在先王的分上,还是回国来治理百姓好吗?"冯谖告诫孟尝君说:"希望求得祭祀先王的礼器,在薛邑建立宗庙。"宗庙建成后,冯谖回来报告孟尝君说:"三个洞穴已经凿成,您可以高枕无忧,过快乐舒心的日子了。"

　　孟尝君为相数十年,无纤介之祸者^①,冯谖之计也。

【注释】

①纤介:细微。介,通"芥"。

【译文】

　　孟尝君在齐做了几十年相国,没有遇到丝毫的灾祸,全靠冯谖的计谋啊!

一三四　孟尝君为从

【题解】

齐国将与韩、魏联合攻秦，孟尝君派公孙弘入秦探听虚实。

刚一见面，秦昭王就对孟尝君敢和他为难表示不满，公孙弘则提出孟尝君重视人才，是看不见的隐形力量。孟尝君门客数千，不乏奇才异能之士，他们中间，有的是志行高洁的人，有的有治国之才，有的则凛然不屈，不惜用热血来捍卫自己的尊严。公孙弘的话，产生了巨大的威慑力，昭王表示不再和孟尝君计较。

文末说公孙弘可算是不可侵犯的人，对他作了很高的评价。

孟尝君为从，公孙弘谓孟尝君曰①："君不以使人先观秦王②？意者秦王帝王之主也，君恐不得为臣，奚暇从以难之？意者秦王不肖之主也，君从以难之，未晚。"孟尝君曰："善，愿因请公往矣。"

【注释】

①公孙弘：齐人。

②秦王：秦昭王。

【译文】

孟尝君要组织合纵，公孙弘对孟尝君说："您为什么不派人先去观察秦王？假使秦王是属于帝王那种英明的君主，您恐怕不够资格给他做臣，哪里有条件组织合纵去和他作对？假使他是平庸的君主，您再组织合纵去和他为难，也为时未晚。"孟尝君说："好，我愿请您前往。"

公孙弘敬诺，以车十乘之秦。昭王闻之，而欲愧之以辞。公孙弘见，昭王曰："薛公之地，大小几何？"公孙弘对曰："百里。"昭王笑而曰："寡人地数千里，犹未敢以有难也。今孟尝君之地方百里，而因欲难寡人，犹可乎？"公孙弘对曰："孟尝君好人①，大王不好人。"昭王曰："孟尝君之好人也，奚如？"公孙弘曰："义不臣乎天子，不友乎诸侯，得志不惭为人主，不得志不肯为人臣，如此者三人；而治可为管、商之师②，说义听行，能致其如此者五人③；万乘之严主也，辱其使者，退而自刭，必以其血污其衣，如臣者十人。"昭王笑而谢之，曰："客胡为若此，寡人直与客论耳！寡人善孟尝君，欲客之必谕寡人之志也！"公孙弘曰："敬诺。"

【注释】

①好（hào）人：这里可理解为尊重人材。

②管、商：管仲、商鞅。齐、秦两国的著名政治家。

③能致其：此下当补"主霸王"三字。

【译文】

公孙弘同意了，带车十辆到了秦国。秦昭王听说他到了，就想对他说些侮辱孟尝君的话，看他有什么反应。公孙弘进见，昭王问他："薛公的地方有多大？"公孙弘回答说："百里。"昭王笑着说："我拥有几千里的土地，还不敢去为难别人。如今孟尝君的土地，方圆不过百里，就想和我作对，办得到吗？"公孙弘回答说："孟尝君尊重人材，大王不尊重人材。"昭王说："孟尝君是怎样尊重人材的？"公孙弘说："他们不愿做天子的臣下，也不和诸侯交朋友，得志时，做君主也当之无愧，不得志时，也不肯屈身做别人的臣子，像这样的有三人；治国的才能可做管仲、商鞅的老师，他们的主张君主照办，能使他们的君主称霸称王，像这样的有五人；万乘大国威严的君主，侮辱了他的使者，当场自杀，不惜血染衣裳,像我这样的有十人。"昭王微笑着向他致歉,说:"您何必那样,我不过和您聊天而已! 我敬佩孟尝君,希望您一定向他转达我的心意啊!"公孙弘说:"谨遵君命。"

公孙弘可谓不侵矣。昭王,大国也①;孟尝,千乘也②;立千乘之义而不可陵,可谓足使矣。

【注释】

①大国:指大国之主。

②千乘:千乘之臣。乘,一辆四匹马拉的兵车。

【译文】

公孙弘可算是不能侮辱的人。昭王是大国的君主,孟尝君是千乘的主人;维护千乘的立场不受欺侮,可算得上是出色的使者了。

一三五　鲁仲连谓孟尝君曰

【题解】

鲁仲连说孟尝君没有真正重视贤才,所以贤士也不肯为他卖命。这和《史记》上的说法颇有不同。《史记》说孟尝君"食客数千人,无贵贱一与文等",可能更符合事实。

本文说人材就在身边,不必向古代借用,所论甚是,确为颠扑不破的至理明言。

鲁仲连谓孟尝君曰:"君好士也? 雍门子养椒亦①,阳得子养②,饮食衣裘与之同之,皆得其死。今君之家富于二公,而士未有为君尽游者也。"君曰:"文不得是二人故也,使文得二人者,岂独不得尽!"对曰:"君之厩马百乘,无不被绣衣而食菽粟者,岂有骐麟、騄耳哉③?后宫十妃,皆衣缟纻④,食粱肉⑤,岂有毛嫱、西施哉⑥?色与马取于今之世,士何必待古哉!故曰君之好士未也。"

【注释】

①雍门子:人名。雍门,齐都临淄城门名,此以地为氏。椒亦:人名。雍门子所养的人。

②阳得子:人名。事迹不详。"养"下脱所养人姓名。

③骐麟、騄(lù)耳:都是良马之名。

④缟:素色缯。纻(zhù):细麻布。

⑤粱:品质优良的小米,色微黄。

⑥毛嫱(qiáng):即毛嫱,古美女名。西施:春秋时越王勾践献给吴王夫差的美女。

【译文】

鲁仲连对孟尝君说:"您做到喜欢士人了吗?雍门子供养椒亦,阳得子供养某某,吃饭、穿衣都和他们相同,他们也都为雍门子和阳得子效死力。如今您的家比雍门子和阳得子都富裕,可是您身边的士人,没有一个为您尽心竭力的。"孟尝君说:"因为我没有得到像椒亦他们二位那样的士人啊,如果我能得到像他们二位那样的人,怎么会不为我尽心竭力呢!"鲁仲连说:"您马棚里的马有上百匹,它们披的都是锦绣彩衣,吃的都是豆子、小米,难道它们都是骐麟、騄耳那样的骏马吗?您后宫里的妃子,穿的都是素丝、细麻的衣服,难道有像毛嫱、西施那样的美女吗?女人和马匹取用的是现代的,而士人为什么一定要用古代的呢!所以我说您没有真正做到礼贤下士。"

一三六上　孟尝君逐于齐而复反

【题解】

本文说，齐国的士大夫在孟尝君得势时就向他靠拢，失势后就弃他而去，写出了人情冷暖，世态炎凉。但是说孟尝君因此对这些人非常气愤，甚至以杀之而后快意，则未免过于夸张了。

孟尝君逐于齐而复反，谭拾子迎之于境[1]，谓孟尝君曰："君得无有所怨齐士大夫?"孟尝君曰："有。""君满意杀之乎?"孟尝君曰："然。"谭拾子曰："事有必至，理有固然，君知之乎?"孟尝君曰："不知。"谭拾子曰："事之必至者，死也，理之固然者。富贵则就之，贫贱则去之，此事之必至、理之固然者。请以市谕。市，朝则满，夕则虚，非朝爱市而夕憎之也，求存故往，亡故去[2]。愿君勿怨。"孟尝君乃取所怨五百牒削去之[3]，不敢以为言。

【注释】

①谭拾子：人名。齐人。

②亡故去：言所需要的物品，集市中已无。亡，通"无"。

③牒(dié)：简札，古代记事用的小竹片或木片。

【译文】

孟尝君被逐出齐国，后来又返回，齐人谭拾子在边界上迎接他，并问孟尝君说："在齐国的士大夫中，有没有您心里怨恨的人呢?"孟尝君说："有。""您把他们杀了，就满意了吧?"孟尝君："是的。"谭拾子说："事物总有它发展的必然结果，道理也有它发展的必然规律，您知道吗?"孟尝君说："不知道。"谭拾子说："人总有一死，这是必然的。人有钱有势，别人就会来亲近他;若贫穷低贱,别人就会离他而去,这就是不变的道理。让我拿集市来打个比喻。早晨集市里的人如潮涌,到晚上就空无一人,这并不是人们早晨喜欢集市,晚上就讨厌它,只是因为早晨集市里有人们所需要的东西,所以大家都来了,到晚上,要买的东西都没有了,所以就离开。希望您不要有怨恨的心。”于是孟尝君就把记在小竹简上他所怨恨的五百个人的名字削掉,不再提起这件事了。

一三六下　齐宣王见颜斶曰

【题解】

士贵还是王贵? 齐宣王认为这是不言自明的。不料颜斶却提出了“士贵耳,王者不贵”的反命题。接下来又提出了更为惊人的论点:“生王之头,曾不若死士之垄也”,大出宣王意外。

接着颜斶以古代圣王为例,阐述了得士者昌、失士者亡的道理,折服了宣王。当宣王提出要隆重礼遇颜斶时,却遭到他的拒绝。

颜斶说他不求仕进,愿过那种安步当车,晚食当肉,无拘无束,回归自然的生活。知足不辱,是他追求的目标。

颜斶主张清静正直,自得其乐,看来他是一个深受道家思想影响的人,和那些一心追求功名富贵的纵横家相比,他明显属于另类。

　　齐宣王见颜斶曰①:“斶前!”斶亦曰:“王前!”宣王不悦。左右曰:“王,人君也,斶,人臣也。王曰斶前,斶亦曰王前,可乎?”斶对曰:“夫斶前为慕势,王前为趋士;与使斶为慕势,不如使王为趋士。”王忿然作色曰:“王者贵乎? 士贵乎?”对曰:“士贵耳,王者不贵。”王曰:“有说乎?”斶曰:“有。昔者秦攻齐,令曰:‘有敢去柳下季垄五十步而樵采者②,罪死不赦!'令曰:'有能得齐王头者,封万户侯,赐金千镒③。'由是观之,生王之头,曾不若死士之垄也。"王默然不悦。

【注释】

①颜斶(chù):人名。齐国隐士。

②柳下季:人名。春秋时鲁国大夫,展氏,名禽,字季,食邑柳下,死后谥"惠",故又称柳下惠。垄:坟墓。

③镒(yì):古代重量单位,合古代的二十两,一说是二十四两。

【译文】

齐宣王召见颜斶说:"颜斶到我跟前来!"颜斶也说:"大王到我前面来!"宣王很不高兴。宣王左右的人说:"大王是做国君的,您颜斶是做臣子的。大王叫您向前,您也叫大王向前,这怎么可以呢?"颜斶回答说:"我主动走向大王就是贪慕权势,大王主动走向我就是礼贤下士;与其让我仰慕权势,不如让大王礼贤下士。"宣王气得变了脸色,愤怒地说:"是国君尊贵,还是士人尊贵?"颜斶回答说:"当然是士人尊贵,君王不尊贵。"宣王说:"您说这话可有什么道理吗?"颜斶说:"有的。从前秦国攻打齐国时,曾说:'有谁敢到离柳下季坟墓五十步以内的地方打柴的,一律处死,决不赦免。'另下一道命令说:'有谁能拿到齐王的首级献来,就封他为万户侯,赏黄金千镒。'由此看来,活君王的脑袋,反不如死去士人的坟墓呢。"宣王口头不说话,心里很不高兴。

左右皆曰:"斶来,斶来! 大王据千乘之地而建千石钟、万石簴①。天下仁义之士,皆来役处;辩知并进,莫不来语;东西南北,莫敢不服。求万物无不备具,而百姓无不亲附。今夫士之高者乃称匹夫,徒步而处农亩;下者鄙野监门闾里②,士之贱也亦甚矣!"

【注释】

①建千石钟、万石簴(jù)：悬钟立簴，表示重视礼乐。石，一石重百
　二十斤。钟，乐器。簴，悬钟磬的架子。

②鄙：小邑。野：郊外。监门：守门的人。闾里：包括二十五家。共
　有一巷，巷首有门。

【译文】

宣王左右的人都同声说："颜斶您过来，您过来！大王是拥有千乘
战车的大国之君，并且拥有千斤重的钟和万石重的钟架。天下的仁人
志士都来投奔效力；那些雄辩睿智的策士纷纷前来，向大王进言献策；
四方邻国，没有敢不敬服大王的。大王想要的东西无不齐备，老百姓没
有不亲附的。而如今士人中境况最好的，也只是普通平民，每天步行到
田中耕种；境况比较差的士人，只能住在边邑郊野，看守里巷的大门，士
人的地位实在是太卑贱了！"

斶对曰："不然。斶闻古大禹之时，诸侯万国，何则？德
厚之道，得贵士之力也。故舜起农亩，出于野鄙而为天子。
及汤之时，诸侯三千。当今之世，南面称寡者乃二十四，由
此观之，非得失之策与！稍稍诛灭，灭亡无族之时，欲为监
门闾里，安可得而有乎哉！

【译文】

颜斶说："不对。我听说从前大禹当政时，天下共有万国，为什
么能有这么多国家呢？因为那时道德崇高，得力于重用贤士啊。所
以虞舜原先只是个农民，从穷乡僻壤出来，终于做了天子。到商汤
时代，诸侯国还剩三千个。而当代呢，面向南方，自称寡人的只剩下
二十四个了，从诸侯的多寡来看，不正是得士则兴、失士则亡吗！当

诸侯逐渐被削弱，最后国破家亡时，即使想去为人看守里巷，又哪里办得到呢！

"是故《易传》不云乎：'居上位未得其实，以喜其为名者，必以骄奢为行。据慢骄奢，则凶从之。'是故无其实而喜其名者削，无德而望其福者约，无功而受其禄者辱，祸必握①。故曰：'矜功不立，虚愿不至。'此皆幸乐其名，华而无其实德者也。

【注释】

①握：通"渥"，重。

【译文】

"《易传》上不是说过吗：'身在高位，而不具有相应的德行，只爱用虚名来标榜自己的人，行为必然骄奢。而骄奢倨傲就会招致祸患。'所以说不务实际只图虚名的人终会被削弱，没有德行却盼望享福的人必然会困窘，没有功劳而白白享受薪俸的人就会被人看不起，严重的灾祸也会紧随而来了。所以说：'骄傲自满不能成就功业，只有空想无法达到目的。'这都是指的那些陶醉于虚名，而没有实际德行的人啊。

"是以尧有九佐，舜有七友，禹有五丞，汤有三辅，自古及今，而能虚成名于天下者，无有。是以君王无羞亟问，不愧下学。是故成其德而扬功名于后世者，尧、舜、禹、汤、周文王是也。

【译文】

"所以尧有九个辅佐，舜有七个挚友，禹有五个助手，汤有三个贤佐，从古到今，不实干、不依靠必要的帮助就能名扬天下的人，还没有过呢。所以做国君的人不要羞于多向人请教，不要羞于向地位低下的人学习。这样说来，能使自己的道德完善并且能扬名后世的人，就是尧、舜、禹、汤和周文王这样的人了。

"故曰：'无形者，形之君也；无端者，事之本也。'夫上见其原，下通其流，至圣人明学，何不吉之有哉！《老子》曰：'虽贵，必以贱为本；虽高，必以下为基。'是以侯王称孤、寡、不穀，是其贱之本与？夫孤寡者，人之困贱下位也，而侯王以自谓，岂非下人而尊贵士与？夫尧传舜，舜传禹，周成王任周公旦，而世世称曰明主，是以明乎士之贵也。"

【译文】

"所以说：'无形的东西，是有形的事物的主宰；没有端绪的东西，才是事物发展的开端。'上能溯知事物的本源，下能通达事物的演变，道德高尚而又精通学问，还会有什么不顺利的呢！《老子》说：'纵然尊贵，必以卑贱为根本；纵然高尚，必须以低下做基础。'所以诸侯、国君自称'孤'、'寡'、'不穀'，大概就是表示以卑贱为本吧？所谓孤、寡是最为卑贱的，而君王们用以自称，难道不是表示谦居人下而尊重士人吗？尧传位给舜，舜传位给禹，周成王任用周公旦，世世代代都称他们为明主，就是因为他们懂得贤士的可贵啊！"

宣王曰："嗟乎！君子焉可侮哉，寡人自取病耳！及今闻君子之言，乃今闻细人之行。愿请受为弟子。且颜先生与寡人游，食必太牢①，出必乘车，妻子衣服丽都。

【注释】

①太牢：牛、羊、豕三牲具备。

【译文】

齐宣王说："唉！对君子怎么能随便侮辱呢，我真是自讨没趣啊！直到今天，我才听到君子的高论，才明白什么是小人的行径。我愿意做先生的弟子。再说先生如肯与我交往，我定让您吃的必是牛、羊、猪肉，出行必定乘坐车辆，妻室儿女都穿上华丽无比的衣服。

颜斶辞去曰："夫玉生于山，制则破焉，非弗宝贵矣，然大璞不完。士生于鄙野，推选则禄焉，非不得尊遂也，然而形神不全。斶愿得归，晚食以当肉，安步以当车，无罪以当贵，清静贞正以自虞①。制言者王也，尽忠直言者斶也。言要道已备矣，愿得赐归，安行而反臣之邑屋。"则再拜而辞去也。斶知足矣，归反于璞，则终身不辱也。

【注释】

①虞：通"娱"，快乐。

【译文】

颜斶辞谢说："璞玉生在山里，一经琢磨，就会破坏它的本来面貌，不是说它不宝贵，而是璞玉的原貌已经面目全非了。士人本来生在民间，受到提拔就能得到俸禄，这并不是不尊贵显达，但他的精神和身体都会受到损害。我情愿回家去，晚些吃饭，权当吃肉；从容不迫地步行，权当乘车；不犯什么罪过，权当尊贵；清心寡欲，保持节操，自得其乐。裁决我的意见的是大王，敢于尽忠直言的是我。该说的道理我已经说得很详尽了，希望准许我告辞，让我安稳地回到自己故乡的小屋吧。"于是他拜了两拜，就告辞离开了。颜斶可说是知足的人，他回到家乡，保持本色,那么就能终身不会受辱了。

一三七　先生王斗造门而欲见齐宣王

【题解】

王斗进见齐宣王,提出忧国爱民,任用贤臣是治国的重要条件,并驳斥了宣王"当今之世无士"的错误说法。

经过王斗的直言规劝之后,宣王承认错误,选拔了五位贤人担任要职,齐国的政治很快就走上了轨道。

先生王斗造门而欲见齐宣王①,宣王使谒者延入②。王斗曰:"斗趋见王为好势,王趋见斗为好士,于王何如?"使者复还报。王曰:"先生徐之,寡人请从。"宣王因趋而迎之于门,与入,曰:"寡人奉先君之宗庙,守社稷,闻先生直言正谏不讳。"王斗对曰:"王闻之过。斗生于乱世,事乱君,焉敢直言正谏?"宣王忿然作色,不说③。

【注释】

①王斗:人名。齐人。

②谒者:掌管接待宾客的人。

③说:同"悦"。

【译文】

先生王斗登门要拜见齐宣王,宣王派谒者去请王斗进来。王斗说:"我拜见大王是爱慕权势,大王迎接我是礼贤下士,大王预备怎么样?"谒者汇报了王斗的话。宣王说:"让先生稍待,我去迎接。"于是宣王快步走到宫门,去迎接王斗,和他一同进宫,宣王说:"我继承先王的大业,得以治理国家,听说先生能直言批评,毫不忌讳。"王斗回答说:"大王听错了。我生在乱世,又侍奉乱君,怎么敢直言批评呢?"宣王听后,满脸怒气,显得很不高兴。

有间,王斗曰:"昔先君桓公所好者五,九合诸侯,一匡天下,天子受籍^①,立为大伯^②。今王有四焉。"宣王说,曰:"寡人愚陋,守齐国,唯恐失抎之^③,焉能有四焉?"斗曰:"否。先君好马,王亦好马;先君好狗,王亦好狗;先君好酒,王亦好酒;先君好色,王亦好色;先君好士,而王不好士。"宣王曰:"当今之世无士,寡人何好?"王斗曰:"世无骐骥騄耳^④,王驷已备矣;世无卢氏之狗^⑤,王之走狗已具矣;世无毛嫱、西施,王宫已充矣。王亦不好士也,何患无士?"

【注释】

①籍:通"阼(zuò)",侯伯之位。

②大伯:诸侯的领袖。伯,通"霸"。

③抎(yǔn):失掉。

④骐骥:千里马。

⑤卢氏:即韩卢,韩国良犬。

【译文】

过了一会儿,王斗说:"从前先君齐桓公有五种爱好,他九合诸侯,一举匡正天下,天子授予他侯伯的爵位,立他为霸主。现在大王有四种爱好和他相同。"宣王高兴了,问:"我愚蠢浅薄,治理齐国,唯恐有什么过失,怎会有和先君相同的四种爱好呢?"王斗说:"不。先君喜欢马,大王也喜欢马;先君喜欢狗,大王也喜欢狗;先君喜欢酒,大王也喜欢酒;先君好女色,大王也好女色;先君喜好贤士,可是大王却不喜好贤士。"宣王说:"现在世上没有贤士,我又怎么去礼贤下士呢?"王斗说:"世上没有骐骥、騄耳这样的骏马,可是大王已经车马齐备;世上没有韩卢那样的名犬,可是大王已经拥有善跑的猎狗;世上没有像毛嫱、西施那样的佳丽,可是大王的后宫已经充满了美女。大王只是不礼贤下士,怎么发愁世上没有贤士呢?"

　　王曰:"寡人忧国爱民,故愿得士以治之。"王斗曰:"王之忧国爱民,不若王爱尺縠也①。"王曰:"何谓也?"王斗曰:"王使人为冠,不使左右便辟而使工者②,何也? 为能之也。今王治齐,非左右便辟无使也,臣故曰不如爱尺縠也。"宣王谢曰:"寡人有罪国家。"于是举士五人任官,齐国大治。

【注释】

　　①縠(hú):细纱纺织成的丝织物。

　　②便(pián)辟:国君身边善于逢迎、受到宠幸的人。

【译文】

　　宣王说:"我忧国爱民,本来很希望能得到贤士的帮助来治理国家。"王斗说:"大王忧国爱民还比不上爱一尺的绉纱。"宣王说:"这是什么意思?"王斗说:"大王叫人做帽子,不让亲近宠爱的人去做,却要工匠去做,为什么? 因为他们会做。现在大王治理齐国,不是亲近宠爱的人就不任用,所以我说您忧国爱民不如爱一尺绉纱啊。"宣王道歉说:"我对不住国家。"于是选拔了五位贤士,让他们担任要职,从此齐国就治理得很好。

一三八　齐王使使者问赵威后

【题解】

本章写赵威后具有以民为邦本的思想，是很有见解的女政治家。

齐襄王派使者去慰问赵威后，"书未发"，威后便问，齐国的收成如何？百姓是否安宁？齐王是否无恙？这三问中把民放在前，把王放在后，引起了齐使的不满，提出质疑。威后指出，民是本，君是末，不应舍本而先问末。威后的本末观，义正辞严，掷地有声，驳得齐使哑口无言。

威后问话中提到北宫氏之女至老不嫁，这其实是齐国的民俗。威后不了解齐国的民间禁忌，所以有此一问。

问话中又提到於陵子仲是否已被杀掉的问题。威后认为他应该砍头，看来她是容不得不肯为国家效力的人。

"书未发"三字是关键词，如果拆开书信，不过是说些问候的客套话，就不会有威后下边一段高论了。

齐王使使者问赵威后①，书未发，威后问使者曰："岁亦无恙耶？民亦无恙耶？王亦无恙耶？"使者不说，曰："臣奉使使威后，今不问王而先问岁与民，岂先贱而后尊贵者乎？"威后曰："不然。苟无岁，何以有民？苟无民，何以有君？故有舍本而问末者耶？"

【注释】

①齐王：齐襄王，田氏，名法章，齐闵王子，公元前283—前265年在位。赵威后：赵惠文王妻。公元前266年，赵惠文王卒，子孝成王立，年幼，由赵威后摄政。

【译文】

　　齐王派使者去聘问赵威后,书信还未启封,赵威后就问使者道:"年成不错吧? 百姓平安无事吧? 大王身体好吧?"使者听了不大高兴,说:"我奉命来聘问太后,如今您不先问齐王却先问年成和百姓,难道能把卑贱的放在前边而把尊贵的放在后边吗?"威后说:"不对。如果没有好年成,百姓靠什么生活呢? 如果没有百姓,怎么有国君呢? 哪有撇开根本而先问枝节的呢?"

　　乃进而问之曰:"齐有处士曰钟离子,无恙耶? 是其为人也,有粮者亦食①,无粮者亦食;有衣者亦衣②,无衣者亦衣。是助王养其民者也,何以至今不业也? 叶阳子无恙乎? 是其为人,哀鳏寡③,恤孤独④,振困穷,补不足,是助王息其民者也,何以至今不业也? 北宫之女婴儿子无恙耶? 彻其环瑱⑤,至老不嫁,以养父母,是皆率民而出于孝情者也,胡为至今不朝也? 此二士弗业,一女不朝,何以王齐国,子万民乎? 於陵子仲尚存乎⑥? 是其为人也,上不臣于王,下不治其家,中不索交诸侯。此率民而出于无用者,何为至今不杀乎?"

【注释】

①食(sì):动词,供养,拿东西给人吃。

②衣:前一个"衣"为名词,衣服;后一个"衣"为动词,拿衣服给人穿。

③鳏(guān)寡:老而无妻曰鳏,老而无夫曰寡。

④孤独:老而无子曰孤,幼而无父曰独。

⑤彻:通"撤",除去。环瑱(zhèn):妇女的首饰。环,指耳环、臂环之

　　类。瑱,垂在耳边的玉饰。

⑥於(wū)陵子仲:齐国隐士,陈氏,又称陈仲子。於陵,地名。齐
　　邑,在今山东邹平西南。

【译文】

　　于是赵威后又进一步问:"齐国有个叫钟离子的隐士,他还好吗?
他的为人,不论有粮或无粮的,他都给他们饭吃;不管有衣服还是没有
衣服的,他都给他们衣穿。这是个帮助大王养活百姓的人,为什么至今
还不给他个官职呢? 叶阳子安好吗? 他的为人,同情鳏寡孤独,救济缺
吃少穿的人,是个帮助国君使百姓安宁的人,为什么现在还不让他出来
建功立业呢? 北宫家的孝女婴兒子好吗? 她摘掉首饰,到老不嫁,为的
是奉养父母,这是给百姓做出行孝的表率啊,为什么至今还不让她朝见
君王呢? 这两个贤士不能为国效力,一个孝女没入朝进见,齐王靠什么
来治理国家,抚爱百姓? 於陵子仲还活着吗? 他的为人呀,上不向大
王称臣,下不去治理他的家,中不和诸侯交往。这是带领大家无所事
事,为什么至今还不杀掉他呢?"

一三九　齐人见田骈曰

【题解】

　　社会上有各种各样的人,有的人言行一致,说到做到;有的人说一
套,做一套,只开空头支票,并不兑现。

　　我们要有识别人的本领。怎样识别呢? 有一个简单的观察方法,
就是把他的言行加以对照和衡量。言行如一的人,可以信任;言行相背
的人,最好避而远之,本文的田骈就属于这种人。田骈在受到批评后,
谢绝了齐人。其实,被谢绝的倒应该是这位田先生。

　　齐人见田骈曰①:"闻先生高议,设为不宦,而愿为役。"

田骈曰:"子何闻之?"对曰:"臣闻之邻人之女。"田骈曰:"何谓也?"对曰:"臣邻人之女,设为不嫁,行年三十而有七子,不嫁则不嫁,然嫁过毕矣。今先生设为不宦,訾养千钟②,徒百人,不宦则然矣,而富过毕矣。"田子辞。

【注释】

①田骈:战国时,齐国有名的学者。

②訾(zī):资。钟:古代量器,六斛四斗为一钟。

【译文】

有个齐国人去见田骈说:"听说您高谈阔论,说是不愿做官,我愿供您差遣。"田骈说:"您在哪里听说的?"这人回答说:"我是从邻家女儿那里听说的。"田骈说:"您这话是什么意思?"这人回答说:"我邻人的女儿说是不嫁人,可到了三十岁,就生了七个儿子,不嫁倒是不嫁,可远远超过出嫁的人了。如今先生说是不做官,可受到千钟的供养,有上百名随从,不做官倒是不错,可是富裕生活远远超过做官的人啊!"田骈辞谢。

一四〇　管燕得罪齐王

【题解】

本文写齐臣管燕平时不能很好地对待下属,急难时却想下属替他卖命,这是不可能的。

管燕感叹"士何其易得而难用",田需向他指出,这种局面的出现,是他长期重财轻士所带来的必然结果。

管燕得罪齐王①,谓其左右曰:"子孰而与我赴诸侯乎?"左右嘿然莫对②。管燕连然流涕曰③:"悲夫! 士何其易得而难用也!"田需对曰:"士三食不得餍④,而君鹅鹜有余食⑤;下宫糅罗纨⑥,曳绮縠⑦,而士不得以为缘⑧。且财者君之所轻,死者士之所重,君不肯以所轻与士,而责士以所重事君,非士易得而难用也!"

【注释】

①管燕得罪齐王:管燕,人名。齐人。齐王,齐宣王。

②嘿(mò):同"默"。

③涟然:泪流不断的样子。涟,通"涟"。

④餍(yàn):饱。

⑤鹜(wù):鸭。

⑥下宫:后宫。糅(róu):杂。罗:质地轻软的丝织品。纨:白色细绢。

⑦绮縠(hú):有花纹的丝织物。

⑧缘:衣服的边饰。

【译文】

管燕得罪了齐王,对他身边的人说:"你们有谁能和我一起投奔到别的诸侯那里去呢?"左右亲近没有一个人回答。管燕伤心地流着泪说:"可悲啊! 士人为什么那样容易得到,却这样难以使用啊!"田需回答说:"士人在您这儿一日三餐都吃不饱,您养的鹅、鸭,饲料却吃不完;您家里的仆妾穿着都是绫、罗、绸、缎,而士人们想用它们做个衣服的花边也不可能。而且财物是您所看轻的,死亡是士人所看重的,您不肯把您看轻的财物给予士人,却要求士人能为您出死力,这并不是士人容易得到却难以使用啊!"

一四一上　苏秦自燕之齐

【题解】

周赧王二十七年(前 288),秦昭王派魏冉出使齐国,约请齐闵王和他共同称帝。齐闵王征求苏秦的意见。苏秦说,最好让秦先行称帝,观察各国反应,再决定齐国是否称帝。这样,既不得罪秦国,也可讨好东方各国。

苏秦自燕之齐①,见于华章南门②。齐王曰③:"谇! 子之来也。秦使魏冉致帝,子以为何如?"对曰:"王之问臣也卒④,而患之所从生者微,今不听,是恨秦也;听之,是恨天下也。不如听之以卒秦,勿庸称也以为天下。秦称之,天下听之,王亦称之,先后之事,帝名为无伤也。秦称之,而天下不听,王因勿称,以收天下,此大资也!"

【注释】

①苏秦自燕之齐:苏秦受燕昭王派遣,送昭王弟襄安君到齐国做人质,因而做了齐臣。

②华章:齐宫门名。

③齐王:齐闵王。

④卒:同"猝",仓促。

【译文】

苏秦从燕国来到齐国,齐王在华章宫南门迎接他。齐王说:"啊! 您来得正好。秦国派魏冉把帝号送来,您觉得怎么样?"苏秦说:"大王提出这个问题很突然,但祸患的发生总是隐微难以觉察,现在如果不同意秦国的要求,会使秦国恨您;如果答应了秦国,会使诸侯恨您。不如口头上同意以应付秦国,而又不用称帝以应付诸侯。秦王称帝,各国如果服从,大王也就称帝,时间虽有早晚,可是对称帝的事并无妨碍。如果秦国称帝,引来诸侯的不满,大王就不要称帝,以取得各国的好感,这可是很大的凭借啊!"

一四一下　苏秦谓齐王曰

【题解】

公元前 288 年,齐、秦相约共同称帝,这使它们成为两个超级大国,突出于各国之上。两帝并立,不是徒有虚名,而是有伐赵而瓜分其地的约定。苏秦为燕昭王在齐国活动的目的有二:一是破坏齐国和各国的关系,使齐国孤立;二是劝齐闵王攻宋,把齐国这股祸水引向南方,以便为燕国破齐报仇创造机会。苏秦劝齐闵王放弃帝号,背约摈秦,南下攻宋,就是围绕这两点进行的。

苏秦谓齐王曰:"齐、秦立为两帝[①],王以天下为尊秦乎?且尊齐乎?"王曰:"尊秦。""释帝则天下爱齐乎?且爱秦乎?"王曰:"爱齐而憎秦。""两帝立,约伐赵[②],孰与伐宋之利也?"王曰:"伐宋利。"对曰:"夫约然与秦为帝[③],而天下独尊秦而轻齐;齐释帝,则天下爱齐而憎秦;伐赵不如伐宋之利。故臣愿王明释帝,以就天下;倍约傧秦[④],勿使争重;而王以其间举宋。夫有宋则卫之阳城危[⑤];有淮北则楚之东国危;有济西则赵之河东危;有阴、平陆则梁门不启[⑥]。故释帝而贰之以伐宋之事,则国重而名尊,燕、楚以形服,天下不敢不听,此汤、武之举也! 敬秦以为名,而后使天下憎之,此所谓以卑易尊者也！愿王之熟虑之也！"

【注释】

①两帝：齐称东帝，秦称西帝。

②两帝立，约伐赵：称帝不是空有名号，当有伐赵而分其地的约定。

③约然："然"字当移至下句"而"字上。

④傧：通"摈"，摈弃。

⑤阳城：当作"阳地"，指今河南濮阳之地。

⑥阴：即陶，在今山东定陶西北。平陆：在今山东汶上北。梁门：大梁之门。

【译文】

苏秦对齐王说："现在齐国和秦国都已称帝，大王认为天下是尊重秦国还是尊重齐国？"齐王说："尊重秦国。""如果放弃帝号，那天下是亲近齐国还是亲近秦国？"齐王说："亲近齐国而痛恨秦国。"苏秦说："齐、秦称帝后共同伐赵，和伐宋相比，哪个更有利呢？"齐王说："伐宋更有利。"苏秦说："现在齐国、秦国相约共同称帝，但天下却尊重秦国而看轻齐国；齐放弃帝号，则天下亲近齐国而憎恨秦国；攻伐赵国显然不如攻打宋国。所以我希望大王公开放弃帝号，让天下都亲近齐国；解除盟约，摈弃秦国，不与秦国争雄；大王趁此时机一举灭宋。一旦占领了宋国，卫国的阳城就危急了；占领了淮北，楚国的东国就会受到威胁；济西之地在手，赵国的河东就危险了；陶邑、平陆在手，魏国就只好闭关防守。因此，放弃帝号，背弃和秦国的盟约而攻打宋国，那么齐国就可以名震诸侯，燕国、楚国都会畏服齐国，天下诸侯都不敢不听齐国的指挥，这是商汤、周武王那样的伟业啊！以尊重秦国为名，而让天下憎恨秦国，这就是用自卑换来各国的尊重啊！请大王深思熟虑吧！"

卷十二　齐策五

一四二　苏秦说齐闵王曰

【题解】

在本章中，苏秦提出不可用兵不休和突出于诸侯之上，应当以逸待劳，以治待乱。抓住机会，制服疲劳而混乱的敌人，这样，王业才能成就。

苏秦的进言，以战国当代的史事为例，进行透彻地分析，非常了解形势的变化。

如提出"形同忧而兵趋利"，就以齐、燕战于桓之曲为例。此次战役，"燕不胜，十万之众尽，胡人袭燕楼烦数县，取其牛马"。为什么胡人和齐国如此配合默契？因为它们在攻燕上有共同的利益。

又如提出一次大战的消耗，"十年之田而不偿也"，"故三下城而能胜敌者寡矣"，就举中山连胜燕、赵，"克燕军，杀其将"为例，这就是燕国内乱，齐国出兵攻燕，中山乘机偷袭的事。

又如提出善于用兵的人，能够拔城于尊俎之间，折冲于衽席之上。

他以商鞅为秦破魏的事为例，阐明他的主张。魏惠王曾经拥有土地千里，有甲士三十六万，拔邯郸，围定阳，随后又召集逢泽之会，率领泗上十二诸侯朝见天子，对秦造成威胁。商鞅劝魏王先行王服，宫室、衣服、车旗都采用天子制度,这就引起齐、楚的不满,爆发了齐、魏马陵之战。结果魏军大败,太子被杀。魏惠王不得不折节朝齐,秦国轻易就取得了魏国西河之外的大片土地。从这一段叙述,可以帮助我们了解魏惠王的霸业是怎么由盛转衰的。

　　苏秦说齐闵王曰:"臣闻用兵而喜先天下者忧,约结而喜主怨者孤。夫后起者藉也,而远怨者时也,是以圣人从事,必藉于权,而务兴于时。夫权藉者,万物之率也①;而时势者,百事之长也。故无权藉,倍时势②,而能事成者寡矣。

【注释】
　　①率:率领,带领。
　　②倍:通"背",违背。
【译文】
　　苏秦游说齐闵王道:"我听说,用兵而喜欢首先发难的,必定会有忧患;约集盟国带头去攻打别国,导致众怒所归的,必定孤立无援。有所凭借,就可以后发制人;掌握时机,就可以远离怨恨;所以圣人处理事情必定借助于权变,必须不失时机地行动。权变和凭借是统率万物的关键;而掌握时势是处理各种事情的首要条件。所以不借助权变,违背时势去行动,而能把事情办成是很少有的。

　　"今虽干将、莫邪,非得人力,则不能割刿矣①;坚箭利金,不得弦机之利,则不能远杀矣。矢非不铦②,而剑非不利也,何则?权藉不在焉。何以知其然也?

【注释】

①刿（guì）：割，刺伤。

②铦（tián）：锋利。

【译文】

"尽管有干将、莫邪这样有名的宝剑，如果没有人去用它，就不能刺伤任何东西；即使有坚硬的箭杆、锐利的箭头，如果不借助弓弦和弩机来发射，就不能杀伤远处的敌人。箭并不是不锐利，剑并不是不锋利，为什么呢？就是因为无所凭借的缘故。为什么知道是这样的呢？

"昔者赵氏袭卫，车不舍人不休，傅卫国，城刚平①，卫八门土而二门堕矣②，此亡国之形也。卫君跣行告溯于魏③，魏王身被甲底剑④，挑赵索战，邯郸之中鹜⑤，河、山之间乱⑥。卫得是藉也，亦收余甲而北面，残刚平，堕中牟之郭⑦。卫非强于赵也，譬之卫矢而魏弦机也，藉力魏而有河东之地⑧。赵氏惧，楚人救赵而伐魏，战于州西⑨，出梁门，军舍林中⑩，马饮于大河。赵得是藉也，亦袭魏之河北，烧棘蒲⑪，队黄城⑫。故刚平之残也，中牟之堕也，黄城之坠也，棘蒲之烧也，此皆非赵、魏之欲也，然二国劝行之者，何也？卫明于时权之藉也。

【注释】

①刚平：地名。卫邑，在今河南清丰西南。

②土：通"杜"，堵塞。

③跣（xiǎn）：赤足。

④魏王身被甲底剑：指魏武侯亲自领兵出征。魏王，指魏武侯。被（pī），披。底，通"砥"，磨砺。

⑤骛(wù)：通"骛"，疾驰。

⑥河、山：河，黄河。山，太行山。

⑦中牟：地名。赵都，赵献侯自耿徙此，在今河南鹤壁西。

⑧河东：地区名。黄河以东，指今河南浚县、滑县以东，卫的故地。

⑨州西：州城之西。州，在今河南沁阳东。

⑩林中：林乡之中。林乡，魏邑，在今河南新郑东二十五里。

⑪棘蒲：地名。魏邑，在今河北赵县。

⑫队：同"堕"，毁坏。黄城：地名。魏邑，在今河南内黄西北二十里。

【译文】

"从前赵国袭击卫国，车不停顿，人不休息，逼近了卫都，修筑刚平城，卫都有八座城门被堵塞，另两座城门被毁坏，呈现出亡国的景象。卫君光着脚去向魏国告急，于是魏王身披战袍，磨砺宝剑，亲自领兵向赵国挑战，邯郸城中一片混乱，黄河、太行山之间也乱作一团。卫国有了魏国作依靠，便收集残兵，引兵北上，攻破了刚平，毁坏了中牟的外城。卫国并不比赵国强大，卫国就像是一支利箭，魏国好比强弓劲弩，它只是借助了魏国的力量，才取得了赵国河东之地。赵国恐惧，楚国救赵攻魏，在州西开战，然后兵出大梁的城门，驻军林中，饮马黄河。赵国有了楚国作依靠，便进击魏国的黄河以北，烧棘蒲，毁黄城。所以，刚平被攻破，中牟被毁坏，黄城被削平，棘蒲被烧毁，这并不是赵、魏的初衷，可是它们两国非要竭力去做，为什么？这是因为卫国能看准时势和掌握权变的缘故。

"今世之为国者不然矣。兵弱而好敌强，国罢而好众怨，事败而好鞠之，兵弱而憎下人，地狭而好敌大，事败而好长诈。行此六者而求伯，则远矣。

【译文】

"当今那些治理国家的君王却不是这样。自己兵弱,偏要同强国为敌;国家疲惫,偏要招来众怨;事情失败了,偏要蛮干到底;自己兵弱,却不愿意居人之下;自己国小,偏要同大国为敌;事情失败了,偏偏喜欢行诈。如果干这六件事情,还想成为霸主,那就差得太远了。

"臣闻善为国者,顺民之意而料兵之能,然后从于天下。故约不为人主怨,伐不为人挫强,如此则兵不费,权不轻,地可广,欲可成也。

【译文】

"我听说,善于治理国家的君主,要顺应民心,善于估计军事力量的强弱,然后再和其他国家联合。所以结盟不会成为众怨所归,出兵不为他国去抵抗强敌,这样,自己的兵力不会消耗,地位不会降低,土地可以开拓,目的可以实现。

"昔者,齐之与韩、魏伐秦、楚也,战非甚疾也,分地又非多韩、魏也,然而天下独归咎于齐者,何也? 以其为韩、魏主怨也。且天下遍用兵矣,齐、燕战而赵氏兼中山[①];秦、楚战韩、魏不休而宋、赵专用其兵;此十国者,皆以相敌为意,而独举心于齐者,何也? 约而好主怨,伐而好挫强也。

【注释】

①齐、燕战而赵氏兼中山:公元前296年,齐、燕发生权之战,燕国大败,覆其十万之军。次年,赵灭中山。

【译文】

"从前，齐国与韩、魏一道进攻秦、楚，作战并不是不卖力，齐国分得的土地又不多于韩、魏，可是诸侯都归咎于齐国，这是为什么？是因为齐国把诸侯对韩、魏两国的怨恨都集中到自己身上的缘故。而且诸侯都在用兵，齐、燕交战，赵国乘机灭掉中山；秦、楚作战，韩、魏跟着参战；宋、赵两国也在用兵作战；这十国都互相敌对，可诸侯唯独集怨于齐国，为什么？因为齐国喜欢结盟而招来怨恨，出兵时又喜欢挫败强敌啊。

"且夫强大之祸，常以王人为意也；夫弱小之殃，常以谋人为利也，是以大国危，小国灭也。大国之计，莫若后起而重伐不义。夫后起之藉，与多而兵劲，则是以众强适罢寡也①，兵必立也。事不塞天下之心，则利必附矣。大国行此，则名号不攘而至，伯王不为而立矣。

【注释】

①适：通"敌"。罢：同"疲"。

【译文】

"再说，强大的国家遭受兵祸，因为它常想居于人上；弱小的国家受到侵害，因为它常想占取别国的利益，所以，大国因此而遭到危险，小国因此而被灭亡。大国的策略，最好是后发制人，坚决讨伐不讲道义的国家。后发制人，有所依恃，盟国多而兵强，这就是集合众多强国来对付弱小，战争必然获胜。做事不违背诸侯的心意，利益自会随之而来。大国如果这样做了，威名、尊号不必强求而自来，霸王之业不用有意争取而自然成功了。

"小国之情莫如谨静而寡信诸侯。谨静则四邻不反，寡信诸侯则天下不卖，外不卖，内不反，则蓄积朽腐而不用，币帛檽蠹而不服矣。小国道此，则不祠而福矣，不贷而见足矣。故曰：‘祖仁者王，立义者伯，用兵穷者亡。’何以知其然也？

【译文】

“小国的策略最好是谨慎小心，不要轻信诸侯。谨慎则邻国不背叛，不轻信就不会被别国欺骗，外不受欺骗，内部无背叛，就会粮食腐败了都吃不完，丝绸被虫蛀都用不尽了。小国如果这样做了，不用祷告就会得福，不必借贷就会用费充足了。所以说：‘施行仁政可以为王，施行德政可以称霸，穷兵黩武必然导致灭亡。’为什么知道是这样呢？

“昔吴王夫差以强大为天下先，袭郢而栖越^①，身从诸侯之君^②，而卒身死国亡，为天下戮者，何也？此夫差平居而谋王，强大而喜先天下之祸也。昔者莱、莒好谋，陈、蔡好诈，莒恃晋而灭，蔡恃越而亡，此皆内长诈、外信诸侯之殃也。由此观之，则强弱大小之祸，可见于前事矣。

【注释】

①袭郢而栖越：袭郢，指公元前506年，吴伐楚入郢事，时为吴王阖庐，此误以为夫差。栖越，指夫差败越，使越王勾践栖于会稽，事在公元前494年。

②身从诸侯之君：指公元前482年，夫差北上会晋定公及诸侯于黄池事。

【译文】

“从前，吴王夫差因为强大，首先发难，攻打楚国，拘禁越王，召集诸侯参加他主持的会盟,可是最后身死国亡,被诸侯所耻笑,为什么会这样呢?因为夫差平时总是好身居人上,图谋称霸天下,因为强大而喜欢首先挑起战争,从而招来了祸患。从前莱国、莒国爱用计谋,陈国、蔡国爱用诈术,莒国因倚仗晋国而被齐所灭,蔡国因倚仗越国而被楚国灭亡,这都是对内实行诈术、对外轻信诸侯招来的祸患。由此看来,国家的强弱大小招来的祸患,从历史的事实就可以看得出来。

　　"语曰:'麒骥之衰也,驽马先之;孟贲之倦也①,女子胜之。'夫驽马、女子筋骨力劲非贤于骐骥、孟贲也,何则?后起之藉也。今天下之相与也不并灭,有而案兵而后起,寄怨而诛不直,微用兵而寄于义,则亡天下可蹞足而须也②。明于诸侯之故,察于地形之理者,不约亲,不相质而固,不趋而疾,众事而不反,交割而不相憎,俱强而加以亲,何则?形同忧而兵趋利也。何以知其然也?

【注释】

①孟贲:人名。秦武王时的力士,又称"孟说"。

②蹞(jú)足:举足,提足。

【译文】

　　"常言说:'千里马衰弱了,劣马也可以跑到它的前面;大力士孟贲疲倦了,女子也可以胜过它。'劣马、女子的力量并不比千里马、孟贲强,为什么能胜过骏马和孟贲呢?这就是凭借了后发制人的条件。现在诸侯相持不下,谁也不能消灭对方,如果能按兵不动而后发制人,把怨恨转嫁给别人,讨伐不义的国家;隐藏用兵的真情,假借正义作为号召,征服天下就举足可待了。熟悉诸侯的国情,了解他们的地理形势,不用结盟,不需互换人质,就能加强两国关系,不用督促也会主动尽力,相与共事而不反复无常，一起受害而不互相憎恨，彼此国势强盛，却能和睦相处，为什么能这样呢？因为有共同遭受忧患的形势，而用兵利害也一致的缘故。怎么知道是这样的呢？

"昔者齐、燕战于桓之曲^②，燕不胜，十万之众尽，胡人袭燕楼烦数县^②，取其牛马。夫胡之与齐非素亲也，而用兵又非约质而谋燕也，然而甚于相趋者，何也？形同忧而兵趋利也。由此观之，约于同形则利长，后起则诸侯可趋役也。

【注释】

①齐、燕战于桓之曲：桓即权，地名。在今河北正安北二十里。此即公元前296年，齐、燕权之战。

②楼烦数县：楼烦族居住地，在今山西宁武附近，这时附属于燕国。

【译文】

"从前齐与燕在权地交战，燕国失败，十万大军被消灭，胡人乘机袭击燕的楼烦等数县，夺走牛马。胡人和齐国素来并不相亲，事先又没有订立攻燕的盟约，然而进攻时如此协调一致，这是为什么？因为形势上忧患相同、用兵利害一致的缘故。由此看来，形势相同的国家结盟，利益就长远；后发制人，诸侯就会归附并听我支配。

"故明主察相诚欲以伯王为志，则战攻非所先。战者，国之残也，而都县之费也，残费已先，而能从诸侯者寡矣。彼战之为残也，士闻战则输私财而富军市，输饮食而待死士，令折辕而炊之，杀牛而觞士，则是路军之道也^①。中人祷祝，君翳酿^②，通都小县置社，有市之邑莫不止事而奉王，则此虚中之计也。

【注释】

①路:通"露",衰败。

②瘞(yì):掩埋。醲:通"禳",祭祀。

【译文】

"所以,贤明的国君,有远见卓识的相国,真有想完成霸、王之业的志向,那就不应把战争放在第一位。战争是国家的祸害,让都邑消耗大量的财力,自身已遭受消耗,还能使诸侯服从的,就实在太少了。战争的祸害非常明显,人们听说要进行战争,就把私财捐献给军队,以充实军中的集市;又运送饮食,给那些勇敢杀敌的战士;还拆下车辕当柴烧,设置酒宴款待战士,这些都是使部队削弱的做法。国中的人为出征的人祈祷,国君派人掩埋死者,并为他们祭奠,大都小县都祭社神祈福;凡有集市的地方,都停止营业,为国家的对外战争服务,这实在是虚耗国家财富的做法啊。

"夫战之明日,尸死扶伤。虽若有功也,军出费;中哭泣,则伤主心矣。死者破家而葬,夷伤者空财而共药,完者内酺而华乐①,故其费与死伤者钧。故民之所费也,十年之田而不偿也。军之所出,矛戟折,镮弦绝②,伤弩、破车、罢马③,亡矢之大半。甲兵之所具,官私之所出也,士大夫之所匿,厮养士之所窃④,十年之田而不偿也。天下有此再费者,而能从诸侯寡矣。

【注释】

①完者:得生还的人。酺(pú):官府特许的欢聚饮酒。华:通"哗",喧哗。

②镮(huán):刀环。

③罢：同"疲"，疲惫。

④厮养士：军中服杂役的人。

【译文】

"在开战的第二天，死者家属急需收殓尸体，伤者需要搀扶而行。虽然好像得胜有功，可是消耗了军费；死伤者的家属痛哭，也使国君伤心。死者的家属倾家安葬，受伤者的家属因伤员治伤而耗尽钱财；那些平安返家的则饮酒作乐，这些费用和死伤者家里的开支相等。所以人们在战争中的耗费，用十年的土地收成也补偿不了。军队出发后，矛、戟折坏，刀环和弓弦断绝，弓弩损失，战车破坏，战马疲惫，箭损失大半。武器和军械是公家和私人所出，有的被士大夫藏起来，有的被军中服杂役的人所窃取，即使用十年的土地收成也抵偿不了。国家有这两种耗费，而能使诸侯服从的，那就太少了。

"攻城之费，百姓理襜蔽①，举冲橹②，家杂总，穿窟穴，中罢于刀金，而士困于土功，将不释甲，期数而能拔城者为亟耳③。上倦于教，士断于兵，故三下城而能胜敌者寡矣。故曰彼战攻者非所先也。何以知其然也？

【注释】

①襜（chān）蔽：车帷。

②冲橹：战车。

③期（jī）数：满一年。

【译文】

"攻城的费用很大，百姓修补车帷，营造战车，全家编入部队行列，开挖地道，国中的人为制造兵器而疲惫，战士为开挖地道而困顿，将官身不离铠甲，一年之内能够攻下敌城，就算很快的了。长官因久战而无力进行教化，士卒被兵器所伤残，所以攻下了三座城，还能战胜敌人的就太少了。所以说，不应该把战争放在第一位。怎么知道会是这样呢？

"昔智伯瑶攻范、中行氏^①，杀其君，灭其国，又西围晋阳^②，吞兼二国而忧一主，此用兵之盛也，然而智伯卒身死国亡为天下笑者，何谓也？兵先战攻而灭二子患也。

【注释】

①智伯瑶攻范、中行氏：公元前458年，智伯瑶率韩、赵、魏灭范氏、中行氏而分其地。

②围晋阳：公元前455年，智伯瑶率韩、魏围赵襄子于晋阳。晋阳，地名。在今山西太原。

【译文】

"从前智伯瑶进攻范氏、中行氏，杀死他们的君主，灭了他们的国家，又向西包围晋阳，吞并了两家，又使一位国君处于困境，这可说是战争的大胜利了，然而智伯瑶终于身死国亡，被天下人所耻笑，是什么缘故呢？这是他把战争放在第一位，灭掉范氏、中行氏所招来的祸患。

"昔者，中山悉起而迎燕、赵，南战于长子^①，败赵氏；北战于中山^②，克燕军，杀其将。夫中山千乘之国也，而敌万乘之国二，再战比胜，此用兵之上节也，然而国遂亡，君臣于齐者，何也？不图于战攻之患也。由此观之，则战攻之败，可见于前事。

【注释】

①长子:地名。赵邑,在今山西长子西十里。

②北战于中山:公元前315年,燕王哙把王位让给相国子之,国乱,中山乘乱攻燕。

【译文】

"从前,中山国动员全国的兵力迎击燕、赵的军队,在南边的长子一地作战,打败了赵国;又在中山国灵寿以北作战,打败了燕军,杀死燕将。中山国不过是一个千乘之国,却对抗两个万乘大国,两次作战都取得胜利,这算是最会用兵的了,可是,中山国最终被灭亡,国君只得向齐国称臣,这是什么缘故呢? 因为没有考虑作战攻城带来的祸患。由此看来,挑动战争导致败亡的事,可以从历史事实中看到很多例证。

"今世之所谓善用兵者,终战比胜而守不可拔,天下称为善。一国得而保之,则非国之利也。臣闻战大胜者,其士多死而兵益弱;守而不可拔者,其百姓罢而城郭露①。夫士死于外,民残于内,而城郭露于境,则非王之乐也。

【注释】

①露:破败。

【译文】

"现在那些所谓善于用兵的人,屡战屡胜,守城则敌人围攻不下,天下都说他最善用兵。一个国家依靠善于用兵而得以保存,这并不是国家的利益所在。我听说,战争中取得大胜的,它的士卒一定死得多,兵力更加削弱;守城不被敌人攻下的,它的百姓疲惫不堪,城郭被毁坏。士卒战死于国外,百姓受害于国内,城郭被毁坏于境内,这并不是君王的乐趣所在啊。

"今夫鹄的非咎罪于人也①,便弓引弩而射之,中者则喜,不中则愧,少长贵贱则同心于贯之者,何也? 恶其示人以难也。今穷战比胜而守必不拔,则是非徒示人以难也,又且害人者也,然则天下仇之必矣。夫罢士露国而多与天下为仇,则明君不居也。素用强兵而弱之,则察相不事也。彼明君察相者,则五兵不动而诸侯从②,辞让而重赂至矣。

【注释】

①鹄(gǔ)的:箭靶的红心。

②五兵:泛指各种兵器。

【译文】

"那箭靶并没有得罪人,但人人都拉强弓踏劲弩去射它,射中就高兴,射不中就感到羞愧,不论少长贵贱都希望射中它,为什么呢? 是讨厌它令人难以射中。现在那些作战则连战连胜,守城则不被敌人攻克,这不仅让人感觉难以办到,而且也害人不浅,那么诸侯必然视他为仇敌了。即使士卒疲惫,又损害国家而与众多诸侯为敌,贤明的国君是不会这样做的。经常发动战争,使兵力削弱,这是有远见卓识的相国不去做的。那些贤明的国君和精明的相国,他们不用动武而诸侯自然服从,态度谦让而贵重的财富自然到来。

"故明君之攻战也,甲兵不出于军而敌国胜,冲橹不施而边城降,士民不知而王业至矣。彼明君之从事也,用财少,旷日远而为利长者。故曰:兵后起则诸侯可趋役也。

【译文】

"所以英明的国君作战,不必出动兵力就能战胜敌人,不必运用攻城的战车,敌国的边城就会投降,百姓还没有觉察而王业已经成就了。英明的国君办事,费用少,费时虽然长一些,却可以获得长远的利益。所以说:后发制人,诸侯就会归附,听我的支配。

"臣之所闻,攻战之道非师者①,虽有百万之军,北之堂上;虽有阖闾、吴起之将②,禽之户内;千丈之城,拔之尊俎之间③;百尺之冲④,折之衽席之上。故钟鼓竽瑟之音不绝,地可广而欲可成;和乐倡优侏儒之笑不乏⑤,诸侯可同日而致也。故名配天地不为尊,利制海内不为厚。故夫善为王业者,在劳天下而自佚,乱天下而自安。佚治在我,劳乱在天下,则王之道也。锐兵来则拒之,患至则趋之,使诸侯无成谋,则其国无宿忧矣。何以知其然矣?

【注释】

①非师:不用兵。

②阖闾(hé lǘ)、吴起:春秋时,吴王阖闾善于用兵,故此处把他和名将吴起并举。

③尊俎(zǔ):尊以盛酒,俎以放肉。尊俎借指宴会。

④冲:古战车名。用以攻城。

⑤倡优侏儒:歌舞杂技艺人。

【译文】

"我听说攻战之道不在于用兵,就算对方拥兵百万,也可败之于庙堂之上;就算对手有阖闾、吴起那样的将材,照样可以手到擒来;周围千丈的大城,在宴席之上,不用一兵一卒就可拿下;百尺之高的攻城器具,在坐席之上就可以摧毁它。所以钟鼓竽瑟的音乐不绝于耳,也可以扩充土地,达到心中的愿望;歌舞杂技艺人在堂前表演不断,而诸侯都会一起来归顺。因此名配天地也不算尊贵，富甲天下也不算富有。所以善于建立王业的人，让诸侯劳顿而自身悠闲，让诸侯混乱而自身安定。悠闲而安定的是我方，劳顿混乱的是诸侯，那才是建立王业的办法。强敌来攻就抵抗，祸患来了就避开，让诸侯不能对自己有所图谋，那么国家就会安定无忧了。怎么知道会是这样呢？

"昔者魏王拥土千里①，带甲三十六万，其强而拔邯郸②，西围定阳③，又从十二诸侯朝天子以西谋秦④。秦王恐之⑤，寝不安席，食不甘味，令于境内，尽堞中为战具⑥，竟为守备⑦，为死士置将，以待魏氏。

【注释】

①魏王：魏惠王，名罃。

②其强："其"上当有"恃"字。

③定阳：地名。在今陕西洛川北。

④从十二诸侯朝天子：指公元前344年，魏惠王在逢泽（今河南开封东南）召集诸侯会盟，会后，魏率诸侯朝周。十二诸侯，泗水流域的一些小国。

⑤秦王：此时秦君为孝公，称"秦王"是事后追称。

⑥堞中：城中。堞，城上齿状的矮墙。

⑦竟：通"境"。

【译文】

"当年魏王拥有千里之地，数十万带甲强兵，仗恃它的国力强大，攻下了赵国首都邯郸，西围定阳，又率领诸侯朝拜周天子，商量对付秦国。秦王为此感到害怕，寝不安席，食不甘味，下令秦国全国城市积极备战，加强防守，组织死士，广布重兵，防范魏国的进攻。

　　"卫鞅谋于秦王曰:'夫魏氏其功大而令行于天下,有十二诸侯而朝天子,其与必众,故以一秦而敌大魏,恐不如。王何不使臣见魏王,则臣请必北魏矣①。'秦王许诺。

【注释】

①北:败,败逃。此处作使动用法。

【译文】

　　"卫鞅对秦王献计说:'魏国因功劳大而令行天下,又率诸侯朝拜周天子,诸侯都拥护他,现在以秦国一国之力来对付强大的魏国,恐怕不行。大王何不让我去见魏王,那我就有办法打败魏国。'秦王答应了卫鞅的请求。

　　"卫鞅见魏王曰:'大王之功大矣,令行于天下矣。今大王之所从十二诸侯,非宋、卫也,则邹、鲁、陈、蔡,此固大王之所以鞭箠使也①,不足以王天下。大王不若北取燕,东伐齐,则赵必从矣;西取秦,南伐楚,则韩必从矣。大王有伐齐、楚心,而从天下之志,则王业见矣。大王不如先行王服,然后图齐、楚。'魏王说于卫鞅之言也,故身广公宫,制丹衣,柱建旌九斿②,从七星之旄③,此天子之位也,而魏王处之。于是齐、楚怒,诸侯奔齐。齐人伐魏,杀其太子,覆其十万之军④。魏王大恐,跣行按兵于国而东次于齐⑤,然后天下乃舍之。当是时,秦王垂拱受西河之外⑥,而不以德魏王。

【注释】

①箠(chuí):马鞭。

②斿(liú):旗上的飘带。

③七星之旟(yú):画有朱雀七星的旗。

④覆其十万之军:指公元前314年,魏、齐马陵之战。魏败,太子申
被杀。

⑤跣(xiǎn):赤足。

⑥西河之外:在今陕西大荔、宜川一带。西距黄河,东依洛水。

【译文】

"卫鞅见到魏王说:'大王功劳大,可以号令天下了。现在大王所率领的十二个诸侯,不是宋、卫,就是邹、鲁、陈、蔡这些小国,他们本来就是受大王驱使的,不能让大王成就王业。大王不如向北攻打燕国,向东攻打齐国,那么赵国就会归附魏国;向西攻打秦国,向南攻打楚国,那么韩国就会归附魏国。大王有伐齐、楚之心,并有使天下归顺的大志,那么称王大业就可以实现了。大王不如先穿上王者服饰,然后再去攻打齐、楚。'魏王受用卫鞅的说辞,其宫室、衣服、车旗等都按照王者的规格来配置,天子能享受的,魏王都享受了。齐、楚两国为此大为愤怒,诸侯都投向齐国。齐国出兵攻魏,杀魏太子,大败魏军。魏王大为恐慌,光着脚下令全国不要出兵,屈身朝齐,然后诸侯才放弃攻魏。这时,秦王不费吹灰之力就得到了魏国西河之外的大片土地,但并不感谢魏王。

"故卫鞅之始与秦王计也。谋约不下席,言于尊俎之间,谋成于堂上,而魏将以禽于齐矣①;冲橹未施,而西河之外入于秦矣。此臣之所谓北之堂上②,禽将户内,拔城于尊俎之间,折冲席上者也。"

【注释】

①魏将:指庞涓。禽:同"擒"。

②北：打败。

【译文】

"所以，这一开始就是卫鞅和秦王商量好的计策。在酒席宴间订好计谋，在庙堂之上订好计策，就让魏将被齐国活捉；攻城的武器都未使用，魏国西河之外的土地都归了秦国。这就是我所说的败敌于庙堂之上，擒敌将于户内，拔城于酒宴之间，摧毁城市于坐席之上的策略。"

卷十三　齐策六

一四三　齐负郭之民有狐咺者正议

【题解】

本章共分三个部分，分别写齐闵王的失败、奔莒被杀和田单复国的事。

第一段写齐闵王杀掉谏臣，民怨沸腾，内部分崩离析。在军事上用人不当，杀死名将司马穰苴，用无能的将领指挥，招致齐军溃败。

第二段写淖齿杀齐闵王。淖齿本楚国援齐的将领，齐闵王奔莒，淖齿见齐的大势已去，谴责齐闵王受到天地人的警告而不知悔改，难逃一死，于是杀死齐闵王。

第三段写齐闵王的太子从逃亡到即位。在燕军破齐后，齐太子法章改名换姓，逃到太史敫家里做杂役。太史敫的女儿见他气宇非凡，遂以身相许。后来齐田单破燕军，杀骑劫，迎太子即位，是为襄王。太史氏的女儿成为王后，史称君王后。

齐负郭之民有狐咺者正议①，闵王斫之檀衢②，百姓不附；齐孙室子陈举直言③，杀之东闾④，宗族离心；司马穰苴为政者也⑤，杀之，大臣不亲。以故燕举兵，使昌国君将而击之⑥。齐使触子将而应之⑦。齐军破，触子以舆一乘亡。达子收余卒复振⑧，与燕战，求所以偿者，闵王不肯与，军破走。

【注释】

①狐咺（yuán）：人名。齐国平民。

②檀衢：齐都城内的道路名。

③孙室子：宗室。

④东闾：齐都临淄东门。

⑤司马穰苴（jū）：人名。齐宗室，又称"田穰苴"。司马，主持军政的官。

⑥昌国君：燕国上将军乐毅。

⑦触子：人名。齐将。

⑧达子：人名。齐将。

【译文】

齐国都有一个近郊居民叫狐咺，直言批评国家，齐闵王把他处死在檀衢，百姓不服；齐国的宗室陈举直言批评朝政，齐闵王把他处死在东闾，宗族离心；司马穰苴执政，齐闵王又把他处死了，大臣不亲附。因此，燕国乘机出兵，派昌国君乐毅统率，进攻齐国。齐国派触子带兵应战。齐军大败，触子就驾着一辆战车逃走了。达子集合残余的士兵，军威复振，又与燕军交战，他要求赏赐士兵，闵王不肯给，结果齐军大败而逃。

王奔莒①，淖齿数之曰②："夫千乘、博昌之间③，方数百里，雨血沾衣，王知之乎？"王曰："不知。""嬴、博之间④，地坼至泉，王知之乎？"王曰："不知。""人有当阙者⑤，求之则不得，去之则闻其声，王知之乎？"王曰："不知。"淖齿曰："天雨血沾衣者，天以告也；地坼至泉者，地以告也；人有当阙而哭者，人以告也；天地人皆以告矣，而王不知戒焉，何得无诛乎？"于是杀闵王于鼓里⑥。

【注释】

①王奔莒：闵王奔莒在公元前284年。莒，地名。齐邑，在今山东莒县。

②淖齿：人名。楚将。楚派淖齿领兵救齐，于是做了闵王的相国。

③千乘：地名。齐邑，在今山东清县高苑镇北二十五里。博昌：地名。齐邑，在今山东博兴南二十里。

④嬴、博：地名。皆齐邑。嬴在今山东莱芜西北。博在今山东泰安东南三十里。

⑤阙：古代宫殿外在左右相对的高建筑物。

⑥鼓里：莒城内的里巷名。

【译文】

闵王逃到莒邑，相国淖齿历数他的罪过说："千乘和博昌之间方圆数百里内，天上下血雨沾湿衣裳，君王可知道吗？"闵王说："不知道。"问："嬴、博两地之间地裂泉涌，君王可知道吗？"闵王说："不知道。"又问："有人在宫门前哭泣，去寻找却不见有人，走开又听见哭声，君王可知道吗？"闵王说："不知道。"淖齿说："天下血雨沾湿衣裳，是上天告诫您；地裂泉涌是大地告诫您；有人在宫门前哭泣是人在告诫您。天、地、人都告诫您，可是君王还不知警戒，怎么能不杀您呢？"于是在鼓里杀死了闵王。

太子乃解衣免服①，逃太史之家为溉园②。君王后，太史氏女，知其贵人，善事之。田单以即墨之城③，破亡余卒，破燕兵，绐骑劫④，遂以复齐，遽迎太子于莒，立以为王。襄王即位,君王后以为后,生齐王建。

【注释】

①太子:名法章,即位后为齐襄王。公元前283—265年在位。

②太史:齐史官。太史氏,以官为氏。

③即墨:地名。齐邑,在今山东平度东南。

④骑劫:人名。燕将,燕惠王派来代替乐毅的人。

【译文】

　　太子改换了服装,逃到一个姓太史的人家里,为他们浇灌菜园。太史家的女儿认为他不是一般人,很好地款待他。齐将田单带领即墨城的残兵败将,欺骗燕将骑劫,大破燕兵,恢复了失地,于是在莒地迎接太子,立他为王。襄王即位封立太史家的女儿为王后,生下齐王建。

一四四　王孙贾年十五

【题解】

　　王孙贾是齐闵王的随从。闵王出走,下落不明。王孙贾的母亲用母子之情比喻君臣之义,激发了十五岁的王孙贾关爱君王的热情,于是组织民众,杀死了淖齿。

　　王孙贾年十五①,事闵王。王出走,失王之处。其母曰:"女朝出而晚来②,则吾倚门而望;女暮出而不还,则吾倚闾而望③。女今事王,王出走,女不知其处,女尚何归?"王孙贾乃入市中曰:"淖齿乱齐国,杀闵王,欲与我诛者,袒右!"市人从者四百人,与之诛淖齿,刺而杀之。

【注释】

①王孙贾：人名。齐人。

②女：通"汝"，你。

③闾：里门。

【译文】

王孙贾那时十五岁，侍奉齐闵王。闵王逃走，不知下落。王孙贾的母亲对他说："你早出晚归，我就倚着家门盼望你回来；你暮出未归，我就倚着闾门盼望你回来。你现在侍奉大王，大王逃跑了，你却不知他的下落，你还回家做什么？"王孙贾于是走到集市上说："淖齿在齐国作乱，杀了闵王，愿跟我去讨伐他的，就把右臂袒露出来！"集市上跟随他走的有四百人，和他一起去讨伐淖齿，把淖齿杀掉了。

一四五　燕攻齐

【题解】

公元前 284 年，燕军破齐，燕军攻下聊城，多年后仍然据守。田单久攻不下，鲁仲连致书燕将，劝他解甲休兵。

仲连的信中说："彼燕国大乱，君臣失计，上下迷惑，栗腹以百万之众，五折于外。"又提到"万乘之国，被围于赵，壤削主困"。赵围燕国都，正当赵将廉颇大破栗腹军之后，此事在秦孝文王元年（前 250），当赵孝成王十五年，此时燕国危急，聊城孤守，齐以全力进攻，势将必拔。

信中的大意，在于罢兵息民，劝燕将忍一时的耻辱，建万世的功业，或归燕，或降齐，都具有可行性。排难解纷，救民于水火，是鲁仲连一贯的作风，他终于说服燕将，罢兵而去。

燕攻齐，取七十余城，唯莒、即墨不下。齐田单以即墨

破燕,杀骑劫。初,燕攻下聊城①,人或谗之,燕将惧诛,遂保
守聊城不敢归。田单攻之岁余,士卒多死而聊城不下。

①聊城:地名。齐邑,在今山东聊城西。
　　燕国进攻齐国,占领了七十多座城,只有莒和即墨还未攻下。齐将
田单就以即墨的残余部队打败了燕军,杀了燕将骑劫。当初,燕将攻下
聊城时,有人在燕王面前说他的坏话,燕将害怕被杀,便留守在聊城,不
敢返回燕国。田单进攻聊城一年多,士卒死伤惨重,而聊城仍久攻
不下。

　　鲁连乃书约之矢,以射城中,遗燕将曰:“吾闻之:‘智者
不倍时而弃利①,勇士不怯死而灭名,忠臣不先身而后君。’
今公行一朝之忿,不顾燕王之无臣,非忠也;杀身亡聊城,而
威不信于齐②,非勇也;功废名灭,后世无称,非知也。故知
者不再计,勇士不怯死。今死生荣辱,尊卑贵贱,此其一时
也,愿公之详计而无与俗同也。

①倍:通“背”。
②信:通“伸”,伸张。
　　鲁仲连于是给燕将写了一封信,把信绑在箭杆上,射进城中,信上
说:“我听说:‘聪明的人不去做违背时势、有损利益的事,勇敢的人不去
做怕死而毁掉荣誉的事,尽忠的臣子不先顾自己而后顾国君。’现在您

为一时的激愤，不顾燕王失掉一位臣子，这不是尽忠；牺牲了自己，失去了聊城，并没有在齐国表现出自己的声威，这不是勇敢；战功被废弃，名誉被毁灭，后世不称颂，这不是聪明。所以，聪明的人不优柔寡断，勇敢的人不怯懦怕死。现在死生荣辱，尊卑贵贱都在此一举，希望您仔细考虑，不要和俗人有同样的见识。

"且楚攻南阳①，魏攻平陆②，齐无南面之心，以为亡南阳之害，不若得济北之利③，故定计而坚守之。今秦人下兵，魏不敢东面，横秦之势合，则楚国之形危。且弃南阳，断右壤，存济北，计必为之。今楚、魏交退，燕救不至，齐无天下之规，与聊城共据期年之弊，即臣见公之不能得也。齐必决之于聊城，公无再计。

【注释】

①南阳：地区名。在泰山以南、汶水以北一带，因而得名。

②平陆：地名。齐邑，在今山东汶上北。

③济北：指聊城，因它在济水以北。

【译文】

"况且楚国进攻齐国的南阳，魏国进攻齐国的平陆，齐国已无心南顾，认为失掉南阳的害处小，收回聊城的好处大，所以决计要收回聊城。现在秦国派兵援助齐国，魏国不敢东攻齐国的平陆，齐、秦连横之势已成，楚国形势就危急。再说，齐国放弃南阳、平陆，坚决要收回聊城，他们必定要尽一切力量来实现这一计划。现在楚、魏两国都已退兵，燕国救兵不到，诸侯中没有谁要图谋齐国的，齐、燕在聊城已相持一年，聊城已经疲惫，我认为您是无法抵御的。齐国必然要在聊城决一胜负，您千万不要犹豫不决。

"彼燕国大乱,君臣失计,上下迷惑,栗腹以百万之众[①],五折于外,万乘之国,被围于赵,壤削主困,为天下戮,公闻之乎?今燕王方寒心独立,大臣不足恃,国弊祸多,民心无所归,今公又以弊聊之民距全齐之兵,期年不解,是墨翟之守也[②];食人炊骨,士无反北之心,是孙膑、吴起之兵也,能以见于天下矣。

【注释】

①栗腹:人名。燕相。公元前251年,燕王喜派他领兵攻赵,被赵将廉颇击败。

②墨翟:人名。鲁人,善于守御。

【译文】

"现在燕国大乱,君臣失策,上下糊涂,燕将栗腹率百万之众,却连打五次败仗,万乘的燕国被赵国围困,国土削减,君主困窘,被诸侯所耻笑,您可曾知道?现在,燕王正在寒心,孤立无援,大臣不可依靠,国家疲惫,祸患日多,民心涣散,无所依归,您又以残破的聊城与齐国大军对抗,整整一年不能解围,这是和墨子一样地善于守城;现今以人为食,以骨为柴,但士卒没有背叛的心思,堪比孙膑、吴起的用兵,您的军事才能已经显示给天下了。

"故为公计者,不如罢兵休士,全车甲,归报燕王,燕王必喜。士民见公如见父母,交游攘臂而议于世,功业可明矣。上辅孤主以制群臣,下养百姓以资说士,矫国革俗于天下,功名可立也。意者[①],亦捐燕弃世,东游于齐乎,请裂地定封,富比陶、卫[②],世世称孤寡,与齐久存,此亦一计也。二者显名厚实也,愿公孰计而审处一也。

【注释】

①意者:表示测度,大概,或许。

②陶、卫:陶指陶朱公范蠡(lí),卫指卫国人子贡,都是春秋时的商业巨子。

【译文】

"所以为您考虑,不如停战休兵,保全装备,去回报燕王,燕王必定高兴。民众看见您将如同见到父母一样,朋友会兴奋地夸奖您,您的功绩可以显扬。您对上辅助孤立的国君,以控制群臣;对下养育百姓,帮助游说之士,改革政治,移风易俗,功成名就可以传闻于天下。或者,您就抛弃燕国,不顾议论,投奔齐国,我可以请求分给您封地,并确定封号,富有可以与陶朱公范蠡、子贡相比,世世代代享有诸侯那样的威名,与齐国长期共存,这也是一种办法。这两者,都可以使名声显赫,得到实惠,希望您仔细考虑,慎重地选择一个方案。

"且吾闻效小节者不能行大威,恶小耻者不能立荣名。昔管仲射桓公中钩,篡也;遗公子纠而不能死①,怯也;束缚桎梏,辱身也;此三行者,乡里不通也,世主不臣也。使管仲终穷抑幽囚而不出,惭耻而不见,穷年没寿,不免为辱人贱行矣。然而管子并三行之过,据齐国之政,一匡天下,九合诸侯,为伍伯首②,名高天下,光照邻国。

【注释】

①公子纠:人名。春秋时,齐僖公子。齐襄公时,他携带管仲奔鲁。齐襄公死,他回国争位不成,后被鲁君所杀。

②伯:通"霸"。

【译文】

"而且我听说,专门注意细微末节的人,是做不出有威望的大事的;不能忍受小耻辱的人,是建立不起荣誉和美名的。从前,管仲射中齐桓公的带钩,这是篡逆;他抛下公子纠而不殉难,这是怯懦;以后又带上脚镣手铐,这是受辱;有这三种行为的人,乡亲都不和他交往,诸侯也不愿意要他为臣。如果管仲终身穷困抑郁,困居而不出门,羞愧而不见人,那他一直到死,也免不了被认为是污浊的人做了下贱的事。可是管仲虽做了这三件错事,却仍然掌握了齐国的政权,辅佐齐桓公匡正天下,九次会合诸侯,成为五霸之首,名望高于天下,光辉照耀邻国。

"曹沫为鲁君将^①,三战三北而丧地千里。使曹子之足不离陈^②,计不顾后,出必死而不生,则不免为败军禽将^③。曹子以败军禽将,非勇也;功废名灭,后世无称,非知也;故去三北之耻,退而与鲁君计也,曹子以为遭。齐桓公有天下,朝诸侯,曹子以一剑之任,劫桓公于坛位之上,颜色不变而辞气不悖,三战之所丧,一朝而反之,天下震动惊骇,威信吴、楚,传名后世。

【注释】

①曹沫:人名。春秋时鲁国人,鲁庄公的将领。
②陈:通"阵"。
③禽:同"擒"。

【译文】

"曹沫做鲁国的将军,三战三败,失地千里。如果他脚不离开战场,不考虑将来,出战只知拼死拼活,则不过做一个战败被擒的将领罢了。曹沫认为战败被擒的将领,不是勇敢;功业废弃,名声泯灭,后世无人称道,不是聪明;所以曹沫不顾三战三败的耻辱,退而与鲁君合谋,曹沫把这当作自己的际遇。齐桓公是诸侯之首,被诸侯朝拜,而曹沫凭着一支宝剑,便挟持桓公于柯邑的会盟坛上,面不改色,义正辞严,三次战争所失的土地,一天就完全收复,天下震动,诸侯惊骇,声威远及吴、楚,名声传到后世。

　　"若此二公者,非不能行小节、死小耻也,以为杀身绝世,功名不立,非知也。故去忿恚之心而成终身之名①,除感忿之耻而立累世之功,故业与三王争流,名与天壤相敝也。公其图之!"

【注释】

　①忿恚(huì):怨恨。

【译文】

　　"像管仲、曹沫这两位,并不是不能遵行小节,为小耻而死,他们认为一旦身死,功名不立,这不是聪明。所以能去掉怨恨之心,成就终身之名;不顾短暂的耻辱,建立千载的功业,因此,他们的功业可与禹、汤、文武三代圣王争高下,名声与天地并存。希望您能加以考虑!"

　　燕将曰:"敬闻命矣!"因罢兵到橐而去①。故解齐国之围,救百姓之死,仲连之说也!

【注释】

　①罢兵到橐:表示不抵抗。到,通"倒"。橐,箭筒。

【译文】

　　燕将说:"我恭敬地接受您的教诲!"于是停止战斗,收拾行装,撤军

而去。所以,解除齐国聊城之围,拯救百姓免于死亡,这都是鲁仲连游
说的功劳啊!

一四六 燕攻齐

【题解】

周赧王三十年(前285),田单复齐,功高震主。田单关心老人,齐王
认为他在收买人心,很不高兴。贯珠劝他顺水推舟,表扬田单,从而使
自己的形象也得到提高。他对上可以解除齐王的不满,对下可以让田
单摆脱困境,消除了君臣间的隔阂,可算是一举两得。

燕攻齐,齐破,闵王奔莒,淖齿杀闵王。田单守即墨之
城,破燕兵,复齐墟。襄王为太子微①。齐以破燕②,田单之
立疑,齐国之众皆以田单为自立也。襄王立,田单相之。

【注释】

①微:隐藏。

②以:通"己"。

【译文】

燕国打败了齐国,齐闵王逃到莒邑,齐相淖齿杀死了齐闵王。齐将
田单守住即墨,打败了燕军,收复了齐国的失地。当时齐襄王为太子,
躲藏起来。后来齐国已打败了燕国,田单对于立襄王为国君犹豫不决,
齐国人都认为田单想立自己为国君。后来襄王被立为国君,田单做了
相国。

过菑水①,有老人涉菑而寒,出不能行,坐于沙中。田单

见其寒，欲使后车分衣，无可以分者，单解裘而衣之。襄王恶之，曰："田单之施，将欲以取我国乎？不早图，恐后之。"左右顾无人，岩下有贯珠者，襄王呼而问之曰："女闻吾言乎？"对曰："闻之。"王曰："女以为何若？"对曰："王不如因以为己善。王嘉单之善，下令曰：'寡人忧民之饥也，单收而食之；寡人忧民之寒也，单解裘而衣之；寡人忧劳百姓，而单亦忧之，称寡人之意。'单有是善而王嘉之，善单之善，亦王之善已。"王曰："善。"乃赐单牛酒，嘉其行。

【注释】

①菑（zī）：通"淄"，水名。

【译文】

一次，过淄水时，田单看见一个老人渡水，禁不住寒冷，出水后不能行走，坐在沙滩上。田单看见老人身体寒冷，便想让后车的人分给他一些衣服，可大家分不出衣服来，田单就把自己的裘衣脱下来给他穿上。襄王很不高兴，说："田单在笼络人，是想要篡夺国家的大权吗？如果不早点想办法，恐怕他会先下手。"襄王看左右无人，只在殿堂下有一个穿珠的人，便把他叫住，问他："您听到我的话了吗？"这人回答说："听到了。"襄王问："您认为怎么样？"回答说："大王不如因此而把它作为自己的优点。"襄王问："这是什么意思？"回答说："大王就称赞田单的好处，下令说：'我担心百姓挨饿，田单便收养他们，给他们饭吃；我担心百姓受冻，田单就脱下自己的裘衣给他们穿；我担心老百姓劳苦，田单也关心他们，很合我的心意。'田单有这些优点，大王嘉奖他。因此，嘉奖田单的优点，也就成为大王的优点。"襄王说："好。"于是赐给田单牛和酒，嘉奖他的行为。

后数日，贯珠者复见曰："王至朝日，宜召田单而揖之于庭，口劳之。"乃布令求百姓之饥寒者，收谷之。乃使人听于闾里，闻丈夫之相与语，举曰："田单之爱人，嗟，乃王之教泽也！"

【译文】

过了几天，穿珠的人又来拜见襄王说："大王上朝时，应该召见田单，在大庭中以礼相待，亲自慰劳他。"于是襄王发布命令，收容饥寒的百姓，供养他们。又派人到群众中去，听取他们的议论，他们都说："田单爱护老百姓，这是大王教导的结果啊！"

一四七　貂勃常恶田单

【题解】

貂勃经常说田单的坏话，田单质问他，他用跖犬吠尧，吠非其主来解释。田单不计前嫌，推荐他入朝任职。

齐襄王身边有九个宠臣，诽谤田单，说他心存不轨，引起了襄王的猜忌。

貂勃从楚国出使回来，齐王对他直呼田单的名字。貂勃就用周文王称吕尚为"太公"，齐桓公称管仲为"仲父"的故事讽谏齐王，并说不应忘记田单定国的大功。齐王被他说动，就杀掉宠臣，隆重地封赏了田单。

貂勃常恶田单曰[①]："安平君小人也[②]。"安平君闻之，故为酒而召貂勃曰："单何以得罪于先生，故常见誉于朝？"貂勃曰："跖之狗吠尧[③]，非贵跖而贱尧也，狗固吠非其主也。

且今使公孙子贤而徐子不肖,然而使公孙子与徐子斗,徐子之狗犹时攫公孙子腓而噬之也④。若乃得去不肖者而为贤者狗,岂特攫其腓而噬之耳哉!"安平君曰:"敬闻命。"明日,任之于王。

【注释】

①貂勃:人名。齐人。

②安平君:田单封号。安平,地名。在今山东益都东北。

③跖(zhí):传说中奴隶起义领袖,被诬为"盗"。

④腓(féi):小腿肚。

【译文】

　　齐人貂勃常说田单的坏话,他说:"安平君田单是个小人。"安平君田单听说后,特备了宴席,请貂勃赴宴,田单说:"我有什么地方得罪了先生,为什么先生常常在朝廷中跟我过不去啊?"貂勃说:"盗跖的狗向尧帝狂叫,并不是狗尊重盗跖,鄙视尧帝,狗本来就是向不是它的主人狂叫的。假如公孙子贤能,徐子无能,如果他们互相争斗,徐子的狗还是会去抓公孙子的小腿肚子,去咬他的。至于让那只狗离开无能的人,寻找贤能的人当它的主人,那岂止仅仅是咬小腿肚子而已!"安平君田单说:"感谢您的指教。"第二天,他上朝就向齐王推荐了貂勃。

　　王有所幸臣九人之属,欲伤安平君,相与语于王曰:"燕之伐齐之时,楚王使将军将万人而佐齐,今国已定而社稷已安矣,何不使使者谢于楚王?"王曰:"左右孰可?"九人之属曰:"貂勃可。"

【译文】

　　齐国有九个受宠幸的臣子,他们想中伤安平君,就一起在齐王面前说:"燕国进攻齐国时,楚王派将军带领了一万大军援助齐国,现在国家已经安定,为什么不派使臣去酬谢楚王呢?"齐王说:"派谁去合适呢?"这九个宠臣说:"貂勃可以。"

　　貂勃使楚,楚王受而觞之,数日不反。九人之属相与语于王曰:"夫一人之身而牵留万乘者,岂不以据势也哉?且安平君之与王也,君无臣礼而上下无别,且其志欲为不善,内牧百姓,循抚其心,振穷补不足,布德于民;外怀戎翟、天下之贤士,阴结诸侯之雄俊豪英,其志欲有为也!愿王之察之!"

【译文】

　　貂勃奉命出使到楚国,楚王接待并且设宴款待他,过了几天,也没有回国。这九个宠臣又在齐王面前说:"貂勃是个普通的人,被万乘之君的楚王挽留,这难道不是因为他仗着田单的势力吗?况且安平君对待大王不遵守君臣之礼,没有上下之别,他的内心是想要图谋不轨啊。他对内笼络百姓,收买人心,救济穷人,给百姓以小恩小惠,对外怀柔外族及诸侯的贤士,暗地里结交诸侯中的英雄豪杰,他的阴谋可不小啊!希望大王仔细审查。"

　　异日,而王曰:"召相单来。"田单免冠、徒跣、肉袒而进①,退而请死罪,五日而王曰:"子无罪于寡人。子为子之臣礼,吾为吾之王礼而已矣!"

【注释】

①跣（xiǎn）：光脚。

【译文】

有一天，齐王说：“召相国田单来。”田单没戴帽子，打着赤脚，光着上身，惶恐地去请罪，退出时又请求死罪，五天后，齐王说：“您对我没罪，您还是行您的臣子之礼，我还是行我的国君之礼，就这样吧！”

貂勃从楚来，王赐诸前，酒酣，王曰：“召相田单而来。”貂勃避席稽首曰：“王恶得此亡国之言乎！王上者孰与周文王？”王曰：“吾不若也。”貂勃曰：“然，臣固知王不若也。下者孰与齐桓公？”王曰：“吾不若也。”貂勃曰：“然，臣固知王不若也。然则周文王得吕尚以为太公，齐桓公得管夷吾以为仲父，今王得安平君而独曰‘单’。且自天地之辟，民人之始，为人臣之功者，谁有厚于安平君者哉？而王曰‘单’，恶得此亡国之言乎！

【译文】

貂勃从楚国回到齐国，齐王设宴款待他，当酒兴正浓时，齐王说：“去叫相国田单前来。”貂勃离开坐席，行大礼参拜说：“大王怎么说出这种亡国的话来啊！大王跟周文王相比，怎么样呢？”齐王说：“我不如。”貂勃说：“是这样，我本来就知道您不如。那跟齐桓公比又怎么样呢？”齐王说：“我不如。”貂勃说：“是这样，我本来就知道您不如。”可是周文王得到了吕尚，尊他为太公；齐桓公得到了管夷吾，尊他为仲父，现在大王得到了安平君，却叫他的名字‘单’。从开天辟地有人类以来，做臣子的功劳谁能胜过安平君呢？可是大王竟然叫他的名字‘单’，大王怎么说出这种亡国的话来啊？

"且王不能守先王之社稷,燕人兴师而袭齐墟,王走而之城阳之山中①,安平君以惴惴之即墨,三里之城,五里之郭,敝卒七千,禽其司马而反千里之齐,安平君之功也。当是时也,阖城阳而王,天下莫之能止。然而计之于道,归之于义,以为不可,故为栈道木阁而迎王与后于城阳山中,王乃得反,子临百姓。今国已定,民已安矣,王乃曰'单',且婴儿之计不为此。王不亟杀此九子者以谢安平君,不然,国危矣!"王乃杀九子而逐其家,益封安平君以夜邑万户②。

【注释】

①城阳:地名。齐邑,属今山东莒县。

②夜邑:地名。齐邑,在今山东掖县。

【译文】

"当初,大王不能保住自己的国家,燕人出兵侵犯齐国,大王逃到城阳山中,安平君凭着区区即墨的三里之城,五里的外郭,带领着七千疲惫的士卒,擒获了燕军的司马,恢复了整个齐国,这都是安平君的功劳。在那时,如果他在城阳自立为王,诸侯谁也不能阻止他。可是,安平君从道义出发考虑问题,认为不能这样做,所以架设栈道,从城阳山中迎接了大王和王后,您才能返回国都,治理百姓。现在国家已经安定,百姓也已经安定,您却直呼安平君的名字'单',就是小孩子也不会这样做的。大王还不赶快杀掉这九人,向安平君道歉,不然的话,国家就危险了。"齐王于是杀掉了九个宠臣,驱逐他们的家属,又把夜邑万户之地加封给安平君。

一四八　田单将攻狄

【题解】

作为一个指挥员,应具备多种条件,"勇"是其中之一。勇是要善于激励士气,鼓舞战士决战决胜的勇气。勇是要果敢决断,不退缩,不犹豫,不迟疑,对战局的前景充满必胜的信心。

吃苦在先,享乐在后,一切行为都是战士的表率,这是一个优秀指挥员应具备的基本素质。田单在攻狄之战中,最初居功自傲,后经鲁仲连批评,翻然改过,终于拿下狄城。

田单将攻狄①,往见鲁仲子②。仲子曰:"将军攻狄,不能下也。"田单曰:"臣以五里之城,七里之郭,破亡余卒,破万乘之燕,复齐墟,攻狄而不下,何也?"上车弗谢而去,遂攻狄,三月而不克之也。

【注释】

①田单:战国时齐国临淄人。公元前284年,燕军破齐,他率众坚守即墨,用火牛阵大破燕军,尽复失地,后被任为齐相,封安平君。狄:在今山东高青东南。

②鲁仲子:即鲁仲连,齐国高士。

【译文】

田单将要攻打狄城,他去拜访鲁仲连。鲁仲连说:"将军此去攻打狄城,不能攻下。"田单说:"我曾凭借内城五里、外城七里的小地方,率领国家破亡后的残军,打败拥有万辆战车的燕国,恢复齐国故土,您却说我不能攻下狄城,这是为什么呢?"话音刚落就掉头登车,不辞而别,去攻打狄城,连攻三个月,不能拿下。

　　齐婴儿谣曰：“大冠若箕，修剑挂颐，攻狄不能下，垒枯丘①。”田单乃惧，问鲁仲子曰：“先生谓单不能下狄，请闻其说。”鲁仲子曰：“将军之在即墨②，坐而织蒉③，立则丈插，为士卒倡曰：‘无可往矣，宗庙亡矣，魂魄徜矣④，归于何党矣。’当此之时，将军有死之心，而士卒无生之气，闻若言，莫不挥泣奋臂而欲战，此所以破燕也。当今将军东有夜邑之奉⑤，西有菑上之虞⑥，黄金横带而驰乎淄、渑之间⑦，有生之乐，无死之心，所以不胜者也。”田单曰：“单有心，先生志之矣。”明日，乃厉气循城，立于矢石之所，及援枹鼓之⑧，狄人乃下。

【注释】

①垒枯丘：当依别本作“垒枯骨成丘”。

②即墨：在今山东平度东南。

③蒉（kuì）：草筐。

④徜：怅惘之意。这里是魂魄没了的意思。

⑤夜邑：在今山东掖县。

⑥菑：通“淄”，水名。虞：通“娱”，娱乐。

⑦淄、渑：二水名。在今山东淄博附近。

⑧枹（fú）：鼓槌。

【译文】

　　齐国的小孩子们唱着一首歌谣道：“帽儿像簸箕，长剑拄下巴，狄城攻不下，白骨成山没办法。”田单听了，害怕完不成任务，又去请教鲁仲连说：“先生说我攻不下狄城，请把原因告诉我吧。”鲁仲连说：“将军在困守即墨时，一坐下来就编织草筐，一站起来就拿铲铲土，还教导战士们说：‘我们已没处可去了，国家已经灭亡了，但是我们的魂魄不在，我们将到何处安生呢？’那时，将军有死战的决心，战士们都不想苟且偷生,闻听到您这样的话,全都擦着眼泪,振臂高呼,要求一战,这就是能打败燕国的原因。如今,您东有夜城丰厚的收入,西有淄水的景色可以娱目,腰系黄金的带钩,驱车在淄水、渑水一带观赏,充满人生的乐趣,没有拼死的决心,这就是不能胜敌的原因。"田单说:"我决心已下,先生您就等着瞧吧。"第二天,田单亲自到战场激励士气,巡视地形,并站在能被敌军弓箭和石块击中的地方,擂鼓攻城,狄城终被攻下。

一四九上　濮上之事

【题解】

周赧王三年(前312),齐、宋联军合围魏国的煮枣(今山东菏泽西南),秦派樗里疾率军助魏反攻,在濮水上大败齐军。俘虏了齐将声子,击走了齐将匡章。这就是本文开头所说的"濮上之事"。

盼子向齐王建议,用粮食资助宋国,阻止魏军继续东进。

濮上之事①,赘子死②,章子走③。盼子谓齐王曰④:"不如易余粮于宋,宋王必说⑤,梁氏不敢过宋伐齐。齐国弱,是以余粮收宋也。齐国复强,虽复责之宋,可;不偿,因以为辞而攻之,亦可。"

【注释】

①濮:水名。在今山东濮县西南。

②赘子:人名。齐将。

③章子:人名。齐将,即匡章。

④盼子:人名。齐将,即田盼。齐王:宣王。

⑤宋王:宋王偃。说:同"悦"。

【译文】

在濮上战役中，齐国的赘子战死，匡章败逃。田盼对齐王说："您不如把我们的余粮交给宋国，宋王一定很高兴，魏国因此就不敢通过宋国来进攻齐国了。齐国目前衰弱，现在拿我们的余粮去联合宋国。如果齐国强盛起来，那时可以再向宋国讨回我们现在给他们的粮食，可行；他们不归还，我们以此为借口出兵攻宋，也是可行的。"

一四九下　齐闵王之遇杀

【题解】

有人说"巾帼不让须眉"，这话在君王后身上得到了验证。

君王后年轻时，能冲破旧礼教束缚，自主择婿，有眼光。父亲宣布和她断绝关系，她仍然礼数有加，有孝行。她主持大局，和各国长期友好相处，有才干。她死后，齐国不久就被秦国灭掉，可见她身系齐国安危，真可算是一位了不起的女英雄。捶破玉连环的举动，更显示出君王后智慧过人。一槌震敌胆，强于百万兵。这一槌给后人留下了无穷的思考。

齐闵王之遇杀①，其子法章变姓名，为莒太史家庸夫②。太史敫女③，奇法章之状貌，以为非常人，怜而常窃衣食之，与私焉。莒中及齐亡臣相聚，求闵王子，欲立之。法章乃自言于莒。共立法章为襄王。

【注释】

①齐闵王之遇杀：公元前284年，燕军攻入齐都临淄，闵王逃亡，被楚将淖齿所杀。

②莒：齐邑，在今山东莒县南。

③斁：音 jiǎo。

【译文】

　　齐闵王被杀后，他的儿子法章变换姓名，在莒地太史敫家做了佣人。太史敫的女儿觉得法章的相貌不同寻常，认为他不是一般的人，于是怜爱他，常常暗地里拿些衣服和食物给他，并和他私通。后来莒城中的人和从齐都逃亡出来的臣子在一起聚会，寻找闵王的儿子，准备立他为王。法章向莒城的人说明了自己的身份。他们就共同拥立法章做齐襄王。

　　襄王立，以太史氏女为王后，生子建。太史敫曰："女无媒而嫁者，非吾种也，污吾世矣。"终身不睹。君王后贤，不以不睹之故，失人子之礼也。

【译文】

　　襄王即位后，就立太史家的女儿为王后，生下一子名叫建。太史敫说："我的女儿没有媒人而自行出嫁，不是我的后代，她污辱了我一世清名。"太史敫终身不肯见君王后。君王后很贤慧，不因父亲不见她而失去做子女的礼节。

　　襄王卒，子建立为齐王。君王后事秦谨，与诸侯信，以故建立四十有余年不受兵。

【译文】

　　齐襄王死后，儿子建继立为齐王。君王后事奉秦国小心谨慎，和诸侯交往讲信用，因而齐王建在位有四十多年没有遭受战祸。

秦始皇尝使使者遗君王后玉连环①，曰："齐多知，而解此环不②？"君王后以示群臣，群臣不知解。君王后引椎椎破之③，谢秦使曰："谨以解矣。"

【注释】

①秦始皇：当从别本作"秦昭王"。君王后死时，秦始皇尚未即位。遗（wèi）：送给。

②不：同"否"。

③椎（chuí）：前面的"椎"为名词，捶击的工具；后一个"椎"，动词，捶击。

【译文】

秦昭王曾派遣使臣送给君王后一副玉连环，说："齐国人足智多谋，能够解开这连环吗？"君王后把连环给群臣看，群臣不知道怎样才能解开。君王后用椎子击破连环，告诉秦国使臣说："已经解开了。"

及君王后病且卒，诫建曰："群臣之可用者某。"建曰："请书之。"君王后曰："善。"取笔牍受言。君王后曰："老妇已亡矣①！"

【注释】

①亡：通"忘"。

【译文】

君王后病危将死，她告诫齐王建说："群臣中可以重用某人。"齐王建说："请让我写下来。"君王后说："好。"齐王建取过笔和木简，准备记下遗言。君王后说："老妇已经忘记了！"

君王后死，后后胜相齐，多受秦间金玉，使宾客入秦，皆为变辞，劝王朝秦，不修攻战之备。

【译文】

君王后死后，后胜为齐相，收受了许多秦国间谍的金玉，他派到秦国去的宾客，回来都用变诈的言辞，劝齐王建入秦朝进见，不考虑整顿战备。

一五〇　齐王建入朝于秦

【题解】

公元前221年，东方六国中，五国已亡，唯齐独存，齐王建眼看大势已去，只好入秦朝拜。这时，被灭各国的残余力量和合纵派都并不甘心，想寻找机会，作最后一搏，雍门司马和即墨大夫，就是他们中的代表人物。

他们提出，齐国地方数千里，甲士数十万，这是抗秦的基本力量。三晋的残余势力散布在阿、鄄之间，配备兵力，用他们收复故地，从河东攻秦，可以直入秦的临晋关。楚国的残余势力散布在南城之下，配以适当兵力，收复故地，可以从南阳直插秦的武关。如此，齐国可以大振军威，灭亡秦国。可惜齐王建是个庸才，不能采纳。合纵的企图灰飞烟灭，齐国的基业也终于葬送在"松耶、柏耶"的挽歌声中。

齐王建入朝于秦，雍门司马前曰①："所为立王者，为社稷耶？为王立王耶？"王曰："为社稷。"司马曰："为社稷立王，王何以去社稷而入秦？"齐王还车而反。

【注释】

①雍门：齐城门名。司马：武官。位在将军之下。

【译文】

齐王建到秦国去朝见秦王，齐都城雍门的司马横戟挡住齐王，他说："我们是为社稷立王，还是为大王您个人立王？"齐王答道："为了国家社稷。"司马说："既然是为国家社稷立王，大王为何抛弃社稷到秦国去呢？"齐王听后，掉转马头，折回王宫去了。

即墨大夫与雍门司马谏而听之，则以为可与为谋，即入见齐王曰："齐地方数千里，带甲数百万。夫三晋大夫皆不便秦，而在阿、鄄之间者百数①，王收而与之百万之众，使收三晋之故地，即临晋之关可以入矣②。鄢、郢大夫不欲为秦，而在城南下者百数，王收而与之百万之师，使收楚故地，即武关可以入矣③。如此，则齐威可立，秦国可亡。夫舍南面之称制，乃西面而事秦，为大王不取也。"

【注释】

①阿：在今山东阳谷东五十里。鄄（yīn）：在今山东鄄城北二十里。

②临晋之关：临晋关，在今陕西朝邑西二十里。

③武关：在今陕西丹凤东南。

【译文】

即墨大夫知道了齐王听从了雍门司马官的劝告，认为可以与齐王谋事，于是他进宫拜见齐王，对齐王说："齐国方圆千里，雄兵数十万。赵、魏、韩三国的官员们不愿为秦效力而在阿城和鄄城两地聚集了数百人，大王将他们招揽过来，给他们百万大兵，让他们收复三国的旧地，就可以攻下秦国东边的临晋关。鄢、郢的官员不愿屈从秦国的，有数百人聚集在齐国的南城,大王将他们招揽过来,给他们百万将士,让他们收复楚国被秦国占领的土地,就可以攻下秦国南边的武关了。这样,齐国就能树立国威,秦国就会灭亡。大王如果舍弃称王于天下的机会而甘愿听命于秦国,实在太不值得了。"

齐王不听。秦使陈驰诱齐王内之①,约与五百里之地。齐王不听即墨大夫而听陈驰,遂入秦,处之共松柏之间②,饿而死。先是齐为之歌曰:"松邪! 柏邪! 住建共者,客耶!"

【注释】

①陈驰:齐国入仕秦国的人。

②共:在今河南辉县东北九里。

【译文】

齐王没有采纳即墨大夫的建议。秦国派陈驰诱使齐王入秦,假装答应给齐王五百里土地。齐王不听即墨大夫的话却听信了陈驰,到了秦国之后,秦王把齐王流放到共邑,处在松柏之间,最终饥饿而死。在这之前,齐国有人作了一首歌谣:"松树啊! 柏树啊! 让齐王死在共邑的,就是那些能言善辩的说客啊!"

一五一　齐以淖君之乱仇楚

【题解】

淖齿本为楚将,因杀死齐闵王,受到齐国的怨恨。后来秦国想联齐制楚,周赧王三十九年(前276),秦分别派人出使楚、齐二国。

楚臣齐明察觉了秦的意图,劝楚王设法离间齐、秦关系,这样,楚国就可举足轻重,可以联齐攻秦,也可联秦攻齐,都对楚国有利。

齐以淖君之乱仇楚①。其后秦欲取齐,故使苏涓之楚②,令任固之齐③。

【注释】

①淖君:即淖齿。公元前284年,五国伐齐,楚派他领兵救齐,遂为齐相,后杀死齐闵王。

②苏涓:人名。秦臣。

③任固:人名。秦臣。

【译文】

齐国因楚国人淖齿杀死闵王的乱子而仇视楚国。此后,秦国想争取齐国,就派苏涓去到楚国,又派任固到齐国。

齐明谓楚王曰①:"秦王欲楚②,不若其欲齐之甚也。其使涓来,以示齐之有楚,以资固于齐。齐见楚,必受固,是王之听涓也,适为固驱以合齐、秦也。齐、秦合,非楚之利也。且夫涓来之辞,必非固之所以之齐之辞也。王不如令人以涓来之辞谩固于齐,齐、秦必不合,齐、秦不合,则王重矣。王欲收齐以攻秦,汉中可得也③。王即欲以秦攻齐,淮、泗之间亦可得也④。"

【注释】

①齐明:人名。楚臣。楚王:顷襄王。

②秦王:秦昭王。

③汉中可得也:秦取楚汉中在公元前312年。汉中,地区名。在今陕西城固一带,后秦国在此置郡。

④淮、泗之间:即淮北泗上之地。

【译文】

齐明对楚王说:"秦国想联合楚国,不如他想联合齐国更为迫切。秦国派苏涓来楚国,是为了向齐国表示秦、楚友好,并用来帮助任固在齐国的活动。齐国见秦、楚两国友好,一定会同意任固的要求,这样,大王同意苏涓的要求,正好是帮助任固去做联合齐、秦的工作。但齐、秦联合,对楚国并没有什么利益。而且苏涓来楚国说的一套,必定不会是任固去齐国说的那一套。大王不如派人把苏涓来楚国说的话告诉齐国,这样,齐、秦必不会联合,齐、秦不能联合,那大王就可以举足轻重了。大王如果想联齐攻秦,那被秦国夺去的汉中之地就可以收回。大王如果想联秦攻齐,那么齐国的淮北、泗水之间的土地也就可以得到了。"

卷十四　楚策一

一五二　齐、楚构难

【题解】

周赧王十四年(前301),齐派大将匡章和韩、魏联合攻楚,双方在垂沙展开大战。宋国不愿开罪任何一方,请求保持中立。楚王派子象游说宋王,要求他支持楚国。从后来楚军大败的结果看,宋国的态度如何,并没有起到什么作用。

齐、楚构难,宋请中立。齐急宋,宋许之。子象为楚谓宋王曰[1]:"楚以缓失宋,将法齐之急也。齐以急得宋,后将常急矣。是从齐而攻楚,未必利也。齐战胜楚,势必危宋;不胜,是以弱宋干强楚也。而令两万乘之国常以急求所欲,国必危矣。"

【注释】

①子象:人名。楚人。宋王:宋王偃。

【译文】

齐国与楚国交兵,宋国要求中立。齐国去胁迫宋国,宋国便同意帮助齐国。子象为楚国对宋王说:"楚国因为态度缓和,所以失掉了宋国的援助,看来它得效法齐国来胁迫宋国。齐国因为胁迫宋国,所以得到了宋国的援助,那以后它就会经常来胁迫您。如果齐国战胜了楚国,必然危及宋国;如果不能战胜楚国,这等于以弱小的宋国去触犯强大的楚国啊。如果宋国让两个万乘大国齐、楚经常来进行胁迫,以实现各自的愿望,国家就必定危险了。"

一五三　五国约以伐齐

【题解】

周赧王三十一年(前284),五国伐齐,楚王持反对态度,他采用昭阳的献计,破坏五国攻齐的行动。

五国之中,以燕、秦、赵为主,韩、魏为辅,所以楚王派大工尹用割五城的诱饵,劝说韩国脱离五国阵线。从五国破齐的结果看,楚国的干扰并未奏效。

五国约以伐齐。昭阳谓楚王曰①:"五国已破齐,必南图楚。"王曰:"然则奈何?"对曰:"韩氏辅国也,好利而恶难。好利,可营也;恶难,可惧也。我厚赂之以利,其心必营;我悉兵以临之,其心必惧我。彼惧吾兵而营我利,五国之事必可败也。约绝之后,虽勿与地可。"

【注释】

①昭阳:人名。楚将,官大司马。楚王:楚顷襄王。

【译文】

　　五国联盟进攻齐国。楚国昭阳对楚王说:"五国如果打败了齐国,一定会乘机向南进攻楚国。"楚王说:"这可怎么办呢?"昭阳回答说:"韩国不是攻齐的主要国家,贪利怕难。贪利可以对他施以利诱,怕难可以对他进行威胁。我用重利去拉拢他,它一定会被利所诱;我发动大军去威胁他,他一定会感到害怕。他害怕我们的大军,又贪图我们的重利,这样五国联盟攻齐的事,一定会失败。他们的盟约被撕毁后,即使不给韩国割地,也是可以的。"

　　楚王曰:"善。"乃命大工尹之韩①,见公仲曰②:"夫牛阑之事、马陵之难③,亲主之所见也④。主苟无以五国用兵,请效列城五,请悉楚国之众也,以图于齐。"韩之反赵、魏之后,而楚果弗与地,则五国之事困也。

【注释】

①大工尹:官名。楚国的行政要职。

②公仲:人名。即韩相国公仲倗(péng)。

③牛阑之事:事不详。马陵之难:公元前341年,齐田忌大破魏军于马陵,魏太子申被杀。

④主:指公仲。大夫称主。

【译文】

　　楚王称赞道:"好主意。"于是派大工尹到韩国去,见到公仲说:"牛阑之事、马陵之役,都是您亲自看到的。您如果不和五国联合攻齐,我愿献出五个城邑,出动全军和你们共同对付齐国。"韩国和赵、魏解除盟约后,楚国果然没有割地,五国攻齐的事就受到了挫折。

一五四　荆宣王问群臣曰

【题解】

本章中,江乙在回答楚宣王的问题时,讲了一个有名的"狐假虎威"的寓言。这则故事告诉人们,要透过现象看本质,要擦亮眼睛辨别真假。

昭奚恤身为令尹,掌握着楚国的大权,楚国的内外大事,都需要他的点头。楚国地方五千里,带甲数十万,对北方虎视眈眈,以昭奚恤所处的地拉,北方害怕他是很自然的。

江乙从魏国来到楚国,想动摇楚王对昭奚恤的信任,故把他比成狐,百兽(北方)怕他,只不过是借用了虎(楚王)的威势,以此来说明昭奚恤并没有什么了不起。尽管如此,昭奚恤被北方畏惧,毕竟是无法改变的客观事实。

　　荆宣王问群臣曰[①]:"吾闻北方之畏昭奚恤也[②],果诚何如?"群臣莫对。

【注释】

①荆宣王:即楚宣王,熊姓,名良夫,公元前369—前340年在位。

②昭奚恤:楚国的令尹(相)。

【译文】

楚宣王问群臣道:"我听说北方各国都害怕昭奚恤,真是这样吗?"群臣无人回答。

　　江乙对曰[①]:"虎求百兽而食之,得狐。狐曰:'子无敢食我也。天帝使我长百兽,今子食我,是逆天帝命也。子以我为不信，吾为子先行，子随我后，观百兽之见我而敢不走乎?'虎以为然，故遂与之行。兽见之皆走。虎不知兽畏己而走也，以为畏狐也。今王之地方五千里，带甲百万，而专属之昭奚恤;故北方之畏奚恤也，其实畏王之甲兵也，犹百兽之畏虎也。"

【注释】

①江乙:魏国人，当时在楚国做官。

【译文】

江乙回答道:"老虎寻找各种野兽吃，得到一只狐狸。狐狸说:'你可不敢吃我啊。老天爷派我做群兽的首领，如今你要是吃了我，这就是违抗老天爷的命令啊。如果你认为我的话不可靠，我走在前面，你跟在我身后，看看野兽们见了我有敢不跑的吗?'老虎认为它说得对，就和它一起走。野兽见到它们，都逃跑了。老虎不知道野兽是因为害怕自己才逃跑的，以为是害怕狐狸。如今大王的国土纵横五千里，精兵百万，都交给昭奚恤统领;所以北方各国害怕昭奚恤，其实是害怕大王的精兵，就好像野兽害怕老虎啊。"

一五五　昭奚恤与彭城君议于王前

【题解】

本章载江乙不议论昭奚恤和彭城君的是非，和别处江乙多次说昭奚恤的坏话，态度颇为不同，或许这次是楚王当着昭奚恤的面召问江乙，所以江乙只好表示一种模棱两可的态度。

昭奚恤与彭城君议于王前①，王召江乙而问焉，江乙曰:

"二人之言皆善也，臣不敢言其后，此谓虑贤也。"

【注释】

①彭城君：楚封君。彭城，地名。楚邑，在今江苏徐州。

【译文】

昭奚恤与彭城君在楚宣王面前谈论问题，宣王召见江乙，问他对他们两人议论的看法，江乙说："他们说得都很好，我不敢对他们的言论发表意见，这是说贤者的坏话啊。"

一五六　邯郸之难

【题解】

周显王十六年（前353），魏军攻破赵都邯郸，赵向楚求救。昭奚恤主张不救赵，等待赵、魏互斗，两败俱伤。景舍则主张少出兵救赵，这样才能达到使赵、魏双方兵力疲惫的目的。景舍的用心更深，所以楚王采纳他的意见，终于取得睢、涉之间的土地。

邯郸之难①，昭奚恤谓楚王曰②："王不如无救赵而以强魏，魏强，其割赵必深矣。赵不能听，则必坚守，是两弊也。"

【注释】

①邯郸之难：公元前354年至公元前353年，魏围赵都邯郸。

②楚王：楚宣王。

【译文】

赵都邯郸被魏军围困，楚令尹昭奚恤对楚王说："大王不如不去救赵，而出兵来援助魏国，魏国实力加强了，它一定会要赵国多割让土地。

但赵国不听从，必定全力坚守，结果定是两败俱伤。"

景舍曰①："不然。昭奚恤不知也。夫魏之攻赵也，恐楚之攻其后。今不救赵，赵有亡形，而魏无楚忧，是楚、魏共赵也，害必深矣！何以两弊也？且魏全兵以深割赵，赵有亡形而见楚之不救己也，必与魏合而以谋楚，故王不如少出兵以为赵援。赵恃楚劲，必与魏战。魏怒于赵之劲，而见楚救之不足畏也，必不释赵。赵、魏相弊，而齐、秦应楚，则魏可破也。"楚因使景舍起兵救赵。邯郸拔，楚取睢、涉之间②。

【注释】

①景舍：人名。楚将。

②睢、涉之间：魏国的东南境，和楚国邻近。睢、涉(huì)，皆水名。

【译文】

景舍说："不对，昭奚恤不了解情况。魏国进攻赵国，却担心楚国从后面进攻它。现在不去救赵，赵国的形势危急，而魏国又没有楚国攻魏的后顾之忧，这就是楚和魏共同攻赵了，赵国必然遭到重大损失！怎么会是'两败俱伤'呢？再说魏国不损兵力，可多割得赵国土地，赵国出现了危亡的形势，又知道楚国不援救它，必定会与魏国联合起来对付楚国，所以，大王不如少出兵援救赵国，赵国依靠楚国的援助，必然会与魏国战斗。而魏国恼怒赵国力量的加强，又看出楚国的救助不足畏惧，它肯定不会放松对赵国的进攻。赵国、魏国互相削弱，而齐、秦响应楚国，那魏国肯定会被打败。"楚派景舍起兵救赵。邯郸被攻下，楚国也取得了睢、涉之间的土地。

一五七上　江尹欲恶昭奚恤于楚王而力不能

【题解】

江尹想在楚王面前诽谤昭奚恤,可是感到势单力薄,就想法拉拢山阳君和他共同行动,使昭奚恤陷于孤立。

江尹欲恶昭奚恤于楚王而力不能①,故为梁山阳君请封于楚②。楚王曰:"诺。"昭奚恤曰:"山阳君无功于楚国,不当封。"江尹因得山阳君与之共恶昭奚恤。

【注释】

①江尹:即江乙。楚王:楚宣王。
②山阳君:魏国封君。魏惠王时封于山阳。山阳,地名。在今河南
　　焦作东南。

【译文】

大臣江尹想在楚王面前诽谤楚令尹昭奚恤,可是感到势单力薄,他就为当时在楚国的魏国山阳君请求封地。楚王说:"可以。"昭奚恤说:"山阳君对楚国没有功劳,不当受封。"于是,江尹就取得山阳君的好感,和他共同来对付昭奚恤。

一五七下　魏氏恶昭奚恤于楚王

【题解】

背后说人坏话的人,居心叵测,是怕见阳光的。魏国派到楚国诋毁昭奚恤的,就是这类人。昭奚恤在楚王面前一针见血地指出这种人造谣生事、挑拨离间的丑恶本质,赢得了楚王的信任,使魏人对他的中伤

失去作用。

　　魏氏恶昭奚恤于楚王^①，楚王告昭子^②。昭子曰："臣朝夕以事听命，而魏入吾君臣之间，臣大惧。臣非畏魏也，夫泄吾君臣之交，而天下信之，是其为人也近君矣。夫苟不难为之外，岂忘为之内乎？臣之得罪无日矣。"王曰："寡人知之，大夫何患？"

【注释】

　　①楚王：楚宣王。

　　②昭子：即昭奚恤。

【译文】

　　魏国派人在楚王面前说昭奚恤的坏话，楚王把这事告诉了昭奚恤，昭奚恤说："我早晚侍奉君王，而让一个魏国人在我们君臣之间，进行挑拨，我实在害怕。我并不是害怕魏人，是怕他们挑拨我们君臣的关系，而诸侯又听信那些离间之辞。这种人一定是接近君王的人。既然他们能在外边对人造谣中伤，还能不在朝廷中进行挑拨离间呢？我获罪的日期已不远了。"楚王说："我心里明白，您还担心什么呢？"

一五八　江乙恶昭奚恤

【题解】

　　魏攻赵邯郸之役，楚国派军援赵攻魏。江乙说他当时在魏，听人说昭奚恤乘机拿走了魏国的宝物，贪取不义之财。江乙对此事好像是亲见亲闻，令昭奚恤很难辩解。

　　江乙恶昭奚恤，谓楚王曰①："人有以其狗为有执而爱之。其狗尝溺井，其邻人见狗之溺井也，欲入言之，狗恶之，当门而噬之②。邻人惮之，遂不得入言。邯郸之难，楚进兵，大梁将取矣，昭奚恤取魏之宝器，以臣居魏知之，故昭奚恤常恶臣之见王。"

【注释】

①楚王：楚宣王。

②噬（shì）：咬。

【译文】

　　江乙诽谤楚令尹昭奚恤，他对楚王说："有人因为他的狗凶猛有力，就很喜爱它。这只狗曾往井里撒尿，邻居看到狗往井里撒尿，要去告诉它的主人，狗怨恨他，就堵在门口要咬他。邻居怕狗咬，就不能进去告诉它的主人。魏国围攻赵都邯郸时，楚国将攻取魏都大梁，但昭奚恤收受了魏国给他的宝器，我住在魏国时知道他受贿的事，因此昭奚恤不喜欢我和大王见面。"

一五九　江乙欲恶昭奚恤于楚

【题解】

　　江乙向楚王提出，作为国君，不能偏听偏信，他的目的是要楚王不要过分相信昭奚恤。楚王说，他愿意倾听双方不同的意见，这不失为听取意见的好方法。

　　江乙欲恶昭奚恤于楚，谓楚王曰："下比周则上危，下分争则上安，王亦知之乎？愿王勿忘也。且人有好扬人之善者,于王何如?"王曰:"此君子也,近之。"江乙曰:"有人好扬人之恶者,于王何如?"王曰:"此小人也,远之。"江乙曰:"然则且有子杀其父,臣弑其主者,而王终已不知者,何也? 以王好闻人之美而恶闻人之恶也!"王曰:"善。寡人愿两闻之。"

【译文】

　　江乙想在楚国诽谤楚令尹昭奚恤,他对楚王说:"大臣结党营私,国君的地位就危险;大臣勾心斗角,国君的地位就安稳,大王您也知道吗?希望大王不要忘记这一点。有个人,他喜欢说别人的好话,大王您认为这个人怎样?"楚王说:"这是个君子,我要亲近他。"江乙说:"有个人,他喜欢说别人的坏话,大王您认为这个人怎样?"楚王说:"这是个小人,我要远避他。"江乙说:"这样说来,有儿子杀死他父亲,大臣杀死他国君的事,但大王始终不会知道的了,这是为什么? 是因为您只喜欢听别人的好话,而不喜欢听别人的坏话的缘故啊!"楚王说:"好,我愿意两方面的话都听。"

一六〇　江乙说于安陵君曰

【题解】

　　人一生的发展,总是曲折回环,很少有一帆风顺的,在得意的时候,应该想到失意时的退路。江乙是善于出谋划策的人,对此深有了解,他向安陵君提出如何固宠的办法。安陵君感谢他的指教,并说自己会在适当的时机,付诸行动。

　　有一天,楚王在云梦泽举行大规模狩猎,庞大的随行队伍,人欢马叫,旌旗遮天蔽日,野火频烧,虎狼怒嗥,场面雄伟,气氛热烈。楚王拈

弓搭箭,一发射中目标,踌躇满志,仰天大笑,那股高兴劲儿,真可说达
于沸点。安陵君认为这是他辛苦等待的时机到了,及时提出愿为楚王
殉葬的要求。在这兴头上,楚王非常满意,立刻赐给他封君的称号。安
陵君真是一个善于选择时机的人。

江乙善谋,安陵君"知时",这二人的确是一对好搭档。

江乙说于安陵君曰①:"君无咫尺之功、骨肉之亲,处尊
位,受厚禄,一国之众,见君莫不敛衽而拜,抚委而服,何以
也?"曰:"王过举而已,不然,无以至此。"江乙曰:"以财交
者,财尽而交绝;以色交者,华落而爱渝②。是以嬖女不敝
席,宠臣不敝轩。今君擅楚国之势,而无以深自结于王,窃
为君危之。"安陵君曰:"然则奈何?"江乙曰:"愿君必请从
死,以身为殉,如是必长得重于楚国。"曰:"谨受令。"

【注释】

①安陵君:名坛,楚国封君。

②华(huā)落:比喻容颜衰老。华,同"花"。渝:变。

【译文】

江乙对安陵君说:"您对楚国没有丝毫的功劳,也没有骨肉之亲,却
身居高位,享受厚禄,全国人见到您,都整理好衣襟,躬身下拜,这是为
什么呢?"安陵君回答说:"这不过是因为楚王错误地抬爱我罢了;不然,
不可能这样。"江乙说:"用金钱与别人结交,当金钱用完了,交情也就断
绝了;用美色与别人交往,当颜色衰退时,爱情也就改变了。所以,爱妾
床上的席子还没有睡破,就被遗弃了;宠臣的马车还没有用坏,就被罢
黜了。您现在独揽楚国的权势,可是自己并没有什么能与楚王结成深
交,我私下里很为您担忧。"安陵君说:"那可怎么办呢?"江乙说:"希望

您一定向楚王请求一块死,为他殉葬,这样您在楚国必能长期受到尊重。"安陵君说:"敬遵您的教导。"

　　三年而弗言。江乙复见曰:"臣所为君道,至今未效,君不用臣之计,臣请不敢复见矣!"安陵君曰:"不敢忘先生之言,未得间也。"

【译文】
　　过了三年,安陵君仍没有说什么。江乙又去拜见他说:"我给您说的,到现在您也没有实行,您既不采纳我的主张,我从此不敢再见您了!"安陵君说:"不敢忘记先生的教导,只因为没有遇到适当的时机啊!"

　　于是楚王游于云梦①,结驷千乘②,旌旗蔽日,野火之起也若云蜺③,虎嗥之声若雷霆。有狂兕牂车依轮而至④。王亲引弓而射,壹发而殪⑤。王抽旃旄而抑兕首⑥,仰天而笑曰:"乐矣,今日之游也! 寡人万岁千秋之后,谁与乐此矣?"安陵君泣数行而进曰:"臣入则编席,出则陪乘,大王万岁千秋之后⑦,愿得以身试黄泉,蓐蝼蚁⑧,又何如得此乐而乐之!"王大说⑨,乃封坛为安陵君。君子闻之曰:"江乙可谓善谋,安陵君可谓知时矣。"

【注释】
　　①云梦:战国时楚王游猎区,包括江汉平原及其附近丘陵地区。
　　②结驷:结,连。驷,一车四马。古人驾车,皆用四马,两匹服马居

中,两匹骖马在外侧,故称为"驷"。

③霓(ní):虹。

④兕(sì):犀牛。

⑤殪(yì):杀。

⑥旃(zhān):曲柄旗。旄(máo):用牛尾挂在竿头。

⑦万岁千秋之后:谓死后。

⑧蓐(rù)蝼蚁:为楚王作蓐以防御蝼蚁。蓐,草垫。

⑨说:同"悦"。

【译文】

后来,楚王到云梦地区去打猎,车马成群结队,络绎不绝,五彩旌旗遮蔽天日,野火烧起来好像彩虹,老虎咆哮之声好像雷霆。忽然奔来一只犀牛,像发了狂似地朝车轮横冲直撞过来。楚王拉弓搭箭,一箭就射死了犀牛。楚王随手拔起一根旗杆,按住犀牛的头,仰天大笑说:"今天的游猎实在太高兴啦! 我要是百年之后,又和谁一起享受这种快乐呢?"安陵君泪流满面,上前对楚王说:"我在宫内和大王挨席而坐,出外和大王同车而乘,大王百年之后,我愿随从而死,在黄泉之下也做大王的席垫,以免蝼蚁来侵扰您,又有什么能比这更快乐的呢!"楚王听了大为高兴,就封他为安陵君。君子听说这件事后说:"江乙真算是善于出谋划策,安陵君真是善于利用时机啊。"

一六一　江乙为魏使于楚

【题解】

本章主要说明应当倾听来自各方的不同意见。人们在发表意见时,受各种条件的制约,从不同的角度出发,往往各有所得,也各有所失。偏听偏信,常常会把事情弄糟。古语说"兼听则明,偏听则暗",江乙所要表达的,就是这种意思。

江乙为魏使于楚,谓楚王曰:"臣入竟①,闻楚之俗,不蔽人之善,不言人之恶,诚有之乎?"王曰:"诚有之。"江乙曰:"然则白公之乱得无遂乎②? 诚如是,臣等之罪免矣。"楚王曰:"何也?"江乙曰:"州侯相楚③,贵甚矣而主断,左右皆曰'无有',如出一口矣!"

【注释】

①竟:通"境"。

②白公:春秋时人,楚平王的孙子。楚惠王时,曾在楚国作乱,杀令尹,劫持楚王,后被叶公子高所平。

③州侯:楚国得宠的大臣,州是他的封邑,地在今湖北洪湖东北。

【译文】

江乙为魏国到楚国出使,对楚王说:"我进了楚国境内,听说楚国的习俗是不掩盖别人的优点,不谈别人的缺点,真有这回事吗?"楚宣王说:"真是这样。"江乙说:"那么像白公那样的乱事能不成功吗? 真要是这样,我们的罪过也就可以免除了。"楚王问:"为什么呢?"江乙说:"州侯做楚相,地位尊贵而专断,您周围的人都说他'没有专权的事',就像从一个人口里说出来的话啊!"

一六二　郢人有狱三年不决者

【题解】

楚国郢都有个人打一场官司,三年都没有判决下来。这人用计让执政昭奚恤说出他"不当伏罪"的看法,于是这人就心中有底了。

话说完后,昭奚恤就感到后悔了,说明他的反应还是很快的。

郢人有狱三年不决者^①，故令人请其宅，以卜其罪。客因为之谓昭奚恤曰："郢人某氏之宅，臣愿之。"昭奚恤曰："郢人某氏不当服罪，故其宅不得。"客辞而去。昭奚恤已而悔之，因谓客曰："奚恤得事公，公何为以故与奚恤？"客曰："非用故也！"曰："请而不得，有说色^②，非故如何也？"

【注释】

①郢：楚都，在今湖北江陵西北。

②说：同"悦"。

【译文】

楚国郢都有个人打官司，三年还没判决，他就找人请求购买他的房子，来探知他是否被判有罪。这人为他请求昭奚恤说："郢都某人的房子，我想把它买下。"昭奚恤说："这人不会被判有罪，所以他的房子您还不能买。"这人告辞而去。昭奚恤一转念后悔了，于是招回这人说："我任用您办事，您为什么用欺诈手段来对待我呢？"这人说："我并没有用欺诈手段来对待您呀！"昭奚恤说："您要求买房子没有买到，却表现得很高兴，这不是欺诈是什么呢？"

一六三　城浑出周

【题解】

在秦攻占韩的宜阳后，楚国的新城成为前沿防地。新城在宜阳东南，容易受到攻击。楚在新城设郡，加强边防力量，可以防备秦从宜阳进攻，所以城浑建议以新城作为主郡，受到楚王的重视和采纳。

本章事发生在周赧王十五年（前300），秦拔楚新城之前。

城浑出周①，三人偶行，南游于楚，至于新城②。城浑说其令曰："郑、魏者③，楚之奭国而秦、楚之强敌也④。郑、魏之弱，而楚以上蔡应之⑤；宜阳之大也⑥，楚以弱新城围之⑦。蒲反、安邑相去百里⑧，秦人一夜而袭之，安邑不知；新城、上蔡相去五百里，秦人一夜而袭之，上蔡亦不知也。今边邑之所恃者，非江南、泗上也，故楚王何不以新城为主郡也⑨？边邑甚利之。"

【注释】

①城浑：人名。周人。

②新城：地名。本为韩邑，后入楚。在今河南伊川西南。

③郑：此指韩国。

④奭(ruǎn)：柔弱。

⑤上蔡：地名。楚邑，在今河南上蔡西南。

⑥宜阳：地名。本韩邑，此时已为秦所得，在今河南宜阳西北。

⑦围(yǔ)：捍御。

⑧蒲反：地名。即蒲坂，魏邑，在今山西永济东南。安邑：地名。战国初曾为魏都，在今山西夏县西北十五里。

⑨楚王：楚怀王。

【译文】

城浑离开周，有三人同行，往南一道去楚国，到了楚国北界的新城。城浑对新城县令说："韩国、魏国对楚国来说是弱国，而秦国则是楚国的强敌。韩、魏虽是弱国，楚国却以上蔡之地来对付他们；秦国夺得了大县宜阳，楚国却以弱小的新城来抵御。蒲坂、安邑相距百里，秦国一夜之间就可以进袭蒲坂，而安邑竟没有发觉；新城、上蔡相距五百里，秦国一夜之间就可以进袭新城，而上蔡也没有发觉。现在楚国边界的防守，不能仅靠遥远的江南、泗上两地,所以说,楚王为什么不把新城设置为主郡?这将对边防更加有利。"

新城公大说^①,乃为具驷马乘车五百金之尽^②。城浑得之,遂南交于楚,楚王果以新城为主郡。

【注释】

①新城公:即上文的新城令。说:同"悦"。

②尽:通"赆(jìn)",馈赠。

【译文】

新城县令听了大为高兴,于是为他准备车马,又拿出五百金赠送给他。城浑收了赠金,就南下到楚国都城去活动,楚王果然把新城设置为主郡。

一六四　韩公叔有齐、魏

【题解】

周赧王十五年(前300),韩襄王太子死,诸子争立,公叔和几瑟都是角逐者之一。楚派郑申出使韩国,他擅作主张,把两邑赐给几瑟,引起楚王不满。郑申解释说,他赠地只是一句空话,不论结果如何,两邑都不会落入几瑟手中,于是楚王就不再怪罪他。

韩公叔有齐、魏,而太子有楚、秦以争国^①。郑申为楚使于韩^②,矫以新城、阳人予太子^③。楚王怒^④,将罪之。对曰:"臣矫予之,以为国也。臣为太子得新城、阳人以与公叔争国而得之,齐、魏必伐韩;韩氏急,必悬命于楚,又何新城、阳人之敢求？太子不胜，幸而不死，在今将倒冠而至，又安敢言地！"楚王曰："善。"乃不罪也。

【注释】

①太子：指韩公子几瑟。

②郑申：人名。楚臣。

③阳人：地名。楚邑，在今河南临汝西。

④楚王：楚怀王。

【译文】

韩公叔有齐、魏的支持，而太子几瑟则凭借楚、秦的势力来争夺政权。郑申为楚国出使韩国，他假托楚怀王的命令，把新城、阳人两地给予几瑟。楚怀王大怒，准备惩罚他。郑申辩解说："我假传王命，把这两地给他，是为了楚国。我认为几瑟得到了新城、阳人两地，在和公叔争权的斗争中胜利了，齐、魏两国定会进攻韩国；韩国危急，定会把命运交给楚国支配，怎么敢要求新城、阳人两地呢？如果太子争权失败，侥幸能够活着，将会很快逃到楚国，又怎敢提起两地的事呢？"楚王说："有道理。"就没有处罚他。

一六五　楚杜赫说楚王以取赵

【题解】

楚王准备把五大夫的爵位赐给杜赫，让他暗中去联络赵国。陈轸对杜赫进行中伤，要楚王事成后再行赐爵，杜赫不肯接受这个条件，赐爵的事也因而作罢，看来陈轸和杜赫是存在矛盾的。

楚杜赫说楚王以取赵①，王且予之五大夫②，而令私行。

陈轸谓楚王曰③："赫不能得赵，五大夫不可收也，是赏无功也。得赵而王无加焉，是无善也。王不如以十乘行之，事成，予之五大夫。"王曰："善。"乃以十乘行之。杜赫怒而不行。陈轸谓王曰："是不能得赵也。"

【注释】

①杜赫：人名。周人，游说之士。楚王：楚怀王。

②王且予之五大夫：这表示楚王对杜赫非常重视。五大夫，较高的爵位。战国及秦代重爵，和汉以后重官者不同。

③陈轸：人名。齐人，游说之士，属纵横家。先仕秦，后仕楚，其仕楚大致在怀王时。

【译文】

当时住在楚国的杜赫游说楚王去争取赵国，楚王准备赐给他五大夫的爵位，命他以个人身份前往。陈轸对楚王说："杜赫如果争取不到赵国，五大夫的爵位无法收回，这是无功受赏。如果他争取到赵国，大王的赏赐却没法再增加，就是有功不赏。大王不如给他十辆车让他去赵国，任务完成了，就给他五大夫的爵位。"楚王说："好。"于是给杜赫十辆车，让他前往。杜赫生气不肯出发。陈轸对楚王说："这说明他不能把赵国争取过来。"

一六六　楚王问于范环曰

【题解】

战国时，国君为了在别国培养亲近自己的势力，往往推荐自己中意的人担任要职，所以楚怀王向范环提出应当支持谁出任秦相的问题。

范环认为应当支持公孙郝，而不能支持甘茂。因为甘茂是贤才，他在秦得势,对楚国不利。公孙郝是秦王亲信,碌碌无能,才是最佳人选。邻国有贤人是己国的隐患,看来范环是深明此理的。

楚王问于范环曰①:"寡人欲置相于秦,孰可?"对曰:"臣不足以知之。"王曰:"吾相甘茂可乎?"范环对曰:"不可。"王曰:"何也?"曰:"夫史举,上蔡之监门也②,大不知事君,小不知处室,以苟廉闻于世,甘茂事之顺焉。故惠王之明、武王之察、张仪之好谮,甘茂事之,取十官而无罪。茂,诚贤者也,然而不可相秦。秦之有贤相也,非楚国之利也。且王尝用召滑于越而纳句章③。昧之难④,越乱,故楚南塞濑胡而郡江东⑤。计王之功,所以能如此者,越乱而楚治也。今王以用之于越矣,而忘之于秦,臣以为王巨速忘矣。王若欲置相于秦乎? 若公孙郝者可⑥。夫公孙郝之于秦王,亲也,少与之同衣,长与之同车,被王衣以听事,真大王之相已。王相之,楚国之大利也。"

【注释】

①楚王:楚怀王。范环:楚臣。

②上蔡:"上"当为"下"。下蔡,在今安徽凤台。

③召滑:楚臣。句章:越地,在今浙江余姚东南。

④昧:越地,今地不详。

⑤濑胡:当作"厉门",是通往岭南的要道。江东:指今江苏南部、浙江北部地区。

⑥公孙郝:秦昭王的亲信大臣。

【译文】

楚怀王问范环说:"我想推荐人担任秦相,您看是谁恰当?"范环回答说:"我对此难于作答。"楚王说:"我推荐甘茂可以吗?"范环回答说:"不可以。"楚王问:"为什么?"范环回答说:"史举是上蔡的守门人,性格怪僻,大则不懂得事君,小则不懂得处家,以对人苛刻著称,但甘茂能和他相处融洽。以惠王的英明,武王的洞察,张仪的善于诽谤人,甘茂在他们手下办事,顺利地升官十次而不曾获罪。甘茂确实是个人材,但不可以让他相秦。秦国有贤才担任相国,对楚是不利的。况且大王曾用召滑在越办事,得到了句章之地。昧地有祸事,乘着越国这场乱事,所以楚国能控制厉门并在江东设郡。计算大王的功劳,所以能有这样的业绩,是因为越国混乱而楚国政治清明的缘故。这种做法,大王曾在越使用而收到成效,却忘记在秦国使用,我认为大王未免忘得太快了。您要问推荐谁担任秦相恰当? 像公孙郝就是适当的人选。公孙郝和秦王是亲戚关系,小时候和秦王一起穿衣,长大了和秦王一同乘车,穿上秦王的衣服入朝听政,真是大王理想中的秦相啊。大王推荐他担任秦相,才是对楚国最有利的。"

一六七　苏秦为赵合从

【题解】

本文可分三个层次。

首先指出楚国具备诸多有利条件,可以称霸称王,使四邻诸侯来朝。

其次,指出连横派一心一意为秦国效劳,决不可轻易相信。

最后是经过苏秦的一番游说,楚王承认合纵策略的正确,表示愿意举国相从。

本文是拟托作品,是一次演讲练习。

苏秦为赵合从,说楚威王曰:"楚,天下之强国也;大王,天下之贤王也。楚地西有黔中、巫郡①，东有夏州、海阳②，南有洞庭、苍梧③，北有汾陉之塞、郇阳④。地方五千里，带甲百万，车千乘，骑万匹，粟支十年，此霸王之资也。夫以楚之强与大王之贤，天下莫能当也，今乃欲西面而事秦，则诸侯莫不西面而朝于章台之下矣⑤。

【注释】

①黔中：郡名。楚置，在今湖南西北部、湖北西南部及贵州东北部。巫郡：楚置，治所在今四川巫山北。

②夏州：地名。在今湖北汉阳北。海阳：地名。在今江苏泰州。

③洞庭：湖名。在今湖南岳阳西南。苍梧：山名。即九疑山，在今湖南宁远南。

④汾陉（xíng）之塞：塞名。在今河南许昌西南。郇（xún）阳：地名。楚邑，在今陕西洵阳东。

⑤章台：台名。在咸阳。此以章台代秦。

【译文】

苏秦为赵国组织合纵联盟，游说楚威王道："楚国，是天下的强国；大王，您是天下贤明的君主。楚地西面有黔中郡、巫郡，东面有夏州、海阳，南面有洞庭、苍梧，北面有汾陉天险、郇阳。国土有五千里见方，武装军士上百万，战车千辆，战马万匹，粮食储备够十年之用，这是建立霸王之业的有利条件。以楚国的强大和您的贤明，天下没有谁比得上，现在您却打算向西边的秦国称臣，那么诸侯就会都倒向西方而拜倒在秦国的章台下了。

"秦之所害于天下莫如楚，楚强则秦弱，楚弱则秦强，此其势不两立。故为王计，莫如从亲以孤秦。大王不从亲，秦必起两军,一军出武关①,一军下汉中,若此,则鄢、郢动矣②。臣闻治之其未乱,为之其未有也。患至而后忧之,则无及已。故愿大王之早计之。

【注释】

①武关:关名。在今陕西商州西南。

②鄢:地名。楚邑,在今湖北宜城东南。

【译文】

"秦国最害怕的莫过于楚国,楚强秦国就弱,秦强楚国就弱,秦、楚势不两立。所以我为大王考虑,不如与东方各国合纵相亲,使秦国孤立。大王如果不合纵,秦国必然会出动两支军队,一支军队从武关出击,一支军队指向汉中,那么楚国的鄢、郢就动摇了。我听说处理问题最好赶在乱子发生之前,在灾难还没有来临时就及早采取行动。祸患临头才去寻找对策,就来不及了。所以希望大王及早考虑。

"大王诚能听臣,臣请令山东之国奉四时之献,以承大王之明制,委社稷宗庙,练士厉兵,在大王之所用之。大王诚能听臣之愚计,则韩、魏、齐、燕、赵、卫之妙音美人必充后宫矣,赵、代良马橐驼必实于外厩。故从合则楚王,横成则秦帝。今释霸王之业而有事人之名,臣窃为大王不取也。

【译文】

"大王如果采纳我意见,我愿叫崤山以东各国一年四季向您进贡,接受您的领导,把国家和宗庙都委托给您,做好战备,听从大王的指挥。大王真要能采纳我不成熟的意见,那么韩、魏、齐、燕、赵、卫等国的美好音乐和美女一定会充满您的后宫,赵、代等地的良马、骆驼就会填满您的马厩。所以说，合纵成功，楚国就能成就王业，连横成功，将使秦国称帝。如今您放弃霸王的事业，而有侍奉他人的屈辱名声，我私下真为您感到不值得啊。

"夫秦，虎狼之国也，有吞天下之心。秦，天下之仇雠，横人皆欲割诸侯之地以事秦，此所谓养仇而奉雠者也！夫为人臣而割其主之地，以外交强虎狼之秦，以侵天下，卒有秦患，不顾其祸。夫外挟强秦之威以内劫其主，以求割地，大逆不忠，无过此者。故从亲则诸侯割地以事楚，横合则楚割地以事秦，此两策者，相去远矣，有亿兆之数，两者，大王何居焉？故弊邑赵王使臣效愚计，奉明约，在大王命之。"

【译文】

"秦国是个像虎狼一样凶恶的国家，抱有吞并天下的野心。秦国是天下的仇敌。主张连横的人都想割诸侯的土地去侍奉秦国，这真是奉养仇敌的人啊！作为臣子，割让自己国君的土地，去和虎狼一样的秦国拉关系，让它侵扰天下，自己的国家最终也会遭到秦国进犯，他是不管这种后果的。外边倚仗强秦的威势，对内去胁迫自己的国君，要求割让土地给秦国，大逆不忠的罪过，没有比这更大的了。如果合纵相亲，那么诸侯都会割让土地侍奉楚国；连横成功，那么楚国就要割让土地给秦国，这两种策略相差实在太远了，大王究竟站在哪一方面呢？所以敝国的赵王派我献上这不成熟的意见，接受您贤明的约定，全在大王的安排。"

楚王曰："寡人之国，西与秦接境，秦有举巴蜀、并汉中之心。秦，虎狼之国，不可亲也。而韩、魏迫于秦患，不可与深谋，恐反以入于秦，故谋未发而国已危矣。寡人自料，以楚当秦，未见胜焉。内与群臣谋，不足恃也。寡人卧不安席，食不甘味，心摇摇如悬旌，而无所终薄。今君欲一天下，安诸侯，存危国，寡人谨奉社稷以从。"

【译文】

楚王说："我的国家西面和秦国接壤，秦国有夺取巴蜀、吞并汉中的野心。秦是个像虎狼一样凶狠的国家，不能和它亲近。韩、魏由于受到秦国威胁，不能和它们深深地计议，和它们谋划大事，担心它们反把消息泄漏给秦国，计划还没有实行，国家已处在危难之中了。我自己估计，单靠楚国的力量去抵挡秦国，不一定打赢。在国内和群臣商量，又不可靠。我睡不好觉，吃不好饭，心神不定，不得安宁。现在您打算团结天下，拉拢诸侯，保全处在危亡中的国家，我愿竭诚以整个国家追随您。"

一六八　张仪为秦破从连横

【题解】

张仪游说楚王，使用的方法不外两种。

一是威胁。强调秦国强大无敌，可以联合韩、魏攻楚。秦可以从水陆两路出兵，夹攻楚国，楚的危亡指日可待。

接着指出，合纵的倡导者苏秦不可信赖，下场不妙，合纵就像是以群羊抗猛虎，必然失败。

二是利诱。张仪用秦、楚交换人质，秦女嫁到楚国，秦国献上大城，秦、楚结为兄弟之国为条件，说这样就可使楚国摆脱战祸。

本文也是拟托作品，语言犀利，咄咄逼人。事实如何，则不在考虑范围之内。

张仪为秦破从连横，说楚王曰："秦地半天下，兵敌四国，被山带河，四塞以为固。虎贲之士百余万，车千乘，骑万匹，粟如丘山。法令既明，士卒安难乐死，主严以明，将知以武，虽无出兵甲，席卷常山之险①，折天下之脊，天下后服者先亡。且夫为从者，无以异于驱群羊而攻猛虎也。夫虎之与羊，不格明矣。今大王不与猛虎而与群羊，窃以为大王之计过矣。

【注释】

①常山：山名。即恒山，在今河北曲阳西北，与太行山相连。

【译文】

张仪为秦国破坏合纵、推行连横策略，去游说楚王道："秦国的土地占天下一半，兵力足以抵挡周围的国家，据有险山，有黄河围绕，四面都有要塞作为坚固的设防据点。拥有雄兵百万，战车千辆，战马万匹，储粮堆积如山。法令严明，士卒又甘愿临难赴死，国君明智威严，将帅有谋有勇，不出兵则已，一出兵就会占据险峻的常山，折断天下的脊梁，天下凡是归顺在后的国家必然先遭灭亡。再说主张合纵的人，与驱赶群羊进攻猛虎没有什么不同。虎与羊之间的力量悬殊，是再明白不过的了。现在大王不结交猛虎却结交群羊，臣私下认为大王的考虑错了。

"凡天下强国，非秦而楚，非楚而秦，两国敌侔交争，其势不两立。而大王不与秦，秦下甲兵据宜阳，韩之上地不通；下河东①，取成皋②，韩必入臣于秦。韩入臣，魏则从风而动。秦攻楚之西，韩、魏攻其北，社稷岂得无危哉？

【注释】

①河东:地区名。在今山西西南部。

②成皋:地名。在今河南荥阳氾水城西。

【译文】

"总计天下的强国,不是秦就是楚,不是楚就是秦,两国势均力敌,您争我夺,这种形势不可能使两国并立。大王不结交秦,秦发兵占据宜阳,韩国上郡的地方就不能通行;秦再攻下河东,夺取成皋,韩国必定入秦投降称臣。韩投降称臣,魏国也就会趁此时机行动。秦国攻楚国的西面,韩、魏攻楚国的北面,国家哪能不危险呢?

"且夫约从者,聚群弱而攻至强也。夫以弱攻强,不料敌而轻战,国贫而骤举兵,此危亡之术也!臣闻之:'兵不如者,勿与挑战;粟不如者,勿与持久。'夫从人者,饰辩虚辞,高主之节行,言其利而不言其害,卒有秦祸,无及为已!是故愿大王之熟计之也。

【译文】

"再说合纵盟约是聚集一群弱国攻打最强的国家。以弱国攻打强国,不估量对方便轻率作战,国家贫穷却要频繁发起战事,这是危亡的道路啊!我听说过:'兵力不如对方强,就不要向对方挑起战端;粮食不比对方多,就不要同对方长期打仗。'那些谈合纵的人讲的都是好听的和不切实际的言辞,拔高主上不事秦的行为,只说合纵的好处不说它的坏处,突然招来秦兵的战祸,那时挽救就来不及了!所以请大王对这事多多地考虑吧。

"秦西有巴蜀,方船积粟①,起于汶山②,循江而下,至郢三千余里。舫船载卒，一舫载五十人，与三月之粮，下水而浮，一日行三百余里；里数虽多，不费马汗之劳，不至十日而距扞关③。扞关惊，则从竟陵已东④，尽城守矣，黔中、巫郡非王之有已。秦举甲出之武关，南面而攻则北地绝⑤。秦兵之攻楚也，危难在三月之内；而楚恃诸侯之救，在半岁之外，此其势不相及也。夫恃弱国之救而忘强秦之祸，此臣所以为大王患也！

【注释】

①方船：两舟相并。

②汶山：山名。即岷山，在今四川松潘北。

③扞（hàn）关：古关名。在今湖北长阳西。

④竟陵：地名。楚邑，在今湖北潜江西北。

⑤北地：楚北境之地，在今河南信阳以北。

【译文】

"秦国西面拥有巴蜀之地，用大船装载粮食，从汶山出发，顺长江而下，到楚国三千余里。用大船运载兵士，每条大船能载五十人和三个月的粮食，船顺着江水飘浮而下，一天可行三百余里；虽然走了这么多里的行程，但并不费牛马牵引的劳力，不到十天便可抵达楚国的扞关。扞关震动，竟陵以东的城邑就都要赶忙加强战备，黔中、巫郡就不再是大王所有了。秦再挥师从武关出发，从南面进攻，那么楚国的北境就被断绝。秦兵进攻楚国，不出三个月，楚国就会面临危难；然而是楚国等待各国诸侯发兵来救，却要在半年之后，这势必赶不上。依靠弱国的救援，忘记强秦的祸患，这就是臣下替大王担心的啊！

"且大王尝与吴人五战三胜而亡之，陈卒尽矣①；有偏守新城而居民苦矣。臣闻之:'攻大者易危,而民弊者怨于上。'夫守易危之功而逆强秦之心,臣窃为大王危之。

【注释】

①陈:通"阵"。

【译文】

"大王曾经与吴国人作战,战五次胜了三次,临阵的士兵死得差不多了;为了守卫新攻占的城邑,活下来的百姓也吃够苦了。我听说:'功业大容易招致危险,百姓穷困会产生怨恨国君的情结。'为了维持容易招致危险的功业而去违背强秦的意愿,我私下替大王感到危险。

"且夫秦之所以不出甲于函谷关十五年以攻诸侯者,阴谋有吞天下之心也。楚尝与秦构难,战于汉中,楚人不胜,通侯执珪死者七十余人①,遂亡汉中②。楚王大怒,兴师袭秦,战于蓝田③,又却,此所谓两虎相搏者也。夫秦、楚相弊而韩、魏以全制其后,计无过于此者矣。是故愿大王熟计之也。

【注释】

①执珪:楚的高级爵位。

②遂亡汉中:秦取楚汉中在公元前312年。

③蓝田:地名。秦邑,在今陕西蓝田西。

【译文】

"秦国之所以十五年不从函谷关出兵攻打诸侯,是因为它暗中订下了吞并天下的计划。楚国曾经与秦国发生冲突,双方在汉中交战,楚国人没有打胜,有侯爵和执珪之爵的战死了七十多人,楚国的汉中之地便由此失去。大王大怒之下，发兵袭击秦国，两军在蓝田交战，又战败了，这就是常言说的两虎相争啊。秦、楚两国相互削弱而使韩、魏两国以其完整无损的兵力来对付它们的后方，没有比这更加危险的做法了。请大王仔细考虑吧。

　　"秦下兵攻卫阳晋①，必扃天下之匈②。大王悉起兵以攻宋，不至数月而宋可举，举宋而东指，则泗上十二诸侯尽王之有已③。

【注释】

①阳晋：地名。卫邑，在今山东郓城西。

②扃（jiōng）：关闭。匈：同"胸"。

③泗上十二诸侯：泛指泗水流域的一些小国。

【译文】

　　"秦发兵攻取卫的阳晋以后，必定会使天下的交通要道断绝。大王调集全部兵力进攻宋国，不到数月就可攻下，攻占宋国再挥师东向，那么泗水之侧的十二个诸侯国就会全部属于大王所有了。

　　"凡天下所信约从亲坚者苏秦，封为武安君而相燕，即阴与燕王谋破齐共分其地，乃佯有罪，出走入齐，齐王因受而相之，居二年而觉，齐王大怒，车裂苏秦于市。夫以一诈伪反覆之苏秦，而欲经营天下，混一诸侯，其不可成也亦明矣。

【译文】

　　"约集东方六国合纵相互坚守盟约的人是苏秦，他被封为武安君，担任燕国的相国以后，就暗中与燕王策划攻破齐王后瓜分齐国的土地；苏秦于是装做有罪，逃离燕国到达齐国，齐王收留他，让他做了相国，经过两年后事情被发觉，齐王大怒，把苏秦车裂于刑场。像这样用一个狡诈虚伪的苏秦，却要想控制天下，把各国诸侯连成一气，这不可能成功是很明显的。

"今秦之与楚也，接境壤界，固形亲之国也。大王诚能听臣，臣请秦太子入质于楚，楚太子入质于秦，请以秦女为大王箕帚之妾①，效万家之都以为汤沐之邑，长为昆弟之国，终身无相攻击。臣以为计无便于此者。做敝邑秦王使使臣献书大王之从车下风②，须以决事。"

【注释】

①箕帚之妾：一种谦称。指侍奉洒扫的贱妾。帚，同"帚"。

②从车下风：表示敬意的词，指楚王左右侍从。从车，跟随的车。下风，地位卑微的人。

【译文】

"现在秦国与楚国国土相接，形势上本来就是亲密的国家。大王真能听我的话，我可以请秦王派太子到楚国来做人质，大王也派太子到秦国去做人质。我并请把秦王的女儿作为大王您的妻子，再奉上拥有万户人家的大城，收取赋税作为大王的沐浴费用，秦与楚长期成为兄弟国家，永世不互相攻打。我认为没有比这更好的策略了。所以秦王派我出使中国，呈献国书，敬候您的决定。"

楚王曰："楚国僻陋，托东海之上。寡人年幼，不习国家之长计。今上客幸教以明制，寡人闻之，敬以国从。"乃遣车百乘,献骇鸡之犀、夜光之璧于秦王。

【译文】

楚王说:"楚国地处偏僻,靠近东海之滨。我又年轻不懂得国家的长远大计。现在承蒙贵客把秦王的意见告诉我,我听了您的高见后,愿把国事委托给您。"于是派车百辆,将骇鸡犀角、夜光宝璧献给了秦王。

一六九　张仪相秦

【题解】

张仪曾经为秦攻取魏的曲沃等地,不久又把曲沃等地归还魏国,迫使魏与秦连横,并出任魏相而逐走惠施。

此时(前311),张仪又想重施故技,欲把新攻取的汉中归还楚国,逐走楚将昭过与谋臣陈轸,迫使楚与秦连横,但此计没有得逞,因当时秦大臣甘茂反对把汉中归还给楚国。

张仪相秦,谓昭雎曰①:"楚无鄢、郢、汉中,有所更得乎?"曰:"无有。"曰:"无昭雎、陈轸有所更得乎?"曰:"无所更得。"张仪曰:"为仪谓楚王逐昭过、陈轸②,请复汉中。"昭雎归报楚王,楚王说之③。

【注释】

①昭雎:人名。楚臣,主张联齐援韩以抗秦。

②昭过:人名。楚臣。

③说:同"悦"。

【译文】

张仪在秦国做相国时,对楚国昭雎说:"楚国失去鄢、郢、汉中,还会有这样的地方吗?"昭雎说:"不会再有了。"张仪问:"楚国失去了昭过、陈轸,还会有像他们那样的谋臣吗?"昭雎说:"不会再有了。"张仪说:"请您为我对楚王说,若赶走昭过、陈轸,我可以让秦王把汉中归还给楚国。"昭雎回去把这事告诉了楚王,楚王对此很高兴。

有人谓昭过曰:"甚矣,楚王不察于尊名者也。韩求相工陈藉而周不听,魏求相綦母恢而周不听,何以也?周曰:'是列县畜我也。'今楚,万乘之强国也;大王,天下之贤主也。今仪曰逐君与陈轸而王听之,是楚自行不如周,而仪重于韩、魏之王也。

【译文】

有人对昭过说:"楚王太不看重自己的名声了。以前,韩国要求东周任命工陈藉为相国,东周不同意;魏国要求西周任命綦母恢为相国,西周不同意,为什么?周君说:'这是把我当做一个县看待。'现在楚王是万乘强国,大王是天下贤明的国君。如果张仪要求大王赶走您和陈轸,而大王听他的话,这样,楚国就会使自己不如周国,把张仪看得比韩、魏两国的国君还重要。

"且仪之所行,有功名者秦也,所欲贵富者魏也。欲为攻于魏,必南伐楚。故攻有道,外绝其交,内逐其谋臣。陈轸,夏人也,习于三晋之事,故逐之,则楚无谋臣矣。今君能用楚之众,故亦逐之,则楚众不用矣,此所谓内攻之者也,而王不知察。今君何不见臣于王,请为王使齐交不绝。齐交不绝,仪闻之,其效汉中必缓矣。是昭雎之言不信也,王必薄之。"

【译文】

"况且张仪这样做,是想要在秦国建立功名,而想从魏国取得富贵。想要在魏国立功,必定会向南进攻楚国。因此,进攻就要有一定的方法,对外要使对方与盟国断交,对内要赶走它的谋臣。陈轸是中原人,他熟悉韩、赵、魏三国的政事,如果把他赶走,那么楚国就没有得力的谋臣了。现在您能指挥楚国的民众,如果也把您赶走,那楚国的民众就没有人指挥了,这就是所谓内攻的战术,可是楚王不能明察。您为什么不把我推荐给楚王,我可以让楚、齐两国不绝交。楚、齐不绝交,张仪知道后,就会拖延归还汉中。这样,昭雎所说的秦国会归还汉中的话,就显得不诚实,而大王也必然会看轻昭雎了。"

一七〇　威王问于莫敖子华曰

【题解】

楚威王向莫敖子华问道:"自从先君文王以至不毂之身,亦有不为爵劝、不为禄勉,以忧社稷者乎?"

针对威王的发问,子华列举了五种不同类型的"社稷之臣"。一类是为官清廉、生活刻苦的忧国之臣,如令尹子文;一类是高官厚禄的忧国之臣,如叶公子高;一类是置生死于度外、为国牺牲的忧国之臣,如莫敖大心;一类是身体劳顿、竭忠尽智的忧国之臣,如申包胥;一类是不受爵禄的鼓励而一心为国的忧国之臣,如蒙穀。他们都对楚国的历史发展作出了重大贡献。

结尾处用"灵王好细腰,官中多饿死"的故事,突出了好士求贤的主题。

威王问于莫敖子华曰①:"自从先君文王以至不穀之身②,亦有不为爵劝、不为禄勉,以忧社稷者乎?"莫敖子华对曰:"如华不足知之矣。"王曰:"不于大夫,无所闻之。"莫敖子华对曰:"君王将何问者也? 彼有廉其爵,贫其身,以忧社稷者;有崇其爵,丰其禄,以忧社稷者;有断脰决腹③,一瞑而万世不视,不知所益,以忧社稷者;有劳其身,愁其志,以忧社稷者;亦有不为爵劝,不为禄勉,以忧社稷者。"

【注释】

①莫敖:官名。地位仅次于令尹、司马。掌代王传命及备王咨询。
　子华:人名。

②文王:楚文王,名熊赀。公元前689—前675年在位。

③脰(dòu):脖子。

【译文】

楚威王问莫敖子华道:"从先君文王以来直到我这一代,可曾有过不追求官位、不计较俸禄,始终为国家操心的人吗?"莫敖子华回答说:"像我这样的人是没有资格谈论这个问题的。"楚王说:"如果不问您,我就无从知道了。"莫敖子华说:"大王要问的是哪种人呢? 他们之中有居官廉洁、不求富贵而为国操心的;有官位高、俸禄厚而为国操心的;有不怕断头剖腹、视死如归,也毫不考虑个人利益而为国操心的;有不辞辛劳、愁思苦虑而为国操心的;也有不要官位、不要俸禄而为国操心的。"

王曰:"大夫此言将何谓也?"莫敖子华对曰:"昔令尹子文缁帛之衣以朝①,鹿裘以处,未明而立于朝,日晦而归食,朝不谋夕,无一月之积。故彼廉其爵,贫其身,以忧社稷者,令尹子文是也。

【注释】

①令尹：楚百官的首领，出领大军，入主政事。执掌一国大权。子
　文：人名。春秋时人。

【译文】

　　威王说："大夫的这些话，说的是哪些人呢？"莫敖子华回答："从前
令尹子文这个人，上朝时穿上黑绸朝服，一回家就换上粗劣的鹿皮袍
子，他天不亮就站在宫门口等候朝见，天黑了才回家吃饭，朝不保夕，家
里连一个月的存粮都没有。所以那居官清廉、不求富贵而为国操心的，
就是令尹子文这种人。

　　"昔者叶公子高身获于表薄①，而财于柱国②，定白公之
祸③，宁楚国之事，恢先君以掩方城之外④，四封不侵，名不挫
于诸侯。当此之时也，天下莫敢以兵南乡⑤，叶公子高食田
六百畛⑥。故彼崇其爵，丰其禄，以忧社稷者，叶公子高
是也。

【注释】

①"昔者"句：言叶公子高在朝廷中享有很高的爵位。叶公子高，人
　名。春秋时人，名诸梁，字子高，封于叶（今河南叶县），故称叶
　公。表薄，"薄"当为"著"。表著，朝臣所站立的位置。

②柱国：国都。

③白公之祸：公元前479年，白公胜在郢都作乱，杀死令尹、司马，
　挟持楚王。

④方城：山名。在今河南叶县。

⑤南乡:向南。乡,通"向"。

⑥食田六百畛(zhěn):言赏赐很多。畛,田间小路。

【译文】

"从前的叶公子高,身为朝臣,拥有大量财富,他平定了白公之乱,稳定了楚国的局势,发扬先君的德行,使他的名声远播到方城以北,四境不受侵犯,使楚国的威名在诸侯中不受到损害。那时候,天下各国没有敢动兵南侵的。叶公子高因功得到封田六百畛。所以那爵位很高、俸禄优厚而为国家操心的,就是叶公子高这种人。

"昔者吴与楚战于柏举①,两御之间夫卒交。莫敖大心抚其御之手②,顾而大息曰③:'嗟乎子乎,楚国亡之日至矣!吾将深入吴军,若扑一人,若捽一人④,以与大心者也。社稷其为庶几乎⑤?'故断脰决腹,一瞑而万世不视,不知所益,以忧社稷者,莫敖大心是也。

【注释】

①柏举:地名。楚邑,在今湖北麻城东北柏子山与举水连接处。

②莫敖大心:人名。即沈尹戍,死于柏举之战。

③大(tài)息:叹息。

④捽(zuó):揪住。

⑤庶几(jī):差不多。

【译文】

"从前吴国与楚国在柏举激战,两国统帅的兵车和士兵杀成一片。楚将莫敖大心抚摸着为他驾车的士兵的手,回头叹息说:'这位兄弟啊,楚国的亡国之日要来临了!我准备冲进敌阵,您要是能击倒一个敌人,抓住一个敌人,都是对我大心的帮助啊。如果大家都能这样拼命,国家也许还有希望吧？'所以那断头剖腹、视死如归、丝毫不考虑个人利益而为国家操心的，就是莫敖大心这种人。

"昔吴与楚战于柏举，三战入郢，君王身出，大夫悉属，百姓离散。棼冒勃苏曰①：'吾被坚执锐，赴强敌而死，此犹一卒也，不若奔诸侯。'于是赢粮潜行，上峥山，逾深谷，蹠穿膝暴②，七日而薄秦王之朝③，崔立不转④，昼吟宵哭，七日不得告，水浆无入口，瘨而殚闷⑤，旄不知人⑥。秦王闻而走之，冠带不相及，左奉其首，右濡其口，勃苏乃苏。

【注释】

①棼冒勃苏：人名。即《左传》所记的申包胥。

②蹠（zhí）：脚掌。

③秦王：秦哀公。

④崔：同"鹤"。

⑤瘨（diān）：晕倒。殚闷：气绝。

⑥旄不知人：昏迷不知人事。旄，同"眊（mào）"，昏迷。

【译文】

"从前吴国与楚国在柏举激战，打了三仗后，郢都沦陷了，昭王出逃，大臣们跟随着昭王一起逃亡，百姓们流离失所。楚将棼冒勃苏说：'我穿着坚固的战袍，拿着锐利的武器，即使与强敌拼杀而牺牲，也只起到了一个普通士兵的作用，不如去向诸侯求救。'于是他带上干粮，偷偷地逃离楚国，一路上翻过高山，渡过深谷，磨破了脚掌，膝部也受了伤，七天之后终于到了秦宫附近，他像鹤鸟一样站在那里盼望秦王接见，日夜呻吟啼哭，过了七天七夜，还得不到通报，他滴水未进，终于气绝昏倒，不省人事了。秦王听说后赶忙跑去看他，连帽带都来不及系好，就用左手捧起他的头,右手向他口中灌水,棼冒勃苏才苏醒过来。

　　"秦王身问之:'子孰谁也?'棼冒勃苏对曰:'臣非异,楚使新造戾棼冒勃苏①。吴与楚人战于柏举,三战入郢,寡君身出,大夫悉属,百姓离散。使下臣来告亡,且求救。'秦王顾令之起:'寡人闻之,万乘之君得罪一士,社稷其危,今此之谓也。'遂出革车千乘,卒万人,属之子蒲与子虎②,下塞以东,与吴人战于浊水而大败之③,亦闻于遂浦④。故劳其身,愁其思,以忧社稷者,棼冒勃苏是也。

【注释】

①新造戾(lì):罪臣。戾,同"庆",罪。

②子蒲、子虎:人名。春秋时秦将。

③浊水:水名。源出今河南内乡,流经今河南邓州南。

④遂浦:地名。今地不详。

【译文】

　　"秦王亲自向他问话:'您是谁呀?'棼冒勃苏回答:'我不是别人,我是楚国的使者罪臣棼冒勃苏。吴国与楚国在柏举激战,打了三仗之后郢都沦陷了,敝国国君逃亡在外,大臣们跟他一同逃亡,百姓们流离失所。楚王派我前来向大王报告亡国的消息,并请求大王派兵救援。'秦王叫棼冒勃苏躺好别动,说:'我听说拥有万辆兵车的大国君主,只要得罪了贤士,国家就会危险,这大概就是指的眼下这种情况吧。'于是就派了千辆战车,一万士兵,委派子蒲、子虎二位将领,率兵向东进发,在浊水一带把吴军打得大败,同时,也在遂浦打了一仗。所以说棼冒勃苏就是那不辞辛劳、愁思苦虑为国操心的人啊。

"吴与楚战于柏举,三战入郢,君王身出,大夫悉属,百姓离散,蒙穀给斗于宫唐之上①,舍斗奔郢曰:'若有孤,楚国社稷其庶几乎?'遂入大宫,负鸡次之典以浮于江,逃于云梦之中。昭王反郢,五官失法,百姓昏乱。蒙穀献典,五官得法而百姓大治。比蒙穀之功,多与存国相若,封之执珪,田六百畛。蒙穀怒曰:'穀非人臣,社稷之臣。苟社稷血食②,余岂患无君乎?'遂自弃于磨山之中②,至今无胃。故不为爵劝,不为禄勉,以忧社稷者,蒙穀是也。"

【注释】

①蒙穀:人名。楚将。宫唐:不详。

②血食:谓吃鱼肉之类荤腥食物。此指国家的延续。

③磨山:山名。在今湖南安福西。

【译文】

"还是那次吴、楚柏举之战时,在郢都沦陷,昭王出逃,大臣跟随着昭王,百姓们流离失所之际,蒙穀正在宫唐这个地方与敌人格斗,后来他放弃了格斗向郢都奔去,说:'昭王不知生死,只要还有嗣君,楚国也许还有希望复国吧?'于是他进入楚王宫中,把那些散乱的典籍收拾起来,背在身上,泅水过江,逃进云梦泽中躲藏起来。后来昭王返回郢都,百官无法可依,社会秩序十分混乱。蒙穀献出了他保存的国典,于是朝廷有了法令依据,把国家治理得井井有条。蒙穀这个功劳很大,与保全国家的功劳相等,所以楚王封他以'执珪'的爵位,并赐给他封地六百畛。可是蒙穀却生气地说:'我不是君王个人的臣子,而是国家的臣子。只要国家不亡,我还用担心没有国君吗?'于是他自动放弃封赏而隐居到磨山之中,至今他的后代中也无人做官。所以说那不要官位、不要俸禄而为国操心的,就是蒙穀这种人啊!"

王乃大息曰："此古之人也。今之人焉能有之耶！"莫敖子华对曰："昔者先君灵王好小要，楚士约食，冯而能立①，式而能起②。食之可欲，忍而不入；死之可恶，然而不避。章闻之③，其君好发者，其臣抉拾④。君王直不好，若君王诚好贤，此五臣者，皆可得而致之。"

【注释】

①冯（píng）：同"凭"，靠着。

②式：扶着。

③章：莫敖子华的名。

④抉拾：指射箭。抉，扳指，用骨制成，戴在右手大拇指上，用来钩弦。拾，射箭时戴在左臂上的皮制袖套。

【译文】

楚王听后叹息道："这些都是古时候的人啊。现在还会有这样的人吗！"莫敖子华回答："从前楚灵王喜欢腰细的人，于是楚国的士人都节制饭食，饿得要扶着东西才能站立、行走。吃饭是正常欲望，可是他们强忍着不吃；死亡是令人憎恶的，而他们却不管是否饿死。我还听说过，如果国君爱好射箭，他的臣子们就会全副披挂地学习射箭。这样看来，大王只是不好贤罢了，如果大王真心好贤，上面所说的五种贤臣，都是可以罗致来的。"

卷十五　楚策二

一七一　魏相翟强死

【题解】

周赧王十年(前305)，魏相翟强死去，楚王想找一个亲楚的人做魏相。有人为甘茂劝说楚王，推荐甘茂为魏相，他称甘茂为齐国的"行人"，可知这时甘茂已由秦奔齐。如果甘茂相魏，他说甘茂和樗里疾是"贸首之雠"，秦、魏的邦交必然恶化，可知当时樗里疾正在秦国做丞相。

甘茂相魏并未成为事实，可见这位说客的计划落空了。

魏相翟强死①，为甘茂谓楚王曰②："魏之几相者，公子劲也③。劲也相魏，魏、秦之交必善。秦、魏之交完，则楚轻矣。故王不如与齐约，相甘茂于魏。齐王好高人以名④，今为其行人请魏之相⑤，齐必喜。魏氏不听，交恶于齐，齐、魏之交恶，必争事楚。魏氏听，甘茂与樗里疾贸首之雠也，而魏、秦之交必恶，又交重楚也。"

【注释】

①翟强:人名。魏臣中主张与楚国亲善的人。

②楚王:楚怀王。

③公子劲:人名。魏公子中主张亲秦的人。

④齐王:齐宣王辟彊。

⑤行人:使臣。

【译文】

魏国的相国翟强死后,有人为甘茂对楚王说:"在魏国,有希望做相国的人是公子劲。公子劲如果做了魏相,魏、秦两国的邦交定会改善。魏、秦两国友好,楚国就会被看轻了。所以,大王您不如与齐国结盟,共同支持甘茂做魏国的相国。齐王以好居人上而出名,现在为他的外交使节活动,让甘茂出任魏国的相国,齐王一定很高兴。魏国如果不同意,就会与齐国关系恶化;齐、魏两国关系恶化,他们一定都要争着拉拢楚国。魏国如果同意任命甘茂为相国,而甘茂与现在的秦相樗里疾是势不两立的仇人,那魏、秦两国的邦交一定恶化,这样他们都会倚重楚国。"

一七二　齐、秦约攻楚

【题解】

周赧王十五年(前300),齐、秦相约攻楚,秦军攻占新城,杀死楚将景缺。楚王恐惧,派景翠送给齐六座城邑,并以太子到齐做人质,谋求与齐国和好。昭睢则劝景翠让楚王派使者入秦,以求牵制齐国,就可避免割地了。

齐、秦约攻楚,楚令景翠以六城赂齐①,太子为质②。昭雎谓景翠曰③："秦恐,且因景鲤、苏厉而效地于楚④。公出地以取齐,鲤与厉且以收地取秦,公事必败。公不如令王重赂景鲤、苏厉使入秦,齐恐,必不求地而合于楚。若齐不求,是公与约也。"

【注释】

①景翠:人名。楚将。

②太子:名横,后即位为顷襄王。

③昭雎:人名。楚谋臣,主张联齐、援韩以抗秦。

④景鲤:人名。楚怀王相。苏厉:人名。苏秦弟。

【译文】

　　齐国和秦国相约共同进攻楚国,楚国派景翠拿六座城邑送给齐国,并让太子做人质。昭雎对景翠说:"秦国担心齐、楚两国联合,自己就要通过景鲤和苏厉献地给楚国。您要拿出土地争取齐国,景鲤、苏厉却要献地来结好秦国,这样您割地与齐国交好的事就必定受挫。您不如要楚王派景鲤、苏厉带上重金出使秦国,齐国就害怕了,它就一定不会向楚国索地,而与楚国联合。若齐国不向楚国索地,而与楚国联合,那您就一举缔结了两国友好的盟约。"

一七三上　术视伐楚

【题解】

　　周赧王三年(前312),秦、楚交战,楚将昭雎在重丘击败秦军,请求昭鼠派军支援,以便乘胜追击,昭鼠借口秦军将出兵汉中,不肯派兵,终于导致楚军大败,汉中丧失。

术视伐楚①,楚令昭鼠以十万军汉中②。昭雎胜秦于重丘③,苏厉谓宛公昭鼠曰④:"王欲昭雎之乘秦也,必分公之兵以益之。秦知公兵之分也,必出汉中。请为公令芈戎谓王曰:'秦兵且出汉中。'则公之兵全矣。"

【注释】

①术视:人名。秦将。

②昭鼠:人名。楚将。

③重丘:地名。在今河南泌阳东北。

④宛公:昭鼠的封号。宛,地名。在今河南南阳。

【译文】

术视率秦军进攻楚国,楚王派昭鼠率领十万大军驻扎在汉中。昭雎在重丘打败了秦军,苏厉对宛公昭鼠说:"楚王想要昭雎乘胜进击秦军,一定会调动您的部分兵力去加强昭雎。秦国知道您的兵力分散了,一定会乘机进军汉中。我愿为您要华阳君芈戎对楚王透露:'秦国将进军汉中。'那您的军队就得以保全了。"

一七三下　四国伐楚

【题解】

周报王十四年(前301),秦、齐、韩、魏四国攻楚,楚王派昭雎领兵抗击。昭雎坚守不战,楚王派人催促,昭雎派桓臧游说楚王,楚王不听,终于被四国联军击败。

四国伐楚,楚令昭雎将以距秦①。楚王欲击秦,昭雎不欲。桓臧为昭雎谓楚王曰:"雎战胜,三国恶楚之强也,恐秦之变而听楚也,必深攻楚以劲秦。秦王怒于战不胜^②,必悉起而击楚,是王与秦相罢而以利三国也^③。战不胜秦,秦进兵而攻。不如益昭雎之兵,令之示秦必战。秦王恶与楚相弊而全天下,秦可以少割而收也。秦、楚之合,而韩、齐、魏不敢不听,三国可定也。"

【注释】

①距:通"拒"。

②秦王:秦昭王稷。

③罢:同"疲",疲劳,疲惫。

【译文】

秦、齐、韩、魏四国联合进攻楚国,楚王派昭雎领兵抵抗秦军。楚王要出击秦军,而昭雎不同意。桓臧为昭雎对楚王说:"如果昭雎战胜秦国,齐、韩、魏三国忌恨楚国强大,又怕秦国改变主意与楚国联合,他们一定会加紧进攻楚国来增强秦国。秦国因战败而愤怒,就会动员全国兵力进攻楚国;这样,秦、楚两国互相削弱,而使三国坐享渔人之利。如果楚国被秦国战败,秦国就会乘胜加紧进攻楚国。大王不如增强昭雎的兵力,以此向秦国表明,楚国要与秦国决战到底。秦国害怕与楚国互相削弱,而让三国得利,楚国就可以少割地而与秦国联合。秦、楚两国联合了,韩、齐、魏三国就不敢不听从,于是三国就会停止进攻楚国了。"

一七四　楚怀王拘张仪

【题解】

张仪曾经欺骗过楚怀王,当他再次到楚,就被怀王拘禁。楚臣靳尚求怀王夫人郑袖为张仪说情。

　　靳尚诳称秦王有个美丽的女儿,准备献给楚王,美女得势,郑袖就会失宠。郑袖为了自己的切身利益,就劝怀王把张仪释放了。

　　郑袖本与张仪毫不相干,经过靳尚的牵线搭桥,使她在解救张仪的运行中,起到了关键作用。

　　楚怀王拘张仪,将欲杀之。靳尚为仪谓楚王曰①:"拘张仪,秦王必怒②。天下见楚之无秦也,楚必轻矣。"又谓王之幸夫人郑袖曰:"子亦自知且贱于王乎?"郑袖曰:"何也?"尚曰:"张仪者,秦王之忠信有功臣也。今楚拘之,秦王欲出之。秦王有爱女而美,又简择宫中佳丽好玩习音者,以欢从之;资之金玉宝器,奉以上庸六县为汤沐邑③,欲因张仪内之楚王。楚王必爱,秦女依强秦以为重,挟宝地以为资,势为王妻以临于楚。王惑于虞乐④,必厚尊敬亲爱之而忘子,子益贱而日疏矣。"

【注释】

①靳尚:人名。楚怀王宠臣。

②秦王:秦昭王稷。

③上庸:地名。在今河北竹山西南。汤沐邑:国君赏赐给贵族的私邑,受赐者以"供汤沐"的名义收取邑内赋税。

④虞:通"娱"。

【译文】

　　楚怀王囚禁张仪,准备把他杀掉。靳尚为张仪对楚王说:"大王囚禁张仪,秦王一定会发怒。诸侯知道楚国失去秦国这个盟友,楚国在诸侯中的地位就会下降。"靳尚又去对楚王宠幸的夫人郑袖说:"您可知道,自己在大王面前将会失宠了吗?"郑袖问:"为什么?"靳尚说:"张仪是秦王忠信有功的大臣。现在楚王把他囚禁起来,而秦王想要放他出来。秦王有一位爱女很漂亮,他又挑选了宫中善歌的美女,让她们使爱女高兴,并作为她的陪嫁;又送给她金玉宝器,送给她上庸六个县,作为她的汤沐邑,打算通过张仪进献爱女给楚王。楚王一定会接受,秦王的爱女依靠张仪以抬高自己的地位,挟持宝器、土地作为自己的资本,势必会做楚王的妻子,凌驾于您郑袖之上。楚王沉迷于逸乐,一定会很尊敬、宠爱秦女,而把您忘掉,这样您就更加失宠,日益被疏远了。”

郑袖曰:“愿委之于公,为之奈何?”曰:“子何不急言王,出张子? 张子得出,德子无已时,秦女必不来,而秦必重子。子内擅楚之贵,外结秦之交,畜张子以为用,子之子孙必为楚太子矣,此非布衣之利也。”郑袖遽说楚王出张子。

【译文】

郑袖说:“我希望把这事拜托给您,您看怎么办?”靳尚说:“您为何不快对大王说,让他释放张仪呢? 张仪得到释放,就会对您感激不尽,秦王的爱女也就肯定不会到楚国来了,秦王也定会尊重您。您在国内独占楚国的尊贵,在外又与秦国结交,还留下张仪供您使用,您的子孙一定可以做楚国太子,这可不是一般老百姓平凡的利益。”于是郑袖立刻劝说楚王,释放张仪。

一七五　楚王将出张子

【题解】

楚怀王将要释放张仪,但是又不放心,靳尚说他愿意随行监视。靳尚的仇人通过魏臣张旄之手,派人在中途暗杀靳尚,把责任推到张仪身上，以致引起秦、楚的交战。

　　楚王将出张子[1]，恐其欺己也。靳尚谓楚王曰："臣请随之，仪事王不善，臣请杀之。"楚小臣，靳尚之仇也，谓张旄曰[2]："以张仪之知，而有秦、楚之用，君必穷矣。君不如使人微要靳尚而刺之，楚王必大怒仪也。彼仪穷，则子重矣。楚、秦相难，则魏无患矣。"张旄果令人要靳尚刺之[3]。楚王大怒，秦、楚构兵而战。秦、楚争事魏，张旄果大重。

【注释】

①楚王：楚怀王。

②张旄：人名。魏臣。

③要：拦阻，截击。

【译文】

　　楚王打算释放张仪，又担心他欺骗自己。靳尚对楚王说："我愿意跟着他，如果张仪对待大王不好，我就把他杀了。"楚王有个小臣是靳尚的仇人，对魏臣张旄说："凭张仪那样的机智，又为秦、楚两国所重用，您一定会不得志。您不如派人秘密拦截靳尚，把他杀了，楚王以为是张仪干的，定会大怒。张仪陷入困境，那您就会受到尊重。秦、楚两国成为仇敌，魏国也就会没有后患了。"张旄果然派人拦截靳尚，杀了他。楚王大怒，于是秦、楚两国打起来。两国都来争取魏国，张旄果然大受尊重。

一七六　秦败楚汉中

【题解】

　　周赧王十六年（前299），楚怀王不听屈原的劝告，被骗入秦，受到秦国拘留。辩士游腾为楚国游说秦昭王,劝他释放怀王,与楚结盟。秦昭王不听,楚怀王终于落得客死他乡的悲惨下场。

秦败楚汉中①。楚王入秦,秦王留之②。游腾为楚谓秦王曰③:"王挟楚王而与天下攻楚,则伤行矣;不与天下共攻之,则失利矣。王不如与之盟而归之。楚王畏,必不敢倍盟④;王因与三国攻之⑤,义也。"

【注释】

①秦败楚汉中:公元前312年,秦在汉中的丹阳大败楚军,遂取汉中置郡。

②"楚王入秦"二句:公元前299年,秦昭王约楚怀王在武关相会,怀王至即被秦扣留,挟持到咸阳。

③游腾:人名。西周臣。

④倍:通"背"。

⑤三国:齐、韩、魏。

【译文】

秦军在汉中击败了楚军。楚王去到秦国,秦王扣留了他。游腾为楚王劝秦王说:"大王挟持了楚王,与齐、魏、韩三国一起进攻楚国,这是不义之举;可是,不与三国一起进攻楚国,又会失利。大王不如与楚国结盟,放楚王回国。他害怕秦国,必然不敢背约;如果他背约,大王再与三国一道进攻楚国,这就名正言顺了。"

一七七　楚襄王为太子之时

【题解】

楚怀王入秦被拘,楚国国内无君,在齐做人质的太子,要求返国继位。齐国乘机要挟,要他献出东地五百里,才放他回国,这是一种绑架人质、勒索赎金的做法。作为一种权宜之计,他的师傅慎子叫他先答应了再说。

襄王返国,齐国派人索地。襄王召集群臣问计,子良、昭常、景鲤分别提出不同的方案。子良说是"与而复攻之",昭常说是"不可与",景鲤说,应向秦国求救。究竟采取哪条计更好? 襄王拿不定主意。慎子建议三策并用,终于化解齐患,保全了东地。

从表面上看,三策是互相矛盾的,慎子却巧妙地三管齐下,兼收并蓄,表现了过人的机智。

楚襄王为太子之时,质于齐。怀王薨,太子辞于齐王而归①,齐王隘之②:"予我东地五百里③,乃归子。子不予我,不得归。"太子曰:"臣有傅,请追而问傅④。"傅慎子曰:"献之地,所以为身也。爱地不送死父,不义,臣故曰献之便。"太子入,致命齐王曰:"敬献地五百里。"齐王归楚太子。

【注释】

①齐王:齐闵王。

②隘:拦阻。

③东地:即东国,楚淮北近齐之地。

④追:当作"退"。

【译文】

楚襄王做太子时，被送往齐国做人质。楚怀王死后，太子就向齐王请辞，要求回到楚国，齐王不同意，说："您要割让给我东地五百里，我才放您回去。如果您不给，就不可能回去。"太子说："我有位老师，请让我去问问他。"老师慎子说："为了您自己，您应该答应献出这块地。如果您因爱地而不能为父亲送葬，这就是不义，所以我说献地有利。"太子回复齐王说："我愿献地五百里。"齐王于是放太子回楚国。

太子归，即位为王。齐使车五十乘，来取东地于楚。楚王告慎子曰："齐使来求东地，为之奈何？"慎子曰："王明日朝群臣，皆令献其计。"

【译文】

太子回到楚国就即位当了楚王。齐王派车五十辆来向楚国索取东地。楚王告诉慎子说："齐国派使臣来索取东地，怎么办呢？"慎子说："大王明天召见群臣，让他们提出自己的意见。"

上柱国子良入见。王曰："寡人之得来反王坟墓、复群臣、归社稷也，以东地五百里许齐。齐今使来求地，为之奈何？"子良曰："王不可不与也！王身出玉声，许强万乘之齐而不与，则不信，后不可以约结诸侯。请与而复攻之。与之信，攻之武，臣故曰与之。"

【译文】

上柱国子良入宫拜见楚王。楚王问："我之所以能回来见到先王的坟墓，见到众位大臣，主持国政，那是因为答应献出东地五百里给齐国。

现在齐国派使臣来索取,我该怎么办呢?"子良答道:"大王不能不给啊!大王金口玉言,答应了强大的齐国却又反悔,就是不讲信用,以后就很难与诸侯打交道了。请先给予再攻打。献出东地是讲信用,攻打是显示力量,所以我说给予齐国。"

子良出,昭常入见。王曰:"齐使来求东地五百里,为之奈何?"昭常曰:"不可与也。万乘者,以地大为万乘。今去东地五百里,是去战国之半也,有万乘之号而无千乘之用也,不可。臣故曰勿与。常请守之。"

【译文】

子良走后,昭常进见楚王。楚王问:"齐国使臣来索要东地五百里,怎么办呢?"昭常答道:"不能给。楚号称万乘大国,就是因为地大。现在割掉东地五百里,这就等于去掉了国家的一半,楚国就徒有万乘的虚名而无千乘的实力了,不能这样。所以我说不能给。我愿意去守卫东地。"

昭常出,景鲤入见。王曰:"齐使来求东地五百里,为之奈何?"景鲤曰:"不可与也。虽然,楚不能独守。王身出玉声,许万乘之强齐也,而不与,负不义天下。楚亦不能独守,臣请西索救于秦。"

【译文】

昭常出宫后,景鲤进见楚王。楚王问:"齐国派使臣来索要东地五百里,该怎么办呢?"景鲤说:"不能给。但是,楚国不可能独立防守。大王曾经郑重答应强大的齐国,现在又反悔,不想给它,会失去天下的信任。楚国既然不能单独防守,我愿西行向秦国求救。"

　　景鲤出,慎子入,王以三大夫计告慎子曰:"子良见寡人曰:'不可不与也,与而复攻之。'常见寡人曰:'不可与也,常请守之。'鲤见寡人曰:'不可与也,虽然,楚不能独守也,臣请索救于秦。'寡人谁用于三子之计?"慎子对曰:"王皆用之。"王怫然作色曰①:"何谓也?"慎子曰:"臣请效其说,而王且见其诚然也。王发上柱国子良车五十乘,而北献地五百里于齐。发子良之明日,遣昭常为大司马,令往守东地。遣昭常之明日,遣景鲤车五十乘,西索救于秦。"王曰:"善。"乃遣子良北献地于齐。遣子良之明日,立昭常为大司马,使守东地,又遣景鲤西索救于秦。

【注释】

　①怫(fú)然:不高兴的样子。

【译文】

　　景鲤出宫后,慎子入见楚王,楚王把三位大臣的意见告诉慎子说:"子良对我说:'不能不给,给了再攻打。'昭常对我说:'不能给,我愿防守东地。'景鲤说:'不能给,但是楚国不可能单独防守,我愿去向秦国求救。'我到底用他们三人谁的计策呢?"慎子答道:"大王全都采用。"楚王很不高兴地说:"这是什么意思?"慎子说:"大王请听我解释,就知道确实如此。大王派上柱国子良带车五十辆往北向齐国献东地五百里。子良出发的次日,大王任命昭常为大司马,让他去防守东地。在昭常出发的次日,大王派景鲤带车五十辆,西去向秦国求救。"楚王说:"很好。"于是派子良到齐国献地。在派遣子良的次日,又立昭常为大司马,让他去守卫东地,还派遣景鲤往西向秦求救。

　　　子良至齐，齐使人以甲受东地。昭常应齐使曰："我典主东地，且与死生。悉五尺至六十①，三十余万，弊甲钝兵，愿承下尘。"齐王谓子良曰："大夫来献地，今常守之，何如？"子良曰："臣身受命弊邑之王，是常矫也。王攻之。"齐王大兴兵攻东地，伐昭常。未涉疆，秦以五十万临齐右壤。曰："夫隘楚太子弗出，不仁；又欲夺之东地五百里，不义。其缩甲则可，不然，则愿待战。"

【注释】

　　①五尺至六十：此言老幼俱被征发。五尺，谓幼童。六十，谓老人。

【译文】

　　子良到了齐国，齐国派人带兵去接收东地。昭常对齐国使臣说："我负责防守东地，要与东地共存亡。我已调动了全国的老幼三十多万人参战，虽然铠甲破旧兵器不利，但也要一决高下。"齐王问子良："您来献地，昭常却在那里防守，怎么回事？"子良说："我受敝国君主的派遣，一定是昭常假传命令。大王可以去攻打他。"齐王调动大军进攻东地，讨伐昭常。齐军还未进入楚境，秦国已派大军五十万逼近齐国的西境。秦将说："你们不让楚太子回国是不仁；又想抢夺楚国的东地五百里是不义。你们退兵则罢，否则让我们决一死战。"

　　　齐王恐焉，乃请子良南道楚，西使秦，解齐患。士卒不用，东地复全。

【译文】

　　齐王害怕了，就请子良南边到楚国，西边到秦国，解救齐国的灾难。楚国不用一兵一卒就保全了东地。

一七八　女阿谓苏子曰

【题解】

秦国拘留了楚怀王,楚国国内无君。苏秦想留住楚太子,要挟楚国割地。女阿劝苏秦改善和楚太子的关系,以免和楚国树敌。

女阿谓苏子曰①:"秦栖楚王、危太子者②,公也。今楚王归、太子南,公必危。公不如令人谓太子曰:'苏子知太子之怨己也,必且务不利太子。太子不如善苏子,苏子必且为太子入矣。'"苏子乃令人谓太子,太子复请善于苏子。

【注释】

①女阿:楚太子的保姆。苏子:苏秦。

②楚王:楚怀王。

【译文】

女阿对苏子说:"秦国拘留了楚王后,谋害太子的是您。如今楚王死去,太子也要南归回楚,您的处境必定危险。您不如派人对太子说:'苏子知道太子怨恨他,定会对太子不利。太子不如和苏秦搞好关系,苏子必将设法让太子平安回国。'"苏子就派人对太子说了这番话。于是太子又善待苏子。

卷十六　楚策三

一七九　苏子谓楚王曰

【题解】

推荐贤才对国家、对百姓都是一件好事,可是在封建社会里,做官的人要做到这一点是十分困难的。贤才受到重用,将影响自己的地位和前途,怀挟私心、只图私利的人,怎么可能做到无妒而进贤呢?苏子的说法,只能是一个善良的愿望。

苏子谓楚王曰①:"仁人之于民也,爱之以心,事之以善言。孝子之于亲也,爱之以心,事之以财。忠臣之于君也,必进贤人以辅之。今王之大臣父兄,好伤贤以为资,厚赋敛诸臣百姓,使王见疾于民,非忠臣也。大臣播王之过于百姓,多赂诸侯以王之地,是故退王之所爱,亦非忠臣也,是以国危。臣愿无听群臣之相恶也,慎大臣父兄,用民之所善,节身之嗜欲,以百姓②。

【注释】

①苏子谓楚王：这里的苏子和楚王都是假托人物，不能指实。

②以百姓："以"下恐有缺文。

【译文】

苏子对楚王说："有仁爱的人对于百姓，总是实心实意去爱他们，用善良的言辞为他们办事。孝子对于父母，总是敬爱他们，用财物供给他们。忠臣对于君主，一定推荐贤人去辅佐他。如今大王的大臣父兄们，喜欢攻击贤人作为提高自己的资本，对百姓加重剥削，使大王受到百姓的怨恨，这可不是忠臣啊。大臣把大王的错误向百姓散播，又把大王的很多土地割给诸侯，因而排斥受到大王重视的人，这也不是忠臣，所以国家危险。我希望您不听任群臣的互相攻击，慎用大臣父兄，要用百姓喜欢的人，节制嗜欲，来亲附百姓。

"人臣莫难于无妒而进贤。为主死易，垂沙之事①，死者以千数。为主辱易，自令尹以下，事王者以千数。至于无妒而进贤，未见一人也。故明主之察其臣也，必知其无妒而进贤也。贤臣之事其主也，亦必无妒而进贤。夫进贤之难者，贤者用且使己废，贵且使己贱，故人难之。"

【注释】

①垂沙之事：指公元前301年，秦和齐、韩、魏共同攻楚，杀死楚将，攻占垂沙的事。垂沙，在今河南唐河西南，地当秦、楚边境。

【译文】

"作为臣子，难的是不忌妒而推荐贤才。为君主牺牲并不难，垂沙之战，牺牲的有好几千。为君主忍辱也容易，从令尹以下，为大王办事的人有几千。至于能不妒忌而推荐贤才的，没有见到一人。所以明主考察他的臣下,一定要看他能否不妒忌而举荐贤才。贤臣为他的君主办事,一定要做到不妒忌而推荐贤才。推荐贤才之所以难于做到,因为贤才受重用会使自己靠边,贤才受尊崇会使自己的地位降低,所以人们难于这样做。"

一八〇　苏秦之楚

【题解】

苏秦入楚,等待了三月,但他并未心灰意冷,而是在静待楚王接见的时机。

一见楚王,苏秦就提出告辞,引起楚王的悬念,掌握了进说的主动权;在谈话中,苏秦信手拈来,讽刺了楚国的官场习气,自己的正面主张则引而不发。楚王马上就把他挽留下来。

苏秦善于揣摩人君的心理,这件事是一个很好的例证。

苏秦之楚,三月乃得见乎王,谈卒,辞而行。楚王曰:"寡人闻先生若闻古人,今先生乃不远千里而临寡人,曾不肯留,愿闻其说。"对曰:"楚国之食贵于玉,薪贵于桂,谒者难得见如鬼,王难得见如天帝。今臣食玉炊桂,因鬼见帝其可得乎!"王曰:"先生就舍,寡人闻命矣。"

【译文】

苏秦来到楚国,等了三个月才见到楚王,交谈完毕,就辞别要走。楚王说:"我听到您的大名,就像听到古代贤人一样,现在先生不远千里来见我,却不肯停留,我希望您能作出解释。"苏秦回答说:"楚国的粮食比宝玉还贵,楚国的柴火比桂树还贵,传达人员像小鬼一样难得见到,大王像天帝一样难于见面。现在让我拿玉当粮食吃,拿桂树当柴火烧,通过小鬼来见天帝,我怎么可能留下来呢!"楚王说:'我全明白了,请先生到驿馆安歇吧。"

一八一　楚王逐张仪于魏

【题解】

张仪入魏为相,楚王认为他不忠不信,想让魏国驱逐他。陈轸提出,张仪虽然不忠不信,但对楚国并无伤害,劝楚王不要干涉。

从别处的情况看,陈轸和张仪终身处在对立地位。此处所说,应当存疑。

楚王逐张仪于魏。陈轸曰:"王何逐张子?"曰:"为臣不忠不信。"曰:"不忠,王无以为臣;不信,王勿与为约。且魏臣不忠不信,于王何伤? 忠且信,于王何益? 逐而听则可;若不听,是王令困也。且使万乘之国免其相,是城下之事也。"

【译文】

楚王要魏国赶走张仪。陈轸对楚王说:"大王为什么要赶走张仪呢?"楚王说:"张仪作为人臣不忠不信。"陈轸说:"张仪不忠,大王可以不要他做您的臣子;张仪不信,大王可以不要和他订立盟约。况且,他作为魏国的臣子,不忠不信,对大王有什么损害呢? 他既忠又信,对大王又有什么好处呢? 大王要让魏国把他赶走,如果魏国听从您的意见还好;如果不听您的意见,这就会使大王处境尴尬,下不了台。再说要一个万乘大国按照别国的命令罢免它的相国,这就如同订立城下之盟那样耻辱啊!"

一八二　张仪之楚贫

【题解】

张仪在楚国处境贫困,他利用楚王喜欢佳丽的心理,说韩国美女如云,他愿意为楚王访求。

南后、郑袖听说后,怕美女会夺走她们的宠爱,就用重金贿赂张仪。张仪当着楚王的面,盛赞她们是绝色美人,南后、郑袖和楚王皆大欢喜,张仪则笑纳千金,一出喜剧就此收场。

本文是一则历史故事,我们不妨用"姑妄言之姑妄听之"的态度来对待它。

张仪之楚贫,舍人怒而归。张仪曰:"子必以衣冠之敝,故欲归。子待我为子见楚王。"当是之时,南后、郑袖贵于楚①。张子见楚王,楚王不说②。张子曰:"王无所用臣,臣请北见晋君③。"楚王曰:"诺。"张子曰:"王无求于晋国乎?"王曰:"黄金珠玑犀象出于楚,寡人无求于晋国。"张子曰:"王徒不好色耳?"王曰:"何也?"张子曰:"彼郑、周之女④,粉白黛黑,立于衢闾,非知而见之者以为神。"楚王曰:"楚僻陋之国也,未尝见中国之女如此其美也。寡人之独何为不好色也!"乃资之以珠玉。

【注释】

①南后:楚怀王后。郑袖:人名。楚怀王妃。

②说:同"悦"。

③晋君:此指韩王。

④郑:此指韩国。

【译文】

张仪来到楚国,处境贫困,他的随从很生气,想回去。张仪说:"您一定是因为衣冠破烂,才要回去吧。您等着,让我替您去拜见楚王。"那时,南后和郑袖在楚国地位尊贵。张仪前去拜见楚王,楚王不高兴。张仪说:"大王不用我,我就到北方去见韩王。"楚王说:"好吧。"张仪说:"难道大王对韩国没有什么需要的吗?"楚王说:"黄金、珍珠、玑珠、犀革、象牙都出自楚国,我对韩国没有什么需要的。"张仪说:"大王就不好色吗?"楚王说:"怎么说?"张仪说:"那些韩国和周国的女子,脸白眉黑,站在街头巷尾,不知道的人见到她们,真以为是仙女下凡。"楚王说:"楚国是一个偏僻的国家,从来没有见过中原的女子有这样美丽的。我怎么就不好色呢?"于是赠给了张仪珍珠、玉器。

南后、郑袖闻之大恐,令人谓张子曰:"妾闻将军之晋国,偶有金千斤,进之左右,以供刍秣。"郑袖亦以金五百斤。张子辞楚王曰:"天下关闭不通,未知见日也,愿王赐之觞。"王曰:"诺。"乃觞之。张子中饮,再拜而请曰:"非有他人于此也,愿王召所便习而觞之。"王曰:"诺。"乃召南后、郑袖而觞之。张子再拜而请曰:"仪有死罪于大王。"王曰:"何也?"曰:"仪行天下遍矣,未尝见人如此其美也。而仪言得美人,是欺王也!"王曰:"子释之,吾固以为天下莫若是两人也。"

【译文】

南后和郑袖知道此事,大为恐慌,派人对张仪说:"我们听说将军要到韩国去,我这里有金千斤,送给您作为养马的草料钱。"郑袖也给了张仪金五百斤。张仪辞别楚王时说:"诸侯相互阻隔,交通不便,不知何时再能见到大王,希望能与大王饮酒作别。"楚王说:"很好。"于是设宴与张仪对饮。酒至半酣,张仪拜了两拜请求说:"这里没有外人,希望大王邀集左右亲近来一起开怀畅饮。"楚王说:"好。"于是找来南后和郑袖一起饮酒。张仪又拜了两拜请罪说:"我对大王犯有死罪。"楚王问:"这是为什么?"张仪说:"我走遍天下,从来没有见过像这样的美人,我却要为您找美人。这是在欺骗大王啊!"楚王说:"您就不必挂怀了。我本来就认为天下的美女没有谁能比得上她们二人的。"

一八三　楚王令昭雎之秦重张仪

【题解】

周赧王五年(前310),秦惠王死,武王即位,张仪被逐,出走到魏国。楚怀王本想派昭雎到秦国,支持张仪,如今张仪已去,楚怀王就想转而让昭雎拉拢齐国。桓臧为昭雎游说楚王,分析当时形势,指出不如让昭雎执行原来的任务,并用楚国力量,支持张仪在魏国掌权,楚国的方城以北才不会受到攻击。

楚王令昭雎之秦重张仪[①]。未至,惠王死。武王逐张仪。楚王因收昭雎以取齐。桓臧为雎谓楚王曰[②]:"横亲之不合也,仪贵惠王而善雎也。今惠王死,武王立,仪走,公孙郝、甘茂贵。甘茂善魏,公孙郝善韩,二人固不善雎也,必以秦合韩、魏。韩、魏之重仪,仪有秦而雎以楚重之。今仪困秦而雎收楚,韩、魏欲得秦,必善二人者。二人将收韩、魏轻仪而伐楚,方城必危。王不如复雎而重仪于韩、魏。仪据楚势,挟魏重以与秦争。魏不合秦,韩亦不从,则方城无患。"

【注释】

①楚王:楚怀王。

②桓臧:人名。楚人。

【译文】

楚王派昭雎去秦国,帮助张仪得到秦国的重用。昭雎还没有到秦国,秦惠王就死了。秦武王赶走了张仪。楚王因此也召回昭雎,以此讨好齐国。桓臧为昭雎对楚王说:"连横没有成功,是因为秦惠王倚重张仪,而张仪又和昭雎友好。现在秦惠王已死,武王即位,张仪出走,公孙郝、甘茂被重用。甘茂和魏国友好,公孙郝与韩国友好,他们两人本来就不和昭雎友善,必然会使秦国和韩、魏联合。韩、魏当初倚重张仪,是因为张仪有秦国做靠山,而昭雎又以楚国的势力帮助他受到秦国重用。现在张仪被秦国赶跑,处境困窘,昭雎又被楚国召回,韩、魏两国要想争取秦国,必定和甘茂、公孙郝两人友好。这两人将会联合韩、魏,贬低张仪来进攻楚国,这样,楚国方城必定危险。大王不如恢复昭雎的地位,而使张仪得到韩、魏的重用。张仪依靠楚国的势力,借助魏国对他的重用,去与秦国对抗。这样魏国与秦国不能联合,韩国也不服从秦国,楚国的方城就安稳无患了。"

一八四　张仪逐惠施于魏

【题解】

张仪和惠施是政见完全相反的对头。秦相张仪推行连横策略,想把秦、韩和魏国的力量联合起来,攻打齐、楚;惠施主张让魏国联合齐、楚,以制止秦国的军事行动。

周显王四十七年(前322),张仪倚仗做秦相的势力,进入魏国,迫使魏惠王推行他的策略,把惠施赶走。

惠施改换衣冠,狼狈逃到楚国,楚王不敢收留,冯郝向楚王建议,把惠施推荐给宋国,对各方都可讨好。

　　张仪逐惠施于魏①,惠子之楚,楚王受之②。冯郝谓楚王曰③:"逐惠子者,张仪也。而王亲与约,是欺仪也,臣为王弗取也。惠子为仪者来,而恶王之交于张仪,惠子必弗行也。且宋王之贤惠子也④,天下莫不闻也。今施之不善张仪也,天下莫不知也。今为事之故,弃所贵于雠人,臣以为大王轻矣,且为事耶?王不如举惠子而纳之于宋,而谓张仪曰:'请为子勿纳也。'仪必德王。而惠子穷人⑤,而王奉之,又必德王。此不失为仪之实,而可以德惠子。"楚王曰:"善。"乃奉惠子而纳之宋。

【注释】

①惠施:人名。宋人,时为魏惠王相。

②楚王:楚怀王。

③冯郝:人名。楚人。

④宋王:宋王偃。

⑤穷:窘困。

【译文】

　　张仪从魏国赶走了惠施,惠施去了楚国,楚王接纳了他。冯郝对楚王说:"排挤惠施的是张仪。可是大王与惠施结交,这是在欺辱张仪,我认为大王这样做不可取。惠施是被张仪排挤才来到楚国的,他也会不愿您与张仪结交,要不然他一定不会到楚国来。而且宋王善待惠施,诸侯中无人不知。现在惠施与张仪结怨,诸侯中也无人不晓。如今惠施因与大王结交,您便抛弃张仪,我不理解大王这样做是有些轻率呢?还是为了国家大事呢?大王不如帮助惠施,送他到宋国去,然后,对张仪说：'我是因为您才没有接待惠施的。'张仪必然感激大王。而惠施是个被排挤的人，大王却帮助他，把他送到宋国，他必然感激大王。这样您实际上不失为张仪着想，又可以使惠施感恩戴德。"楚王说："好。"就把惠施送到宋国去了。

一八五　五国伐秦

【题解】

公元前 318 年，五国攻秦不利，魏、楚都想与秦媾和，以便脱身。魏派惠施入楚，通报这一想法。楚谋士杜赫向昭阳建议，最好是拒绝惠施，然后暗中与秦讲和，因为谁先迈出这一步，谁就和秦国改善了关系。杜赫的计谋，提供了处在不利情况下，如何争取主动、摆脱孤立困境的做法。

五国伐秦①，魏欲和，使惠施之楚②。楚将入之秦而使行和。

【注释】

①五国伐秦：事在公元前 318 年。五国，指三晋与楚、燕。
②惠施：宋人，时为魏相。

【译文】

楚、赵、魏、韩、燕五国攻秦不利，魏国想媾和，派惠施到楚国。楚国准备把他送到秦国去讲和。

杜赫谓昭阳曰①："凡为伐秦者楚也。今施以魏来，而公入之秦，是明楚之伐而信魏之和也。公不如无听惠施，而阴使人以讲德秦。"昭子曰:"善。"因谓惠施曰:"凡为攻秦者魏也,今子从楚为和,楚得其利,魏受其怨。子归,吾将使人因魏而和。"

【注释】

①杜赫:楚臣,游说之士。昭阳:楚臣。

【译文】

杜赫对昭阳说:"这次攻秦是楚国主持的。如今惠施奉魏王之命前来,您把他送到秦国,不正是说明楚国主张攻秦而让秦相信魏国是主张讲和的吗。您不如不要听从惠施的安排,而暗中派人用讲和来拉拢秦国。"昭阳说:"很好。"于是对惠施说:"主持攻秦的是魏国,现在您跟在楚国后面讲和,楚国得利,魏国会遭秦怨恨。您先回去,我将派人联系,让魏国主持和议。"

　　惠子反,魏王不说①。杜赫谓昭阳曰:"魏为子先战,折兵之半,谒病不听,请和不得,魏折而入齐、秦,子何以救之?东有越累,北无晋②,而交未定于齐、秦,是楚孤也,不如速和。"昭子曰:"善。"因令人谒和于魏。

【注释】

①魏王:魏惠王。

②晋:此晋指魏。

【译文】

　　惠施返国,魏襄王很不高兴。杜赫对昭阳说:"魏国为您冲在前面,兵力损失一半,告诉您处境艰难,您不加援手,求和又不成功,魏国转而倒向齐、秦,您用什么办法来挽救呢?越人在东边制造麻烦,北边失去

魏国,和齐、秦的邦交也不稳定,楚将受到孤立,不如赶快讲和。"昭阳
说:"好。"就派人告诉魏国,请与秦国讲和。

一八六　陈轸告楚之魏

【题解】

陈轸离楚到魏,张仪在魏王面前攻击他一贯为楚国卖力。陈轸将
计就计,把张仪说他忠于楚国的话传回楚国,果然赢得楚王的信任。

陈轸借力打力,把坏事变为好事,可算是棋高一着。

陈轸告楚之魏。张仪恶之于魏王曰①:"轸犹善楚,为求
地甚力。"左爽谓陈轸曰②:"仪善于魏王,魏王甚信之,公虽
百说之犹不听也。公不如以仪之言为资,而得复楚。"陈轸
曰:"善。"因使人以仪之言闻于楚,楚王喜,果欲复之。

【注释】

①魏王:魏惠王。

②左爽:人名。魏人。一作"左华"。

【译文】

陈轸离开楚国到了魏国。张仪在魏王面前诽谤陈轸说:"陈轸还是
对楚国好,他总是极力为楚国争取地盘。"左爽对陈轸说:"张仪受到魏
王的尊重,魏王很信任他,您即使费尽唇舌,魏王也不会听您的。您不
如拿张仪诽谤的话做借口,还可以回楚国去。"陈轸说:"好。"就派人把
张仪的那番话传给楚王,楚王知道后很高兴,果然准备召回陈轸。

一八七　秦伐宜阳

【题解】

公元前 307 年,秦攻韩宜阳,楚怀王就是否援韩征求陈轸的意见。陈轸用麋鹿被猎人算计,让它自投罗网作比喻,认为韩相公仲佣已经智穷力竭,无路可走,必然守不住宜阳,劝楚王静观其变。战事的发展果如陈轸所料,宜阳易手了。

秦伐宜阳。楚王谓陈轸曰①:"寡人闻韩佣巧士也②,习诸侯事,殆能自免也。为其必免,吾欲先据之以加德焉。"

【注释】

①楚王:楚怀王。

②韩佣(péng):人名。韩相国。

【译文】

秦国进攻韩国的宜阳。楚王对陈轸说:"我听说韩佣是个聪明的人,又熟悉诸侯之事,他必能自免于危难。因为他必然免于危难,我想事先拉拢他,以取得他的好感。"

陈轸对曰:"舍之,王勿据也。以韩佣之知,于此困矣。今山泽之兽无黠于麋,麋知猎者张罔前而驱己也①,因还走而冒人,至数。猎者知其诈,伪举罔而进之,麋因得矣。今诸侯明知此多诈,伪举罔而进者必众矣。舍之,王勿据也。韩佣之知,于此困矣。"楚王听之。宜阳果拔,陈轸先知之也。

【注释】

①罔：同“网”。

【译文】

陈轸说：“放弃他吧，您不要拉拢他了。即使凭韩佣的智谋，也得被困在这次战役里。山泽的野兽，没有比麋鹿再狡猾的了。麋鹿知道猎人在前面设有兽网，要驱赶自己落进网里去，因此就回过头来对着猎人跑，不论怎么赶它，它总是这样。猎人知道麋鹿很狡猾，就举起兽网迎着麋鹿跑，这样麋鹿就被捕获了。现在诸侯明知韩佣很狡猾，可是要想控制他的人却很多。放弃他吧，大王不要拉拢他了。韩佣的智谋是会被困在这次战役里的。”楚王听了陈轸的话。宜阳果然被攻下来，陈轸事先就预料到了。

一八八　唐雎见春申君曰

【题解】

秦王政六年（前241），东方诸侯合纵抗秦，推楚国的春申君为纵约长。说客唐雎用六博游戏中，一个枭棋无法战胜五个散棋作比喻，建议春申君广纳贤才，做他的辅佐，从而也为自己谋得一个职位。

唐雎见春申君曰①：“齐人饰身修行得为益，然臣羞而不学也。不避绝江河，行千余里来，窃慕大君之义，而善君之业。臣闻之，贲、诸怀锥刃而天下为勇②，西施衣褐而天下称美③，今君相万乘之楚，御中国之难，所欲者不成，所求者不得，臣等少也。夫枭棋之所以能为者，以散棋佐之也。夫一枭之不胜五散亦明矣④。今君何不为天下枭，而令臣等为散乎？”

【注释】

①唐雎：人名。魏人。春申君：黄歇的封号。初封于淮北，后徙封于吴城，即今江苏吴县。

②贲：孟贲，古代勇士。诸：专诸，春秋时吴国勇士，为吴公子光刺杀吴王僚。

③西施：春秋时美女。

④"夫枭棋"三句：枭棋、散棋都是古代六博游戏的彩名。枭棋，在棋子上刻枭鸟形，掷得枭，可以获胜。散棋，其他五个没有刻画的棋子，称为五白，掷得五白，可以胜枭。

【译文】

唐雎去见春申君，对他说："齐国人装饰身体、修养品行，是为了得到禄位，可是我以此为羞耻，所以不去学他们。我之所以不远千里，跋涉江河来到楚国，是因为私下里羡慕您高尚的品德，赞赏您建立的功业。我曾经听人说，孟贲、专诸即使怀藏小小的锥、刃，而天下的人仍称他们为勇士，西施即使身穿粗布衣裳，而天下的人仍称她为美人，现在您身为万乘楚国的相国，抵抗着中原诸侯这样的大敌，可是您想完成的却没有完成，想得到的却没有得到，就是因为缺少像我们这样的人。枭棋之所以能够取胜，就是因为有散棋辅佐的缘故。单独一个枭棋，不能战胜五个散棋，这也是很明显的。现在您为何不做天下的枭棋，而让我们做散棋呢？"

卷十七　楚策四

一八九　或谓楚王曰

【题解】

　　本章是合纵派攻击连横派的言论。

　　全文分两部分。上半部分说，事物的变化无穷，循环无端，祸福无常，只有智者才能控制形势，掌握命运。

　　下半部分则是攻击连横派花言巧语，蛊惑人心，损公肥私，丧权辱国，是祸害的根源。

　　文中提到主张合纵的人，打算联合诸侯，朝拜楚王，所指可能为秦王政六年（前241），楚春申君为纵约长抗秦的事。

　　或谓楚王曰①："臣闻从者欲合天下以朝大王，臣愿大王听之也。夫因诎为信②，奋患有成，勇者义之。摄祸为福，裁少为多，知者官之。夫报报之反，墨墨之化③，唯大君能之。祸与福相贯，生与亡为邻，不偏于死，不偏于生，不足以载大名。无所寇艾④，不足以横世。夫秦捐德绝命之日久矣，而天下不知。今夫横人嗫口利机⑤，上干主心，下牟百姓，公举而私取利,是以国权轻于鸿毛,而积祸重于丘山。"

【注释】

①楚王:考烈王熊完。公元前262—前238年在位。

②诎:弯曲。信:通"伸"。

③墨墨之化:变化无形。墨,同"默"。

④寇艾(yì):指用兵侵伐他国。艾,通"刈"。

⑤嗌(làn):贪。

【译文】

有人对楚王说:"我听说那些主张合纵的人想联合诸侯来朝见大王,我希望大王能答应他们。用那弯曲的东西也可以伸展,在患难中振奋可以获利成功,勇于奋斗的人应该这样。控制灾祸可以转祸为福,积少可以成多,聪明的人才能这样做。事物之间的反复变化,在无声无息中进行,只有大王才能掌握它。祸与福相通,生和死为邻,不专一于致死,不专一于求生,就不能树立崇高的声誉。没有经过战争的考验,就不可能建立盖世的功业。秦国抛弃道义、不顾国家命运的日子已经很久了,而诸侯却没有觉察。现在主张连横的人,夸夸其谈,巧言利舌,对上扰乱君主的心意,对下侵害百姓的利益,假公济私,因此国家权力比鸿毛还轻,而积累的祸患比丘山还重。"

一九〇　魏王遗楚王美人

【题解】

郑袖是楚王的宠妃,她妒忌魏国新来的美女,巧施毒计,进行残害。

郑袖外表美丽而心如蛇蝎。她先是装作对新人关心呵护,骗取对方的信任。回过头来,又蒙蔽楚王,让楚王也相信她。她口蜜腹剑,两面三刀,胸藏杀机,制造机会,终于使新人受到残害,其阴险狠毒,令人发指。

　　魏王遗楚王美人^①，楚王说之^②。夫人郑袖知王之说新人也^③，甚爱新人。衣服玩好，择其所喜而为之；宫室卧具，择其所善而为之。爱之甚于王。王曰："妇人所以事夫者，色也；而妒者，其情也。今郑袖知寡人之说新人也，其爱之甚于寡人，此孝子之所以事亲，忠臣之所以事君也！"

【注释】

①魏王：不能确指何王。楚王：楚怀王。

②说：同"悦"。

③郑袖：楚怀王夫人。

【译文】

　　魏王送给楚王一位美人，楚王很喜欢她。夫人郑袖知道楚王宠爱这位美人，也就装作很喜欢她。一切服饰珍玩，都挑美人喜欢的送去；住室和卧具，都按美人中意的来置办。表面看来，郑袖比楚王还喜欢她。楚王说："女人用来侍奉丈夫的是美貌，而有妒忌心也是女人的常情。现在郑袖知道我喜欢新人，她喜欢的程度居然胜过我，这简直像孝子侍奉父母，忠臣侍奉君主一样啊！"

　　郑袖知王以己为不妒也，因谓新人曰："王爱子美矣，虽然，恶子之鼻^①。子为见王，则必掩子鼻。"新人见王，因掩其鼻。王谓郑袖曰："夫新人见寡人，则掩其鼻，何也？"郑袖曰："妾知也。"王曰："虽恶必言之。"郑袖曰："其似恶闻君王之臭也。"王曰："悍哉！"令劓之^②，无使逆命。

【注释】

①恶（wù）：厌恶。下文"恶闻君王之臭"中的"恶"同。

②劓(yì)：割去鼻子。

【译文】

郑袖知道楚王认为自己没有嫉妒心了，就对新人说："大王喜欢您的美丽，可是却不喜欢您的鼻子。您如果去见大王，一定要捂住您的鼻子。"新人见到楚王，果真捂住自己的鼻子。楚王问郑袖："新人每次见到我，就捂住她的鼻子，不知是什么原因？"郑袖说："我知道为什么。"楚王说："即使是很难听的话，您也一定要告诉我。"郑袖说："她好像是讨厌闻到大王身上的气味吧。"楚王说："真胆大啊！"下令割掉美人的鼻子，不许违抗命令。

一九一　楚王后死

【题解】

本章和《齐策三·齐王夫人死》的内容几乎完全相同，乃是拟托的作品。主要是说明大臣观察国君的心理，投其所好，以求固宠。

楚王后死，未立后也。谓昭鱼曰①："公何以不请立后也？"昭鱼曰："王不听，是知困而交绝于后也。""然则何不买五双珥，令其一善而献之王，明日视善珥所在，因请立之。"

【注释】

①昭鱼：人名。楚大臣。

【译文】

楚王的王后死了，还没有新立王后。有人对昭鱼说："您为什么不请求立新王后呢？"昭鱼说："大王如果不听从我的意见，这样我不仅说的话不起作用，而且新立的王后和我的关系就会恶化。"这人说："那么您就买五双耳环,献给大王,其中一双是最好的,第二天看看谁戴着那双最漂亮的耳环,您就请求立谁为王后。"

一九二　庄辛谓楚襄王曰

【题解】

楚国土地广大,在七国中首屈一指,但到了楚襄王时,连遭挫败,首都沦陷,迭失名城。庄辛指出,问题在于襄王享乐腐化,爱幸佞臣,不顾国事,以致秦军步步深入,国家濒于危亡。他善于进说,终使襄王感悟,改弦易辙,因而能稳定局势,继续和秦国对峙。

本文因小及大,由物到人,环环相扣,层层递进,行文铺张扬厉,开启了汉赋的先声。

庄辛谓楚襄王曰①:"君王左州侯②,右夏侯③,辇从鄢陵君与寿陵君④,专淫逸侈靡,不顾国政,郢都必危矣!"襄王曰:"先生老悖乎? 将以为楚国袄祥乎⑤?"庄辛曰:"臣诚见其必然者也,非敢以为国袄祥也。君王卒幸四子者不衰,楚国必亡矣。臣请辟于赵⑥,淹留以观之。"

【注释】

①庄辛:人名。楚臣。楚庄王的后代,故以庄为姓。楚襄王:即楚顷襄王熊横,公元前298—前263年在位。

②州侯:楚国封君,封邑在州。州,楚邑,在今湖北监利。

③夏侯:楚国封君,封邑在夏。夏,楚邑,在今湖北汉口。

④鄢陵君:楚国封君,封邑在鄢陵。鄢陵,楚邑,在今河南鄢城东南。寿陵君:楚国封君。寿陵,地不详。

⑤祆(yāo)祥:吉凶祸福的先见征兆。祆,古人称反常怪异的事物。

⑥辟:躲避。

【译文】

庄辛规劝楚襄王说:"君王您身边左有州侯,右有夏侯,车上又有鄢陵君和寿陵君陪伴,您一味寻欢作乐,奢侈浪费,不过问国家大事,郢都必然危险!"襄王说:"您是老糊涂了呢? 还是用妖言惑乱楚国人呢?"庄辛说:"我确实看到了必定会这样,并不敢用妖言惑乱楚国人啊。如果君王还继续宠幸州侯、夏侯、鄢陵君、寿陵君这四个人,楚国必定灭亡。我请求避往赵国,待在那里静观楚国的事变。"

庄辛去之赵,留五月,秦果举鄢、郢、巫、上蔡、陈之地。襄王流掩于城阳①,于是使人发骑征庄辛于赵。庄辛曰:"诺。"

【注释】

①城阳:地名。楚邑,在今河南淮阳东南。

【译文】

庄辛去到赵国,在那儿停了五个月,秦国果然逐步攻下了鄢郢、巫、上蔡、陈等地。襄王流亡到城阳,于是派人专车到赵国去召请庄辛回国。庄辛说:"好吧。"

庄辛至,襄王曰:"寡人不能用先生之言,今事至于此,为之奈何?"庄辛对曰:"臣闻鄙语曰:'见兔而顾犬,未为晚也;亡羊而补牢,未为迟也。'臣闻昔汤、武以百里昌,桀、纣以天下亡。今楚国虽小,绝长续短,犹以数千里,岂特百里哉!

【译文】

庄辛回到楚国,襄王说:"我没有听先生的话,现在事情到了这种地步,可怎么办呢?"庄辛回答说:"俗话说得好:'见到兔子再放出猎犬还不算晚;丢掉了羊再修补羊圈,也不算迟。'我听说,从前商汤和周武王凭着百里小国终能昌盛起来;夏桀和殷纣虽拥有天下,却终于灭亡。现在楚国虽小,如果截长补短,也有方圆数千里,岂止是百里呢!

"王独不见夫蜻蛉乎①? 六足四翼,飞翔乎天地之间,俯啄蚊虻而食之,仰承甘露而饮之,自以为无患,与人无争也。不知夫五尺童子,方将调饴胶丝,加己乎四仞之上②,而下为蝼蚁食也。

【注释】

①蜻蛉(líng):即蜻蜓。
②仞:古代长度单位,八尺为一仞。

【译文】

"大王难道没有见过蜻蜓吗? 它有六足四翅,在天地之间飞翔,俯身捕食蚊虻,抬头吸吮甘露,自以为没有灾祸,和人也没有争端。它哪知五尺来高的小孩儿,正用糖浆涂着丝网,要把自己从两三丈高的地方粘下来,丢给蝼蛄和蚂蚁吃啊。

"蜻蛉其小者也,黄雀因是以。俯噣白粒①,仰栖茂树,鼓翅奋翼,自以为无患,与人无争也。不知夫公子王孙,左挟弹,右摄丸,将加己乎十仞之上,以其颈为招。昼游乎茂树,夕调乎酸咸,倏忽之间②,坠于公子之手。

【注释】

①嚽:同"啄"。

②俄忽:顷刻。

【译文】

"蜻蜓还算是小的,黄雀也是如此啊。它俯身啄食白米粒,仰头飞到茂密的树间栖息,张开翅膀,奋力飞翔,自以为没有灾祸,跟谁也没有争端。它哪知那些公子王孙左手持弹弓,右手握弹丸,准备从七八丈的高空把它弹下来,正拿它的颈脖做箭靶子。它白天还在茂密的树间嬉游,晚上已被调上作料,做成菜肴,真是一转眼工夫,就掉在公子王孙的手里了。

"夫黄雀其小者也,黄鹄因是以①。游于江海,淹乎大沼,俯嚽鳝鲤,仰啮菱衡②,奋其六翮而凌清风③,飘摇乎高翔,自以为无患,与人无争也。不知夫射者,方将修其砮卢④,治其矰缴⑤,将加己乎百仞之上。被礛磻⑥,引微缴,折清风而抎矣⑦。故昼游乎江河,夕调乎鼎鼐⑧。

【注释】

①黄鹄(hú):天鹅。

②啮(niè):咬。衡:同"荇(xìng)",水草。

③翮(hé):鸟翅上的长羽毛。

④砮(bō)卢:弓箭。砮,石箭头。卢,黑色的弓。

⑤矰缴(zēng zhuó):系在箭尾的细绳,以便把箭收回。

⑥礛磻(jiān bō):锐利的箭。礛,锐利。磻,同"砮"。

⑦抎(yǔn):陨落,坠落。

⑧鼐(nài):大鼎。

【译文】

　　"黄雀还算是小的，天鹅也是如此啊。它在江海间遨游，在湖沼里栖息，低头捕食鱼类，仰头嚼着菱角和荇菜，奋翅振羽，乘着清风在高空中翱翔，自以为不会有灾祸，和谁也没有争端。哪知那猎人正在修治弓箭，系好拴箭的丝绳，要从七八十丈的高空捕捉自己。它中了箭，拖着细细的丝绳，逆着清风栽落下来。它白天还在江河中嬉游，晚上已被煮在鼎里。

　　"夫黄鹄其小者也，蔡圣侯之事因是以①。南游乎高陂②，北陵乎巫山③，饮茹溪之流④，食湘波之鱼⑤，左抱幼妾，右拥嬖女，与之驰骋乎高蔡之中⑥，而不以国家为事。不知夫子发方受命乎宣王⑦，系己以朱丝而见之也。

【注释】

　　①蔡圣侯：蔡国末代君主。

　　②陂：堤防，堤岸。

　　③巫山：山名。在今重庆巫山东。

　　④茹溪：水名。巫山中的溪流。

　　⑤湘波：湘水。

　　⑥高蔡：在今河南上蔡。

　　⑦子发：楚宣王将。宣王：楚宣王，公元前369—前340年在位。

【译文】

　　"天鹅还算是小的，蔡圣侯的事也是如此啊。他南游高陂，北登巫山，饮马茹溪，食鱼湘江，左手抱着年轻的妃子，右手搂着心爱的美人，和她们一同驱车在高蔡一带游乐，不把国事放在心上。他哪知楚将子发正接受楚宣王的命令，要用红绳子绑他去见楚宣王了。

"蔡圣侯之事其小者也,君王之事因是以。左州侯,右
夏侯,辇从鄢陵君与寿陵君①,饭封禄之粟,而载方府之金②,
与之驰骋乎云梦之中,而不以天下国家为事。不知夫穰侯
方受命乎秦王③,填黾塞之内④,而投己乎黾塞之外。"

【注释】

①州侯、夏侯、鄢陵君、寿陵君:皆楚襄王宠臣。

②方府:楚国藏金的府库。

③秦王:秦昭王。

④黾塞:在今河南信阳东南的平靖关。

【译文】

"蔡圣侯的事还算是小的,大王的事也是如此啊。大王左边是州
侯,右边是夏侯,车后跟着鄢陵君和寿陵君,吃着封地的粮食,车上载着
国库里的钱财,和他们在云梦泽中纵马驱车,游猎玩乐,不把国事放在
心上。大王哪里知道穰侯正接受秦王的命令,准备攻进楚国黾塞以南,
而把大王赶到黾塞以北去啊。"

襄王闻之,颜色变作,身体战栗。于是乃以执圭而授
之,封之为阳陵君,与淮北之地也①。

【注释】

①与:通"举",攻取。

【译文】

楚襄王听了这番话,脸色大变,身子发抖。于是把执圭的爵位授给
庄辛,并封他为阳陵君,随着攻占了淮河以北的土地。

一九三　齐明说卓滑以伐秦

【题解】

樗里疾是秦惠王异母弟，和张仪政见不合。周赧王五年（前310），秦惠王死，群臣都讨厌张仪。樗里疾打算借助楚国的力量赶走张仪，故派齐明游说卓滑伐秦。

齐明说卓滑以伐秦①，滑不听也。齐明谓卓滑曰："明之来也，为樗里疾卜交也。明说楚大夫以伐秦，皆受明之说也，唯公弗受也，臣有辞以报樗里子矣。"卓滑因重之。

【注释】

①齐明：人名。东周人。卓滑：人名。楚国谋臣，一作"邵滑"。

【译文】

齐明游说楚国大夫卓滑去进攻秦国，卓滑不答应。齐明对卓滑说："我到楚国，是为了给樗里疾试探两国的关系如何。我劝楚大夫进攻秦国，他们都接受我的意见，唯独您不接受，我有话可以报告樗里疾了。"卓滑因此而看重齐明。

一九四　或谓黄齐曰

【题解】

黄齐和富挚存在矛盾，有人用坚固的牙齿互相摩擦，会导致两败俱伤作比喻，劝说黄齐和富挚搞好关系。

或谓黄齐曰①："人皆以谓公不善于富挚②。公不闻老莱子之教孔子事君乎③？示之其齿之坚也，六十而尽相靡也。今富挚能，而公重不相善也，是两尽也。谚曰：'见君之乘，下之；见杖，起之。'今也王爱富挚而公不善也，是不臣也。"

【注释】

①黄齐：人名。事迹不详。

②富挚：人名。事迹不详。

③老莱子：人名。楚人，著书十五篇，阐述道家理论。

【译文】

有人对楚人黄齐说："人们都认为您和富挚的关系不好，您没有听说老莱子教导孔子如何侍奉国君吗？他指着牙齿说，人的牙齿很坚硬，到了六十岁，牙齿就损坏完了，这是因为牙齿互相磨损的缘故。现在富挚有才能，而您与他的关系不好，只会两败俱伤。常言说得好：'见到国君的车马，如果自己在车上，就应该下车；见到国君的木杖，如果自己坐着，就应该起来。'对国君的车马、木杖尚且如此尊重有礼，现在国君宠爱富挚，您却对他不友好，这不是做臣子的应有态度。"

一九五　垂沙之难

【题解】

周赧王十七年（前298），楚顷襄王新立，齐、韩、魏三国合军，攻打楚的东国。楚臣昭盖献计，利用秦、齐矛盾，使秦出兵救楚。

垂沙之难①，楚太子横为质于齐。楚王死，薛公归太子横，因与韩、魏之兵随而攻东国。太子惧。昭盖曰②："不若令屈署以新东国为和于齐以劲秦③，秦恐齐之败东国而令行

于天下也,必将救我。"太子曰:"善。"遂令屈署以东国为和
于齐。秦王闻之惧④,令芈戎告楚曰:"毋与齐东国,吾与子
出兵矣。"

【注释】

①垂沙:地名。楚邑,在今河南沁阳东北。

②昭盖:人名。楚臣。

③屈署:人名。楚臣。

④秦王:秦昭王稷。

【译文】

在垂沙战役中,楚国太子横作为人质被送到齐国去。楚怀王死后,
薛公孟尝君送回太子横,随后联合韩、魏两国之兵,进攻楚国的东地。
楚太子害怕。昭盖说:"您不如派屈署假称把东地送给齐国,这样来讲
和,用这来触动秦国,秦国担心齐国真的夺得楚国的东地,从而在诸侯
中发号绝令,一定会派兵救援我们。"太子说:"好。"马上下令派屈署假
称把楚国的东地与齐国讲和。秦王听说后很担心,就派芈戎告诉楚王
说:"不要给齐国东地,我马上为您派出救兵了。"

一九六　有献不死之药于荆王者

【题解】

不死之药本来并不存在,可是楚王却相信它。中射之士为了证明
并没有什么不死之药,就把这种药抢过来吞了。楚王要想杀他吧,不死
之药就变成了必死之药,只好放过他。中射之士用迂回的手段,点明了
求仙的无益、金丹的虚妄。

有献不死之药于荆王者①，谒者操以入②。中射之士问曰③："可食乎?"曰："可。"因夺而食之。王怒，使人杀中射之士。

【注释】

①荆王：楚王。本篇近似寓言，此楚王不能确指。

②谒者：为国宾掌管传达的人。

③中射之士：善射的人，负责宫廷保卫。

【译文】

有人向楚王进献长生不死的仙药，传达的人拿着进入宫中。中射之士问道："可以吃吗?"谒者回答说："可以。"于是夺过来就吃了。楚王很生气，派人去杀中射之士。

中射之士使人说王曰："臣问谒者，谒者曰可食，臣故食之，是臣无罪，而罪在谒者也。且客献不死之药，臣食之而王杀臣，是死药也。王杀无罪之臣，而明人之欺王。"王乃不杀。

【译文】

中射之士叫人向楚王进说道："我问过传达的人，传达的人说可以吃，我这才把它吃掉，可见我并没有过错，错误在传达的人身上。况且宾客献上不死的仙药，我吃了，大王把我杀掉，这分明是死药啊。大王杀掉无罪的我，就证明大王受骗上当了。"楚王就不杀他了。

一九七　客说春申君曰

【题解】

　　荀子是儒家学派的大师,他曾一度游历到楚,因受到谗言诽谤而离开。后来春申君感到不妥,又派人请他回来。

　　荀子写信答谢春申君,列举了许多权贵弑主的往事,如春秋时楚王子围绞杀楚王,齐崔杼射死庄公;近世则有赵李兑让主父饿死沙丘,楚淖齿抽去齐闵王的足筋,把他吊死在庙梁上的事,说明身居高位的人,常有死于非命的危险。

　　又说许多人美丑不辨,是非颠倒,吉凶祸福,难以预料。

　　荀子的议论,好像是预见了春申君后来的悲惨结局。

　　本文虽有杂抄缀辑的痕迹,但以史为鉴的道理,还是值得深思的。

　　客说春申君曰:"汤以亳①,武王以鄗②,皆不过百里,以有天下。今孙子天下贤人也③,君籍之以百里势④,臣窃以为不便。于君何如?"春申君曰:"善。"于是使人谢孙子。孙子去之赵,赵以为上卿。

【注释】

　　①亳:地名。汤所都。初都南亳,在今河南商丘东南。后徙西亳,在今河南偃师西。

　　②鄗(hào):通"镐",地名。西周都城,在今陕西长安事曲乡西。

　　③孙子:人名。即荀卿,赵人,时为楚兰陵令。此处"荀"作"孙",避汉宣帝讳改。

　　④籍:通"藉(jiè)",凭借。

【译文】

有人对春申君说:"商汤以亳作为根据地,武王以镐作为根据地,他们的地方都不超过方圆百里,结果却得到了天下。现在荀子是天下的贤人,如果您给他百里的地方作为凭借,我认为会对您不利。您认为怎么样?"春申君说:"好。"于是派人谢绝了荀子。荀子离开楚国到了赵国,赵国任命荀子为上卿。

客又说春申君曰:"昔伊尹去夏入殷①,殷王而夏亡。管仲去鲁入齐,鲁弱而齐强。夫贤者之所在,其君未尝不尊,国未尝不荣也。今孙子天下贤人也,君何辞之?"春申君又曰:"善。"于是使人请孙子于赵。

【注释】

①伊尹:人名。商汤相,号阿衡。

【译文】

这人又对春申君说:"以前伊尹离开夏去到殷,因此殷得天下而称王,夏被灭亡。管仲离开鲁国到齐国,因此鲁国衰弱,齐国富强。贤人在哪个国家,那个国家的君主便会受人尊敬,那个国家也一定会兴盛。现在荀子是天下的贤人,您为何谢绝了他呢?"春申君说:"好。"于是派人到赵国去召请荀子。

孙子为书谢曰:"'疠人怜王',此不恭之语也,虽然,不可不审察也,此为劫弑死亡之主言也。夫人主年少而矜材,无法术以知奸,则大臣主断国,私以禁诛于己也。故弑贤长而立幼弱,废正適而立不义①。

【注释】

①正適:正妻所生的儿子。適,同"嫡"。

【译文】

荀子写信谢绝了,信上说:"'麻风病人哀怜国君',这是一句不恭敬的话,即使如此,但也不可不加以审察,这乃是对一般被大臣杀死的国君说的。人主年幼,自以为有才能,却没有方法识别奸邪的人,这样,大臣就会独断专行、图谋私利,一切权力归于自己。所以他们废弃年长而有才能的,立年幼而懦弱的,废掉嫡子当继承王位的,立不当继承王位的。

"《春秋》记之曰:'楚王子围聘于郑①,未出竟②,闻王病,反问疾,遂以冠缨绞王杀之,因自立也。齐崔杼之妻美③,庄公通之,崔杼帅其群党而攻。庄公请与分国,崔杼不许;欲自刃于庙,崔杼不许。庄公走出,逾于外墙,射中其股,遂杀之,而立其弟景公④。'

【注释】

①王子围:人名。楚共王的儿子。

②竟:通"境"。

③崔杼:人名。春秋时齐庄公的大臣。

④景公:名杵臼,齐灵公的儿子。

【译文】

"《春秋》上记载说:'楚国的王子围奉命出访郑国,未离开国境,听说楚君郏敖生病就返回宫中去探病,于是他用帽带将郏敖勒死,自立为国君。齐大夫崔杼之妻很美,齐庄公和她私通,崔杼便带领他的家兵进攻庄公。庄公请求与崔杼平分国家,崔杼不许;庄公请求在宗庙自杀,

崔杼仍不许。庄公逃跑翻墙而出，崔杼用箭射中了庄公的大腿，将庄公杀死，另立他的弟弟为景公。'

"近代所见，李兑用赵，饿主父于沙丘，百日而杀之；淖齿用齐，擢闵王之筋，县于其庙梁，宿夕而死。夫疠虽痈肿胞疾①，上比前世，未至绞缨射股；下比近代，未至擢筋而饿死也。夫劫弑死亡之主也，心之忧劳，形之困苦，必甚于疠矣。由此观之，'疠虽怜王'可也。"

【注释】

①痈：恶疮。胞疾：胞胎中带来的病。

【译文】

"近代所见的李兑在赵国专权，困饿赵国主父于沙丘宫，以致他一百天就饿死了；淖齿在齐国专权，抽掉齐闵王的筋，把他吊在宗庙的大梁上，过了一夜他就死了。麻疯病是先天性的病，但往上与前代比，还不至于有像楚王郏敖被绞死、齐庄公被杀死的悲惨下场；往下与近代比，还不至于像齐闵王被抽筋而死、赵武灵王被活活饿死的悲惨下场。那些被大臣杀害的国君，心中忧虑，身体痛苦一定超过麻疯病人。由此看来，说'麻疯病人哀怜国君'是有道理的。"

因为赋曰："宝珍隋珠①，不知佩兮；杂布与锦，不知异兮。间姝子奢②，莫知媒兮，嫫母求之③，又甚喜之兮。以瞽为明，以聋为聪，以是为非，以吉为凶。呜呼上天，曷惟其同！"《诗》曰："上天甚神，无自瘵也④。"

【注释】

①隋珠：传世的明珠。

②间妹：美女名。子奢：美男名。

③嫫母：丑女名。

④瘵(zhái)：灾害。

【译文】

荀子写了一首赋说："珍宝隋珠不知佩戴啊；布和锦混杂乱安排啊。美女间妹、美男子奢没人说媒啊，丑女嫫母来求婚，反而很喜欢啊！说瞎子眼睛明亮，聋子听觉灵敏，是非颠倒，吉凶混淆。唉，天啊，为什么世间的一切是如此相同啊！"《诗经》上说："上天很神明，休要自惹灾祸啊！"

一九八　天下合从

【题解】

公元前 241 年，楚、燕和三晋这五国攻秦，牵头的是楚国，这时，春申君已在楚国做了二十二年的令尹。东方诸国连年受到秦的攻打，看不到何时才是尽头，于是决定联合出兵，作困兽之斗。本章所说"天下合从"，就在此时。

春申君打算让临武君统兵，赵使魏加用"惊弓之鸟"作比喻，说临武君是秦的手下败将，不能担此重任，春申君不听。秦国开关迎战，诸侯兵败走，伐秦以失败告终，楚国也被迫把都城由陈(今河南淮阳)东徙到寿春(今安徽寿州)，处境更加艰难。事实证明，魏加的预测具有先见之明的。

天下合从。赵使魏加见楚春申君曰①："君有将乎？"曰：

"有矣，仆欲将临武君②。"魏加曰："臣少之时好射，臣愿以射譬之，可乎?"春申君曰："可。"

【注释】

①魏加：赵臣。春申君：黄歇的封号。他是楚考烈王的相，被封在吴(今江苏苏州)。

②临武君：赵将庞煖(xuān)。

【译文】

东方各国准备合纵攻秦。赵国派遣魏加去见楚国的春申君，问道："您有将领了吗?"春申君回答说："有了，我打算用临武君做将领。"魏加说："我年轻时喜欢射箭，我希望用射箭来作比喻，可以吗?"春申君说："可以。"

加曰："异日者，更嬴与魏王处京台之下①，仰见飞鸟。更嬴谓魏王曰：'臣为王引弓虚发而下鸟。'魏王曰：'然则射可至此乎?'更嬴曰：'可。'有间，雁从东方来，更嬴以虚发而下之。魏王曰：'然则射可至此乎?'更嬴曰：'此孽也②。'王曰：'先生何以知之?'对曰：'其飞徐而鸣悲。飞徐者，故疮痛也；鸣悲者，久失群也。故疮未息而惊心未忘也。闻弦音，引而高飞，故疮裂而陨也。'今临武君尝为秦孽，不可为拒秦之将也!"

【注释】

①更嬴(léi)与魏王：都是假托的人。京台：台名。游玩观赏的地方。

②孽：未愈的隐伤。

【译文】

魏加说："从前，更羸和魏王处在京台的下面，抬头看见飞鸟，更羸对魏王说：'我愿为大王拉满空弓，做一个弹射的动作，就可使鸟掉下来。'魏王说：'射箭的技巧竟可达到如此神妙的地步吗？'更羸说：'可以。'不久，一只雁从东方飞来，更羸拉弓虚弹一下就使它掉下来。魏王问：'射箭的技巧真可达到如此的程度吗？'更羸答道：'因它有隐伤在身。'魏王说：'先生是怎么知道的？'更羸答道：'因它飞得慢而叫声悲哀。飞得慢，是因它的旧伤疼痛；叫声悲哀，是因它失群已久。旧伤未愈，而惊恐之心还没有忘掉啊。听到弓弦声就奋力高飞，使旧的伤口迸裂就掉了下来。'眼下的临武君，曾被秦军打败过，他可是不能担任抗秦的将领啊！"

一九九　汗明见春申君

【题解】

汗明在和春申君的交谈中，用老骥拖着盐车上太行，白汗交流，举步维艰，比喻贤士怀才不遇、不能发挥所长的悲愤心情，真是满腔抑郁，谁可倾诉？老骥一旦遇到伯乐，了解它，关心它，爱护它，就激动得不能自已，仰首长鸣，声达九天。真所谓"世上岂无千里马，人间难得是孙阳"。美玉被看作顽石，良骥被看作驽马，怎不叫人扼腕长叹！

汗明见春申君①，候问三月，而后得见。谈卒，春申君大说之。汗明欲复谈，春申君曰："仆已知先生，先生大息矣。"汗明憱焉曰②："明愿有问于君而恐固。不审君之圣，孰与尧也③？"春申君曰："先生过矣，臣何足以当尧！"汗明曰："然则君料臣孰与舜④？"春申君曰："先生即舜也。"汗明曰："不然。

臣请为君终言之。君之贤实不如尧，臣之能不及舜。夫以贤舜事圣尧，三年而后乃相知也。今君一时而知臣，是君圣于尧而臣贤于舜也。"春申君曰："善。"召门吏为汗先生著客籍，五日一见。

【注释】

①汗明：人名。事迹不详。

②愀(cù)焉：不安的样子。

③尧：传说中上古时代的明君。

④舜：尧臣，后继尧为君。

【译文】

汗明去见春申君，等了三个月才被接见。交谈完毕，春申君非常高兴。汗明想继续再谈，春申君说："我已经了解先生了，请先生休息吧。"汗明不安地说："我想问一个问题，又怕问得太肤浅了。不知道您的圣明比尧怎么样？"春申君说："先生说得过分了，我怎么比得上尧呢！"汗明说："那么您看我和舜相比怎么样？"春申君说："先生就是舜啊。"汗明说："不对。请让我把话说完吧。您的圣明确实比不上尧，我的才能也比不上舜。即使贤能的舜在圣明的尧手下做事，三年以后尧才了解舜。现在您顷刻之间就说了解我，那就是您比尧更圣明而我比舜更贤能了。"春申君说："说得好。"就叫手下的办事人员把汗先生的名字登载在宾客名册上，每五天接见他一次。

汗明曰："君亦闻骥乎？夫骥之齿至矣，服盐车而上太行①。蹄申膝折②，尾湛胕溃③，漉汁洒地④，白汗交流，中坂迁延，负辕不能上。伯乐遭之⑤，下车攀而哭之，解纻衣以幂之⑥。骥于是俯而喷，仰而鸣，声达于天，若出金石声者，何也？彼见伯乐之知已也。今仆之不肖，厄于州部，堀穴穷巷⑦，沉污鄙俗之日久矣，君独无意湔拔仆也⑧，使得为君高鸣屈于梁乎？”

【注释】

①太行：山名。绵延于山西、河北两省。

②申：伸展。

③湛(chén)：下垂。胕：同"肤"。

④漉汁：渗出的液汁。

⑤伯乐：姓孙名阳，字伯乐，春秋时善相马的人。

⑥纻(zhù)衣：麻布衣。幂(mì)：覆盖。

⑦堀：通"窟"。

⑧湔(jiān)：洗涤。

【译文】

汗明对春申君说："您曾经听说过千里马的故事吗？千里马快老了，主人驱使它驾着盐车，翻越太行山路。它伸着蹄，弯着腿，尾巴下垂，皮肤溃烂，口涎流在地上，身上汗水交流，在半山坡上艰难地挣扎，驾着车辕，怎么也上不去。这时伯乐遇见了它，就下车牵着它哭泣，解下自己的麻布衣盖在它身上。于是千里马低头喷气，然后昂首嘶鸣，声彻长空，那声音就像是从钟磬等乐器里发出来的，为什么这样？因为它看到伯乐了解自己啊。如今我不成材，在地方上受着压抑，住在洞穴中，生活在简陋的里巷内，沉浸在污浊鄙俗的环境已经很久了，您难道不想为我涤除污秽，让我也能在山梁上高声吐露出心里的委屈吗？"

二〇〇　楚考烈王无子

【题解】

战国时的宫廷斗争,尖锐而残酷,刀光剑影,血雨腥风,权谋和诡计层出不穷。楚国的资深大臣春申君,由于丧失警惕,不知不觉掉进"美人计"的圈套,丧身亡家,成为野心家李园夺取楚国大权的一枚棋子。

楚考烈王无子,李园欲将其妹献进宫中,又担心无子而失宠,他就先求做春申君的舍人,作为进身之阶。接着,他把妹妹进给春申君,知道她有孕后,又与其妹合谋,由春申君将其妹转献楚王,生子后,立为太子。李园以国舅身份,亲近用事,他怕春申君泄漏真情,欲杀之灭口。

不久,楚考烈王死,李园果然埋伏杀手,刺杀春申君,并杀掉春申君全家。楚太子立,是为幽王。李园妹成为太后,楚国大权落入李园的手中。

楚考烈王无子①,春申君患之,求妇人宜子者进之,甚众,卒无子。

【注释】

①楚考烈王:熊完,楚顷襄王之子。

【译文】

楚考烈王没有儿子,春申君很担忧这件事,寻求能生育的妇女献给楚王,为数很多,但还是没有孩子。

赵人李园,持其女弟欲进之楚王,闻其不宜子,恐又无宠。李园求事春申君为舍人。已而谒归,故失期。还谒,春申君问状。对曰:"齐王遣使求臣女弟,与其使者饮,故失期。"春申君曰:"聘入乎?"对曰:"未也。"春申君曰:"可得见乎?"曰:"可。"于是园乃进其女弟,即幸于春申君。

【译文】

赵国人李园带来他的妹妹,准备献给楚王,听说楚王不能生孩子,担心自己的妹妹进宫后也因不能怀孕而得不到楚王的宠爱。李园求见春申君,请求做他的随从。不久,李园请假回家,故意超过期限。在他回来拜见时,春申君问他的情况。他回答说:"齐王派使臣来聘娶我的妹妹,我和使者一起喝酒,所以没有如期返回。"春申君问:"受聘礼了吗?"李园回答说:"还没有。"春申君说:"可让我见一下您妹妹吗?"李园回答说:"可以。"于是李园就把他的妹妹送来,她随即受到了春申君的宠爱。

　　知其有身,园乃与其女弟谋。园女弟承间说春申君曰:"楚王之贵幸君,虽兄弟不如。今君相楚王二十余年,而王无子,即百岁后,将更立兄弟。即楚王更立,彼亦各贵其故所亲,君又安得长有宠乎!非徒然也,君用事久,多失礼于王兄弟。兄弟诚立,祸且及身,奈何以保相印、江东之封乎①?今妾自知有身矣,而人莫知。妾之幸君未久,诚以君之重而进妾于楚王,王必幸妾。妾赖天而有男,则是君之子为王也,楚国封尽可得,孰与其临不测之罪乎?"春申君大然之,乃出园女弟,谨舍而言之楚王。楚王召入,幸之。遂生子男,立为太子,以李园女弟立为王后。楚王贵李园,李园用事。

【注释】

①江东之封：春申君初封淮北十二县，后徙封吴（今江苏苏州）。

【译文】

李园知道妹妹怀孕了，就和她一起策划。李园的妹妹找机会对春申君说："楚王重用您，超过了他的亲兄弟。如今您辅佐楚王二十多年，而楚王没有儿子，他去世后，就会另立他的兄弟做国君。新君即位，会各自提拔他们原先的亲信，您又怎能长期得宠呢？不仅如此，您当权的时间长，有很多得罪楚王兄弟的地方。楚王兄弟真的做了国君，您就会大祸临头，又怎么能保住您的相印和江东的封邑呢？现在我知道自己已经怀孕了，而别人都不知道。我在您身边的时间不长，果真能凭借您的地位把我献给楚王，楚王定会喜欢我。我如能得到上天保佑生个男孩，那么您的儿子就会成为楚王，楚国全境都会得到，这不比您面临不测之罪强吗？"春申君认为她说得很对，就把李园妹妹迁到府外，另行安置后推荐给楚王。楚王召她进宫，很宠爱她。后来生了个男孩，被立为太子，李园的妹妹被立为王后。楚王因此重用李园，李园就执掌了大权。

李园既入其女弟为王后，子为太子。恐春申君语泄而益骄，阴养死士①，欲杀春申君以灭口，而国人颇有知之者。

【注释】

①死士：杀手。

【译文】

李园使自己的妹妹进宫当了王后，她的儿子成了太子。他担心春申君口风不紧而骄傲，于是暗中畜养刺客，企图杀死春申君灭口。楚国国都中已经有些人知道了这件事。

春申君相楚二十五年，考烈王病。朱英谓春申君曰^①："世有无妄之福，又有无妄之祸，今君处无妄之世，以事无妄之主，安不有无妄之人乎？"

【注释】

①朱英：人名。观津（今山东观城）人。春申君门客。

【译文】

当春申君在楚国出任相国二十五年的时候，考烈王得了重病。朱英对春申君说："世上有出人意料的洪福，又有料想不到的横祸，现在您处在出人意料的社会，去侍奉出人意料的君主，怎么能没有一个出人意料的人来帮助您呢？"

春申君曰："何谓无妄之福？"曰："君相楚二十余年矣，虽名为相国，实楚王也，五子皆相诸侯，今王疾甚，旦暮且崩，太子衰弱，疾而不起，而君相少主，因而代立当国，如伊尹、周公^①，王长而反政。不即遂南面称孤，因而有楚国，此所谓无妄之福也。"

【注释】

①如伊尹、周公：伊尹相太甲、周公辅佐成王都是以贤相的身份辅佐少主，所以朱英用他们和春申君相比。

【译文】

春申君说："什么是出人意料的福分？"回答说："您在楚国出任令尹二十多年，虽然名义上是令尹，实际上是楚王，五个儿子都在外辅佐诸侯，现在楚王病重，早晚要去世，太子体质衰弱，卧病不起，您就要辅佐少主，代行国君大权，像伊尹、周公那样，等到少主年长，您再归还政权。

不然干脆南面称王,因而拥有楚国,这就是出人意料的福分。"

　　春申君曰:"何谓无妄之祸?"曰:"李园不治国,王之舅也,不为兵将,而阴养死士之日久矣。楚王崩,李园必先入,据本议制断君命,秉权而杀君以灭口,此所谓无妄之祸也。"

【译文】

　　春申君说:"什么是不测之祸?"回答说:"李园不是治理国家的大臣,而是楚王的妻舅,他虽不掌握兵权,可是暗中收养刺客已经很久了。楚王死了,李园一定先进宫,按照他既定的计划,假称楚王的命令,凭借手中握有的权力,杀您灭口,这就是出人意料的灾祸啊!"

　　春申君曰:"何谓无妄之人?"曰:"君先仕臣为郎中①,君王崩,李园先入,臣请为君劗其胸杀之②,此所谓无妄之人也。"春申君曰:"先生置之,勿复言已。李园软弱人也,仆又善之,又何至此?"朱英恐,乃亡去。

【注释】

①郎中:国王宫中的侍卫。

②劗(chōng):刺。

【译文】

　　春申君说:"什么是出人意料的人呢?"回答说:"您先任命我为郎中,如果楚王死了,李园一定先进宫,我愿为您用刀刺入他的胸膛,把他杀死,这就是所谓出人意料的人啊!"春申君说:"先生就把这事搁起来吧,不要再说了。李园是一个软弱的人,我又和他很友好,又怎么会到这种地步呢?"朱英心里害怕,就连忙逃离了楚国。

后十七日,楚考烈王崩,李园果先入,置死士,止于棘门之内①。春申君后入,止棘门,园死士夹刺春申君,斩其头,投之棘门外。于是使吏尽灭春申君之家。而李园女弟初幸春申君有身,而入之王所生子者,遂立为楚幽王也②。

【注释】

①棘门:宫门名。

②楚幽王:熊悍,公元前237—前228年在位。

【译文】

过了十七天,楚考烈王死了,李园果然抢先进宫,安排刺客,埋伏在宫门里面。春申君随后进宫,刚走进宫门,李园的刺客就从两旁冲出把他刺死,并割下他的头,扔在宫门外边。接着又派人把春申君满门抄斩。李园的妹妹当初与春申君同居怀孕,进宫后生下的那个男孩子,被立为楚国国君,就是楚幽王。

是岁,秦始皇立九年矣。嫪毐亦为乱于秦①,觉,夷三族②,而吕不韦废。

【注释】

①嫪毐(lào ǎi):人名。赵人。初为吕不韦门客,后因得太后宠幸,权势极大。秦王政八年(前239),封为长信侯。次年作乱失败,被车裂而死。

②三族:父族、母族、妻族。

【译文】

这一年,秦始皇在位九年了。嫪毐在秦国作乱被发觉,灭了嫪毐的三族,而秦相吕不韦也被罢去相位。

二〇一 虞卿谓春申君曰

【题解】

公元前251年,燕王喜派将军栗腹攻赵,赵连续四年展开反击,并在公元前248年,派虞卿出使,寻求楚国支援。

虞卿建议春申君乘楚考烈王年迈,选定自己的封邑,以取得春申君的好感。接下来又说:"今燕之罪大而赵怒深",劝春申君出兵助赵攻燕。但楚国助赵,必取道魏国,虞卿又马不停蹄,赶往魏国,说服魏让楚借道。所有这一切,都是为了配合赵国反击燕国的军事行动。虞卿凭借辩才,出色地完成了使命。

虞卿谓春申君曰①:"臣闻之春秋,于安思危,危则虑安。今楚王之春秋高矣,而君之封地不可不早定也。为主君虑封者,莫如远楚。秦孝公封商君,孝公死,而后不免杀之。秦惠王封冉子②,惠王死,而后王夺之。公孙鞅,功臣也;冉子,亲姻也,然而不免夺死者,封近故也。太公望封于齐,邵公奭封于燕,为其远王室矣。今燕之罪大而赵怒深③,故君不如北兵以德赵,践乱燕以定身封④,此百代之一时也。"

【注释】

①虞卿:赵国上卿。

②冉子:魏冉,昭王母宣太后弟,封穰侯。魏冉受封及被废,均在秦昭王时,不在秦惠王时,本文误记。

③燕之罪大:指燕王喜用栗腹之谋伐赵,引起燕、赵连年战争事。

④践:通"翦",伐。定身封:指公元前259年,赵以灵丘(今山东高唐南)封春申君事。

【译文】

虞卿对春申君说:"我听史书上说,安定时要想到危急,危急时要考虑转危为安。如今楚王年老,您的封地可不能不早日定下来啊。我为您考虑封地,最好远离楚国。秦孝公把商鞅封在商邑,孝公一死,最终不可避免地遭到杀害。秦惠王封魏冉,惠王死,后王就把他的封邑夺去。公孙鞅是功臣,魏冉是姻亲,但他们都不免封地被夺或被杀,就是因为封地太近的缘故。太公望封在齐国,邵公奭封在燕国,因为远离王室,所以都能享国久长。如今燕国的罪大而赵国对它则非常愤恨,所以您不如引兵北上,对赵国表示友好,讨伐无道的燕国以确定自己的封邑,这是几百年难逢的机会啊。"

君曰:"所道攻燕,非齐则魏。魏、齐新怨楚,楚虽欲攻燕,将何道哉?"对曰:"请令魏王可①。"君曰:"何如?"对曰:"臣请到魏,而使所以信之②。"

【注释】

①魏王:魏安釐王,名圉。

②使所以信之:当作"便所以言之"。

【译文】

春申君说:"所要攻燕的道路,不是经过齐国就是经过魏国。魏、齐新近和楚国结怨,楚国军队即便要攻燕,又经过哪条路线呢?"虞卿回答说:"请让魏王同意借道。"春申君说:"怎么办?"虞卿回答说:"我愿到魏国去,寻找机会进言。"

乃谓魏王曰:"夫楚亦强大矣,天下无敌,乃且攻燕。"魏王曰:"乡也①,子云天下无敌;今也,子云乃且攻燕者,何也?"对曰:"今为马多力则有矣②,若曰胜千钧则不然者③,何也? 夫千钧非马之任也。今谓楚强大则有矣,若越赵、魏而斗兵于燕,则岂楚之任也哉! 非楚之任而楚为之,是敝楚也。敝楚是强魏也,其于王孰便也?"

【注释】

①乡:通"向",先前。

②为马:即谓马。为,通"谓"。

③钧:三十斤。

【译文】

虞卿就对魏王说:"楚国也算是强大了,号称天下无敌,将要攻打燕国。"魏王说:"先前您说楚国天下无敌,如今您又说它要去攻燕,这怎么说呢?"虞卿回答说:"如今说马的力量大这是有的,如果说它能负千钧重则是不可能的,为什么? 因为千钧不是马能承受的。如今说楚强大是确实的,要是越过赵、魏和燕国作战,哪里是楚国所能胜任的呢! 楚国不能胜任却要去攻打燕国,这是使楚国疲惫啊。使楚国疲惫是加强了魏国的力量,难道这对大王不是有利吗?"

卷十八　赵策一

二〇二　知伯从韩、魏兵以攻赵

【题解】

公元前453年，智伯率韩、魏二家攻赵氏时，赵襄子处境艰难，晋阳危在旦夕。智伯谋臣郤疵却预计韩、魏必反，劝智伯小心防备，智伯不听。郤疵见事无可为，遂请求出使齐国，避免同遭灭顶之灾。他洞见未来，脱身而去，可算是烛照先机的才智之士。

知伯从韩、魏兵以攻赵，围晋阳而水之，城下不沉者三板①。郤疵谓知伯曰②："韩、魏之君必反矣③。"知伯曰："何以知之?"郤疵曰："以其人事知之。夫从韩、魏之兵而攻赵，赵亡，难必及韩、魏矣。今约胜赵而三分其地，今城不没者三板，臼灶生蛙，人马相食，城降有日，而韩、魏之君无熹志而有忧色④，是非反如何也!"

【注释】

①板:古代用板筑城,高二尺、长八尺为板。

②郗（xì）疵：人名。智伯的谋臣。

③韩、魏之君：指韩康子虎、魏桓子驹。

④熹：通"喜"。

【译文】

　　智伯率领韩、魏两家的军队攻打赵氏，包围了晋阳并用水灌城，水面离城头只有六尺。郗疵对智伯说："韩、魏两家的君主一定会背叛您。"智伯说："您怎么知道呢？"郗疵说："是根据他们的行动举止知道的。您率领韩、魏两家的军队进攻赵氏，赵氏被灭亡后，祸患必然落到韩、魏的头上。如今已和韩、魏约好，战胜了赵氏就三家平分他的土地，现在晋阳城被水淹得离城头只剩六尺，石臼和灶里已长出了青蛙，城里的人杀马充作粮食，攻下晋阳已指日可待，可是韩、魏两家的君主并不感到高兴，却是满面愁容，这不是想背叛又是什么呢？"

　　明日，智伯以告韩、魏之君曰："郗疵言君之且反也。"韩、魏之君曰："夫胜赵而三分其地，城今且将拔矣。夫二家虽愚，不弃美利于前，背信盟之约，而为危难不可成之事，其势可见也。是疵为赵计矣，使君疑二主之心而解于攻赵也①。今君听谗臣之言而离二主之交，为君惜之。"趋而出。

【注释】

①解：通"懈"。

【译文】

　　第二天，智伯对韩、魏的君主说："郗疵说您二位要背叛。"韩、魏的君主说："战胜赵氏，我们三家就可平分他的土地，晋阳马上就要被攻下了。我们两家再愚蠢，也不至于抛弃眼前的利益，去做那种危险、困难而又不可能成功的事，这是显而易见的。郗疵为赵氏谋划，让您怀疑我们二人的诚意,放松对赵氏的进攻。现在您听信奸臣播弄是非,任他离间我们之间的关系,我们实在为您惋惜。"说完就快步走出去了。

郤疵谓知伯曰:"君又何以疵言告韩、魏之君为?"知伯曰:"子安知之?"对曰:"韩、魏之君视疵端而趋疾。"郤疵知其言之不听,请使于齐,知伯遣之。韩、魏之君果反矣。

【译文】

郤疵对智伯说:"您为什么把我的话告诉韩、魏两家的君主呢?"智伯说:"您是怎么知道的?"郤疵说:"因为韩、魏的君主眼光直直地看着我并且快步避开。"郤疵知道智伯不会听他的话,就请求到齐国去,智伯就派他去了。韩、魏的君主果然背叛了。

二〇三　知伯帅赵、韩、魏而伐范、中行氏

【题解】

晋阳之围有三个重要人物:智伯骄傲自大而贪得无厌,赵襄子沉着冷静而善于用人,张孟谈聪明机警而老谋深算。三人的不同性格决定了晋阳攻防战的命运,最终,智伯身死国亡,成为天下人的笑柄。赵襄子、张孟谈君臣一心,在敌强我弱的形势下,争取到韩、魏反戈一击,扭败为胜。

只要团结一致,把利害相同的各方联合起来,就能征服险滩,渡过湍流,战胜顽敌。

知伯帅赵、韩、魏而伐范、中行氏①,灭之。休数年,使人请地于韩。韩康子欲勿与②。段规谏曰③:"不可。夫知伯之

为人也。好利而鸷愎，来请地不与，必加兵于韩矣，君其与之。与之，彼狃④，又将请地于他国。他国不听，必乡之以兵⑤，然则韩可以免于患难而待事之变。"康子曰："善。"使使者致万家之邑一于知伯，知伯说。

【注释】

　①知伯：名瑶，晋国六卿之一。公元前 458 年，他联合韩、赵、魏三家灭掉范氏、中行氏，其势最强。"知"或作"智"。伐范、中行氏：此范氏指范吉射，中行氏指中行寅。周定王十一年（前 458），智伯与赵、韩、魏共灭范、中行氏，瓜分他们的土地。

　②韩康子：人名。名虎，韩庄子的儿子。

　③段规：人名。韩康子的谋臣。

　④狃（niǔ）：习惯。

　⑤乡：通"向"。

【译文】

　智伯率领赵、韩、魏三家攻打范、中行氏，灭掉了他们。休兵数年后，智伯派人到韩氏那里索要土地。韩康子想不给。段规劝谏说："不能这样做。智伯为人贪图利益而又凶残固执，他派人来索要土地，如果不给，他必然出兵攻打我们，您还不如给他。给了他，他就会习以为常，又将会向其他国家索取土地。别国不听从，他一定会出兵攻打，那么韩国就可以免除祸患，坐待事情的变化了。"韩康子说："好。"就派使者送一个万家的城邑给智伯，智伯很高兴。

　又使人请地于魏，魏桓子欲勿与①。赵葭谏曰②："彼请地于韩，韩与之，请地于魏，魏弗与，则是魏内自强而外怒知伯也，然则其错兵于魏必矣，不如与之。"桓子曰："诺。"因使人致万家之邑一于知伯,知伯说③。又使人之赵,请蔺、皋狼之地④,赵襄子弗与。知伯因阴结韩、魏,将以伐赵。

【注释】

①魏桓子:人名。名驹。

②赵葭:人名。魏桓子谋臣。

③说:同"悦"。

④蔺、皋狼:皆地名。赵邑。蔺在今山西离石西,皋狼在离石西北。

【译文】

智伯又派人向魏国索要土地,魏桓子想不给。赵葭劝谏说:"他向韩国索要土地,韩国给了,向魏国索要土地,魏国却不给,那是魏国内心自以为强盛,而对外却激怒了知伯。这样一来,智伯一定要对魏国用兵了,不如给他土地。"魏桓子说:"好。"于是派人送一个万家的城邑给知伯,智伯非常高兴。智伯又派人到赵国去,索要蔺、皋狼两地,赵襄子不给。智伯于是暗中联络韩、魏,准备进攻赵国。

赵襄子召张孟谈而告之曰①:"夫知伯之为人,阳亲而阴疏,三使韩、魏而寡人弗与焉,其移兵寡人必矣。今吾安居而可?"张孟谈曰:"夫董阏于②,简主之才臣也③,世治晋阳④,而尹铎循之⑤,其余政教犹存,君其定居晋阳。"君曰:"诺。"

【注释】

①赵襄子:战国初人,晋国六卿之一,名无恤,赵鞅之子。张孟谈:赵襄子的谋臣。

②董阏于:春秋时人,晋卿赵鞅的家臣。

③简主：即赵简子，春秋末晋国大夫，名鞅，他奠定了建立赵国的基础。

④晋阳：在今山西太原南。

⑤尹铎（duó）：春秋时人，晋卿赵鞅家臣。

【译文】

赵襄子召见张孟谈，对他说："智伯的为人，表面对您友好，暗中却和您保持着距离，他屡次派人和韩、魏联系，单单避开我们，看来他一定调兵攻打我们。现在我们在哪里据守为好？"张孟谈说："那董阏于是先君简主得力的臣子，世代治理晋阳，其后由尹铎继任，他们的影响至今还保留着，您就驻守在晋阳吧。"赵襄子说："就这么办。"

乃使延陵生将车骑先之晋阳①，君因从之。至，行城郭，案府库，视仓廪，召张孟谈曰："吾城郭已完，府库足用，仓廪实矣，无矢奈何？"张孟谈曰："臣闻董子之治晋阳也，公宫之垣皆以狄蒿苦楚廧之②，其高至丈余，君发而用之。"于是发而试之，其坚则箘簬之劲不能过也③。君曰："足矣。吾铜少若何？"张孟谈曰："臣闻董子之治晋阳也，公宫之室皆以炼铜为柱质，请发而用之，则有余铜矣。"君曰："善。"号令以定，备守以具。

【注释】

①延陵生：人名。赵襄子臣。

②狄蒿苦楚廧之：荻蒿，草名。可以燃火照明。苦楚，木名。可作箭杆。廧，同"墙"。

③箘簬（jūn lù）：美竹名。可作箭杆。

【译文】

于是派延陵生率领车骑先到晋阳，赵襄子接着也去了。到晋阳后，巡视城郭，察看府库，检查粮仓，召见张孟谈说："我看城郭已经很完善，府库的物资也够用，粮仓已经装满，可是没有箭怎么办？"张孟谈说："我听说董子治理晋阳的时候，公宫的墙都是荻蒿苦楚筑成的，墙壁高达一丈多，您可以打开使用。"于是打开一试，它们坚硬的程度就是美竹也超不过它。赵襄子说："箭杆足够了，但是我们缺少铜怎么办？"张孟谈说："我听说董子治理晋阳的时候，凡是公宫的室中，都是用冶炼的铜做柱子的，请您打开使用它，那么就有大量的铜了。"赵襄子说："好。"号令已经定好，防御的物资已经齐备。

三国之兵乘晋阳城，遂战。三月不能拔，因舒军而围之，决晋水而灌之①。围晋阳三年，城中巢居而处，悬釜而炊，财食将尽，士卒病羸。襄子谓张孟谈曰："粮食匮，财力尽，士大夫病，吾不能守矣，欲以城下，何如？"张孟谈曰："臣闻之，亡不能存，危不能安，则无为贵知士也。君释此计，勿复言也。臣请见韩、魏之君。"襄子曰："诺。"

【注释】

①晋水：在晋阳附近，今名晋河，东北流入汾河。

【译文】

智、韩、魏三家的军队开到晋阳城下，战斗就打响了。三个月没有攻下，他们就散开军队把城包围起来，并掘晋水淹城。晋阳被围困了三年，城中的人被逼得在高处搭棚架栖身，吊起锅煮饭，吃的和用的都快没了，士兵们筋疲力尽。赵襄子对张孟谈说："眼下粮缺财尽，臣民疲惫，我守不住了，想开城投降，您看怎么样？"张孟谈说："我听说，国家将亡而不能使它保存,局势危险而不能使它安定,那就用不着重视智谋之士了。请您放弃这个打算,别再说了。我要求去见韩、魏的君主。"襄子说:"好。"

张孟谈于是阴见韩、魏之君曰:"臣闻唇亡则齿寒,今知伯帅二国之君伐赵,赵将亡矣,亡则二君为之次矣。"二君曰:"我知其然。夫知伯为人也,粗中而少亲,我谋未遂而知,则其祸必至,为之奈何?"张孟谈曰:"谋出二君之口,入臣之耳,人莫之知也。"二君即与张孟谈阴约三军,与之期日,夜遣入晋阳。张孟谈以报襄子,襄子再拜。

【译文】

张孟谈就秘密地会见了韩、魏两国的君主,对他们说:"我听说'唇亡齿寒',如今智伯率领二位伐赵,赵氏即将灭亡。赵亡就会轮到二位了啊。"他俩说:"我们知道会是这样。那智伯的为人,粗暴而狠毒,我们的计谋还未成功,如被他发觉,就会大祸临头,您看怎么办?"张孟谈说:"计谋从二位口中说出,进入我的耳里,别人是不会知道的。"他们俩就和张孟谈秘密部署好部队,约定了举事的日期,夜里把张孟谈送回晋阳城内。张孟谈把情况向赵襄子汇报,赵襄子对他拜了两拜以致谢。

张孟谈因朝知伯而出,遇知过辕门之外[①]。知过入见知伯曰:"二主殆将有变。"君曰:"何如?"对曰:"臣遇张孟谈于辕门之外,其志矜,其行高。"知伯曰:"不然。吾与二主约谨矣,破赵三分其地,寡人所亲之,必不欺也,子释之勿出于口。"知过出,见二主,入说知伯曰:"二主色动而意变,必背君，不如今杀之。"知伯曰："兵著晋阳三年矣，且暮当拔之而飨其利，乃有他心，必不然，子慎勿复言。"

【注释】

①辕门：古代行军，在驻扎时，用车作为屏障，在出入的地方竖起两车，使两车辕相向，形成半圆形的门，即营门。

【译文】

张孟谈拜见智伯出来，在辕门外遇见了智过。智过进去见智伯说："韩、魏的君主恐怕要变卦。"智伯说："为什么?"回答说："我在辕门外遇到张孟谈，他的神情傲慢，走路脚抬得过高。"智伯说："不会这样。我和韩、魏的君主已经订好盟约，破赵后三家平分它的土地，这是我和他们亲自约定的，他们一定不会欺骗我。请您放下这件事，不要再说了。"知过出来见了韩、魏的君主，又进去对智伯说："两位君主神色不定，意志改变，一定会背叛您，不如现在杀了他们。"智伯说："军队包围晋阳三年了，早晚就可攻下而享受它的利益，却会产生别的想法，肯定是不可能的，您千万不要再说了。"

知过曰："不杀则遂亲之。"知伯曰："亲之奈何?"知过曰："魏宣子之谋臣曰赵葭，康子之谋臣曰段规，是皆能移其君之计，君其与二君约，破赵而封二子者各万家之县一，如是则二主之心可不变，而君得其所欲矣。"知伯曰："破赵而三分其地，又封二子者各万家之县一，则吾所得者少，不可。"知过见君之不用也，言之不听，出，更其姓为辅氏，遂去不见。

【译文】

智过说:"不杀那么就去亲近他们。"智伯说:"怎么样亲近他们?"智过说:"魏宣子的谋臣叫赵葭,韩康子的谋臣叫段规,这都是能改变他们君主计策的人,您可以和他们两位约定,攻破赵国后各封给他们二位一个万家的县,如果这样,韩、魏两君的心意就不会改变,您也可以实现自己的愿望了。"智伯说:"攻破赵国三家平分它的土地,又封给他们二位各一个万家的县,那么我所得到的土地就少了,不能这样做。"智过见君主不能用他的计谋,不听他的话,出来以后,就把他的姓改为辅氏,于是就离开,不再去见智伯。

张孟谈闻之,入见襄子曰:"臣遇知过于辕门之外,其视有疑臣之心,入见知伯,出更其姓,今暮不击,必后之矣。"襄子曰:"诺。"使张孟谈见韩、魏之君,以夜期,杀守堤之吏而决水灌知伯军。知伯军救水而乱,韩、魏翼而击之。襄子将卒犯其前,大败知伯军而禽知伯。

【译文】

张孟谈听说这件事后,进见赵襄子,说:"我在辕门外碰到智过,他眼中露出怀疑我的神色,他去进见智伯,出来后就改变了自己的姓氏,今天晚上如不进攻智伯,必然会落到智伯的行动后面了。"襄子说:"好吧。"就派张孟谈去见韩、魏两国君主说,约定就在夜里杀守堤人,放水去淹智伯的军营。智伯军队忙着去救冲来的水,乱作一团,韩、魏军队从两翼夹击,赵襄子率领大军从正面进攻,大败智伯的军队,并活捉了智伯。

知伯身死、国亡、地分,为天下笑,此贪欲无厌也。夫不听知过,亦所以亡也。知氏尽灭,唯辅氏存焉。

【译文】

　　智伯被杀,国也亡了,领地被瓜分,成为天下的笑柄,这是他贪得无厌所造成的后果啊。不听智过的忠告,也是他灭亡的原因。智氏家族全被消灭,只有辅氏一支保留下来。

二〇四上　　张孟谈既固赵宗

【题解】

　　赵臣张孟谈在帮助赵襄子渡过难关、转危为安后,功成身退,躬耕陇亩,过着自由自在的田园生活。但他并未忘怀世事,当赵氏有难,他立刻出山解救,派遣妻子和三个儿子分赴图谋攻赵的几个国家,让它们互相猜疑,使攻赵的事,无形中就化解了。

　　张孟谈真是一个谋略过人的忠贞之臣,在中国外交史上,像他这样全家出马办外交的,应该占有一席之地。

　　张孟谈既固赵宗,广封疆,发阡陌①,乃称简之迹以告襄子曰②:"昔者,简主之语有之曰:'五百之所以致天下者约③,令主势能制臣,无令臣能制主。故贵为列侯者,不令在相位④,自将军以上,不为近大夫。'今臣之名显而身尊,权重而众服,臣愿捐功名,去权势以离众。"

【注释】

①阡陌:田间小路。南北向的叫"阡",东西向的叫"陌"。
②简:指赵襄子的父亲赵简子。迹:前人留下的事迹。

498 战国策

③五百：即春秋的五霸。百，通"伯"。

④"故贵"二句：这时三晋尚未称侯，此语不合事实。

【译文】

　　张孟谈既已巩固了赵氏的地位，开拓了国土，整顿了田亩，于是称述先主赵简子的事迹，告诉赵襄子说："从前先君简主治理赵国，有遗训说：'五霸能够统率诸侯，其原因一是国君的权势足以控制群臣，二是不能让群臣的权势控制国君。所以到了列侯这样地位的人，不能让他身居宰相之位，将军以上的人不能让他们做亲近的大夫。'现在我的声誉已很显赫，地位也很尊贵，权力很大，大家都很服从，我希望放弃功名、丢掉权势，成为普通群众的一员。"

　　襄子恨然曰①："何哉？吾闻辅主者名显，功大者身尊，任国者权重，信忠在己而众服焉，此先圣之所以集国家安社稷乎②！子何为然？"张孟谈对曰："君之所言，成功之美也；臣之所谓，持国之道也。臣观成事，闻往古，上下之美同，臣主之权均之能美，未之有也。前事之不忘，后事之师。君若弗图，则臣力不足。"怆然有决色③。襄子去之。卧三日，使人谓之曰："晋阳之政，臣下不使者何如？"对曰："死僇④。"

【注释】

①恨然：不高兴的样子。

②集国家：安定国家。集，通"辑"，安定。

③怆然：悲伤的样子。决：通"诀"，告别。

④死僇（lù）：杀死。僇，通"戮"。

【译文】

　　赵襄子不高兴地说："为什么呢？我听说辅佐国君的人应该有显赫

的名声,功劳大的人应该有尊贵的地位,执掌国政的人应该有重大的权力,自己心怀忠信,大家都会服从他,这是先圣之所以使国家安定的原因啊！您为什么要这么说呢?"张孟谈说:"您所说的是成功之美;我所说的是治国之理。根据当前以及古往今来的事实,我认为天下一切美好都是相同的,可是大臣与国君的权力如果完全相等,却还能美好,这是从来没有过的。记取过去的教训,可以作为今后做事的借鉴。您如果不考虑这方面的问题,我将无能为力。"说着他一阵心酸,有诀别之意。赵襄子让他离开了。赵襄子闷卧了三天,派人对张孟谈说:"晋阳的政务,臣下不听安排的,应该怎么办?"张孟谈回答说:"这是死罪。"

　　为张孟谈曰:"左司马见使于国家①,安社稷不避其死,以成其忠,君其行之！"君曰:"子从事。"乃许之。张孟谈便厚以便名,纳地、释事以去权尊而耕于肙丘②。故曰,贤人之行,明主之政也。

【注释】

①左司马:指张孟谈。

②肙(yuān)丘:地名。今地不详。

【译文】

　　有人为张孟谈对赵襄子说:"左司马为了国家的利益和安定,不顾个人的安危,竭尽忠心,您就让他走吧！"赵襄子说:"那就照他的意见办吧。"于是赵襄子同意了张孟谈的要求。张孟谈抛弃了功名,归还了封地,放弃了权力,亲自到肙丘去种庄稼。所以说,贤臣的行为能够实现,全靠明君当政。

　　耕三年,韩、魏、齐、楚负亲以谋赵。襄子往见张孟谈而告之曰:"昔者知氏之地,赵氏分则多十城,而今诸侯复来谋我,为之奈何?"张孟谈曰:"君其负剑而御臣以之国,舍臣于庙,授吏大夫,臣试计之。"君曰:"诺。"张孟谈乃行其妻之楚,长子之韩,次子之魏,少子之齐,四国疑而谋败。

【译文】

张孟谈在肎丘耕种了三年,韩、魏、齐、楚四国背弃原来的盟约,准备出兵攻赵。赵襄子去见张孟谈,告诉他说:"从前瓜分智伯的领地,我们多分了十座城,现在诸侯又来打我们的主意,这可怎么办?"张孟谈说:"您就屈尊为我负剑驾车回国都祭告宗庙,让我有节制群臣的全权,我再试试看。"赵襄子说:"行。"张孟谈于是派他的妻子出使楚国,派他的长子出使韩国,派他的次子出使魏国,派他的幼子出使齐国。四国互相猜疑,合谋攻赵的事就无形中化解了。

二〇四下　晋毕阳之孙豫让

【题解】

本章是一篇豫让的小传。

从春秋末到战国,各国的当权人物纷纷养士,以培植自己的势力。豫让先在范氏、中行氏手下办事,并未得到重用,后来转投智伯,智伯把他待为国士,最终得到了他的报答。

豫让漆身为癞,吞炭变哑,能忍人之所不能忍,表现了"士为知己者死"的决心。赵襄子的大度,也给人留下了深刻印象。

豫让在死前要求剑击赵襄子的衣服,今人看来,颇难了解其用意所在,在古人的心目中,则认为砍击敌人的衣服,就如同砍到了穿衣服的本人,属于交感巫术。《战国策》在下文本来还提到,襄子的衣服被砍得血迹斑斑，随即死去，因为事涉怪异，被后人删去了。

晋毕阳之孙豫让，始事范、中行氏而不说，去而就知伯，知伯宠之。及三晋分知氏，赵襄子最怨知伯，而将其头以为饮器。豫让遁逃山中曰：“嗟乎！士为知己者死，女为悦己者容，吾其报知氏矣！”乃变姓名为刑人，入宫涂厕，欲以刺襄子。襄子如厕，心动，执问涂者，则豫让也，刃其扞①，曰：“欲为知伯报仇。”左右欲杀之，赵襄子曰：“彼义士也，吾谨避之耳。且知伯已死，无后，而其臣至为报仇，此天下之贤人也。”卒释之。

【注释】

①扞：当作“圬”，泥工抹墙器。

【译文】

晋国毕阳君的孙子豫让，最初在范氏、中行氏手下做事，不受重视，他就转投智伯门下，智伯十分信任重用他。后来赵、魏、韩三家瓜分了智氏的土地，赵襄子最恨智伯，把他的人头做成酒杯。豫让逃到山中说：“唉！士为知己者死，女为悦己者容，我要报答智伯的知遇之恩！”于是改名换姓，扮成做杂役的人，到赵襄子宫中粉刷厕所，想谋刺赵襄子。赵襄子去厕所时，心中感觉异常，就让人把粉刷厕所的人抓来问他是谁，原来就是豫让，他在粉刷工具上装上兵刃，说：“我想替智伯报仇。”赵襄子身边的人想杀豫让，赵襄子说：“他是义士，我只要小心避开他罢了。而且智伯已死，没有后人，他的臣子能为他报仇，这可算得上是天下的贤人啊！”于是把他释放了。

豫让又漆身为厉①，灭须去眉，自刑以变其容，为乞人而往乞。其妻不识曰："状貌不似吾夫，其音何类吾夫之甚也！"又吞炭为哑，变其音。其友谓之曰："子之道甚难而无功，谓子有志则然矣，谓子智则否。以子之才而善事襄子，襄子必近幸子，子之得近而行所欲，此甚易而功必成。"豫让乃笑而应之曰："是为先知报后知，为故君贼新君，大乱君臣之义者，无过此矣。凡吾所谓为此者，以明君臣之义，非从易也。且夫委质而事人，而求弑之，是怀二心以事君也。吾所为难，亦将以愧天下后世人臣怀二心者。"

【注释】

①厉：通"癞"，恶疮。

【译文】

豫让又在身上涂漆，使其长满恶疮，剃去须眉，用自残来改变容貌，扮成乞丐去行乞。他的妻子认不出他，说："相貌不像我的丈夫，可是声音怎么那样像我的丈夫啊！"豫让又吞炭使自己的声音嘶哑，改变了自己嗓音。他的朋友劝他说："您所用的方法，难度大而又没有成效，说您有志向倒是不错，但您并不聪明。以您的才能，如很好地为赵襄子办事，赵襄子必定亲近您，您利用接近的机会去实现自己的愿望，这样既容易而又必然成功。"豫让笑着回答说："这是替早先了解我的人去报复后来了解我的人，是替旧主子去害新主子，极大地破坏君臣间的道义，没有比这更严重的了。我之所以这样做，是为了阐明君臣间的道义，并不想挑拣容易的去做。况且投身到别人手下办事，又想着去杀他，这是怀着异心去事奉主子啊。我之所以要采取困难的方法，是要使天下后世怀着异心去事奉主子的人感到惭愧。"

　　居顷之，襄子当出，豫让伏所当过桥下。襄子至桥而马惊。襄子曰："此必豫让也。"使人问之,果豫让。于是赵襄子面数豫让曰："子不尝事范、中行氏乎? 知伯灭范、中行氏而子不为报雠,反委质事知伯。知伯已死,子独何为报雠之深也?"豫让曰："臣事范、中行氏,范、中行氏以众人遇臣,臣故众人报之。知伯以国士遇臣①,臣故国士报之。"襄子乃喟然叹泣曰："嗟乎,豫子! 豫子之为知伯,名既成矣,寡人舍子亦以足矣。子自为计,寡人不舍子。"使兵环之。豫让曰："臣闻明主不掩人之义,忠臣不爱死以成名。君前已宽舍臣,天下莫不称君之贤。今日之事,臣故伏诛,然愿请君之衣而击之,虽死不恨。非所望也,敢布腹心。"于是襄子义之,乃使使者持衣与豫让。豫让拔剑三跃,呼天击之曰："而可以报知伯矣。"遂伏剑而死。死之日,赵国之士闻之,皆为涕泣。

【注释】

①国士:一国的精英。

【译文】

　　过了不久,到了赵襄子外出视察的时候,豫让埋伏在赵襄子必经的桥下。赵襄子到达桥头,马儿猛然惊叫。赵襄子说:"这定是豫让在此。"派人前去探问,果然正是豫让。于是赵襄子当面责备他说:"您不是也曾在范氏、中行氏手下办事吗? 智伯灭了范氏、中行氏,您不替他们报仇,反而转投到智伯手下。智伯已经死去,您为什么执着地为他报仇呢?"豫让说:"我在范氏、中行氏手下办事,范氏、中行氏把我作为普通人对待,所以我就用一般人的态度对待他们。智伯把我做为国士对待,所以我就用国士的行为报答他。"赵襄子感叹流泪说:"唉,豫让啊,您为智伯所做的事,已使您成名了,我饶恕您也算是很够了。您自己盘算一下吧,我不再放过您了。"说罢,派兵士把他团团围住。豫让说:"我听说贤明的主子不埋没别人的正义行为,忠臣不惜一死来成就自己的名声。您从前已经宽容我,天下都称赞您的贤明。今天的事,我本应伏法,但我请求能用剑击打您的衣服,我纵死也没有遗憾了。我的愿望不一定能够实现,但我想坦诚地说出来。"赵襄子被他说的话感动了,就派人把衣服递给豫让。豫让拔剑跳跃三次,击刺衣服,说:"老天作证,我可以报答智伯的知遇之恩了。"语音刚落,就举剑自杀了。他死的这天,赵国的人士听说,都忍不住为他落泪。

二〇五　魏文侯借道于赵攻中山

【题解】

魏文侯打算进攻中山,但中间横亘着赵国,必须向赵国借路。赵烈侯很不情愿,臣子赵利向他分析,魏国即使攻下中山,也不能越过赵国去占有,中山迟早会落入赵国之手,不如答应魏国的要求,并表示很为难的态度,可能魏国就会自动放弃借路的打算了。

魏文侯借道于赵攻中山[①],赵侯将不许[②]。赵利曰[③]:"过矣。魏攻中山而不能取,则魏必罢[④]。罢则赵重。魏拔中山,必不能越赵而有中山矣。是用兵者魏也。而得地者赵也。君不如许之,许之大劝,彼将知赵利之也,必辍。君不如借之道,而示之不得已。"

【注释】

①魏文侯:名斯,公元前445—前396年在位。中山:国名。春秋白狄别族鲜虞所建,建都在顾,今河北定县东北。公元前406年被

魏灭掉。不久复国,迁都灵寿,今河北平山东北,后被赵武灵王
所灭。

②赵侯:赵烈侯。

③赵利:人名。赵臣。

④罢:同"疲",疲惫。

【译文】

魏文侯向赵国借路去进攻中山,赵烈侯不同意。赵利对烈侯说:
"您错了。魏国进攻中山,能取胜,魏国就会疲惫。魏国疲惫,赵国的地
位就会提高。如果魏国灭掉中山,它一定不可能越过赵国去占有中山。
那么用兵作战的是魏国,而实际上得到土地的却是赵国。您不如答应
他的要求,但如果答应得很痛快,他们就会知道赵国想从中渔利,定会
放弃这次行动。您不如答应借路给他,但要表示这是不得已而为之。"

二〇六　秦、韩围梁

【题解】

周赧王三十二年(前283),在上年秦国参与五国合纵破齐后,齐国
大为削弱,秦迫使韩国追随它大举进攻大梁,一旦大梁易手,魏国灭亡,
势必危及燕、赵。燕军主力虽仍在继续攻齐,但在大梁危急形势下,不
得不与赵国联合救魏。有说客游说韩山阳君,提出为韩国安全计,"不
如构三国攻秦"。此计并未付诸实施,因秦避免和燕、赵决战,已自行撤
军退走了。

秦、韩围梁,燕、赵救之。谓山阳君曰①:"秦战而胜三
国,秦必过周、韩而有梁。三国而胜秦,三国之力虽不足以
攻秦,足以拔郑②。计者不如构三国攻秦。"

【注释】

①山阳君：韩的封君，握有实权。

②郑：此指韩。

【译文】

秦、韩两国联合，围攻魏都大梁，燕、赵两国共同出兵援救。有人对韩臣山阳君说："秦国如果战胜魏、燕、赵三国，它必然越过周、韩而占有大梁。三国如果战胜秦国，三国的力量虽然不足以进攻秦国，却足以消灭韩国。为韩国考虑，还不如联合三国攻秦。"

二〇七　腹击为室而巨

【题解】

腹击是别国人在赵国任职，赵国民众不信任，于是他就大兴土木，建造一座宏伟的府第，表示他决心在赵国长期定居，为赵国效力。赵王问他为什么修造巨室，腹击就用上面的理由回答他。

腹击为室而巨①，荆敢言之主②。谓腹子曰："何故为室之巨也？"腹击曰："臣羁旅也，爵高而禄轻，宫室小而帑不众③。主虽信臣，百姓皆曰：'国有大事，击必不为用。'今击之巨宫，将以取信于百姓也。"主君曰④："善。"

【注释】

①腹击：人名。赵臣。

②荆敢：人名。楚人，出仕赵国。

③帑（tǎng）：财帛。

④主君：大夫之称。三晋以大夫为诸侯，故仍有此称呼。

【译文】

腹击把他的宅第修得很宏大，荆敢把这件事报告给国君。国君问腹击说："为什么把宅第修得那样气势恢弘？"腹击说："我是外面来的人，爵位高而俸禄低，住宅狭小而家属不多。您虽然信任我，可是百姓都说：'国家如有大事，腹击一定不被重用。'如今我修建巨大的府第，就是用它来取得百姓的信任啊。"国君说："好。"

二〇八　苏秦说李兑曰

【题解】

本文写苏秦游说李兑时的自我介绍，让我们可以了解这位洛阳家农子的早年生活。

本文的一些重要情节，我们觉得似曾相识。

苏秦所用的土偶和木梗的比喻，在《秦策三》谏孟尝君入秦时也曾使用，难道这是他的得意之笔？

"谈粗而君动，谈精而君不动"，与商鞅说秦孝公的事如出一辙，莫非他是商鞅的嫡系传人？

本文说李兑"杀主父而族之"也与事实相违。主父即赵武灵王，他的族即是赵国王族，赵惠文王一家难道不是王族吗？

文末说"李兑送苏秦明月之珠、和氏之璧"，尤属荒唐。和氏之璧，价重连城，属于国宝，秦昭王欲以十五城易之而不可得，李兑怎会把它拿来随便送人？

毫无疑问，本文乃是纵横家的练习游谈之作。

苏秦说李兑曰①："洛阳乘轩里苏秦②，家贫亲老，无罢车驽马③，桑轮蓬箧。赢縢履蹻④，负书担橐，触尘埃，蒙霜露，越漳、河⑤，足重茧，日百而舍，造外阙，愿见于前，口道天下之事。"李兑曰："先生以鬼之言见我则可，若以人之事，兑尽知之矣。"苏秦对曰："臣固以鬼之言见君，非以人之言也。"李兑见之。

【注释】

①李兑：人名。赵相国，封奉阳君。

②洛阳：地名。在今河南洛阳东成周故城。

③罢车：破车。罢，同"疲"。

④赢：缠绕。滕（téng）：裹足布。蹻（jué）：草鞋。

⑤漳、河：漳水、黄河。

【译文】

苏秦对李兑说："洛阳乘轩里的苏秦，家境贫寒，双亲年老，没有破车劣马，没有桑枝做的车辆和蓬草编的车厢。打着绑腿，穿着草鞋，背着书箱，提着行囊，白天迎着尘土上路，晚上冒着霜露歇宿；越过漳河、黄河，脚磨出了老茧，日行百里才得以投宿，这才来到宫阙外面，希望能够受到接见，谈论天下大事。"李兑说："先生如果用鬼话来见我倒还可以，如果说的是人间的事，我都知道了。"苏秦说："我本是用鬼话来见您的，不说人间的事。"李兑接见了他。

苏秦曰："今日臣之来也暮，后郭门，藉席无所得①，寄宿人田中，旁有大丛。夜半，土梗与木梗斗曰：'汝不如我，我乃土也。使我逢疾风淋雨，坏沮，乃复归土。今汝非木之根则木之枝耳，汝逢疾风淋雨，漂入漳、河，东流至海，泛滥无所止。'臣窃以为土梗胜也。今君杀主父而族之，君之立于天下，危于累卵。君听臣计则生，不听臣计则死。"李兑曰：

"先生就舍,明日复来见兑也。"苏秦出。

【注释】

①藉:同"借"。

【译文】

苏秦说:"我今天来晚了,外城门已经关闭,找不到寄宿的地方,就在别人的田里过夜,旁边有个神丛。半夜里泥人与木偶在争吵。泥人说:'你不如我,我是土做的。如果碰上急风大雨,我被水冲坏,仍然和土混在一起。可是你不是树下的根,只是枝条而已,如果碰上急风大雨,你就会漂进漳河、黄河里,向东漂流到海中,不知会漂到哪里去了。'我私下认为还是泥人胜过一筹。现在您杀了主父赵武灵王,又灭了他同族的人,您所处的地位比累起的鸡蛋还要危险。您如果听我的话,还有一条活路,如果不听我的话,只有死路一条。"李兑说:"先生您回馆舍去休息吧,明天再来见我。"苏秦就离开了。

李兑舍人谓李兑曰:"臣窃观君与苏公谈也,其辩过君,其博过君,君能听苏公之计乎?"李兑曰:"不能。"舍人曰:"君即不能,愿坚塞两耳,无听其谈也。"明日复见,终日谈而去。舍人出送苏君,苏秦谓舍人曰:"昨日我谈粗而君动,今日精而君不动,何也?"舍人曰:"先生之计大而规高,吾君不能用也。乃我请君塞两耳,无听谈者。虽然,先生明日复来,吾请资先生厚用。"明日来,抵掌而谈。李兑送苏秦明月之珠、和氏之璧、黑貂之裘、黄金百镒,苏秦得以为用,西入于秦。

【译文】

李兑的门客对李兑说："我暗中观察您和苏先生的谈论,他的辩才超过您,他知识的渊博也超过您,您能够接受他的计划吗?"李兑说："不能。"门客说："您如果不能接受,希望您紧塞两耳,不要听他的谈话。"第二天两人再次见面,谈了一整天然后离开。门客送苏秦出来,苏秦对门客说："昨天我谈得很简略,您的主人就有所心动,今天我详细地谈,他却无动于衷,这是为什么?"门客说："先生的计划宏伟而远大,我的主人没法采用。是我让他堵住两耳,不听您讲话的。即使这样,先生明天再来,我要求资助先生足够的费用。"第二天,双方手掌相碰,谈得非常投机。李兑送给苏秦夜明珠、和氏璧、黑貂皮袍子和黄金百镒。苏秦就拿了这些作为经费,向西进入秦国。

二〇九　赵收天下

【题解】

苏秦被燕昭王派到齐国,离间齐、赵关系,以便燕国能出兵攻齐,报从前齐国破燕之仇。经过长期奔走、策划,在周报王三十年(前285),由乐毅以赵相国名义,率赵、秦、韩、魏、燕五国联军攻齐。齐闵王见形势危急,准备割地给赵,并向赵派出人质,谋求与赵媾和。苏秦约在此时奉齐王之命,给赵惠文王写了这封信。从苏秦方面说,这是对齐王的应付之举。

苏秦的信,大旨在说燕、秦的部队已经逼近赵境,从前齐国曾在赵国面临瓜分危机时帮助过赵国,所以赵国应放弃攻齐的打算。

赵收天下,且以伐齐。苏秦为齐上书说赵王曰①:"臣闻古之贤君,德行非施于海内也,教顺慈爱非布于万民民,祭祀时享非当于鬼神也。甘露降，风雨时至，农夫登，年谷丰盈，众人喜之，而贤主恶之。今足下功力非数痛加于秦国，而怨毒积恶非曾深于齐也。臣窃外闻大臣及下吏之议，皆言主前专据以秦为爱赵而憎齐。臣窃以事观之，秦岂得爱赵而憎齐哉！欲亡韩、吞两周之地，故以齐为饵，先出声于天下，欲邻国闻而观之也。恐其事不成，故出兵以伴示赵、魏。恐天下之惊觉，故微韩以贰之。恐天下疑己，故出质以为信。声德于与国，而实伐郑韩。臣窃观其图之也，意秦之谋计必出于是。

【注释】

①赵王：赵惠文王。公元前 298—前 266 年在位。

【译文】

赵国联合诸侯准备进攻齐国。苏秦为齐国上书赵王说："我听说古代的贤君，虽然他英明的政治措施还未在天下施行，教训和慈爱还未遍及到百姓，祭祀鬼神的四时供享还未完全符合要求。可是上天降下甘露，风调雨顺，农民丰收，年谷丰盈，百姓高兴，而贤君却觉得还做得不够。现在您对秦国并未认真地出力建功，对齐国也未深恶痛绝。可我听到大臣和下级官吏的议论都说大王从前总认为秦国爱护赵国而憎恨齐国。我根据事实私下观察，秦怎么会憎恨齐而爱护赵呢！这是秦想灭韩，并吞两周的土地，所以才拿齐做诱饵，事先造出舆论，使邻国听了采取观望态度。秦怕他的计谋不能实现，所以假意出兵，做给赵和魏看。又怕诸侯警觉，所以向韩征兵以迷惑它们。又怕诸侯怀疑自己，所以派出人质以取得信任。这样，在舆论上尽力宣扬秦国对盟国如何友好，实际上却要暗中进攻韩国。我暗中观察秦的意图，认为它的打算一定是这样。

　　"且夫说士之计皆曰,韩亡三川①,魏亡晋国,市朝未罢而祸及于赵。且物固有势异而患同者,又有势同而患异者。昔者楚人久伐而中山亡②。今燕尽齐之北地③,距沙丘而至巨鹿之界三百里④,距于扞关⑤,至于榆中千五百里⑥。秦尽韩、魏之上党⑦,则地与国都邦属而壤界者七百里。秦以三军强弩坐羊唐之上⑧,即地去邯郸百二十里。且秦以三军攻王之上党而包其北,则句注之西非王之有也⑨。今逾句注、禁常山而守三百里⑩,通于燕之唐、曲吾⑪,此代马、胡犬不东,而昆山之玉不出也⑫,此三宝者,又非王之有也。今从于强秦久伐齐,臣恐其祸出于是矣。

【注释】

①三川:指黄河、伊水、洛水之间的土地,秦灭韩,置三川郡。

②楚人久伐而中山亡:楚怀王末年至顷襄王初年,楚连年受到别国攻打,赵武灵王在公元前295年与齐、燕共灭中山。

③北地:指齐国北部黄河以北的地方。

④沙丘:地名。在今河北广宗西北。巨鹿:地名。今河北平乡境内。

⑤扞关:地名。当作"麋关",在今陕西延安附近。

⑥榆中:地名。在今陕西榆林东北。

⑦上党:在今山西东南地区。

⑧羊唐:地名。即羊肠,在今山西壶关东南,坂长三里,盘曲如羊肠,因而得名。

⑨句注:山名。在今山西代县西北。

⑩常山:山名。在今河北曲阳西北。

⑪唐:地名。在今河北唐县东北。曲吾:地名。即曲逆,在今河北

完县东南。

⑫昆山：山名。在今新疆于阗东北。

【译文】

"再说，一般游说之士，总认为韩国失去了三川，魏国失去了故都绛、安邑，不需要多久，赵国就要大祸临头。并且事情的发展总会有情况不同而祸患相同的，也有情况相同而祸患不同的。从前楚国连年受到进攻，赵国就乘机灭了中山。现在燕国尽得了齐国北部黄河以北的地方，而从沙丘到巨鹿只有三百里，从北部边境的扞关直至榆中有一千五百里。秦尽得了韩、魏的上党，和赵的边界相连有七百里。秦以它强大的武装力量据守羊肠坂道，则距邯郸仅仅一百二十里。而且秦再以大军进攻赵的上党，包围它的北面，那么句注以西将被秦占领。如今秦翻越句注，控制常山，只有三百里就通向燕的唐、曲逆。这样，代地的马、胡地的狗不能向东来，昆山的美玉也不能运到赵境，这三样宝物都不会为大王所有了。如今跟着强秦长期进攻齐国，我担心这就是祸患的根源。

"昔者，五国之王尝合横而谋伐赵，参分赵国壤地①，著之盘盂，属之雠柞②。五国之兵出有日矣，齐乃西师以禁秦国，使秦废令素服而听，反温、枳、高平于魏③，反王公、什清于赵④，此王之明知也。

【注释】

①参：通"叁"。

②属之雠柞：把盟誓之话写在朋籍上。"雠柞"和"祝籍"通，指祭祀的册籍。

③温：地名。在今河南温县西南二十里。枳：通"轵"，地名。在今

河南济源南十五里。高平：地名。在今河南济源西南向城镇。

④王公、什清：皆地名。今地不详。

【译文】

"从前，秦、齐、韩、魏、燕五国连横，合谋攻赵，瓜分赵国的土地，它们的盟约刻在盘盂上，写在簿册中。正当五国即将出兵的日子，而齐却向西出兵攻秦，迫使秦废弃称帝的命令，穿上凶服而听命于齐，把温、轵、高平还给魏国，把王公、什清还给赵国，这都是大王清楚了解的。

"夫齐事赵，宜为上交，今乃以抵罪取伐，臣恐其后事王者之不敢自必也。今王收齐，天下必以王为义，齐抱社稷以事王，天下必重王。然则齐义，王以天下就之；下至齐暴，王以天下禁之，是一世之命制于王已。臣愿大王深与左右群臣详计某言，先事成虑而熟图之也。"

【译文】

"应该说齐帮助了赵，应当和它是很友好的国家，可是现在赵国却兴师问罪，去讨伐齐国，我相信以后帮助大王的国家就不敢相信自己会有好结果了。如果大王联合齐国，诸侯将认为大王很讲情义，齐国也将倾心维护大王，诸侯必然敬重大王。如果齐国按道理行事，大王可以和它联合；如果齐国凶横，大王可以联合诸侯制服它，这样，天下的命运将掌握在大王手中。我希望大王和左右群臣，认真听取我所说的话，事先深谋远虑，仔细考虑才是。"

二一〇　齐攻宋

【题解】

本章乃是重出的文字。文又见《赵策四·齐将攻宋》。

齐攻宋，奉阳君不欲。客谓奉阳君曰："君之春秋高矣，而封地不定，不可不熟图也。秦人贪，韩、魏危，燕、楚僻，中山之地薄，宋罪重，齐怒深，残伐乱宋，定身封，德强齐，此百代之一时也！"

【译文】

齐国要进攻宋国，奉阳君不高兴。有人劝奉阳君说："您的年纪很大了，可是封地还没有确定，不能不为这事多作打算。秦国人贪得无厌，而韩、魏处境危险；如定在燕、楚，又太偏远；中山之地土地贫瘠，宋王罪重，齐国对宋王深恶痛绝，如果共同消灭无道的宋国，确定自己的封地，对强齐表示友好，这真是千载难逢的良机啊！"

二一一　秦王谓公子他曰

【题解】

本章是叙事体，写的是秦、赵长平之战的历史背景，亦即这场战事的由来。

公元前263年，秦昭王出兵攻韩，一支部队攻打荥阳，切断韩军来路；一支部队穿越太行山，直插上党的心脏地区。韩王恐惧，要求献出上党郡，与秦国讲和。韩王派韩阳叫上党郡守献地，郡守不肯从命，宣称要与上党共存亡。韩阳回朝报告，韩王决定派冯亭接替郡守职务。

　　冯亭到任后,暗中派人告诉赵王说:"韩国不能坚守上党,将把它割给秦国,上党的百姓不愿做秦民而愿归赵,我愿将上党十七县献给赵国,希望大王笑纳。"赵王大喜,准备接受。平阳君赵豹警告说:"秦国粮食充足,法令严明,士气高涨,难以对抗,希望大王收回成命。"赵王不听,决定接收上党。秦王闻听大怒,便派白起等领兵攻打赵国的长平。

　　秦王谓公子他曰①:"昔岁崤下之事②,韩为中军,以与诸侯攻秦。韩与秦接境壤界,其地不能千里,展转不可约。日者秦、楚战于蓝田③,出锐师以佐秦,秦战不利,因转与楚,不固信盟,唯便是从。韩之在我,心腹之疾。吾将伐之,何如?"公子他曰:"王出兵韩,韩必惧,惧则可以不战而深取割。"王曰:"善。"乃起兵,一军临荥阳④,一军临太行⑤。

【注释】

①秦王:秦昭王。公子他:人名。秦惠文王子,秦昭王兄。一作"公子池"。

②崤下之事:指公元前298年,韩与齐、魏攻入秦函谷关事。崤,指崤山,在今河南洛宁北。

③秦、楚战于蓝田:此战役发生于公元前312年。蓝田,地名。秦邑,在今陕西蓝田南。

④荥阳:地名。在今河南荥阳古荥镇。荥,通"荥"。

⑤太行:山名。由河南绵延至山西,为当时险塞。

【译文】

　　秦昭王对公子他说:"从前三国进攻函谷关那一次战役,韩充当主力,和诸侯合兵攻秦。韩和秦边界相连,它的地盘方圆不过千里,又反复无常不能结为盟国。从前秦与楚在蓝田激战,韩派出精锐部队助秦,但当秦处于不利态势时,韩却反过去帮助楚,不坚守盟约的信义,只追求眼前利益。韩对我们来说,确实是心腹大患。我想讨伐它,您认为怎么样?"公子他说:"大王出兵攻韩,韩必然非常恐惧,他们害怕了,我们不用战斗就可割取大片土地。"昭王说:"很好。"于是出动军队,一支军队逼近荥阳,另一支指向太行山。

　　韩恐,使阳城君入谢于秦①,请效上党之地以为和②。令韩阳告上党之守靳𪏰曰③:"秦起二军以临韩,韩不能有。今王令以上党入和于秦④,使是言之太守,太守其效之。"靳𪏰曰:"人有言:'挈瓶之知,不失守器。'王则有令,而臣太守,虽王与子亦其猜焉。臣请悉发守以应秦,若不能卒,则死之。"韩阳趋以报王。王曰:"吾始已诺于应侯矣,今不与,是欺之也。"乃使冯亭代靳𪏰⑤。

【注释】

①阳城君:韩桓惠王时封君。

②上党:韩郡名。在今山西沁河以东一带。

③韩阳:人名。韩国公子。𪏰:字音不详。

④今王:韩桓惠王。

⑤冯亭:韩国的上党郡守。

【译文】

　　韩国害怕了,就派阳城君到秦国去道歉,请求献出上党作为讲和的条件。韩王又派韩阳告诉上党太守靳𪏰说:"秦国两路出兵攻韩,韩国不能保有。现在大王有令,把上党献给秦国求和,派我把情况告诉太守,太守还是献给它吧。"靳𪏰说:"人们常说:'即使只有用瓶子汲水那样一点聪明,也要守住它,不能让它丧失。'大王尽管有令,但我是太守,换作是大王和您也不能不有所怀疑。我请求发动全部守军对付秦军，如果最后不能守住，那么我就为国牺牲。"韩阳迅速把情况上报韩王。韩王说："我已经答应秦相应侯范雎了，如果不献出上党，那就是欺骗他。"于是就派冯亭去接替靳䵃。

　　冯亭守三十日，阴使人请赵王曰[①]："韩不能守上党，且以与秦，其民皆不欲为秦而愿为赵。今有城市之邑十七，愿拜内之于[②]，唯王才之[③]。"赵王喜，召平阳君而告之曰[④]："韩不能守上党，且以与秦，其吏民不欲为秦而皆愿为赵。今冯亭令使者以与寡人，何如？"赵豹对曰："臣闻圣人甚祸无故之利。"王曰："人怀吾义，何谓无故乎？"对曰："秦蚕食韩氏之地，中绝不令相通，故自以为坐受上党也。且夫韩之所以内赵者，欲嫁其祸也。秦被其劳而赵受其利，虽强大不能得之于小弱，而小弱顾能得之强大乎？今王取之，可谓有故乎？且秦以牛田、水通粮，其死士皆列之于上地，令严政行，不可与战。王其图之。"王大怒曰："夫用百万之众，攻战逾年历岁，未得一城也。今不用兵而得城十七，何故不为？"赵豹出。

【注释】

①赵王：赵孝成王，名丹，赵惠文王子，公元前265—前245年在位。

②内：同"纳"。下同。

③才：通"裁"，裁度，裁定。

④平阳君：赵豹，赵惠文王同母弟。

【译文】

冯亭防守了三十天,暗中派人对赵王说:"韩国守不住上党,将要割让给秦国,它的百姓都不想做秦民而愿做赵民。如今有十七座城邑,愿敬献给大王,请大王考虑吧。"赵王心里高兴,召见平阳君赵豹并对他说:"韩国守不住上党,将割让给秦国,它的官吏和百姓都不愿做秦民而愿做赵民。如今冯亭派使者献给我,怎么样?"赵豹回答说:"我听说圣人认为无故得利将带来大祸。"赵王说:"别人倾慕我的德义,怎么说是无故呢?"赵豹答说:"秦国蚕食韩国的土地,从中切断使它不能相通,所以自认为可以安坐而得上党。况且韩国之所以把地献给赵国,是想把祸患转嫁给赵国啊。秦国遭受劳苦,而赵国得到利益,即使是强大者都不可能从弱小者手中得到,哪里有弱小者反从强大者手中得到的可能呢?如今大王取得它,可以说是有理由吗?况且秦国用牛耕田,用水道通运粮食,它的敢死之士都得到了上等的土地,法令严格而政令贯彻,不能和它交锋。大王好好考虑吧。"赵王非常生气地说:"动用百万大军,连续几年作战,没有得到一城。如今不用兵就可得到城池十七座,为什么不这样做?"赵豹就退下了。

王召赵胜、赵禹而告之曰[①]:"韩不能守上党,今其守以与寡人,有城市之邑十七。"二人对曰:"用兵逾年,未得一城,今坐而得城,此大利也!"乃使赵胜往受地。

【注释】

①赵胜、赵禹:皆赵国大臣。赵胜即平原君,为赵相,封于东武城(今山东武城西北)。

【译文】

赵王召见赵胜、赵禹,对他们说:"韩国守不住上党,如今它的郡守献给我,共有十七座城邑。"二人回答说:"连年用兵,没有得到一座城,如今安坐就能得城,这可是十分有利的事啊!"于是派赵胜去接受土地。

赵胜至曰:"敝邑之王使使者臣胜,太守有诏,使臣胜谓曰:'请以三万户之都封太守,千户封县令,诸吏皆益爵三级,民能相集者,赐家六金。'"冯亭垂涕而勉曰:"是吾处三不义也。为主守地而不能死,而以与人,不义一也;主内之秦,不顺主命,不义二也;卖主之地而食之,不义三也。"辞封而入韩,谓韩王曰:"赵闻韩不能守上党,今发兵已取之矣。"

【译文】

赵胜到后宣告说:"敝国的国王有诏派使者臣胜告诉太守说:'如今拿三万家的大城封赐给郡守,千家的城封赐给县令,一般官吏加爵三级,百姓能够相安的,每家赐给六金。'"冯亭流泪低着头说:"这样我就会处在三不义的境地啊。为君主守地而不能牺牲,反献给旁人,这是一不义;君主把地已割给秦国,不听主子的命令,这是二不义;卖掉主子的土地而自己得到封邑,这是三不义啊。"辞去封赏而进入韩国,对韩王说:"赵国听说韩国无力防守上党,如今已发兵把它占领了。"

韩告秦曰:"赵起兵取上党。"秦王怒[1],令公孙起、王齮以兵遇赵于长平[2]。

【注释】

[1]秦王:秦昭王。

[2]公孙起、王齮(qí):皆秦将。公孙起即白起,郿(今陕西眉县)人,以善于用兵著称。长平:赵邑,在今山西高平西北。

【译文】

韩国告诉秦国说:"赵国已派兵攻取了上党。"秦王发怒,派白起、王齮领兵至长平和赵军对阵。

二一二　苏秦为赵王使于秦

【题解】

本章所写两木对话的寓言,饶有新意,用铁钻钻木来比喻有人在背后说他的坏话,也非常形象。从本篇可以看出策文所用的寓言多姿多彩,极富文学趣味。

但从史实看,苏秦无为赵使秦事,本章当是拟托之作。

苏秦为赵王使于秦,反,三日不得见。谓赵王曰:"秦乃者过柱山①,有两木焉,一盖呼侣,一盖哭。问其故,对曰:'吾已大矣,年已长矣,吾苦夫匠人且以绳墨案规矩刻镂我。'一盖曰:'此非吾所苦也。是故吾事也。吾所苦夫铁钻然,自入而出夫人者。'今臣使于秦而三日不见,无有为臣为铁钻者乎?"

【注释】

①柱山:山名。即砥柱山,在河南陕县东四十里黄河中。

【译文】

苏秦为赵王出使秦国,自秦国返回,过了三天,也未受到接见。随后苏秦对赵王说:"我从前路过砥柱山,那儿有两棵树,一颗树在呼唤伴侣,另一棵树在哭泣。我问它们为什么这样,哭泣的树回答说我:'我已长大了,工匠要用绳墨裁锯我,要按规矩雕刻我,因此我很痛苦。'另一个回答说：'我并不以此为苦，这是我的本分，我感到痛苦的是像铁钻那样的东西，钻进树内就把木屑挤了出来。'现在我出使秦国，回来三天也没有受到接见，莫非是有人像铁钻那样想把我挤走吗？"

二一三　甘茂为秦约魏以攻韩宜阳

【题解】

周赧王七年（前 308），秦将甘茂在攻打韩国宜阳前，曾赴魏、赵联络，使韩陷于孤立。策士冷向劝赵臣强国拘留甘茂，说这样就可以得到齐、韩的土地和秦的宝器。

宜阳战役进行时，赵、魏俱未出兵救韩，看来冷向的建议未被采用，甘茂的外交活动是卓有成效的。

甘茂为秦约魏以攻韩宜阳，又北之赵。冷向谓强国曰①："不如令赵拘甘茂勿出，以与齐韩、秦市。齐王欲求救宜阳②，必效县狐氏③。韩欲有宜阳，必以路、涉、端氏赂赵④。秦王欲得宜阳⑤，不爱名宝。且拘茂也，且以置公孙郝、樗里疾。"

【注释】

①强国：人名。赵臣。

②齐王：齐宣王。

③狐氏：地名。在今地不详。

④路、涉、端氏：皆地名。路，在今山西潞城东北四十里。涉，在今河北涉县西北二里。端氏，在今山西沁水东北。

⑤秦王：秦武王。

【译文】

　　甘茂为秦联合魏国共同进攻韩的宜阳，又北上为秦去联合赵国。秦臣冷向对赵臣强国说："您不如让赵王拘留甘茂，不放他出来，用他和齐、韩、秦三国做交易。齐王想援救宜阳，一定会献出狐氏之地给赵。韩国要保住宜阳，一定会献出路、涉、端氏三地给赵。秦王要得到宜阳，也一定不会吝惜名贵的宝器。况且赵拘留了甘茂，将会使秦任用公孙郝、樗里疾，从而得到这两人的感恩。"

二一四　谓皮相国曰

【题解】

　　秦庄襄王二年（前248），此时赵建信君与楚春申君合纵而齐国不从。这位说客游说皮相国说，齐国如不加入合纵阵线，建信君将会回过头来，助秦攻魏，与楚分齐，这样则赵国必然强大而对齐国不利，他向皮相国建议，只有坚定地参加以赵、楚为首的合纵，才是上策。

　　谓皮相国曰①："以赵之弱而据之建信君、涉孟之雠②，然者何也？以从为有功也③。齐不从，建信君知从之无功。建信者安能以无功恶秦哉？不能以无功恶秦，则且出兵助秦攻魏，以楚分齐，则是强毕矣。建信、春申从，则无功而恶秦。分齐亡魏，则有功而善秦。故两君者，奚择有功之无功为知哉！"

【注释】

①皮相国：齐相。
②建信君：赵相国。涉孟：人名。赵臣。雠（chóu）：相等，相类。

③从：同"纵"，合纵。

【译文】

　　有人对齐国的皮相国说："凭赵国这样的弱国，却任用建信君、涉孟这样的人，这是为什么？这是因为赵国认为合纵联盟能够成功。齐国如果不参加合纵联盟，建信君也就知道合纵联盟不会成功。建信君怎么能明明知道合纵联盟不会成功，却损害与秦国的关系呢？他既然不能因合纵联盟不会成功而损害与秦国的关系，那就会出兵帮助秦国进攻魏国。也许他与楚国联合瓜分齐国，赵国就定会强盛。赵国建信君、楚国春申君组织合纵联盟，既然不会成功，又会损害与秦国的关系。赵、楚两国联合瓜分齐国，帮助秦国灭亡魏国则会成功而有利，又不损害与秦国的关系。您和建信君在成功与不成功之间到底如何抉择才算聪明呢？"

二一五　或谓皮相国曰

【题解】

　　秦庄襄王二年（前248），燕国派使臣由赵入秦，以河间十城封秦相文信侯，文信侯欲与燕联合攻赵，以广河间之封。有说客游说皮相国与三晋合纵，不然，秦将与楚攻齐，并独吞赵国，齐与赵必然都会遭到亡国之祸。

　　或谓皮相国曰："魏杀吕辽而卫兵①，亡其比阳而梁危②，河间封不定而赵危③。文信不得志，三晋倍之忧也。今魏耻未灭，赵患又起，文信侯之忧大矣。齐不从，三晋之心疑矣。忧大者不计而构，心疑者事秦急。秦、魏之构不待割而成。秦从楚、魏攻齐，独吞赵，齐、赵必俱亡矣。"

【注释】

①吕辽:人名。魏臣。

②比阳:地名。在今河北唐县。

③河间:地区名。在今河北献县、乐城、河间一带。

【译文】

有人对齐皮相国说:"魏国杀掉亲秦的吕辽而使卫国受到进攻,失去比阳而大梁发生危险,吕不韦的河间封地不定使赵国处境困难。文信侯不能实现取得河间的愿望,害怕三晋背叛他。如今魏国受攻的耻辱还未洗雪,赵国又将反秦,文信侯的忧虑就大了。齐国不参加合纵,三晋会担心抗秦的事未必能成功。忧虑大的,来不及细致考虑就想媾和,心存疑虑的就急于事奉秦国。秦、魏不须等待割地就会媾和。秦国和楚、魏一道攻齐,并独吞赵国,齐、赵两国就都会灭亡了。"

二一六　赵王封孟尝君以武城

【题解】

周赧王三十二年(前283),秦军进攻魏都大梁,这时孟尝君正为魏相,他到燕、赵借兵救魏,迫使秦国退兵。魏王因孟尝君有功而封赏他,或赵王也因此而封田文。

孟尝君在派人管理武城时,告诫他们要爱惜当地的人力物力,要使民心归附,给赵王留下良好的印象。

赵王封孟尝君以武城①。孟尝君择舍人以为武城吏,而遣之曰:"鄙语岂不曰'借车者驰之,借衣者被之'哉?"皆对曰:"有之。"孟尝君曰:"文甚不取也。夫所借衣车者,非亲友则兄弟也。夫驰亲友之车,被兄弟之衣,文以为不可。今赵王不知文不肖，而封之以武城，愿大夫之往也。毋伐树木，毋发屋室，訾然使赵王悟而知文也。谨使可全而归之。”

【注释】

①赵王：赵惠文王。公元前298—前266年在位。武城：地名。在今山东武城西。

【译文】

赵惠文王把武城封赐给孟尝君。孟尝君在门客中选派一些人去管理武城，行前告诉他们说：“俗语不是说‘借来的车子尽量跑，借来的衣服随便穿’吗？”问客都回答说：“是的。”孟尝君说：“我对这种做法很不赞成。大凡借来的衣服和车子，不是亲友的，就是兄弟的。借他们的衣和车，不加爱惜，我认为是不恰当的。如今赵王不认为我无能，把武城封给我，希望你们在前往管理的时候，不要砍伐树木，不要毁坏房屋，勉力治理，使赵王能够了解我。谨慎地把它管好，在适当的时候可以完整地交还给赵王。”

二一七　谓赵王曰

【题解】

本文一开始就强调“三晋合而秦弱，三晋离而秦强”这个重要论点，指出东方各国只有合纵抗秦，才可以避免被秦国各个击破。

本文用了一个“虎将即禽”的形象比喻。有两只野兽相斗，不知道猛虎已经悄然靠近，仍然酣斗不止，结果都成了老虎口中的美食。以此来比喻崤山以东各国不知道秦国正在一旁暗中窥伺，磨刀霍霍，仍在互相争斗，只能两败俱伤而让秦国得利。这个譬喻，目的在于警醒赵王，促使他和韩、魏联合抗秦。

　　赵王听取了他的建议,派出精兵戍守韩、魏的西边,果然使秦国把矛头移向楚国,使三晋免遭战祸。

　　本章言楚王入秦,正当秦诱骗楚怀王入秦、将他扣留作为人质的时候,在周赧王十六年(前299)。

　　谓赵王曰①:"三晋合而秦弱,三晋离而秦强,此天下之所明也。秦之有燕而伐赵,有赵而伐燕;有梁而伐赵,有赵而伐梁;有楚而伐韩,有韩而伐楚,此天下之所明见也。然山东不能易其路,兵弱也。弱而不能相壹,是何秦之知、山东之愚也,是臣所为山东之忧也。虎将即禽,禽不知虎之即已也,而相斗两罢②,而归其死于虎。故使禽知虎之即已,决不相斗矣。今山东之主不知秦之即已也,而尚相斗,两敝而归其国于秦,知不如禽远矣!愿王熟虑之也。

【注释】

①赵王:武灵王雍。公元前325—前299年在位。

②罢:同"疲",疲劳,疲惫。

【译文】

　　有人对赵王说:"赵、魏、韩三国联合则秦弱,赵、魏、韩三国破裂则秦强,这是天下都明白的。秦国控制燕国则会进攻赵国,控制赵国就会进攻燕国;控制魏国则会进攻赵国,控制赵国就会进攻魏国;控制楚国就会进攻韩国,控制韩国就会进攻楚国,这也是诸侯清楚了解的。可是崤山以东六国却不能改变这种形势,这是因为他们的兵力很弱的缘故。兵力很弱,又不能团结一致。为什么秦国就那么聪明,而六国就那样愚蠢呢?这就是我为崤山以东六国所担忧的。老虎将要吃野兽,野兽不知老虎要吃掉自己,反而自相搏斗,结果双方疲惫都给老虎送死。如果

野兽知道老虎要吃掉自己,那就决不会去自相搏斗了。现在崤山以东
六国的国君不了解秦国就要吞并它们,仍在互相搏斗,结果是双方疲
惫,都给秦国送死,是智慧远远不如野兽啊!希望大王深思熟虑。

　　"今事有可急者,秦之欲伐韩、梁,东窥于周室甚,惟寐
亡之。今南攻楚者,恶三晋之大合也。今攻楚休而复之,已
五年矣,攘地千余里。今谓楚王①:'苟来举玉趾而见寡人②,
必与楚为兄弟之国,必为楚攻韩、梁,反楚之故地。'楚王美
秦之语,怒韩、梁之不救己,必入于秦。有谋发使之赵,以燕
饵赵,而离三晋。

【注释】

①楚王:楚怀王熊槐。
②寡人:秦昭王自称。

【译文】

　　"现在有一件非常危急的事情,秦想要进攻韩、魏两国,而且想急于
取周而代之,只有睡着了才会忘记。现在它向南进攻楚国,是因为他担
心赵、魏、韩三国联合。现在秦国进攻楚国,休整后又打,已经五年了,
扩充了国土有一千多里。秦国现在对楚王说:'如果您能动大驾来与我
会晤,我们两国一定结为兄弟之国,一定为您进攻韩、魏,收回楚国以前
的失地。'楚王听信了秦王的甜言蜜语,又抱怨韩、魏两国以前不援助自
己,一定会倒向秦国。秦国又设谋派使臣去赵国,用灭掉燕国来引诱赵
国,以离间赵、魏、韩三国的关系。

　　"今王美秦之言而欲攻燕,攻燕,食未饱而祸已及矣。
楚王入秦,秦、楚为一,东面而攻韩。韩南无楚,北无赵,韩

不待伐,则挈马俛而西走①。秦与韩为上交,秦祸安移于梁矣。以秦之强,有楚、韩之用,梁不待伐矣,则挈马俛而西走。秦与梁为上交,秦祸案环中赵矣。以强秦之有韩、梁、楚,与燕之怒,割必深矣。国之举此,臣之所为来,臣故曰'事有可急为者'。

【注释】

①俛:同"俯"。

【译文】

"现在大王听信秦王的甜言蜜语,想进攻燕国,进攻燕国还不到一顿饭的工夫,大祸就要临头。楚王去到秦国,秦、楚两国联合,向东进攻韩国。韩国在南面失去楚国,在北面失去赵国,韩王不等秦国进攻,就会牵着战马,俯首帖耳,听命于秦国。秦、韩两国结为亲密联盟,秦国的危害就会转移到魏国。凭如此强大的秦国,又有楚、韩两国为他所驱使,魏国不等秦国出兵就会牵着战马,俯首帖耳听命于秦国。秦、魏两国结为亲密联盟,秦国的危害就会转移到赵国。凭如此强大的秦国,又有韩、魏、楚三国为他所驱使,再加上燕国的愤怒,这样,祸害必重,国将灭亡。这就是我这次前来的原因,所以,我说'现在事情有着急要办的'。

"及楚王之未入也,三晋相亲、相坚,出锐师以戍韩、梁西边,楚王闻之,必不入秦,秦必怒而循攻楚,是秦祸不离楚也,便于三晋。若楚王入,秦见三晋之大合而坚也,必不出楚王,即多割,是秦祸不离楚也,有利于三晋,愿王之熟计之也!"

【译文】

　　"乘着楚王还没有入秦的时候,赵、韩、魏三国互相友好,团结起来,赵国派出精锐部队,驻守韩、魏两国的西部边界,楚王得知,一定不会去秦国,而秦国一定会恼怒,就会进攻楚国。这样,秦国的危害就会紧随着楚国,而有利于赵、魏、韩三国。如果楚王去到秦国,秦国见赵、魏、韩三国结盟,而且牢不可破,一定不会放出楚王,它就会要求楚国多割让土地。这样,秦国的危害仍然没有离开楚国,而有利于赵、魏、韩三国。希望大王对此深思熟虑。"

　　赵王因起兵南戍韩、梁之西边。秦见三晋之坚也,果不出楚王而多求地。

【译文】

　　赵王于是派兵到韩、魏两国的西边去驻防。秦国见赵、魏、韩三国态度很坚决,果然不放楚王回国,以此相要挟,向楚国要求多割土地。

中华经典名著

全本全注全译丛书

缪文远　缪伟　罗永莲◎译注

战国策 下

中华书局

卷十九　赵策二

二一八　苏秦从燕之赵

【题解】

本文首先提出安民的主题，并把安民和择交联系起来，使内政和外交紧密配合，表现出作者以民为本的人文思想。

接着指出赵不应倒向秦国，如果与秦联合，秦就可以攻韩、劫魏、包周，逼使齐国入朝，秦军就可直指邯郸，成为赵的心腹大患。

其次指出赵是东方强国，周围有险可守，并有韩、魏作为南方屏障，足以使秦国不敢轻举妄动。并用对比手法，揭露主张连横的说客，只顾一己的私利，夸大秦国的威势，恐吓诸侯，要求诸侯割地事秦，是完全不可信赖的。

作者最后提出合纵的具体方案是：六国彼此亲善，在洹水之滨订立盟约，齐心协力，互相救援，共同对付秦国，秦国必然不敢出兵函谷关外，只能闭关自守，不会再成为东方六国的祸害。

本文虽是拟托之作，但笔势纵放，说理透彻，具有无可辩驳的雄伟气势和极强的说服力。

苏秦从燕之赵，始合从，说赵王曰："天下之卿相人臣，乃至布衣之士，莫不高贤大王之行义，皆愿奉教陈忠于前之日久矣。虽然，奉阳君妒，大王不得任事，是以外客游谈之士，无敢尽忠于前者。今奉阳君捐馆舍，大王乃今然后得与士民相亲，臣故敢献其愚、效愚忠。

【译文】

苏秦从燕国到赵国，开始主张合纵，游说赵王说："当今天下在位的卿相人臣和民间的有识之士都仰慕您的作风，早就愿意为您效忠。虽然这样，由于奉阳君嫉妒贤能，您不能直接管理国事，所以宾客和游说之士，没有谁敢于在您面前倾吐忠言。现在奉阳君已经死掉，您如今又可与百姓亲近，我这才敢于向您提出我一些不成熟的看法。

"为大王计，莫若安民无事，请无庸有为也。安民之本，在于择交，择交而得则民安，择交不得则民终身不得安。请言外患：齐、秦为两敌，而民不得安；倚秦攻齐，而民不得安；倚齐攻秦，而民不得安。故夫谋人之主，伐人之国，常苦出辞断绝人之交，愿大王慎无出于口也。

【译文】

"为大王考虑，最好是使百姓生活安定，不要约束过多。安定百姓的根本在于选择邦交，邦交选择好了百姓就能安定，邦交没有选择好百姓就终身不得安定。请让我谈谈外患问题：假如把齐、秦两国都看做敌人，百姓的生活就无法安定；倚靠秦国去攻打齐国，百姓不能安定；如倚靠齐国去进攻秦国，百姓仍然不能安定。所以谋算别国的君主，进攻别的国家，这种劝人断绝邦交的话常令人难以启齿，希望大王千万谨慎，不要说出这样的话。

"请屏左右，白言所以异，阴阳而已矣。大王诚能听臣，燕必致毡裘狗马之地，齐必致海隅鱼盐之地，楚必致橘柚云梦之地，韩、魏皆可使致封地汤沐之邑，贵戚父兄皆可以受封侯。夫割地效实，五伯之所以覆军禽将而求也；封侯贵戚，汤、武之所以放杀而争也。今大王垂拱而两有之，是臣之所以为大王愿也。

【注释】

①阴阳：此指合纵、连横。

【译文】

"请您让身边的人回避，让我说明两种策略的不同，不过就是合纵连横而已。大王如能采纳我的建议，燕国一定会献上盛产毛毡、皮衣、狗马的土地，齐国一定会献上盛产鱼盐的海滨之地，楚国一定会献上盛产橘柚的云梦之地，韩、魏也都会献上封地的租税作为沐浴的费用，您的贵戚父兄也都可以得到封侯的赏赐。割取别国的土地而取得利益，这是五霸冒着损军折将的风险去追求的；使自己的贵戚能够封侯，更是成汤和周武王采用放逐和杀君的手段也要去争取的。现在您只需安然不动便可以得到这两种好处，这就是我希望大王能够如愿以偿的。

"大王与秦，则秦必弱韩、魏；与齐，则齐必弱楚、魏。魏弱则割河外①，韩弱则效宜阳。宜阳效则上党绝②，河外割则道不通，楚弱则无援。此三策者，不可不熟计也。夫秦下轵道则南阳动③，劫韩、包周则赵自销铄，据卫取淇则齐必入朝。秦欲已得行于山东，则必举甲而向赵。秦甲涉河逾漳，据番吾④，则兵必战于邯郸之下矣。此臣之所以为大王患也。

【注释】

①河外:地区名。指魏西河之外,在今陕西大荔至澄城以北地。

②上党:韩郡名。在今山西长治等地,与宜阳隔河相望。

③轵道:道路名。在今河南修武境,是越过太行,进入山西的通道。

　南阳:地区名。指今太行山以南、黄河以北地,战国时属魏。

④番(pán)吾:地名。赵邑,在今河北磁县境。

【译文】

　　"现在您如果与秦国联合,那么秦国一定会去削弱韩国和魏国;假如您和齐国结交,那么齐国一定会去削弱楚国和魏国。魏国削弱就会割让河外,韩国削弱就会献出宜阳。献出宜阳就会使上党处于绝境,割让河外也会使通往上党的道路不通,楚国削弱将使赵国失去外援。这三种策略,不能不详加考虑。秦军如果攻下轵道,那么魏的南阳地区就危险了;秦如果劫持韩国,包围两周,那么魏国将自行削弱;如果秦军据有卫地,夺取淇水一带,那么齐国定会去朝拜秦国。秦国的欲望在崤山以东地区已开始得到满足,就必然会举兵指向赵国。秦军渡黄河、越漳水,占据番吾,那么秦军将直捣邯郸,这是我最为您担心的事。

　　"当今之时,山东之建国莫如赵强。赵地方二千里,带甲数十万,车千乘,骑万匹,粟支十年。西有常山,南有河、漳,东有清河①,北有燕国。燕固弱国,不足畏也。且秦之所畏害于天下者莫如赵,然而秦不敢举兵甲而伐赵者,何也?畏韩、魏之议其后也。然则韩、魏,赵之南蔽也。秦之攻韩、魏也则不然,无有名山大川之限,稍稍蚕食之,傅之国都而止矣。韩、魏不能支秦,必入臣于秦,秦无韩、魏之隔,祸中于赵矣。此臣之所以为大王患也。

【注释】

①清河：古河名。战国时介于齐、赵二国之间,源出今河南内黄南。

【译文】

"当前,崤山以东地区的国家没有比赵国更强的。赵国的领土纵横两千里,战士几十万,战车千辆,战马万匹,粮食可以供应十年。西有常山,南有黄河、漳水,东有清河,北有燕国。燕国本是个弱国,不足以害怕。秦在各国中最忌恨的就是赵国。但秦国不敢举兵攻打赵国,为什么呢？就是怕韩、魏从背后打它的主意。那么韩、魏可说是赵国南边的屏障。秦国如进攻韩、魏,没有高山和大河的阻隔,逐渐蚕食它们的土地,直到迫近他们的国都为止。韩、魏不能抵挡秦国,必然向秦国屈服称臣。秦国没有韩、魏的阻隔,那么战祸就会落到赵国头上,这是我为您担忧的又一桩大事。

"臣闻尧无三夫之分,舜无咫尺之地,以有天下；禹无百人之聚,以王诸侯；汤、武之卒不过三千人,车不过三百乘,立为天子,诚得其道也。是故明主外料其敌国之强弱,内度其士卒之众寡、贤与不肖,不待两军相当,而胜败存亡之机固已见于胸中矣,岂掩于众人之言而以冥冥决事哉？

【译文】

"我听说尧没有几个部属,舜没有一点土地,但都拥有了天下；大禹不到一百个部众,却统治了诸侯；商汤、周武王的士兵不过三千人,战车不过三百辆,却都能够立为天子,都是由于他们懂得治理天下之道。因此,贤明的君主对外能估计敌人的强弱,对内能衡量自己士兵的多少和素质的优劣,不必等到两军交锋,对胜负存亡的可能性早已了然于胸了,怎么会被一般人的言论所蒙蔽、糊里糊涂去决定大事呢？

"臣窃以天下地图案之,诸侯之地五倍于秦,料诸侯之卒十倍于秦,六国并力为一,西面而攻秦,秦破必矣。今见破于秦,西面而事之,见臣于秦。夫破人之与破于人也,臣人之与臣于人也,岂可同日而言之哉!

【译文】

"我私下查看地图加以衡量,崤山以东各国的疆土合起来比秦国大五倍,兵力是秦国的十倍。六国联成一气,合力向西攻打秦国,秦国非被攻破不可。现在各国反而向西投靠秦国,做秦的臣属。打败别人和被别人打败,使别国臣服和向别国称臣,这两者难道可以相提并论么!

"夫横人者,皆欲割诸侯之地以与秦成,与秦成则高台榭①,美宫室,听竽瑟之音,察五味之和,前有轩悬②,后有长庭,美人巧笑,卒有秦患而不与其忧③。是故横人日夜务以秦权恐猲诸侯④,以求割地,愿大王之熟计之也。

【注释】

①榭(xiè):建筑在高台上的木屋。

②轩悬:悬钟磬奏乐时,只在东、北、西三面悬挂,阙开南面不悬。

③卒:同"猝(cù)"。

④猲(hè):同"喝"。

【译文】

"那些提倡连横策略的人,都想割取诸侯的土地来与秦国讲和。与秦国讲和,他们就可以高筑台榭,装饰宫室,欣赏优美音乐,享受山珍海味,前面悬挂着乐器,后面有美人居住的庭院,美女发出妖媚的笑声,然而秦国一旦发兵攻打诸侯,这些主张连横的人却并不分担受害国的忧患。所以这些主张连横的人日夜务求用秦国的威势恐吓诸侯,以谋求割取诸侯的土地,希望大王好好考虑这个问题。

"臣闻明王绝疑去谗,屏流言之迹,塞朋党之门,故尊主广地强兵之计,臣得陈忠于前矣。故窃为大王计,莫如一韩、魏、齐、楚、燕、赵,六国从亲,以畔秦。令天下之将相,相与会于洹水之上①,通质刑白马以盟之。约曰:'秦攻楚,齐、魏各出锐师以佐之,韩绝食道,赵涉河、漳,燕守常山之北。秦攻韩、魏,则楚绝其后,齐出锐师以佐之,赵涉河、漳,燕守云中②。秦攻齐,则楚绝其后,韩守成皋③,魏塞午道④,赵涉河、漳、博关⑤,燕出锐师以佐之。秦攻燕,则赵守常山,楚军武关⑥,齐涉渤海,韩、魏出锐师以佐之。秦攻赵,则韩军宜阳,楚军武关,魏军河外,齐涉渤海,燕出锐师以佐之。诸侯有先背约者,五国共伐之。'六国从亲以摈秦,秦必不敢出兵于函谷关以害山东矣。如是则伯业成矣!"

【注释】

①洹水:水名。今名安阳河。源出林县隆虑山,东流经安阳到内黄北入卫河。

②云中:郡名。赵武灵王置,在今内蒙古托克托东北。

③成皋:地名。韩邑,在今河南荥阳汜水镇西。

④午道:道路名。在赵东齐西。一纵一横互相交错为午。

⑤博关:关名。在今山东聊城东南。

⑥武关:关名。战车秦置,在今陕西商南东南。

【译文】

"我听说贤明的君主善于决断疑难,排除谗言,摒绝飞短流长的途径,堵塞结党营私的门路。所以为了提高君主的威望、扩大领土、加强兵力,我愿在您面前陈述我的忠心。我私下为大王考虑,最好是团结韩、魏、齐、楚、燕、赵六国合纵亲善,一起来反对秦国。通令东方各国的将相在洹水边上结盟,互相交换人质,宰杀百马,举行盟誓。相互约定说:'假如秦国攻打楚国,那么齐国、魏国就派出精锐部队都助楚国,韩国断绝秦国运粮的道路,赵军渡过黄河和漳水,燕国则守卫常山以北一带。秦国如果进攻韩、魏二国,那么楚国就截断秦的后路,齐国派出精兵援助,赵军渡过黄河、漳水遥相呼应,燕军则固守云中郡一带。秦国要是进攻齐国,那么楚国同样截断他的后路,韩国守住城皋,魏国堵秦军通过的午道,赵军越过河、漳、博关进行支援,燕国也派精兵助战。假如秦军进攻燕国,那么赵国就守住常山,楚国驻军武关,齐国渡过渤海,韩、魏都出精兵助战。秦国如果攻打赵国,那么韩国就驻军宜阳,楚国驻军武关,魏国屯军河外,齐国渡过清河,燕国也派精兵支援。诸侯中有不遵守盟约的,其余五国便联军讨伐。'六国要真能合纵相亲,共同抗秦,那么秦军一定不敢出函谷关来危害崤山以东六国了。这样,您的霸业也就成功了。

赵王曰:"寡人年少,莅国之日浅,未尝得闻社稷之长计。今上客有意存天下,安诸侯,寡人敬以国从。"乃封苏秦为武安君,饰车百乘,黄金千镒,白璧百双,锦绣千纯,以约诸侯。

【译文】

赵王说:"我年纪轻,执政的时间很短,从来没有人告诉我治国的长远之计。如今贵客有意保全天下,安定诸侯,我诚恳地把国家托付给您。"于是封苏秦为武安君,赐给他有文饰的车子一百辆,黄金一千镒,白璧一百双,锦绣一千匹,用来邀约其他诸侯结盟。

二一九 秦攻赵

【题解】

本文中,苏子游说秦王的目的是劝秦王罢兵息民。

秦王非常害怕东方诸侯合纵,共同对付秦国。苏子以齐国为例,指出齐王因为逼韩、威魏、伐楚、攻秦,连续十年,用兵不休,结果使得齐国破亡,成为一片废墟,用以说明秦国如果用兵不止,也会带来无穷后患,齐国就是前车之鉴。他终于说服秦王,解甲休兵,天下安定,二十九年之间,没有战事发生。诸侯二十九年无战事,是战国时期从来没有的事,但这里却表现出在烽火连天、百姓饱受苦难的环境中,作者对和平的无限向往。

秦攻赵,苏子为谓秦王曰:"臣闻明王之于其民也,博论而技艺之,是故官无乏事而力不困;于其言也,多听而时用之,是故事无败业而恶不章。臣愿王察臣之所谒,而效之于一时之用也。臣闻怀重宝者不以夜行,任大功者不以轻敌。是以贤者任重而行恭,知者功大而辞顺。故民不恶其尊,而世不妒其业。

【译文】

秦国进攻赵国,苏秦为赵国对秦王说:"我听说,英明的国君对他的百姓,广泛地选拔,然后量才使用,因此百官各尽其职,才能可充分发挥;对他们的意见,多多听取,及时采用,因此国家进行的各种事业就不会失败,不会犯明显的错误。我希望大王考察我所说的,并在实践过程中加以验证。我听说,揣着珍宝的人不会在晚上走路,担任重要职务的人不能对敌人掉以轻心。因此,贤能的人担负的工作愈重,他就愈加恭谨,聪明的人功劳愈大,他就愈加谦逊。所以人们不会讨厌他们尊贵的地位,世人也不会忌妒他们的功业。

"臣闻之:'百倍之国者,民不乐后也;功业高世者,人主不再行也;力尽之民,仁者不用也;求得而反静,圣主之制也;功大而息民,用兵之道也。'今用兵终身不休,力尽不罢,赵怒必于其已邑,赵仅存哉,然而四输之国也。今虽得邯郸,非国之长利也。意者,地广而不耕,民羸而不休,又严之以刑罚,则虽从而不止矣。

【译文】

"我听说:'拥有广阔土地的国家,人们不愿再有战争;建立了盖世功业的大臣,国君不愿再有奖赏;人们已经精疲力竭,真正仁爱的国君是不愿去动员他们的;要想有所要求而达到目的,就不要去困扰百姓,这是圣明的国君采取的办法;战功很大,要使人们得以休息,这是用兵应该遵守的原则。'现在用兵,使人们终身不得休息,精疲力竭,还不休止。秦国恼怒赵国,它一定会把赵国看作秦国国土的一部分,这样赵国就所存无几了。然而,赵国四通八达,现在秦国即使占领了赵都邯郸,也不是秦国长久之利。看来土地虽广,但不能耕种,人们疲困而不得休息,再加上用严刑峻法对待他们,赵国百姓虽然屈从,秦国终究是待不下去的。

"语曰:'战胜而国危者,物不断也;功大而权轻者,地不入也。'故过任之事,父不得于子;无已之求,君不得于臣。故微之为著者强,察乎息民之为用者伯,明乎轻之为重者王。"

【译文】

"常言道:'打了胜仗,可是国家仍然处境危险,这是因为战争不止的缘故;建立了卓越的功业,可是国家的统治权力仍然很小,这是因为土地还是没有真正为自己所有。'所以超过承担能力的事,父亲也不能要求于自己的儿子;提出没有止境的要求,国君也不能要求自己的大臣。所以,看到苗头就可以预见结果的人,知道让百姓休息可以使他们更能发挥作用的人,可以称霸;明白暂时地位低微可以转化为地位高的人,可以称王。"

秦王曰:"寡人案兵息民,则天下必为从,将以逆秦。"苏子曰:"臣有以知天下之不能为从以逆秦也。臣以田单、如耳为大过也①。岂独田单、如耳为大过哉,天下之主亦尽过矣! 夫虑收亡齐、罢楚、敝魏与不可知之赵,欲以穷秦、折韩,臣以为至愚也。

【注释】

①臣以田单、如耳为大过也:指田单、如耳主张合纵而言。田单,齐臣,破燕军,复齐国。如耳,魏臣。

【译文】

秦王说:"我停止出兵,使百姓休息,那么诸侯一定会合纵联盟来对抗秦国。"苏子说:"我可以断定,诸侯不可能组成合纵联盟来对付秦国。我认为田单、如耳他们是大错特错了。不但田单、如耳犯了大错,天下诸侯也都错了。大体上说,联合破败的齐、楚、魏三国和存亡未卜的赵国,想去困扰秦国、折服韩国,我认为是非常愚蠢的做法。

"夫齐威、宣,世之贤主也,德博而地广,国富而用民,将武而兵强。闵王用之,后逼韩、威魏以南伐楚,西攻秦,秦为齐兵困于崤塞之上①,十年攘地,秦人远迹不服,而齐为虚戾②。夫齐兵之所以破,韩、魏之所以仅存者,何也? 是则伐楚、攻秦,而后受其殃也。

【注释】

①秦为齐兵困于崤塞之上:公元前287年,齐闵王派苏秦和赵奉阳君李兑主持三晋与齐、燕五国伐秦,秦国受挫,归还赵、魏侵地。

②齐为虚戾:指公元前284年,燕将乐毅率燕、秦及三晋五国联军破齐事。虚戾,废墟。

【译文】

"齐威王和齐宣王是当代贤明的君主,德行高尚而土地广阔,国家富足而人们听命,将领勇武而兵力强大。闵王凭借这些条件,后来进逼韩国、威胁魏国、并向南伐楚,向西攻秦,秦军被齐军困阻在崤山以西,十年中齐国开疆拓地,秦人退避但始终不服,以致齐国终于国空人绝。齐军之所以惨遭失败,而韩、魏却能幸存,这是什么原因呢? 是因为齐国讨伐楚国、进攻秦国所带来的灾祸啊。

"今富非有齐威、宣之余也,精兵非有逼韩、劲魏之军也,而将非有田单、司马之虑也①。收破齐、罢楚、弊魏、不可知之赵,欲以穷秦、折韩,臣以为至误。臣以从一不可成也。客有难者,今臣有患于世。夫刑名之家皆曰'白马非马'也②,已如白马实马,乃使有白马之为也③,此臣之所患也。

【注释】

①司马:指齐国名将司马穰苴(jū)。

②刑名之家：即名家学派，代表人物是公孙龙。刑，通"形"。白马
　非马：这是名家的一个重要命题。他们认为白指色，马指形，形
　和色是两个不同的概念，所以说"白马非马"。

③乃使有白马之为也：本句的意思是指合纵本不能成功，但主张合
　纵的人却说能够成功。

【译文】

"现在诸侯没有威王、宣王时那样富饶，精兵也没有当初能进逼韩
国、威胁魏国时那样的部队，而将领又没有田单、司马穰苴那样的谋略。
联合破亡的齐国、疲惫的楚国、破败的魏国和存亡未知的赵国，却想去
困扰秦国、挫败韩国，我认为这是极端错误的。我认为合纵联盟不可能
成功。有人非难我的看法，这是我现在所担心的。形名家们认为'白马
非马'，但白马的确是马，但竟然有'白马非马'的说法，这就是我感到担
心的地方。

"昔者秦人下兵攻怀①，服其人，三国救之。赵奢、鲍佞
将②，楚人四起而从之，临怀而不救，秦人去而不从。不识三
国之憎秦而爱怀邪？亡其憎怀而爱秦邪？夫攻而不救，去
而不从，是以三国之兵困，而赵奢、鲍佞之无能也！故裂地
以效于秦。田单将齐之良，以兵横行于中十四年，终身不敢
设兵以攻秦、折韩也，而驰于封内。不识从之一成恶
存也③。"

于是秦王解兵不出于境，诸侯休，天下安，二十九年不
相攻。

【注释】

①怀：地名。魏邑，在今河南武涉西南。

②赵奢:人名。赵国名将,封为马服君。

③恶(wū)存:在哪里。

【译文】

"从前秦国出兵进攻魏国的怀城,使魏人屈服,赵、齐、楚三国要去援救怀城,赵将赵奢、齐将鲍佞,加上楚国从四方前来援救。当大军接近怀城时,却止步不前,秦军撤退,又不去追击。不知这三国是憎恨秦国而爱惜怀城呢? 还是憎恨怀城而爱惜秦国呢? 秦军进攻不去援救,秦军撤退又不去追击,这是因为三国之兵疲劳困倦了,而赵奢、鲍佞的无能啊! 所以才割地献给秦国。田单是齐国的良将,领兵称雄于国内十四年,然而终生不敢出兵进攻秦国、挫败韩国,他只不过称雄于国内。我不知合纵联盟又怎么能够组成。"

于是秦国休整兵力,不出国境,诸侯因此得以休息,天下安定,二十九年中诸侯没有相互攻打。

二二〇　张仪为秦连横说赵王曰

【题解】

本文中,张仪对赵王说,东方诸侯的合纵,是不可能成功的,楚、齐、韩、魏都已倒向秦国,赵国的右臂已被切断,危在旦夕。秦国即将派出三位将军,联合齐、韩、魏,三路出兵,共同攻赵,瓜分赵国,赵王只有到渑池朝秦,才可让秦国停止攻赵。

赵王恐惧,只好到渑池朝见秦王,并割河间事秦。

张仪只凭一番外交辞令,就收到了秦国连年用兵未能达到的效果。张仪论辩的威慑力被极度夸张,用以表明辩士在外交活动中,无可比拟的重大任用。

本文乃虚构之辞,不合史实处,无须细辨。

张仪为秦连横说赵王曰:"弊邑秦王使臣敢献书于大王御史①。大王收率天下以傧秦②,秦兵不敢出函谷关十五年矣。大王之威行于天下山东,弊邑恐惧慑伏,缮甲厉兵,饰车骑,习驰射,力田积粟,守四封之内,愁居慑处,不敢动摇,唯大王有意督过之也。

【注释】

①御史:官史。掌管传达国君命令,记载国家大事。弊:通"敝"。

②傧(bīn):通"摈",拒绝。

【译文】

张仪为秦国组织连横阵线,去游说赵王说:"敝国的君王派我为使臣,向大王进献一条策略。大王为首收罗、率领天下诸侯来对付秦国,使秦兵不敢出函谷关达十五年之久。大王的声威遍播于崤山以东,我们秦国恐惧屈服,整治武器和兵车战马,练习骑射,勤力耕作,积蓄粮食,闭守国内不出,战战兢兢,不敢轻举妄动,只因为大王您有意和我们过不去。

"今秦以大王之力,西举巴蜀①,并汉中②,东收两周而西迁九鼎③,守白马之津④。秦虽辟远⑤,然而心忿悁含怒之日久矣。今寡君有敝甲钝兵,军于渑池⑥,愿渡河逾漳,据番吾⑦,迎战邯郸之下。愿以甲子之日合战⑧,以正殷纣之事。敬使臣先以闻于左右。

【注释】

①西举巴蜀:秦灭蜀在惠文王后元九年(前316),当赵武灵王十年。

②并汉中:秦惠王后元十三年(前312),败楚于丹阳,遂取汉中之

地,当赵武灵王十四年。

③东收两周:秦取东西周在庄襄王元年(前249),当赵孝成王十七年,时张仪已死六十一年。

④白马津:津渡名。在今河南滑县东北。

⑤辟:偏僻。

⑥渑(miǎn)池:地名。秦邑,在今河南渑池西。

⑦番吾:地名。赵邑,在今河北磁县境。

⑧甲子之日:周武王战胜殷纣的日子。

【译文】

"现在依靠大王的督促,秦国向西已攻占巴蜀,吞并汉中,向东囊括两周,迁移九鼎,据守白马津渡。秦国虽然偏僻边远,然而内心愤怒已有很长时间了。目下秦有一支破破烂烂的军队驻守在渑池,准备渡过黄河、越过漳水,进占番吾,与赵军在邯郸城下相会。希望在甲子那天会战,以此来重演周武王伐纣的旧事,特别派我作为使臣预先来恭敬地告知大王。

"凡大王之所信以为从者,恃苏秦之计。荧惑诸侯,以是为非,以非为是,欲反覆齐国而不能,自令车裂于齐之市①。夫天下之不可一亦明矣。今楚与秦为昆弟之国,而韩、魏称为东蕃之臣②,齐献鱼盐之地,此断赵之右臂也。夫断右臂而求与人斗,失其党而孤居,求欲无危,岂可得哉!

【注释】

①自令车裂于齐之市:张仪死于公元前309年,苏秦死于公元前284年,苏秦车裂于齐时,张仪已死二十五年。

②韩、魏称为东蕃之臣:韩王朝秦,魏国听命,在秦昭襄王五十三年

（前 254），时张仪已死五十五年。韩称臣于秦，在秦始皇十三年
（前 234），距张仪之死已七十五年。

【译文】

"总的说来，大王之所以相信缔结合纵盟约的原因是因为仗恃有苏
秦。苏秦用漂亮话迷惑诸侯，颠倒是非，企图倾覆齐国，结果使自己在
刑场上被车裂。这样，天下不可能联合为一也就很明显了。如今楚国
与秦国结成了兄弟国家，韩国与魏国自称为秦国东边的藩属，齐国向秦
献出盛产鱼盐的领土，这就断了赵国的右臂。一个断掉了右臂的人与
别人相争，失去了朋友的人孤居独处，想要没有危险，怎么可能呢！

"今秦发三将军：一军塞午道，告齐使兴师度清河，军于
邯郸之东；一军军于成皋，驱韩、魏而军于河外①；一军军于
渑池。约曰：'四国为一以攻赵，破赵而四分其地。'是故不
敢匿意隐情，先以闻于左右。臣窃为大王计，莫如与秦遇于
渑池，面相见而身相结也。臣请案兵无攻，愿大王之定计。"

【注释】

①河外：地区名。指黄河以南的赵地。

【译文】

"现在秦王派出三个将军：其中一支军队截断午道，通知齐国派兵
渡过清河，驻扎在邯郸的东面；一支军队驻扎在成皋，驱使韩国和魏国
的军队驻扎在河外；一支军队驻扎在渑池。盟约说：'四国结为一体来
进攻赵国，赵国被攻破后，它的国土必定会被四国分占。'因此我不敢隐
瞒这种意图，先给大王通个口信。我替大王着想，您不如与秦王在渑池
相会，面对面亲口约定。请按兵不要进攻，希望大王拿定主意。"

赵王曰:"先王之时,奉阳君相,专权擅势,蔽晦先王,独制官事。寡人宫居,属于师傅,不得与国谋。先王弃群臣,寡人年少,奉祠祭之日浅,私心固窃疑焉。以为一从不事秦,非国之长利也。乃且愿变心易虑,剖地谢前过以事秦。方将约车趋行,而适闻使者之明诏。"于是乃以车三百乘入朝渑池,割河间以事秦①。

【注释】

①河间:地区名。指漳水、黄河之间,在今河北献县一带。

【译文】

赵王说:"先王在时,奉阳君为相,专权擅势,蒙蔽欺骗先王,独断一切政务。我的生活归师傅安排,没有参与国家的大计。先王去世时,我年龄幼小,做主治国的时间才刚刚开始,内心本来就暗自怀疑。认为一意投入合纵盟约而不依附秦国,不是赵国的长远利益。所以我准备改变主意,割让国土弥补以前的过错,归附秦国。正待安排车马启程时,恰好听到了您的英明指示。"于是他就派车三百辆,到渑池去朝见秦王,割让河间之地献给秦王。

二二一　武灵王平昼闲居

【题解】

公元前302年,赵武灵王顺应时势,推行改革,决定在赵国实行胡服骑射。

改革前,赵国强邻环伺,形势严峻。对赵威胁最大的是近在肘腋的中山和匈奴。匈奴骑兵经常侵扰赵的边境。中山地虽不大,但也曾屡败赵兵,深入赵境。赵武灵王对此念念不忘,想通过胡服骑射来扭转被动局面。

　　什么是胡服骑射？胡服是把过去衣裳连体、一直拖到地面的服装，改为上穿短衣、下着分裆裤的衣服,骑射则是用跨马射箭的骑兵代替笨重迟缓的战车。

　　实行胡服骑射后,很快就见到成效。赵连续击败北边的林胡、楼烦,几年后就灭掉中山,兵锋所及,所向必克,这就是这次改革所带来的变化。

　　武灵王平昼闲居,肥义侍坐曰①:"王虑世事之变,权甲兵之用,念简、襄之迹,计胡狄之利乎?"王曰:"嗣立不忘先德,君之道也;错质务明主之长②,臣之论也。是以贤君静而有道民便事之教,动有明古先世之功。为人臣者,穷有弟长辞让之节,通有补民益主之业。此两者,君臣之分也。今吾欲继襄主之业,启胡、翟之乡,而卒世不见也。敌弱者,用力少而功多,可以无尽百姓之劳,而享往古之勋。夫有高世之功者,必负遗俗之累;有独知之虑者,必被庶人之恐。今吾将胡服骑射以教百姓,而世必议寡人矣。"

【注释】
①肥义:人名。赵武灵王的相国。
②错质:犹言委质,献身给君主。
【译文】
　　赵武灵王平日闲坐时,肥义在一边陪伴着他,肥义说:"大王是在考虑天下形势的变化,权衡兵力的使用,怀念简子和襄子的功业,盘算抗击胡狄的好处吗?"武灵王说:"继承君位不忘祖先的功德,是国君应该遵循的原则;献身事君,力求显扬国君的过人之处,是臣子应该遵循的原则。因此英明的国君平时要做引导百姓、便利行事的教育，行动时要发扬光大祖先的功绩。做臣子的在未做官时就应具备尊敬长辈、谦虚礼让的德操；在做官以后就应做出帮助百姓、辅佐君主的功业。这两点，正是做国君和做臣子的本分啊。现在，我想继承襄主的事业，开发胡、狄地区，担心永久都不被人理解啊。如果是对付一般弱敌，只需花费很少力量就能取得很多战绩，不必把百姓拖得很苦，就能获得像先代简子、襄子那样的功业。要想建立特殊功业的人，就一定会受到习惯势力的牵制；有独到见解的人，难免被一般人所抱怨。现在我打算教导百姓改穿胡服、习骑射，那么社会上一定会对我进行非议了。"

肥义曰："臣闻之，疑事无功，疑行无名。今王即定负遗俗之虑，殆毋顾天下之议矣。夫论至德者不和于俗，成大功者不谋于众。昔舜舞有苗，而禹袒入裸国，非以养欲而乐志也，欲以论德而要功也！愚者暗于成事，智者见于未萌，王其遂行之。"

【译文】

肥义说："我听说，在事业上犹豫不决就不能建功立业；在行动上疑虑重重，也就不能取得功名。现在大王既然下定了摆脱世俗的决心，就不必再顾虑任何人的非议了。那讲究高尚道德的人，不去附和一般俗见；成就伟大功业的人，就不和一般人商量。从前虞舜为了宣扬德教，演练干戚之舞，苗族就归服了；夏禹赤身露体地进入裸国，裸国也就服从了。他们这样做，并不是纵情享乐，而是去宣扬德政、建立功业啊！愚蠢的人对于即使成功的事情也弄不明白，聪慧的人在事态尚未露出苗头之际就能察觉出来了，希望大王马上去施行吧。"

王曰："寡人非疑胡服也,吾恐天下笑之。狂夫之乐,知者哀焉;愚者之笑,贤者戚焉。世有顺我者,则胡服之功未可知也。虽驱世以笑我,胡地、中山吾必有之。"

【译文】

武灵王说："我对改穿胡服的好处毫不怀疑,我只是担心天下人讥笑我这种做法。正如疯子高兴的事,聪明人却为他哀伤;蠢人觉得可笑的事,有才能的人却为之担忧。人们如果能够拥护我的措施,那么改穿胡服的功效将是不可估量的。那时即使让天下所有的人都来讥笑我,胡地和中山我一定会占有它。"

王遂胡服。使王孙绁告公子成曰①:"寡人胡服且将以朝,亦欲叔之服之也。家听于亲,国听于君,古今之公行也;子不反亲,臣不逆主,先王之通谊也。今寡人作教易服而叔不服,吾恐天下议之也。夫制国有常,而利民为本,从政有经,而令行为上。故明德在于论贱,行政在于信贵。今胡服之意,非以养欲而乐志也。事有所出,功有所止,事成功立,然后德且见也。今寡人恐叔逆从政之经,以辅公叔之议。且寡人闻之:'事利国者行无邪,因贵戚者名不累。'故寡人愿慕公叔之义,以成胡服之功。使绁谒之叔,请服焉。"

【注释】

①王孙绁(xiè):人名。赵臣。公子成:人名。赵贵族。

【译文】

武灵王于是改穿胡服。派王孙绁向公子成说:"我已穿上了胡服,并且将要穿着它上朝,所以希望叔父也能穿上它。家庭里的事由父母做主,国家的事由国君做主,这是古今公认的准则;子女不违抗父母,臣子不违抗国君,这是先王时就已通行的规矩。如今我下令改变服装,可是叔父却不穿,我怕天下人又要议论了。治理国家要有一定的原则,面对老百姓有利才是最根本的;管理政事要有一定的准则,而保证政令得以推行才是首要的。所以要想显示功德,必须考虑到下层百姓的利益;要想推行政令,首先要使权贵们奉行。现在,我要改穿胡服的目的,决不是放纵情欲而娱乐心志啊。事情只要开了头,功业就有成功的时候;事成功就,道德就显现出来了。今天我担心叔父违反了治理国家的固定原则,而去附和贵族们的那些反对胡服的议论。况且我听说过:'做有利于国家的事情,行动就不会出现偏差;依靠宗室贵戚们的支持,名声就不会受伤害。'所以我希望仰仗叔父的正确行动,来促进改变胡服的成功。我特地打发王孙绁到您那里去拜望、陈述,请叔父穿上胡服吧。"

公子成再拜曰:"臣固闻王之胡服也,不佞寝疾,不能趋走,是以不先进。王今命之,臣固敢竭其愚忠。臣闻之:'中国者,聪明睿知之所居也,万物财用之所聚也,贤圣之所教也,仁义之所施也,诗、书、礼、乐之所用也,异敏技艺之所试也,远方之所观赴也,蛮夷之所义行也。'今王释此而袭远方之服,变古之教,易古之道,逆人之心,畔学者,离中国,臣愿大王图之。"

【译文】

公子成拜了两拜,回答说:"我早已听说君王改穿胡服了,只因我卧病在床,行动不便,所以没能及早地向您提供意见。现在君王命令我改穿胡服，我就大胆地谈出我的愚见吧。我听说过：'中国这个地方，是聪明能干、具有远见的人所居住的地方，是各种物资财富所聚集的地方，是圣贤进行教化的地方，是仁义道德所施行的地方，是诗、书、礼、乐所使用的地方，是各种精妙技艺所应用的地方，是远方国家前来参观学习的地方，是四方不开化民族所应该崇拜和效法的地方。'现在君王舍弃了这些，而去套用边远地区的服饰，改变了古代的礼教，变换了古代的准则，违背了人们的心志，背叛了圣贤们的教导，脱离了中国的传统习俗，我希望大王要多多考虑啊。"

使者报王。王曰："吾固闻叔之病也。"即之公叔成家自请之曰："夫服者所以便用也，礼者所以便事也。是以圣人观其乡而顺宜，因其事而制礼，所以利其民而厚其国也。祝发文身①，错臂左衽②，瓯越之民也③。黑齿雕题④，鳀冠秫缝⑤，大吴之国也。礼服不同，其便一也。

【注释】

①祝发：断发。指中原以外少数民族的习俗和装束。

②错臂：也是文身，指刻画手臂。左衽：衣襟向左开。中原风俗是衣襟向右开。衽，衣襟。

③瓯越：古代越族的一支。分布在今浙江、福建一带。

④雕题：刻画额头，涂以丹青。题，额。

⑤鳀(tí)冠：鳀鱼皮做成的帽子。鳀鱼即鲇鱼。秫(shù)缝：缝制粗拙。秫，通"鉥"，长针。

【译文】

王孙绁把公子成的话向武灵王报告。武灵王说："我早已听说叔父患病了。"于是，就亲自到了公子成家里，对他说："衣服的式样，不过是为了人们穿着方便的,而礼制是为了处理事情的便利。所以圣人总是考察当地的习惯而因地制宜,根据实际的需要而制定礼法,为的是利民富国。至于那些剪断头发、身上刻画着花纹,手臂刻着纹饰,左边缝着衣襟,正是瓯越百姓的习惯。那些用草汁染黑牙齿、额头上刺刻着图画,戴着鱼皮帽子,穿着粗针大线的衣服,乃是吴国百姓的打扮。虽然他们的礼俗和服饰各不相同,便利于人们却是一致的。

　　"是以乡异而用变,事异而礼易。是故圣人苟可以利其民,不一其用;果可以便其事,不同其礼。儒者一师而礼异,中国同俗而教离,又况山谷之便乎!故去就之变,知者不能一;远近之服,贤圣不能同。穷乡多异,曲学多辨。不知而不疑,异于己而不非者,公于求善也。

【译文】

　　"所以说地区不同,其举止措施也就各有变化,客观实际不同,礼仪制度也就会相应的变化了。因此圣人认为,只要对老百姓有利,在措施上就不求一致;只要真正能给事业带来便利,在礼法上就可以不必相同。儒生们同出一个老师而他们的主张、礼法就不一样,中原地区的风俗传统大体一致,而他们的政令却彼此分歧,更何况那些居住在偏僻山谷中的人们,不都也是在因地制宜地各求方便嘛!所以对事物的选择、取舍,再有聪明才智的人也无法强求一致;不同地区、不同时代的服饰打扮,就是圣贤也无法把它们统一起来。穷乡僻壤的地方,少见多怪;孤陋寡闻的人们,经常巧辨不休。不懂得的事物,不要随便去怀疑它;不同于自己观点的意见,也不要轻易非议,这才是追求真理的公正态度。

"今卿之所言者,俗也;吾之所言者,所以制俗也。今吾国东有河、薄洛之水①,与齐、中山同之,而无舟楫之用。自常山以至代、上党,东有燕、东胡之境②,西有楼烦、秦、韩之边③,而无骑射之备。故寡人且聚舟楫之用,求水居之民,以守河、薄洛之水;变服骑射,以备其燕、东胡、楼烦、秦、韩之边。且昔者简主不塞晋阳以及上党,而襄主兼戎取代,以攘诸胡。此愚知之所明也。

【注释】

①薄洛之水:水名。古漳水流经今河北巨鹿和平乡东境的一段。

②东胡:古族名。因居住在胡(匈奴)东而得名。

③楼烦:古族名。居住在今山西西北宁武、苛岚一带。

【译文】

"现今您所说的一些话,都是些世俗的言论;而我所说的一些话,恰恰是如何改革习俗和传统的言论。目前我国东部有黄河、薄洛水两条河流,是我国与齐国、中山国的交界线,可是我们却没有水军。从常山到代郡、上党郡一带,东边与燕国、东胡为邻,西边与楼烦、秦国、韩国接壤,而我们却不曾在那里配备骑兵和部队。所以我要设法筹集船只、建设水军,并组织河边民众共同防守黄河和薄洛水;我还要改变旧式服装,训练骑兵,以便守卫我国与燕国、东胡、楼烦、秦国、韩国间的边界。再说从前简主不把我国的疆域版图局限在晋阳和上党,接着襄主又兼并了戎狄和代地,驱走了各部胡人。这些业绩,无论是笨人还是聪明人,全都是很清楚的。

"先时中山负齐之强兵,侵掠吾地,系累吾民,引水围鄗①,非社稷之神灵,即鄗几不守。先王忿之,其怨未能报也。今骑射之服，近可以备上党之形，远可以报中山之怨。而叔也顺中国之俗以逆简、襄之意，恶变服之名，而忘国事之耻，非寡人所望于子！”

【注释】

①鄗：同"镐"，地名。赵邑，在今河北柏乡北二十二里。

【译文】

"早些时候，中山国仗恃齐国的雄厚兵力，侵犯我国的土地，俘虏我国的百姓，引水冲向我们的鄗城，如果不是社稷神灵的护佑，鄗城差一点就失守了。先王对这件事极为愤恨，可是这个仇至今还未能报。如今我们采用便于骑射的胡服来武装自己，近可以保卫上党这个形势重要的地方，远还可以向中山国报仇雪恨。而叔父您偏要依从中原地区的旧俗，却违背了简主和襄主的遗愿，反对改穿胡服的命令，而忘记了国家所蒙受的耻辱，可不是我对您的希望啊！"

　　公子成再拜稽首曰："臣愚不达于王之议，敢道世俗之闻。今欲继简、襄之意，以顺先主之志，臣敢不听令。"再拜，乃赐胡服。

【译文】

公子成听了以后，拜了两拜，叩头说："我愚昧无知，没能领会君王的意图，大胆地讲了一些世俗的偏见。如今君王既然继承简主和襄主的遗志，完成先王未竟的事业，我哪里还敢不听从您的命令呢。"说完又拜了两拜，于是武灵王就赐给他一套胡服。

　　赵文进谏曰："农夫劳而君子养焉，政之经也。愚者陈意而知者论焉，教之道也。臣无隐忠，君无蔽言，国之禄也。臣虽愚，愿竭其忠。"王曰："虑无恶扰，忠无过罪，子其言乎。"赵文曰："当世辅俗，古之道也；衣服有常，礼之制也；修法无愆，民之职也。三者，先圣之所以教。今君释此，而袭远方之服，变古之教，易古之道，故臣愿王之图之。"

【注释】

①赵文：赵臣。

【译文】

赵文又前来劝阻武灵王说："农民用辛勤耕耘来养活治国的人士，这是国家的常规。无知的人说出自己的想法，由既聪明而又有学问的人进行评论，是朝廷教化的准则。做臣子的不隐藏自己的忠心，做国君的不阻塞臣下的言路，就是国家的福气。我虽愚笨无知，却愿意尽忠直言啊。"武灵王说："考虑问题，不要讨厌不同意见的干扰，对尽忠直言的人，不要斥责他的罪过，您就大胆地说吧。"赵文说："适应时代的潮流，顺从社会的习俗，这是自古以来就有的原则；服装有一定的样式，这是礼法所规定的；遵守法令，不发生错误，乃是百姓的本分。这三个方面，是古代圣人用来教导我们的。现在君王舍弃了这些，而去袭用远方胡人的服式，改换了古代的教化，变更了自古以来的行动准则，所以我希望君王认真考虑一下这件事。"

王曰："子言世俗之闻。常民溺于习俗，学者沉于所闻。此两者，所以成官而顺政也，非所以观远而论始也。且夫三代不同服而王，五伯不同教而政。知者作教，而愚者制焉。贤者议俗，不肖者拘焉。夫制于服之民，不足与论心；拘于俗之众，不足与致意。故势与俗化，而礼与变俱，圣人之道也。承教而动，循法无私，民之职也。知学之人，能与闻迁，达于礼之变，能与时化，故为己者不待人，制今者不法古，子其释之。"

【译文】

　　武灵王说："您所说的不过是一些世俗的观点。一般人沉溺于旧的习俗，读书人又拘泥于书本上的知识，这两种人，都只能完成固定职守、顺从既定的政令罢了，是不能高瞻远瞩、改革创新的。再说，夏、商、周三个朝代的服式不同，却都统一了天下；春秋时代五霸的教化不同，却都能治理好国家。常常有远见的人制定出规章制度，一般无知无识的人只能去遵守。有才能的人可以议论、探讨礼法、教化，没才能的人只能是墨守陈规。对那些恪守传统习俗的人，是不能够和他交流思想的；对那些拘泥于旧礼教的人，也是无法和他们谈论理想、志向的。所以，习俗应跟着形势的变化而变化，礼法制度也要随着形势的改变而改变，这才是圣人治国的原则啊。秉承命令而行动，遵循法度而没有私心，是做老百姓的本分。有远见卓识的人，能随着新事物的出现而改变原来的观点，通晓礼法的变化，才能随着时代的变化而变化。因此真正志在修身的人不仰赖别人的赞许，治理当世的人不去效法古代的成功。您还是放弃那些不正确的意见吧！"

　　赵造谏曰①："隐忠不竭，奸之属也；以私诬国，贼之类也。犯奸者身死，贼国者族宗。此两者，先圣之明刑，臣下之大罪也。臣虽愚，愿尽其忠，无遁其死。"王曰②："竭意不讳，忠也。上无蔽言，明也。忠不辟危，明不距人，子其言乎！"

【注释】

①赵造：赵臣。

②王：赵武灵王。

【译文】

赵造规劝道："藏住忠心不说，属于奸邪之类；因私心而误国，属于贼害之类。犯奸的应处死，害国的应灭族。这两种，是先王明确的刑罚，是臣子的大罪啊。我虽然愚钝，愿尽忠心，不敢逃避死罪。"武灵王说："畅所欲言，不加避讳，这是忠臣啊。君主不阻拦臣下发表意见，这是明君啊。忠臣不避危险，明君不拒绝别人提意见，您就说吧！"

赵造曰："臣闻之：'圣人不易民而教，知者不变俗而动。'因民而教者，不劳而成功；据俗而动者，虑径而易见也。今王易初不循俗，胡服不顾世，非所以教民而成礼也。且服奇者志淫，俗辟者乱民。是以莅国者不袭奇辟之服，中国不近蛮夷之行，所以教民而成礼者也。且循法无过，修礼无邪，臣愿王之图之。"

【译文】

赵造说："我听说：'圣人不交换百姓而进行教诲，聪明的人不改变习俗而行动。'顺着民心去教诲的，不烦劳而可获得成功；依着习俗而行动的，轻车熟路，非常方便。现在大王改变原有的做法，不按习俗办事，改穿胡服而不顾社会上的议论，这可不是教导百姓遵守礼制。况且服装奇异的人，心意就放荡，习俗怪僻的地方，往往民心混乱。所以治理国家的人不穿怪僻的服装，中原地区不仿效蛮夷的不开化行为，因为这是教导人们遵守礼制。并且遵循原有办法，没有什么过错，奉行传统制度，不会偏离正道，我希望大王好好考虑吧。"

王曰："古今不同俗，何古之法？帝王不相袭，何礼之循？宓戏、神农教而不诛①，黄帝、尧、舜诛而不怒②。及至三王③，观时而制法，因事而制礼，法度制令，各顺其宜，衣服器械，各便其用。故治世不必一道，便国不必法古。圣人之兴也，不相袭而王；夏、殷之衰也，不易礼而灭。然则反古未可非，而循礼未足多也。且服奇而志淫，是邹、鲁无奇行也④；俗辟而民易，是吴、越无俊民也⑤。是以圣人利身之谓服，便事之谓教。进退之谓节，衣服之制，所以齐常民，非所以论贤者也。故圣与俗流，贤与变俱。谚曰：'以书为御者，不尽于马之情；以古制今者，不达于事之变。'故循法之功不足以高世，法古之学不足以制今，子其勿反也。"

【注释】

①宓（fú）戏、神农教而不诛：宓戏、神农都是传说中的圣王，据说宓戏教民畜牧，神农教民耕种，不用刑罚，这就是所谓"教而不诛"。宓戏，即伏羲。宓，通"伏"。诛，惩罚。

②黄帝、尧、舜诛而不怒：黄帝、尧、舜都是传说中的古帝，据说他们虽然用兵诛乱，但仍以教化为主，所以说是"诛而不怒"。

③三王：指夏、商、周三代的开国圣王。

④邹、鲁：古国名。均在今山东境内，是礼教最早发达的地方。

⑤吴、越：古国名。在今江苏、浙江境内，据说它们的百姓"祝发文身"，和中原的习俗不同。

【译文】

武灵王说："古今的习俗本不相同，为什么要效法古代？历代帝王互不相袭，为什么要遵循古代的礼制？伏羲、神农时代，只教化而不用刑罚，黄帝、尧、舜时代，虽用刑罚而不愤怒。到了夏、商、周三代的圣王,都是观时制法,因事制礼,法令制度都顺应潮流,衣服器械都使用方便。所以说,治理国家不一定只用一种方法,只要对国家有利就不必效法古代。圣人的兴起,不承袭前代而兴旺;夏、商的衰败,因不变更制度而灭亡。可见反对古来旧俗的,不应受到非议;而遵循旧制的人,也就不值得赞许了。如果说服装特殊就会思想放荡,那么服饰正统的邹、鲁两国,就应该没有不正的行为了;如果说风俗怪僻的地方,百姓就会变坏,那么风俗特殊的吴、越地区,就该没有杰出的人才了。所以圣人认为,凡是适合穿着的,就是好服装;凡是便于办事的,就是好规章。关于送往迎来的礼节,衣服的样式,是使百姓们整齐划一,而不是用来评论贤能的人的。所以圣人能随着风俗而变化,贤人能随社会变化而前进。谚语说:'照书上记载来驾车的人,不能通晓马的习性;用老办法来对付现代的人,不懂社会的变化。'所以遵循旧制的做法不会建立盖世的功勋,尊崇古代的理论不能治理当代,希望您不要再说反对胡服的话了。"

二二二　王立周绍为傅

【题解】

赵武灵王在边境的县邑视察工作时,也在留心物色王子的师傅,群众都反映周绍是个孝子,如果做官任职,也必然是忠臣。此外赵武灵王认为他在许多方面都具有过人的优良品质,所以决定让他穿上胡服,作为王子的师傅。

周绍认为做王子的师傅,应当具备六种品德,他谦逊地说自己一项都不具有,请武灵王另选他人。实际上他是对胡服一事有不同的看法,所以辞让不肯担任。

武灵王窥破他的内心,顺水推舟,指出:"正因您知道这些做王子师傅的基本条件,所以您正是最适当的人选。"周绍不好继续推辞,就只好受命,武灵王当场进行了鼓励,并赐给他一套胡服,周绍于是当上了王子的师傅。

王立周绍为傅①，曰："寡人始行县，过番吾，当子为子之时，践石以上者皆道子之孝，故寡人问子以璧，遗子以酒食，而求见子。子谒病而辞。人有言子者曰：'父之孝子，君之忠臣也。'故寡人以子之知虑为辨足以道人②，危足以持难，忠可以写意，信可以远期。诗云：'服难以勇，治乱以知，事之计也。立傅以行，教少以学，义之经也。循计之事，失而不累；访议之行，穷而不扰。'故寡人欲子之胡服以傅王子。"

【注释】

①周绍：人名。赵人。

②道：同"导"，诱导。

【译文】

赵武灵王准备让周绍做王子何的师傅，对周绍说："我前些时候巡察各县，经过番吾时，您还身为人子，凡能骑马的人，都称道您的孝行，我赏赐玉璧给您，并把酒食送给您，要求见您，您推辞说您有病。有人在我面前谈到您说：'是父亲的孝子，国君的忠臣。'所以我认为您的智慧足以诱导别人，刚正足以应付患难，忠诚可以为国宣劳，守信可以经久不变。诗中说：'勇敢可平定祸患，智慧可治理乱事，这是做事的要点。根据品行选择师傅，用学问教育少年，这是义的纲领。照规划行事，虽有错不会有大的偏差；依据正义行事，虽有困难不会造成忧患。'所以我希望您穿上胡服，做王子的师傅。"

周绍曰："王失论矣，非贱臣所敢任也。"王曰："选子莫若父，论臣莫若君。君，寡人也。"周绍曰："立傅之道六。"王曰:"六者何也?"周绍曰:"知虑不躁达于变,身行宽惠达于礼,威严不足以易于位,重利不足以变其心,恭于教而不快,和于下而不危。六者傅之才,而臣无一焉。隐中不竭,臣之罪也。傅命仆官,以烦有司,吏之耻也。王请更论。"

【译文】

周绍说:"大王选错了人,这不是我所能胜任的。"武灵王说:"挑选儿子,谁也不如他的父亲;评定大臣,谁也不如他的国君。这个国君就是我呀。"周绍说:"任命王子的太傅,有六条标准。"武灵王说:"哪六条标准?"周绍说:"智谋沉稳,又通权达变;待人宽厚,又通于礼法;威武不可屈其志;富贵不可乱其心;严肃认真,遵守教令而不放纵;对待下属平易近人。这六条是担任太子太傅应具备的德才标准,而我连一条也没有。隐瞒实情不能竭尽忠心,这是我的罪过。大王任命我这不称职的人,这有辱太傅的职称,以此来烦劳下属是大王的耻辱。请大王重新选择。"

王曰:"知此六者,所以使子。"周绍曰:"乃国未通于王胡服,虽然,臣王之臣也,而王重命之,臣敢不听令乎!"再拜,赐胡服。

【译文】

武灵王说:"我了解这六条标准,所以才任命您做王子的太傅。"周绍说:"全国还不了解大王实行胡服的意图,但是我是大王的臣属,大王的严令,我怎敢不听从呢?"周绍拜了两拜,武灵王赐给他胡服。

王曰:"寡人以王子为子任,欲子之厚爱之,无所见丑。

御道之以行义,勿令溺苦于学。事君者,顺其意,不逆其志;事先者,明其高,不倍其孤。故有臣可命,其国之禄也。子能行是,以事寡人者毕矣。《书》云:'去邪无疑,任贤勿贰。'寡人与子,不用人矣。"遂赐周绍胡服衣冠、贝带、黄金师比[1],以傅王子也。

【注释】

[1]贝带:以贝壳为装饰的腰带。师比:匈奴的带钩。

【译文】

武灵王说:"我把王子交托给您,想让您很好地爱护他,不要让他做出令人不高兴的事。以正义的行为去教导他,不要让他醉心于书本学习。侍奉君王,要顺从他的心意,不要违背他的意志;一旦我不在人世,对于我,要发扬我的高明之处而不背叛王子。所以有您这样的臣子可以任命是国家的福分。您能这样做,对我来说就是做到了应该做的一切。《尚书》上说:'铲除邪恶不要犹豫不决,任用贤人不要三心二意。'我信任您,不再任用别人了。"于是武灵王赐给周绍胡服衣帽、饰金腰带、黄金带钩,任命他为王子的师傅。

二二三　赵燕后胡服

【题解】

赵武灵王实行胡服骑射,决心很大,雷厉风行,制定了日程,规定了最后期限,可是王族还是有个别顽固分子墨守成规,不愿接受新鲜事物,违抗命令,稳坐不动,反对赵武灵王的正确决定,赵燕就是他们中间的代表人物。

赵武灵王赫然震怒,派人斥责赵燕,训斥他反对君主的决策,自以为是,把私人意见看得高于一切,把工作看成累赘,触犯刑律,违背法纪,恐怕难逃处罚。

赵燕虽然顽固守旧,但还不是死硬派,他不愿丢官,更不愿被杀头,在最后关头,还是穿上了胡服,没有死撑到底。

赵燕后胡服①,王令让之曰:"事主之行,竭意尽力,微谏而不哗②,应对而不怨,不逆上以自伐,不立私以为名。子道顺而不拂,臣行让而不争。子用私道者家必乱,臣用私义者国必危。反亲以为行,慈父不子;逆主以自成,惠主不臣也。寡人胡服,子独弗服,逆主罪莫大焉。以从政为累,以逆主为高,行私莫大焉。故寡人恐亲犯刑戮之罪,以明有司之法。"

【注释】

①赵燕:人名。赵贵族。

②哗:喧闹。

【译文】

赵燕迟迟不肯穿上胡服,赵武灵王派人责备他说:"为国君效劳,应尽心竭力,委婉规劝而不宣扬,回答国君的问题不要有怨言,不违背国君的意志以居功自傲,不因私利而树立个人威信。做儿子的应该孝顺而不违背父母的意愿,做人臣的应该谦让而不与国君相争。做儿子的一心为私,家庭必定混乱;做人臣的一心为私,国家必定危险。违背父母而一意孤行,慈爱的父亲也不会把他当做自己的儿子;违背国君任意而行,慈祥的国君也不会把他当做臣子。我改穿胡服,您偏偏不穿,违背国君意志,罪没有比这更大的了。您认为改穿胡服是累赘,以违背国君为清高,这是最大的私心。所以我担心您触犯杀身之罪,来证明国法无情。"

赵燕再拜稽首曰:"前吏命胡服,施及贱臣,臣以失令过期,更不用侵辱教,王之惠也。臣敬循衣服,以待令。"

【译文】

赵燕拜了两拜叩头说:"前些日子上级命令改穿胡服,我已接到命令,我因为没有执行命令,超过了期限,却没有惩罚我,改用教诲,这是大王对我的恩惠。我已恭敬地准备好胡服,等待君王的诏令。"

二二四　王破原阳以为骑邑

【题解】

赵武灵王在原阳设立训练骑兵的基地,以便组织一支富于机动能力的精兵。赵臣牛赞对此表示反对,认为这不符合老资料簿上记载的规矩,会招致损君弱国的严重后果。新生事物的出现和发展,不可能一帆风顺,总会在一段时期内,受到守旧派人士的说三道四。

赵武灵王指出,一切事物都处在发展变化之中,所以圣人需要掌握主动,不受陈规陋习的限制,灵活地处理军事问题。他责备牛赞搬出旧记事本上的条款,干扰骑兵训练的国家大事,是不懂得因时制宜的大道理。牛赞终于被说服了。

赵武灵王随即率领新组建的骑兵,深入胡地,拓地千里,像一股劲风横扫草原,所过无不披靡。胡服骑射的效果,很快就表现出来。

王破原阳以为骑邑①,牛赞进谏曰②:"国有固籍,兵有常经。变籍则乱,失经则弱。今王破原阳以为骑邑,是变籍而弃经也。且习其兵者轻其敌,便其用者易其难。今民便其用而王变之,是损君而弱国也。故利不百者不变俗,功不什者不易器。今王破卒散兵以奉骑射，臣恐其攻获之利不如所失之费也！"

【注释】

①原阳：地名。赵邑，在今山西大同西北。

②牛赞：人名。赵臣。

【译文】

赵武灵王把原阳改变为骑兵基地，赵将牛赞规劝武灵王说："国家有成文法典，军队有固定的兵制。改变法典，国家就要混乱；改变兵制，军队就要削弱。现在大王把原阳作为骑兵基地，这是改变法典，抛弃常规。再说，熟悉以前的兵制，就容易克敌制胜，用惯了以前的武器，就不会有什么困难。现在兵士都用惯了以前的装备，而您又要完全改换，这是伤害群众，削弱国力。所以没有百倍的利益就不要改变习俗，没有十倍的功效就不要改换器具。现在大王撤消原来的步兵编制而实行胡人的骑射，我担心这样做所得之利抵偿不了所失之费啊！"

王曰："古今异利，远近易用，阴阳不同道，四时不一宜。故贤人观时而不观于时，制兵而不制于兵。子知官府之籍，不知器械之利；知兵甲之用，不知阴阳之宜。故兵不当于用，何兵之不可易？ 教不便于事，何俗之不可变？

【译文】

武灵王说："古今的利益各不相同，远与近使用器具也各不一样，阴阳变化各有不同的特点，四时气候各不统一。所以贤能的人根据客观条件去行动，而不被客观条件所限制；操纵兵器而不被兵器所操纵。您只知道官府的旧法典，而不知道器械的便利；只知道一般地使用兵器、铠甲，而不知道根据不同的条件而变化。所以兵器如果使用不便，为什么就不可以改换？教化如果不符合客观情况，为什么旧的礼法就不能改变呢？

"昔者先君襄主与代交地①，城境封之，名曰无穷之门②，所以昭后而期远也。今重甲循兵不可以逾险，仁义道德不可以来朝。吾闻信不弃功，知不遗时。今子以官府之籍，乱寡人之事，非子所知。"

【注释】

①代：古国名。在今河北蔚县东北。

②无穷之门：隘口名。在今河北张北南。

【译文】

"从前先君襄主当政时，与代国国界相接，在国界上筑城加强防卫，城门叫无穷之门，以此昭示后世子孙，希望获得长远利益。现在穿着沉重的铠甲，拿着长长的武器，不便于越过险隘之地；讲究仁义道德，不可能让胡人降服。我听说忠信不放弃功业，聪明不忘记时机。现在您拿官府的旧法典来破坏我的事业，这是您不聪明的地方。"

牛赞再拜稽首曰："臣敢不听令乎！"王遂胡服，率骑入胡，出于遗遗之门①，逾九限之固，绝五陉之险，至榆中②，辟地千里。

【注释】

①遗遗之门：地名。即挺关，在今陕西榆林西北。

②榆中：古地区名。在今内蒙古伊金霍洛旗一带。

【译文】

　　牛赞拜了两拜,叩头说:"我怎么敢不听从大王的命令呢!"于是武灵王穿好胡服,率领骑兵出了挺关,越过重重要隘,穿过许多险恶关口,到达榆中,扩地千里。

卷二十　赵策三

二二五　赵惠文王三十年

【题解】

本章是田单和赵奢两位名将对于用兵方略的争论。

田单为齐守即墨，破燕军，曾取得以少胜多的辉煌胜利。他从自己的局部经验出发，主张用兵人数宜少。他引古为证，说从前帝王用兵，人数不超过三万，这显然是片面的，脱离当前实际。

田单的看法，受到赵奢的尖锐批评。赵奢指出，随着时代的变迁，进行战争的客观条件也发生了重大变化。并引用当代齐攻楚、赵攻中山，以及韩、魏互攻等战例，说明作战应当与时变化，不能墨守成规。赵奢的驳斥，分析形势极为透辟，田单只好承认自己的考虑有欠周到。

赵惠文王三十年①，相都平君田单问赵奢曰②："吾非不说将军之兵法也，所以不服者，独将军之用众。用众者，使民不得耕作，粮食馈赁不可给也③。此坐而自破之道也，非单之所为也。单闻之，帝王之兵，所用者不过三万，而天下服矣。今将军必负十万、二十万之众乃用之，此单之所不服也。"

【注释】

①赵惠文王三十年：此有误，当作"赵孝成王二年"，即公元前264年。

②相都平君田单：田单本齐将，在齐封安平君。后为赵相，封都平君。赵奢：赵将。公元前270年，秦、赵阏与（今山西和顺）之战，赵奢大破秦军，赐号为马服君。

③辁（wǎn）赁：运输。赁，通"任"，挑运。

【译文】

赵惠文王二十年，赵相都平君田单问赵奢："我不是不喜欢将军用兵之法，我只是不佩服将军用兵太多。用人太多，百姓就不能进行耕作，粮食供应就会出现问题。这是坐以待毙的方法，我是不会这样做的。我听说，帝王用兵不过三万人，天下就会归服。现在将军非要十万、二十万才行军打仗，这就是我不佩服的地方。"

马服曰①："君非徒不达于兵也②，又不明其时势。夫吴干之剑③，肉试则断牛马，金试则截盘匜④，薄之柱上而击之，则折为三；质之石上而击之，则碎为百。今以三万之众而应强国之兵，是薄柱、击石之类也。且夫吴干之剑材，难夫毋脊之厚而锋不入，无脾之薄而刃不断⑤。兼有是两者，无钩锷镡、蒙须之便⑥，操其刃而刺，则未入而手断。君无十余、二十万之众而为此钩锷镡蒙须之便，而徒以三万行于天下，君焉能乎？且古者，四海之内，分为万国，城虽大，无过三百丈者；人虽众，无过三千家者，而以集兵三万，距此奚难哉！今取古之为万国者，分以为战国七，能具数十万之兵，旷日持久数岁，即君之齐已。齐以二十万之众攻荆，五年乃罢。赵以二十万之众攻中山，五年乃归。今者齐、韩相方，而两国围攻焉⑦,岂有敢曰,我其以三万救是者乎哉? 今千丈之城、万家之邑相望也,而索以三万之众,围千丈之城,不存其一角,而野战不足用也,君将以此何之?"都平君喟然太息曰⑧:"单不至也。"

【注释】

①马服:马服君,即赵奢。

②兵:指用兵之道。

③吴干之剑:指利剑。

④盘匜(yí):古代盥洗器,用匜盛水,放在盘中。

⑤脾:剑面近刃处。

⑥钩:剑头环。锷(è):刀剑的刃。镡(xín):剑柄与剑身连接的突出部分。蒙须:剑绳。

⑦齐、韩相方,而两国围攻:此句是假设的话。

⑧喟(kuì)然:感叹、叹息的样子。

【译文】

马服君赵奢说:"您不但不明白用兵之道,而且不明白天下大势。吴国的干将宝剑,可以用它砍断牛马,可以用它砍断金属盘子,如果用它去敲击柱子,宝剑就会断成几截;如果用它去敲击石头,宝剑就会碰得粉碎。现在用三万军队去应对强国的军队,这就如同用宝剑去敲击柱子、石头那样。况且,吴国地区出产的利剑难求,如果剑脊不厚,剑刃就易损;剑近刃处不薄,就不能砍断东西。如果剑脊厚、近刃处薄,但没有配好剑环、剑绳和剑柄,这样就拿着剑刃去刺杀,还未伤敌,自己的手就先被割断了。您没有十万、二十万军队当成利剑来用,只凭三万军队纵横天下,您怎么可能做到呢? 古代天下分为万国,都城大的不过三百丈;人多的不过三千家,这种情况下,用三万军队去攻打这些国家,有什么困难呢! 现在古代的万国已变成七国,都能聚集数十万军队,战争会持续数年,就像您曾任职的齐国那样。齐国用二十万军队攻打楚国,五年不胜。赵国起兵二十万之众攻打中山国,五年才得胜班师。现在齐、韩力量相当,如果两国相攻,有谁敢说我用三万军队就能去救援呢?现在,千丈的城、万家的邑到处都是,而要用三万军队去包围千丈之城,只能围城一角,进行战斗就不够用了,您想用这点军队干什么呢?"田单长叹一声说:"这是我考虑不周啊!"

二二六　赵使仇郝之秦

【题解】

楼缓原来是赵武灵王的重臣,武灵王推行结秦连宋的外交策略,使秦和齐、韩、魏三国对峙,以便赵国乘机攻灭中山。于是使楼缓相秦,仇郝相宋。赵灭中山之后,赵认为联秦策略对赵不利,又使仇郝至秦,请以魏冉为相而把楼缓召回。

秦昭王十二年(前295),免楼缓而相魏冉,可见仇郝的这次出使,顺利地完成了外交使命。

赵使仇郝之秦①,请相魏冉。宋突谓仇郝曰②:"秦不听,楼缓必怨公③。公不若阴辞楼子曰:'请无急秦王。'秦王见赵之相魏冉之不急也,且不听公言也,是事而不成,魏冉固德公矣。"

【注释】

①仇郝:人名。赵臣。

②宋突:人名。赵臣。

③楼缓:人名。赵人,时为秦丞相。

【译文】

赵国派遣仇郝到秦国去,请求秦王任命魏冉为相国。宋突对仇郝说:"要是秦王不听从您的意见,楼缓一定会怨恨您。您不如暗地告诉楼缓说:'让我去请求秦王不要急于任命魏冉。'秦王见赵国不急于要求任命魏冉,一定不会听您的话,这样,秦王任命魏冉为相国之事不成,楼缓一定会感谢您,秦王任命了魏冉为相国,魏冉也一定会感谢您。"

二二七　齐破燕

【题解】

邻居应该出入相友,守望相助,邻人有难决不能坐视不理。

齐人取燕,战火延烧到了赵国门口,再不加以援手,将把自己置于危险的境地。赵国筹划救燕,势在必行。战国七雄之间,大体维持着一种均势,互相联系而又互相牵制,所以能保持平衡。齐国吞燕,兼有两大国的土地和资源,东方各国间的均势遭到破坏,各国诸侯都要起而自救,共同把矛头对准齐国。救燕国也就是救自己,齐国成为众矢之的是必然的。

齐破燕①,赵欲存之。乐毅谓赵王曰②:"今无约而攻齐,齐必仇赵,不如请以河东易燕地于齐③。赵有河北④,齐有河东,燕、赵必不争矣⑤,是二国亲也。以河东之地强齐,以燕、赵辅之,天下憎之,必皆事王以伐齐,是因天下以破齐也。"王曰:"善。"乃以河东易齐,楚、魏憎之,令淖滑、惠施之赵⑥,请伐齐而存燕。

【注释】

①齐破燕：公元前 312 年，齐宣王乘燕国内乱，出兵攻燕，五十天就攻破燕国。

②乐毅：灵寿（今河北灵寿西北）人。魏将乐羊后代，时为赵臣。赵王：赵武灵王。

③河东：在今河北清河一带，靠近齐国。

④河北：在今河南密县等地。

⑤燕：当作"齐"。

⑥淖滑：楚臣。惠施：魏相。

【译文】

齐国攻破燕国，赵国想保存它。乐毅对赵王说："如今没有约结同盟而单独攻齐，齐必恨赵，不如提出用河东的地方和齐国交换燕国的土地。赵有河北的地方，齐有河东的地方，齐、赵必然没有争端了，两国就会互相亲善。用河东的地方使齐国强大，用燕国和赵国辅佐它，各国憎恨它，一定会事奉大王共同伐齐，这就是联络各国共同破齐啊！"赵王说："好。"就用河东地和齐国交换，楚、魏两国憎恨它，楚派淖滑、魏派惠施来到赵国，请求共同攻齐，使燕保存下来。

二二八　秦攻赵蔺、离石、祁拔

【题解】

周赧王三十四年（前 281），秦攻占赵的蔺、离石、祁三城，赵以公子部作为入秦的人质，与秦商定用焦、黎、牛狐交换上述三城，继而反悔，不肯纳地。周赧王四十六年（前 269），秦以赵没有履行协议作为借口，派中更胡伤率军攻打赵的阏与。赵奢率领赵军，长途急行军，奔赴阏与，抢占北山高地，居高临下，全面出击，大败秦军，解救了阏与之围。

廉颇和秦军在几地的战事，则为另外一次战役。

秦攻赵蔺、离石、祁拔①。赵以公子郚为质于秦，而请内焦、黎、牛狐之城②，以易蔺、离石、祁于赵。赵背秦，不予焦、黎、牛狐。秦王怒③，令公子缯请地。赵王乃令郑朱对曰④："夫蔺、离石、祁之地，旷远于赵，而近于大国，有先王之明与先臣之力，故能有之。今寡人不逮，其社稷之不能恤，安能收恤蔺、离石、祁乎！寡人有不令之臣，实为此事也，非寡人之所敢知。"卒倍秦。

【注释】

①蔺：地名。赵邑，在今山西离石西。离石：地名。赵邑，在今山西离石。祁：地名。赵邑，在今山西祁县。

②内：同"纳"。焦：地名。赵邑，在今河南三门峡西。黎：地名。赵邑，在今河南浚县西。牛狐：地名。赵邑，今地不详。

③秦王：秦昭王。

④赵王：惠文王。郑朱：人名。赵臣。

【译文】

秦国攻下赵国的蔺、离石、祁三地。赵国派公子郚到秦国做人质，请求献出焦、黎、牛狐三城，与秦国交换蔺、离石、祁。赵国背约，不肯献出焦、黎、牛狐三城。秦王发怒，派公子缯去赵国要求交出三城。赵王派郑朱对公子缯说："蔺、离石、祁三地离赵国很远，而离贵国很近。因有先王的圣明，又有先臣的努力，所以我们有了这三地。现在我不如先王，连国家都顾不上治好，怎么能顾得上蔺、离石、祁呢！我守城的人自做主张，这些事都是他们干的，我一点也不知道。"赵王终究违背了约定。

秦王大怒，令卫胡易伐赵①，攻阏与②。赵奢将救之。魏令公子咎以锐师居安邑以挟秦。秦败于阏与，反攻魏几③。廉颇救几④，大败秦师。

【注释】

①胡易(yáng)：人名。卫人，时为秦将。

②阏(è)与：地名。赵邑，在今山西和顺。

③几：地名。魏邑，在今河北大名东南。

④廉颇：人名。赵国名将。

【译文】

秦王大怒，派胡易出兵讨伐赵国，进攻阏与。赵将赵奢领兵救援。魏国派公子咎带领精锐部队驻扎在安邑，牵制秦军。秦军在阏与大败，回头又进攻魏的几邑。赵将廉颇救援几邑，大败秦军。

二二九上　富丁欲以赵合齐、魏

【题解】

周赧王十七年(前298)，赵臣对赵的外交策略，存在不同的看法，富丁主张亲齐，楼缓主张亲秦。赵武灵王采取的策略是结秦连楚、宋之交，因而促成了孟尝君组织齐、韩、魏三国攻秦。此时中山孤立，赵国分兵攻打中山，估计中山必亡。两年之后，赵果然灭掉了中山。

富丁欲以赵合齐、魏①，楼缓欲以赵合秦、楚。富丁恐主父之听楼缓而合秦、楚也②。司马浅为富丁谓主父曰③："不如以顺齐。今我不顺齐伐秦，秦、楚必合而攻韩、魏。韩、魏告急于齐，齐不欲伐秦，必以赵为辞，则伐秦者赵也，韩、魏必怨赵。齐之兵不西，韩必听秦违齐，违齐而亲秦，兵必归于赵矣。今我顺而齐不西，韩、魏必绝齐，绝齐则皆事我。且我顺齐，齐无不西。日者楼缓坐魏三月，不能散齐、魏之交。今我顺而齐、魏果西，是罢齐、敝秦也④，赵必为天下重国。"

【注释】

①富丁：人名。赵臣。

②主父：赵武灵王二十七年（前299），传位给少子何，是为赵惠文王，自号主父。

③司马浅：人名。赵臣。

④罢：同"疲"，疲劳，疲惫。

【译文】

赵人富丁想让赵国联合齐、魏，楼缓却想让赵国联合秦、楚。富丁担心主父听楼缓的话与秦、楚联合。司马浅为富丁对赵主父说："不如顺从齐国。如果我们不跟随齐国去进攻秦国，秦、楚两国必然联合进攻韩、魏。韩、魏两国向齐国告急求救，齐国不想攻秦，必然拿赵国不联齐攻秦为借口，那不攻秦的就是赵国了，而韩、魏必然抱怨赵国。齐国不向西攻秦，韩国必然听从秦国，对抗齐国，违抗齐国而与秦国亲善，必会出兵进攻赵国。如果我们与齐国一致行动，而齐国不向西攻秦，韩、魏两国必然与齐国绝交，韩、魏与齐国绝交，他们都会来服从我国。而且，我们和齐国一致行动，齐国就不会不攻打秦国了。从前，楼缓住在魏国三月，未能拆散齐、魏的邦交。现在我们和齐国采取一致行动，而齐、魏两国果然向西攻秦的话，将使齐、秦两国疲惫不堪，赵必将成为诸侯中举足轻重的国家。"

主父曰："我与三国攻秦，是俱敝也。"曰："不然。我约三国而告之，以未构中山也。三国欲伐秦之果也，必听我，欲和我。中山听之，是我以三国挠中山而取地也；中山不听，三国必绝之，是中山孤也。三国不能和我，虽少出兵可也。我分兵而孤烁中山，中山必亡。我已亡中山，而以余兵与三国攻秦，是我一举而两取地于秦、中山也。"

【译文】

主父说："我们和齐、韩、魏三国一道进攻秦国，都会弄得疲惫不堪了。"司马浅说："不会这样。我联络三国，把赵国未与中山国媾和的事告诉他们。三国决定攻秦，他们一定会听从赵国，让赵国和中山媾和以后再去攻秦。中山如果同意与赵国媾和，这样我们以三国的力量使中山屈服，让它割地；中山如果不听从，三国必定会与中山绝交，这样中山就孤立了。三国如果不能使我们与中山媾和，那我们少出兵攻秦也是可以的。我们分兵进攻遭到削弱和孤立的中山，中山必亡。我们灭亡了中山以后，以其余的兵力与三国一道攻秦，这样我们一举就可以获得秦和中山的土地。"

二二九下　魏因楼缓且合于秦

【题解】

魏国在公元前 298 年，齐、韩、魏三国攻秦之前，态度并不坚定，一度曾欲与秦联合，赵国恐惧，怕因此影响到孤立中山的目标。李欬建议，请魏让周最担任魏的相国。周最是反对秦国的，他如当政，魏国必不会与秦联合。李欬的主张既符合赵国的利益，也为周最谋取到魏相的职位，看来他是为周最进行游说的人。

　　魏因楼缓且合于秦,赵恐,请效地于魏而听薛公^①。李
欬谓李兑曰^②:"赵畏横之合也,故欲效地于魏而听薛公。公
不如令主父以地资周最,而请相之于魏。周最以天下辱秦
者也,今相魏,魏、秦必虚矣;齐、魏虽劲,无秦不能伤赵。魏
不听,是轻齐也;秦、魏虽劲,无齐不能得赵。此利于赵而便
于周最也。"

【注释】

　　①薛公:田文,时为魏相。

　　②李欬(kài):人名。赵臣。

【译文】

　　魏国想通过楼缓与秦国联合,赵国害怕,要求割地给魏国,听命于
薛公。李欬对赵相李兑说:"赵国害怕连横阵线成功,所以要求割地给
魏国,而听从薛公之命。您不如让主父拿土地去帮助周最,请求魏国任
命周最为相国。周最在诸侯中对秦国是很不友好的,如果他做了魏相,
魏、秦两国必然分离;齐、魏两国虽强,可是没有秦国支持,就不能伤害
赵国。魏国如果不同意任命周最为相国,这就是轻视齐国;秦、魏两国
虽强,没有齐国支持,也不能得到赵国。这样做既有利于赵国,又有利
于周最。"

二三〇　魏使人因平原君请从于赵

【题解】

　　公元前259年,秦攻赵,包围邯郸。公元前257年,魏信陵君率兵救
赵,解除了邯郸之围。公元前255年前后,魏派人通过平原君请求合纵
抗秦,再三陈说,赵王竟然不听。

赵使出宫,恰好碰到虞卿,请他从中劝说。虞卿素来主张合纵抗秦,他入见赵王,单刀直入,指出赵王拒绝合纵的态度是错误的。

魏使人因平原君请从于赵[①],三言之,赵王不听[②]。出遇虞卿曰[③]:"为入必语从。"虞卿入,王曰:"今者平原君为魏请从,寡人不听,其于子何如?"虞卿曰:"魏过矣。"王曰:"然,故寡人不听。"虞卿曰:"王亦过矣。"王曰:"何也?"曰:"凡强弱之举事,强受其利,弱受其害。今魏求从而王不听,是魏求害而王辞利也。臣故曰魏过,王亦过矣。"

【注释】

①平原君:赵封君,名胜,此时是赵相。

②赵王:孝成王。

③虞卿:人名。赵人,本游说之士,此时是赵的上卿。

【译文】

魏国派人到赵国去,通过平原君请求与赵国结成合纵联盟,平原君向赵王谈了多次,赵王不同意。平原君出来后与虞卿相遇,对虞卿说:"您如果进去见赵王,一定要谈合纵的事。"虞卿入见赵王,赵王说:"今天平原君为魏国请求与赵国合纵,我没有同意,您的意见如何?"虞卿说:"魏国错了。"赵王说:"是啊,所以我没有同意。"虞卿说:"大王也错了。"赵王说:"为什么?"虞卿说:"凡是强国与弱国共事,总是强国得利,弱国受害。现在魏国要求与赵国合纵,而您不同意,这是魏国自求受害而赵国推掉好处。所以我说魏国错了,大王也错了。"

二三一　平原君谓冯忌曰

【题解】

　　周郝王五十九年（前256），秦军攻赵，魏、楚合纵救赵，大败秦军。次年，平原君在击退秦军后，想要北伐上党，出兵攻燕。

　　说客冯忌对平原君的打算提出批评。他指出赵在长平战后，兵力受损，元气大伤，正宜休兵养士，若此时向北出兵，以弱赵攻强燕，是不明智的举动。平原君认为他说得有理，就放弃了攻燕的想法。

　　平原君谓冯忌曰①：“吾欲北伐上党，出兵攻燕，何如？”冯忌对曰：“不可。夫以秦将武安君公孙起乘七胜之威②，而与马服子战于长平之下③，大败赵师，因以其余兵围邯郸之城。赵以七败之余，收破军之敝，而秦罢于邯郸之下，赵守而不可拔者，以攻难而守者易也！今赵非有七克之威也，而燕非有长平之祸也，今七败之祸未复，而欲以罢赵攻强燕④，是使弱赵为强秦之所以攻，而使强燕为弱赵之所以守，而强秦以休兵承赵之敝。此乃强吴之所以亡，而弱越之所以霸。故臣未见燕之可攻也。”平原君曰：“善哉！”

【注释】

　　①冯忌：人名。游说之士，平原君的门客。
　　②公孙起：人名。即秦将白起。
　　③马服子：即马服君，这是赵将赵括承袭他父亲赵奢的封号。
　　④罢：同“疲”，疲劳，疲惫。

【译文】

　　平原君问门客冯忌说：“我想北伐上党，出兵攻燕，您看怎么样？”冯忌回答说:"不可以。当初秦将武安君白起乘七战七胜的声势,与马服子赵括战于长平城下,大败赵军,又以其余兵力包围了赵都邯郸。赵国以七战七败的兵力,收集残兵败将死守邯郸,秦军却在邯郸城下疲惫不堪,不能攻克,这是因为守城容易而攻城困难啊!现在赵国没有七战七胜的声威,燕国又没有长平的战祸,可是赵国七战七败的灾难尚未恢复,又想拿疲弱之兵去进攻强燕,这就等于要弱赵替强秦去进攻燕国,而要强燕固守本国去消耗弱赵的力量,强秦大军就会休整兵力,乘赵军疲惫之时攻赵。这就像当年强吴之所以亡国,弱越之所以称霸那样。因此我看不出这是攻燕的最佳时机。"平原君说:"说得好!"

二三二　平原君谓平阳君曰

【题解】

平原君的话,主旨在说明事物具有联系性,它们环环相扣,层层递进,由小到大,小事常常会带来严重后果。权力会带来财富,财富会带来美食,美食会带来骄奢,发展下去,漫无止境,就会送掉性命。它告诉人们,应当防微杜渐,从小事开始注意,把祸患消灭在萌芽状态中。

平原君谓平阳君曰①:"公子牟游于秦②,且东,而辞应侯。应侯曰:'公子将行矣,独无以教之乎?'曰:'且微君之命命之也,臣固且有效于君。夫贵不与富期而富至;富不与粱肉期而粱肉至;粱肉不与骄奢期而骄奢至;骄奢不与死亡期而死亡至。累世以前,坐此者多矣。'应侯曰:'公子之所以教之者厚矣。'仆得闻此,不忘于心,愿君之亦勿忘也。"平阳君曰:"敬诺。"

【注释】

①平阳君：赵惠文王母弟赵豹。

②公子牟：魏国公子。

【译文】

平原君赵胜对平阳君赵豹说："公子牟在秦国游历后，准备东归魏国，他去向应侯辞行。应侯说：'您就要走了，难道没有什么指教吗?'公子牟说：'您就是不说，我也会有话要对您说。人尊贵了，不追求富裕，富裕自会到来；富裕之后不去追求美味，美味也自会到来；已经享用美味而不追求骄奢，骄奢也自会到来；生活骄奢而不想死亡，死亡也自会到来。以前的世世代代就这样毁掉的太多了。'应侯说：'您所指教的使我受益良多。'我听到这些，一定牢记在心中，希望您也不要忘记。"平阳君回答："遵命。"

二三三　秦攻赵于长平

【题解】

楼缓为秦国游说，想叫赵王拱手献上秦军在战场上得不到的城池，可谓机关算尽。虞卿的驳议，捍卫赵国的领土完整，辞严义正，铿锵有力，终于说服了赵王，拒绝割地。交涉失败的楼缓，只好灰溜溜地逃走。

大言欺人，经不起检验。骗子的鬼话，决不能取信于人。

秦攻赵于长平，大破之①，引兵而归②。因使人索六城于赵而讲。赵计未定。楼缓新从秦来③，赵王与楼缓计之曰④："与秦城何如? 不与何如?"楼缓辞让曰："此非臣之所能知也。"王曰："虽然，试言公之私。"

【注释】

①秦攻赵于长平,大破之:公元前260年,秦、赵在长平大战,秦将白起坑杀赵降卒四十多万人。长平,赵邑,在今山西高平西北。

②引兵而归:秦相范雎嫉妒白起的功劳,下令召他回国。

③楼缓:赵人,仕于秦,此时为秦做说客。

④赵王:即赵孝成王,名丹,公元前265—前245年在位。

【译文】

秦国在长平和赵国决战,大败赵军,随即撤军。接着派使者到赵国索要六座城邑作为讲和条件。赵国还未拿定主意。楼缓刚从秦国前来,赵王和楼缓商量道:"把城割给秦国好呢,还是不割的好?"楼缓推辞说:"这不是我所能知道的。"赵王说:"话虽如此,您还是谈谈您个人的看法吧。"

楼缓曰:"王亦闻夫公甫文伯母乎①?公甫文伯官于鲁,病死,妇人为之自杀于房中者二人。其母闻之,不肯哭也。相室曰②:'焉有子死而不哭者乎?'其母曰:'孔子③,贤人也,逐于鲁,是人不随。今死而妇人为死者二人,若是者,其于长者薄而于妇人厚。'故从母言之,之为贤母也;从妇言之,必不免为妒妇也。故其言一也,言者异则人心变矣。

【注释】

①公甫文伯:人名。春秋时鲁国当权人物季康子的叔伯兄弟,名歜(chù)。

②相室:保姆之类的人。

③孔子:人名。春秋末期思想家,儒家学派创始人。名丘,字仲尼,鲁国陬(今山东曲阜)人。

【译文】

楼缓说:"大王听说过公甫文伯的母亲吗? 公甫文伯在鲁国做官,病死后,妇人为他殉情自杀的有两人。他的母亲听说这件事,就不肯为他哭泣了。他家的保姆说:'哪有儿子死而不哭的人呢?'他母亲说:'孔子是个贤人,曾被鲁国放逐,这个人不随孔子一起流亡。现在他死了,竟然有两个女人为他自杀,这样看来,他是对长者薄情,而对女人的情意太厚了。'这话从做母亲的口中说出来,她就会被看成一位贤德的母亲;但如果从妻子的口中说出来,她就难免被看成一位爱嫉妒的女人了。所以同样的话,只因说话的人身份不同,别人的看法也就不同了。

"今臣新从秦来,而言勿与,则非计也;言与之,则恐王以臣之为秦也,故不敢对。使臣得为王计之,不如予之。"王曰:"诺"。

【译文】

"如今我刚从秦国来,要是说不割城吧,那不是好办法;要是说割城吧,恐怕大王又认为我是在替秦国说话。所以不敢回答。如果我可以为大王考虑的话,不如把城割给秦国。"赵王说:"好。"

虞卿闻之①,入见王,王以楼缓言告之。虞卿曰:"此饰说也。"王曰:"何谓也?"虞卿曰:"秦之攻赵也,倦而归乎? 王以其力尚能进,爱王而不攻乎?"王曰:"秦之攻我也,不遗余力矣,必以倦而归也。"虞卿曰:"秦以其力攻其所不能取,倦而归。王又以其力之所不能攻以资之,是助秦自攻也。来年秦复攻王,王无以救矣。"

【注释】

①虞卿：赵臣。姓虞，名已失传。

【译文】

虞卿听说这件事，上朝去见赵王，赵王把楼缓的话告诉虞卿。虞卿说："这是骗人的话啊。"赵王问："怎么见得呢？"虞卿说："秦国这次攻打赵国，是因为疲愈而退兵呢？或是大王认为他们还有力量进攻，只是因为怜恤大王才停止进攻呢？"赵王说："秦国攻打我们，已经不遗余力了，一定是因为疲愈不堪才撤军的。"虞卿说："秦国用他们的兵力攻打他们得不到的地方，因疲愈而撤军。大王却拿他们用兵力攻不下来的地方去资助他们，这是帮助秦国攻打我们自己啊。明年秦国再进攻大王，大王就没有办法自救了。"

王又以虞卿之言告楼缓。楼缓曰："虞卿能尽知秦力之所至乎？诚不知秦力之所不至，此弹丸之地，犹不予也，令秦来年复攻王，得无割其内而媾乎？"王曰："诚听子割矣，子能必来年秦之不复攻我乎？"

【译文】

赵王又把虞卿的话告诉楼缓。楼缓说："虞卿了解秦国兵力能打到哪里吗？如果他确实并不知道秦军能打到哪里，这点弹丸之地也不肯给，假如秦国明年再来攻打大王，大王能够不割内地去求和吗？"赵王说："假如听了您的意见割地，您能保证明年秦国不再来攻打我国吗？"

楼缓对曰："此非臣之所敢任也。昔者三晋之交于秦，相善也。今秦释韩、魏而独攻王，王之所以事秦必不如韩、魏也。今臣为足下解负亲之攻，启关通币，齐交韩、魏，至来年而王独不取于秦，王之所以事秦者，必在韩、魏之后也，此非臣之所敢任也。"

楼缓回答说："这就是我所不敢担保的了。从前三晋都和秦国交好，关系很友好。如今秦国放过韩、魏而单单攻打大王，看来大王在侍奉秦国方面一定不如韩、魏了。现在我可以解除因您背弃秦国而受到的攻伐，使秦、赵两国彼此开启边关，互通使节，让赵国像韩、魏一样与秦国亲善。到了明年大王还不能取悦于秦国，一定是大王侍奉秦国又落在韩、魏的后面了。这就不是我敢担保的了。"

王以楼缓之言告。虞卿曰："楼缓言，不媾，来年秦复攻，王得无更割其内而媾。今媾，楼缓又不能必秦之不复攻也，虽割何益！来年复攻，又割其力之所不能取而媾也，此自尽之术也，不如无媾。秦虽善攻，不能取六城，赵虽不能守，而不至失六城。秦倦而归，兵必罢。我以五城收天下以攻罢秦，是我失之于天下，而取偿于秦也。吾国尚利，孰与坐而割地，自弱以强秦？

【译文】

赵王又把楼缓的话告诉虞卿。虞卿说："楼缓谈到如果我们不割地求和，明年秦国再来攻打，大王难免不割让内地的城邑以求和。现在讲和，楼缓又不能保证秦国不再攻打我们，那么割地又有什么好处呢！明年秦国再来攻打，又割让秦国用兵力所不能取得的土地而求和，这是自取灭亡的办法啊，不如不与秦国讲和。秦国虽然善于进攻，也不能一下子就攻占六座城邑，赵国虽然不善防守，也不会一下子就失掉六座城邑。这次秦军由于力竭而退兵，它的士卒必然疲惫不堪。假如我们用五座城去换取别国的援助，去攻打疲劳的秦军，这样，我们虽然失地于别的国家，却能从秦国那里取得补偿。这对我们比较有利，怎么能拱手割地，削弱自己去壮大秦国呢？

　　"今楼缓曰：'秦善韩、魏而攻赵者，必王之事秦不如韩、魏也。'是使王岁以六城事秦也，即坐而地尽矣。来年秦复求割地，王将予之乎？不与，则是弃前功而挑秦祸也；与之，则无地而给之。语曰：'强者善攻，而弱者不能自守。'今坐而听秦，秦兵不敝而多得地，是强秦而弱赵也。以益愈强之秦，而割愈弱之赵，其计固不止矣。且秦虎狼之国也，无礼义之心，其求无已，而王之地有尽。以有尽之地，给无已之求，其势必无赵矣。故曰：此饰说也。王必勿与。"王曰："诺。"

【译文】

　　"现在楼缓却说：'秦所以不攻韩、魏而攻赵，一定是大王对秦不如韩、魏那样般勤事奉。'这是要大王每年拿六座城去孝敬秦国，也就是大王白白地把土地丢光啊。等到明年秦国再要求割地，大王还给不给呢？不给吧，就会前功尽弃，挑起秦国再来攻打我们的战祸；给它吧，就已经无地可割了。俗话说：'力量强的就是因为善于攻打别人，力量弱的就是因为缺少自卫能力。'现在假如听任秦国摆布，秦军不费力气就能得到很多土地，这是在增强秦国而削弱赵国啊。以越来越强大的秦国来宰割越来越弱小的赵国，他们的要求一定是没完没了的。再说秦是个虎狼一样的国家，根本不讲什么礼义，它的欲望永无止境，而大王的国土却是有限的。以有限的土地去满足无穷无尽的贪欲，其结果必然是赵国灭亡。所以我认为：楼缓是诡辩。大王千万不能割城给秦。"赵王说："好。"

　　楼缓闻之，入见于王，王又以虞卿言告之。楼缓曰："不然，虞卿得其一，未知其二也。夫秦、赵构难，而天下皆说①，何也？曰'我将因强而乘弱'。今赵兵困于秦，天下之贺战胜者，则必尽在于秦矣。故不若亟割地求和以疑天下，慰秦心。不然天下将因秦之怒，乘赵之敝而瓜分之。赵且亡，何秦之图！王以此断之，勿复计也。"

【注释】

①说：同"悦"。

【译文】

　　楼缓听说这话后又晋见赵王，赵王又把虞卿的话告诉了他。楼缓说："事情并非如此，虞卿知其一不知其二。秦、赵之间兵连祸结，诸侯都抱着幸灾乐祸的态度，这是什么原因呢？他们会说'我们将依靠强大的一方，欺负弱小的一方'。如今赵国困在秦国手中，诸侯祝贺战胜的人，一定都到秦国去了。因此赵国不如赶快割地求和，借以扰乱诸侯和秦、赵之间的关系，进而缓和秦国侵略赵国的野心。否则诸侯将利用秦国的强大，乘赵国疲惫的时候瓜分赵国。赵国行将灭亡，还侈谈什么图谋秦国呢！希望大王痛下决心，不必再有其他的考虑。"

　　虞卿闻之，又入见王曰："危矣，楼子之为秦也！夫赵兵困于秦，又割地为和，是愈疑天下，而何慰秦心哉！是不亦大示天下弱乎？且臣曰勿予者，非固勿予而已也。秦索六城于王，王以五城赂齐。齐，秦之深雠也，得王五城，并力而西击秦,齐之听王,不待辞之毕也。是大王失于齐而取偿于秦,一举结三国之亲,而与秦易道也。"赵王曰:"善。"因发虞卿东见齐王,与之谋秦。

【译文】

虞卿听说这个情况,又进宫见赵王,说:"危险啊,楼缓是在替秦国办事啊! 赵已经兵困于秦,又去割地求和,这会使各国更加怀疑赵国的力量,又怎么能安抚秦的野心呢? 这岂不是更向各国暴露赵国的软弱吗? 再说我主张不要割地,并不是这样就算完事。秦向大王索要六座城,大王可以拿五座城送给齐,齐和秦有着深仇大恨,它得到五座城后,就会与赵同心协力,向西攻秦,齐王不等您把话说完就会听从大王的。这样,大王虽然失地于齐,但可以从秦得到补偿,一举就能和韩、魏、齐三国结成友好同盟,那时我们和秦的力量对比就会反过来了。"赵王说:"很好。"于是派虞卿到东方去见齐王,和他商量对付秦国的策略。

虞卿未反,秦之使者已在赵矣。楼缓闻之,逃去。

【译文】

虞卿还没有从齐国返回,秦国派来议和的使者就已到了赵国。楼缓听到这个消息,就连忙逃走了。

二三四　秦攻赵

【题解】

周赧王五十八年(前 257),秦攻赵,围邯郸,平原君向魏国搬兵求救,魏信陵君率军救赵,击退秦军,赵国危而复安。虞卿认为平原君为赵立了大功,就为他向赵王请求加封。

这时,公孙龙正在平原君家做客,听到这个消息,连忙夜见平原君,指出此事的不妥。他认为平原君是国家的亲戚,为国分忧是分内之事,不应当和普通人一样,斤斤计较,应当辞封,才显得品德高尚,方能受人尊重。

平原君认为公孙龙的意见是正确的,于是没有接受赵王的加封。

秦攻赵,平原君使人请救于魏,信陵君发兵至邯郸城下,秦兵罢。虞卿为平原君请益地,谓赵王曰①:"夫不斗一卒,不顿一戟,而解二国患者,平原君之力也。用人之力,而忘人之功,不可。"赵王曰:"善。"将益之地。

【注释】

①赵王:赵孝成王。

【译文】

秦国进攻赵国,平原君赵胜派人去魏国求救,魏国信陵君无忌出兵到邯郸城下,秦国这才撤兵。虞卿请求给平原君增加封地,他对赵王说:"您不费一兵一卒,不损一件武器,就消除了两国的祸患,这是平原君的功劳啊。得了人家的帮助,却忘记人家的功劳,这是不行的。"赵王说:"好。"于是准备给平原君增加封地。

公孙龙闻之①,见平原君曰:"君无覆军杀将之功,而封以东武城②。赵国豪杰之士,多在君之右③,而君为相国者,以亲故。夫君封以东武城不让无功,佩赵国相印不辞无能,一解国患,欲求益地。是亲戚受封,而国人计功也。为君计者,不如勿受便。"平原君曰:"谨受令。"乃不受封。

【注释】

①公孙龙：人名。赵人，名家学派的代表人物，这时在平原君家里
　　做客。

②东武城：地名。赵邑，在今山东武城。

③在君之右：秦、汉以前，以右为上。

【译文】

公孙龙听说后去见平原君说："您当初没有立下败军杀将的功劳，
却封给了您东武城。赵国有才能的豪杰大多比您强，可是您高居相国
之位，这是因为您和赵王有亲属关系的缘故。给您封在东武城，您不因
无功而谦让；让您佩带相国印，您也不因无能而推辞；一旦消除国家祸
患之后，您又要求增加封地。当初依靠亲戚关系而受封，现在又以普通
人的身份计功。为您考虑，不如不接受封地为好。"平原君说："敬遵您
的教诲。"于是就没有接受封地。

二三五　秦、赵战于长平

【题解】

公元前260年，秦、赵之间爆发了长平大战。战争爆发后，赵军小
有失利，赵孝成王在和、战之间举棋不定。楼昌建议派特使赴秦求和，
虞卿则建议拉拢楚、魏作为声援，对秦形成压力，才可在有利条件下
媾和。

赵王不听虞卿之计，派亲信郑朱入秦，失去楚、魏援助，终致军败国
弱，和秦国订立城下之盟。

秦、赵战于长平，赵不胜，亡一都尉①。赵王召楼昌与虞
卿曰："军战不胜，尉复死。寡人使卷甲而趋之②，何如？"楼

昌曰："无益也，不如发重使而为媾。"虞卿曰："夫言媾者，以为不媾者军必破，而制媾者在秦。且王之论秦也，欲破王之军乎？其不邪③？"王曰："秦不遗余力矣，必且破赵军。"虞卿曰："王聊听臣，发使出重宝以附楚、魏。楚、魏欲得王之重宝，必入吾使。赵使入楚、魏，秦必疑天下合从也，且必恐，如此，则媾乃可为也。"

【注释】

①都尉：中级军官。

②趏：同"趋"。

③不：同"否"。

【译文】

秦、赵两国在长平大战，赵军不能取胜，死亡了一名都尉。赵王召见大臣楼昌和丞相虞卿，说："现在我军不能取胜，还死了一名都尉。我想命令军队卷起铠甲袭击秦军，你们认为怎样？"楼昌说："这没有用，不如派人去和秦国讲和。"虞卿说："现在主张讲和的人，一定是认为不讲和则赵军必败，但讲和的主动权却在秦国。大王认为秦国是想打败赵军，还是不想打败赵军？"赵王答道："秦国不遗余力，肯定是想打败赵军。"虞卿说："大王姑且听我的建议，派出使臣带着贵重的珍宝去讨好楚国、魏国。楚国、魏国要得到大王的珍宝，肯定会接待我们的使臣。赵国的使臣到了楚国、魏国，秦国肯定会怀疑天下诸侯联合抗秦，一定会害怕，只有这样，和谈才能成功。"

赵王不听，与平阳君为媾，发郑朱入秦，秦内之①。赵王召虞卿曰："寡人使平阳君媾秦，秦已内郑朱矣，子以为奚如？"虞卿曰："王必不得媾，军必破矣，天下之贺战胜者皆在

秦矣。郑朱，赵之贵人也，而入于秦，秦王与应侯必显重以
示天下^②。楚、魏以赵为媾，必不救王。秦知天下不救王，则
媾不可得成也。"赵卒不得媾，军果大败。王入秦，秦留赵王
而后许之媾。

【注释】

①内：同"纳"。

②秦王：秦昭王。

【译文】

赵王没有采纳虞卿的建议，派平阳君主持和议，并派郑朱进入秦
国，秦国接纳了郑朱。赵王召见虞卿说："我已派平阳君讲和，秦国也已
接纳了郑朱，您认为结果如何？"虞卿答道："大王的和谈一定不会成功，
赵军必败，天下诸侯全都会向秦国祝贺胜利。郑朱，是赵国的贵人，现
在去了秦国，秦王与应侯必定会隆重接待，告知天下诸侯。楚国、魏国
会认为赵国已与秦国讲和，肯定不会出兵救赵。秦王知道诸侯都不救
赵，那么讲和是不会成功的。"赵国最终没能与秦国讲和，赵军果然大
败。赵王到了秦国，秦国扣留了赵王才同意讲和。

二三六　秦围赵之邯郸

【题解】

长平之战后，秦军围攻赵都邯郸，赵国危亡迫在眉睫，向魏求救。

魏国先后派出两批人员。一是由将军晋鄙带领的部队，停留在魏、
赵边境，做出援赵的姿态。一是，派将军辛垣衍进入邯郸，劝赵尊秦为
帝，认为秦必喜而罢兵。

鲁仲连闻讯，面见辛垣衍，申明他宁蹈东海而死，也不愿做秦的臣

民，并分析了尊秦为帝的严重后果，指出秦若为帝，将对诸侯颐指气使，特别是会"变易诸侯之大臣"，辛垣衍也将丧失其原有地位。这番话道出了辛垣衍的心病，击中了要害，辛垣衍终于表态，不敢再说帝秦的话。加上魏公子无忌率领援军到来，秦军只好撤退。李白诗说："齐有倜傥生，鲁连特高妙。却秦振英声，后世仰末照"，热情地歌颂了鲁仲连义不帝秦的高风亮节。

秦围赵之邯郸①。魏安釐王使将军晋鄙救赵②，畏秦，止于荡阴不进③。魏王使客将军辛垣衍间入邯郸④，因平原君谓赵王曰："秦所以急围赵者，前与齐湣王争强为帝⑤，已而复归帝，以齐故。今齐已益弱，方今唯秦雄天下，此非必贪邯郸，其意欲求为帝。赵诚发使尊秦昭王为帝，秦必喜，罢兵去。"平原君犹豫未有所决。

【注释】

①秦围赵之邯郸：事在公元前257年。

②魏安釐(xī)王：名围(yǔ)，公元前276—前243年在位。晋鄙：人名。魏将。

③荡阴：地名。魏邑，在今河南汤阴西南。

④辛垣衍：人名。他国人，在魏任将军。

⑤与齐湣王争强为帝：事在公元前288年。

【译文】

秦军包围了赵国都城邯郸。魏安釐王派将军晋鄙领兵救赵，由于害怕秦军，就驻扎在荡阴不敢前进。魏王又派客将军辛垣衍潜入邯郸城中，通过平原君对赵孝成王说："秦军之所以紧紧围攻邯郸，是因为秦以前和齐湣王争相逞强称帝，可是不久就把帝号取消，就是因为齐王首先废除了帝号的缘故。如今齐国已经越发衰弱,天下唯独秦国最强,看来秦国并不一定贪图邯郸这个地方,它只是想再次称帝罢了。只要赵国能派遣专使,尊秦昭王为帝,秦王必然很高兴,一定会撤军回国。"平原君对此一时拿不定主意。

　　此时鲁仲连适游赵,会秦围赵。闻魏将欲令赵尊秦为帝,乃见平原君曰:"事将奈何矣?"平原君曰:"胜也何敢言事①!百万之众折于外,今又内围邯郸而不能去。魏王使将军辛垣衍令赵帝秦②。今其人在是,胜也何敢言事!"鲁连曰:"始吾以君为天下之贤公子也,吾乃今然后知君非天下之贤公子也。梁客辛垣衍安在?吾请为君责而归之。"

【注释】

①胜:平原君自称其名。

②魏王:即魏安釐王。

【译文】

　　这时鲁仲连恰好到赵国游历,碰上秦军围赵。他听说魏国打算叫赵国尊秦为帝,就去见平原君道:"事情怎么样呢?"平原君说:"我还能说什么呢!百万大军在外受到损失,现在秦军深入,包围邯郸而无法使他们退兵。魏王派客将军辛垣衍叫赵国尊秦为帝,现在这个人正在这里,我还能说什么呢!"鲁仲连说:"早先我把您看作是天下顶尖的贤公子,如今我才发现您不是这样的人啊。魏国客人辛垣衍在哪里?我愿为您责备他并打发他回去。"

　　平原君曰:"胜请召而见之于先生。"平原君遂见辛垣衍曰:"东国有鲁连先生,其人在此,胜请为绍介而见之于将军。"辛垣衍曰:"吾闻鲁连先生,齐国之高士也,衍,人臣也。使事有职,吾不愿见鲁连先生也。"平原君曰:"胜已泄之矣。"辛垣衍许诺。

【译文】

平原君说:"让我请他来见先生吧。"平原君就去见辛垣衍说:"东方的齐国有一位鲁仲连先生,他现在就在这里,我想介绍将军和他见面。"辛垣衍说:"我早就听说鲁连先生是齐国的清高人物,而我只是一个使臣。奉命出使,职事在身,我不愿和鲁仲连先生见面。"平原君说:"可是我已经答应他介绍将军见面了。"辛垣衍只好答应。

鲁连见辛垣衍而无言。辛垣衍曰:"吾视居此围城之中者,皆有求于平原君者也。今吾视先生之玉貌,非有求于平原君者,曷为久居此围城之中而不去也?"

【译文】

鲁仲连见到辛垣衍后一言不发。辛垣衍说:"我看留在这座围城中的人,都是有求于平原君的。如今我看先生的神采,不像是有求于平原君的人,为什么老留在这座围城中而不走呢?"

鲁连曰:"世以鲍焦无从容而死者①,皆非也。今众人不知,则为一身。彼秦者,弃礼义而上首功之国也②。权使其士,虏使其民。彼则肆然而为帝,过而遂正于天下,则连有赴东海而死矣,吾不忍为之民也!所为见将军者,欲以助赵也。"辛垣衍曰:"先生助之奈何?"鲁连曰:"吾将使梁及燕助之,齐、楚则固助之矣。"辛垣衍曰:"燕则吾请以从矣;若乃梁,则吾乃梁人也,先生恶能使梁助之耶?"

【注释】

①鲍焦:人名。周代的隐士,因不满当时社会,抱树绝食而死。

②首功:以斩获敌首计功。

【译文】

鲁仲连说:"人们都认为鲍焦是由于心胸狭窄而绝食自杀的,其实完全不是这样。由于人们不了解他的内心,才会误认为他是为个人私事而死的。那秦国是个不讲礼义而以杀人为荣的国家。它用权术对待士人,像对待俘虏那样地役使百姓。它如果放肆地称帝,甚至进一步对天下发号施令,那么我鲁仲连只好跳东海自杀了,我是决不肯做它的子民的!我来拜见将军的用意,是想帮助赵国抵抗秦国。"辛垣衍说:"先生将怎样帮助赵国呢?"鲁仲连说:"我准备请魏国和燕国来帮助赵国,因为齐国、楚国本来已经在援助赵国了。"辛垣衍说:"燕国么,我可以相信先生说的;至于魏国,我本人就是魏国人啊,先生怎么能叫魏国援助赵国呢?"

鲁连曰:"梁未睹秦称帝之害故也,使梁睹秦称帝之害,则必助赵矣。"辛垣衍曰:"秦称帝之害将奈何?"鲁仲连曰:"昔齐威王尝为仁义矣①,率天下诸侯而朝周。周贫且微,诸侯莫朝,而齐独朝之。居岁余,周烈王崩②,诸侯皆吊,齐后往。周怒,赴于齐曰:'天崩地坼,天子下席,东藩之臣田婴齐后至,则斮之③。'威王勃然怒曰:'叱嗟!而母婢也。'卒为天下笑。故生则朝周,死则叱之,诚不忍其求也。彼天子固然,其无足怪。"

【注释】

①齐威王：田氏，名婴齐。公元前356—前320年在位。

②周烈王：名喜，公元前375—前356年在位。周烈王死，当在田齐桓公午时。本章说齐威王朝见周烈王，与事实不合，叙述有误。

③斫：斩，砍。

【译文】

鲁仲连说："魏国没有看到秦国称帝的坏处，如果魏国看到秦称帝的坏处，就定会援助赵国了。"辛垣衍说："秦称帝的害处在哪里呢？"鲁仲连说："从前齐威王曾经讲究仁义，他率领天下诸侯去朝见周天子。那时周室既贫又弱，诸侯没有谁去朝见，只有齐威王去了。过了一年多，周烈王死了，诸侯前去吊丧，齐威王后到。周王室的人大为生气，在发给齐国的讣告里说：'天崩地裂，新天子守丧都要离开宫室，而东方藩国之臣田婴齐竟敢迟到，应该斩首。'齐威王勃然大怒，骂道：'呸！你妈是个贱婢。'这件事终于成为天下的笑柄。周天子活着的时候齐王去朝见，死后又大骂他，这因为实在忍受不了周室的苛求。做天子的本来就是这样，所以这用不着奇怪。"

辛垣衍曰："先生独未见夫仆乎？十人而从一人者，宁力不胜、智不若耶？畏之也。"鲁仲连曰："然梁之比于秦若仆耶？"辛垣衍曰："然。"鲁仲连曰："然吾将使秦王烹醢梁王。"辛垣衍怏然不悦曰："嘻，亦太甚矣，先生之言也！先生又恶能使秦王烹醢梁王？"

【译文】

辛垣衍说："先生没见过那些奴仆吗？十个奴仆受一个主子的役使，难道是他们的力气比不过主人、才智不如主人吗？是因为他们惧怕主人啊。"鲁仲连说:"这么说来,魏国对秦国就像奴仆对主人一样了吗?"辛垣衍说:"正是。"鲁仲连说:"既然这样,我就去叫秦王把魏王煮成肉酱。"辛垣衍听了很不高兴,说:"嗨,先生的话也太过分了!先生又怎么能让秦王把魏王煮成肉酱呢?"

　　鲁仲连曰:"固也,待吾言之。昔者,鬼侯、鄂侯、文王^①,纣之三公也。鬼侯有子而好^②,故入之于纣,纣以为恶,醢鬼侯。鄂侯争之急,辨之疾,故脯鄂侯^③。文王闻之,喟然而叹,故拘之于牖里之库百日^④,而欲舍之死。曷为与人俱称帝王,卒就脯醢之地也?

【注释】

①鬼侯:媿姓赤狄首领,其活动中心在今山西西北部。鄂侯:鄂国首领。鄂,地名。在今河南沁阳西北。文王:周国首领,名昌,姬姓。其活动中心在今陕西岐山的周原一带。

②子:女儿。好:美丽。

③脯(fǔ):肉干,此处作动词用,将……制成肉干。

④牖(yǒu)里:地名。一作羑里。在今河南汤阴北。

【译文】

　　鲁仲连说:"当然能啦,听我说吧。从前,鬼侯、鄂侯、文王,是商纣王的三个诸侯。鬼侯有个女儿长得漂亮,所以就把她献给了纣王,可是纣王仍嫌她丑,因而把鬼侯剁成肉酱了。鄂侯急忙替鬼侯争辩,因为语言激烈了一些,纣王就把他杀了晒成肉干。文王听说了这件事,不由得叹了一口气,就被纣王抓起来投入牖里的监牢里,关了一百多天,还想把他杀死。为什么有些人与别人同样称王,却甘心处在被人宰割的地位呢?

"齐闵王将之鲁①,夷维子执策而从②,谓鲁人曰:'子将何以待吾君?'鲁人曰:'吾将以十太牢待子之君。'夷维子曰:'子安取礼而来待吾君? 彼吾君者,天子也。天子巡狩,诸侯辟舍,纳筦键③,摄衽抱几,视膳于堂下。天子已食,乃退而听朝也。'鲁人投其籥,不果纳,不得入于鲁。

【注释】

①鲁:国名。姬姓,在今山东南部,建都曲阜,公元前 256 年为楚所灭。

②夷维子:人名。夷维,地名。齐邑,在今山东高密。此人以邑为姓。

③筦(guǎn)键:指钥匙和锁。筦,钥匙。键,锁簧。

【译文】

"齐闵王要到鲁国去,夷维子拿上马鞭驾车随行,他先去对鲁国人说:'你们打算用什么样的礼节来接待我们的国君?'鲁国人说:'我们准备用牛、羊、猪各十头的礼节来款待您的国君。'夷维子说:'你们这样对待我们的国君是哪儿的礼节呀? 我们的国君,是天子啊。天子出来巡视,诸侯应该让出宫室,交出钥匙,还要提起衣襟恭立在几案旁,伺候天子用餐。等天子吃完了,才能告退出去处理本国的朝政。'鲁国人听了,就把城门上了锁,拒绝接纳齐闵王一行进入鲁国。

"将之薛①,假涂于邹②。当是时,邹君死,闵王欲入吊。夷维子谓邹之孤曰:'天子吊,主人必将倍殡枢③,设北面于南方,然后天子南面吊也。'邹之群臣曰:'必若此,吾将伏剑而死。'故不敢入于邹。

【注释】

①薛:地名。齐邑,在今山东滕州东南。

②涂:同"途"。邹:国名。本作"邾",曹姓,国都在绎,在今山东邹城东南。

③倍:通"背",背向。

【译文】

"齐闵王进不了鲁国,只好到薛城去,途经邹国。当时,邹国的国君刚刚去世,齐闵王想去吊唁。夷维子告诉邹国的新君说:'天子前来吊丧,主人一定要把灵柩转移到相反的方向,使它朝着北面,以便天子面南致吊礼。'邹国的大臣们一致反对,说:'如果非要这样做不可,我们就都拔剑自杀。'所以齐闵王又不敢进入邹国。

"邹、鲁之臣,生则不得事养,死则不得饭含,然且欲行天子之礼于邹、鲁之臣,不果纳。今秦万乘之国,梁亦万乘之国,俱据万乘之国,交有称王之名,睹其一战而胜,欲从而帝之,是使三晋之大臣不如邹、鲁之仆妾也。

【译文】

邹、鲁两小国的臣子,在国君活着的时候不能事奉供养,在国君死后又不能举行把米和玉放入口中的殡礼,然而当齐闵王想要把对待天子的礼节强加给邹、鲁两国的臣子时,他们都不肯接受。如今秦是拥有万辆战车的大国,魏也是拥有万辆战车的大国,都有称王的名分,只因看见秦打了一次胜仗,就想尊它为帝,这样看来三晋的大臣连邹、鲁两国的小臣都不如。"

"且秦无已而帝,则且变易诸侯之大臣。彼将夺其所谓不肖,而予其所谓贤;夺其所憎,而与其所爱。彼又将使其子女谗妾为诸侯妃姬,处梁之宫,梁王安得晏然而已乎?而将军又何以得故宠乎?"

【译文】

"再说秦国的野心没有止境,一旦称帝,就将对诸侯的大臣进行变动。它将撤掉他们认为不好的人,而提拔他们认为能干的人;撤去他们所厌恶的人,任用他们所喜欢的人。还会把秦国的女子、说坏话的女人嫁给诸侯们做姬妾,住进魏王的宫里,魏王哪能安宁度日呢?而将军又怎能得到原有的宠幸呢?"

于是,辛垣衍起,再拜,谢曰:"始以先生为庸人,吾乃今日而知先生为天下之士也。吾请去,不敢复言帝秦。"

【译文】

于是辛垣衍起身,拜了两拜,并赔不是说:"起初我认为先生是个平庸的人,到今天才知道先生是天下少有的高士啊。请让我告辞,今后我再不敢说尊秦为帝的话了。"

秦将闻之,为却军五十里。适会魏公子无忌夺晋鄙军以救赵击秦,秦军引而去。于是平原君欲封鲁仲连。鲁仲连辞让者三,终不肯受。平原君乃置酒,酒酣,起前以千金为鲁连寿。鲁连笑曰:"所贵于天下之士者,为人排患、释难、解纷乱而无所取也。即有所取者,是商贾之人也,仲连不忍为也。"遂辞平原君而去,终身不复见。

【译文】

秦军将领听说此事后，为此退兵五十里。恰好正赶上魏公子无忌夺取了晋鄙指挥的军队来救赵，抗击秦军，秦军就撤退回国了。于是平原君准备封赏鲁仲连。鲁仲连再三推辞，坚决不肯接受。平原君就设宴招待他，酒正喝得高兴，平原君起身向前，奉上千金为鲁仲连祝福。鲁仲连笑着说："我之所以受到天下贤士的尊重，就在于为人排难解纷而不要任何报酬。如果有所索取，那就成为商人一样的人了，我可不愿这样做啊。"于是就告别平原君而去，从此以后再没有见过面。

二三七　说张相国曰

【题解】

张相国是魏人而在赵国任职，他心怀故国，轻视赵人，引起众多赵人的不满。有人劝他，办事成功，必须有所依靠，赵是东方强国，正是依靠的对象，不应老是怀念力量微弱的魏国。

张相国听后，幡然醒悟，改弦更张，从此以后，对赵国人和赵国的风俗，总是赞不绝口，从而赢得了赵人的好感。

不要轻易去指责某个地区的不是，以免干犯众怒，张相国的事，很值得我们思考。

说张相国曰："君安能少赵人而令赵人多君？君安能憎赵人而令赵人爱君乎？夫胶漆至靭也[①]，而不能合远；鸿毛至轻也，而不能自举，夫飘于清风，则横行四海。故事有简而功成者，因也。今赵万乘之强国也，前漳、滏[②]，右常山，左河间，北有代，带甲百万，尝抑强齐四十余年，而秦不能得所欲。由是观之，赵之于天下也不轻。今君易万乘之强赵，而慕思不可得之小梁,臣窃为君不取也。"君曰:"善。"自是之后,众人广坐之中,未尝不言赵人之长者也,未尝不言赵俗之善者也。

【注释】

①黐:通"黏",粘。

②漳、滏:水名。滏水源出河北磁县西北石鼓山,东南流注入漳水,称为合口。今称滏阳河。

【译文】

有人规劝赵国的张相国说:"您怎么能贬低赵国人而要求他们重视您呢?您怎么能讨厌赵国人而要求他们喜爱您呢?胶和漆是最粘的东西,但不能把两个距离很远的东西黏合在一起;鸿毛最轻,但不能自己飞起来,只有借着清风才能飘行于四海。所以,即使是任何一件很简单的事情,要能成功,总得借助外力。现在赵国是万乘的强国,前有漳、滏二水,右有常山,左有河间,北有代郡,战士百万,曾遏制强齐四十多年,使秦国也不能为所欲为。由此看来,赵国在诸侯中并不是一个无足轻重的国家。现在您轻视万乘的强国赵国,却羡慕不可预料的弱国魏国,我私下认为您不应这样做。"张相国说:"好。"从此以后,他在大庭广众之下总是要说赵国人的长处,总是赞扬赵国人美好的风俗。

二三八　郑同北见赵王

【题解】

辩士郑同北上游说赵王,主要指出用兵的不可少。个人的家庭,如果富有而身怀重宝,要是不加强防御,定会遭到危险。国家也是一样,强邻环伺,虎视眈眈,若不加强戒备,就会让邻国的贪心得逞。

赵王被说得心悦诚服,表示赞同。

郑同北见赵王①。赵王曰:"子南方之博士也,何以教之?"郑同曰:"臣南方草鄙之人也,何足问？虽然,王致之于前,安敢不对乎？臣少之时,亲尝教以兵。"赵王曰:"寡人不好兵。"郑同因抚手仰天而笑之曰:"兵固天下之狙喜也②,臣故意大王不好也。

【注释】

①郑同:人名。游说之士。

②狙(jū)喜:巨害。狙,通"駔",大。喜,当作"害",字形相似而误。

【译文】

楚人郑同北上去拜见赵王。赵王说:"您是南方很有学问的人,有何见教?"郑同说:"我是南方鄙陋无知的人,有什么值得问的？即便如此,大王既然问到了,我怎么敢不回答呢？我年轻的时候,父亲曾经教我用兵。"赵王说:"我不喜欢用兵。"郑同拍手仰天大笑说:"用兵本来是天下的大害,我本来就猜想大王会不喜欢的。

"臣亦尝以兵说魏昭王①,昭王亦曰:'寡人不喜。'臣曰:'王之行能如许由乎？许由无天下之累②,故不受也。今王既受先王之传,欲宗庙之安、壤地不削、社稷之血食乎③?'王曰:'然。'

【注释】

①魏昭王:襄王子,名遫(sù),公元前294—前277年在位。

②许由:人名。相传是尧时隐士。

③血食：古代杀牲取血祭祀，故受享祭品称血食。

【译文】

"我也曾经拿用兵的事去劝说过魏昭王，昭王也说：'我不喜欢。'我就说：'大王的行为能比得上许由吗？许由心中无世俗牵累，所以尧把天下让给他时，他不接受。现在大王已经继承了先王的王位，您想要宗庙平安、国土不被侵略、国家永远保住吗？'昭王说：'对啊！'

"今有人操随侯之珠^①，持百丘之环^②，万金之财，特宿于野，内无孟贲之威、荆庆之断^③，外无弓弩之御，不出宿夕，人必危之矣。今有强贪之国，临王之境，索王之地，告以理则不可，说以义则不听。王非战国守围之具，其将何以当之？王若无兵，邻国得志矣。"赵王曰："寡人请奉教。"

【注释】

①随侯之珠：为春秋战国时期随国的珍宝。据传随国的君主随侯曾救治一条大蛇，蛇痊愈后衔夜明珠报恩，故称"随侯珠"。也作"隋侯珠"。

②百丘之环：价值连城的玉环。丘，古代的基层居民组织。九夫为井，四井为邑，四邑为丘。

③孟贲：人名。卫人，战国勇士，或以为即秦武王时的力士孟说。
荆庆：人名。古代勇士，或以为荆轲，或以为成荆和庆忌。

【译文】

"现在有人拿着随侯之珠，握着贵重的百丘之环，揣着万金之财，独自在野外住宿，他既没有像孟贲那样的能力、荆庆那样果敢，又没有弓弩用来防卫，不过一夜他必定危险。现在有强大贪婪的国家，进逼大王边境，向您索取领土，给它讲道理，不行，和它论道义，也不听。您如果没有卫国御敌的武器设备，又如何能对付它呢？大王如果没有军事防御力量，邻国就可以为所欲为了。"赵王说："我敬受您的教导。"

二三九上　建信君贵于赵

【题解】

魏公子牟是个思想家，在当时享有盛名，当他经过赵国的时候，赵孝成王向他虚心请教。恰好赵王面前放了一尺丝织品，叫工匠替他做帽子。公子牟即景生情，问赵王为何不让随侍左右的郎中来做？赵王说："郎中不懂如何做帽子。"公子牟因势利导，顺着赵王的话题，向他指出治国必用能臣，这和让工匠做冠是同样的道理。现在赵王却宠信美貌年少的建信君，恐怕会在和强秦的斗争中遭到失败。

建信君贵于赵①。公子魏牟过赵②，赵王迎之③，顾反至坐，前有尺帛，且令工以为冠。工见客来也，因辟④。赵王曰："公子乃驱后车，幸以临寡人，愿闻所以为天下。"魏牟曰："王能重王之国若此尺帛，则王之国大治矣。"

【注释】

①建信君：赵国封君，名不详，赵孝成王相国。

②公子魏牟：人名。魏国公子，战国时期著名思想家。

③赵王：赵孝成王，名丹，公元前265—前245年在位。

④辟：躲避。

【译文】

建信君在赵国的地位尊贵，魏国的公子魏牟经过赵国，赵王出去迎接他。回宫后，看见座前放着一块绸子，正让做帽工人为他做帽子。做帽工人见有客人进来,就避开了。赵王说:"幸蒙公子驱车驾临敝国,很想听您谈谈治国的道理。"魏牟说:"大王如果能像重视这块绸子一样重视治国,那您的国家就会治理得很好了。"

　　赵王不说,形于颜色。曰:"先王不知寡人不肖,使奉社稷,岂敢轻国若此!"魏牟曰:"王无怒,请为王说之。"曰:"王有此尺帛,何不令前郎中以为冠?"王曰:"郎中不知为冠。"

【译文】

　　赵王听了很不高兴,脸色难看。他说:"先王不了解我无能,让我继承王位,我怎么敢这样轻率地对待国家大事!"魏牟说:"大王不要生气,请让我为您说明。"他说:"大王有这么一块绸子,为什么不让您的侍从给您做帽子呢?"赵王说:"我的侍从不会做帽子。"

　　魏牟曰:"为冠而败之,奚亏于王之国? 而王必待工而后乃使之。今为天下之工,或非也,社稷为虚戾,先王不血食,而王不以予工,乃与幼艾。且王之先帝驾犀首而骖马服①,以与秦角逐,秦当时适其锋。今王憧憧②,乃辇建信以与强秦角逐,臣恐秦折王之輢也③!"

【注释】

①王之先帝:指赵惠文王。驾犀首而骖马服:以犀首驾车,以马服君参加陪乘。犀首,此不详。马服,当指赵奢,马服君是他的封号。

②憧憧(chōng):往来不绝的样子。

③折王之輢(yǐ):輢折则车不能行,比喻秦将败赵。輢,指车旁可凭

靠的木板。

【译文】

魏牟说："如果让他们为您做帽子，做坏了对您的国家又有什么损害呢？可见大王一定要等裁缝来。现在您对待治理国家的人却不是这样，这样下去，国家就会成为废墟，先王也就不可能再享受祭祀，然而大王却不把国家大事交给真正能治理好国家的人，竟然交给年轻貌美的近臣。况且大王的先祖拥有犀首、马服这样能谋善战的大臣，足以和秦国较量，秦国当时也要避开赵国的锋芒。现在大王却与建信君来来往往同车，而要与强秦争雄，我担心秦国会毁掉您的国家啊！"

二三九下　卫灵公近雍疽、弥子瑕

【题解】

本章说侏儒以托言梦见灶讽谏卫灵公，不要受宠臣雍疽和弥子瑕的蒙蔽，终于使灵公感悟，废弃幸臣而任用贤人。卫灵公乃春秋时人，此处当为魏牟引卫事劝谏赵王，应与上章合而为一。

卫灵公近雍疽、弥子瑕①，二人者，专君之势以蔽左右。侏儒谓君曰②："昔日臣梦见君。"君曰："子何梦？"曰："梦见灶。"君忿然作色曰："吾闻梦见人君者，梦见日。今子曰梦见灶而言君也，有说则可，无说则死。"

【注释】

①卫灵公：春秋时卫国国君。名元，襄公子。雍疽：人名。灵公宠臣。弥子瑕：人名。灵公宠臣。

②侏儒：身材矮小的杂技艺人。

【译文】

卫灵公宠爱雍疽和弥子瑕,他们两人就挟持了君权,蒙蔽左右的人。有个侏儒对卫灵公说:"前几天我做了一个梦,现在果然见到君王了。"卫灵公说:"你梦见了什么?"回答说:"我梦见了灶。"卫灵公听了怒形于色说:"我听说见到了人君,就会梦见太阳。现在你说梦见了灶,就见到了君王,如有道理可说那就算了,没有道理可说就判处你死刑。"

对曰:"日,并烛天下者也,一物不能蔽也。若灶则不然,前之人炀①,则后之人无从见也。今臣疑人之有炀于君者也,是以梦见灶。"君曰:"善。"于是因废雍疽、弥子瑕而立司空狗②。

【注释】

①炀(yáng):向火取暖。

②司空狗:人名。即史狗,春秋时人,史朝的儿子,在卫国任司空之职。

【译文】

这个侏儒回答说:"太阳普照大地,任何东西也遮蔽不了。像灶就不同了,有人在灶口烤火,后面的人就烤不到火。我现在很怀疑,有人蒙蔽君王啊,因此我梦见了灶。"卫灵公听后说:"很好。"于是就废黜了雍疽、弥子瑕而任用了司空狗。

二四〇 或谓建信

【题解】

赵孝成王的宠臣有两人,他们受宠的原因则有很大的差别。建信

君靠的是年轻貌美,茸靠的是才智过人。有人替建信君出主意,让他叫
赵王把许多重大任务都交给茸。茸因工作过于繁重,无法完成,不到一
年,就因过分劳累而逃走了。

　　这位说客对建信君的进言,不过是帮助建信君争宠固位,殊与国家
大政无关。

　　或谓建信:“君之所以事王者色也,茸之所以事王者知
也①。色老而衰,知老而多②。以日多之知,而逐衰恶之色,
君必困矣。”建信君曰:“奈何?”曰:“并骥而走者,五里而
罢③;乘骥而御之,不倦而取道多。君令茸乘独断之车,御独
断之势,以居邯郸;令之内治国事,外刺诸侯,则茸之事有不
言者矣。君因言王而重责之,茸之轴今折矣。”建信君再拜
受命,入言于王。厚任茸以事能重责之,未期年而茸亡
走矣④。

【注释】

　　①茸:人名。赵臣。

　　②知:同“智”。

　　③罢:同“疲”,疲劳,疲惫。

　　④期(jī)年:一周年。

【译文】

　　有人对建信君说:“您侍奉大王靠的是美色,茸侍奉大王靠的却是
才智。人的年纪大了美色就会衰退,才智却会增长。用与日俱增的才
智和与日衰退的容颜去竞争,您肯定会陷于困境而走投无路。”建信君
问:“那该怎么办?”回答说:“如果和千里马一道奔驰,跑五里就会疲惫
不堪;乘上千里马拉的车子,既不会疲倦,跑的路又远。您就让茸待在

国都邯郸独立工作,对内处理国家大事,对外与各国诸侯周旋。这样,重担就会落在他的身上。您就对大王说委派茸以重任,茸一定会垮台的。"建信君听后拜了两拜,接受了他的教导,入宫去告诉赵王。赵王派给茸繁重的任务并严格地要求他,不到一年,茸就逃走了。

二四一　苦成常谓建信君曰

【题解】

此章言"天下合从"当在信陵君策划五国合纵攻秦之际。合纵以赵、楚、魏三国为主,赵欲乘机收复秦封给吕不韦的河间之地。苦成常建议建信君要着重取得合纵的成功,则收回河间自是水到渠成之举。

苦成常谓建信君曰①:"天下合从,而独以赵恶秦,何也?魏杀吕辽而天下交之②,今收河间③,是与杀吕辽何以异?君唯释虚伪疾,文信犹且知之也④。从而有功乎,何患不得收河间?从而无功乎,收河间何益也?"

【注释】

①苦成常:人名。赵臣。

②吕辽:人名。秦臣。

③河间:地区名。指漳水、黄河之间。吕不韦欲攻以扩大河间封邑,赵亦欲收河间。

④文信:文信侯,秦相吕不韦的封号。

【译文】

苦成常对建信君说:"诸侯组织合纵联盟来对抗秦国,为什么秦国偏偏对赵国仇恨最深呢?魏国杀了秦臣吕辽,诸侯却与魏国友好,现在赵国要收回河间,这与从前魏国杀了秦臣吕辽又有什么不同呢?您虽然不顾秦、赵之间的矛盾,假托有病,可是文信侯吕不韦还是会了解赵国态度的。如果合纵能够成功,还怕不能收回河间吗?如果合纵不能成功,收回河间又有什么用呢?"

二四二　希写见建信君

【题解】

文信侯吕不韦派人到赵国任职,建信君都给他们以很高的职位和爵位,可是文信侯对建信君还是很不尊重,因此他心里很不高兴,认为文信侯对他无礼。

希写用商人做买卖重在掌握良好时机,周文王、武王不因小忿而发怒,终于断纣之头而报大仇,以此来责备建信君不能和文信侯以权力相抗,而拘牵于细微末节的礼数,这是舍大争小,是不可取的。

希写的谈话,恰当地说到建信君的要害处,所以建信君无言以对。

吕不韦封文信侯在秦庄襄王元年(前249),本章事可能在其后不久。

希写见建信君①。建信君曰:"文信侯之于仆也②,其无礼。秦使人来仕,仆官之丞相,爵五大夫③。文信侯之于仆也,甚矣其无礼也!"希写曰:"臣以为今世用事者不如商贾。"建信君悖然曰:"足下卑用事者而高商贾乎?"曰:"不然。夫良商不与人争买卖之贾而谨司时④。时贱而买,虽贵已贱矣;时贵而卖,虽贱已贵矣。昔者文王之拘于牖里,而武王羁于玉门⑤,卒断纣之头而县于太白者⑥,是武王之功也。今君不能与文信侯相亢以权,而责文信侯少礼,臣窃为君不取也。"

【注释】

①希写：人名。赵人。

②仆：自称的谦辞。

③五大夫：爵名。在秦爵是第九级，在赵不详。

④贾：同"价"。司：通"伺"，考察，探察。

⑤玉门：门名。成皋的北门。

⑥县(xuán)：悬挂。太白：旗名。

【译文】

希写去拜见建信君。建信君对他说："秦相文信侯吕不韦对我太无礼了。秦国派人来赵国求官做，我让他做了丞相的下属，给他五大夫的爵位。可文信侯对我实在是太无礼了！"希写说："我认为现在的执政者连商人都不如。"建信君怒气冲冲地说："您是要蓄意贬低执政者去抬高商人吗？"希写说："不是这样。高明的商人不去与人争论价格，而是仔细观察时机。当物价贱的时候就买进，即使是出高一点的价钱，这也是很便宜的；当物价高的时候就卖出，即使卖价低一点，也有很大的利润。从前周文王被商纣王囚禁在牖里，周武王被商纣王拘禁在玉门，最终割下了纣王的脑袋悬挂在太白旗上，这是周武王的功劳。现在您无力与文信侯对抗，却又责怪文信侯做事欠礼，我私下认为是不可取的。"

二四三　　魏魁谓建信君曰

【题解】

"伴君如伴虎"，这是一个流传久远的成语，本章把它形象化了，魏魁用虎怒而决蹯，比喻建信君难以长保赵王的宠幸，用意在于告诉建信君应当预谋失宠后保全自己的办法。

魏魁谓建信君曰①："人有置系蹄者而得虎②,虎怒,决蹯而去③。虎之情,非不爱其蹯也,然而不以环寸之蹯害七尺之躯者,权也。今有国,非直七尺躯也,而君之身于王,非环寸之蹯也④。愿公之熟图之也。"

【注释】

①魏魁:人名。事迹不详。

②置系蹄:设置用绳索缠住兽足的工具。

③蹯(fán):兽足。

④"君之身于王"二句:言赵王将因国家利益而抛弃建信君。

【译文】

魏魁对建信君说:"有人设置了一个捕虎的绳套,捕得了一只老虎,老虎奋力挣扎,拽断了自己的爪子逃脱了。实际上老虎并不是不爱惜自己的爪子,然而不能因为爱惜小小的爪子就害了自己的性命,这就需要权衡轻重、得失。现在赵王拥有一个国家,这就不只是七尺的身躯而已,可是您的身体对于君王来说,还不如老虎小小的爪子。希望您要认真考虑啊!"

二四四　秦攻赵

【题解】

周赧王五十七年(前258),秦将王齕率军攻打赵都邯郸,这时阵阵击鼓摇铃的声音传入王宫。希卑对赵王分析,这是欲与秦连横的大臣,以此作为内应的信号,请赵王留心查访。第二天上朝,建信君果然首先提出连横,正如希卑的预料。

建信君曾经主张合纵,此时又主张连横,或纵或横,并无主见,乃是一个随波逐流的人。

秦攻赵,鼓铎之音闻于北堂①。希卑曰②:"夫秦之攻赵,不宜急如此,此召兵也,必有大臣欲衡者耳③。王欲知其人,旦日赞群臣而访之,先言横者,则其人也。"建信君果先言横。

【注释】

①铎(duó):大铃。北堂:居室东房的后部。

②希卑:人名。赵人。

③衡:通"横",即连横。

【译文】

秦国进攻赵国,摇动大铃报警的声音在城内的屋里都可以听见。希卑说:"秦国进攻赵国也不该如此急迫,摇动大铃的报警之声恐怕是内奸在以此为信号,可见大臣中一定有主张与秦国连横的人。大王想要知道这人是谁,明天可召集群臣查查,那个首先提出连横的人就是这个内奸。"建信君果然首先提出连横。

二四五　齐人李伯见孝成王

【题解】

作为一个客籍人士,要在异国他乡站稳脚跟,会遇到很多困难,齐人李伯来到赵国,赵孝成王任他为代郡守,委以边防重任,赵王身边一些嫉贤妒能的人,肯定是很不高兴的。他们一再造谣,把谋反叛逆的罪名加在李伯头上,李伯处境的艰危,可想而知。

幸亏孝成王是一个明智的国君,他心中自有主见,用人不疑,对李伯始终坚信,不为谣言所动。因此赢得臣下的拥戴,都能够安心工作。

　　齐人李伯见孝成王,成王说之,以为代郡守^①。而居无几何,人告之反。孝成王方馈,不堕食。无几何,告者复至,孝成王不应。已,乃使使者言:"齐举兵击燕,恐其以击燕为名,而以兵袭赵,故发兵自备。今燕、齐已合,臣请要其敝,而地可多割。"自是之后,为孝成王从事于外者,无自疑于中者。

【注释】

　　①代郡:地名。赵武灵王置。秦和西汉的治所在代县,今河北蔚县西南。

【译文】

　　齐人李伯去见赵孝成王,赵孝成王很喜欢他,任命他为代郡郡守,李伯就任了郡守之职,没过多久,有人报告李伯谋反。孝成王正在吃饭,无动于衷继续吃饭。又没多久,那个人又来报告,孝成王不予理睬。以后李伯就派使者报告孝成王说:"齐国派兵进攻燕国,我担心他们以进攻燕国为名偷袭赵国,所以派兵自卫。现在燕、齐两国已交战,我要求乘两国疲惫之机进行袭击,这就可以多割得土地。"从此以后,凡被孝成王派出办事的人,心中都不怀疑孝成王对自己的信任。

卷二十一　赵策四

二四六　为齐献书赵王曰

【题解】

周赧王三十一年(前284)，以燕、赵、秦为主组织的五国伐齐，正在紧锣密鼓的准备中。齐闵王听到了风声，感到形势对己不利，于是派人献书给赵，要求赵王回过头来，亡燕、亡韩、魏，攻秦，拆散五国同盟，倒向齐国一边。他开出的条件是：一，齐可以把尊号送给赵王。二，齐和各国都可以割地给赵。三，齐可以为赵向燕及韩、魏求得名宝。这三条可算是"币重而言甘"，极富诱惑力，可是五国伐齐，已如同箭在弦上，不可能中途而废，赵王怎会因几句空言而背叛自己的盟邦呢？

为齐献书赵王曰："臣一见而能令王坐而天下致名宝，而臣窃怪王之不试见臣而穷臣也。群臣必多以臣为不能者，故王重见臣也。以臣为不能者非他，欲用王之兵成其私者也；非然，则交有所偏者也；非然，则知不足者也；非然，则欲以天下之重恐王，而取行于王者也。

【译文】

有人为齐国上书赵王说:"只要我一见到大王,就能使诸侯献上名器重宝。可是我很奇怪,大王为什么不接见我而阻拦我,使我不能见到您。这样,大臣们一定多认为我是一个无能之辈,您才不愿见我。大臣们以为我无能,这没有别的原因,因为他们想用您的军队去成就他们的私利;不然就是在外交上有所偏爱;不然他们就是一些缺乏才智的人;不然就是他们想借重诸侯之力来威胁大王,让您按照他们的主张去行事。

"臣以齐循事王,王能亡燕,能亡韩、魏,能攻秦,能孤秦。臣以齐致尊名于王,天下孰敢不致尊名于王? 臣以齐致地于王,天下孰敢不致地于王? 臣以齐为王求名宝于燕及韩、魏,孰敢辞之? 臣之能也,其前可见已。

【译文】

"我让齐国顺从大王,大王便能够灭亡燕国,能够灭亡韩国、魏国,能够进攻秦国,能够孤立秦国。我让齐国把尊名献给大王,诸侯谁敢不献给大王尊名呢? 我让齐国割地给大王,诸侯谁又敢不割地给大王呢? 我让齐国为大王使燕、韩、魏三国献上名器重宝,他们又谁敢不照办呢? 我的能力事先就可以表现出来。

"齐先重王,故天下尽重王;无齐,天下必尽轻王也。秦之强,以无齐之故重王,燕、魏自以无齐故重王。今王无齐独安得重天下? 故劝王无齐者,非知不足也,则不忠者也;非然,则欲用王之兵成其私者也;非然,则欲轻王以天下之重取行于王者也;非然,则位尊而能卑者也。愿王之熟虑无齐之利害也。”

【译文】

　　“如果齐国首先尊重大王，则诸侯都会尊重大王；如果没有齐国尊重大王，那诸侯必定都会看轻大王。秦国强大，因为它没有齐国的支持，所以才尊重大王，燕、韩、魏三国自认为没有齐国的支持，所以才尊重大王。如果大王没有齐国的支持，又怎么会受到诸侯的尊重呢？所以那些奉劝大王不联合齐国的人，若不是缺乏才智的人，就是对大王不忠的人；不然就是想利用大王的军队去成就他们的私利；不然就是借重诸侯之力来威胁大王，让大王按照他们的意见去行事；不然他们都是些地位尊贵而才能低下的人。希望大王好好考虑一下失去齐国的利害得失。”

二四七　齐欲攻宋

【题解】

　　周赧王二十七年（前288），赵国的掌权者李兑联合三晋和燕、齐，五国伐秦，并未取得战果，五国的部队留驻成皋，徘徊不进。李兑打算暗中与秦讲和，又准备联秦攻魏，以便为自己谋求封地。魏王对此大为不满。苏秦在此时入魏，向魏昭王进说，使魏怨赵而疑齐，以采取继续攻宋的行动。

　　本章中苏秦的说辞，乃是他进说魏王回齐后，向齐王的报告，他建议齐王“遍劫天下”，即以威势迫使各国服从。表面上是为了齐国，实则如此则齐国必然陷于孤立，受到各国的敌视，这是苏秦为燕国图谋削弱齐国的高明手法。

　　齐欲攻宋①，秦令起贾禁之②，齐乃捄赵以伐宋③。秦王怒，属怨于赵。李兑约五国以伐秦④，无功，留天下之兵于成皋，而阴构于秦。又欲以秦攻魏，以解其怨而取封焉。

【注释】

①齐欲攻宋：齐闵王听取苏秦的建议，举兵攻宋。攻宋之役共三次，第一次在公元前288年。

②起贾：人名。秦国御史。

③捄（qiú）：救援。

④五国：三晋与燕、齐。

【译文】

　　齐国准备进攻宋国，秦国派起贾去阻止，齐国于是联合赵国去进攻宋国。秦王发怒，便与赵国结怨。赵国的李兑联合五国去进攻秦国，没有成功，就把诸侯的大军留驻在成皋，想暗中与秦国讲和。又准备和秦国联合去进攻魏国，来消除秦国对赵国的怨恨，并取得自己的封地。

　　魏王不说①，苏秦之齐，谓齐王曰②："臣为足下谓魏王曰：'三晋皆有秦患，今之攻秦也，为赵也。五国伐赵，赵必亡矣。秦逐李兑，李兑必死，今之伐秦也，以救李子之死也。今赵留天下之甲于成皋，而阴鬻之于秦③，已讲，则令秦攻魏以成其私封，王之事赵也，何得矣？

【注释】

①魏王：魏昭王。说：同"悦"。

②齐王：齐闵王。

③鬻（yù）：卖。

【译文】

魏王不高兴，苏秦便到齐国对齐王说："我可为您对魏王说：'韩、赵、魏三国都遭受秦国的侵犯，现在进攻秦国，是为了赵国。如果秦、燕、齐、韩、魏五国联合攻赵，赵国必定灭亡了。秦国若赶走李兑，李兑只有死路一条，现在进攻秦国是救李兑免于一死。如果赵国把诸侯的大军留在成皋，暗中出卖诸侯和秦国媾和，如果成功，就与秦国联合进攻魏国，来达到李兑取得封地的目的，那您倒向赵国能得到什么好处呢？

"且王尝济于漳，而身朝于邯郸，抱阴成①，负葛孽②，以为赵蔽，而赵无为王行也。今又以河阳、姑密封其子③，而令秦攻王，以便取阴④。人比而后知贤不如。王若用所以事赵之半收齐，天下有敢谋王者乎？

【注释】

①阴成：地名。魏邑，在今河南卢氏东北。

②葛孽(niè)：地名。魏邑，在今河北肥乡东北。

③河阳：地名。魏邑，在今河南孟县西南。姑密：地名。魏邑，在今河南孟县东北。

④阴：地名。即陶，宋邑，在今山东定陶。

【译文】

"而且大王您曾经渡过漳河，亲自到邯郸朝见赵王，把阴成、葛孽割给赵国，作为赵国的屏障，但赵国并不为您效力。现在您又以河阳、姑密封给李兑的儿子，而赵国竟然让秦国进攻魏国，以便夺取陶邑作为李兑的封地。人和人只有比较才知道贤与不贤。大王如果拿出对待赵国一半的心意去联合齐国，诸侯又有谁敢图谋大王呢？

"王之事齐也，无入朝之辱，无割地之费。齐为王之故，虚国于燕、赵之前，用兵于二千里之外，故攻城野战，未尝不为王先被矢石也。得二都，割河东，尽效之于王。自是之后，秦攻魏，齐甲未尝不岁至于王之境也。请问王之所以报齐者可乎？ 韩珉处于楚①，去齐三千里，王以此疑齐，曰'有秦阴'。今王又挟故薛公以为相②，善韩徐以为上交③，尊虞商以为大客④，王固可以反疑齐乎？

【注释】

①韩珉：人名。一作韩呡(wěn)。曾为齐相，主张亲秦。

②挟故薛公以为相：公元前 294 年，薛公田文发动政变失败，于是出走到魏国，担任魏相。

③韩徐：人名。即韩徐为，赵将，持反齐态度。

④虞商：人名。事迹不详，大约也是反对齐国的人。

【译文】

"大王倒向齐国，既没有称臣朝拜的屈辱，又没有割地的损失。而齐国因为大王这样对待它，它会动员全国兵力开赴燕、赵两国的边界，用兵于两千里之外，攻城野战，没有不为您打头阵的。它打下两座城池，割取河东之地，完全献给您。从此以后，秦国进攻魏国，齐兵未尝不每年开到魏国境内来援助您。请问大王，您怎么来报答齐国呢？ 韩珉在楚，离齐国三千里，大王因此怀疑齐国说'齐国和秦国暗中交往'。现在大王又用过去齐国的薛公为相，与韩徐为成为知己，尊重虞商以为贵宾，大王怎能反倒对齐国抱怀疑态度呢？

"于魏王听此言也甚诎，其欲事王也甚循，甚怨于赵。臣愿王之日闻魏而无庸见恶也，臣请为王推其怨于赵。愿王之阴重赵，而无使秦之见王之重赵也。秦见之，且亦重赵。齐、秦交重赵，臣必见燕与韩、魏亦且重赵也，皆且无敢与赵治。五国事赵，赵从亲以合于秦，必为王高矣。

【译文】

"魏王听了我这番话，一定会没有二话，他一定会顺从大王，非常怨恨赵国。我希望大王即日让魏王了解大王对他很友好，不要抱怨他，我愿意为您把秦国对魏国的怨恨转移到赵国去。希望大王暗地里尊重赵国，不要让秦国知道您尊重赵国。秦国发现齐国尊重赵国，它也会尊重赵国。齐、秦两国都尊重赵国，我会见到燕、韩、魏三国也必然尊重赵国，都不敢与赵国对抗。五国都倒向赵国，赵国又与秦国结成友好联盟，那赵国的地位一定会居于齐国之上。

"臣故欲王之遍劫天下而皆私甘之也。王使臣以韩、魏与燕劫赵，使丹也甘之①；以赵劫韩、魏，使臣也甘之；以三晋劫秦，使顺也甘之②；以天下劫楚，使珉也甘之③。则天下皆偪秦以事王④，而不敢相私也。交定然后王择焉。"

【注释】

①丹：人名。即齐臣公玉丹。

②顺：人名。亦称顺子，为齐闵王子侄，曾在赵做人质。

③珉：人名。指上文的韩珉。

④偪（bī）：逼迫。

【译文】

所以我想让大王使诸侯之间互相冲突，而大王暗暗从中进行调解。大王让我使韩、魏、燕三国与赵国冲突，派公玉丹从中调解；让赵国与韩、魏两国冲突，派我从中调解，让韩、赵、魏三国与秦国冲突，派顺子从中调解；让诸侯与楚国冲突，派韩珉从中调解。这样，诸侯背离秦国而倒向大王，不敢暗中同秦国交往。大王与诸侯邦交稳固后，您再从中加以选择，看和哪国友好更为有利。"

二四八　齐将攻宋

【题解】

在国际上出现富于侵略野心的国家，不免使各国都感到头痛，它的出现，就像是一股祸水，会威胁到周边的各国。

水是没有定形的，可以自由流动，在东方决一个口，它就会流向东；在西方决一个口，它就会流向西；可以通过人为的努力，控制它的走向。

战国晚期的齐闵王也是一股祸水，他攻秦、击楚、破燕，威胁到各国安全。燕昭王派苏秦到齐国卧底，劝说齐闵王攻宋，就是为了把齐国这股祸水引向南方，消耗它的力量，以便伺机出击，报齐国破燕之仇。苏秦的一切活动都围绕这一目标进行，劝李兑支持齐国攻宋而决定陶邑之封，就是其中的一招棋子。

面对强敌，如何把祸水引到别的地方，使自己避开凶锋，这是一个值得重视的历史经验。

　　齐将攻宋，而秦阴禁之。齐因欲与赵，赵不听。齐乃令苏秦说李兑①，以攻宋而定封焉②。

【注释】

①李兑：赵国大臣，封奉阳君，时任赵相。

②宋：战国时的中等国家，都彭城（今江苏徐州）。

【译文】

　　齐国打算进攻宋国，而秦国暗中阻止它。齐国因此想拉拢赵国，可赵国不同意。齐国就派苏秦游说李兑，赞成攻宋以便确定他的封地。

　　苏秦乃谓齐王曰①："臣之所以坚三晋以攻秦者②，非以为齐得利秦之毁也，欲以使攻宋也。而宋置太子以为王，下亲其上而守坚，臣是以欲足下之速归休士民也。今太子走，诸善太子者，皆有死心。若复攻之，其国必有乱，而太子在外，此亦举宋之时也。

【注释】

　　①齐王：齐闵王。
　　②三晋：韩、赵、魏三国。

【译文】

　　苏秦就对齐王说："我之所以使三晋坚定地攻打秦国，并不是认为齐国可在秦国失败中得到什么好处，是想这样可以便于攻打宋国啊。宋国让太子登上王位，百姓们支持新国王而防守坚固，我因此想让您迅速撤军回国休整。如今宋太子出走，支持太子的人都感到灰心。如果再去攻打它，它的国内必会出现混乱，而太子身在国外，这正是拿下宋国的好时机啊。

　　"臣为足下说奉阳君曰：'君之身老矣，封不可不早定也。为君虑封，莫若于宋，他国莫可。夫秦人贪，韩、魏危，燕、楚辟①，中山之地薄②，莫如于陶③。失今之时，不可复得已。宋之罪重，齐之怒深，残乱宋，德大齐，定身封，此百代之一时也。'奉阳君甚食之。虽得大封，齐无大异。

【注释】

①辟：偏僻。

②中山：战国时的中等国家。晚期都灵寿（今河北平山东北）。

③陶：定陶，宋邑，在今山东定陶西北。

【译文】

"我替您游说奉阳君道：'您的年纪老了，封地不能不早些定下来。为您考虑封地，不如在宋国，别国都不行。那秦国人贪心，韩、魏危险，燕、楚偏僻，中山的土地贫瘠，不如定在陶邑。失掉现在的时机，就再不能得到了。宋国的罪恶重，齐国的怒气深，攻打无道的宋国，讨好强大的齐国，决定自己的封邑，这是百代难逢的机会啊。'奉阳君听得很高兴。他虽得到一个大封邑，对齐国没有多大影响。

"臣愿足下之大发攻宋之举，而无庸致兵，以观奉阳君之应足下也。悬陶以甘之，循有燕以临之，而臣待忠之封，事必大成。臣又愿足下有地效于襄安君以资臣也①。足下果残宋，此两地之封也，足下何爱焉？若足下不得志于宋，与国何敢望也②。足下以此资臣也，臣循燕观赵，则足下击溃而决天下矣。"

【注释】

①襄安君：燕国公子，这时在齐国做人质。

②与国：同盟国，此指燕、赵。

【译文】

"我希望您大举攻打宋国，不必等待赵军的支援，看奉阳君是怎样响应您的。把陶邑给他，让他尝到甜头，加上有顺从齐国的燕国来威慑他，我又用封邑来对他表示效忠，事情定会大获成功。我又希望您有地方给予襄安君以协助我工作。您果真能攻下宋国，拿两个地方做别人的封邑，您又有什么值得吝惜的呢？如果您取宋的意图不能实现，同盟的各国也就没有什么指望了。您用这两个封邑来助我开展工作，臣使燕国顺从、赵国旁观，那么您就可以击溃宋国而宰割天下了。"

二四九　五国伐秦无功

【题解】

公元前287年，五国伐秦无功，赵国想与秦媾和，此举如果实现，将使合纵阵线瓦解，影响到齐国攻宋。

苏秦劝奉阳君坚持攻秦，并说如果各国争相事秦，秦可采取六种行动，都会对赵不利，也会使奉阳君不能得陶作为封邑。

苏秦指出：秦、齐联合，秦国控制中原，在三晋谋求利益，对赵不利，这是其一；秦在齐、韩、魏三国安插自己的亲信，结成连横阵线，秦的连横派得势，对赵不利，这是其二；秦、齐、赵三强联合，秦取得魏的安邑，会对赵构成威胁，对赵不利，这是其三；秦用伐齐来拉拢楚国，攻破韩、魏，吞并二周，赵国四面受围，逐渐消耗，对赵不利，这是其四；秦使三晋攻齐，让它们互相削弱，秦再攻取安邑，迫使韩、魏西向朝秦，赵国就会落入秦国掌握之中，对赵不利，这是其五；秦国打起主张正义、存亡继绝的幌子，扶植中山和滕复国，赵国和宋将面临同样的命运，对赵不利，这是其六。

苏秦的分析，头头是道，终于赢得奉阳君的首肯。苏秦的千言万语，无非是要为齐国攻宋营造一个有利的客观环境，好让它无暇顾及北方的燕国。

五国伐秦无功，罢于成皋。赵欲构于秦①，楚与魏、韩将应之,齐弗欲。苏秦谓齐王曰②:"臣以为足下见奉阳君矣③。臣谓奉阳君曰:'天下散而事秦,秦必据宋,魏冉必妒君之有陶也④。秦王贪,魏冉妒,则陶不可得已矣。君无构,齐必攻宋。齐攻宋,则楚必攻宋,魏必攻宋,燕、赵助之。五国据宋,不至一二月,陶必得矣。得陶而构,秦虽有变,则君无患矣。若不得已而必构,则愿五国复坚约。五国愿得赵,足下雄飞,与韩氏大吏东免⑤,齐王必无召珉也⑥。使臣守约,若与国有倍约者,以四国攻之。无倍约者,而秦侵约,五国复坚而宾之⑦。今韩、魏与齐相疑也,若复不坚约而讲,臣恐与国之大乱也。齐、秦非复合也,必有踦重者矣。复合与踦重者,皆非赵之利也。且天下散而事秦,是秦制天下也。秦制天下,将何以天下为? 臣愿君之蚤计也。

【注释】

①构(gòu):和解。

②齐王:齐闵王。

③以:通"已"。奉阳君:赵大臣李兑。

④魏冉必妒君之有陶:秦相魏冉亦欲得陶作为封邑,故妒李兑得陶。

⑤东免:勉励齐继续攻秦。免,通"勉"。

⑥齐王必无召珉也:珉,韩珉,韩人,亲秦派,曾为齐相。主张秦、齐联合,因秦反对齐攻宋,齐联赵攻秦,于是罢相去赵。五国伐秦不利,欲与秦讲和,齐想召回韩珉与秦讲和。这里是劝齐维持五国联合,不要召回韩珉。

⑦宾:通"摈",排斥。

【译文】

齐、楚、赵、魏、韩五国攻秦，未取得战果，停留在成皋。赵想与秦讲和，楚和魏、韩打算响应，齐国不同意。苏秦对齐闵王说："我已经为您去见奉阳君了。我对奉阳君说：'天下分散了去投靠秦国，秦必然兵临宋国，魏冉必然嫉妒您占有陶邑。秦王贪心，魏冉嫉妒，陶邑就得不到了。您不媾和，齐必然攻宋。齐国攻宋，楚、魏定会插手，燕、赵也会出兵相助。五国兵临宋国，不过一二月，陶邑必然到手了。得陶后再讲和，即使秦国态度有变，您也没有什么后顾之忧了。如果不得已定要讲和，希望五国仍然坚守盟约。各国都和赵国亲善，您又坚强有力，和韩国大臣一道东行勉励齐王，坚持合纵，齐王一定不要召回韩珉。让我做盟约监督人，如果盟国有背叛盟约的，由四国去攻它。没有谁背约，要是秦国来侵犯盟国，五国仍旧坚决抗击它。如今韩、魏和齐国互相猜疑，如果不能坚守盟约而讲和，我担心盟国会发生大乱啊。齐、秦如果不是复合，地位定会有轻有重。不管是复合或它们谁占上风，都不会对赵国有利啊。并且天下分散去投向秦国，秦国就控制了天下。秦国如果控制了天下，天下还能起什么作用呢？我希望您早早考虑啊。

"天下争秦，秦有六举，皆不利赵矣。天下争秦，秦王受负海之国[①]，合负亲之交，以据中国，而求利于三晋，是秦之一举也。秦行是计，不利于赵，而君终不得陶，一矣。

【注释】

①负海之国：指齐国。

【译文】

"天下争相事秦，秦有六种举动，都是对赵国不利的。天下争相事秦，秦王接近齐国，化敌为友，凌驾中原而在三晋谋求利益，这是秦的一种举动。秦采取这种行动，对赵不利，而您最终也得不到陶邑，这是其一。

　　"天下争秦，秦王内韩珉于齐，内成阳君于韩^①，相魏怀于魏^②，复合衡交两王，王贲、韩他之曹皆起而行事^③，是秦之一举也。秦行是计也，不利于赵，而君又不得陶，二矣。

【注释】

①内：同"纳"。成阳君：韩国封君，亲秦派。两王：指燕、赵两王。

②魏怀：魏人，亲秦派。

③王贲、韩他：皆秦臣，主张对赵用兵。

【译文】

　　"天下争相事秦，秦王让韩珉入齐，让成阳君入韩，让魏怀担任魏相，重新组成连横阵线，与燕、赵两国复交。而王贲、韩他这些主张拉拢韩、魏的人，都出来控制政局，这是秦的一种举动。秦国采取这个办法，对赵不利，而您也得不到陶邑，这是其二。

　　"天下争秦，秦王受齐受赵，三强已亲，以据魏而求安邑，是秦之一举也。秦行是计，齐、赵应之，魏不待伐，抱安邑而倍秦，秦得安邑之饶，魏为上交，韩必入朝秦，过赵已安邑矣，是秦之一举也。秦行是计，不利于赵，而君必不得陶，三矣。

【译文】

　　"天下争相事秦，秦王接纳齐、赵，三强改善了关系，凌逼魏国而要求得到安邑，这是秦国的一种举动。秦国采取这个计策，齐、赵都响应它，魏国不等秦兵攻打，就会奉上安邑投向秦国，秦国得到安邑，魏又成了它关系亲密的国家，韩国定会去朝见秦国，秦再用安邑来威胁赵国，这是秦国的一种举动。秦采取这个策略，对赵不利，而您又必然得不到陶邑，这是其三。

"天下争秦,秦坚燕、赵之交,以伐齐收楚,与韩珉而攻魏,是秦之一举也。秦行是计,而燕、赵应之。燕、赵伐齐,兵始用,秦因收楚而攻魏,不至一二月,魏必破矣。秦举安邑而塞女戟①,韩之太行绝,下轵道、南阳而伐魏②,绝韩,包二周,即赵自消烁矣。国烁于秦,兵分于齐,非赵之利也,而君终身不得陶,四矣。

【注释】

①女戟:魏地,在太行山西,近韩。

②轵(zhǐ):魏邑,在今河南济源南。南阳:地区名。属魏,在今河南济源至获嘉一带,以在太行山南而得名。

【译文】

"天下争相事秦,秦加强和燕、赵的邦交,用攻齐来拉拢楚国,和韩珉一起攻魏,这是秦的一种行动。秦采取这个办法,而燕、赵加以响应。燕、赵攻齐战斗刚刚打响,秦在这时联合楚国去攻魏,用不了一两个月,魏必被攻破。秦军拿下安邑,堵塞女戟,切断韩国的太行之路,直下轵道、南阳去进攻魏国,切断韩国,包围东、西二周,赵国自然就削弱了。国力被秦国消耗,兵力又分出去攻齐,这对赵是不利的,而您又终身得不到陶邑,这是其四。

"天下争秦,秦坚三晋之交攻齐,国破财屈,而兵东分于齐,秦按兵攻魏,取安邑,是秦之一举也。秦行是计也,君按救魏,是以攻齐之已弊,与秦争战也。君不救也,韩、魏焉免西合?国在谋之中,而君有终身不得陶,五矣。

【译文】

"天下争相事秦,秦使三晋加强联合去攻打齐国,国家残破,财力消耗,兵力分散在东边对齐的战事中,秦于是兴兵攻魏,夺取安邑,这是秦国的一种举动。秦国采取这个计策,您要是出兵救魏,就是用对齐作战已受到消耗的兵力和秦国交锋。您如果不去救援,韩、魏怎能避免倒向西方? 赵国在秦的算计之中,而您又终身得不到陶邑,这是其五。

"天下争秦,秦按为义,存亡继绝,固危扶弱,定无罪之君,必起中山与滕焉[①],秦起中山与滕,而赵、宋同命,何暇言陶? 六矣。故曰君必无讲,则陶必得矣。'

【注释】

①滕:国名。在今山东滕州东南,被宋所灭。

【译文】

"天下争相事秦,秦于是打出主持正义,保存亡国、延续绝灭之国,安定危国、扶持弱国、稳定无罪的君主这样的幌子,必然恢复中山和滕国,秦让中山和滕复国,赵、宋就面临同样的命运,怎么还可能谈到陶邑? 这是其六。所以说您一定不要讲和,陶邑就必然到手了。"

"奉阳君曰:'善。'乃绝和于秦,而收齐、魏以成取陶。"

【译文】

"奉阳君说:'很好。'就停止与秦讲和,并拉拢齐、魏,以求实现取得陶邑的愿望。"

二五〇　楼缓将使

【题解】

楼缓将要奉命出使,他心中暗藏着不可告人的想法,向赵王辞行。他用甜言蜜语骗得赵王的信任。

后来他占据中牟,叛逃到魏国。侦查人员向赵王报告,赵王不信。赵王说,他和楼缓早有盟誓在先,楼缓是不会背叛他的。

本章主要说明,用人要善于识别,对诈伪的人不可轻易相信。

楼缓将使①,伏事辞行,谓赵王曰②:"臣虽尽力竭知,死不复见于王矣。"王曰:"是何言也? 固且为书而厚寄卿。"楼子曰:"王不闻公子牟夷之于宋乎③,非肉不食。文张善宋④,恶公子牟夷,寅然⑤。今臣之于王,非宋之于公子牟夷也,而恶臣者过文张·故臣死不复见于王矣。"王曰:"子勉行矣,寡人与子有誓言矣。"楼子遂行。后以中牟反入梁⑥,候者来言而王弗听,曰:"吾已与楼子有言矣。"

【注释】

①楼缓:人名。赵人,主张亲秦。

②赵王:赵惠文王。

③公子牟夷:人名。宋国公子。

④文张:人名。事迹不详。

⑤寅然:或作"宋然之"。宋,指宋王。

⑥中牟:地名。赵邑,在今河南鹤壁西。

【译文】

楼缓将奉命出使,领受任务后向赵王辞行,对赵王说:"我虽然竭尽能力和智慧，到死也不能再见到大王了。"赵王说："您怎么这样说呢？
我本来将要写一封信，对您委以重托。"楼缓说："大王没有听说过公子
牟夷在宋国，地位是很尊贵的。文张和宋王关系不错，讨厌公子牟夷，
就把他排斥在一边。如今我的地位远远比不上宋国的公子牟夷，说我
坏话的人超过文张，所以我到死也不能再见到大王了。"赵王说："您放
心去吧，我发誓信任您到底。"楼缓就上路了。后来占据中牟，反叛投靠
魏国。侦察的人来向赵王报告，赵王不相信，说："我和楼缓已经有誓言
在先了。"

二五一　虞卿谓赵王曰

【题解】

公元前 266 年，秦用范雎为相，步步向东方进逼。六国合纵，赵、魏
争欲主持纵约。当时魏是盟主，促成其事的是魏相范座，赵臣虞卿想用
百里之地作为交换条件，让魏王杀掉范座。范座富于心计，怎会坐以待
毙？他写信给继任者信陵君，说是秦国如用加倍的土地请杀魏相，信陵
君的下场岂不是也会和他一样。兔死狐悲，物伤其类，信陵君于是劝魏
王放过范座。

身处绝境，如何沉着机智，化险为夷，范座的做法是一个成功的
范例。

虞卿谓赵王曰[①]："人之情，宁朝人乎？宁朝于人也？"赵
王曰："人亦宁朝人耳，何故宁朝于人？"虞卿曰："夫魏为从
主，而违者范座也[②]。今王能以百里之地，若万户之都，请杀
范座于魏。范座死，则从事可移于赵。"赵王曰："善。"乃使
人以百里之地，请杀范座于魏。魏王许诺，使司徒执范座而

未杀也③。

【注释】

①虞卿：赵相。赵王：赵惠文王。

②违：当作"成"。范座：魏相。

③司徒：掌管土地及民政的官。

【译文】

虞卿对赵王说："常人的想法，是愿意使人来朝见，还是愿意去朝见别人呢？"赵王说："人都愿意使人来朝见，怎会愿意去朝见别人呢？"虞卿说："现在魏国是合纵的盟主，促成其事的是范座。如果大王能用百里之地，或以万家的大城，要求魏国杀掉范座。范座死后，合纵的盟主就会是赵国了。"赵王说："好。"赵王于是派人拿百里之地去要求魏王杀掉范座。魏王答应了，魏王派司徒拘捕了范座却没有杀他。

范座献书魏王曰："臣闻赵王以百里之地，请杀座之身。夫杀无罪范座，薄故也；而得百里之地，大利也。臣窃为大王美之。虽然，而有一焉，百里之地不可得，而死者不可复生也，则王必为天下笑矣。臣窃以为与其以死人市，不若以生人市也。"

【译文】

范座上书给魏王说："我听说赵王用百里之地来要求杀我。杀掉一个无罪的范座，是件小事；得到百里之地是非常有利的。我暗自为大王高兴。但是，有这样一种情况，得不到百里之地，而死去的人又不能复活，那么大王就会被天下人耻笑。我私下认为与其把死人交给对方，不如把活人交给对方。"

又遗其后相信陵君书曰："夫赵、魏，敌战之国也。赵王以咫尺之书来，而魏王轻为之杀无罪之座。座虽不肖，故魏之免相也，尝以魏之故，得罪于赵。夫国内无用臣，外虽得地，势不能守。然今能守魏者，莫如君矣。王听赵杀座之后，强秦袭赵之欲，倍赵之割，则君将何以止之？此君之累也。"信陵君曰："善。"遽言之王而出之。

【译文】

范座又写信给继任相位的信陵君说："赵国、魏国是敌对的国家。赵王写来一封短信，而魏王就轻易地杀掉无罪的范座。范座即使不才，但也是魏国免职的相国，曾经因为魏国的关系得罪了赵国。现在国内无可用之臣，虽然得到了土地也是不能守住的。现在能防守魏国的，非君莫属。大王听从赵王的要求杀我之后，强大的秦国采用同样的办法，比赵国割让的土地加倍，您又怎么能制止他呢？这就是您将碰到的麻烦。"信陵君说："说得好。"于是就向魏王进言，让他放了范座。

二五二　燕封宋人荣蚠为高阳君

【题解】

燕国封宋国人荣蚠为高阳君，让他领兵攻赵。赵孝成王把济水以东的三座城割给齐国，要求换取齐国的安平君田单为将，率领齐军和赵军联合攻燕。

赵国名将赵奢对此很不以为然。他说他曾担任燕国的上谷郡守，对燕的地形非常熟悉，如果让他统兵，击攻燕国易如反掌。他指出安平君不会尽力攻燕，坐使赵国强大，影响齐国再度称霸。他将旷日持久，和燕军打消耗战，待燕、赵两军疲惫不堪，他再抽军回齐。后来赵国仅仅攻占了燕国三座小城,得不偿失,正如赵奢的预料。

本章谓此次赵、燕的战事,"旷日持久数岁",约起于赵惠文王三十年(前 269),延至赵孝成王元年(前 265)。

燕封宋人荣蚠为高阳君[1],使将而攻赵。赵王因割济东三城令卢、高唐、平原陵地城邑市五十七[2],命以与齐,而以求安平君而将之[3]。

【注释】

①荣蚠(fén):人名。宋人,燕武成王时封为高阳君。

②卢:地名。赵邑,在今山东长清西南。高唐:地名。赵邑,在今山东高阳东。平原:地名。赵邑,在今山东平原西南。

③安平君:齐将田单的封号。

【译文】

燕国封宋国人荣蚠为高阳君,派他率军进攻赵国。赵王于是割让济东三城卢、高唐、平原,合计有据点五十七处,下令交给齐国,以此换取安平君田单到赵国担任将领。

马服君谓平原君曰[1]:"国奚无人甚哉!君致安平君而将之,乃割济东三城市邑五十七以与齐,此与敌国战,复军杀将之所取,割地于敌国者也。今君以此与齐,而求安平君而将之,国奚无人甚也!且君奚不将奢也?奢尝抵罪居燕,燕以奢为上谷守[2],燕之通谷要塞,奢习知之。百日之内,天下之兵未聚,奢已举燕矣。然则君奚求安平君而为将乎?"平原君曰:"将军释之矣,仆已言之仆主矣,仆主幸以听仆也。将军无言已。"

【注释】

①马服君：赵将赵奢的封号。

②上谷：郡名。燕国所置，包括今河北中部及西部，治所在今河北怀来南。

【译文】

马服君赵奢对平原君赵胜说："赵国就这样没有人吗！您请来安平君带兵，而割让济东三城，合计据点五十七处给齐国，这是您率领我军和敌国战斗，打败敌军、杀掉敌将取得的土地，是从敌国那里夺取来的啊。现在您把这些土地割给齐国，以此要求安平君来带兵，难道赵国就这样没有人吗！您为什么不让我带兵呢？我以前曾经抵罪住在燕国，燕国任命我为上谷郡郡守，燕国的关口、要塞我完全了解，百日之内，诸侯的援兵还没有聚集，我就会攻下燕国。那您为什么要求安平君带兵呢？"平原君说："将军您就算了吧，我已经告诉了我的君主，他也已经同意了。将军您就别说了。"

马服君曰："君过矣！君之所以求安平君者，以齐之于燕也，茹肝涉血之仇耶①？其于奢不然。使安平君愚，固不能当荣蚠；使安平君知，又不肯与燕人战。此两言者，安平君必处一焉。虽然，两者有一也。使安平君知，则奚以赵之强为？赵强则齐不复霸矣。今得强赵之兵以杜燕，将旷日持久数岁，令士大夫余子之力尽于沟垒②，车、甲、羽毛裂敝③，府库、仓廪虚；两国交敝，乃引其兵而归。夫尽两国之兵，无明此者矣。"

【注释】

①涉（dié）血：喋血，血流遍地。

②余子：大臣的庶子，多任下级军官。

③羽毛：羽旄旗。

【译文】

马服君说："您错了！您之所以要求安平君为将，是因为齐国对燕国有不共戴天的仇恨吗？而我就不这样看。假使安平君是个愚蠢的人，本来就敌不过荣蚠；假使安平君是个聪明人，那他就不愿与燕国交战。这两种推测，安平君必居其一。如果安平君聪明，那他为什么要让赵国强盛呢？赵国强盛了，齐国就不能再称霸了。现在齐国利用强赵的兵力去对抗燕军，花费了好几年的时间，让赵国的士卒全部去挖战壕、筑堡垒，使得战车、铠甲、羽旗破损，府库、粮仓空虚；燕、赵两败俱伤，于是安平君率军返回齐国，而燕、赵两军都耗尽力量，这不是很明白的道理吗？"

已而得三城也，城大无能过百雉者①，果如马服之言也。

【注释】

①雉：面积单位，高一丈，长三丈。

【译文】

不久，安平君攻取了三座城邑，其中最大的也没有超过三百平方丈的，果然像马服君所说的那样。

二五三　三国攻秦

【题解】

齐、韩、魏三国攻秦，赵国乘机进攻中山。数年之间，控制了滹沱河一带。齐国在鼓邑加强防御，对赵形成压力，作为中山的应援。宋突向宋相仇郝献策，为中山谋求摆脱困境的途径，他通过原为赵臣的仇郝，要求赵把新占领的中山土地归还给他。然后中山就可以此向齐国说，赵国将向卫国借路，切断齐将章子的后路。齐害怕齐军不能回国，定会把和中山邻近的鼓邑献给赵国以求和。

这仅是宋突设想的计谋，并未实现。

三国攻秦①，赵攻中山，取扶柳②，五年以擅呼沱③。齐人戍郭④。宋突谓仇郝曰⑤："不如尽归中山之新地。中山案此言于齐曰：'赵国将假道于卫，以遏章子之路⑥。'齐闻此，必效鼓⑦。"

【注释】

①三国攻秦：公元前298年，齐、韩、魏共击秦。

②扶柳：地名。中山邑，在今河北冀县西。

③呼沱：水名。即今滹沱河，源出山西繁峙泰戏山，流经河北正定、安平等县，至天津入海。

④郭：即鼓邑，详下。

⑤宋突：人名。赵臣，仇郝的门客。仇郝：人名。赵臣，曾为宋相。

⑥章子：人名。即齐将匡章，齐宣王时，曾领兵伐燕。

⑦鼓：地名。齐邑，在今河北晋县西。

【译文】

齐、韩、魏三国进攻秦国，赵国进攻中山，攻下了扶柳，经过五年，控制了中山国滹沱河一带。齐国出兵守卫鼓邑以防备赵国。宋突对赵臣仇郝说："您不如把刚从中山得来的地方全部归还中山。中山根据这种情况会告诉齐国说：'赵国准备借道卫国，来切断章子的后路。'齐国了解这种情况，一定会献上鼓邑的。"

二五四　赵使赵庄合从欲伐齐

【题解】

周赧王元年(前314),齐宣王乘燕国内乱,兴兵破燕,压迫燕国百姓,掠夺燕国财富,激起百姓的反抗。诸侯谋合纵伐齐而存燕。赵派赵庄为将,联合楚、魏,合纵攻齐。齐军在燕,内外都面临巨大压力,只好撤军退走。

赵使赵庄合从欲伐齐①,齐请效地,赵因贱赵庄。齐明为谓赵王曰②:"齐畏从之合也,故效地。今闻赵庄贱,张勤贵③,齐必不效地矣。"赵王曰:"善。"乃召赵庄而贵之。

【注释】

①赵庄:人名。赵将。

②齐明:人名。东周臣,辩士。赵王:赵武灵王。

③张勤(qín):人名。赵臣,反对合纵攻齐。

【译文】

赵王派赵庄组织合纵联盟,打算进攻齐国,齐国要求割地求和,赵王因此冷落了赵庄。齐明为赵庄对赵王说:"齐国害怕主张合纵联盟的人成功,所以才割地。现在听说赵庄在赵国的地位被贬低了,反对合纵联盟的张勤地位却尊贵了,齐国必定不会割地了。"赵王说:"说得好。"于是召见赵庄,提高他在赵国的地位。

二五五　翟章从梁来

【题解】

翟章从魏至赵,受到赵孝成王的器重。赵王想让他担任相国,他推辞不肯接受。有个名叫田驷的人,向柱国韩向提出,他愿替韩向除去翟章,以谋求韩向升任相国或讨好建信君。

田驷可能是韩向的贴身侍卫,乃是刺客之流,并非一般的说客,为了主子,他甘愿充当杀手。韩向是否愿意买凶杀人,本文没有明言,结局如何,亦不得而知。

　　翟章从梁来①,甚善赵王。赵王三延之以相,翟章辞不受。田驷谓柱国韩向曰②:“臣请为卿刺之。客若死,则王必怒而诛建信君。建信君死,则卿必为相矣。建信君不死③,以为交,终身不敝,卿因以德建信君矣。”

【注释】

①翟章:人名。魏国人。

②田驷:人名。事迹不详。柱国:官名。地位仅次于相。韩向:人名。赵大臣。

③建信君:赵孝成王相国。

【译文】

　　翟章从魏至赵,和赵王谈得很投机。赵王多次聘请他做相,翟章都推辞了。田驷对赵的柱国韩向说:“我愿为您杀掉他。翟章若死,赵王定会怀疑是建信君干的,就会杀掉他。建信君一死,您定会担任相。要是建信君不死,您和他拉好关系,长期维持友谊,这样定会讨好建信君的。”

二五六　冯忌为庐陵君谓赵王曰

【题解】

赵孝成王十四年(前252),燕王喜派栗腹领军攻赵,赵派廉颇反击,杀栗腹,破燕军。其后赵、燕连年争战,燕都被围。公元前247年,以两国交换土地而和解。

本章所载赵孝成王欲逐庐陵君,亦为燕所提和解条件之一。说客冯忌再三进谏,认为这样做是不妥当的。

冯忌为庐陵君谓赵王曰[①]:"王之逐庐陵君,为燕也?"王曰:"吾所重者,无燕、秦也。"对曰:"秦三以虞卿为言,而王不逐也。今燕一以庐陵君为言,而王逐之,是王轻强秦而重弱燕也。"王曰:"吾非为燕也,吾固将逐之。""然则王逐庐陵君,又不为燕也。行逐爱弟,又兼无燕,臣窃为大王不取也。"

【注释】

①冯忌:人名。游说之士。庐陵君:赵孝成王时封君。赵王:赵孝成王。

【译文】

冯忌为庐陵君向赵王进说道:"大王驱逐庐陵君,是因为燕国对他有意见吗?"赵王说:"我所看重的,并不包括燕、秦。"冯忌说:"秦多次提出对虞卿的意见,大王并未加以驱逐。如今燕国刚对庐陵君不满,大王就驱逐他,岂不是轻视强秦而看重弱燕吗?"赵王说:"我不是为了燕国,我本来就打算驱逐他。"冯忌说:"那么大王驱逐庐陵君是和燕国无关了。将要驱逐爱弟,又没有燕国的支持,这种做法,我私下认为是不可取的。"

二五七　冯忌请见赵王

【题解】

说客冯忌在初见赵王时，彼此都缺乏了解，冯忌就用服子的故事，说明交情尚浅而谈话就很深入，乃是忠诚的表现。又以伊尹为例，说他去见商汤王，立谈之间就取得了三公的高位，为他和赵王的深谈预先作好铺垫。于是赵王和冯忌之间推心置腹的交谈就愉快地开始了。

冯忌请见赵王①，行人见之②。冯忌接手俛首③，欲言而不敢。王问其故，对曰："客有见人于服子者④，已而请其罪。服子曰：'公之客独有三罪：望我而笑，是狎也；谈语而不称师，是倍也⑤；交浅而言深，是乱也。'

【注释】

①赵王：赵孝成王。

②行人：官名。主管接见、聘问之事。

③俛：同"俯"。

④服子：人名。即孔子弟子宓子贱。服，通"宓"。

⑤倍：通"背"，背叛。

【译文】

冯忌要求觐见赵王，接待人员安排他谒见。冯忌拱手低头，欲言又止。赵王问他是什么原因，冯忌说："有客介绍一个人去见服子，服子对此人很有意见，不久，客问服子此人有何罪过，服子说：'您介绍来的人有三条错误：看着我发笑，这是不严肃；谈话不提到老师，这是背叛师门；交情浅而谈得深，这是违反常情。'

　　"客曰:'不然,夫望人而笑,是和也;言而不称师,是庸说也;交浅而言深,是忠也。昔者尧见舜于草茅之中,席陇亩而荫庇桑,阴移而受天下传。伊尹负鼎俎而干汤^①,姓名未著而受三公。使夫交浅者不可深谈,则天下不传,而三公不得也^②。'"赵王曰:"甚善。"冯忌曰:"今外臣交浅而欲深谈可乎?"王曰:"请奉教。"于是冯忌乃谈。

【注释】

①伊尹:人名。商汤王的臣子。鼎:古代烹煮食物的器具。俎(zǔ):切肉或切菜时垫在下面的砧板。干:求见。

②三公:王朝重臣。伊尹又称保衡,保即太保,为三公之一。

【译文】

　　"客回答说:'并不如您所说。看着人发笑,这是和气;谈话不提到老师,因为谈的都是平凡的话;交情浅而谈话深入,这是对您忠心。从前尧在茅草地里接见舜,在桑麻之间铺席而坐,随着树阴的移动,凭短短的一席话,尧就把天下让给了舜。伊尹背上烹调器具去见商汤,还没有树立显赫的名声就接受了三公的高位。要是交情浅就不可以深谈,尧就不可能把天下传给舜,伊尹也就不能得到三公的位置了。'"赵王说:"您说得很好。"冯忌说:"现在我和大王的交情浅,却想深入地谈,可以吗?"赵王说:"请指教。"于是冯忌就谈了起来。

二五八上　客见赵王曰

【题解】

　　辩士在游说赵孝成王时,用买马作为比喻,缓缓引入主题。买马要用善于相马的人,那么治理国家自然应当任用贤明的大臣。特别要警惕身边得宠而无能的人,不知不觉中给国家带来灾祸。矛头所指,无疑就是建信君这类人。

　　客见赵王曰①:"臣闻王之使人买马也,有之乎?"王曰:"有之。""何故至今不遣?"王曰:"未得相马之工也。"对曰:"王何不遣建信君乎?"王曰:"建信君有国事,又不知相马。"曰:"王何不遣纪姬乎②?"王曰:"纪姬妇人也,不知相马。"对曰:"买马而善,何补于国?"王曰:"无补于国。""买马而恶,何危于国?"王曰:"无危于国。"对曰:"然则买马善而若恶,皆无危补于国。然而王之买马也,必将待工。今治天下,举错非也,国家为虚戾,而社稷不血食,然而王不待工,而与建信君,何也?"赵王未之应也。

【注释】

　　①赵王:赵孝成王。

　　②纪姬:赵王宠妃。

【译文】

　　辩士去见赵孝成王,问他:"听说大王要买马,有这件事吗?"赵王说:"有的。"辩士继续问:"为什么至今没有派人?"赵王说:"因为还没有找到适当的能鉴别马的人。"这人又问:"为什么不派遣建信君去呢?"赵王说:"建信君有公事,他又不懂得相马。"这人说:"大王为什么不派纪姬呢?"赵王说:"纪姬是女人,不懂得相马。"此人接着说:"买来的马是好是坏,对国家有什么补益吗?"赵王回答:"对国没什么影响。"此人继续问:"买了坏马,对国家有什么危险吗?"赵王说:"对国家没什么危险。"此人说道:"买马好与坏,对国家没什么危险和补益。然而大王买马都要等待会鉴别马的良工。在治国问题上,如果措施不当,就会造成国家的危亡,大王不等待有才能的人,而偏把国事委托给建信君,这是为什么呢?"赵王无言以对。

　　客曰:"燕郭之法^①,有所谓柔痈者,王知之乎?"王曰:"未之闻也。""所谓柔痈者,便辟左右之近者^②,及夫人、优笑、孺子也^③。此皆能乘王之醉昏,而求所欲于王者也。是能得之乎内,则大臣为之枉法于外矣。故日月晖于外^④,其贼在于内。谨备其所憎,而祸在于所爱。"

【注释】

①燕郭之法:即"郭偃之法"。郭偃,春秋时晋国人,辅佐晋文公变法。

②便辟(pián bì):国君左右的亲信小臣。

③孺子:年轻的美女。

④晖:同"晕"。

【译文】

　　辩士说:"郭偃之法,有所谓柔痈的说法,大王知道吗?"赵王说:"没有听说过。""所谓柔痈,就是指国君所宠爱的左右亲近、国君的夫人、会调笑的艺人和年轻的美女。这些人都是些能乘国君醉昏之时提出要求并能得到满足的人。这些人的欲望如果在朝中得以满足,那大臣就能在外贪赃枉法了。所以,太阳和月亮如果被蚀,周围虽仍有光辉,但毛病却深藏在里面。虽然对于所憎恶的人谨慎地加以防范,可是祸患却往往来自所爱的人身上。"

二五八下　秦攻魏

【题解】

公元前 286 年,魏把安邑献给秦国,各国使臣纷纷入秦朝贺,唯独赵使得不到接见,于是有人向赵王推荐辩士谅毅,说他定能胜任。

谅毅入秦,果然不同凡响,受到召见。秦昭王向他提出,要赵王杀掉平原君和赵豹。这是一个骇人听闻的问题,很难回答。谅毅却轻松地用秦昭王的两个弟弟叶阳君、泾阳君为例,说明兄弟友爱出于天性,秦王看重自己的兄弟感情,为什么却要让赵王杀掉自己的兄弟呢?秦王无法反驳,只好找个借口下台。

谅毅巧妙地拒绝了秦王的要求,举重若轻,不辱君命,真是出色的外交使节。

秦攻魏,取宁邑①,诸侯皆贺。赵王使往贺②,三反不得通。赵王忧之,谓左右曰:"以秦之强,得宁邑,以制齐、赵。诸侯皆贺,吾往贺而独不得通,此必加兵于我,为之奈何?"左右曰:"使者三往不得通者,必所使者非其人也。有谅毅者,辨士也,大王可试使之。"

【注释】

①宁邑:即安邑,在今山西夏县西北。
②赵王:赵惠文王。

【译文】

秦国攻打魏国,占领了安邑,诸侯都去祝贺。赵王派人去祝贺,往返三次都没有得到接见。赵王为此事感到担忧,对身边的人说:"以秦国的强大,得到安邑后,可以控制齐、赵。诸侯都去祝贺,我派人去祝贺却得不到接见，秦国必会攻打我国，怎么办呢？"赵王身边的人说："大王派人三次前往而得不到接见，肯定是派出的使臣不得力的缘故。有个叫谅毅的，是个能言善辩的人，大王可让他试试。"

谅毅亲受命而往。至秦，献书秦王曰[①]："大王广地宁邑，诸侯皆贺，敝邑寡君亦窃嘉之，不敢宁居，使下臣奉其币物三至王廷，而使不得通。使若无罪，愿大王无绝其欢；若使有罪，愿得请之。"秦王使使者报曰："吾所使赵国者，小大皆听吾言，则受书币。若不从吾言，则使者归矣！"谅毅对曰："下臣之来，固愿承大国之意也，岂敢有难？大王若有以令之，请奉而行之，无所敢疑。"

【注释】

①秦王：秦昭王。

【译文】

谅毅接受了派遣前往秦国。到秦国后，给秦王上书说："大王攻取了安邑，诸侯都来祝贺，敝国的君主也暗自高兴，不敢视而不见，派人带上礼物三次前来您的王廷，都没有得到接见。使臣如果没有罪过，希望大王不要断绝两国的友好；如果使臣有罪过，愿闻其详。"秦王派人对谅毅说："我派到赵国的人，无论事情大小都要听我的，我就接受书信和礼物。如果不听我的话，那么就请回吧！"谅毅答道："我到秦国来，就是愿意听到贵国的意见，怎么敢有不同的意见？大王如果有什么吩咐，我愿一切照办，不敢有丝毫迟疑。"

于是秦王乃见使者曰："赵豹、平原君数欺弄寡人，赵能杀此二人则可，若不能杀，请今率诸侯受命邯郸城下。"谅毅曰："赵豹、平原君,亲寡君之母弟也,犹大王之有叶阳、泾阳君也①。大王以孝治闻于天下,衣服之便于体,膳啖之嗛于口②,未尝不分于叶阳、泾阳君。叶阳君、泾阳君之车马衣服,无非大王之服御者。臣闻之:'有覆巢毁卵而凤凰不翔,刳胎焚夭而麒麟不至③。'今使臣受大王之令以还报,敝邑之君畏惧不敢不行,无乃伤叶阳君、泾阳君之心乎?"

【注释】

①叶阳、泾阳君:叶阳君,又号高陵君,名悝(kuí)。泾阳君,名市(fú)。二人皆秦昭王同母弟。

②嗛(xián):同"衔"。

③夭:幼兽。

【译文】

于是秦王接见了谅毅。秦王说:"赵豹和平原君多次欺骗、玩弄我,赵国如果能杀此二人则罢,如果不杀,我现在就将率各国人马到邯郸城来讨个公道。"谅毅说:"赵豹和平原君都是敝国君主的兄弟,就像叶阳君和泾阳君是大王的同母兄弟一样亲。大王兄弟友爱之情天下闻名,凡有好的衣服和美味的饮食,都要让叶阳君、泾阳君分享。叶阳君、泾阳君两个的车马、衣服都和大王使用的一样。我听说:'打翻鸟巢、毁坏鸟卵,凤凰就不会飞来,伤害小兽,麒麟就不会出现。'现在如果我按大王的意见报告回去,敝国君主心里畏惧不敢不执行,恐怕也会伤害叶阳君、泾阳君的心吧?"

秦王曰:"诺。勿使从政。"谅毅曰:"敝邑之君,有母弟不能教诲,以恶大国,请黜之,勿使与政事,以称大国。"秦王乃喜,受其币而厚遇之。

【译文】

秦王说:"好。那就不要让他们过问政事好了。"谅毅说:"敝国的君主对兄弟教导无方,得罪了贵国,现决定罢免他们,不让他们参与国家政事,让贵国称心如意。"秦王听后,非常高兴,接受了谅毅带来的礼物,很好地接待了他。

二五九　赵使姚贾约韩、魏

【题解】

赵国派姚贾和韩、魏结盟,可是不久韩、魏就背叛了盟约。赵王怪姚贾工作没有做好。举茅劝谏赵王不要怪姚贾,说是韩、魏都想争取姚贾为臣,所以才故意违反盟约,希望赵王留下姚贾。

后来姚贾还是被赵王驱逐了,可见举茅的意见并没有被采纳。

赵使姚贾约韩、魏①,韩、魏以而反之。举茅为姚贾谓赵王曰②:"贾也,王之忠臣也。韩、魏欲得之,故反之,将使王逐之,而已因受之。今王逐之,是韩、魏之欲得,而王之忠臣有罪也。故王不如勿逐,以明王之贤,而折韩、魏之招。"

【注释】

①姚贾:人名。魏人,先后仕于赵、秦。

②举茅:人名。赵人。赵王:赵悼襄王。

【译文】

赵国派姚贾和韩、魏缔约结盟,不久,韩、魏就背叛了盟约。举茅为姚贾对赵王说:"姚贾是大王的忠臣,韩、魏都想得他为臣,因而故意违反和他订立的盟约,准备让大王驱逐他,而本国接受他。再现在如果大王驱逐姚贾,那么韩、魏的愿望就得以实现,大王的忠臣反而有罪了。所以大王最好不要驱逐姚贾,以表明大王的贤能,从而挫折韩、魏招请姚贾的打算。”

二六〇　魏败楚于陉山

【题解】

周赧王十五年(前300),魏国和齐、韩的联军在重丘大败楚军,击溃了楚将唐明的部队。楚怀王恐惧,让昭应送太子到齐做人质,要求通过薛公田文与齐议和。

赵武灵王想破坏齐、楚结盟,就和秦、宋连结,派仇郝担任宋相,派楼缓担任秦相。秦、赵、宋结成联盟,齐、楚媾和遭到挫败。

魏败楚于陉山[1],禽唐明[2]。楚王惧[3],令昭应奉太子以委和于薛公。主父欲败之,乃结秦连宋之交,令仇郝相宋,楼缓相秦。秦王离赵、宋,齐、楚之和卒败。

【注释】

①魏败楚于陉(xíng)山:陉山之战即重丘之役。重丘,地名。楚邑,在今河南泌阳东北。

②禽:同“擒”。唐明:人名。楚将。

③楚王:楚怀王熊槐。

【译文】

魏在陉山之役中击败了楚军,擒获楚将唐明。楚王害怕了,便派昭应送太子到齐国去做人质,通过薛公田文与齐国媾和。主父想要破坏这事,就与秦、宋联合,并派仇郝出任宋相,派楼缓出任秦相。秦王联合赵、宋,楚、齐两国媾和之事因而最终失败。

二六一　秦召春平侯

【题解】

秦始皇四年(前 243),秦相吕不韦召赵春平侯入秦,并把他扣留起来。世钧为春平侯游说吕不韦,让他放回春平侯而留下平都侯,这样,赵国可以多割地而赎回平都侯。

春平侯和平都侯都是赵国的封君,所以都可以作为留秦的人质。

秦召春平侯①,因留之。世钧为之谓文信侯曰②:"春平侯者,赵王之所甚爱也③,而郎中甚妒之,故相与谋曰:'春平侯入秦,秦必留之。'故谋而入之秦。今君留之,是空绝赵,而郎中之计中也。故君不如遣春平侯而留平都侯。春平侯者,言行于赵王,必厚割赵以事君,而赎平都侯。"文信侯曰:"善。"因与接意而遣之。

【注释】

①春平侯:赵国封君,曾担任相国。

②世钧:人名。秦人。

③赵王:赵悼襄王偃,公元前 244—前 236 年在位。

【译文】

秦国邀请赵国的春平侯,把他扣留在秦国。世钧为春平侯对文信侯吕不韦说:"春平侯是赵王宠爱的大臣,近侍们很妒忌他,所以他们共同策划说:'春平侯到了秦国必会被留下。'因此故意让春平侯到秦国来。现在您把他留下就是白白和赵国断交,使近侍们的阴谋得逞。所以您不如送回春平侯,扣下平都侯。春平侯在赵王那里说话算数,他一定会多割地来讨好您,以赎回平都侯。"文信侯说:"说得好。"于是厚待春平侯,把他送回赵国。

二六二　赵太后新用事

【题解】

公元前265年,秦军攻赵,赵向齐求救,齐要求用长安君做人质,才肯出兵。

长安君是太后的爱子,怎肯让他做人质? 太后说,如有人再提此事,就要唾他的面,拒绝任何人进言。老臣触龙忠心为国,知道此事必须解决,宣称愿见太后。他用迂回战术,先从身边的生活琐事谈起,不知不觉中,打消了太后的怒气,终于说服太后,送出长安君,争取到齐国的援助。

文末所载子义的评论,对后代传记文学有深远影响。司马迁在《史记》各篇的传末,都有一段"太史公曰"作为赞语,其后历代正史的传记,也都用"史臣曰"进行评价,甚至清代蒲松龄的《聊斋志异》,也在篇末用"异史氏曰"来发挥议论,显得余韵悠扬。

赵太后新用事[①],秦急攻之。赵氏求救于齐。齐曰:"必以长安君为质[②],兵乃出。"太后不肯,大臣强谏。太后明谓左右:"有复言令长安君为质者,老妇必唾其面。"

【注释】

①赵太后:赵孝成王母。
②长安君:赵太后的幼子。长安是封号,不是地名。

【译文】

赵太后刚执政，秦军就猛烈攻打赵国。赵国向齐国求救。齐国说："定要用长安君做人质，才能发兵。"太后不同意，大臣们竭力劝说。太后向身边的人明确宣布："有谁再说叫长安君做人质的，老婆子一定向他的脸上吐唾沫。"

左师触龙言愿见太后①，太后盛气而胥之②。入而徐趋，至而自谢③，曰："老臣病足，曾不能疾走，不得见久矣。窃自恕，而恐太后玉体之有所郄也④，故愿望见太后。"太后曰："老妇恃辇而行⑤。"曰："日食饮得无衰乎？"曰："恃粥耳。"曰："老臣今者殊不欲食，乃自强步，日三四里，少益嗜食，和于身也。"太后曰："老妇不能。"太后之色少解⑥。

【注释】

①左师：执政官。触龙：赵臣。

②胥：等待。

③谢：道歉。

④郄（xì）：通"隙"。此指身体不适。

⑤辇：人拉的车。

⑥少：稍，略。

【译文】

左师触龙说他愿觐见太后，太后气冲冲地等着他。才入宫时，小步移动示敬，到后致歉意，说："老臣的脚有毛病，所以不能快走，好久没有机会见面了。我私下原谅自己，又担心太后的身体劳累，所以希望谒见太后。"太后说："老婆子行动靠车。"触龙问道："每天饮食怕会有所减少吧？"太后回答说："靠的是稀饭而已。"触龙说："老臣近些时候不思饮食,于是勉强步行,一天走三四里,逐渐想吃东西,使身子舒服了点。"太后说:"老婆子办不到。"太后的脸色有所缓和。

左师公曰:"老臣贱息舒祺①,最少,不肖,窃爱怜之,愿令得补黑衣之数②,以卫王宫,没死以闻③。"太后曰:"敬诺。年几何矣?"对曰:"十五岁矣。虽少,愿及未填沟壑而托之④。"太后曰:"丈夫亦爱怜其少子乎?"对曰:"甚于妇人。"太后笑曰:"妇人异甚。"对曰:"老臣窃以为媪之爱燕后贤于长安君⑤。"曰:"君过矣,不若长安君之甚。"左师公曰:"父母之爱子,则为之计深远。媪之送燕后也,持其踵为之泣,念悲其远也,亦哀之矣。已行,非弗思也,祭祀必祝之,祝曰:'必勿使反。'岂非计久长,有子孙相继为王也哉?"太后曰:"然。"

【注释】

①贱息:谦称自己的子女。

②黑衣:卫士穿的衣服。此借指侍卫。

③没死:冒死罪。

④填沟壑:填尸于沟壑,婉称死。

⑤媪(ǎo):对老年妇女的敬称。燕后:赵太后女,因嫁给燕王,故称燕后。

【译文】

左师公触龙说:"老臣的犬子舒祺,年纪最小,没有本领,而今我老了,心里很喜欢他,希望能让他补进黑衣侍卫的队伍里,保卫王宫,我冒着死罪提出这个请求。"太后说:"非常同意。有多大年纪了?"触龙回答:"十五岁了。虽说年幼,希望在我死前能把他托付出去。"太后说:

"男人们也喜爱自己的小儿子吗?"触龙回答说:"超过女人家。"太后笑道:"女人家爱小儿子可是特别厉害啊!"触龙答说:"老臣私下里认为您老人家爱燕后超过了长安君。"太后说:"您错了,比起爱长安君差得远。"左师公触龙说:"父母疼爱子女,为他们考虑得很深远。您老人家送燕后出嫁,临别登车,握住她的足跟哭泣,悲伤她的远去,也是感到伤心啊。她走后,不是不思念她,祭祀必为她祝福,祝告道:'一定别让她回来。'难道不是考虑长远,希望她的子孙世代继承王位吗?"太后说:"是的。"

左师公曰:"今三世以前,至于赵之为赵,赵主之子孙侯者,其继有在者乎?"曰:"无有。"曰:"微独赵,诸侯有在者乎?"曰:"老妇不闻也。""此其近者祸及身,远者及其子孙。岂人主之子侯则必不善哉?位尊而无功,奉厚而无劳,而挟重器多也。今媪尊长安君之位,而封之以膏腴之地,多予之重器,而不及今令有功于国,一旦山陵崩①,长安君何以自托于赵?老臣以媪为长安君计短也,故以为其爱不若燕后。"太后曰:"诺。恣君之所使之。"于是为长安君约车百乘质于齐,齐兵乃出。

【注释】

①山陵崩:国君或王后之死的讳称。

【译文】

左师公触龙说:"从现在上推到三代以前,直到赵建国时,赵君的子孙做侯的,他的后嗣还有存在的吗?"太后答说:"没有。"触龙又问:"不单是赵国,其他诸侯情况相同还有存在的吗?"太后答说:"老婆子没有听说过。"触龙说:"这些人近的本身遭祸,远的子孙遭祸。难道君主的儿子做侯的就一定不好吗？因为他们地位高而并未建功，俸禄多而并无劳绩，并占有许多宝物啊。如今您老人家提高长安君的地位，把肥沃的地方封给他，给他很多宝物，不趁现在让他为国立功，一旦您不幸逝世，长安君怎么在赵国立足呢？老臣认为您老人家为长安君考虑得少，所以说您爱他比不上爱燕后。"太后说："说得是。听凭您安排他吧。"于是替长安君准备了一百辆车子，让他到齐国做人质，齐国这才发兵。

　　子义闻之曰①："人主之子也，骨肉之亲也，犹不能恃无功之尊，无劳之奉，而守金玉之重也，而况人臣乎？"

【注释】

①子义：赵国的贤人。

【译文】

　　子义听说这件事后说道："国君的儿子，是国君的亲骨肉啊，尚且不能依靠无功而得来高位，无劳而得来俸禄，坐拥金玉等贵重财物，何况是做臣子的呢？"

二六三　秦使王翦攻赵

【题解】

　　本章为叙事体。秦始皇十八年（前229），秦派王翦攻赵，赵派李牧率军抵御，屡败秦军。后来，赵王中了秦的反间计，杀掉李牧，自毁长城。结果赵王迁被虏，赵国灭亡。

　　秦使王翦攻赵①，赵使李牧、司马尚御之②。李牧数破走秦军，杀秦将桓齮③。王翦恶之，乃多与赵王宠臣郭开等金，使为反间,曰:"李牧、司马尚欲与秦反赵,以多取封于秦。"赵王疑之,使赵葱及颜最代将④,斩李牧,废司马尚。后三月,王翦因急击,大破赵,杀赵葱,虏赵王迁及其将颜最,遂灭赵。

【注释】

①王翦:人名。秦国名将,频阳(今陕西富平东北)人。

②李牧:人名。赵国名将,长期防守赵国北边,打败东胡、林胡、匈奴,屡建战功,封武安君。司马尚:人名。赵将。

③桓齮(yǐ):人名。秦将。

④赵葱:人名。赵将。颜最:人名:本齐将,后仕赵。

【译文】

秦国派王翦进攻赵国,赵国派李牧、司马尚领军迎战。李牧多次打败秦军,杀死了秦将桓齮。王翦为此担忧,于是送给赵王宠臣郭开等人很多金钱,让他们实行反间计,说:"李牧、司马尚准备勾结秦国反对赵国,以便在秦国取得更多的封地。"赵王怀疑他们,派赵葱和颜最取代了李牧、司马尚,杀了李牧,罢了司马尚的官。过了三月,王翦乘机加紧进攻,大破赵军,杀死赵葱,俘虏了赵王迁及将领颜最,于是灭了赵国。

卷二十二　魏策一

二六四上　知伯索地于魏桓子

【题解】

周贞定王十四年(前455)，智伯向魏桓子索要土地，魏桓子不同意，大臣任章提出了"必姑与之"的策略，建议割地给对方，强忍一时的怒气，保存力量，以待时机。

不久，智伯发动了攻打赵襄子的晋阳之战，韩、魏被迫追随其后，他们和赵氏联络，赵军从城内杀出，韩、魏在智伯背后猛插一刀，内外夹攻，智伯身首异处，魏桓子终于盼到了大仇得报的一天。

知伯索地于魏桓子[①]，魏桓子弗予。任章曰[②]："何故弗予?"桓子曰："无故索地，故弗予。"任章曰："无故索地，邻国必恐；重欲无厌，天下必惧。君予之地，知伯必憍[③]；憍而轻敌，邻国惧而相亲。以相亲之兵，待轻敌之国，知氏之命不长矣。《周书》曰[④]：'将欲败之，必姑辅之；将欲取之，必姑与之。'君不如与之，以骄知伯。君何释以天下图知氏，而独以吾国为知氏质乎[⑤]?"君曰："善。"乃与之万家之邑一。知伯

大说，因索蔡、皋狼于赵，赵弗与，因围晋阳。韩、魏反于外，
赵氏应之于内，知氏遂亡。

【注释】

①知伯：即智伯。魏桓（huán）子：人名。名驹。

②任章：人名。魏桓子的相。

③㤭：同"骄"。

④"周书曰"几句：此数语与《老子》文相近。《老子》云："将欲翕之，
　必固张之。将欲弱之，必固强之。将欲去之，必固与之。将欲夺
　之，必固予之。"

⑤质：箭靶，目标。

【译文】

　　智伯向魏桓子索取土地，魏桓子不给。大臣任章问："为什么不
给？"魏桓子回答说："他无缘无故索要我们的领土，所以不给。"任章说：
"无缘无故索要我们的领土，智伯的邻国一定会很害怕；贪得无厌，诸侯
一定会很担忧。您给智伯土地，他一定会骄傲；骄傲必定会轻敌，而邻
国因害怕而互相团结。用相互团结的军队去抵御轻敌的国家，智伯的
命不会长了。《周书》上说：'想要打败他，必先帮助他；想要有所获取，
必须先要给予。'您不如割给他土地，使智伯骄傲。您为什么放弃让诸
侯共同图谋智伯的做法，偏要把我国作为智伯进攻的目标呢？"魏桓子
说："好。"于是送给智伯一个万家的都邑。智伯大为高兴，又向赵国索
要蔡、皋狼二地，赵国不给，智伯就围攻晋阳。韩、魏联军从外部反击，
赵军则在城内接应，智伯终于灭亡。

二六四下　韩、赵相难

【题解】

团结三晋是魏文侯的一贯主张。韩、赵发生冲突，双方都向魏国借兵，魏文侯都没有答应，他说魏和对方是兄弟之邦，所以不能这样做。

魏文侯的做法赢得韩、赵的拥护，取得了外交上的巨大成功，所以魏文侯能在战国初年称雄一时，他的名声甚至超过了春秋五霸之首的齐桓公。

韩、赵相难，韩索兵于魏曰：“愿得借师以伐赵。”魏文侯曰：“寡人与赵兄弟，不敢从。”赵又索兵以攻韩，文侯曰：“寡人与韩兄弟，不敢从。”二国不得兵，怒而反。已乃知文侯以讲于己也，皆朝魏。

【译文】

韩、赵两国开战，韩国向魏国求援，说：“希望能借兵给我去进攻赵国。”魏文侯说：“我们魏国和赵国是兄弟之国，不能从命。”赵国又向魏国请求援兵去进攻韩国，魏文侯说：“我们魏国和韩国是兄弟之国，不能从命。”韩、赵两国都没有借到援兵，都很生气地返回本国。以后才知道魏国从中做了调解工作，便都去朝拜魏文侯。

二六五　乐羊为魏将攻中山

【题解】

周威烈王十八年（前408），魏文侯打算攻打中山，大臣翟璜推荐乐羊担任主将。中山君把乐羊儿子的肉煮成羹汤，送给乐羊，想动摇乐羊的战斗意志。乐羊愤怒之下，把羹汤一饮而尽，表示了攻打中山的决心。乐羊攻克中山之后，受到魏文侯的重赏。

可是魏臣睹师赞却说，乐羊连自己儿子的肉都能吃，是个残忍的人。言下之意是说乐羊不能重用。当中山战役进行时，乐羊受到朝中许多人的诽谤，看来睹师赞就是他们中间的代表者。魏文侯正在大力进行改革，任贤使能，论功行赏，睹师赞的谗言，未必能起到作用。本文的末尾说，文侯对乐羊"赏其功而疑其心"，这只是一偏之见，未必符合魏文侯的心意。

乐羊为魏将攻中山①，其子在中山，中山之君烹其子而遗之羹。乐羊坐于幕下而啜之，尽一杯。文侯谓睹师赞曰②："乐羊以我之故，食其子之肉。"赞对曰："其子之肉尚食之，其谁不食！"乐羊既罢中山，文侯赏其功而疑其心。

【注释】

①乐羊：人名。魏将。中山：国名。在今河北定县、平山一带。

②睹师赞：人名。魏臣。

【译文】

乐羊担任魏将去进攻中山国，他的儿子在中山，中山君烹杀了他的儿子，并送给他一杯肉羹。乐羊坐在军帐内就把一杯羹汤喝光了。魏文侯对睹师赞说："乐羊为了对我效忠，竟吃了他儿子的肉。"睹师赞回答说："他连儿子的肉都能吃，还有谁的肉不能吃！"乐羊从中山得胜而回，魏文侯奖赏他的战功，却怀疑他的居心。

二六六　西门豹为邺令

【题解】

邺是魏国的重镇,魏文侯在物色邺令时,选中了西门豹。在赴任之前,魏文侯临别赠言,告诫他要建功成名,并对他提出两点:一是要尊重父老和贤良;二是要明辨是非,考察那些似是而非的事物,不要被表面现象所迷惑。

西门豹果然没有辜负魏文侯的期望,一到任,就访问父老,了解他们的疾苦;邺水投巫,大快人心;决漳水溉邺田,让邺地百姓数百年间长享水利之福。西门豹真正做到了立功不朽。

西门豹为邺令①,而辞乎魏文侯。文侯曰:"子往矣,必就子之功,而成子之名。"西门豹曰:"敢问就功成名亦有术乎?"文侯曰:"有之。夫乡邑老者而先受坐之士,子入而问其贤良之士而师事之,求其好掩人之美而扬人之丑者而参验之。夫物多相类而非也,幽莠之幼也似禾,骊牛之黄也似虎②,白骨疑象,武夫类玉。此皆似之而非者也!"

【注释】

①西门豹:人名。魏臣。邺:地名。魏邑,在今河北临漳西南邺镇。
②骊(lí)牛:黄黑色的牛。

【译文】

西门豹出任邺令,向魏文侯辞行。魏文侯说:"您去吧,一定要成功、成名。"西门豹说:"请问成功、成名也有方法吗?"魏文侯说:"有方法。对乡邑中的老年人就让他们比旁人先行就座;读书士子来到,就选择他们中间德才兼备的人尊他们为老师;对那些喜欢掩盖别人优点、宣扬别人缺点的人，要根据事实进行验证。事物总是似是而非的，莠草的幼苗像禾苗，骊牛的毛色像老虎，白骨似象牙，一种叫武夫的石头好似玉石。这些都是似是而非的东西啊！"

二六七　文侯与虞人期猎

【题解】

战国初年，由于魏文侯具有卓越的政治才能，在国内完成了一系列改革，使魏国首先强大起来，韩、赵、齐等国都接受了魏国的领导，声名显赫，超过了五霸之首的齐桓公。

魏文侯能够取得巨大的成功，有多方面的原因，本文所载，他和虞人约定狩猎日期后，顶风冒雨，如期前往，从一个侧面反映他能严格遵守信用，勇于承担责任，说话算话，博得国内百姓的信任，也树立了他的国际声望，国内国外，对他都心悦诚服。文末所说的"魏于是乎始强"，正是一句画龙点睛之笔。

文侯与虞人期猎①。是日饮酒乐，天雨。文侯将出，左右曰："今日饮酒乐，天又雨，公将焉之？"文侯曰："吾与虞人期猎，虽乐，岂可不一会期哉！"乃往，身自罢之。魏于是乎始强。

【注释】

①虞人：管理山泽的小官。

【译文】

魏文侯和虞人约定日期打猎。到了这天，喝酒兴致很高，天下着雨。魏文侯将要出行，身边的人说："今天酒喝得高兴，天又下雨，您准备到哪里去呢？"魏文侯说："我和虞人约定了打猎的日期，虽然高兴，怎能不如期相会呢！"于是动身前往，亲自告诉他因雨停止打猎的事。魏国于是逐渐强大起来。

二六八　魏文侯与田子方饮酒而称乐

【题解】

魏文侯是对音乐很有素养的国君，他对新音乐常常听得入迷，所以能对钟声是否协调，提出评论。他的老师田子方告诉他，治国应当关注大政方针，不要丢掉主要任务而去注意音乐方面的小问题。

魏文侯与田子方饮酒而称乐①。文侯曰："钟声不比乎？左高。"田子方笑。文侯曰："奚笑？"子方曰："臣闻之，君明则乐官，不明则乐音。今君审于声，臣恐君之聋于官也！"文侯曰："善，敬闻命。"

【注释】

①田子方：人名。名无择，学于孔子弟子子贡，是魏文侯的老师。

【译文】

魏文侯与田子方一边饮酒，一边听演奏音乐。文侯说："钟的声音不和谐吧？左边的音高。"田子方笑了笑。文侯问："笑什么？"田子方回答说："我听说，英明的国君则关心政事，不英明的国君则关心音乐。现在您对音乐那样了解，我担心您对政事搞不清楚啊！"文侯说："好，敬听您的指教。"

二六九　魏武侯与诸大夫浮于西河

【题解】

吴起是战国时期杰出的英雄人物,他不仅是卓越的军事家,也是一个优秀的政治家。魏武侯派他镇守西河,防守坚不可摧,挡住了秦军东进的道路。

本章写他和魏武侯的一段谈话,充分表现了他的政治眼光。魏武侯认为凭借河山之险,就可以高枕无忧,这个观点本来是错误的,大夫王错却随声附和,企图博得魏武侯的欢心。吴起尖锐地指出,河山之险并不足恃,桀、纣都因恃险而亡国,归根到底,政治的好坏才是起决定作用的因素。一席话说得魏武侯连连点头称是。

不幸的是,吴起从此与王错结下了仇怨,王错成天说吴起的坏话,终于把吴起挤走。木秀于林,风必摧之。吴起流着眼泪离开魏国,魏国从此不断下滑,直至丧失霸主地位。

魏武侯与诸大夫浮于西河①,称曰:"河山之险,岂不亦信固哉!"王错侍坐②,曰:"此晋国之所以强也③。若善修之,则霸王之业具矣。"吴起对曰④:"吾君之言,危国之道也;而子又附之,是重危也。"武侯忿然曰:"子之言有说乎?"

【注释】

①魏武侯:名击,魏文侯之子,公元前395—前370年在位。西河:黄河流经魏国西部由北向南的一段。下文的"西河"是郡名,指今陕西东部黄河西岸地区。

②王错:魏臣。

③晋国:指魏国。

④吴起：卫国人，战国时著名军事家和政治家，时仕魏。

【译文】

魏武侯和诸位大夫在西河乘船而下，他赞叹道："河山如此险要，难道不真是坚不可摧吗？"王错陪坐在旁边，说："这就是魏国之所以强大的的原因啊。如果好好地治理它，成就霸业的条件就具备了。"吴起接着说："我们国君的话，把国家引向了危险的路；而您又附和他，这就更危险了。"武侯生气地说："您这样说有什么理由吗？"

吴起对曰："河山之险，不足保也；伯王之业，不从此也。昔者三苗之居①，左彭蠡之波②，右有洞庭之水③，文山在其北④，而衡山在其南⑤。恃此险也，为政不善，而禹放逐之⑥。夫夏桀之国⑦，左天门之阴⑧，而右天谿之阳⑨，庐、皋在其北⑩，伊、洛出其南⑪。有此险也，然为政不善，而汤伐之⑫。殷纣之国⑬，左孟门而右漳、釜⑭，前带河，后被山。有此险也，然为政不善，而武王伐之⑮。且君亲从臣而胜降城，城非不高也，人民非不众也，然而可得并者，政恶故也。从是观之，地形险阻，奚足以霸王矣！＋"

【注释】

①三苗：古族名。

②彭蠡：古泽名。即今江西鄱阳湖。

③洞庭：湖名。在今湖南北部。

④文山：即岷山，在今四川松潘北，绵延于川、甘两省边境。

⑤衡山：古称南岳，在今湖南衡山西北。

⑥禹：夏后氏部落联盟领袖。

⑦夏桀：夏代的末代君主。

⑧天门：即天井关，在今山西晋城南。

⑨天豨(xī)：指黄河和济水。

⑩庐、皋：山名。在今山西太原、交城一带。

⑪伊、洛：二水名。均在今河南境内。

⑫汤：商朝的开国君主。

⑬殷纣：商朝的末代君主。

⑭孟门：太行山的隘口，在今河南修武北。漳、釜：二水名。漳水在今河南、河北二省分界处。釜，当作"滏"，即今河北南部的滏阳河。

⑮武王：周武王姬发，西周的开国君主。

【译文】

吴起回答说："河山形势的险要，不能确保国家的安全；称霸称王的大业，也不是从这里产生的。从前三苗部落居住的地方，左边有彭蠡泽，右边有洞庭湖，文山在他们的北面，衡山在他们的南面。凭着这些险要，而政治不好，大禹就放逐了他们。那夏桀的国都，左有天门险关，右有黄河、济水、庐、皋二山在北，伊、洛二水在南。尽管有这样险要的地势，但政治不好，商汤王就讨伐他。殷纣的都城，左有孟门山，右有漳、滏二水，它前临河，后靠山。尽管有这样险要的形势，但政治腐败，周武王就攻灭了它。再说，您曾亲自和我一道迫使敌方的城邑投降，他们的城墙不是不高，百姓不是不多，但仍然可以加以吞并，就是因为他们政治糟糕啊。这样看来，地形险要，怎么就能说足以称霸称王呢？"

武侯曰："善。吾乃今日闻圣人之言也！西河之政，专委之子矣。"

【译文】

魏武侯说："说得好。我今天才算是听到了圣人的言论啊！西河郡的政务,就都交给您了。"

二七〇　魏公叔痤为魏将

【题解】

　　本章写公叔痤在取得浍北之战的胜利以后,能冷静地分析获胜的各种原因,正确地看到吴起余教和巴宁、爨襄对克敌制胜所起的作用,不居功自傲,不把一切功劳都挂到自己的账上,表现了谦虚自处的政治风范。他的这种态度,加强了魏国的内部团结。由于他在战胜强敌之后,又能"不遗贤者之后,不掩能士之迹",因而受到了魏王的重赏。

　　魏公叔痤为魏将,而与韩、赵战浍北①,禽乐祚②。魏王说③,郊迎,以赏田百万禄之。公叔痤反走,再拜辞曰:"夫使士卒不崩,直而不倚,挠而不辟者④,此吴起余教也,臣不能为也。前脉地形之险阻,决利害之备,使三军之士不迷惑者,巴宁、爨襄之力也⑤。县赏罚于前,使民昭然信之于后者,王之明法也。见敌之可也鼓之,不敢怠倦者,臣也。王特为臣之右手不倦赏臣,何也?若以臣之有功,臣何力之有乎?"王曰:"善。"于是索吴起之后,赐之田二十万,巴宁、爨襄田各十万。

【注释】

①浍(huì):水名。源出今山西翼城东南浍山下,西南流入汾河。

②禽:同"擒"。乐祚:赵将。

③魏王:魏惠王。

④辟:躲避。

⑤巴宁、爨（cuàn）襄：均是魏将。

【译文】

魏国的公叔痤担任将领，和韩、赵两国在浍北展开大战，俘虏了赵将乐祚。魏王十分高兴，到郊外去迎接公叔痤，赏赐公叔痤百万田地作为俸禄。公叔痤转身就走，拜了两拜再三推辞说："让士兵不溃散，勇往直前，百折不挠的，是受吴起从前的教导，我是做不到这些的。事前就去观察复杂险要的地势，使将士们不被迷惑的，这是巴宁、爨襄的功劳。制定赏罚制度于前，使百姓明白遵守于后，这是君王的法度明确。看见敌人可以攻打，就击鼓进军而不敢懈怠的，这是我的责任。大王只为我不敢懈怠的右手就赏赐我，这是为什么呢？如果认为我有功劳，我又有什么功劳呢？"魏王说："说得好。"魏王于是派人寻访到了吴起的后人，赏赐他田地二十万，还赏赐巴宁和爨襄田地各十万。

王曰："公叔岂非长者哉！既为寡人胜强敌矣，又不遗贤者之后，不掩能士之迹，公叔何可无益乎？"故又与田四十万，加之百万之上，使百四十万。故《老子》曰："圣人无积，既以为人，己愈有；既以与人，己愈多。"公叔当之矣。

【译文】

魏王说："公叔痤难道不是德高望重的人吗！他既为我打败了强敌，又没有遗忘贤人的后代，不埋没能人的功绩，公叔痤怎么能不得到赏赐呢？"魏王因此又赐公叔痤田地四十万，加上以前赐的一百万，共有一百四十万。《老子》曾说："圣人不积蓄，全力帮助他人，自己得的也就会越多；尽量给予别人的，自己也会更充分拥有。"公叔痤应该就是这样的人。

二七一　魏公叔痤病

【题解】

魏国是战国初年最强的国家,到了魏惠王时,开始走下坡路,国势由盛转衰。魏惠王的失败,有多种因素,不用人才,排斥人才,逼使人才出走,是其中的重要因素。在遭受严重挫败之后,惠王说"恨不用公叔痤之言",他是后悔没有任用公孙鞅,还是后悔没有杀掉公孙鞅呢? 这可是费人猜想的悬念。

人才是国家的宝贵资源,魏惠王昏头昏脑,不辨黑白,放弃了公叔痤向他推荐的贤才公孙鞅,终于为此付出了丧师失地的惨痛代价。

魏公叔痤病①,惠王往问之②,曰:"公叔病,即不可讳,将奈社稷何?"公叔痤对曰:"痤有御庶子公孙鞅③,愿王以国事听之也;为弗能听,勿使出竟④。"王弗应,出而谓左右曰:"岂不悲哉! 以公叔之贤,而谓寡人必以国事听鞅,不亦悖乎!"

【注释】

①公叔痤(cuó):魏相。

②惠王:即魏惠王,战国时魏国国君,名罃,魏武侯子,公元前369—前319年在位。

③公孙鞅:卫人,即商鞅,后入秦佐秦孝公变法。

④竟:通"境"。

【译文】

魏相公叔痤病重,惠王前去探视他,问道:"公叔病重,如不幸去世,国家怎么办?"公叔痤回答说:"我有御庶子公孙鞅,希望大王把国事交给他处理;如果办不到,不要让他走出国境。"惠王没有说话,出去之后告诉身边的人说："真可悲啊！以公叔的贤能，而叫我把国政交给公孙鞅支配，岂不是昏聩吗！"

公叔痤死，公孙鞅闻之，已葬，西之秦，孝公受而用之①。秦果日以强，魏日以削。此非公叔之悖也，惠王之悖也！悖者之患，固以不悖者为悖。

【注释】

①孝公：即秦孝公。战国时秦国国君，名渠梁，公元前361—前338年在位。

【译文】

公叔痤去世了，公孙鞅听到这个消息，在公叔痤下葬后，就向西去到秦国，秦孝公接纳并重用他。秦国果然一天天强大，魏国一天天削弱。这不是公叔昏聩，而是惠王昏聩啊！脑子昏聩的人的毛病，会把不昏聩的人说成是昏聩的。

二七二　苏秦为赵合从

【题解】

本章文中强调魏国地广人众，堪与楚国相比，却打算西面事秦，乃是国家的羞耻。

其次举出勾践灭吴、武王克商等以少胜多、以弱胜强的例子，说明魏国的局势还是大有可为的。

结论是：如果六国合纵，团结合作，必然不致受到秦国的侵犯。

文中提到魏对秦"称东藩，筑帝宫"，可见本文拟作时间已在战国晚期，魏国丧失独立，成为秦国藩属之时。

苏秦为赵合从，说魏王曰："大王之地，南有鸿沟、陈、汝南、许、鄢、昆阳、邵陵、舞阳、新郪①，东有淮、颍、沂、黄、煮枣、海盐、无疏②，西有长城之界③，北有河外、卷、衍、酸枣④，地方千里。地名虽小，然而庐田庑舍之数，曾无所刍牧牛马之地。人民之众，车马之多，日夜行不休已，无以异于三军之众。臣窃料之，大王之国不下于楚。然横人讻王外交强虎狼之秦⑤，以侵天下。卒有国患，不被其祸。夫挟强秦之势，以内劫其主，罪无过此者。且魏天下之强国也，大王天下之贤主也，今乃有意西面而事秦，称东藩，筑帝宫，受冠带，祠春秋，臣窃为大王愧之。

【注释】

①鸿沟：古运河，约于公元前 360 年开通，故道自今河南荥阳东南至淮阳入颍河。陈：地名。在今河南淮阳。汝南：郡名。今河南南部汝水中游一带。许：地名。在今河南许昌东。鄢：地名。在今河南鄢陵。昆阳：地名。在今河南叶县北。邵陵：地名。在今河南郾城东。舞阳：地名。在今河南舞阳西。新郪（qī）：地名。在今河南沈丘东。

②淮、颍、沂、黄：皆水名。煮枣：地名。在今山东菏泽东南。海盐、无疏：今地不详。

③西有长城之界：魏的西长城主要为御秦而筑，起于今陕西华阴华山北，跨过渭河，沿洛河东岸北上，经大荔西，折向东北，入合阳县境，东行经韩城南，止于黄河西岸。

④河外：地区名。黄河以南的魏地。卷：地名。在今河南原阳西。衍：地名。在今河南郑州北。酸枣：地名。在今河南延津西南。

⑤讻（xù）：以利害诱导。

【译文】

苏秦为赵国组织合纵联盟，游说魏王道："大王的国土，南面有鸿沟、陈、汝南、许、鄢、昆阳、邵陵、舞阳、新郪，东面有淮水、颍水、沂水、黄池、煮枣、海盐、无疏，西面有长城与秦国为界，北面有河外、卷、衍、酸枣，国土纵横千里。国家的声名虽小，但乡间的房屋十分密集，连放牧牲畜的地方都没有。人烟稠密，车水马龙，日夜川流不息，轰隆轰隆的车马声，听起来就好像大部队在行军。我个人认为大王的国家并不比楚国差。然而那些主张连横的人却想引诱您伙同虎狼一样的秦国去侵犯天下。一旦受到秦国的加害，他们是不管的。倚仗强秦的声威来胁迫自己的君主，罪过没有比这更严重的了。魏国是天下的强国，大王是天下的贤主。现在却甘心向西侍奉秦国，以秦国的东方属国自居，为秦国建造巡狩的行宫，接受它的礼仪制度，春秋贡奉，帮助秦国祭祀，我私下替您感到羞愧。

"臣闻越王勾践以散卒三千，禽夫差于干遂①；武王卒三千人、革车三百乘，斩纣于牧之野②。岂其士卒众哉？诚能振其威也。今窃闻大王之卒，武力二十余万③，苍头二十万④，奋击二十万⑤，厮徒十万⑥，车六百乘，骑五千匹，此其过越王勾践、武王远矣！今乃劫于辟臣之说，而欲臣事秦。夫事秦必割地效质，故兵未用而国已亏矣。凡群臣之言事秦者，皆奸臣，非忠臣也。夫为人臣，割其主之地以求外交，偷取一旦之功而不顾其后，破公家而成私门，外挟强秦之势以内劫其主，以求割地。愿大王之熟察之也。

【注释】

①禽：同"擒"。夫差：人名。春秋末吴国君主。干遂：地名。在江

苏吴县西北四十里太湖边。

②牧之野：地名。即牧野，在今河南汲县南。

③武力：魏国按严格标准选拔的步兵。

④苍头：用青巾裹头的特殊部队。

⑤奋击：能奋勇杀敌的战士。

⑥厮徒：供炊烹杂役的人。

【译文】

"我听说越王勾践用三千疲惫的兵士与吴国作战，在干遂生擒了吴王夫差；武王以三千兵士、三百辆兵车，在牧野之战中斩下了纣王的头。难道是他们的兵力众多吗？实在是因为他们能发挥兵威。我个人听说大王的兵力有武力二十多万，苍头军二十万，冲击部队二十万，杂役十万，还有战车六百辆，战马五千匹，这就远远超过了越王勾践和武王了！想不到现在您竟听信群臣的话，打算向秦国臣服。谈到向秦臣服，必然要割让土地和献上宝贵的器物，所以不经过战事而国家就已经蒙受损失了。凡是群臣中主张侍奉秦国的人，都是奸臣，不是忠臣。他们作为人臣，割让自己国家的土地来讨好外国，只图眼前效益而不顾后果，损公肥私，对外依靠强秦的势力来胁迫自己的国君，以求把土地割让给秦国。希望大王仔细考虑。

"《周书》曰①：'绵绵不绝②，缦缦奈何③？毫毛不拔，将成斧柯④。'前虑不定，后有大患，将奈之何？大王诚能听臣，六国从亲，专心并力，则必无强秦之患。故敝邑赵王使使臣献愚计，奉明约，在大王诏之。"

【注释】

①《周书》：书名。即《逸周书》，以下四句引文见《和寤》篇。

②绵绵:细微的样子。

③缦缦:蔓延滋长的样子。缦,通"蔓"。

④柯:斧柄。

【译文】

"《周书》上说:'铲除草木,在萌芽状态不加斩断,等到枝叶蔓延怎么办呢? 在细小的时候不斩断,等长大后就必须使用斧头砍了。'事前不考虑成熟,就会招致严重的后果,那时又怎么办呢? 大王真能听从我的建议,使六国合纵相亲,齐心合力,就一定不会再遭受强秦的侵略了。因此,敝国的赵王派我来向您呈献这种不成熟的意见,接受您贤明的约定,究竟如何,全赖大王的指示。"

魏王曰:"寡人不肖,未尝得闻明教。今主君以赵王之诏诏之①,敬以国从。"

【注释】

①主君:对卿大夫的称呼。

【译文】

魏王说:"我没有才能,以前没有机会听取您高明的指教。现在您用赵王的指示来启发我,我愿意率领魏国追随您。"

二七三　张仪为秦连横

【题解】

张仪游说魏王的话,和苏秦的说辞相反,强调的是魏国的不利条件,指出魏国地处中原,四通八达,很容易受到邻国进攻,造成四分五裂。

　　其次,以武力威胁,指出秦的力量强大,东向攻魏,魏的危亡就迫在眉睫。

　　最后是魏王放弃合纵,成为秦的东方藩属。

　　本章的拟作时间也在战国晚期。

　　张仪为秦连横,说魏王曰:"魏地方不至千里,卒不过三十万人。地四平,诸侯四通,条达辐辏,无有名山大川之阻。从郑至梁,不过百里;从陈至梁,二百余里;马驰人趋,不待倦而至。梁南与楚境,西与韩境,北与赵境,东与齐境,卒戍四方,守亭障者参列①,粟粮漕庾②,不下十万。魏之地势,故战场也。魏南与楚而不与齐,则齐攻其东;东与齐而不与赵,则赵攻其北;不合于韩,则韩攻其西;不亲于楚,则楚攻其南。此所谓四分五裂之道也!

【注释】

①亭障:边地要塞设置的瞭望工事和堡垒。

②漕庾:储存水路运输的粮仓。

【译文】

　　张仪为秦国组织连横阵线,游说魏王道:"魏国的土地纵横不满千里,士兵不到三十万。地势四面平坦,与各国四通八达,好像车轮辐条都聚集在车轴上一样,境内没有高山大河的阻隔。从新郑到大梁不过百里;从陈城到大梁,二百多里;不论战车或步兵,都不用花多大力气就能到达。魏国南与楚国交界,西与韩国接连,北与赵国靠近,东与齐国连界,军队戍守四方,守卫边疆的兵士戍守在边防要塞,储存粮食的仓库,不少于十万。魏国的地势,自来就是战场。如果南边与楚国交好而东边却不与齐国交好,那齐国就会从东面进攻;和东方齐国友好而不和赵国亲善，那赵兵就会从北面进攻；与韩国不和，那韩兵就会攻魏的西面；与楚国不亲，那楚兵就会侵犯魏的南面。这正是人们所说的四分五裂的地理位置啊！

"且夫诸侯之为从者，以安社稷、尊主、强兵、显名也。合从者，一天下，约为兄弟，刑白马以盟于洹水之上①，以相坚也。夫亲昆弟、同父母尚有争钱财，而欲恃诈伪反覆苏秦之余谋，其不可以成亦明矣。

【注释】

①洹（huán）水：水名。源出今河南林州林虑山，流经安阳，至内黄入卫河，是东方诸侯会聚的地方。

【译文】

"再说各国诸侯之所以合纵结盟，是想求得国家安全、巩固君王地位、增强军队力量、发扬本国声威。现在各合纵国家把天下当做一家，他们彼此结为兄弟，在洹水之滨杀白马立誓为盟，以坚定彼此的意志。然而同是父母所生的亲兄弟之间，尚且发生争夺钱财的事，那么合纵各国要想凭借虚伪的盟约来维持苏秦残损的谋划，它的不可能成功是明确无疑的了。

"大王不事秦，秦下兵攻河外，拔卷、衍、燕、酸枣①，劫卫取阳晋②，则赵不南；赵不南则魏不北；魏不北则从道绝；从道绝，则大王之国欲求无危，不可得也。秦挟韩而攻魏，韩劫于秦，不敢不听。秦、韩为一国，魏之亡可立而须也。此臣之所以为大王患也。

【注释】

①燕：地名。古南燕国，在今河南滑县胙(zuò)城镇。

②阳晋：地名。卫邑，在今山东巨野西。

【译文】

"大王您要是不依附秦，秦就会出兵攻打河外，占据卷、衍、燕、酸枣等地，胁迫卫国，夺取卫国的阳晋，于是赵国不能南下援魏；赵国不能南下，那魏也就不能向北和赵呼应；魏不能连赵，那么合纵各国的交通就会断绝；合纵各国的交通一断绝，那么大王您的国家要想没有危险是不可能的了。秦国挟持韩国转而攻魏，韩国因为害怕秦国，不敢不服从。秦与韩联为一体，于是魏的灭亡就近在眼前了。这就是我为大王担心的事情啊。

"为大王计，莫如事秦。事秦则楚、韩必不敢动；无楚、韩之患，则大王高枕而卧，国必无忧矣。

【译文】

"现在为大王着想，还是不如依附了秦国。依附了秦国就必定会使楚国、韩国不敢妄动；没有了楚、韩侵扰的祸患，大王就可以高枕而卧，国家肯定没有什么可以忧虑的事情了。

"且夫秦之所欲弱莫如楚，而能弱楚者莫若魏。楚虽有富大之名，其实空虚；其卒虽众多，然而轻走易北，不敢坚战。悉魏之兵南面而伐，胜楚必矣。夫亏楚而益魏，攻楚而适秦，嫁祸安国，此善事也。大王不听臣，秦甲出而东，虽欲事秦而不可得也。

【译文】

"况且秦国最想削弱的国家是楚国,而最能削弱楚国的是魏国。楚国虽然有民富国大的名声,但实际上却很空虚;它的军队人数虽然多,但临阵会轻易败逃,不能打硬仗。我们调集魏国的全部军队南下攻打楚国,获胜是可以肯定的。割裂楚国,有利于魏国,亏损楚国,使秦国高兴,转嫁了灾祸,安定了国家,确是一件好事啊。大王如不听取我的意见,秦出兵东向攻魏,那时就算魏要投秦,也不可能了。

"且夫从人多奋辞而寡可信,说一诸侯之王,出而乘其车;约一国而反,而成封侯之基。是故天下之游士,莫不日夜搤腕、瞋目、切齿以言从之便,以说人主。人主览其辞,牵其说,恶得无眩哉?臣闻积羽沉舟,群轻折轴,众口铄金。故愿大王之熟计之也!"

【译文】

"再说那些主张合纵的策士吧,他们大多话讲得激昂,而很少有靠得住的,只要说动了一国国君,出来时就乘坐国君所赐的车子;约结一个国家反对秦国,就能够被赐封为侯。所以天下从事游说的人无不随时随地都在扼腕、瞋目、切齿,宣扬合纵的好处,以图打动一国的君主。君主觉得他们说得很好而受到影响,又怎么可能不被迷惑呢?我听说过这样的话,羽毛堆积多了能把船压沉,轻东西聚载多了能把车轴压断,众人的嘴巴可以使金属熔化,众多的坏话能把骨头销毁。所以希望大王要深思熟虑啊!"

魏王曰:"寡人蠢愚,前计失之。请称东藩,筑帝宫,受冠带,祠春秋,效河外。"

【译文】

魏王说:"我愚蠢无知,从前的打算错了。我愿倒向秦国,让魏国成为它东面的藩臣,并为秦王修建行宫,接受秦国的政治制度,春、秋两季给秦国的祭祀纳贡,献出河外之地。"

二七四　齐、魏约而伐楚

【题解】

周显王二十八年(前 341),齐、魏马陵之战后,魏惠王为了挽救危局,采用了公孙衍提出的表面和齐友好,暗中却与楚国结盟的策略。魏国于是把董庆派到齐国做人质。

周显王三十六年(前 333),楚、齐发生徐州之战,魏坐视不理,齐国大败。

齐相田婴大怒,欲杀董庆泄愤。盱夷为董庆游说,劝田婴不杀董庆,表示齐、魏还有一定联系,使楚军不敢深入。

　　齐、魏约而伐楚,魏以董庆为质于齐①。楚攻齐,大败之,而魏弗救。田婴怒,将杀董庆。盱夷为董庆谓田婴曰②:"楚攻齐,大败之,而不敢深入者,以魏为将内之于齐而击其后。今杀董庆,是示楚无魏也。魏怒合于楚,齐必危矣。不如贵董庆以善魏,而疑之于楚也。"

【注释】

①董庆:人名。魏臣。

②盱(gàn)夷:人名。齐臣。

【译文】

　　齐、魏两国结盟共同进攻楚国,魏国派董庆到齐国去做人质。楚国进攻齐国,大败齐军,而魏国不去救援。田婴大怒,准备杀掉董庆。盱夷为董庆对田婴说:"楚国进攻齐国,大败齐国,不敢深入,是因为魏国要让楚国深入齐境,然后再从后面去截击它。现在杀了董庆,那就是告诉楚国,齐国和魏国断绝了关系。魏国发怒,与楚国联合,齐国必然危险。您不如尊重董庆,以此向魏国表示友好,而使楚国对魏国产生怀疑。"

二七五　苏秦拘于魏

【题解】

　　周赧王二十九年(前286),齐闵王攻宋的战役正在加紧进行,本章所说的"齐请以宋地封泾阳君",目的在于避免秦国干涉,以利于攻下宋国。这时苏秦正为齐相,他去魏国是为了要魏国支持攻宋之役。魏王担心齐、秦联合,对己不利,于是拘留了苏秦。

　　齐派苏厉游说魏王,说是放回苏秦,秦就会对齐产生怀疑。齐、秦不合,则伐齐的事就没有阻碍了。可见这时五国合纵伐齐的事,正在形成过程中。

　　苏秦拘于魏,欲走而之齐,魏氏闭关而不通。齐使苏厉为之谓魏王曰①:"齐请以宋地封泾阳君②,而秦不受也。夫秦非不利有齐而得宋地也,然其所以不受者,不信齐王与苏秦也③。今秦见齐、魏之不合也,如此其甚也,则齐必不欺秦,而秦信齐矣。齐、秦合而泾阳君有宋地,则非魏之利也。故王不如复东苏秦,秦必疑齐而不听也。夫齐、秦不合,天下无变，伐齐成则地广矣。"

【注释】

①苏厉：人名。苏秦弟。

②泾阳君：秦昭王母弟公子市（fú）。

③齐王：齐闵王。

【译文】

苏秦被拘留在魏国，想逃到齐国去，魏军守住关口，不让他通过。齐国派苏厉为他对魏王说："齐国请求把宋地封给秦国泾阳君，可是秦国不接受。秦国并不是不愿意与齐国友好又可以得到宋地，但是它不接受的原因，是不相信齐国和苏秦。现在秦国见到齐、魏两国不融洽如此严重，那齐国必定不会欺骗秦国，秦国也会相信齐国。齐、秦两国联合，泾阳君又拥有宋地，这对魏国绝非有利的形势。所以大王不如让苏秦仍然回到齐国去，秦国必然会怀疑齐国而不相信它。齐、秦不能联合，诸侯的关系又没有变化，这时大王攻齐就可取得成功，领土也可以扩大了。"

二七六　陈轸为秦使于齐

【题解】

陈轸为秦出使齐国，途经魏国，求见犀首，此时犀首公孙衍正被魏王冷落，无事可做，情绪低落。陈轸为他设谋，使燕、赵、齐、楚都把国事委托给他。魏王见他受到四国信任，也把国事交给他。犀首于是主持五国政务，并重新担任魏相。

一个人的能力总是有限的，像犀首那样才智过人的政治家，有时也需要别人的提醒和帮助。

陈轸为秦使于齐,过魏求见犀首^①,犀首谢陈轸。陈轸曰:"轸之所以来者,事也。公不见轸,轸且行,不得待异日矣。"犀首乃见之。陈轸曰:"公恶事乎? 何为饮食而无事?"犀首曰:"衍不肖,不能得事焉,何敢恶事?"陈轸曰:"请移天下之事于公。"犀首曰:"奈何?"陈轸曰:"魏王使李从以车百乘使于楚^②,公可以居其中而疑之。公谓魏王曰:'臣与燕、赵故矣,数令人召臣也,曰无事必来。今臣无事,请谒而往,无久,旬五之期。'王必无辞以止公。公得行,因自言于廷曰:'臣急使燕、赵。急约车为行具。'"犀首曰:"诺。"谒魏王^③,王许之,即明言使燕、赵。

【注释】

①犀首:本为官名,因公孙衍曾任此官,后专用来指公孙衍。

②李从:人名。魏臣。

③魏王:魏惠王。

【译文】

陈轸为秦国出使齐国,经过魏国要求会见犀首,犀首拒绝接见。陈轸说:"我来这里是有要事的。您不见我,我就要走了,不能再等了。"犀首便会见了陈轸。陈轸说:"您讨厌做事吗? 为什么有吃有喝而没有事做呢?"犀首说:"我由于无能,所以没有事做,怎么敢讨厌做事呢?"陈轸说:"把天下诸侯的事务都交给您处理吧。"犀首说:"怎么能做到呢?"陈轸说:"魏王派李从配备了百辆马车出使楚国,您可从中使楚王对他持怀疑态度。您对魏王说:'我和燕、赵两国的国君是旧交,他们好几次派人邀我去,说如果没事,一定得来。现在我没有事,我想去拜见一下,时间不会长,只要十五天。'魏王肯定没有什么借口来拒绝您。您要是能去,就公开说:'我马上要出使燕、赵两国,赶快给我准备车马及出使的用具。'"犀首说:"行。"他便去拜见魏王,魏王答应了他,于是犀首公开宣扬要出使燕、赵。

　　诸侯客闻之,皆使人告其王曰:"李从以车百乘使楚,犀首又以车三十乘使燕、赵。"齐王闻之①,恐后天下得魏,以事属犀首,犀首受齐事。魏王止其行。燕、赵闻之,亦以事属犀首。楚王闻之曰②:"李从约寡人,今燕、齐、赵皆以事因犀首,犀首必欲寡人,寡人欲之。"乃倍李从而以事因犀首。魏王曰:"所以不使犀首者,以为不可。今四国属以事,寡人亦以事因焉。"犀首遂主天下之事,复相魏。

【注释】

①齐王:齐威王。

②楚王:楚怀王。

【译文】

　　诸侯派出的人员听到这一消息,都派人告诉他们的君王说:"李从率车百辆出使楚国,犀首又率车三十辆出使燕、赵两国。"齐王听说后,担心与魏国友好落在别人后面,于是把国事交给犀首,犀首接受了齐国的委托。但魏王这时却不让他走。燕、赵两国听说后,也都以国事交托给犀首。楚王得知后说:"李从和我约盟,现在燕、齐、赵三国都把国事交托给犀首,犀首肯定希望我也把楚国大事交托给他,我就这么办吧。"于是抛弃李从,而把楚国大事交给犀首。魏王说:"我之所以不派犀首出使的原因,是认为他不能胜任。现在四国都把国家大事交托给他,我也就把国事托付给他吧。"犀首于是主持了五国的事,又重新担任了魏相。

二七七　张仪恶陈轸于魏王曰

【题解】

本章是《楚策三·陈轸告楚之魏》重出的文字。

张仪在魏王面前攻击陈轸,说他为楚国卖力。左华建议陈轸,把张仪所说的话转告楚王,定能得到楚王的信任。

张仪恶陈轸于魏王曰①:"轸善事楚,为求壤地也,甚力。"左华谓陈轸曰②:"仪善于魏王,魏王甚爱之,公虽百说之犹不听也。公不如以仪之言为资,而反于楚。"陈轸曰:"善。"因使人先言于楚王③。

【注释】

①魏王:魏惠王。

②左华:人名。魏人。

③楚王:楚怀王。

【译文】

张仪在魏王前诽谤陈轸说:"陈轸对楚国很好,他很卖力地为楚国争取地盘。"左华对陈轸说:"张仪受到魏王的优待,魏王很器重他,您即使费尽唇舌,魏王也不会听您的。您不如借助于张仪诽谤您的话返回楚国。"陈轸说:"好。"于是就派人先把张仪的那番话告诉给楚王。

二七八　张仪欲穷陈轸

【题解】

周赧王五年(前310),张仪自秦复出相魏。齐国对张仪不满,准备出兵攻魏。陈轸素来主张齐、楚亲善，因而张仪打算从楚国召陈轸至魏，以离间齐、楚的关系，张仪的算计被陈轸的儿子陈应窥破，于是劝他的父亲走到中途就扬言生病，停止前进，表明楚无意与魏联合。

齐王闻讯大为高兴，果然表示要封赏陈轸，并用鲁侯的车前来迎接，正如陈应的预料。

张仪欲穷陈轸，令魏王召而相之，来将悟之。将行，其子陈应止其公之行，曰："物之湛者，不可不察也！郑彊出秦曰①，应为知。夫魏欲绝楚、齐，必重迎公。郢中不善公者，欲公之去也，必劝王多公之车。公至宋，道称疾而毋行，使人谓齐王曰：'魏之所以迎我者，欲以绝齐、楚也。'"齐王曰："子东，无之魏而见寡人也，请封子。"因以鲁侯之车迎之。

【注释】

①郑彊：人名。本郑人，韩灭郑后，成为韩人。

【译文】

张仪打算陷害陈轸，要魏王邀陈轸来做相国，等他来了就把他囚禁起来。陈轸准备出发，他的儿子陈应就阻止他父亲前去说："谋事要深，不可不慎审啊！郑彊离开秦国说，陈应是知道应该怎么办的。魏国想与楚、齐两国断交，必定会隆重地迎接您。楚国郢都中对您不好的人，本来就想要您离开楚国，一定会劝楚王多给您车辆，您去宋国，就中途称病，不要再走了，并派人对齐王说：'魏王之所以迎接我，是因为他准备与齐、楚两国绝交。'"齐王说："您如果往东行，不去魏国，而来见寡人，我一定封赏您。"于是就用鲁侯用过的车子去迎接陈轸。

二七九　张仪走之魏

【题解】

张仪从秦国来到魏国，魏王准备迎接他的到来。魏臣张丑加以阻止，他自比老妇，说如果色衰失宠，只有再嫁。这个比喻非常可笑。文末说魏王竟听从他的意见，拒绝张仪入境，尤属荒唐。本书有许多精彩而生动的比喻，本章所云，则属于败笔。

张仪走之魏，魏将迎之。张丑谏于王①，欲勿内，不得于王，张丑退。复谏于王曰："王亦闻老妾事其主父者乎？子长色衰，重嫁而已。今臣之事王，若老妾之事其主父者。"魏王因不纳张仪。

【注释】

①张丑：人名。曾为齐臣。

【译文】

张仪去到魏国，魏王准备迎接他。张丑劝阻魏王，想让魏王不要接纳，魏王不听，张丑只得退下。张丑又劝阻魏王说："大王可曾听说老妾侍奉主父的事吗？当她年老色衰后，只好另寻门路。我现在侍奉大王就像老妾侍奉主父一样。"魏王听后于是没有接纳张仪。

二八〇　张仪欲以魏合于秦、韩而攻齐、楚

【题解】

魏惠王在齐、魏马陵之战中遭到严重挫败，此后，他的外交方针摇摆不定。最初采用相国惠施联合齐、楚，使战争停息的主张，折节朝齐，

与齐威王在徐州会盟,互相承认对方为王,使魏国局势得以暂时稳定。

这时,秦相张仪推行连横策略,"欲以秦、韩与魏之势伐齐、荆",和惠施的策略针锋相对。张仪以担任秦相的势力进入魏国,迫使魏王把惠施赶走。朝中的臣僚很多都为张仪说话,意见呈现一边倒的趋势,惠施显然已经陷于孤立,只好独自离开。

　　张仪欲以魏合于秦、韩而攻齐、楚。惠施欲以魏合于齐、楚以案兵。人多为张子于王所。惠子谓王曰:"小事也,谓可者谓不可者正半,况大事乎?以魏合于秦、韩而攻齐、楚,大事也。而王之群臣皆以为可。不知是其可也,如是其明耶?亡群臣之知术也,如是其同耶?是其可也,未如是其明也;而群臣之知术也,又非皆同也,是有其半塞也。所谓劫主者,失其半者也!"

【译文】

　　张仪想以魏国联合秦、韩两国,去进攻齐国和楚国。惠施想以魏国联合齐、楚两国去对抗秦、韩,以便休兵。大臣们在魏王那里大多同意张仪的主张。惠施对魏王说:"一桩小事,同意的人和不同意的人尚且各占一半,何况是大事呢?主张魏国联合秦、韩两国,去进攻齐、楚,这是大事。大王的群臣都认为可以。不知道这真的是显而易见的呢?还是群臣的智谋竟如此完全相同呢?是否可行,并没有很明白;大臣们的认识也不完全相同,可见有一半人的意见没有表达出来。所谓胁迫君主,就是有一半意见都听不到啊!"

二八一　张子仪以秦相魏

【题解】

张仪对齐、楚很不友好，所以在他相魏后，齐、楚都打算出兵攻魏。张仪的手下雍沮，为他出谋划策，让齐、楚罢兵。

雍沮劝说齐、楚的国君，指出齐、楚攻魏的行动，会促使秦、魏的团结加强，不论胜负如何，都对齐、楚不利，这并未使张仪处于困境，反而帮张仪实现了在秦王面前许下的诺言。

张子仪以秦相魏，齐、楚怒而欲攻魏。雍沮谓张子曰①："魏之所以相公者，以公相则国家安，而百姓无患。今公相而魏受兵，是魏计过也。齐、楚攻魏，公必危矣。"张子曰："然则奈何？"雍沮曰："请令齐、楚解攻。"

【注释】

①雍沮：人名。魏人，张仪门客。

【译文】

张仪依靠秦国的势力出任魏相，齐、楚不满，想进攻魏国。雍沮对张仪说："魏国之所以任命您为相国，是认为您担任相国，魏国就能安宁，百姓就没有祸患。现在您任魏相，而魏国却受到进攻，这是魏国的打算错了。齐、楚两国进攻魏国，您的地位就危险了。"张仪说："这可怎么办呢？"雍沮说："让我去使齐、楚两国放弃进攻。"

雍沮谓齐、楚之君曰①："王亦闻张仪之约秦王乎②？曰：'王若相仪于魏，齐、楚恶仪，必攻魏。魏战而胜，是齐、楚之兵折，而仪固得魏矣；若不胜，魏必事秦以持其国，必割地以赂王。若欲复攻,其敝不足以应秦。'此仪之所以与秦王阴相结也。今仪相魏而攻之,是使仪之计当于秦也,非所以穷仪之道也。"齐、楚之王曰:"善。"乃遽解攻于魏。

【注释】

①齐、楚之君:指齐宣王、楚怀王。

②秦王:秦武王。

【译文】

　　雍沮对齐、楚的国君说:"大王可听说张仪和秦王结有盟约吗? 张仪说:'大王如果让我出任魏国的相国,齐、楚两国恨我,必会进攻魏国。魏国如果能战胜,则齐、楚两国兵力削弱,我必能在魏国掌权;如果不能战胜齐、楚,魏国必然投靠秦国来维护它的安全,一定会割地给大王。这时如果再进攻齐、楚,齐、楚兵力疲惫,不能对付秦国。'这是张仪和秦王暗地里商量好的。现在张仪出任魏相,您去进攻魏国,这是让张仪在秦国的计谋应验了,这不是使张仪难堪的办法。"齐、楚的国君说:"说得好。"于是就放弃了进攻魏国。

二八二　张仪欲并相秦、魏

【题解】

　　周显王四十七年(前322),张仪在未为魏相之前,曾欲并相秦、魏,但事实上却是在免去秦相之后,才担任魏相的。

　　史厌为张仪游说昭鱼,以楚国的力量帮助张仪取得魏相,自己也可乘机兼相楚、韩,这是两利的事。

　　张仪欲并相秦、魏,故谓魏王曰①:"仪请以秦攻三川②,

王以其间攻南阳③,韩氏必亡。"史厌谓昭鱼曰④:"公何不以楚佐仪求相之于魏,韩恐亡,必南走楚。仪兼相秦、魏,则公亦必并相楚、韩也。"

【注释】

①魏王:魏惠王。

②三川:韩郡名。辖境在今河南洛阳东北一带。

③南阳:地区名。韩地。包括今河南西南部一带。

④史厌:人名。事迹不详。昭鱼:人名。楚人,曾为韩相。

【译文】

张仪想兼任秦、魏的相国,就对魏王说:"我请求秦国出兵进攻韩国的三川,大王乘机夺取南阳,那韩国必定灭亡。"史厌对昭鱼说:"您为何不借楚国的力量帮助张仪,要求魏国任命他为相,韩国害怕自己被灭亡,必定会倒向南边的楚国。张仪兼任秦、魏两国的相国,那您也一定会兼任楚、韩两国的相国了。"

二八三　魏王将相张仪

【题解】

周慎靓王二年(前319),张仪为秦国的事前往魏国,魏王任他为相。犀首公孙衍认为对自己不利,派人游说韩国公叔,以少量土地割给魏国,作为犀首的功劳,就可瓦解秦、魏联盟。魏必然抛弃张仪,向韩靠扰。

公叔采纳了这个意见,犀首果然因为立功的缘故而出任魏相,张仪只好默默离开,回到秦国。

　　魏王将相张仪①，犀首弗利，故令人谓韩公叔曰②："张仪以合秦、魏矣，其言曰：'魏攻南阳，秦攻三川，韩氏必亡。'且魏王所以贵张子者，欲得地也，则韩之南阳举矣。子盍少委焉，以为衍功，则秦、魏之交可废矣。如此，则魏必图秦而弃仪，收韩而相衍。"公叔以为便，因而委之，犀首以为功，果相魏。

【注释】

①魏王：魏惠王。

②公叔：人名。韩相国。

【译文】

　　魏王准备任命张仪为相，犀首公孙衍认为对自己不利，因而派人对韩国的公叔说："张仪已经联合秦、魏两国，他说：'若魏国进攻南阳，秦国进攻三川，韩国必定灭亡。'且魏王重用张仪是想要获得土地，那韩国的南阳就要被魏国占领了。您为何不把小部分地方割给魏国，作为公孙衍的功劳，那么，秦、魏两国的盟约就可废弃了。这样，魏国必然图谋秦国与之绝交，抛弃张仪，并与韩国联合，任命公孙衍为相国。"公叔认为这样对韩有利，于是割给魏国南阳，作为犀首的功绩，犀首果然被魏王任命为相国。

二八四　楚许魏六城

【题解】

　　周赧王元年（前314），齐宣王乘燕内乱，出兵攻破燕国。楚国把六座城割给魏，准备和它一道伐齐救燕，和赵国的救燕大军互相呼应。

　　张仪以秦、韩将联合攻魏为理由，胁迫魏国与秦会合，排斥楚、赵，这样,楚、魏、赵三国联合攻齐的事就被破坏了。

但这件事只是齐、燕冲突过程中的一个小插曲,最终齐国迫于诸侯救燕的压力,撤军回国。赵派人送燕公子职归国即位,是为燕昭王。

楚许魏六城,与之伐齐而存燕。张仪欲败之,谓魏王曰:"齐畏三国之合也①,必反燕地以下楚、赵,楚、赵必听之,而不与魏六城。是王失谋于楚、赵,而树怨于齐、秦也。齐遂伐赵,取乘丘②,收侵地,虚、顿丘危③。楚破南阳、九夷④,内沛⑤,许、鄢陵危⑥。王之所得者新观也⑦,而道涂宋、卫为制⑧。事败为赵驱,事成功县宋、卫⑨。"魏王弗听也。

【注释】

①三国:楚、赵、魏。

②乘丘:地名。在今山东曹县东北。乘丘非赵地,或疑是"斥丘"的讹误,地在今山东邱县北。

③虚:地名。魏邑,在今河南延津东南。

④南阳:地名。齐邑,在今山东泰山西南。九夷:地名。在淮、泗之间,分布于楚、齐接壤处。

⑤沛:地名。齐邑,在今江苏沛州。

⑥许:地名。魏邑,在今河南许昌东。鄢陵:地名。魏邑,在今河南鄢陵。

⑦新观:地名。齐邑,在今河南清丰南。

⑧涂:同"途"。

⑨县(xuán):悬挂。

【译文】

楚国答应给魏国六座城,和它一道进攻齐国,以保全燕国。张仪想破坏这个计划，便对魏王说："齐国害怕楚、魏、赵三国联合，一定会归还燕国的土地，并谦恭地对待楚、赵两国，楚、赵定会同意，楚国就不会给魏国六座城了。这样，大王对楚、赵两国失算，又与齐、秦两国结怨。齐国就会攻打赵国，攻下乘丘，收回侵地，魏国的虚、顿丘就危险了。楚国攻下南阳、九夷，侵入沛地，魏国的许、鄢陵就危险了。大王所得的只是新观，而道路还要受宋、卫两国的控制。攻齐失败，就会被赵国驱使；攻齐成功，又会受宋、卫两国的限制。"魏王不肯听从。

张仪告公仲，令以饥故，赏韩人以近河外。魏王惧，问张子。张子曰："秦欲救齐，韩欲攻南阳①，秦、韩合而欲攻南阳无异也，且以遇卜王。王不遇秦，韩之卜也决矣。"魏王遂尚遇秦，信韩，广魏，救赵，尺楚人遽于华下②。伐齐之事遂败。

【注释】

①南阳：地名。魏地，以河南修武为中心的豫北地区。

②尺：通"斥"，斥退。华下：地名。韩邑，在今河南新郑北。

【译文】

张仪告诉韩相公仲，让他以韩国遭受饥荒为理由，让饥民去靠近河外之地就食。魏王害怕了，问张仪。张仪说："秦国想援救齐国，韩国想进攻南阳，秦、韩两国进攻南阳，态度是相同的，而且他们根据大王是否参加会晤，来观察大王的态度。大王如果不投向秦国，那韩国对大王的推测就可以肯定了。"于是魏王就会晤秦国，取信韩国，也宽慰了魏国，解救了赵国的困境，斥责了楚国派到华下的使者。进攻齐国的行动于是就失败了。

二八五　徐州之役

【题解】

周显王二十八年(前341),齐、魏马陵之战,魏军大败,魏向齐屈服,齐的地位上升,一跃而为东方强国,楚国对此感到不安。

魏惠王采用公孙衍表面上与齐修好、暗中却与楚国结盟的策略,促成了楚在周显王三十六年(前333)进攻齐国的徐州之役。

徐州之役①,犀首谓梁王曰②:"何不阳与齐而阴结于楚?二国恃王,齐、楚必战。齐战胜楚,而与乘之,必取方城之外③;楚战胜齐,而与乘之,是太子之仇报矣④。"

【注释】

①徐州:地名。齐邑,在今山东滕县东南。

②梁王:魏惠王。

③方城:楚所筑长城名,起自今河南方城北,向西沿伏牛山脉至今邓县北。

④太子之仇:指公元前341年,齐、魏马陵之战,魏太子申被杀事。

【译文】

徐州之战即将爆发,犀首公孙衍对魏惠王说:"何不表面上支持齐国而暗地里却联络楚国? 齐、楚两国都认为有大王做靠山,定会一战。如果齐战胜了楚,我们乘机与它合兵攻楚,定会取得楚国方城以北之地;如果楚战胜了齐,我们乘机与它合兵攻齐,太子被杀之仇就可以报了。"

二八六　秦败东周与魏于伊阙

【题解】

周赧王二十二年(前293)，秦在伊阙之战中，击败了周、魏的军队，魏派公孙衍割地求和。

有人为窦屡游说魏王，宣称如能封窦屡为关内侯，让他去办理外交，他可以比公孙衍少割一半的土地。

割让土地，乃是战败后的无奈之举，少割或多割，不过是以五十步笑百步，窦屡却轻易取得了关内侯的高爵，这样的辞令，能说服魏王吗？

秦败东周与魏于伊阙①，杀犀武②，乘胜而留于境。魏令公孙衍请卑辞割地以讲于秦。

【注释】

①伊阙：山名。在今河南洛阳龙门山。

②犀武：人名。魏将。

【译文】

秦军在伊阙打败了东周和魏的联军，杀了魏将犀武，秦军乘胜留驻在伊阙。魏王派公孙衍到秦国，低声下气地答应割地，要求媾和。

为窦屡谓魏王曰①："臣不知衍之所以听于秦之少多，然而臣能半衍之割，而令秦讲于王。"王曰："奈何？"对曰："王不若与窦屡关内侯，而令之赵，王重其行而厚奉之，因扬言曰：'闻周、魏令窦屡以割魏地于奉阳君而听秦矣②。'夫周君、窦屡、奉阳君之与穰侯，贸首之仇也。今行和者，窦屡也；制割者，奉阳君也。太后恐其不因穰侯也，而欲败之，必以少割请和于王,而和于东周与魏也。"

【注释】

①窦屡:人名。魏臣。关内侯:爵名。

②奉阳君:赵臣李兑的封号。

【译文】

有人为魏人窦屡对魏王说:"我不知道公孙衍答应给秦国割多少土地,但是我可以只给秦国割公孙衍所割土地的一半,就能让秦国与大王媾和。"魏王说:"您打算怎么办呢?"这人回答说:"大王不如封窦屡为关内侯,让他去赵国,使赵王看重这次赵国之行,给窦屡以优厚的待遇,同时宣扬说:'听说东周和魏国已让窦屡割魏地给赵国奉阳君,而听命于秦国。'周君、窦屡、奉阳君与穰侯是不共戴天的仇人。现以进行议和的是窦屡;控制割地的是奉阳君。秦太后担心这些事不是由穰侯办成的,想从中破坏,定会同意少割地,要求秦王与东周和魏国媾和。"

二八七　齐王将见燕、赵、楚之相于卫

【题解】

周显王四十七年(前322),公孙衍在东方诸国支持下,代张仪相魏。

此时,齐威王将在卫国会见燕、赵、楚三国的相国,但把魏国排除在外。

犀首公孙衍轻车疾驰赴卫,用百金贿赂齐王的近侍,求见齐王,和齐王从容谈话。三国听到这个消息,认为齐、魏暗中有所策划,不再相信齐王,齐和三国相会的事就取消了。

齐王将见燕、赵、楚之相于卫,约外魏。魏王惧,恐其谋

伐魏也,告公孙衍。公孙衍曰:“王与臣百金,臣请败之。”王
为约车,载百金。犀首期齐王至之日,先以车五十乘至卫间
齐,行以百金,以请先见齐王。乃得见,因久坐,安从容谈。
三国之相怨。

【译文】

　　齐王准备在卫国和燕、赵、楚的相国会晤,却把魏国排斥在外。魏
王害怕,担心齐国和三国合谋进攻魏国,魏王便把这事告诉给公孙衍。
公孙衍说:“大王给我百金,我愿意去破坏他们的计谋。”于是魏王为他
准备了车马,装载着百金。公孙衍估计了齐王到达卫国的日期,便先期
率五十辆车到达卫国,暗地里以百金送给齐国的使臣,要求先拜见齐
王。等见到齐王就长久地坐着,从容不迫地交谈。三国派往参加会晤
的相国都十分不满。

　　谓齐王曰:“王与三国约外魏,魏使公孙衍来,今久与之
谈,是王谋三国也已。”齐王曰:“魏王闻寡人来,使公孙子劳
寡人,寡人无与之语也。”三国之相不信齐王之遇,遇事
遂败。

【译文】

　　有人对齐王说:“大王和燕、赵、楚三国会晤,没有邀请魏国,魏国派
公孙衍来,大王却和他长久地交谈,这是大王和他密谋对付燕、赵、楚三
国啊。”齐王说:“魏王知道我来到卫国,派公孙衍来慰劳我,我没有和他
谈什么。”三国的相国不相信齐王的话,因此会晤的事就被破坏了。

二八八　魏令公孙衍请和于秦

【题解】

周赧王二十二年(前293),秦在伊阙击败东周和韩、魏的联军,魏派公孙衍作为和谈的专使与秦谈判。魏臣綦母恢向公孙衍提出和谈时应掌握少割地的原则,使秦、魏都重视自己,可以进退得利,成为身系魏国轻重的人。

魏令公孙衍请和于秦,綦母恢教之曰①:"无多割。和成固有秦重,以与王遇;和不成,则后必莫能以魏合于秦者矣。"

【注释】

①綦(qí)母恢:人名。周臣。

【译文】

魏国派公孙衍向秦国求和,这时周的相国綦母恢指点公孙衍说:"不要多割土地给秦国。议和成功,就会有秦国的支持,将受到魏王的重视;议和不成,其他的人没有谁再能使秦、魏联合了。"

二八九　公孙衍为魏将

【题解】

周赧王五年(前310),公孙衍为魏将,田需正为魏相,将相不和。

季子向魏王进说,提出牛和良马不能同驾一车,不然,将会导致车毁而牛马俱死。他以此比喻对田需和公孙衍不能同时重用。

战国时期,国君往往同时重用数位大臣,让他们互相牵制以加强王权。季子不了解这点,他的说法不可能动摇魏王对田需的信任。

公孙衍为魏将,与其相田需不善。季子为衍谓梁王曰①:"王独不见夫服牛骖骥乎? 不可以百步。今王以衍为可使将,故用之也;而听相之计,是服牛骖骥也。牛马俱死,而不能成其功,王之国必伤矣! 愿王察之。"

【注释】

①季子:人名。杨朱的友人季梁。梁王:魏襄王。

【译文】

公孙衍担任魏国大将,和魏相田需的关系不好。宾客季子为公孙衍在魏王面前进说道:"大王难道没有见过牛和良马同驾一车吗? 走不到百步就无法前进。如今大王认为公孙衍是个将才,所以用他;但又总是听从相邦田需的意见,像这样任人不专,是叫牛和良马同时并驾一车。结果会使牛马都倒毙,不能成功,大王的国家定会受到伤害! 希望大王明察。"

卷二十三　魏策二

二九〇　犀首、田盼欲得齐、魏之兵以伐赵

【题解】

周显王四十四年（前325），魏犀首公孙衍与齐田盼打算用齐、魏的军力伐赵。齐、魏两君的态度犹豫不定。犀首说他只需要五万人，就可破赵，田盼从旁附和，齐、魏两君于是同意出兵。出兵之后，齐、魏两君骑虎难下，只得续派大军增援，终于大破赵军，擒获赵将，攻占了赵的平邑、新城。

犀首、田盼欲得齐、魏之兵以伐赵①，梁君与田侯不欲②。犀首曰："请国出五万人，不过五月而赵破。"田盼曰："夫轻用其兵者，其国易危；易用其计者，其身易穷。公今言破赵大易，恐有后咎。"

【注释】

①田盼：人名。亦称盼子，齐国名将。
②梁君：魏惠王。田侯：齐威王。

【译文】

公孙衍和田盼想率领齐、魏联军攻打赵国，可是魏王和齐王都不赞成。公孙衍说："我请求两国各出兵五万人，不出五个月就可攻破赵国。"田盼说："轻率使用兵力的人，他们国家容易陷入危险；轻易使用计谋的人，他自身容易陷入困境。您现在把攻下赵国说得太容易，恐怕会招来后患。"

犀首曰："公之不慧也。夫二君者，固已不欲矣，今公又言有难以惧之，是赵不伐而二士之谋困也。且公直言易，而事已去矣。夫难拘而兵结，田侯、梁君见其危，又安敢释卒不我予乎？"田盼曰："善。"遂劝两君听犀首。犀首、田盼遂得齐、魏之兵。兵未出境，梁君、田侯恐其至而战败也，悉起兵从之，大败赵氏。

【译文】

公孙衍说："您可太不聪明了。齐、魏两君本来就不同意出兵，您现在又说有困难，使他们心怀畏惧，这样，赵国不被攻打，我们两人的图谋就落空了。如果您干脆说容易，那战事就可开始。等到双方交战，短兵相接，齐、魏两君眼看形势危急，又怎么敢不给我们派出援兵呢？"田盼说："好。"就劝齐、魏两君听从公孙衍的。公孙衍、田盼就得到了齐、魏的兵权。魏、齐两君担心他们到了赵国会战败，就调集所有军队作为后援，因而大败赵军。

二九一　犀首见梁君曰

【题解】

周慎靓王四年(前317),五国伐秦无功,三晋的部队被秦国击败,魏国损失了一半的兵力。魏王归咎于犀首公孙衍,田需又乘机加以中伤,于是公孙衍离魏相韩。行前,他推荐了齐田文做魏相,田需的相位也没有保住。

犀首见梁君曰①:"臣尽力竭知,欲以为王广土取尊名,田需从中败臣,王又听之,是臣终无成功也。需亡,臣将侍;需侍,臣请亡。"王曰:"需,寡人之股掌之臣也。为子之不便也,杀之亡之,外之毋谓天下何,内之无若群臣何也! 今吾为子外之,令毋敢入子之事。入子事者,吾为子杀之亡之,胡如?"犀首许诺。于是东见田婴②,与之约结,召文子而相之魏③,身相于韩。

【注释】

①梁君:魏襄王。

②田婴:人名。号靖郭君,时为齐执政大臣。

③文子:人名。田婴子田文。

【译文】

公孙衍对魏襄王说:"我想尽办法为大王开拓疆土,树立声名,田需总是从中掣肘,大王又听信他的谗言,所以我总是办不成事。田需走,我愿留下;田需留,我愿意走。"魏王说:"田需是我的左右手。因为您对他有意见,我就杀掉他或赶走他,不管是朝中的群臣或外边的天下之人,都将不以为然! 现在我让他站在一旁,不过问您的事。要是他从中破坏,我就杀掉他或驱逐他,您看如何?"公孙衍表示同意。于是去到齐国,与田婴会见,进行联络,召田文做魏相,公孙衍则到韩国为相。

二九二 苏代为田需说魏王曰

【题解】

周赧王元年(前314),秦樗里疾在岸门击败犀首率领的韩军,于是犀首又离韩归魏。

苏代为田需游说魏王,用田需来牵制田文、犀首,这样,便于掌控国事。魏王认为他的说法有理,于是加以采纳。

苏代为田需说魏王曰①:"臣请问文之为魏②,孰与其为齐也?"王曰:"不如其为齐也。""衍之为魏孰与其为韩也③?"王曰:"不如其为韩也。"而苏代曰:"衍将右韩而左魏,文将右齐而左魏。二人者,将用王之国举事于世,中道而不可,王且无所闻之矣。王之国虽操药而从之可也。王不如舍需于侧,以稽二人者之所为。二人者曰:'需非吾人也,吾举事而不利于魏,需必挫我于王。'二人者,必不敢有外心矣。二人者之所为,利于魏与不利于魏,王厝需于侧以稽之④,臣以为便于事。"王曰:"善。"果厝需于侧。

【注释】

①魏王:魏襄王。

②文:指孟尝君田文。

③衍:指公孙衍。

④厝(cuò):安置。

【译文】

苏代为田需游说魏王道："我请问大王，田文在魏、齐两国之间，对哪一国更为尽力？"魏王说："他对魏国不如对齐国尽力。"苏代又问："公孙衍在魏、韩两国之间，对哪一国更为尽力？"魏王说："他对魏国不如对韩国尽力。"于是苏代就说："公孙衍必会亲近韩国，疏远魏国；田文必会亲近齐国，疏远魏国。他们两人将利用大王的国家在诸侯中办事，办事中发生问题，大王将会无从知晓。大王的国家就是重病垂危的人，急需医治。大王不如把田需安置在身边，考察他们两人的行为。他们两人会想：'田需不是我们的人，我们办事如果不利于魏国，田需一定会向魏王报告。'他们二人就一定不敢有外心了。他们的所作所为，有利于魏国或不利于魏国，大王把田需安置在身边进行考察，我认为这样处理比较方便。"魏王说："好。"果然把田需安置在身边。

二九三　史举非犀首于王

【题解】

周显王四十七年（前322），秦张仪免相相魏，与犀首公孙衍同时为魏大臣。史举在魏惠王面前说公孙衍的坏话。公孙衍借助张仪，让史举多次与自己见面。魏王认为史举表里不一，就不再信任他。史举无法辩解，只好默默离开。

史举非犀首于王①，犀首欲穷之，谓张仪曰："请令王让先生以国，王为尧、舜矣；而先生弗受，亦许由也②。衍请因令王致万户邑于先生。"张仪说③，因令史举数见犀首。王闻之而弗任也，史举不辞而去。

【注释】

①史举：人名。楚国下蔡看守城门的人，是甘茂的老师。

②许由：人名。相传是尧时的隐士。尧把天下让给他，他不肯接受，就到箕山去隐居起来。

③说：同"悦"。

【译文】

史举在魏惠王面前说公孙衍的坏话，公孙衍想使他处于困境，就对张仪说："我去请求大王把政权让给先生，大王好比尧、舜；先生不肯接受，就会和许由一样，享有不慕王位的高名。下一步我就请大王赐先生万家之邑。"张仪听了很高兴，就安排史举多次和公孙衍见面。魏王听说后，认为史举表里不一，就不再信任他，史举只好不辞而别。

二九四　楚王攻梁南

【题解】

周显王四十六年(前 323)，楚柱国昭阳领兵攻打魏国的襄陵，韩国乘机包围魏国的蔷邑。成恢为犀首公孙衍游说韩王放弃攻蔷，待楚、魏再战，然后相机而动。

　　楚王攻梁南①，韩氏因围蔷②。成恢为犀首谓韩王曰③："疾攻蔷，楚师必进矣。魏不能支，交臂而听楚，韩氏必危，故王不如释蔷。魏无韩患，必与楚战，战而不胜，大梁不能守，而又况存蔷乎？若战而胜，兵罢敝④，大王之攻蔷易矣。"

【注释】

①楚王：楚怀王。

②蔷:地名。魏邑,在今河南新安西北。

③成恢:人名。魏人。韩王:韩宣惠王。

④罢:同"疲",疲劳,疲惫。

【译文】

　　楚王派兵攻打魏国南部,韩国乘机包围魏国的蔷邑。成恢为公孙衍游说韩王道:"韩军猛攻蔷邑,楚军必然进兵。魏国不能支持,就会对楚屈服,韩国会因孤立而发生危险,所以大王最好停止攻蔷邑。魏解除了韩的威胁,定会与楚交战,要是战败,就会连首都大梁也保不住,哪里还能守住蔷邑呢? 如果战胜,就会兵力疲敝,大王再攻打蔷邑就容易了。"

二九五　魏惠王死

【题解】

　　此章记魏惠王死,事在周慎靓王二年(前 319)。

　　此章主旨在明善说者"言尽理而利害得失定"。更葬期虽小事,因惠施之说使民不劳而官省费,亦有可取之处。

　　魏惠王死①,葬有日矣。天大雨雪,至于牛目,坏城郭,且为栈道而葬②。群臣多谏太子者③,曰:"雪甚如此而丧行,民必甚病之,官费又恐不给,请弛期更日。"

【注释】

①魏惠王死:事在公元前 319 年。

②栈道:编木铺路。

③太子:即位后为魏襄王,名嗣。

【译文】

魏惠王死后,确定了下葬的日子。却逢天降大雪,积雪厚达数尺,城郭都被毁坏,准备修栈道来安葬魏惠王。许多大臣都劝说太子:"在如此雪天举行葬礼,老百姓会感到困苦,国家的经费也恐怕不足,希望太子能改日举行葬礼。"

太子曰:"为人子而以民劳与官费用之故,而不行先王之丧,不义也。子勿复言。"

【译文】

太子说:"我身为人子只因为百姓困苦和经费紧张的缘故,就不按时为先王举行葬礼,这不合道义。你们不要再多说了。"

群臣皆不敢言,而以告犀首①。犀首曰:"吾未有以言之也,是其唯惠公乎②!请告惠公。"

【注释】

①犀首:即公孙衍,时为魏相。
②惠公:魏臣惠施。

【译文】

群臣都不敢说什么,就把此事告诉了犀首。犀首说:"我没有什么办法,这件事只有惠公才能解决!你们去告诉惠公吧。"

惠公曰:"诺。"驾而见太子。曰:"葬有日矣?"太子曰:"然。"惠公曰:"昔王季历葬于楚山之尾①,滦水啮其墓②,见棺之前和。文王曰:'嘻!先君必欲一见群臣百姓也夫,故使溇水见之。'于是出而为之张于朝,百姓皆见之,三日而后更葬,此文王之义也。今葬有日矣,而雪甚及牛目,难以行,太子为及日之故,得毋嫌于欲亟葬乎? 愿太子更日。先王必欲少留而扶社稷、安黔首也③,故使雪甚。因弛期而更为日,此文王之义也。若此而弗为,意者羞法文王乎!”太子曰:“甚善。敬弛期,更择日。”

【注释】

①王季历:周文王父。楚山:在今陕西户县东南。

②溇(luán)水:地里浸出的水。

③黔首:民众。

【译文】

惠公听到此事后说:“好。”立刻驾车去见太子。惠公问:“安葬先王的日子确定了吗?”太子回答:“确定了。”惠公说:“当年王季历葬在楚山脚下,浸出的水冲坏了墓穴,棺材的头部都露了出来。文王说:‘唉! 一定是先王还想再见群臣百姓一面吧,所以让浸出的水把棺木冲了出来。’文王于是将先王的棺木取出来放在朝堂之上,用幕布盖住,让百姓、大臣朝见,三天后重新安葬,这是文王的道义。现在虽然下葬的日子已经确定,但雪下得这么大,很难举行葬礼,太子还是要按时下葬,是不是显得太急躁呢? 希望太子改日下葬先王。先王一定是想再留下来亲近他的国家和安抚他的百姓,所以才下这么大的雪。因此延期而择日下葬,这是文王树立的道义。如果您不愿意这样做,我会认为是您羞于效法文王啊!”太子说:“您说得太正确了。我就延缓葬礼,重新择日安葬先王。”

惠子非徒行其说也,又令魏太子未葬其先王而因又说文王之义。说文王之义以示天下,岂小功也哉!

【译文】

惠子不但让太子采纳了他的主张,还让魏太子没有强行安葬先王,又阐明了文王的道义。让文王的道义在天下传扬,这功劳真是不小啊!

二九六　五国伐秦

【题解】

周赧王二十九年(前286),五国伐秦失败,齐欲联秦攻宋,魏担心此举对己不利,欲与秦讲和。苏秦游说魏王,不要轻信秦国,提出对付秦国的三条策略,最好的办法是攻破秦国;其次是长期排斥它;再其次是坚持合纵盟约,盟国团结一致,不可分离,讲和只是迷惑对方的手段。

苏秦在三晋诸大臣之间奔走,促成了五国的联合。他说:“初之请焚天下之秦符者,臣也。”即苏秦请齐王废除帝号而取消齐、秦并立为东西帝的约定。他又说:“次传焚符之约者,臣也。”即苏秦至东方各国宣布废除“立两帝,约伐赵”的约定。他又说:“欲使五国约闭秦关者,臣也。”即苏秦以李兑名义,发动五国攻秦之举。

苏秦的目的是让五国坚持攻秦,以便齐国可以乘机灭掉宋国。

五国伐秦,无功而还①。其后齐欲伐宋,而秦禁之。齐令宋郭之秦②,请合而以伐宋,秦王许之③。魏王畏齐、秦之合也,欲讲于秦。

【注释】

①“五国伐秦”二句:公元前287年,李兑主持三晋与燕、齐五国伐秦,屯兵于荥阳、成皋间,徘徊不进,未获重大战果。

②宋郭:人名。齐人。

③秦王：秦昭王。

【译文】

齐、燕、赵、魏、韩五国进攻秦国，没有成功就收兵了。此后齐国想进攻宋国，而秦国制止它。齐国便派宋郭去秦国，要求与秦国联合进攻宋国，秦昭王同意了。魏王害怕齐、秦联合，想和秦国媾和。

谓魏王曰①："秦王谓宋郭曰：'分宋之城，服宋之强者，六国也。乘宋之敝，而与王争得者②，楚、魏也。请为王毋禁楚之伐魏也，而王独举宋。王之伐宋也，请刚柔而皆用之。如宋者，欺之不为逆，杀之不为雠者也。王无与之讲以取地，既已得地矣，又以力攻之，期于啖宋而已矣③。'

【注释】

①谓魏王曰：向魏王进说的乃是苏秦。魏王，魏昭王。

②王：齐闵王。

③啖（dàn）：吃。这里是灭掉的意思。

【译文】

苏秦对魏王说："秦王对宋郭说：'瓜分宋国、制服宋国逞强的是六国。乘宋国疲惫，而与齐王争夺胜利果实的是楚国和魏国。请您对齐王说：'不要制止楚国去进攻魏国，那么齐王可以单独灭掉宋国。齐王进攻宋国，请采取刚柔并用的办法。像宋国这样的国家，欺诈它不算背逆，灭掉它也不算结仇。大王不要和它媾和以取得土地，已经得到了土地又加紧进攻，目的只在于灭掉宋国而已。'

"臣闻此言，而窃为王悲。秦必且用此于王矣，又必且困王以求地，既已得地，又且以力攻王。又必讲王，因使王轻齐,齐、魏之交已丑^①,又且收齐更索于王。秦尝用此于楚矣,又尝用此于韩矣。愿王之深计之也。

【注释】

①丑:恶。

【译文】

"我听到这些话,私下为大王感到悲哀。秦国一定会用这种办法对付大王,而且也必将以索求土地来要挟大王,已经得到了土地,又会用武力进攻大王。它又必将与大王讲和,让大王轻慢齐国,等到齐、魏关系恶化,它又将联合齐国,更进一步向大王索要土地。秦国曾经对楚国用过这个办法,又曾经对韩国用过这个办法。希望大王要深思熟虑啊。

"秦善魏不可知也已。故为王计,太上伐秦,其次宾秦^①,其次坚约而详讲^②,与国无相离也。秦、齐合,国不可为也已。王其听臣也,必无与讲。

【译文】

"秦国对魏国友好是居心巨测的。所以为大王考虑,上策是进攻秦国,中策是排斥秦国,下策是坚守合纵盟约假意媾和,而盟国之间要保持密切联系。秦、齐如果联合,魏国就无计可施了。大王还是听我的吧,一定不要和秦国媾和。

"秦权重,魏冉明孰,是故又为足下伤秦者,不敢显也。天下可令伐秦,则阴劝而弗敢图也。见天下之伤秦也,则先鬻与国而以自解也。天下可令宾秦,则为劫于与国而不得已者。天下不可,则先去,而以秦为上交以自重也。如是人者,鬻王以为资者也,而焉能免国于患?

【译文】

　　"秦国势力大,秦相魏冉又熟悉诸侯的情况,所以有为大王伤害秦国的,也不敢公开表示。诸侯可以进攻秦国,但只是秘密发动而不敢公开进行。见到诸侯在伤害秦国时,就先出卖盟国以便解脱自己。诸侯可以排斥秦国,但只能说是受到盟国的胁迫,不得已而为之。诸侯认为不能进攻秦国,就抢先背离盟国,把秦国当做友邦以保全自己。像这样的人是在出卖大王来换取资本,这怎么能使国家免除忧患呢?

　　"免国于患者,必穷三节而行其上,上不可则行其中,中不可则行其下,下不可则明不与秦两生以残秦。使秦皆无百怨百利,唯已之曾安。令足下鬻之以合于秦,是免国于患者之计也,臣何足以当之!虽然,愿足下之论臣之计也。

【译文】

　　"能使国家免除忧患的,必须深究上、中、下三策而去实行上策,上策不行,就实行中策,中策不行,就实行下策,下策不行,就表明与秦国势不两立,必须击破秦国。使秦国没有过多的怨恨与贪图,只有停止攻魏才能带来安宁。现在有人建议您出卖盟国而和秦国联合,认为这是使国家免于忧患的计策,我不知此计有什么可取的地方!但是,我还是希望您考虑我的计策。

　　"燕、齐雠国也,秦兄弟之交也。合雠国以伐婚姻,臣为之苦矣。黄帝战于涿鹿之野,而西戎之兵不至;禹攻三苗,而东夷之民不起。以燕伐秦,黄帝之所难也,而臣以致燕甲而起齐兵矣。

【译文】

"燕国与齐国是敌国,而燕国与秦国是兄弟之邦。要使互相敌对的燕、齐两国联合去进攻燕国的盟邦秦国,我认为这是难以办到的。从前黄帝和蚩尤大战于涿鹿之野,蚩尤的盟邦西戎的军队不来支援黄帝;禹王攻打三苗,三苗的盟邦东夷人也不派兵接应禹王。要燕国去攻打秦国,这即使是黄帝也难以办到的,可是我已使燕、齐两国出兵了。

"臣又偏事三晋之吏,奉阳君、孟尝君、韩珉、周最、韩徐为从而下之①,恐其伐秦之疑也,又身自丑于秦。初之请焚天下之秦符者②,臣也;次传焚符之约者,臣也;欲使五国约闭秦关者,臣也。奉阳君、韩徐为既和矣,苏脩、朱婴既皆阴在邯郸③,臣又说齐王而往败之。天下共讲,因使苏脩游天下之语,而以齐为上交,兵请伐魏。臣又争之以死,而果西因苏脩重报。臣非不知秦权之重也,然而所以为之者,为足下也。"

【注释】

①奉阳君:赵相李兑。孟尝君:田文,时为魏相。韩珉:曾为齐相,此时免相仕赵。周最:周的公子,此时在魏。韩徐为:赵国大臣。

②符:外交凭证。

③苏脩、朱婴:皆人名。主张连横。

【译文】

"我和赵、魏、韩三国的官员都有交往,对奉阳君、孟尝君、韩珉、周最、韩徐为等人,谦恭而卑下,我担心他们对攻秦之事会三心二意,我又使自己和秦国关系恶化。当初,要求各诸侯国与秦国断交的是我;联络诸侯五国结盟与秦国断交的是我;使五国结盟不与秦国通好的也是我。奉阳君、韩徐为已经同意进攻秦国,主张连横的苏脩、朱婴都已秘密地住在邯郸,我又说服齐王去瓦解苏、朱的连横阴谋。诸侯共同结成攻秦的同盟,于是秦国就派苏脩去说服诸侯,不要他们接受联合攻秦的主张,而把齐国当成牢不可破的友邦,并要求齐国出兵攻魏。我又冒死直言劝告,并通过苏脩西入秦国把齐不想伐魏的情况报告秦王。我并非不知道秦国的势力大,然而我之所以这样做,都是为了足下您啊。”

二九七　田需、周宵相善

【题解】

周慎靓王四年(前317),五国伐秦不胜之后,齐掉转矛头,反攻魏、楚。这时,田需、周宵两人联合反对犀首公孙衍。犀首向魏王推荐田文,既可解除齐国攻魏的祸患,又可利用田文来对付田需、周宵,真是一举两得。可见他的才智确有过人的地方。

田需、周宵相善①,欲罪犀首。犀首患之,谓魏王曰②:“今所患者,齐也。婴子言行于齐王③,王欲得齐,则胡不召文子而相之④?彼必务以齐事王。”王曰:“善。”因召文子而相之。犀首以倍田需、周宵。

【注释】

①周宵:人名。魏臣。

②魏王:魏襄王。

③婴子:人名。即田婴。齐王:齐宣王。

④文子：人名。即田文。

【译文】

　　魏国的田需、周宵关系友好，他们想加罪于犀首。犀首担心此事，便对魏王说："现在所担心的是齐国。齐宣王对田婴言听计从，大王想和各国结好，那为何不请田婴之子田文出任魏的相国呢？他一定会使齐国友好地对待魏国。"魏王说："好。"就邀请田文，任命他为相国。犀首便使田文去反对田需、周宵。

二九八　魏王令惠施之楚

【题解】

　　周显王三十六年（前333），楚、齐徐州之役前夕，魏惠王采用犀首公孙衍"阳与齐而阴结于楚"的策略，派惠施往楚，犀首往齐。惠施派人说动楚王，在郢都郊外举行盛大的欢迎仪式，联楚的策略取得了成功。

　　魏王令惠施之楚①，令犀首之齐。钧二子者乘数，钧将测交也。施因令人先之楚，言曰："魏王令犀首之齐，惠施之楚，钧二子者乘数，将测交也。"楚王闻之，因郊迎惠施。

【注释】

　　①魏王：魏惠王。惠施：人名。时为魏相。

【译文】

　　魏王派惠施到楚国，派公孙衍到齐国。两人所带的车辆数同等，以便观察两国对魏国交情的深浅。惠施于是派人先去楚国说："魏王派公孙衍出使齐国，派惠施出使楚国，两人随带的车辆数相等，将以此观察哪一国对魏更友好。"楚王听说后，于是亲自到郊外去迎接惠施。

二九九　魏惠王起境内众

【题解】

　　周显王二十七年(前342),魏、齐马陵之战前,魏惠王在国内进行总动员,命太子申率军攻齐。

　　有人向公子理建议,让他劝阻魏王,不要让太子出征。这样,如果战败,公子理会受到封赏,甚至有继立为王的可能。

　　魏惠王起境内众,将太子申而攻齐。客谓公子理之傅曰①:"何不令公子泣王太后,止太子之行? 事成则树德,不成则为王矣。太子年少,不习于兵。田盼宿将也②,而孙子善用兵③,战必不胜,不胜必禽。公子争之于王,王听公子,公子必封;不听公子,太子必败;败,公子必立;立,必为王也。"

【注释】

　　①公子理:人名。太子申弟。

　　②田盼:人名。又称盼子,齐国名将。

　　③孙子:人名。即孙膑。

【译文】

　　魏惠王调动全国军队,任命太子申为将进攻齐国。有人对公子理的老师说:"何不让公子理到太后面前去哭诉,以阻止太子出征呢? 如果事情办成了,太子申就会感激公子理;如果阻止不成,那公子理可立为王。太子申年轻,不熟悉用兵。而田盼是齐国久经战阵的老将,孙膑又善于用兵,太子这次出战必定不能获胜,战败了必定被擒。公子理在魏王面前力争,如果魏王听从公子理,公子理定会受封;不听从公子理,太子申一定会吃败仗;战败后,公子理也一定会立为太子,立为太子后,一定会继承王位。"

三〇〇 齐、魏战于马陵

【题解】

马陵之战,魏国惨败,折损十万人马,太子申被杀。魏惠王恼羞成怒,想动员倾国之师,和齐国奋力一搏。幸亏惠施沉着冷静,面对巨大挫折,仍能保持头脑清醒,他对惠王提出了两点建议,一是放下架子,屈尊朝齐。二是和齐君互尊为王。尽管他向来主张废除尊号,这时也不再坚持,先度过目前难关再说。齐君原来称侯,他并不安于现状,他的想法是,远则效法黄帝,支配天下;近则继承齐桓、晋文,领导诸侯。魏国愿和他一起称王,当然正中下怀,于是欣然同意。楚王闻听大怒,亲自领兵伐齐,在徐州城下大败齐军。惠施的建议,使魏国摆脱了困境,借用楚国的力量报了魏国的大仇。

齐、魏战于马陵①,齐大胜魏,杀太子申,覆十万之军。魏王召惠施而告之曰②:"夫齐,寡人之仇也,怨之至死不忘。国虽小,吾常欲悉起兵而攻之,何如?"对曰:"不可。臣闻之,王者得度,而霸者知计。今王所以告臣者,疏于度而远于计。王固先属怨于赵,而后与齐战。今战不胜,国无守战之备,王又欲悉起而攻齐,此非臣之所谓也。王若欲报齐乎,则不如因变服折节而朝齐,楚王必怒矣③。王游人而合其斗,则楚必伐齐,以休楚而伐罢齐④,则必为楚禽矣。是王以楚毁齐也!"魏王曰:"善。"乃使人报于齐,愿臣畜而朝。田婴许诺。

【注释】

①马陵:在今河北大名东南。

②魏王:魏惠王。惠施:魏相。

③楚王:楚威王。

④罢:同"疲",疲劳,疲惫。

【译文】

　　齐、魏两国在马陵交战,齐国击溃魏国,杀掉魏太子申,歼灭了魏的十万大军。魏惠王召见惠施,对他说:"齐国是我的死对头,我对它的怨恨,到死都不会忘记。魏国虽小,我想动员所有兵力去攻打齐国,您看怎么样呢?"惠施回答说:"不可以。我听说,王者气度宽弘而霸者懂得计谋。如今大王告诉我的话,气度狭小而计谋不当。大王本来先和赵国结怨,然后和齐国交战。如今战事失利,国家没有守战的准备,大王又打算全力攻齐,这不是我所说的王霸风范。大王如果想报复齐国,就不如脱下王服,卑躬屈节去朝见齐国,楚王定会生气。大王派人游说,促使他们互相争斗,楚国必将攻打齐国,以休闲的楚国去攻打疲劳的齐国,齐定会被楚击溃。这就是大王用楚国去毁掉齐国啊!"魏王说:"说得好。"就派人向齐国通报,愿称臣朝见齐国。田婴答应了。

　　张丑曰①:"不可。战不胜魏,而得朝礼,与魏和而下楚,此可以大胜也。今战胜魏,覆十万之军而禽太子申,臣万乘之魏而卑秦、楚,此其暴戾定矣。且楚王之为人也,好用兵而甚务名,终为齐患者,必楚也!"田婴不听,遂内魏王②,而与之并朝齐侯再三③。

【注释】

①张丑:齐臣。

②内:同"纳"。

③齐侯:指齐威王。

【译文】

张丑说:"不可以。如果对魏作战没有获胜,互相朝见,与魏讲和而共同攻楚,这可以取得大胜啊。如今打败了魏国,歼灭了它十万大军,擒杀了太子申,使拥有万乘实力的魏国称臣而卑视秦、楚二国,齐君定然行为暴戾。并且楚王的为人,喜欢用兵而很想出名,最终成为齐国祸患的,定是楚国啊!"田婴没有听从,就接纳魏王和他一起多次朝见齐侯。

赵氏丑之。楚王怒,自将而伐齐,赵应之,大败齐于徐州①。

【注释】

①徐州:在今山东滕县东南。

【译文】

赵国感到羞辱。楚王生气,亲自领兵攻齐,赵国响应它,在徐州大败齐军。

三〇一　惠施为齐、魏交

【题解】

周显王四十五年(前324),惠施任魏相,主张魏国应和齐、楚联合,以停止战事活动,于是派太子鸣到齐国做人质,派公子高到楚国做人质。

魏惠王思念太子,朱仓建议他假称有病,要求齐相田婴让太子回国探视,田婴肯定是不好拒绝的。

惠施为齐、魏交,令太子鸣为质于齐。王欲见之[1],朱仓谓王曰[2]:"何不称病?臣请说婴子曰:'魏王之年长矣,今有疾,公不如归太子以德之。不然,公子高在楚[3],楚将内而立之,是齐抱空质而行不义也[4]。'"

【注释】

[1]王:魏惠王。

[2]朱仓:人名。魏臣。

[3]公子高:人名。魏国公子。

[4]"是齐"句:别本此下有"王从之,太子得还"七字。

【译文】

惠施为了齐、魏两国的邦交,让魏太子鸣去齐国做人质。魏王想见太子鸣,朱仓对魏王说:"大王为何不说自己有病,我愿去劝田婴说:'魏王年纪大了,现在有病,您不如让太子鸣回国,以施恩于魏国。不然,公子高在楚国,楚国会送回公子高,立他为太子,这样,齐国就留了一个空有其名的人质,又做了不合道义的事。'"

三〇二上　田需贵于魏王

【题解】

田需相魏,约在公元前316年。正当他春风得意时,惠施用种杨和拔杨为例,向他敲响了警钟。惠施告诫他,如不和魏王身边的人搞好关系,将会受到排挤,定会发生危险。说坏话的人多了,田需纵有百口,也将难于辩解。

　　张仪曾由秦入魏为相,惠施和张仪的政见不同,张仪主张联合秦、韩去攻齐、楚,惠施主张联合齐、楚以消弭战争。为张仪说话的人多,惠施显得孤立,被迫出奔楚国。他遭受诽谤而失去相位,对此有切身体会,所以对田需及时提出了忠告。

　　田需贵于魏王[1],惠子曰[2]:"子必善左右。今夫杨,横树之则生,倒树之则生,折而树之又生。然使十人树杨,一人拔之,则无生杨矣。故以十人之众,树易生之物,然而不胜一人者,何也?树之难而去之易也!今子虽自树于王,而欲去子者众,则子必危矣。"

【注释】

　　①田需:齐人,借楚国支持,在魏为相。

　　②惠子:惠施。

【译文】

　　田需非常受魏王的信任,惠施对田需说:"您一定要和大王身边的人搞好关系。就像杨树,横着种植也能成活,倒着种植也能成活,折断了种植也能成活。但如果让十个人去植杨树,让一个人去拔,那么一棵杨树也不能存活。以十人之众去种很容易存活的杨树,却不能胜过一人拔树,这是什么原因呢?植树难而拔树容易啊!现在您虽然在魏王那里打下了根基,但想除掉您的人太多,那您就很危险了。"

三〇二下　田需死

【题解】

　　周赧王五年(前310),魏相田需死。楚令尹昭鱼担心张仪、薛公、犀首三人中有一人继任,他乐于看到魏太子为相。苏代为他游说魏襄王,果然由太子担任魏相。

苏代还和昭鱼预先排练一番,由昭鱼扮演魏王,苏代扮演说客,双方反复对话,然后采取行动。

本文是中国早期戏剧的珍贵材料,苏代和昭鱼应当是中国最早的演员。

田需死,昭鱼谓苏代曰①:"田需死。吾恐张仪、薛公、犀首之有一人相魏者。"代曰:"然则相者以谁而君便之也?"昭鱼曰:"吾欲太子之自相也②。"代曰:"请为君北见梁王③,必相之矣。"

【注释】

①昭鱼:人名。楚国令尹。

②太子:魏襄王太子,名遫(sù),即位后为魏昭王。

③梁王:魏襄王。

【译文】

田需死后,昭鱼对苏代说:"田需死后,我担心张仪、薛公田文、犀首公孙衍三人中必有一人出任魏的相国。"苏代说:"那谁任魏的相国对您有利呢?"昭鱼说:"我希望太子自己出任相国。"苏代说:"请让我北上去见魏王,一定能让太子出任相国。"

昭鱼曰:"奈何?"代曰:"君其为梁王,代请说君。"昭鱼曰:"奈何?"对曰:"代也从楚来,昭鱼甚忧。代曰:'君何忧?'曰:'田需死,吾恐张仪、薛公、犀首有一人相魏者。'代曰:'勿忧也。梁王,长主也,必不相张仪。张仪相魏,必右秦而左魏；薛公相魏，必右齐而左魏；犀首相魏，必右韩而左魏。梁王，长主也，必不使相也。'王曰：'然则寡人孰相？'代曰：'莫如太子之自相。是三人皆以太子为非固相也，皆将务以其国事魏，而欲丞相之玺。以魏之强，而持三万乘之国辅之，魏必安矣。故曰，不如太子之自相也。'"

【译文】

昭鱼说："怎么办呢？"苏代说："您假设是魏王，我来游说您。"昭鱼说："怎么游说呢？"苏代回答："我从楚国来，昭鱼很担忧。我问他：'您担忧什么？'昭鱼说：'田需死了，我担心张仪、薛公田文、犀首三人中必有一人出任魏相国的。'我说：'不必担忧，魏王是贤明的国君，一定不会任命张仪为相国。张仪任魏相，必定会亲近秦国，疏远魏国；薛公任魏相，必定会亲近齐国，疏远魏国；犀首任魏相，必定会亲近韩国，疏远魏国。魏王是贤明的国君，是一定不会让他们做相国的。'魏王问道："那我让谁担任魏国的相呢？"我又说：'倒不如让太子自己做相国。这三个人都认为太子不会长久做相国的，他们都会尽力拿本国来讨好魏国，都想得到丞相的大印。凭魏国的强大，又倚仗秦、齐、韩三个万乘大国的帮助，魏国必然平安。所以说不如太子自己做相。'"

遂北见梁王，以此语告之，太子果自相。

【译文】

苏代于是北上去朝见魏王，用上面那番话告诉魏王，果然太子自己做了相国。

三〇三　秦召魏相信安君

【题解】

周赧王五十六年(前259),秦召魏相信安君,信安君不愿前往。苏代为信安君游说秦王,说如让信安君留任,他将心怀感激,甚至多割地给予秦国,从而打消了秦王召信安君入秦的念头。

秦召魏相信安君①,信安君不欲往。苏代为说秦王曰:"臣闻之,忠不必当,当不必忠。今臣愿大王陈臣之愚意,恐其不忠于下吏,自使有要领之罪,愿大王察之。今大王令人执事于魏,以完其交,臣恐魏交之益疑也。将以塞赵也,臣又恐赵之益劲也。

【注释】

①信安君:事迹不详。

【译文】

秦王召见魏相信安君,信安君不想去。苏代为信安君游说秦王说:"我听说,忠诚的人不一定都聪明,聪明的人不一定都忠诚。现在我希望向大王陈述我的愚见,我担心不忠于大王,自找死罪,希望大王明察。现在大王派人到魏任职,来增进秦、魏的邦交,我担心魏国对秦、魏的邦交会更加不稳定。大王想阻碍赵、魏两国的关系,我担心赵、魏的关系反而加强。

"夫魏王之爱习魏信也,甚矣;其智能而任用之也,厚矣;其畏恶严尊秦也,明矣。今王之使人入魏而不用,则王之使人入魏无益也。若用,魏必舍所爱习而用所畏恶,此魏王之所以不安也。夫舍万乘之事而退，此魏信之所难行也。

【译文】

　　"魏王非常宠爱魏相信安君；把他当做智能之士加以重用；魏王畏惧尊敬秦国是很明显的。如果大王派人到魏国去而不受任用，那大王派人去魏国就没有什么好处。如果魏王任用了大王所派去的人，那魏王必须舍弃自己宠信的人，任用自己所畏惧和讨厌的人，这是魏王之所以不安的原因。放弃万乘大国的相国不做，这是魏相信安君难以做到的。

　　"夫令人之君处所不安，令人之相行所不能，以此为亲，则难久矣。臣故恐魏交之益疑也。且魏信舍事，则赵之谋者必曰：'舍于秦，秦必令其所爱信者用赵，是赵存而我亡也，赵安而我危也。'则上有野战之气，下有坚守之心，臣故恐赵之益劲也。

【译文】

　　"让别国的国君处于不安的境地，让别国的相国做自己不能做的事，用这种办法搞好关系，是难以持久的。我担心魏国对秦的邦交更加疑惑。况且信安君放弃万乘大国的相国不做，那赵国的谋臣一定会说：'与秦国联合，秦国必然要让他所宠信的人在赵国掌权。这样，赵国保存，我却失权了；赵国平安，我却危险了。'这样赵国在上位的人必抱有决战的勇气，在下位的就有坚守御敌的决心。所以我担心赵国反而会因此更加强大。

　　"大王欲完魏之交，而使赵小心乎？不如用魏信而尊之以名。魏信事王，国安而名尊；离王，国危而权轻。然则魏信之事王也，上所以为其主者忠矣，下所以自为者厚矣，彼其事王必完矣。

【译文】

"大王想要增进秦、魏的邦交，使赵国小心谨慎地事奉秦国吗？不如重用魏相信安君，给他相国的尊名。信安君事奉大王，魏国就平安，信安君名声就尊贵；信安君如不事奉大王，魏国就危险，信安君权力就削弱。既然如此，那信安君事奉大王，对上为其主尽忠，对下可以为自己谋利，他事奉大王必定会尽心尽力的。

"赵之用事者必曰：'魏氏之名族不高于我，土地之实不厚于我。魏信以魏事秦，秦甚善之，国得安焉，身取尊焉。今我构难于秦，兵为招质，国处削危之形，非得计也。结怨于外，生患于中，身处死亡之地，非完事也。'

【译文】

"赵国的执政者一定会说：'魏国的名号、地位不比我们高，土地的物产不比我们多。信安君用魏国来事奉秦国，秦国对他很好，魏国就得以安宁，他自己也能够获得尊荣。如果我国与秦国交战，赵军就会成为众矢之的，赵国也会处于削弱的境地，这不是好的计策。对外与秦国结怨，对内又滋生祸患，使自己处于危亡之地，决不是万全之策。'

"彼将伤其前事，而悔其过行；冀其利，必多割地以深下王，则是大王垂拱多割地以为利重，尧、舜之所求而不能得也！臣愿大王察之。"

【译文】

"那赵国的当权者将会因以前没有与秦国联合而感到忧伤,后悔自己的错误行为;希望以后赵国平安,自己尊荣,日后一定会多割地来事奉大王,这样,大王垂手便取得赵国割地的大利,这是尧、舜想得而得不到的大利啊! 我希望大王明察。"

三〇四　秦、楚攻魏

【题解】

战国时期,各国的关系波谲云诡,变化万千,今日为友,明日为敌,难以预料。

要应付变幻莫测的局势,需要有清醒的头脑、过人的才能,方可随机应变,这正是智谋之士大显身手的好时机。秦与楚攻魏,战争正紧锣密鼓地进行,可形势突变,魏转而与楚联合,使秦陷于孤立。樗里疾巧计离间楚、魏,转而合魏攻楚,变被动为主动,称他为"智囊",真是名不虚传。

秦、楚攻魏,围皮氏①。为魏谓楚王曰②:"秦、楚胜魏,魏王之恐也见亡矣③,必合于秦,王何不倍秦而与魏王④? 魏王喜,必内太子⑤。秦恐失楚,必效城地于王,王虽复与之攻魏可也。"楚王曰:"善。"乃倍秦而与魏,魏内太子于楚。

【注释】

①皮氏:在今山西河津西。

②楚王:楚怀王。

③魏王:魏襄王。

④倍：通"背"。

⑤内：同"纳"。下同。太子：名遫(sù)，即位后称昭王。

【译文】

秦、楚合军攻魏，包围了皮氏。有人替魏国向楚王说："秦、楚战胜了魏国，魏王担心被灭亡，定会与秦国联合，大王为什么不背弃秦国转而和魏王亲善？魏王高兴，定会把太子送入楚国做人质。秦恐失去楚的支持，定会把城地献给大王，大王再和它一起攻打魏国也是可以的。"楚王说："好。"就背弃秦国而亲附魏国，魏国果然把太子送入楚国做人质。

秦恐，许楚城地，欲与之复攻魏。樗里疾怒①，欲与魏攻楚，恐魏之以太子在楚不肯也。为疾谓楚王曰："外臣疾使臣谒之，曰：'敝邑之王欲效城地，而为魏太子之尚在楚也，是以未敢。王出魏质，臣请效之，而复固秦、楚之交，以疾攻魏。'"楚王曰："诺。"乃出魏太子。秦因合魏以攻楚。

【注释】

①樗(chū)里疾：秦将。

【译文】

秦国恐惧，答应把城地割给楚国，打算重新和它攻打魏国。樗里疾很生气，想联魏攻楚，担心魏国因太子在楚而不肯。有人替樗里疾对楚王说："国外的臣子樗里疾让我禀告说：'敝国的君王打算献上城地，但因魏太子还在楚国，所以未采取行动。大王放走魏国的人质，我就请把地献上，使秦、楚的友谊重新巩固，迅速攻打魏国。'"楚王说："好。"就放走了魏太子。秦国于是联合魏国，攻打楚国。

三〇五　庞葱与太子质于邯郸

【题解】

本章是说理性寓言。庞葱估计到他和太子离开魏王后,会有不少人说他的坏话,难得有再相见的机会,他就用"三人言成市虎"作比喻,先在魏王那里打了预防针。哪知坏人的诽谤防不胜防,有的是明枪,有的是暗箭,庞葱的担心,终于成为事实。

庞葱与太子质于邯郸[①],谓魏王曰:"今一人言市有虎,王信之乎?"王曰:"否。""二人言市有虎,王信之乎?"王曰:"寡人疑之矣。""三人言市有虎,王信之乎?"王曰:"寡人信之矣。"

【注释】

①庞葱:魏臣。

【译文】

庞葱和魏太子一起到赵国的邯郸做人质,庞葱对魏王说:"现在有人说集市上有老虎,大王会相信吗?"魏王说:"不会相信。"庞葱又说:"现在有两个人说集市上有老虎,大王会相信吗?"魏王说:"我会半信半疑。"庞葱又问:"现在有三个人说集市上有老虎,大王相信吗?"魏王说:"我相信了。"

庞葱曰:"夫市之无虎明矣,然而三人言而成虎。今邯郸去大梁也远于市,而议臣者过于三人矣。愿王察之矣!"王曰:"寡人自为知。"于是辞行。而谗言先至,后太子罢质,果不得见。

【译文】

庞葱说:"集市上没有老虎是很明显的事,但三个人说有就变成了真有老虎。现在邯郸距离大梁比王宫距离集市远多了,而前来说我坏话的人将远远超过三个。希望大王明辨啊!"魏王说:"我自己会判断。"于是庞葱辞别魏王而去。庞葱还在途中,诽谤他的话已传到国内。等到魏太子归国后,庞葱果然没有再得到魏王的信任。

三〇六　梁王魏婴觞诸侯于范台

【题解】

公元前356年,鲁、卫、宋、郑的君主到魏朝见。

春秋时期,凡是诸侯会盟,与会人员一般都要赋诗言志,引用诗句来表达自己的意愿。到了战国,会盟不再赋诗,而改为"避席择言",即席用好话提出忠告。从本章所载,鲁君在宴会上"避席择言",要魏王警惕酒、味、色能导致亡国之祸,可以看出,从春秋进入战国,各种礼仪都在发生变化。

梁王魏婴觞诸侯于范台①。酒酣,请鲁君举觞。鲁君兴,避席择言曰②:"昔者,帝女仪狄作酒而美,进之禹,禹饮而甘之,遂疏仪狄,绝旨酒。曰:'后世必有以酒亡其国者!'齐桓公夜半不嗛③,易牙乃煎敖燔炙④,和调五味而进之,桓公食之而饱,至旦不觉,曰:'后世必有以味亡其国者!'晋文公得南之威⑤,三日不听朝,遂推南之威而远之,曰:'后世必有以色亡其国者!'楚王登强台而望崩山⑥,左江而右湖,以临彷徨⑦,其乐忘死,遂盟强台而弗登,曰:'后世必有以高台陂池亡其国者!'今主君之尊,仪狄之酒也;主君之味,易牙之调也；左白台而右闾须⑧，南威之美也；前夹林而后兰台⑨，强台之乐也。有一于此，足以亡其国，今主君兼此四者，可无戒与！"梁王称善相属。

【注释】

①梁王魏婴：魏惠王。觞(shāng)：古代饮酒器。这里指宴饮。

②避席择言：这是外交礼节，类似于春秋时的盟会赋诗。

③嗛(qiè)：通"慊"，满足。

④易牙：春秋时齐桓公宠臣，善于烹调。敖：通"熬"。燔(fán)炙：烤肉。

⑤南之威：南威，美女名。

⑥楚王：楚昭王。崩山：巫山。

⑦彷徨：水名。

⑧白台、闾须：皆美女名。

⑨夹林、兰台：皆游乐景点。

【译文】

魏王魏婴在范台宴请诸侯。大家喝酒喝得很畅快，这时，魏王向鲁恭公敬酒。鲁恭公很高兴，离席恭敬地说："从前，尧帝的女儿仪狄酿制美酒献给大禹，大禹喝了觉得味道很好，于是大禹疏远了仪狄并从此戒酒。大禹说：'后世必有因饮酒而亡国的君主！'齐桓公半夜感到饥饿，易牙于是用煎熬烧烤的方法和各种调料做出了美食献给齐桓公，桓公吃了之后一直睡到天亮都未醒，齐桓公为此感叹：'后世必定会有因为美食而亡国的君主！'晋文公得到美女南威，三天都不理朝政，晋文公于是疏远了南威说：'后世必定会有因美女而亡国的君主！'楚王登上强台远眺巫山，看左边是长江，看右边是洞庭湖，下临彷徨之水，快乐得忘乎所以，于是他发誓再也不登强台，楚王说：'后世必定会有因观赏美景而亡国的君主！'现在大王杯里装的是像仪狄酿的美酒；大王吃的都是像

易牙烹制的美食;大王身边的白台和间须都是像南威一样的美女;大王
前有夹林,后有兰台,就像是强台那样的游乐景点。有其中一种就足以
亡国,现在大王同时拥有这四种,怎么能不引以为戒呢?"魏王对鲁恭公
连声称赞说好。

卷二十四　魏策三

三〇七　秦、赵约而伐魏

【题解】

秦、赵联合攻魏，魏臣芒卯建议，派人把邺城献给赵国，以换取赵与秦绝交。等到赵与秦绝交之后，芒卯又对赵国派来接收邺城的人说，从前说要献邺，乃是使臣的误传，因而令赵使无功而返。

赵国害怕魏乘秦国发怒的时机进攻自己，于是割五城与魏，共同对付秦国。

通观整个事件，玄黄乍变，覆雨翻云，如同儿戏，很难令人相信，乃是夸张芒卯善于用诈的一种传说。

秦、赵约而伐魏，魏王患之①。芒卯曰②：“王勿忧也，臣请发张倚使谓赵王曰③：‘夫邺，寡人固弗有也④。今大王收秦而攻魏，寡人请以邺事大王。’”赵王喜，召相国而命之曰：“魏王请以邺事寡人，使寡人绝秦。”相国曰：“收秦攻魏，利不过邺；今不用兵而得邺，请许魏。”

【注释】

①魏王：魏昭王。

②芒卯：人名。齐人，时为魏将。

③张倚：人名。魏臣。赵王：赵惠文王。

④邺：地名。魏邑，在今河北临漳南。

【译文】

秦国和赵国结盟攻打魏国，魏王为此担忧。魏将芒卯说："大王不必担忧，请让我派张倚为特使，去对赵王说：'邺邑这个地方，我本就不打算要了。如果大王与秦国绝交而与魏国联合，敝国国君愿意把它奉献给大王。'"赵王很高兴，便召来相国，告诉他说："魏王请求把邺邑献给我，要我和秦国断交。"相国说："联合秦国进攻魏国，所获之利只不过得到邺邑；现在不用兵卒就能得到邺邑，请答应魏国。"

张倚因谓赵王曰："敝邑之吏效城者已在邺矣，大王且何以报魏？"赵王因令闭关绝秦，秦、赵大恶。芒卯应赵使曰："敝邑所以事大王者，为完邺也。今效邺者，使者之罪也，卯不知也。"赵王恐魏承秦之怒，遽割五城以合于魏而支秦。

【译文】

张倚于是对赵王说："敝国献城的官吏已经在邺邑了，大王将要用什么来回报魏国呢？"赵王于是下令封锁通往秦国的关塞，和秦国断交，秦、赵的关系急剧恶化。芒卯对赵国使臣说："敝国之所以事奉大王，是为了保全邺邑。如今奉献邺邑，那是使臣张倚的错误，我是不知道的。"赵王担心魏国趁秦国愤怒之机而对己不利，便立即割让五城给魏国，联合魏国抵抗秦国。

三〇八　芒卯谓秦王曰

【题解】

周赧王二十五年(前290)，魏芒卯游说秦王，支持他做魏的司徒，他将让魏昭王割让长羊、王屋、洛林给秦。献地之后，秦出兵与魏联合攻齐，取得了齐的二十二县。

这时齐正处在强盛时期，两年后即与秦并称为东西帝，不可能听任他国攻取它的二十二县而坐视不救，此说恐有夸大失实之处。

芒卯谓秦王曰①："王之士未有为之中者也。臣闻明王必胥中而行。王之所欲于魏者，长羊、王屋、洛林之地也②。王能使臣为魏之司徒③，则臣能使魏献之。"秦王曰："善。"因任之以为魏之司徒。

【注释】

①秦王：秦昭王。

②王屋：山名。在垣城东北。长羊、洛林：均在王屋附近。上年秦攻取魏的垣城(今山西垣曲)，本年魏被迫献出附近一带的山地。

③司徒：官名。主管土地及民政。

【译文】

芒卯对秦王说："大王的大臣中，还没有在诸侯中能作为秦国内应的人。我听说，英明的国君要等待有内应帮助才好行动。大王要求于魏国的，是长羊、王屋、洛林等地。大王如果能派我出任魏国的司徒，我就能让魏国献出长羊、王屋、洛林。"秦王说："好。"于是就保举芒卯做了魏国的司徒。

谓魏王曰："王所患者上地也^①，秦之所欲于魏者，长羊、王屋、洛林之地也。王献之秦，则上地无忧患。因请以下兵东击齐，攘地必远矣。"魏王曰："善。"因献之秦。

【注释】

①上地：即上郡之地。上郡，在今陕西榆林一带。

【译文】

芒卯对魏王说："大王担心的是上地，秦国想从魏国得到的是长羊、王屋、洛林等地。大王把长羊等三地献给秦国，那上地就不用担忧了。因而请求秦国派兵向东进攻齐国，则得地一定很多。"魏王说："好。"就把长羊、王屋、洛林献给秦国。

地入数月，而秦兵不下。魏王谓芒卯曰："地已入数月，而秦兵不下，何也？"芒卯曰："臣有死罪。虽然，臣死则契折于秦，王无以责秦。王因赦其罪，臣为王责约于秦。"

【译文】

长羊等三地已经献出数月，却不见秦兵出发。魏王对芒卯说："地已献出数月，可秦国还不发兵，为什么呢？"芒卯说："我有死罪。但是如果我死了，等于把与秦国定的契约焚毁了，大王就没有任何根据向秦国提出要求。大王如果赦免我的罪过，我会为大王到秦国去责备他们违约。"

乃之秦，谓秦王曰："魏之所以献长羊、王屋、洛林之地者，有意欲以下大王之兵东击齐也。今地已入，而秦兵不可下，臣则死人也。虽然，后山东之士无以利事王者矣。"秦王瞿然曰①:"国有事,未赡下兵也,今以兵从。"

【注释】

①瞿(qú)然:吃惊的样子。

【译文】

芒卯就到秦国对秦王说:"魏国之所以把长羊、王屋、洛林三地献给大王,目的是想以此要大王出兵向东进攻齐国。现在地已献出,可秦兵不肯出发,我就要被处死了。那以后崤山以东的人士不再有谁会为大王效力了。"秦王吃惊地说:"因为国家有事,没有来得及出兵东下,现在就派兵吧。"

后十日,秦兵下。芒卯并将秦、魏之兵以东击齐,启地二十二县。

【译文】

过了十天,秦国出兵。芒卯率领秦、魏联军,向东进攻齐国,拓地二十二县。

三〇九　秦败魏于华

【题解】

公元前273年,赵、魏攻韩,韩向秦求救。秦国出兵,在华阳击败赵、魏联军,进围大梁,须贾向穰侯进说就在此时。

须贾劝说穰侯,不要以天幸为常,并指出楚、赵助魏敌秦,形势对秦不利;若秦与魏媾和,则可不用兵而扩大穰侯陶邑的领地。

史载,此次大梁之围,因魏献南阳(今河南沁阳一带)而解,本文所说,在须贾进说之后,穰侯称善,秦军即解围而去,实际上只起了辅助作用。

须贾在戏剧中是丑角,从本文看,他是一个富于机智的辩士。

秦败魏于华①,走芒卯而围大梁②。须贾为魏谓穰侯曰③:"臣闻魏氏大臣父兄皆谓魏王曰④:'初时惠王伐赵,战胜乎三梁⑤,十万之军拔邯郸,赵氏不割,而邯郸复归。齐人攻燕,杀子之,破故国,燕不割,而燕国复归。燕、赵之所以国全兵劲,而地不并乎诸侯者,以其能忍难而重出地也。宋、中山数伐数割,而随以亡⑥。臣以为燕、赵可法,而宋、中山可无为也。夫秦,贪戾之国而无亲,蚕食魏,尽晋国,战胜暴子⑦,割八县,地未毕入而兵复出矣。夫秦何厌之有哉!今又走芒卯,入北宅⑧,此非但攻梁也,且劫王以多割也,王必勿听也。今王循楚、赵而讲,楚、赵怒而与王争事秦,秦必受之。秦挟楚、赵之兵以复攻,则国求无亡不可得也已。愿王之必勿讲也。王若欲讲,必少割而有质,不然必欺。'是臣之所闻于魏也。愿君之以是虑事也。

【注释】

①华:即华阳,在今河南郑州南。

②芒卯:齐人,魏将。大梁:魏都,在今河南开封。

③须贾:魏大夫。穰侯:秦昭王舅魏冉,时为秦相。

④魏王:魏安釐(xī)王。

⑤三梁:赵地。在今河北肥乡西南。

⑥"宋、中山数伐数割"句:齐灭宋在公元前286年。赵灭中山在公

元前 301 年。

⑦暴子：指韩将暴鸢。

⑧北宅：魏邑。在今河南郑州原荥泽东。

【译文】

秦军在华阳击败了魏军，魏将芒卯败走，秦军进兵围困大梁。须贾为魏国前去拜见秦军主帅穰侯，说："我听说魏国的大臣父兄都对魏王说：'当初惠王攻打赵国，在三梁大败赵军，率十万大军攻破邯郸，赵国没有割地，邯郸又回到了赵国手中。齐国攻打燕国，杀掉了子之，打败了这个有古老历史的国家，燕国没有割地，燕国后来也复国了。燕、赵两国之所以能保全国土、兵力不衰，而且没有割让土地给诸侯各国，是因为他们能忍受苦难而不轻易割地。宋国、中山国屡次被攻打屡次割地，国家很快就灭亡了。我认为燕、赵两国是可以效法的，而不应像宋国、中山国那样做。秦国是个贪婪的国家，又不讲情面，蚕食魏国，侵吞魏国大片土地，打败暴鸢，魏国割让了八县，割地都还未完全交收，秦国又出兵攻打了。秦国的欲望哪里能满足啊！现在又打败了芒卯，侵占了北宅，这不仅是进攻魏国，将是胁迫魏王多割让土地，大王一定不要听从。现在背着楚、赵和秦国讲和，楚、赵两国会生气，就会争相投向秦国，秦国一定高兴地接受。秦国率楚国、赵国的军队再度攻魏，想要不亡国都是不可能的。希望大王不要与秦国讲和。如果大王想要讲和，一定要少割土地而且还要有秦国的人质，不然定会受欺骗。'这都是我在魏国听到的。希望您这样来考虑问题。"

"《周书》曰：'维命不于常①'，此言幸之不可数也。夫战胜暴子而割八县，此非兵力之精，非计之工也，天幸为多矣。今又走芒卯，入北地，以攻大梁，是以天幸自为常也，知者不然。

【注释】

①维命不于常：此语出《尚书·康诰》。

【译文】

"《周书》上说：'天命无常'，这是说幸运不是经常出现的。秦军战胜暴鸢而割走魏国八县，这不是因为兵力精锐，不是计策巧妙，而是幸运占多数。现在秦军打败芒卯，侵占北宅，攻打大梁，这是以为幸运是经常出现的，智慧的人是不会依靠天命的。

"臣闻魏氏悉其百县胜兵①，以上戍大梁，臣以为不下三十万。以三十万之众，守十仞之城，臣以为虽汤、武复生，弗易攻也。夫轻信楚、赵之兵，陵十仞之城，犯三十万之众，而志必举之，臣以为自天下之始分以至于今，未尝有之也。攻而不能拔，秦兵必罢，陶必亡②，则前功必弃矣。今魏方疑，可以少割收也。愿君逮楚、赵之兵未至于大梁也，亟以少割收。魏方疑，而得以少割为和，必欲之，则君得所欲矣。楚、赵怒于魏之先己讲也，必争事秦，从是以散，而君后择焉。且君之尝割晋国取地也，何必以兵哉？夫兵不用而魏效绛、安邑③，又为陶启两道，几尽故宋，卫效单父④秦兵可全，而君制之，何求而不得？何为而不成？臣愿君之熟计而无行危也。"穰侯曰："善。"乃罢梁围。

【注释】

①百县：泛指魏境内各县。

②陶：穰侯封邑，在今山东定陶西北。

③魏效绛（jiàng）、安邑：此指魏使芒卯割地予秦事。绛，晋故都新田，在今山西侯马。

④单父:卫地,在今山东单县东。

【译文】

"我听说魏国全力动员各地的兵力来防守大梁,我认为兵力不下三十万。用三十万的军队来守卫几十丈高的城市,我认为即使是商汤王、周武王复生,也不容易攻下。现在轻易甩开楚、赵的军队,进犯十丈高的城市,和三十万大军作战而又志在必得,我认为这是从开天辟地起到现在都没有过的。攻打又攻不下,秦军必会疲惫,陶邑必会丢失,这就会前功尽弃。现在魏国正在犹豫,愿意少割地来了结这件事情。希望您趁楚国、赵国的军队还没有到大梁,尽快少割地来拉拢魏国。魏国正在犹豫时,得以少割土地而讲和,魏国一定会同意,那您就会得偿所愿。楚国、赵国因魏国先与秦国讲和很生气,就会争相讨好秦国,合纵联盟就会散伙,您就可以选择有利的办法。您曾经割取魏国的土地,哪里定要用兵呢? 不费一兵一卒就让魏国献上绛和安邑两地,又为陶邑开辟了两条道路,几乎尽占宋国原来的土地,卫国献上单父城,秦军没有损失,由您支配,您有什么要求达不到呢? 有什么办不成的呢? 我希望您认真考虑,不要走危险的道路。"穰侯说:"好。"于是解除了对大梁的包围。

三一○　秦败魏于华

【题解】

公元前 259 年,秦乘长平战胜的威势,又在华阳打败魏军,并派宜阳令许绾诱劝魏王朝秦。

魏王心虽不愿,但为形势所迫,仍然准备动身。周䜣劝阻他说,许绾的话根本靠不住,入秦将有不测之祸。

魏王说,他已答应了应侯,不好反悔。支期让魏王伪装有病,请长信侯来商量,该如何办好? 长信侯见魏王有病,就说他能让应侯打消叫魏王朝秦的念头,魏王心里的一块石头这才落了地。由于魏相长信侯和应侯关系友好,才让周诉的话起到了作用。

秦败魏于华,魏王且入朝于秦①。周诉谓魏王曰②:"宋人有学者,三年反而名其母③。其母曰:'子学三年,反而名我者,何也?'其子曰:'吾所贤者无过尧、舜,尧、舜名。吾所大者无大天地,天地名。在今母贤不过尧、舜,母大不过天地,是以名母也。'其母曰:'子之于学者,将尽行之乎?愿子之有以易名母也。子之于学也,将有所不行乎?愿子之且以名母为后也。'今王之事秦,尚有可以易入朝者乎?愿王之有以易之,而以入朝为后。"

【注释】

①魏王:魏安釐王。

②周诉(xīn):魏臣。

③反:同"返"。

【译文】

秦在华阳打败魏军,魏王准备入秦朝见。周诉对魏王说:"宋国有个出外求学的人,三年后回家,就直呼他母亲的名字。他的母亲说:'您学习了三年,回家就叫我的名字,这是为什么?'儿子说:'我所认为贤能的人,没有超过尧、舜的,我对尧、舜都叫他们的名。我认为伟大的不超过天地,天地我也叫它们的名。如今母亲的贤能不能超过尧、舜,伟大不能超过天地,所以我叫母亲的名字。'他的母亲说:'您对学到的知识,将要完全实行吗?希望您能换个名称来称呼母亲。您对所学的知识,将有不能实行的吗?希望您把直呼母亲的名字往后放一放。'如今大王事奉秦国,还有可代替入朝的办法吗?希望大王用别的方法来代替,把入朝的事往后放一放。"

魏王曰:"子患寡人入而不出邪? 许绾为我祝曰[1]:'入而不出,请殉寡人以头。'"周诉对曰:"如臣之贱也,今人有谓臣曰'入不测之渊而必出,不出,请以一鼠首为女殉'者,臣必不为也。今秦不可知之国也,犹不测之渊也;而许绾之首,犹鼠首也。内王于不可知之秦,而殉王以鼠首,臣窃为王不取也。且无梁孰与无河内急[2]?"王曰:"梁急。""无梁孰与无身急?"王曰:"身急。"曰:"以三者[3],身,上也;河内,其下也。秦未索其下,而王效其上,可乎?"

【注释】

①许绾(wǎn):秦臣。

②河内:在今河南黄河以北地区。

③以三者:"者"下当补"论"字。

【译文】

魏王说:"您担心我入秦后出不来吗? 许绾对我发誓说:'如果您入秦后出来不了,请用我的人头做担保。'"周诉回答说:"像我这种低贱的人,现在有人对我说'跳进不测的深渊,必然能够出来,要是出不来,我愿用一个鼠头作为担保',我一定不会同意。如今秦是一个变化莫测的国家,就像是不测的深渊一样;许绾的头,犹如一个鼠头。让大王进入变幻莫测的秦国,而用一个鼠头作为担保,我私下认为这个做法不可取。再说失去大梁和失去河内哪个更重要?"魏王说:"大梁重要。""失去大梁和丢掉性命相比,哪个更重要?"魏王说:"性命重要。"周诉说:"在以上三个条件中,性命是最重要的;河内是最不重要的。秦还未要求最不重要的,而大王就献出最重要的,这恰当吗?"

王尚未听也。支期曰①:"王视楚王②。楚王入秦,王以三乘先之;楚王不入,楚、魏为一,尚足以捍秦。"王乃止。王谓支期曰:"吾始已诺于应侯矣,今不行者,欺之矣。"支期曰:"王勿忧也。臣使长信侯请无内王③,王待臣也。"

【注释】

①支期:魏人。

②楚王:楚考烈王。

③长信侯:魏相,与应侯亲善。

【译文】

魏王还在犹豫。支期说:"大王可观察楚王的态度。楚王要是入秦,大王派三辆轻车,抢先进入秦国;楚王要是不入秦,楚、魏联合在一起,还足以抵御秦国。"魏王这才打消了入秦朝见的念头。魏王对支期说:"我已经许诺应侯前去朝秦了,现在不动身,就是欺骗他了。"支期说:"大王不要担心。我叫长信侯设法不让大王入秦,大王等待我的回音吧。"

支期说于长信侯曰:"王命召相国。"长信侯曰:"王何以臣为?"支期曰:"臣不知也。王急召君。"长信侯曰:"吾内王于秦者,宁以为秦邪? 吾以为魏也。"支期曰:"君无为魏计,君其自为计。且安死乎? 安生乎? 安穷乎? 安贵乎? 君其先自为计,后为魏计。"长信侯曰:"楼公将入矣①,臣今从。"支期曰:"王急召君,君不行,血溅君襟矣。"

【注释】

①楼公:楼缓,秦相。

【译文】

支期对长信侯进说道:"大王要召见相国。"长信侯问:"大王有什么事要召见我?"支期说:"我不知道。大王要紧急召见您。"长信侯说:"我让大王入秦朝见,难道是为了秦国吗? 我是为了魏国。"支期说:"您不要替魏国打算,您且替自己打算。您是愿死还是愿活? 愿穷还是愿富贵? 您最好先替自己打算,然后再替魏国打算。"长信侯说:"楼公将要到魏国来了,我要和他商量一下。"支期说:"大王紧急召见您,您如不动身,鲜血就要溅到您的衣襟上了。"

长信侯行,支期随其后。且见王,支期先入谓王曰:"伪病者乎而见之,臣已恐之矣。"长信侯人见王,王曰:"病甚奈何? 吾始已诺于应侯矣,意虽道死,行乎?"长信侯曰:"王毋行矣! 臣能得之于应侯,愿王无忧。"

【译文】

长信侯出发,支期紧随其后。将和魏王见面时,支期抢先入宫对魏王说:"大王可假装带病接见他,我已经恐吓过他了。"长信侯入宫拜见魏王,魏王说:"我病得很厉害,怎么办? 我早先已经许诺应侯了,看来即使是死在路上,也得动身吧?"长信侯说:"大王不要动身了! 我能让应侯同意您不去秦国,希望大王不要担忧。"

三一一　华阳之战

【题解】

国与国之间的战争,有两条战线:一是硝烟弥漫的正面战场,一是外交战线上不见刀枪的战场。

力量占上风的一方,在遭到坚强阻击时,往往也无法占领对方的城邑,它凭借军事优势,常想通过外交手段,迫使对方自动献出土地。劣势的一方,常可用积极抵抗而化解敌方的攻势。鹿死谁手,真难预料。在外交上,更要坚持原则,不能把敌方用武力得不到的土地拱手相送。

割地求和,等于"抱薪救火",只会使火势越烧越旺。坚持斗争,奋战到底,才是唯一可行的办法。

华阳之战①,魏不胜秦。明年,将使段干崇割地而讲②。

【注释】

①华阳:韩邑。在今河南新郑东南。

②段干崇:魏臣。

【译文】

华阳的战事,魏军被秦打败。次年,魏将派段干崇割地与秦讲和。

孙臣谓魏王曰①:"魏不以败之上割,可谓善用不胜矣;而秦不以胜之上割,可谓不能用胜矣。今处期年乃欲割,是群臣之私而王不知也。且夫欲玺者,段干子也,王因使之割地;欲地者,秦也,而王因使之授玺。夫欲玺者制地,而欲地者制玺,其势必无魏矣。且夫奸臣固皆欲以地事秦。以地事秦,譬犹抱薪而救火也,薪不尽则火不止。今王之地有尽,而秦之求无穷,是薪火之说也。"

【注释】

①孙臣:魏臣。魏王:魏安釐王。

【译文】

孙臣对魏王说："魏不在战败的时候割地，可说是善于运用不胜的条件；而秦不在战胜的时候割取魏地，可说是不善于运用战胜的时机。如今过了一整年才打算割地，这是群臣的私心而大王不知道啊。并且想得玺的是段干崇，大王叫他去割地；想得地的是秦国，大王让它授玺。想得玺的控制着地，而想得地的控制着玺，发展下去就定会使魏国消失。并且奸臣都想用割地来讨好秦国。用割地来讨好秦国，就好比抱着薪柴去救火，薪柴烧不完那火也就不止熄。如今大王的土地有限，而秦国的要求无穷无尽，这就像是薪和火的关系啊。"

魏王曰："善。虽然，吾已许秦矣，不可以革也。"对曰："王独不见夫博者之用枭邪①？欲食则食，欲握则握。今君劫于群臣而许秦，因曰不可革，何用智之不若枭也？"魏王曰："善。"乃按其行。

【注释】

①枭（xiāo）：古代博戏的胜彩名。枭为幺，得幺者胜。

【译文】

魏王说："对。可是，我已答应秦国了，不可以改变。"孙臣回答说："难道大王没有见过下棋的人如何使用枭棋吗？得到枭棋的，想走就走，想停就停。如今大王受群臣胁迫而答应秦国，因而说不能食言，为什么考虑问题还比不上运用枭棋的人啊？"魏王说："好。"就停止了段干崇的行动。

三一二　齐欲伐魏

【题解】

周显王三十六年(前 333),齐、楚徐州之役,魏不救齐,致齐大败。战后,齐欲攻魏,魏派人把宝璧、良马献给淳于髡,请他从中调停,伐魏的事就作罢了。

后来齐王知道了这件事,责备淳于髡不该受贿而替魏国进言。淳于髡巧言辩解,说停止攻魏对齐、魏两国和百姓都有好处,他虽然接受了璧、马的馈赠,并未损害齐国利益,这又有何不可呢?

淳于髡滑稽善辩,他自认为给齐、魏两国创造了和平与安宁的环境,确实能够自我解嘲。

齐欲伐魏,魏使人谓淳于髡曰:“齐欲伐魏,能解魏患唯先生也。敝邑有宝璧一双、文马二驷,请致之先生。”淳于髡曰:“诺。”入说齐王曰:“楚,齐之仇敌也;魏,齐之与国也。夫伐与国,使仇敌制其余敝,名丑而实危,为王弗取也。”齐王曰:“善。”乃不伐魏。

【译文】

齐国想要攻打魏国,魏国派人对淳于髡说:“齐国打算攻打魏国,能够解除魏国战祸的,只有先生了。敝国有宝璧一对、毛色鲜艳的宝马八匹,敬献给先生。”淳于髡说:“好吧。”淳于髡进宫对齐王说:“楚国,是齐国的仇敌;魏国,是齐国的盟国。攻打盟国,让仇敌楚国乘我疲惫之时进攻我们,这样不但落下恶名,而且也很危险,对此,我为大王感到不可取。”齐王说:“好。”于是就不去攻打魏国了。

　　客谓齐王曰:"淳于髡言不伐魏者,受魏之璧、马也。"王以谓淳于髡曰:"闻先生受魏之璧、马,有诸?"曰:"有之。""然则先生之为寡人计之何如?"淳于髡曰:"伐魏之事便,魏虽刺髡,于王何益? 若诚不便,魏虽封髡,于王何损? 且夫王无伐与国之诽,魏无见亡之危,百姓无被兵之患,髡有璧、马之宝,于王何伤乎?"

【译文】

　　有人对齐王说:"淳于髡之所以劝您不攻打魏国,是因为他接受了魏国给他的宝璧和宝马。"于是齐王问淳于髡说:"听说先生接受了魏国给您的宝璧和宝马,有这回事吗?"淳于髡说:"有这样的事。"齐王说:"既然这样,那先生为我怎么考虑的呢?"淳于髡说:"如果攻打魏国有利于齐国,魏国即使杀了我,对大王何益? 如果大王真的认识到攻打魏国不利,魏国即使封赏我,对大王又有什么损害呢? 况且大王没有因攻打盟国而受到非议,魏国也没有被灭亡的危险,两国的百姓没有遭受战争的灾祸,我得到宝璧、宝马,对大王又有什么损害呢?"

三一三　秦将伐魏

【题解】

　　孟尝君田文去齐相魏。公元前 283 年,秦准备派大军攻魏,魏昭王因形势危急,连夜召见孟尝君,向他问计。孟尝君提出,必须寻求诸侯的救援,于是魏王派他出使燕、赵二国。孟尝君用唇齿相依的关系,告诉燕、赵的国君,说魏国如落入秦国之手,燕、赵失去屏蔽,将会出门见敌,对他们极其不利。孟尝君不愧是老练的政治家,燕、赵两王都被他说动,立即出兵救魏,秦军于是撤走。

　　秦将伐魏。魏王闻之①,夜见孟尝君②,告之曰:"秦且攻魏,子为寡人谋,奈何?"孟尝君曰:"有诸侯之救则国可存也。"王曰:"寡人愿子之行也。"重为之约车百乘。

【注释】

①魏王:魏昭王。

②孟尝君:即田文。此时离开齐国,在魏为相。

【译文】

　　秦国将要攻打魏国。魏王听到了这个消息,连夜召见孟尝君,魏王告诉他:"秦国准备攻打魏国,您为我想想,该怎么办呢?"孟尝君说:"如果有诸侯的救援,魏国就能转危为安。"魏王说:"我希望您能去办好这件事。"魏王郑重地为孟尝君准备了一百辆车。

　　孟尝君之赵,谓赵王曰①:"文愿借兵以救魏。"赵王曰:"寡人不能。"孟尝君曰:"夫敢借兵者,以忠王也。"王曰:"可得闻乎?"孟尝君曰:"夫赵之兵非能强于魏之兵,魏之兵非能弱于赵也。然而赵之地不岁危,而民不岁死;而魏之地岁危,而民岁死者,何也? 以其西为赵蔽也。今赵不救魏,魏歃盟于秦②,是赵与强秦为界也,地亦且岁危,民亦且岁死矣。此文之所以忠于大王也。"赵王许诺,为起兵十万,车三百乘。

【注释】

①赵王:赵惠文王。

②歃(shà)盟:歃血结盟。

【译文】

孟尝君到了赵国,面见赵王说:"我希望向大王借兵去解救魏国。"赵王回答:"我不能借兵给您。"孟尝君说:"我来借兵,实际上是效忠于大王。"赵王说:"我能听听您的说法吗?"孟尝君说:"赵军并不比魏军强大,魏军也并不比赵军弱。然而赵国连年没有受到威胁,百姓也没有大量死亡;相反,魏国却连年战争不断,老百姓大量死亡,是什么原因呢?这是因为魏国在西边做赵国的屏障。今天赵国不救援魏国,魏国就会与秦国歃血结盟,那赵国就将直接面对强大的秦国,赵国每年也会兵灾不断,百姓每年也会大量死亡。这就是我所说的忠于大王的意思。"赵王于是同意派兵十万,战车三百辆。

又北见燕王曰①:"先日公子常约两王之交矣②,今秦且攻魏,愿大王之救之。"燕王曰:"吾岁不熟二年矣,今又行数千里而以助魏,且奈何?"田文曰:"夫行数千里而救人者,此国之利也。今魏王出国门而望见军,虽欲行数千里而助人,可得乎?"燕王尚未许也。

【注释】

①燕王:燕昭王。

②公子:指燕、魏公子。

【译文】

孟尝君又北上拜见燕王说:"当年两国公子联合燕、魏结盟,现在秦军将要攻魏,希望大王救援。"燕王说:"我国已连续两年歉收,现在又要远涉数千里去救援魏国,怎么能办得到呢?"孟尝君说:"远赴数千里之外救援,这是有利于燕国的。现在魏王一出国门就看见秦军,就是想千里驰援别人,还有可能吗?"燕王还是不肯发兵。

田文曰："臣效便计于王，王不用臣之忠计，文请行矣，恐天下之将有大变也。"王曰："大变可得闻乎？"曰："秦攻魏，未能克之也，而台已燔，游已夺矣。而燕不救魏，魏王折节割地，以国之半与秦，秦必去矣。秦已去魏，魏王悉韩、魏之兵，又西借秦兵，以因赵之众，以四国攻燕，王且何利？利行数千里而助人乎？利出燕南门而望见军乎？则道里近而输又易矣，王何利？"

【译文】

孟尝君说："我献妙计给大王，但大王不用我的良策，我只得离开，恐怕天下局势就要大变了。"燕王说："我能知道会发生什么大的变化吗？"孟尝君回答："秦军攻魏，就算没有攻下，但高台已被焚毁，游乐之地也已被占领。而燕不加援救，魏王就会屈辱割地，将半个魏国的土地割让给秦国，秦军一定会撤退。秦军撤走后，魏王会兴起韩国、魏国的军队，又西借秦军，再联合赵军，以四国之兵来攻打燕国，大王能得到什么好处呢？燕国是千里驰援好，还是一出去就看见四国攻燕的军队好呢？而且四国军队到燕国的距离很近而运输也方便了，这对大王有什么好处呢？"

燕王曰："子行矣，寡人听子。"乃为之起兵八万，车二百乘，以从田文。

【译文】

燕王说："您可以回国复命了，我愿听从您的意见。"于是为孟尝君派出精兵八万，战车二百辆。

魏王大说，曰："君得燕、赵之兵甚众且亟矣。"秦王大恐①,割地请讲于魏。魏因归燕、赵之兵而封田文。

【注释】

①秦王:秦昭王。

【译文】

魏王非常高兴,说:"您这么快就借到了燕、赵的大军,真了不起。"秦王大为恐慌,割地与魏国讲和。魏王于是让燕、赵的军队回国,并封赏了孟尝君。

三一四　魏将与秦攻韩

【题解】

周赧王五十二年(前263),魏将要与秦一起攻打韩国,公子无忌加以劝阻,谓韩国力量微弱,以一女子奉一弱主,必然无法支持。魏若与韩及楚、赵合纵,韩国必然感激,把魏的故地交还,这样就可以存韩、安魏,并对天下有利,这是扭转局面的大好时机。如果坚持攻韩,那么,天下朝秦的日子就近在眼前了。

无忌分析天下形势,了如指掌,此后再未见魏助秦攻韩的行动,可能与此有关。

魏将与秦攻韩,无忌谓魏王曰①:"秦与戎翟同俗②,有虎狼之心,贪戾好利而无信,不识礼义德行。苟有利焉,不顾亲戚兄弟,若禽兽耳。此天下之所同知也,非有所施惠积德也。故太后母也,而以忧死;穰侯舅也,功莫大焉,而竟逐之;两弟无罪,而再夺之国。此于亲戚兄弟若此,而又况于仇雠之国也?今大王与秦伐韩而益近秦,臣甚惑之,而王弗识也,则不明矣。群臣知之,而莫以此谏,则不忠矣。

【注释】

①魏王:魏安釐王。

②戎翟:古民族名。西方曰戎,北方曰狄。翟,同"狄"。

【译文】

魏国打算联合秦国攻打韩国,无忌对魏王说:"秦国与戎狄的习俗相同,有虎狼一样的野心,贪婪好利,不讲信用,不懂得礼义德行。如果有利可图,就不顾父母兄弟,如同禽兽一样。这是天下的人所共知的,它不是一个施惠积德的国家。所以,宣太后是秦昭王的母亲,忧愤而死;穰侯是昭王的舅父,功劳最大,竟然被驱逐;两个弟弟泾阳君、高陵君无罪,却两次夺去他们的封地。秦王对父母兄弟尚且这样,更何况对敌国呢?现在大王联秦攻韩而更加接近秦祸,我非常迷惑不解,可大王还不了解,这就不够明智了。群臣了解情况,而却无人进行劝谏,这就是不忠了。

"今夫韩氏以一女子承一弱主①,内有大乱,外安能支强秦、魏之兵,王以为不破乎? 韩亡,秦有郑地,与大梁邻,王以为安乎? 王欲得故地,而今负强秦之祸,王以为利乎?

【注释】

①一女子:指韩太后。弱主:指韩桓惠王。

【译文】

"现在韩国以一个女子辅助一个幼主,国内有大乱,对外怎么能够抵抗强大的秦、魏联军,大王以为韩国不会被灭亡吗? 韩国灭亡了,秦国完全占有其地,与魏都大梁为邻,大王以为这样能平安吗? 大王想收回旧地,如今却要遭受强秦的祸患,大王认为这样有利吗?

　　"秦非无事之国也,韩亡之后,必且更事,更事必就易与利;就易与利,必不伐楚与赵矣。是何也? 夫越山逾河,绝韩之上党而攻强赵①,则是复阏与之事也②,秦必不为也。若道河内③,倍邺、朝歌④,绝漳、滏之水,而以与赵兵决胜于邯郸之郊,是受智伯之祸也,秦又不敢。伐楚,道涉谷⑤,行三千里而攻黾隘之塞⑥,所行者甚远,而所攻者甚难,秦又弗为也。若道河外⑦,背大梁,而右上蔡、召陵⑧,以与楚兵决于陈郊⑨,秦又不敢也。故曰,秦必不伐楚与赵矣,又不攻燕与齐矣。韩亡之后,兵出之日,非魏无攻矣。

【注释】

①韩之上党:韩上党治所在壶关(今山西长治北),辖境当今山西和顺、榆社以南,沁水流域以东地。上党,郡名。

②阏与之事:公元前269年,秦攻韩,包围阏与,赵派赵奢率军救韩,在阏与大破秦军。阏与,地名。在今山西和顺西。

③河内:地区名。在今河南黄河以北地区。

④倍:通"背"。朝歌:地名。殷纣的别都,在今河南淇县境。

⑤涉谷:地名。是从秦至楚的陆路要道,在今陕西襄城境内。

⑥黾隘之塞:楚北方险塞名。在今河南信阳与湖北应山之间。

⑦河外:地区名。对河内而言,指今河南黄河以南地区。

⑧上蔡:地名。在今河南上蔡西南。召陵:地名。在今河南郾城东。

⑨陈:地名。在今河南淮阳。

【译文】

"秦国并不是一个安分守己的国家,韩国灭亡之后,一定又会发动战争,如果发动战争,就一定选择容易和有利的事去做;选择容易和有利的事,就一定不会进攻楚国和赵国。这是什么缘故呢?秦国要越过高山,跨过黄河,穿越韩国的上党去攻打强大的赵国,这是重蹈阏与之战失败的覆辙,秦国一定不会这样做。如果取道河内,背着邺城和朝歌,横渡漳水和滏水,而在邯郸的郊外与赵军决一胜负,这就要遭受智伯受过的灭国大祸,秦国又不敢。假设攻打楚国,取道涉谷,跋涉三千里,去攻打黾隘要塞,走的路太远,攻打起来又太难,秦国又不会这样做。如果取道河外,背向大梁,右靠上蔡、召陵,在陈城郊外与楚军决战,秦国又不敢。所以说秦国一定不会进攻楚国和赵国,又不会攻打燕国和齐国。当韩国灭亡之后,秦国出兵之日,除了魏国再没有可以进攻的目标了。

"秦故有怀、茅、邢丘①,城垝津②,以临河内,河内之共、汲莫不危矣③。秦有郑地,得垣雍④,决荥泽而水大梁⑤,大梁必亡矣。王之使者大过矣,乃恶安陵氏于秦⑥,秦之欲许久矣⑦。然而秦有叶、昆阳与舞阳邻⑧,听使者之恶也,堕安陵氏而欲亡之。秦绕舞阳之北以东临许,则南国必危矣⑨。南国虽无危,则魏国岂得安哉?且夫憎韩不爱安陵氏,可也,夫不患秦,不爱南国,非也。

【注释】

①怀:地名。在今河南武涉。茅:地名。在今河南获嘉东北。邢丘:地名。在今河南温县。

②城垝津:这时秦已占领垝津,故在此筑城。垝津,地名。在今河

南滑县东北。

③共:地名。在今河南辉县。汲:地名。在今河南汲县西南。共、
　汲俱在垝津的西边。

④垣雍:地名。在今河南原阳原武镇西北。

⑤荥泽:湖名。在今河南郑州一带,位于大梁上游。

⑥安陵:魏附庸小国,魏襄王时所封,在今河南鄢城。

⑦许:地名。在今河南许昌。

⑧叶:地名。在今河南叶县西。昆阳:地名。在今河南叶县北。舞
　阳:地名。在今河南舞阳西。

⑨南国:指魏的南境,包括今河南许昌一带。

【译文】

“秦国本来有怀、茅、邢丘,在垝津筑城,而逼近河内,河内的共、汲
都会危险了。秦国占领了郑地,获得了垣雍,决开荥泽之水去淹灌大
梁,大梁一定会被攻陷。大王的使者大错了,竟然在秦国诋毁魏的附属
国安陵氏,秦国很久以来就想占领许邑。然而秦国的叶、昆阳与魏国的
舞阳为邻,若听任使者诋毁,毁掉安陵而灭亡它。秦军绕道舞阳以北,
向东逼近许邑,那魏国南部必定危险。即使魏的南部不危险,魏国难道
就能安宁吗? 如果痛恨韩国,不怜惜安陵氏,这还可以,然而不担心秦
国,不爱惜魏国南部,这就不对了。

“异日者,秦乃在河西①,晋国之去梁也②,千里有余,有
河山以阑之,有周、韩而间之。从林军以至于今③,秦七攻
魏,五入囿中④,边城尽拔,文台堕,垂都焚⑤,林木伐,麇、鹿
尽,而国继以围。又长驱梁北,东至陶、卫之郊,北至乎阚⑥,
所亡乎秦者,山南、山北、河外、河内⑦,大县数百,名都数十。
秦乃在河西,晋国之去大梁也尚千里,而祸若是矣,又况于

使秦无韩而有郑地,无河山以阑之,无周、韩以间之,去大梁百里,祸必百此矣。

【注释】

①河西:地区名。在今陕西大荔、宜川一带。

②晋国:指晋故都绛及安邑一带。

③林军:指林乡战役,此役发生在公元前283年。林乡,地名。在今河南新郑东。

④囿:指囿田,在今河南中牟北。

⑤文台、垂都:均为魏囿田囿中地名。

⑥阚(kàn):地名。在今山东汶上西南。

⑦山:指中条山。

【译文】

“从前秦国才在黄河以西,魏国的安邑距大梁有千里之遥,中间有河、山阻隔,又有周、韩两国相间。从秦攻魏的林乡战役至今,秦国七次进攻魏,五次进入囿田囿中,边境城市被占领,文台被毁坏,垂都被焚烧,林木被砍伐,麋、鹿被杀尽,接着国都被包围。秦军长驱直入,一直打到大梁的北边,东边打到陶、卫二地的郊外,北边打到阚邑,丧失给秦国的土地有:山南、山北、河外、河内,大县有数百,大邑有数十。秦国在黄河以西,魏国旧都安邑距大梁还有千里,可是灾祸竟然到了这种地步,更何况让秦国灭掉了韩国,占有郑国故地,没有河、山阻隔,没有周、韩两国相间,离大梁只有百里,那灾祸必然超过从前一百倍。

“异日者,从之不成也,楚、魏疑而韩不可得而约也。今韩受兵三年矣,秦挠之以讲,韩知亡弗听,投质于赵,而请为天下雁行顿刃①。以臣之观之,则楚、赵必与之攻矣。此何也？则皆知秦之欲无穷也，非尽亡天下之兵而臣海内，必不休矣。是故臣愿以从事王，王速受楚、赵之约而挟韩之质，以存韩为务，因求故地于韩，韩必效之。如此则士民不劳而故地得，其功多于与秦共伐韩，而必无与强秦邻之祸。

【注释】

①雁行：前锋。顿刃：修筑营垒。

【译文】

"从前合纵不成功，由于楚国和魏国相互猜疑，韩国又没有参与结盟。现在韩国被秦兵进攻了三年，秦国要韩国屈膝求和，韩国知道要被灭亡，不愿俯首听命，给赵国送去人质，请求准备好武器为诸侯打头阵。据我看来，楚国和赵国必定会和韩国联合进攻秦国。这是为什么呢？因为诸侯都知道秦国的贪欲没完没了，不消灭天下的军队，不征服天下，它必定不肯罢休。因此，我愿意用合纵政策为大王效劳，请大王即刻接受楚国和赵国的盟约，保留韩国的人质，以保存韩国为要务，因此，向韩国讨回原来被其占领的土地，韩国一定会献出。这样军民不必辛劳而收回了故土，这个功绩比联合秦国攻打韩国的功绩大得多，而且还可以避免与强秦为邻的祸患。

"夫存韩、安魏而利天下，此亦王之大时已。通韩之上党于共、宁①，使道安成之关②，出入者赋之，是魏重质韩以其上党也。共有其赋，足以富国，韩必德魏、爱魏、重魏、畏魏。韩必不敢反魏，韩是魏之县也。魏得韩以为县，则卫大梁，河外必安矣。今不存韩，则二周必危，安陵必易。楚、赵大破，燕、齐甚畏，天下西乡而驰秦③，入朝为臣之日不久矣。"

【注释】

①宁：地名。即宁邑，在今河南淇县。

②安成：地名。即安城，在今河南原武东南。

③乡：通"向"。

【译文】

"保全韩国，安定魏国，又有利于天下，这是大王的好时机啊。使韩国的上党与共、宁二地的道路相通，通过安成的关卡，对出入的人征收赋税，这是韩国以其上党作为献给魏国的一份重礼。两国共同享有赋税，足以富国。韩国也必然感激魏国，爱戴魏国，尊重魏国，敬畏魏国。韩国一定不敢背叛魏国，这样，韩国就成了魏国的属县。魏国把韩国作为属县，就可用来捍卫国都大梁，河外一定安宁。如果不保全韩国，那东周、西周一定危险，安陵必定被秦国占有，秦国打败楚、赵两国，燕国、齐国非常害怕，诸侯向西投奔秦国，朝拜秦王成为臣属的日子就不远了。"

三一五　奉阳君约魏

【题解】

此章乃《赵策四·齐欲攻宋秦令起贾禁之》的文字，此处系重出。

奉阳君李兑约魏国结盟，魏王打算封赏他的儿子，有人加以劝阻，这事就终止了。

奉阳君约魏，魏王将封其子。谓魏王曰："王尝身济漳，朝邯郸，抱葛孽、阴成以为赵养邑，而赵无为王有也。王能又封其子河阳、姑密乎？臣为王不取也。"魏王乃止。

【译文】

奉阳君李兑和魏国结盟,魏王打算封赏他的儿子。有人对魏王说:"大王曾渡过漳水,亲自到赵都邯郸朝贡,把葛孽、阴成献给赵王作为养地,但赵王却什么也没有给大王。大王难道还能又把河阳、姑密封赏给他的儿子吗?我认为大王的做法是不可取的。"魏王这才作罢。

三一六上　秦使赵攻魏

【题解】

秦打算使赵攻魏,有人用虞、虢的事作比喻,说春秋时晋国向虞国借道去攻打虢国,灭虢后,还军就把虞灭了。赵、魏的关系唇齿相依,就和当年的虞、虢两国一样,希望赵王不要重蹈覆辙。

秦使赵攻魏,魏谓赵王曰:"攻魏者,亡赵之始也。昔者,晋人欲亡虞而伐虢①,伐虢者,亡虞之始也。故荀息以马与璧假道于虞②,宫之奇谏而不听③,卒假晋道。晋人伐虢,反而取虞④,故《春秋》书之,以罪虞公。今国莫强于赵,而并齐、秦,王贤而有声者相之,所以为腹心之疾者,赵也。魏者,赵之虢也,赵者,魏之虞也,听秦而攻魏者,虞之为也。愿王之熟计之也。"

【注释】

①虞:国名。在今山西平陆,公元前655年为晋所灭。虢:国名。此指北虢,在今山西平陆北。

②荀息:人名。晋大夫。

③宫之奇:人名。虞大夫。

④反:同"返"。

【译文】

秦国驱使赵国攻魏,魏派人对赵王说:"攻打魏国,这是赵国灭亡的开始。从前,晋国想要灭掉虞国就先攻打虢国,攻打虢国就是灭掉虞国的开始。所以在晋国大夫荀息拿出宝马和玉璧向虞国借道时,虞国大夫宫之奇劝阻虞公不听,最后借道给晋国。晋国灭掉虢国后,在返国途中就灭掉了虞国。所以《春秋》记载了这件事,特别责备了虞公。现在诸侯中没有比赵国更强,而能与齐、秦并驾齐驱的,赵王既贤明又得到有声望的人辅佐,所以秦国的心腹之患就是赵国。魏国如同赵的虢国,赵国如同魏的虞国,听任秦国攻打魏国,就等于从前虞国借道给晋国攻打虢国一样。希望大王深思熟虑。"

三一六下　魏太子在楚

【题解】

周赧王九年(前306),魏太子在楚,对跟随自己的楼鼻说,希望他能掌权,帮助自己返国。又派人游说秦樗里疾,劝他攻取魏的皮氏,作为自己的外援。

魏太子亏损宗国以谋求一己的私利,看来是个欲达目的不择手段的人。

魏太子在楚。谓楼子于鄢陵曰①:"公必且待齐、楚之合也,以救皮氏②。今齐、楚之理必不合矣。彼翟子之所恶于国者③,无公若矣。其人皆欲合齐、秦外楚以轻公,必谓齐王曰④:'魏之受兵,非秦实首伐之也,楚恶魏之事王也,故劝秦攻魏。'齐王故欲伐楚,而又怒其不己善也,必令魏以地听秦而为和。以张子之强，有秦、韩之重，齐王恶之，而魏王不敢据也⑤。

【注释】

①楼子：人名。楼鼻，魏臣。鄢陵：地名。在今河南鄢陵西北。

②皮氏：地名。魏邑，在今山西河津西。

③翟子：人名。翟强，时为魏相。

④齐王：齐宣王。

⑤魏王：魏襄王。

【译文】

魏太子在楚国做人质。有人在鄢陵对魏臣楼鼻说："您一定要等待齐国和楚国结盟来救援皮氏。现在依齐、楚的形势看，一定不会联合。那翟强在魏国最憎恨的人莫过于您了。翟强的人都想联合齐国和秦国，疏远楚国，来降低您的地位，他们一定会对齐王说：'魏国遭到进攻，并不是秦国的本意要进攻魏国，而是楚国憎恨魏国讨好大王，所以劝秦攻魏。'齐王本来想讨伐楚国，而且又对楚国的不友好非常气愤，他一定会让魏国向秦国割地求和。从前张仪倚重秦、韩两国的力量，很有权威，可是齐王怨恨他，只凭齐国一国就使魏王不敢接纳张仪。

"今以齐、秦之重，外楚以轻公。臣为公患之。钧之出地以为和于秦也，岂若由楚乎？秦疾攻楚，楚还兵，魏王必惧，公因寄汾北以予秦而为和，合亲以孤齐。秦、楚重公，公必为相矣。臣意秦王与樗里疾之欲之也①，臣请为公说之。"

【注释】

①秦王：秦昭王。

【译文】

　　"现在翟强凭借齐、秦两国的力量,疏远您所依赖的楚国,这样就会降低您的地位。我很为您担忧。拿割地来联合秦国,或由楚国都是一样,何不由楚国来割地呢? 秦国加紧进攻楚国,楚国如果调头,魏王一定害怕,您就把汾北之地给秦国求和,秦、楚、魏三国联合,以孤立齐国。秦国和楚国重视您,您一定会做魏的相国了。我猜想秦王和樗里疾也希望这样,我愿意为您去游说。"

　　乃谓樗里子曰:"攻皮氏,此王之首事也,而不能拔,天下且以此轻秦。且有皮氏,于以攻韩、魏,利也。"樗里子曰:"吾已合魏矣,无所用之。"对曰:"臣愿以鄙心意公,公无以为罪。有皮氏,国之大利也,而以与魏;公终自以为不能守也,故以与魏。今公之力有余守之,何故而弗有也?"樗里子曰:"奈何?"曰:"魏王之所恃者,齐、楚也,所用者,楼鼻、翟强也。今齐王谓魏王曰:'欲讲攻于齐,王兵之辞也。'是弗救矣。楚王怒于魏之不用楼子[①],而使翟强为和也,怨颜已绝之矣。

【注释】

　　①楚王:楚怀王。

【译文】

　　于是那人就对樗里疾说:"进攻魏国的皮氏,这是大王的头等大事,如果攻不下,诸侯就会因此看轻秦国。而占有了皮氏,对进攻韩、魏有利。"樗里疾说:"我已与魏国联合了,攻取皮氏也没用。"那人说:"我愿意以我的愚见为您考虑,您不要因此造成大错。占有皮氏,是国家的大利,您却把它交给魏国;您是认为皮氏不能守,所以把皮氏给了魏国。

现在您守皮氏,力量绰绰有余,为什么不占有皮氏呢?"樗里疾说:"那该怎么办?"那人回答说:"魏王所倚仗的是齐国和楚国,所重用的是楼鼻和翟强。现在齐王对魏王说:'与秦国媾和或进攻齐国,决定于掌握军事主动权的人。'齐国本意并不是救魏。楚王气愤魏国不重用楼鼻,而让翟强与齐、秦联合,准备与魏国断交的想法已经表面化了。

"魏王之惧也见亡,翟强欲合齐、秦外楚,以轻楼鼻;楼鼻欲合秦、楚外齐,以轻翟强。公不如按魏之和,使人谓楼子曰:'子能以汾北与我乎?请合于楚外齐,以重公也。此吾事也。'楼子与楚王必疾矣。"又谓翟子:'子能以汾北与我乎?必为合于齐,外于楚,以重公也。'翟强与齐王必疾矣。是公外得齐、楚以为用,内得楼鼻、翟强以为佐,何故不能有地于河东乎?"

【译文】

"魏王害怕被灭亡,翟强准备联合齐、秦,疏远楚国,以削弱楼鼻的作用;楼鼻打算联合秦、楚,疏远齐国,以削弱翟强的作用。您不如掌握与魏国媾和的主动权,派人对楼鼻说:'您能把汾河以北给我吗?我请联合楚国,疏远齐国,以此来抬高您的地位。这是我能做到的事。'楼鼻与楚王一定会作出迅速反应。您又对翟强说:'您能把汾河以北给我吗?我一定为您联合齐国,疏远楚国,以此来抬高您的地位。'翟强与齐王一定会作出迅速反应。这样,您对外有齐国和楚国的支持,对内又得到楼鼻和翟强的协助,为什么不能在河东占有皮氏呢?"

卷二十五　魏策四

三一七　献书秦王曰

【题解】

　　周赧王三十六年(前279)，秦王打算攻魏，有人加以劝阻，说如果攻魏，必然引起崤山以东诸国群起相救，秦兵必然受挫，不如南下攻楚，较为有利。

　　秦昭王接受了这个建议，派白起南下攻打楚国的蓝田、鄢、郢，取得重大胜利。

　　阙文献书秦王曰①："臣窃闻大王之谋出事于梁，谋恐不出于计矣，愿大王之熟计之也。梁者，山东之要也②。有蛇于此，击其尾，其首救；击其首，其尾救；击其中身，首尾皆救。今梁者天下之脊也。秦攻梁者，是示天下要断山东之脊也，是山东首尾皆救中身之时也。山东见亡必恐，恐必大合，山东尚强，臣见秦之必大忧可立而待也。

【注释】

①秦王:秦昭王。

②要:同"腰"。

【译文】

有人上书给秦王说:"我听说大王打算出兵魏国,这个计谋恐怕不妥当,希望大王慎重考虑。魏国是崤山以东诸侯的腰身。假定这里有一条蛇,打它的尾,它的头就来救;打它的头,它的尾就来救;打它的中部,头、尾都来救。现在魏国等于是天下的腰身。秦国攻打魏国,这就是告诉诸侯,秦国要斩断诸侯的脊梁。那这是崤山以东诸侯'首尾皆救腰身'的时候了。诸侯看到危机,一定害怕,害怕就一定会加强联合,魏国还强,我预料秦国的大忧患就在眼前了。

"臣窃为大王计,不如南出事于南方,其兵弱,天下不能救,地可广,国可富,兵可强,主可尊。王不闻汤之伐桀乎?试之弱密须氏以为武教①,得密须氏而汤知服桀矣。今秦欲与山东为雠,不先以弱为武教,兵必大挫,国必大忧。"秦果南攻蓝田、鄢、郢。

【注释】

①密须氏:国名。姞姓,在今甘肃灵台西五十里。伐密为周文王事,此以为商汤事,有误。

【译文】

"我私下为大王考虑,不如向南方用兵,楚国的兵力弱,天下诸侯不能去援救,于是秦国的土地可以扩大,国家可以富裕,兵力可以增强,主上可受尊重。大王没听说商汤讨伐夏桀的事吗?在讨伐桀以前,先曾对弱小的密须国用兵,用以训练自己的武装力量,消灭了密须国后,汤就知道怎样对付夏桀了。现在秦国想与诸侯为敌，不先用兵进攻弱楚，用以训练自己的武装力量，那兵力必然要大受挫折，国家必然面临更大的忧患。"秦国果然向南出击蓝田和鄢、郢。

三一八　八年，谓魏王曰

【题解】

秦始皇六年(前241)，东方各国合纵攻秦，楚王为纵约长，由春申君主持攻秦事宜。有人劝谏魏王，不要倚恃楚国和相信春申君。他说国际间的变数很多，专恃楚国，极有可能带来严重后患。

诸侯合纵，各持己见，难于收效，这位说客可能已经预见到春申君失败的结局了。

八年①，阙文谓魏王曰②："昔曹恃齐而轻晋，齐伐釐、莒而晋人亡曹③。缯恃齐以悍越，齐和子乱而越人亡缯④。郑恃魏以轻韩，伐榆关而韩氏亡郑⑤。原恃秦、翟以轻晋⑥，秦、翟年谷大凶而晋人亡原⑦。中山恃齐、魏以轻赵，齐、魏伐楚而赵亡中山⑧。此五国所以亡者，皆其所恃也。非独此五国为然而已也，天下之亡国皆然矣。

【注释】

①八年："八"是"六"字的残损，指秦始皇六年(前241)。

②魏王：魏景湣王。公元前242—前228年在位。

③齐伐釐、莒而晋人亡曹：公元前487年，宋灭曹，非亡于晋。釐，国名。即莱，在今山东黄县东南。莒，国名。在今山东莒县。

④"缯(zēng)恃齐"二句：鄫于公元前567年为莒所灭，非灭于越，早

于"齐和子乱"一百七十余年。和子,人名。指田和,姜齐大臣。
缯,即鄫。悍,通"捍",抗拒。齐和子乱,指田和迁其君于海
上事。

⑤"郑恃"二句:魏攻榆关、韩灭郑在公元前375年。榆关,地名。
在今河南临汝境。

⑥翟:同"狄"。

⑦晋人亡原:公元前365年,周襄王以其他赐晋文公,非晋所灭,且
与秦、翟无关。原,地名。周邑,在今河南济源西北。

⑧"中山"二句:公元前301年,齐、韩、魏共攻楚方城,杀楚将唐眛。
此年赵伐中山,中山君奔齐。次年,赵再攻中山。公元前296
年,赵灭中山。

【译文】

秦始皇六年,有人对魏王说:"从前曹国倚仗齐国而轻视晋国,当齐
国攻打莱国和莒国时,晋国就灭了曹国。鄫国倚仗齐国而抗拒越国,当
齐国发生和子之乱时,越国就灭了鄫国。郑国倚仗魏国而轻视韩国,当
魏国攻打榆关时,韩国就灭了郑国。原国倚仗秦国和翟国而轻视晋国,
当秦国和翟国闹饥荒时,晋国就灭了原国。中山国倚仗齐国和魏国而
轻视赵国,当齐国和魏国攻打楚国时,赵国就灭了中山。这五国灭亡的
原因,都是由于自以为有所倚仗。不仅仅是这五国如此而已,天下灭亡
的国家都是这样啊。

"夫国之所以不可恃者多,其变不可胜数也。或以政教
不修,上下不辑,而不可恃者;或有诸侯邻国之虞,而不可恃
者;或以年谷不登,稸积竭尽,而不可恃者;或化于利,比于
患。臣以此知国之不可必恃也。

【译文】

"别的国家之所以不可能依靠的原因很多,因为它的变故很多,数也数不清。有的是因为国内政治不上轨道,上下不和,所以不能倚仗;有的是因为有邻国为祸,所以不能倚仗;有的是因为收成不好,蓄积耗尽,所以不能倚仗;有的被利益所驱使,接近祸患。我因此知道别的国家一定不能依靠。

"今王恃楚之强,而信春申君之言,以是质秦,而久不可知。即春申君有变,是王独受秦患也。即王有万乘之国而以一人之心为命也,臣以此为不完,愿王之熟计之也。"

【译文】

"现在大王依靠楚国的强大,而相信春申君的话,因此与秦国为敌,后事难以预料。如果春申君态度有变,这样大王只有独自来承受秦国的祸患。这是大王以一个万乘的大国,却唯春申君一人的意旨是从,我认为这不是万全之策,希望大王好好考虑。"

三一九　魏王问张旄曰

【题解】

本章和《魏策三·魏将与秦攻韩》文中的无忌谏魏王,可能是同一件事。

张旄和无忌一样,也是反对魏与秦攻韩,但他不主动提出自己的看法,而是诱导魏王自行得出结论,这比他直接提出意见,更有说服力。

魏王问张旄曰①:"吾欲与秦攻韩,何如?"张旄对曰:"韩且坐而胥亡乎？且割而从天下乎？"王曰："韩且割而从天下。"张旄曰："韩怨魏乎？怨秦乎？"王曰："怨魏。"张旄曰："韩强秦乎？强魏乎？"王曰："强秦。"张旄曰："韩且割而从其所强，与所不怨乎？且割而从其所不强，与其所怨乎？"王曰："韩将割而从其所强，与其所不怨。"张旄曰："攻韩之事，王自知矣。"

【注释】

①魏王：魏安釐王。张旄：人名。魏的掌权者。

【译文】

魏王问张旄说："我想和秦国一道攻打韩国，怎么样？"张旄回答说："韩国是准备坐等亡国呢？还是割地与诸侯结盟呢？"魏王说："韩国准备割地与诸侯结盟。"张旄说："韩国怨恨魏国呢？还是怨恨秦国呢？"魏王说："怨恨魏国。"张旄说："韩国认为秦国强？还是魏国强呢？"魏王说："认为秦国强。"张旄说："韩国是准备割地依靠它认为强大的国家而联合它无怨恨的国家呢？还是割地依从它认为不强大和有怨恨的国家呢？"魏王说："韩国将割地依从它认为强大和无怨恨的国家。"张旄说："攻打韩国的事大王自己应当明白了。"

三二〇　客谓司马食其曰

【题解】

有人对魏臣司马食其说，天下合纵难于成功，以魏国的力量单独对抗秦国，更是不可能的，建议他及早投靠秦国，以掌握主动权。

客谓司马食其曰①："虑以天下为可一者，是不知天下者也。欲独以魏支秦者,是又不知魏者也。谓兹公不知此两者②,又不知兹公者也。然而兹公为从,其说何也?从则兹公重,不从则兹公轻,兹公之处重也,不实为期。子何不疾及三国方坚也,自卖于秦,秦必受子。不然,横者将图子以合于秦,是取子之资,而以资子之雠也。"

【注释】

①司马食其(yì jī):人名。魏人。

②兹公:此人。不想点明,所以这样说。

【译文】

有位客人对司马食其说:"认为诸侯是可以联合的,是不了解诸侯的人。打算单独以魏国去对抗秦国的,这又是不了解魏国的人。认为此公不了解这两种人,这又是不了解此公的人。然而此公主张合纵联盟,他的理由又是什么呢?实行合纵,此公的地位就提高;不实行合纵,此公就受轻视。此公搞合纵必然不会成功的。您为何不马上趁赵、魏、楚三国关系友好的时机,与秦国拉关系,秦国必然会接受您。不然主张连横的人将会想法对付您,去与秦国联合,这样就是用您所凭借的去帮助主张连横的人了。"

三二一　魏、秦伐楚

【题解】

周赧王十四年(前301),魏襄王不愿和秦一道攻打楚国。楼缓替他设谋,最好是挑动秦、楚相攻,魏就可以获取主动,选择究竟应该投向何方。

魏、秦伐楚,魏王不欲。楼缓谓魏王曰:"王不与秦攻楚,楚且与秦攻王。王不如令秦、楚战,王交制之也。"

【译文】

魏、秦联合攻打楚国,魏王不同意。楼缓对魏王说:"大王不和秦国一道攻打楚国,楚国就会和秦国攻打大王。大王不如让秦国和楚国交战,就可同时控制它们。"

三二二　穰侯攻大梁

【题解】

周赧王四十二年(前273),秦在华阳击败魏军,迫使芒卯退走,并进入北宅,围攻大梁。魏王深感处境艰难,于是派人游说穰侯,说他功高震主,封地扩大,在取得许、鄢陵后,如果接着又攻下大梁,必然会引起秦王的疑心,劝他停止攻打大梁,才是明智的选择。

穰侯攻大梁,入北宅①,魏王且从②。谓穰侯曰:"君攻楚,得宛、穰以广陶;攻齐,得刚、寿以广陶③;得许、鄢陵以广陶,秦王不问者④,何也?以大梁之未亡也。今日大梁亡,许、鄢陵必议,议则君必穷。为君计者,勿攻便。"

【注释】

①北宅:地名。魏邑,在今河南郑州北。

②魏王:魏安釐(xī)王。

③刚:地名。齐邑,在今山东宁阳东北。寿:地名。齐邑,在今山东寿张。

④秦王:秦昭王。

【译文】

　　秦穰侯攻打魏都大梁,攻进北宅,魏王打算服从。有人对穰侯说:"您攻打楚国,得到了宛邑和穰邑,用来扩大您的封地陶邑;攻打齐国,得到了刚、寿,用来扩大您的封地陶邑;攻打魏国,得到了许和鄢陵,用来扩大您的封地陶邑,秦王都没有过问,这是为什么? 因为魏都大梁还没有攻下来。现在如果攻下大梁,一定有人会议论您不应占有许和鄢陵,遭到非议,您就会陷入困境。为您考虑,还是以不攻打大梁为好。"

三二三　白圭谓新城君曰

【题解】

　　周赧王十六年(前299),白圭在秦任职。新城君芈戎是秦国的实权派,白圭想取得他的支持,就向新城君表白自己的行为端正,提醒新城君不要听信别人的谗言。

　　白圭谓新城君曰①:"夜行者能无为奸,不能禁狗使无吠己也。故臣能无议君于王②,不能禁人议臣于君也。"

【注释】

　　①白圭:人名。名丹,或以为周人,或以为魏人,曾相魏,此时仕秦。

　　新城君:秦封君,名芈戎,楚人,秦昭王之舅。

　　②王:秦昭王。

【译文】

　　白圭对新城君说:"一个走夜路的人能不做坏事,却不能禁止狗不朝自己叫。所以我能在大王面前不议论您,但是不能禁止别人在您面前议论我。"

三二四　秦攻韩之管

【题解】

周赧王四十年(前275),秦攻魏大梁,韩派暴鸢领兵相救。秦于是转而攻韩的管邑,魏也出兵救援。昭忌劝魏王按兵不动,以免惹怒秦国。

魏兵一出,秦军果然继续攻魏。昭忌又前往游说秦王,说攻管未罢,又转而攻魏,定会引起诸侯合纵抗秦,最好是移兵向赵,争取各国陆续事秦,才是上策。

昭忌的想法是避免和强秦正面冲突,把祸水引向他国,使魏国暂时摆脱了困境。

秦攻韩之管①,魏王发兵救之。昭忌曰②:"夫秦强国也,而韩、魏壤挈,不出攻则已,若出攻,非于韩也,必于魏也。今幸而于韩,此魏之福也。王若救之,夫解攻者,必韩之管也;致攻者,必魏之梁也。"魏王不听,曰:"若不救韩,韩怨魏,西合于秦,秦、韩为一则魏危。"遂救之。

【注释】

①管:地名。韩邑,在今河南郑州北。
②昭忌:人名。楚人而在魏任职。

【译文】

秦国攻打韩国的管邑,魏王出兵救援。魏臣昭忌说:"秦是强国,而韩、魏两国接界,秦国不出兵进攻则已,如果出兵,不是进攻韩国就是进攻魏国。现在辛亏是攻打韩国,这是魏国的福气啊。大王若救援韩国,那解除围攻的必定是韩国的管邑;招致进攻的,必定是魏国的大梁。"魏王不听,说:"如果不救援韩国,韩国就会怨恨魏国,向西与秦国联合,秦、韩一旦结为同盟,那魏国就危险了。"于是他就去救援韩国。

秦果释管而攻魏。魏王大恐,谓昭忌曰:"不用子之计而祸至,为之奈何?"昭忌乃为之见秦王曰:"臣闻明主之听也,不以挟私为政,是参行也。愿大王无攻魏,听臣也。"秦王曰:"何也?"昭忌曰:"山东之从,时合时离,何也?"秦王曰:"不识也。"曰:"天下之合也,以王之不必也;其离也,以王之必也。今攻韩之管,国危矣,未卒而移兵于梁,合天下之从,无精于此者矣。以为秦之求索,必不可支也。故为王计者,不如制赵。秦已制赵,则燕不敢不事秦,荆、齐不能独从。天下争敌于秦,则弱矣。"秦王乃止。

【译文】

秦国果然放弃管邑,攻打魏国。魏王十分害怕,对昭忌说:"没有采用您的计谋,大祸已临头了,这可怎么办?"昭忌就为此事去拜见秦王说:"我听说英明的国君治国,不根据私见去治理国家,而是参考大家的意见来行动。希望大王不要攻打魏国,听从我的意见吧。"秦王说:"为什么?"昭忌说:"崤山以东的六国搞合纵,一会儿联合,一会儿分离,这是为什么?"秦王说:"不知道。"昭忌说:"诸侯能组织起合纵,是因为大王言而无信;合纵联盟瓦解,是因为大王言而有信。现在秦国攻打韩国的管邑,韩国就危险了,攻管还未结束,又移兵进攻魏国,诸侯组织合纵联盟,没有比这时更强烈的了。诸侯认为秦国对他们提出土地的要求,实在是受不了。所以为大王考虑,不如制服赵国。秦国已经制服赵国,那燕国就不敢不服从秦国,楚国和齐国不能单独合纵。天下分别与秦国为敌,那诸侯就削弱了。"于是秦王就停止了攻魏。

三二五　秦、赵构难而战

【题解】

周赧王五十五年(前260),秦、赵发生战争,有人游说魏王,拉拢赵国与秦讲和,这样就能控制秦、赵双方,并能借助赵国的力量,攻打楚国或齐国,局势全在魏的掌握中。

秦、赵构难而战[①]。谓魏王曰[②]:"不如收赵而构之秦。王不构赵,赵不以毁构矣;而构之秦,赵不复斗,必重魏。是并制秦、赵之事也。王欲焉而收齐、赵攻荆,欲焉而收荆、赵攻齐。欲王之东长之,待之也。"

【注释】

①秦、赵构难而战:指长平之战。

②魏王:魏安釐(xī)王。

【译文】

秦国和赵国因仇怨而交战。有人对魏王说:"不如联合赵国与秦国媾和。如果大王不使赵与秦媾和,赵国就不会以残破的国家请和;秦、赵讲和,它们不会再战,如果再战,两国一定会看重魏国。这样就控制了秦、赵两国的战事。大王或是联合齐、赵进攻楚国,或是联合楚、赵进攻齐国。祝大王成为东方之长,等着这一天吧。"

三二六　长平之役

【题解】

周赧王五十五年(前 260),秦、赵在长平长期相持不下。平都君劝魏王与赵合纵抗秦。魏王说,秦答应把垣雍割给我。平都君为魏王分析,不论秦国胜败,垣雍都不可能到手。

垣雍本是韩地,是韩、魏交界处的交通要道,秦占有垣雍,可以决荥泽的水直灌大梁,和魏的安危关系重大,因而秦以此为饵,诱使魏投向秦国。

事后,秦不但没有让韩把垣雍给魏,反而出兵占领垣雍,威逼魏国,这正在平都君的预料中。

长平之役,平都君说魏王曰①:"王胡不为从?"魏王曰:"秦许吾以垣雍②。"平都君曰:"臣以垣雍为空割也。"魏王曰:"何谓也?"平都君曰:"秦、赵久相持于长平之下而无决,天下合于秦则无赵,合于赵则无秦,秦恐王之变也,故以垣雍饵王也。秦战胜赵,王敢责垣雍之割乎？曰:'不敢。'秦战不胜赵,王能令韩出垣雍之割乎？曰:'不能。'臣故曰,垣雍空割也。"魏王曰:"善。"

【注释】

①平都君:赵悼襄王时封君。魏王:魏安釐(xī)王。

②垣雍:地名。本魏邑,后属韩,在今河南原阳西南。

【译文】

在秦、赵长平战役中,赵国的平都君游说魏王说:"大王为什么不组织合纵联盟呢?"魏王说:"秦国答应把垣雍归还我们。"平都君说:"我认为归还垣雍只是一句空话。"魏王说："这怎么讲？"平都君说："秦、赵两国在长平城下长期相持，不分胜负，诸侯与秦国联合，就会灭掉赵国；与赵国联合就会灭掉秦国，秦国担心大王改变主意，所以用垣雍作为诱饵。秦国战胜了赵国，大王敢要求割让垣雍吗？我说：'不敢。'秦国不能战胜赵国，大王能让韩国交出垣雍吗？我说：'不能。'所以我说归还垣雍只是一句空话。"魏王说："好的。"

三二七　楼梧约秦、魏

【题解】

周赧王八年（前307），秦、魏两国君主将在边境会晤，魏臣楼梧提出，最好让亲齐的人做相国，这样，就可借齐国的力量，抬高魏国的地位。

楼梧就是亲齐的人。他费尽心机，为自己谋求相位，是一个假公济私的说客。

楼梧约秦、魏[1]，将令秦王遇于境[2]。谓魏王曰[3]："遇而无相，秦必置相。不听，则交恶于秦；听之，则后王之臣，将皆务事诸侯之能令于王之上者。且遇于秦而相有秦者，是无齐也，秦必轻王之强矣。有齐者不若相之，齐必喜，是以有齐者与秦遇，秦必重王矣。"

【注释】

①楼梧：人名。魏臣。
②秦王：秦武王。
③魏王：魏襄王。

【译文】

楼梧策动秦、魏结盟,准备让秦王同魏王在两国边境会晤。楼梧对魏王说:"如果在会晤时魏国无相,秦国一定会推荐人做魏的相。如果不同意,秦国和魏国的关系就将恶化;如果同意,大王的臣下都将一味地讨好那些能够左右大王的诸侯。而且与秦国会晤,任命秦国推荐的人为相,就会失去齐国这个盟国,秦国一定会看轻大王。大王不如以亲齐的人为魏相,齐国一定很高兴,这样,让和齐关系友好的人与秦王会晤,秦王一定会看重大王的。"

三二八上　芮宋欲绝秦、赵之交

【题解】

芮宋想使秦、赵两国断绝邦交,他让魏王收回从前提供给秦太后的供养之地。秦王对此非常生气。芮宋说,这是赵国要求这么办的。秦王果然和赵断交。芮宋的挑拨离间之计成功了。

　　芮宋欲绝秦、赵之交[①],故令魏氏收秦太后之养地[②]。秦王怒。芮宋谓秦王曰:"魏委国于王而王不受,故委国于赵也。李郝谓臣曰[③]:'子言无秦,而养秦太后以地,是欺我也。'故敝邑收之。"秦王怒,遂绝赵也。

【注释】

①芮宋:人名。魏臣。
②养地:供养之地,该地的收入归私人所有。
③李郝:人名。赵臣。

【译文】

魏臣芮宋打算断绝秦国和赵国的邦交,故意要魏国收回曾经赠给秦太后的养地。秦王大怒。芮宋对秦王说:"魏国把国家托付给大王,可是大王不接受,所以便听命于赵国了。赵臣李郝对我说:'您说魏国与秦国不友好,可是把养地赠给了秦太后,这不是欺骗我们吗?'所以敝国才收回了秦太后的养地。"秦王大为生气,于是与赵国绝交。

三二八下　为魏谓楚王曰

【题解】

周赧王三十一年(前284),燕国约五国伐齐前夕,楚、魏之间存在矛盾。有人为魏国从中调解,劝楚王顺应五国伐齐,不要干涉,破齐后可和魏交换土地,定能使自己的愿望得到实现。

　　为魏谓楚王曰[①]:"索攻魏于秦,秦必不听王矣,是智困于秦而交疏于魏也。楚、魏有怨,则秦重矣。故王不如顺天下遂伐齐。与魏易地,兵不伤,交不变,所欲必得矣。"

【注释】

①楚王:楚顷襄王。

【译文】

　　有人为魏国对楚王说:"要求秦国攻打魏国,秦国必然不会听从大王的要求,这就会失策于秦国,而会使魏国和我们疏远。楚、魏两国结了怨,秦国的地位就显得重要了。所以大王不如顺应诸侯伐齐的形势,进攻齐国。用夺得的齐地与魏国交换,这样不损伤兵力,与魏国的邦交也不会受影响,所以想从魏国得到的一定能够得到。"

三二九　管鼻之令翟强与秦事

【题解】

周赧王十年(前305),魏襄王同时重用楼鼻和翟强二人。这两人都是连横派,主张与秦联合,但又存在矛盾。翟强欲联合齐、秦,排斥楚国,楼鼻欲联合秦、楚,排斥齐国。在翟强前往秦国进行外交活动时,他的同党在魏王面前诋毁楼鼻,说魏王对楼鼻的重视超过翟强,使得翟强不能在秦国顺利开展工作,这是不妥当的。

管鼻之令翟强与秦事。谓魏王曰:"鼻之与强,犹晋人之与楚人也。晋人见楚人之急,带剑而缓之;楚人恶其缓而急之。今鼻之入秦之传舍①,舍不足以舍之。强之入,无蔽于秦者。强,王贵臣也,而秦若此其甚,安可!"

【注释】

①传(zhuàn)舍:古时供人休息住宿的处所。

【译文】

楼鼻让翟强参与出使秦国的事。有人对魏王说:"楼鼻与翟强就像晋国人与楚国人一样。晋国人见楚国急躁,便身佩宝剑使自己舒缓;楚国人讨厌晋国人行动迟缓,就让他们快一点。现在楼鼻住进了秦国宾馆,宾馆容纳不下他众多的随众。翟强来到秦国无处安身。翟强是大王的贵臣,秦国却如此待他,怎么可以呢!"

三三〇　成阳君欲以韩、魏听秦

【题解】

周赧王二十五年（前290），韩国的成阳君想让韩、魏服从秦国，魏王认为对自己不利。魏臣白圭献计说，可以派人威胁成阳君，说他如入秦，定会遭到扣留，不能返国。这样，成阳君必然不敢入秦，秦、韩就不可能联合，大王就可举足轻重了。

成阳君本是亲秦派，他终于入秦朝见，因秦大举攻韩，他无法回国，于是转投齐国。

成阳君欲以韩、魏听秦①，魏王弗利②。白圭谓魏王曰："王不如阴使人说成阳君曰：'君入秦，秦必留君而以多割于韩矣。韩不听，秦必留君而伐韩矣。故君不如安行求质于秦。'成阳君必不敢入秦，秦、韩不合，则王重矣。"

【注释】

①成阳君：韩人，曾为韩相。

②魏王：魏昭王。

【译文】

成阳君打算联合韩、魏两国服从秦国，魏王认为对自己不利。白圭对魏王说："大王不如暗中派人去劝成阳君说：'您到秦国去，秦国一定会扣留您，以此来要求从韩国多割地。韩国如果不答应，秦国一定会扣留您，而且向韩国进军。所以，您不如先不出发，要求秦国派出人质。'成阳君就一定不敢去秦国，秦国和韩国不能联合，大王就会受到重视。"

三三一　秦拔宁邑

【题解】

周赧王五十八年（前257），秦攻下魏的宁邑。魏王派人请求秦归还宁邑，只要如愿以偿，他愿意背弃合纵，与秦和好。有人加以劝阻，秦王就没有同意。

秦拔宁邑①，魏王令人谓秦王曰②：“王归宁邑，吾请先天下构。”谓秦王曰：“王无听。魏王见天下之不足恃也，故欲先构。夫亡宁者，宜割二宁以求构；夫得宁者，安能归宁乎？”

【注释】

①宁邑：地名。在今河南修武东。

②魏王：魏安釐（xī）王。秦王：秦昭王。

【译文】

秦国攻下魏国的宁邑，魏王派人对秦王说：“如果大王归还宁邑，魏国将首先和秦国讲和。”有人对秦王说：“大王不要听他的。魏王见诸侯不能依靠，所以想首先讲和。失掉宁邑的国家，应该割两个宁邑的地盘来求和；得到宁邑的国家，怎么能够轻易归还呢？”

三三二　秦罢邯郸

【题解】

本章和上章是同时的事。秦将王龁攻赵邯郸不下，还军攻占了魏的宁邑。当时魏、楚合纵救赵，秦攻占宁邑，是要想制服魏国，拆散合纵。吴庆劝说魏王,不要示弱媾和。

秦罢邯郸,攻魏,取宁邑。吴庆恐魏王之构于秦也[1],谓魏王曰:"秦之攻王也。王知其故乎?天下皆曰王近也。王不近秦,秦之所劫。皆曰王弱也。王不弱二周,秦人去邯郸,过二周而攻王者,以王为易制也。王亦知弱之召攻乎?"

【注释】

[1]吴庆:人名。魏臣,或谓即虞卿。魏王:魏安釐王。

【译文】

秦国从邯郸撤军,转而攻魏,夺取了宁邑。吴庆唯恐魏王与秦媾和,就对魏王说:"秦国为什么进攻大王,大王知道缘故吗?各国都说大王地和秦接近。其实大王的国土与秦并不接近,但却受到秦的威胁。许多人都认为由于大王兵力衰弱。大王并不比东、西二周弱,秦国离开邯郸后,越过二周而进攻大王,是认为大王容易被制服。大王知道示弱会招来秦的攻击吗?"

三三三 魏王欲攻邯郸

【题解】

做事成功,有一个前提,必须是大方向正确。

方向对了,多一分耕耘,就多一分收获。日积月累,由小到大,涓涓不息,汇为江河,成功定可预期。方向不对,南辕北辙,愈努力问题愈多,愈坚持错误愈大。

魏王欲攻邯郸[1],季梁闻之[2],中道而反[3],衣焦不申[4],头尘不浴,往见王曰:"今者臣来,见人于大行,方北面而持其驾,告臣曰:'我欲之楚。'臣曰:'君之楚,将奚为北面?'曰:'吾马良。'臣曰:'马虽良,此非楚之路也。'曰:'吾用多。'臣曰:'用虽多,此非楚之路也。'曰:'吾御者善。'此数者愈善,而离楚愈远耳。今王动欲成霸王,举欲信于天下⑤,恃王国之大,兵之精锐,而攻邯郸,以广地尊名,王之动愈数⑥,而离王愈远耳,犹至楚而北行也。"

【注释】

①魏王:魏惠王。

②季梁:魏臣。

③反:同"返"。

④申:伸张,伸展。

⑤信:通"伸"。

⑥数(shuò):多,屡次。

【译文】

魏王打算攻打邯郸,季梁听说了这件事,中途折回,衣服卷缩不伸,头上的尘土也没有洗,匆忙去见魏王道:"今天我来的时候,在大路上见到一个人,正朝着北方驾着他的车,告诉我说:'我想到楚国去。'我说:'你到楚国,为什么朝着北方走?'那个人回答说:'我的马是好马。'我说:'马虽然好,可这不是到楚国的路啊。'那个人回答说:'我的用费充足。'我说:'用费虽然充足,可这不是到楚国的路啊。'他又说:'我驾车的人技术高明。'这几个条件愈好,距楚国就愈远了。如今大王的举动总想称霸称王,总想在天下得到伸张,倚仗大王的国土大,武器精良,想去攻打邯郸,从而扩张土地提高名声,大王的行动愈频繁,离开称王的事业就愈远,就好像想到楚国却向着北走一样啊。"

三三四　周宵谓宫他曰

【题解】

魏臣周宵想借助齐国的支持,谋求在魏国得到重用。周臣宫他则建议他向齐表明已经在魏受到重用,才能引起齐国的重视,从而达到自己的目的。

周宵谓宫他曰[①]:"子为宵谓齐王曰,宵愿为外臣。令齐资我于魏。"宫他曰:"不可,是示齐轻也。夫齐不以无魏者以害有魏者,故公不如示有魏。公曰:'王之所求于魏者,臣请以魏听。'齐必资公矣。是公有齐,以齐有魏也。"

【注释】

①周宵:人名。魏臣。宫他:人名。周臣,主张亲齐。

【译文】

周宵对宫他说:"您为我对齐王说,周宵愿意做一个在别国为齐国办事的人,让齐国支持我在魏国工作。"宫他说:"不行,这是向齐国表明自己在魏国没有地位。齐王是不会帮助一个在魏国没有地位的人去伤害一个在魏国有地位的人的,所以您不如显示出自己在魏国很有地位。您说:'大王对魏王提出的要求,我将使魏王同意。'齐国一定会帮助您。这样您在齐国就有地位了,由于有齐国的支持,您在魏国的地位也会提高。"

三三五　周最善齐

【题解】

张仪担任魏相,周最、翟强两人打算在魏王面前说他的坏话。张仪听到消息，就派人在魏王身边充当侍卫，这两人于是就不敢在魏王面前诽谤他了。

周最善齐^①，翟强善楚^②。二子者欲伤张仪于魏。张子闻之，因使其人为见者啬夫^③，间见者，因无敢伤张子。

【注释】

①周最：人名。周的公子，这时在魏。

②翟强：人名。魏臣，曾为魏相。

③啬夫：主管传达命令的小臣。

【译文】

周最与齐国友好，翟强与楚国友好。两人都想在魏王面前诋毁魏相张仪。张仪听说后，就派他的人担任魏王的传达人员，监视来拜见魏王的人。因此，就没有人敢诋毁张仪。

三三六　周最入齐

【题解】

周赧王二十九年（前286），周最离开魏国，去到齐国。秦王怀疑周最将以三晋与齐联合攻秦，派姚贾责备魏王。

魏王对此加以解释，说周最入齐之后，魏的外交活动就不会再受到齐国的牵制，可以自主地事奉秦国，从而打消了秦国的顾虑。

周最入齐，秦王怒^①，令姚贾让魏王^②。魏王为之谓秦王曰："魏之所以为王通天下者，以周最也。今周最遁寡人入齐，齐无通于天下矣。敝邑之事王，亦无齐累矣。大国欲急兵,则趣赵而已。”

【译文】

　　周最从魏国到了齐国,秦王大怒,派姚贾去责备魏王。魏王为周最对秦王说:“魏国能帮助齐国联合诸侯,是通过周最。现在周最从魏国逃到齐国,齐国就不能和诸侯交往了。敝国事奉大王,也就不会受到齐国拖累了。如果贵国想出兵齐国,那只管督促赵国就是了。”

三三七　秦、魏为与国

【题解】

　　战国时期,国与国间的斗争复杂而尖锐,各国都很重视相互结盟。到战国晚期,魏国已向秦臣服,“称东藩,受冠带,祠春秋”,俨然成了秦的附属国,已不是普通的盟国,当齐、楚相约攻魏时,不仅对魏不利,对秦也是不利的。唐雎向秦王进说,无疑是看准了秦不会让魏受损以加强齐、楚的力量。所以秦王听了他的意见后,立即出兵救魏,迫使齐、楚撤军。

　　秦、魏为与国。齐、楚约而欲攻魏,魏使人求救于秦,冠盖相望,秦救不出。

【译文】

　　秦国与魏国结成同盟。齐国、楚国将共同攻魏,魏国派人向秦国求救,派出使者的车辆络绎不绝,但秦国的救兵却一直没有派出。

　　魏人有唐雎者,年九十余,谓魏王曰①:“老臣请出西说秦,令兵先臣出,可乎?"魏王曰:"敬诺。"遂约车而遣之。

【注释】

①魏王:魏安釐王。

【译文】

魏国有个叫唐雎的人,年逾九十,他对魏王说:"请让我西去秦国求救,要让救兵在我回来之前就赶到,可以吗?"魏王说."太好了。"于是派车辆送他去秦国。

唐雎见秦王①,秦王曰:"丈人芒然乃远至此②,甚苦矣。魏来求救数矣,寡人知魏之急矣。"唐雎对曰:"大王已知魏之急而救不至者,是大王筹筴之臣无任矣③!且夫魏一万乘之国,称东藩,受冠带,祠春秋者,以为秦之强足以为与也。今齐、楚之兵已在魏郊矣,大王之救不至,魏急则且割地而约齐、楚,王虽欲救之,岂有及哉? 是亡一万乘之魏,而强二敌之齐、楚也,窃以为大王筹筴之臣无任矣!"

【注释】

①秦王:秦昭王。

②芒然:疲倦的样子。

③筹筴(cè):谋划,谋算。筴,同"策"。

【译文】

唐雎拜见秦王,秦王说:"老人家不辞辛劳,远道至此,太辛苦了。魏国已多次前来求救,我知道魏国的情势危急。"唐雎回答道:"大王已经知道魏国的情势危急,但救兵不到,这就是为大王出谋划策的大臣们无能啊! 况且魏国是有万辆兵车的大国,自愿臣服做秦东边的属国,接受秦王的封赠,为秦王立庙,春秋祭祀,是认为秦国强大可以与之结盟。现在齐、楚的军队已经兵临城下,大王的救兵还不到,魏国危急之时就会割让土地而与齐、楚两国结盟,那时大王就是想挽救,哪里来得及呢?轻易失掉了拥有万辆兵车的魏国,却让秦的两个敌国齐、楚强大,我私下认为大王的谋臣无能啊!"

秦王喟然愁悟^①,遽发兵,日夜赴魏。齐、楚闻之,乃引兵而去。魏氏复全,唐雎之说也。

【注释】

①喟(kuì)然:叹息警觉的样子。

【译文】

秦王幡然醒悟,立刻发兵,日夜兼程救援魏国。齐、楚两国知道秦国发兵救魏,于是撤军。魏国之所以能够保全,靠的是唐雎的游说。

三三八　信陵君杀晋鄙

【题解】

做出一点贡献,有了一点成绩,这只是事业的起点,决不能成为骄傲的资本。谦逊是一种美德,能使人保持头脑清醒。功成而不居,更能赢得别人的尊重。骄傲自满,沾沾自喜,常使人脑子发热,自以为是,往往埋下失败的祸根。有的人一生兢兢业业,做出许多贡献,可到了晚年,志得意满,躺在功劳簿上睡大觉;有时因为一念之差,犯下严重错误,不能保持晚节,令人惋惜,这都是骄傲所致。

"满招损,谦受益",这是我国古代有益的格言,值得我们牢牢记取。唐雎所说,就是这个意思。

信陵君杀晋鄙①，救邯郸，破秦人，存赵国，赵王自郊迎②。

【注释】

①信陵君杀晋鄙：公元前257年，信陵君通过魏王的爱妃如姬窃得虎符，杀掉将军晋鄙，选兵八万，在邯郸城下大破秦军。

②赵王：赵孝成王。

【译文】

信陵君杀掉晋鄙，挽救了邯郸，击破秦军，保全了赵国。赵王亲自到郊外迎接他。

唐雎谓信陵君曰①："臣闻之曰，事有不可知者，有不可不知者；有不可忘者，有不可不忘者。"信陵君曰："何谓也？"对曰："人之憎我也，不可不知也；吾憎人也，不可得而知也。人之有德于我也，不可忘也；吾有德于人也，不可不忘也。今君杀晋鄙，救邯郸，破秦人，存赵国，此大德也。今赵王自郊迎，卒然见赵王②，臣愿君之忘之也。"信陵君曰："无忌谨受教。"

【注释】

①唐雎(jū)：魏人。

②卒(cù)然：同"猝然"。

【译文】

唐雎对信陵君说："我听人说，事情有不能知道的，有不能不知道的；有不能忘记的，有不能不忘记的。"信陵君说："这话怎么说呢？"唐雎回答说："别人憎恨我，不可不知道；我憎恨别人，是不可能知道的。别人对我有恩惠,不应忘记;我对别人有恩惠,不可以不忘记啊。如今您杀掉晋鄙,挽救了邯郸,击破秦军,保全了赵国,这是很大的恩惠啊。如今赵王亲自到郊外迎接,忽然见到赵王,我希望您忘记所施的恩惠啊。"信陵君说:"我恭敬地接受您的教诲。"

三三九　魏攻管而不下

【题解】

公元前 247 年,魏信陵君领军攻管。管本魏地,这时已在秦国手中。

守管的人是安陵人缩高的儿子,信陵君想通过缩高的关系,让他的儿子举城投降。令人意想不到的是,安陵君竟举出"大府之宪",缩高又抬出所谓"大臣之义",断然拒绝。

安陵君受封于魏国,缩高是安陵的子民。这时秦加兵于魏,欲取大梁,安陵君如果能念在魏是他的宗国,缩高如果能念在他的先人也是魏的臣民,不应对魏国的安危坐视不救。但是安陵君和缩高不懂得封国和宗国哪一个更重要,不懂得小道理应该服从大道理,不能牺牲小我成全大我。《资治通鉴》胡三省注对他们颇有微辞,同时对信陵君闻缩高"刎颈而死",即"缟素辟舍,使使者谢安陵"提出异议。

魏攻管而不下①。安陵人缩高,其子为管守。信陵君使人谓安陵君曰:"君其遣缩高,吾将仕之以五大夫②,使为持节尉③。"安陵君曰:"安陵,小国也,不能必使其民。使者自往,请使道使者至缩高之所,复信陵君之命。"缩高曰:"君之幸高也,将使高攻管也。夫以父攻子守,人大笑也。见臣而下,是倍主也④。父教子倍,亦非君之所喜也。敢再拜辞。"

【注释】

①管：在今河南郑州北二里。

②五大夫：大夫中最高的爵位。

③持节尉：掌握生杀大权的军官。

④倍：通"背"，背叛。

【译文】

　　魏国攻打秦国的管城，没有攻下。安陵人缩高的儿子担任管城的防守。信陵君派人对安陵君说："请派缩高前去，我将任命他为五大夫，让他担任持节尉。"安陵君对使者说："安陵是个小国，不能让他们完全听我的命令。您自己前去，我派人把您引领到缩高住的地方，传达信陵君的命令。"缩高说："您来到我这里，是为了让我攻打管城。父亲攻打儿子的守地是会被天下人耻笑的。见到我就投降，就是背叛自己的君主。父亲让儿子背叛，这也不是您愿意看到的吧。真对不起，我只好推辞了。"

　　使者以报信陵君，信陵君大怒，遣大使之安陵曰："安陵之地，亦犹魏也。今吾攻管而不下，则秦兵及我，社稷必危矣。愿君之生束缩高而致之。若君弗致也，无忌将发十万之师以造安陵之城。"安陵君曰："吾先君成侯受诏襄王以守此地也①，手受大府之宪②。宪之上篇曰：'子弑父，臣弑君，有常不赦。国虽大赦，降城亡子不得与焉。'今缩高谨辞大位，以全父子之义，而君曰'必生致之'，是使我负襄王诏而废大府之宪也，虽死终不敢行。"

【注释】

①成侯：安陵始封的国君。襄王：魏襄王。

②大府：藏文书的府库。宪：法。

【译文】

使者将情况回报信陵君，信陵君非常生气，派特使到安陵对安陵君说："安陵这个地方，也算是魏国的土地。现在我攻不下管城，那么，秦军就会攻击到我国，魏国就会发生危险。请您把缩高捆上送到我这里来。如果您不送来，我将派十万大军到达安陵城下。"安陵君说："我的先君成侯受襄王的命令镇守此地，亲自接受了大府的法令。法令上篇说：'儿子杀父亲，大臣杀君王，有规定的刑罚不能免罪。即使国家举行大赦，举城投降和逃亡国外的人也不能免责。'现在缩高辞去职务，保全父子间的道义，但您说'必须要把他活捉送来'，这就会让我有负襄王的命令，又违背了大府的法令，就算是死我也不敢照办。"

　　缩高闻之曰："信陵君为人，悍而自用也。此辞反，必为国祸。吾已全己，无违人臣之义矣，岂可使吾君有魏患也？"乃之使者之舍，刎颈而死。

【译文】

缩高听说后，说："信陵君为人刚愎自用。此话一出，肯定会给国家带来灾祸。我已经尽到了做人臣的道义，怎么能使我的君主受到魏国的危害呢？"缩高就到使者住地自刎而死。

　　信陵君闻缩高死，素服缟素辟舍，使使者谢安陵君曰："无忌小人也，困于思虑，失言于君，敢再拜释罪。"

【译文】

信陵君听到缩高的死讯，穿上素服离开住地，派使者向安陵君谢罪说："我是小人，考虑不周，要求不当，我恭敬地请您恕罪。"

三四〇　魏王与龙阳君共船而钓

【题解】

魏王和龙阳君同船共钓，钓了十多条鱼后，龙阳君忽然流泪，魏王问他是什么原因？龙阳君说，魏国美女如云，害怕魏王会喜新厌旧，抛弃自己。

魏王正在兴头上，向龙阳君表示，定会永久宠爱他。"丹青著明誓，永世不相忘"，龙阳君一颗悬着的心终于放下了。

魏王与龙阳君共船而钓①，龙阳君得十余鱼而涕下。王曰："有所不安乎？如是，何不相告也？"对曰："臣无敢不安也。"王曰："然则何为涕出？"曰："臣为臣之所得鱼也。"王曰："何谓也？"对曰："臣之始得鱼也，臣甚喜，后得又益大，今臣直欲弃臣前之所得矣。今以臣凶恶②，而得为王拂枕席。今臣爵至人君，走人于庭，辟人于途。四海之内，美人亦甚多矣，闻臣之得幸于王也，必褰裳而趋王。臣亦犹曩臣之前所得鱼也，臣亦将弃矣，臣安能无涕出乎？"魏王曰："诶！有是心也，何不相告也？"于是布令于四境之内曰："有敢言美人者族。"

【注释】

①龙阳君：魏王的宠臣。

②凶恶：谦言貌丑。

【译文】

　　魏王与宠臣龙阳君同坐在一条船上钓鱼,龙阳君钓到了十几条鱼便流泪了。魏王问道:"你有什么不高兴的事吗? 如果有,为什么不告诉我呢"龙阳君回答说:"我没有什么不高兴的事。"魏王说:"那为什么要流泪呢?"龙阳君回答说:"我为我所钓到的鱼而流泪。"魏王说:"你是什么意思呢?"龙阳君回答说:"我开始钓到鱼,很高兴;后来钓到更大的鱼,便只是想把以前钓到的鱼扔掉。如今凭着我丑陋的相貌,能有机会侍奉大王的左右。我的爵位被封为龙阳君,在朝廷中,大臣们都趋附我;在路上,人们也为我让道。天下的美人很多,知道我得到大王的宠幸,她们一定会提起衣裙跑到大王这里来。那时我就成了最初钓到的鱼,也是会被扔掉的,我怎么不流泪呢?"魏王说:"唉! 你既然有这种心思,为什么不告诉我呢?"于是下令全国说:"有谁敢推荐美人的,处以灭族的罪。"

　　由是观之,近习之人,其挚谄也固矣,其自幂系也完矣①。今由千里之外,欲进美人,所效者庸必得幸乎? 假之得幸庸必为我用乎? 而近习之人相与怨,我见有祸,未见有福;见有怨,未见有德,非用知之术也②。

【注释】

　　①幂(mì):覆盖。系:固结。

　　②知:同"智"。

【译文】

　　由此看来,君王身边受到宠幸的人,他们对施展献媚的手段,是很在行的;他们掩饰自己的过错,蒙蔽君王的手法,也是非常完善的。现在从千里之外有人想进献美人,可献来的美人,难道一定能够受到宠爱吗？假如得到宠爱，难道就能为我所用吗？而国君身边受宠幸的人，都抱怨那个进献美人的人，只见到有祸，没有见到有福；只见到有怨恨，而没有看到好处，这可不是运用智谋的办法啊。

三四一　秦攻魏急

【题解】

秦始皇八年（前239），秦封嫪毐为长信侯，嫪毐在国内与吕不韦争权。这时秦攻魏急，有人劝魏王割地赂秦，让嫪毐的势力胜过吕不韦，使各国舍吕氏而从嫪氏，从而解患而报怨。

文中说，魏国如果支持嫪毐，秦太后必然会深深地感激魏国，可知嫪毐确因太后的宠幸而得掌大权。

秦攻魏急①。或谓魏王曰②："弃之不如用之之易也，死之不如弃之之易也。能弃之弗能用之，能死之弗能弃之，此人之大过也。今王亡地数百里，亡城数十，而国患不解，是王弃之，非用之也。今秦之强也，天下无敌，而魏之弱也甚，而王以是质秦，王又能死而弗能弃之，此重过也。今王能用臣之计，亏地不足以伤国，卑体不足以苦身，患解而怨报。

【注释】

①秦攻魏急：秦始皇九年（前238），派杨端和领兵攻魏，拔数城。

②魏王：魏景湣王。公元前242—前228年在位。

【译文】

秦兵加紧进攻魏国。有人对魏王说："放弃土地不如使用它容易，守地而死不如割地以图存容易。愿割地而图存，而不肯用地防守；愿意为地去死，而不愿割地以图存，这是人们的大错。现在大王已丧失土地数百里，丢掉城池数十座，国家却祸患不止，这是因为大王只知道放弃土地，不知道攻防之道。秦国强大，天下无敌，而魏国很弱，因此大王才成为秦国攻打的目标。大王宁肯死守，却不愿割地，这更是大错啊。现在大王如能采纳我的主意，就能割地而不至于损害国家，谦卑不至于劳苦自身，祸患可以解除，仇怨也可报了。

"秦自四境之内，执法以下至于长挽者，故毕曰：'与嫪氏乎？与吕氏乎？'虽至于门闾之下[1]，廊庙之上[2]，犹之如是也。今王割地以赂秦，以为嫪毐功；卑体以尊秦，以因嫪毐。王以国赞嫪毐，以嫪毐胜矣。王以国赞嫪氏，太后之德王也，深于骨髓，王之交最为天下上矣。秦、魏百相交也，百相欺也。今由嫪氏善秦而交为天下上，天下孰不弃吕氏而从嫪氏？天下必舍吕氏而从嫪氏，则王之怨报矣。"

【注释】

①门闾(lǔ)：乡里，里巷。这里代指普通百姓。

②廊庙：殿下屋和太庙，指朝廷。这里代指达官贵人。

【译文】

"秦国国内，自执政大臣以下，以至于普通百姓都会问：'亲近嫪氏呢？还是亲近吕氏呢？'不管是普通平民还是达官贵人都是这样。如果大王割地送给秦国，以作为嫪毐的功劳；卑躬屈膝尊奉秦国来巩固嫪毐的地位。大王拿国家来帮助嫪毐，那么嫪毐就能胜利了。大王拿国家来帮助嫪氏，秦太后感谢大王将深入骨髓，大王对秦的交情在诸侯中将独占鳌头。从前秦、魏的关系都是互相欺诈。现在通过嫪氏的关系而与秦国友好，两国关系成为诸侯中第一等，诸侯中又有谁不抛弃吕氏而追随嫪氏呢？诸侯如果抛弃吕氏来追随嫪氏，大王的怨仇也就算报了。"

三四二　秦王使人谓安陵君曰

【题解】

外交使节，重任在肩，因为谈判的成败直接关系到国家的命运和前途。历来的当政者在选派使者时，都反复考虑，派出最合适的人选，即所谓"妙选行人"（行人，外交人员）。使臣常会遇到各种复杂的情况，需要随机应变，更需要勇敢坚强。

秦王嬴政向安陵君提出交换土地的要求，只不过是个幌子，其真正用意，是想不费一兵一卒，不折一弓一矢，轻易地吞并安陵。唐雎临危受命，只身深入敌国，面对秦国强大的军事压力，威武不屈，力挽狂澜，折服了秦王，完成了使命，真可算是具有大智大勇的"大丈夫"。

秦王使人谓安陵君曰①："寡人欲以五百里之地易安陵，安陵君其许寡人？"安陵君曰："大王加惠，以大易小，甚善。虽然，受地于先王，愿终守之，弗敢易。"秦王不说。安陵君因使唐雎使于秦。

【注释】

①秦王：嬴政，公元前246年即秦王位，公元前221年统一六国后改称始皇帝。安陵君：魏国分封的小国君主。安陵，在今河南鄢陵西北。

【译文】

秦王派人对安陵君说："我打算用五百里的地方交换安陵，安陵君能答应我吗?"安陵君说:"承蒙大王对敝国施恩,用大换小,很好。可是,安陵是从先王那里继承下来的,我愿一直守住它,不敢拿来交换。"秦王为此很不高兴。安陵君因而派唐雎出使秦国。

秦王谓唐雎曰:"寡人以五百里之地易安陵,安陵君不听寡人,何也? 且秦灭韩亡魏,而君以五十里之地存者,以君为长者,故不错意也①。今吾以十倍之地,请广于君,而君逆寡人者,轻寡人与?"唐雎对曰:"否,非若是也。安陵君受地于先王而守之,虽千里不敢易也,岂直五百里哉!"

【注释】

①错:通"措"。

【译文】

秦王对唐雎说:"我用五百里的地方交换安陵,但安陵君却不肯听从我,这是为什么呢? 况且秦国已经灭掉韩、魏,而安陵君仅凭五十里的地方得以保存下来,是因为我念他是个年高有德的人,所以才没有在意。现在我拿出十倍的土地来为他扩大地盘,而他竟然违抗我,是瞧不起我吗?"唐雎回答说:"不,不是这样。安陵君从先王那里继承下来的土地,就要保住它,即使用一千里土地也不敢交换,何况是五百里呢!"

秦王怫然怒,谓唐雎曰:"公亦尝闻天子之怒乎?"唐雎对曰:"臣未尝闻也。"秦王曰:"天子之怒,伏尸百万,流血千里。"唐雎曰:"大王尝闻布衣之怒乎?"秦王曰:"布衣之怒,亦免冠徒跣①,以头抢地尔。"唐雎曰:"此庸夫之怒也,非士之怒也。夫专诸之刺王僚也②,彗星袭月③;聂政之刺韩傀也④,白虹贯日;要离之刺庆忌也⑤,仓鹰击于殿上⑥。此三子者,皆布衣之士也,怀怒未发,休祲降于天⑦,与臣而将四矣。若士必怒,伏尸二人,流血五步,天下缟素,今日是也。"挺剑而起。

【注释】

①徒跣(xiǎn):赤脚。

②专诸之刺王僚:春秋时,吴公子光(即后来的吴王阖闾),为了争夺王位,就派专诸刺杀吴王僚。专诸,人名。吴国勇士。

③彗星袭月:此和下文的"白虹贯日"、"苍鹰击于殿上"都是古人的迷信说法,认为人间有重大变故发生,自然现象就会有相应的显示。

④聂政之刺韩傀:韩国严遂和韩相韩傀不和,就派聂政刺杀韩傀。聂政,人名。韩国轵(今河南济源)人。

⑤要离之刺庆忌:庆忌是吴王僚的儿子,王僚被杀,他逃往卫国。吴王阖闾派要离到卫国刺杀了他。要离,人名。吴国勇士。

⑥仓:通"苍"。

⑦休祲(jìn):侧重在祲,指凶兆。

【译文】

　　秦王勃然大怒,对唐雎说:"您也曾听说过天子发怒吗?"唐雎回答说:"我没有听说过。"秦王说:"天子发起怒来,就会使百万尸体倒地,血流千里。"唐雎说:"大王可曾听说过平民发怒吗?"秦王说:"平民发起怒来,不过是披头赤脚,用头往地上撞罢了。"唐雎说:"这是庸人的发怒,不是侠士的发怒啊。以前专诸刺杀吴王僚时,彗星的尾光扫过了月亮;聂政刺杀韩傀时,白色的长虹穿过了太阳;要离刺杀庆忌时,苍鹰在殿上扑击。这三个人都是平民中的侠士,他们胸中的怒气还未发作,凶兆就会从天而降,加上我就将出现四个这样的勇士了。要是侠士发起怒来,将使两具尸体同时倒下,血流五步,天下的人都会穿上孝服,今天就是这样的时候。"说完就拔出宝剑，挺起身来。

秦王色挠，长跪而谢之曰："先生坐，何至于此！寡人谕矣。夫韩、魏灭亡，而安陵以五十里之地存者，徒以有先生也。"

【译文】

秦王吓得脸色大变，慌忙从座位上挺直身子，向唐雎道歉说："先生请坐下，哪里会弄到这种地步呢！我已经明白了。韩、魏两国都被灭掉，而安陵却凭着五十里的地方得以幸存，正是因为有先生您这样的人在。"

卷二十六　韩策一

三四三上　三晋已破智氏

【题解】

韩、赵、魏三家灭掉智伯之后，在分割胜利果实时，韩康子的谋臣段规建议，分地必须取得成皋，因为这里地势险要，可以作为攻取郑国的前进基地。

成皋处在平原和山地的交会点，由成皋向西，乱岭纵横，狭道迂回，时断时续，一夫当关，万夫莫开，堪称天险。后来韩国取郑，果然从成皋开始。战国末年，韩把成皋献给秦国，十九年之后就灭亡了，可见成皋和韩国的安危，关系重大。

三晋已破智氏，将分其地。段规谓韩王曰①："分地必取成皋②。"韩王曰："成皋石溜之地也③，寡人无所用之。"段规曰："不然。臣闻一里之厚而动千里之权者，地利也；万人之众而破三军者，不意也。王用臣言，则韩必取郑矣④。"王曰："善。"果取成皋。至韩之取郑也，果从成皋始。

【注释】

①段规:人名。韩康子的谋臣。韩王:此指韩康子虎,称"王"是后来追述的话。

②成皋:地名。亦名虎牢,在今河南荥阳汜水镇。

③石溜之地:谓其地多石,水将溜走,水土不能保持。

④韩必取郑:韩哀侯二年(前371)灭郑。

【译文】

韩、赵、魏三家已经击破智伯,准备瓜分他的土地。段规对韩康子说:"分地时一定要取得成皋。"韩康子说:"成皋是贫瘠的地方,要它有什么用。"段规说:"不是这样。我听说,凭借一里大的地盘却可以撼动千里大的政权,是因为地形有利的缘故;一万人可以打败三军,是因为乘敌不备的缘故。大王如果能采纳我的意见,韩国一定可以消灭郑国。"韩康子说:"好。"果然要了成皋。后来韩国灭掉郑国时,果然是从成皋开始的。

三四三下　大成午从赵谓申不害于韩曰

【题解】

周显王十八年(前351),韩昭侯任申不害为相。赵相大成午和申不害联络,图谋共同操纵两国的大权,目的是借重外力以巩固自己的地位。

大成午从赵谓申不害于韩曰①:"子以韩重我于赵,请以赵重子于韩,是子有两韩,而我有两赵也。"

【注释】

①大成午:人名。赵相,他从赵成侯时为相,直到赵肃侯时,仍继续

当权。申不害：人名。郑国人，韩昭侯时为相十五年，主张法治，是法家代表人物之一。

【译文】

大成午从赵国告诉韩国的申不害说："您通过韩国使我在赵国受到重用，我就能通过赵国使您在韩国受到重用，这样，您就等于拥有两个韩国，而我就等于拥有两个赵国了。"

三四四　魏之围邯郸

【题解】

周显王十五年（前354），魏国围攻赵都邯郸时，申不害刚开始和韩昭侯接触。他察言观色，了解昭侯的意图，投其所好，受到昭侯的赏识。

魏之围邯郸也，申不害始合于韩王，然未知王之所欲也，恐言而未必中于王也。王问申子曰："吾谁与而可？"对曰："此安危之要，国家之大事也。臣请深惟而苦思之。"乃微谓赵卓、韩晁曰①："子皆国之辩士也。夫为人臣者，言可必用②，尽忠而已矣。"二人各进议于王以事，申子微视王之所说以言于王，王大说之。

【注释】

①赵卓、韩晁：人名。皆韩臣。

②可：通"何"。

【译文】

魏国围攻赵都邯郸时，申不害刚开始和韩王接触，但还不知道韩王的想法是什么，担心说话未必投合韩王的心意。韩王问申不害说："我和谁结盟比较好呢?"申不害回答说:"这是安危的关键,国家的大事。我要深思熟虑后才能回答。"申不害于是私下对韩臣赵卓和韩晁说:"你们都是国家能言善辩的人。做人臣的,意见何必要为君王所采用呢,只要竭尽忠心就行了。"赵卓和韩晁二人分别在韩王面前议论国家大事,申不害便暗暗观察韩王喜欢谁的意见,再把这个意见献上,韩王因而非常喜欢他。

三四五　申子请仕其从兄官

【题解】

本章的事当亦在周显王十五年(前354),即申不害相韩之年。

申不害是法家代表人物之一,主张论功行赏,量能授官。他既希望昭侯采用他的理论,又去为他的堂兄谋求官职,岂不是言行不一吗?

本章说明韩昭侯慎行赏罚,郑重选用官吏。

申子请仕其从兄官,昭侯不许也,申子有怨色。昭侯曰:"非所学于子者也。听子之谒而废子之道乎?又亡其行子之术而废子之谒乎?子尝教寡人,循功劳,视次第。今有所求,此我将奚听乎?"申子乃辟舍请罪曰:"君真其人也。"

【译文】

韩相国申不害为他的堂兄向韩昭侯求官,韩昭侯不同意,申不害表现出不高兴的神情。韩昭侯说:"我这不是从您那儿学到的吗?我是答应您的要求废弃您执法的主张呢?还是实行您的主张而不答应您的要求呢?您曾教我,根据功劳的大小授赏,根据能力的强弱任官。现在您有所求,这将使我无所适从了。"申不害离席请罪,说:"您真是人们理想的好国君啊！"

三四六　苏秦为楚合从说韩王曰

【题解】

苏秦说韩，强调韩的地险兵强，广出各种利器，不应该拱手事秦。他提出"宁为鸡口，无为牛后"，就是说应当独立自主和保持自尊自强的精神，要做领导者，而不要做跟随者，这是鼓舞人心的名言。

旧说认为本文是苏秦游说韩宣王的话。但韩在昭侯、申不害之后，国势正强，不可能西向事秦，所以此章乃是晚出的拟托之作。

苏秦为楚合从说韩王曰①："韩北有巩、洛、成皋之固②，西有宜阳、常阪之塞③，东有宛、穰、洧水④，南有陉山⑤，地方千里，带甲数十万。天下之强弓劲弩皆自韩出，谿子、少府时力、距黍⑥，皆射六百步之外。韩卒超足而射，百发不暇止，远者达胸，近者掩心。韩卒之剑戟皆出于冥山、棠谿，墨阳、合伯⑦。邓师、宛冯、龙渊、太阿⑧，皆陆断马牛，水击鹄雁，当敌即斩，坚甲、鞮鍪、革抉、呿芮⑨，无不毕具。以韩卒之勇，被坚甲，蹑劲弩⑩，带利剑，一人当百，不足言也。夫以韩之劲与大王之贤，乃欲西面事秦，称东藩，筑帝宫，受冠带，祠春秋。交臂而服焉。夫羞社稷而为天下笑，无过此者矣。是故愿大王之熟计之也。

【注释】

①韩王：《史记》作"韩宣王"。

②巩:地名。在今河南巩县西南。洛:水名。巩、洛皆在周境内,言可恃以为固。

③常坂:山名。即商山,在今陕西商州东南。

④东有宛、穰、洧(wěi)水:宛,地名。在今河南南阳。穰,地名。在今河南邓县东南。洧水,水名。源出今河南登封北阳城山,下流入颍水。宛、穰皆在韩的南边,此云在东,有误。

⑤陉山:山名。在今河南漯河东。

⑥谿子、少府时力、距黍:皆良弓名。少府,官署名。

⑦冥山:山名。即今石城山,在今河南信阳东南。棠谿:地名。韩邑,在今河南西平西。墨阳:地名。韩邑,在今河南淅川北。合伯:地名。韩邑,在今河南西平西。

⑧邓师、宛冯、龙渊、太阿:皆宝剑名。

⑨鞮鍪(dī móu):头盔。革抉:皮制的拔指,射箭时套在拇指上,用以钩弦。吷(fá):即盾。芮(ruì):系盾的绳子。

⑩蹠(zhí):踏。

【译文】

苏秦为楚国组织合纵联盟而游说韩王说:"韩国北面有巩邑、洛水、成皋这样巩固的边防,西面有宜阳、常阪那样险要的关塞,东有宛、穰二县和洧水,南有陉山,土地方圆千里,战士有数十万。天下强劲的弓弩都出产在韩国。像谿子、少府时力、距黍这些良弓,都能使箭射出六百步以外。韩国的士兵举足踏弩而射,可以不停地射百来次。对远处的敌人可以射中他的胸膛,近的可以射中他的心脏。韩国士卒使用的剑戟都出产在冥山、棠谿、墨阳、合伯等地。邓师、宛冯、龙渊、太阿这些宝剑,在陆地都可以斩断马、牛,在水上可以截击鸿雁,在战场上无坚不摧,铠甲、射箭用的皮扳指和盾牌无不齐备。以韩国士卒的骁勇,身披坚甲,踩着劲弩,带着锋利的宝剑,以一当百,不在话下。凭韩国的强盛和大王的贤能,竟然向西面讨好秦王,做他的东边属国,为秦王筑帝宫,接受秦国赐下的冠服,春秋供奉祭品。拱手称臣,使国家蒙受耻辱,受到天下人的耻笑,没有更超过此事的。因此,希望大王要详加考虑啊。

"大王事秦,秦必求宜阳、成皋。今兹效之,明年又益求割地。与之,即无地以给之;不与,则弃前功而后更受其祸。且夫大王之地有尽,而秦之求无已。夫以有尽之地而逆无已之求,此所谓市怨而买祸者也,不战而地已削矣。臣闻鄙语曰:'宁为鸡口,无为牛后。'今大王西面交臂而臣事秦,何以异于牛后乎?夫以大王之贤,挟强韩之兵,而有牛后之名,臣窃为大王羞之。"

【译文】

"大王如果向秦国屈服,它一定要求割让宜阳、成皋。今年给它,明年它又会更进一步地要求割地。给它吧,已无地可给了;不给吧,就会前功尽弃,并带来后患。况且,大王的土地有限,而秦国的要求没有止境。以有限的土地去应付无止境的要求,这就是所谓自己购买怨恨和祸患,不需打仗,土地已落入别人的手中了。我听到俗话说:'宁可做鸡群的头领,不可做牛群的随从。'如果大王向西方的秦国称臣,侍奉秦国,这和做牛群里的随从又有什么区别呢?以大王的贤能,拥有韩国强劲的大军,却有'牛群随从'之名,我私下为大王感到羞愧。"

韩王忿然作色,攘臂按剑,仰天太息曰:"寡人虽死,必不能事秦。今主君以楚王之教诏之,敬奉社稷以从。"

【译文】

韩王听了气得变了脸色,卷起袖子,露出胳膊,手按宝剑,仰天长叹说："我就是一死，也决不会向秦国屈服。现在您把楚王的高见告诉我，我愿意举国相随。"

三四七上　张仪为秦连横说韩王曰

【题解】

和苏秦以合纵说韩的言论相反，张仪所强调的全是韩的不利条件。他说韩国贫民弱，地狭兵少，无法抵抗秦的进攻，只有向秦屈服，才是唯一出路。

本章说，在张仪进说后，韩王请"筑帝宫"。秦称帝在周赧王二十七年（前288），这时张仪已死去二十一年，所以此文显然是游说之士拟托的作品。

张仪为秦连横说韩王曰①："韩地险恶山居，五谷所生，非麦而豆，民之所食，大抵豆饭藿羹；一岁不收，民不厌糟糠，地方不满九百里，无二岁之所食。料大王之卒，悉之不过三十万，而厮徒负养在其中矣。为除守徼亭鄣塞②，见卒不过二十万而已矣③。秦带甲百余万，车千乘，骑万匹，虎贲之士④，跿跔科头⑤，贯颐奋戟者，至不可胜计也。秦马之良，戎兵之众，探前趹后，蹄间三寻者⑥，不可称数也。山东之卒，被甲冒胄以会战，秦人捐甲徒裎以趋敌⑦，左挈人头，右挟生虏。夫秦卒之与山东之卒也，犹孟贲之与怯夫也；以重力相压，犹乌获之与婴儿也。夫战孟贲、乌获之士，以攻不服之弱国，无以异于堕千钧之重⑧，集于鸟卵之上，必无幸矣。

【注释】

①韩王:《史记》以为韩襄王。

②徼(jiào)亭:边境的哨所。

③见卒:现有的士兵。见,同"现"。

④虎贲之士:精兵。

⑤跿跔(tú jū):腾跳踊跃。科头:不戴头盔。

⑥寻:八尺。

⑦徒裎(chéng):赤脚露体。

⑧钧:三十斤。

【译文】

　　张仪为秦国组织连横阵线游说韩王说:"韩国地势险恶,生活在山野之中,生长的五谷,不是豆类就是麦子,老百姓大都吃的是豆子,喝的是豆叶汤;一年没有收成,人们连糟糠都吃不饱,韩纵横不到九百里,没有储存两年的粮食。估计大王手下的军队,全部不足三十万,而且其中还要包括杂役人员都在内。除去守卫边界亭堡的兵士外,现成的可供调动的最多不过二十万罢了。秦国的军队有一百多万,战车千辆,战马万匹,勇猛的士兵赤脚,不戴头盔踊跃奔杀,弯弓射敌,持戟冲锋的,多得数不清。秦军战马精良,士兵众多,马的前蹄飞腾,后蹄猛蹬,速度快到前后蹄之间一跃可以跨过三寻的,同样不可胜数。崤山东面的六国,军队盔甲齐整地与秦军会战,秦军脱掉盔甲袒臂赤足来迎敌,个个左手提人头,右手挟俘虏。秦兵与崤山东面的六国兵士相比,好比勇士孟贲与懦夫;以重兵相接触,好比力士乌获和婴孩。用孟贲、乌获那样的军队作战,攻打不肯降服的弱国,与把千钧重力直接压在鸟卵上面没有什么不同,肯定没有能够幸免的了。

　　"诸侯不料兵之弱,食之寡,而听从人之甘言好辞,比周以相饰也①,皆言曰:'听吾计则可以强霸天下。'夫不顾社稷之长利,而听须臾之说,诖误人主者^②,无过于此者矣。

【注释】

①比周:结党,联合。

②诖(guà)误:贻误。

【译文】

"各国的诸侯们不考虑自己兵力弱,粮食缺乏,却去听信宣传合纵的人的甜言蜜语,他们结成朋党,互相吹嘘,个个慷慨激昂地说:'听了我的主意便可以在天下称强称霸。'像这样不顾及国家的长远利益而听信一时的谬论,贻误国君,没有比这更严重的了。

　　"大王不事秦,秦下甲据宜阳,断绝韩之上地,东取成皋、宜阳,则鸿台之宫、桑林之苑^①,非王之有已。夫塞成皋,绝上地,则王之国分矣。先事秦则安矣,不事秦则危矣。夫造祸而求福,计浅而怨深,逆秦而顺楚,虽欲无亡,不可得也。

【注释】

①鸿台之宫、桑林之苑:鸿台宫、桑林苑,皆韩的宫苑名。

【译文】

"大王不归附秦国,秦就会发兵占据宜阳,截断韩国的上党地区,再东取成皋、宜阳,那么鸿台宫、桑林苑就不再属于大王所有了。要是阻塞了成皋,截断了上党地区,那么大王的国土就要被分割了。早归附秦国就安全,不归附秦国就危险。如果制造的是祸端却要想得到福报,计虑粗浅,结怨很深,违背秦国而顺从楚国,要想国家不亡,那是不可能的。

"故为大王计,莫如事秦。秦之所欲莫如弱楚,而能弱楚者莫如韩。非以韩能强于楚也,其地势然也。今王西面事秦以攻楚,为敝邑,秦王必喜。夫攻楚而私其地,转祸而说秦,计无便于此者也。是故秦王使使臣献书大王御史^①,须以决事。"

【注释】

①御史:官名。国君身边的掌管传达国君命令、记载国家大事的臣。

【译文】

"所以为大王着想,还不如替秦国效劳。秦最大的希望是削弱楚国,而最能削弱楚国的就是韩国。不是因为韩国比楚国强大,而是由韩国的地势所决定的。现在大王向西臣事秦国,进攻楚国,做秦国的城邑,秦国必然高兴。攻打楚国有利于韩国扩大领土,转移了祸患,取悦了秦国,没有比这更好的主意了。因而秦王派使臣向大王的传命小臣献上书信,敬待大王决定。"

韩王曰:"客幸而教之,请比郡县,筑帝宫,祠春秋,称东藩,效宜阳。"

【译文】

韩王说:"承蒙您教导我,我愿做秦王的一个郡县,为秦王筑行宫,春、秋供奉祭品,做秦国东边的属国,并且把宜阳献给秦国。"

三四七下　宣王谓摎留曰

【题解】

此章事在周显王四十八年(前 321)前后,这时公仲正在韩国掌权。

韩宣王打算同时重用公仲、公叔,征求摎留的意见。摎留列举历史上的例子,以说明同时重用两位大臣,必然导致国家危亡。他意在由韩王集权,此说法和法家接近。

宣王谓摎留曰①:"吾欲两用公仲、公叔②,其可乎?"对曰:"不可。晋用六卿而国分③,简公用田成、监止而简公弑④,魏两用犀首、张仪而西河之外亡。今王两用之,其多力者内树其党,其寡力者藉外权。群臣或内树其党以擅其主,或外为交以裂其地,则王之国必危矣。"

【注释】

①宣王:即韩宣惠王,韩昭侯子。公元前 332—前 312 年在位。摎(jiū)留:人名。韩臣。

②公仲:人名。名倗,时为韩相。公叔:人名。亦韩公族。

③六卿:智氏、范氏、中行氏、赵氏、韩氏、魏氏。从晋文公、襄公以来,六卿陆续主持国政,后皆强大,韩、赵、魏三家终于瓜分晋国。

④"简公用"句:齐简公任用监止,受到田成不满。公元前 481 年,田成杀监止及简公。

【译文】

韩宣惠王对韩人摎留说:"我想同时用公仲和公叔执政,可以吗?"摎留回答说:"不可以。晋国用六卿执政,国家就分裂了,齐简公用田成和监止掌权,简公就被杀了,魏国曾同时任用犀首、张仪为相,就丧失了西河以外之地。现在大王想任用他们共同执政,那个势力大的必定会在朝廷上树立同党,势力小的就会借助外国的势力。如果群臣中有的在国内树党以擅权;有的里通外国,使国土分裂,那大王的国家必然危险了。"

三四八　或谓张仪

【题解】

本章和上章事同在一年,即周显王四十八年(前321)。

此时魏以张仪为相,仍用犀首为将;韩以韩傰(即公仲傰)为相,兼用公叔。公仲支持张仪的连横,公叔赞成犀首的合纵。魏王并用张仪和犀首,韩王并用公仲和公叔,都是让他们互相牵制,以求保持平衡。

或谓张仪:"臣谓齐王曰①:'王不如资韩傰②,与之逐张仪于魏。魏相犀首,因以齐、魏废韩傰,而相公叔以伐秦。'公仲闻之,必不入于齐,据公于魏。是公无患。"

【注释】

①齐王:齐威王。

②韩傰(péng):人名。即韩相公仲傰。傰,一作朋。

【译文】

有人对张仪说:"我对齐王说:'大王不如帮助韩傰,和他一道把张仪从魏国赶走。魏国就会任用犀首为相国,再凭借齐、魏两国废掉韩傰,而任命公叔为相国,与犀首一道进攻秦国。'公仲听说后,一定不与齐王合作,反而会依靠在魏的您。这样,您就没有忧患了。"

三四九　楚昭鱼相韩

【题解】

楚人昭鱼相韩被废,他派人游说公叔,不如让自己的地位更加尊贵,以表示楚、韩联合,用以迷惑秦国。

公叔是反对秦国的,昭鱼游说他的目的,是希望自己能够复位。

楚昭鱼相韩。秦且攻韩,韩废昭鱼。昭鱼令人谓公叔曰:"不如贵昭鱼以固楚、韩,秦必曰楚、韩合矣。"

【译文】

楚国的昭鱼出任韩国的相国。秦国将要进攻韩国,韩国罢免了昭鱼。昭鱼使人对韩国相国公叔说:"您不如重用昭鱼,来巩固楚、韩的邦交,这样秦国就一定会认为楚、韩联合了。"

三五〇　秦攻陉

【题解】

秦昭王四十三年(前264),秦派白起率领大军,攻打韩的陉城。韩国割地之后,秦军攻陉的行动并没有停止,看来志在必得。这时秦相范雎正谋大举破韩,陈轸为韩说秦王止攻,乃是徒劳之举。

秦攻陉①,使人驰南阳之地②。秦已驰,又攻陉,韩因割南阳之地。秦受地,又攻陉。陈轸谓秦王曰③:"国形不便故驰,交不亲故割。今割矣而交不亲,驰矣而兵不止,臣恐山东之无以驰割事王者矣。且王求百金于三川而不可得,求千金于韩，一旦而具。今王攻韩，是绝上交而固私府也，窃为王弗取也。"

【注释】

①陉(xíng)：地名。韩邑，在今山西曲沃东北。

②南阳：地区名。属韩，河南西南部。

③秦王：秦昭王。

【译文】

秦国攻打韩国的陉城，并派人用秦地来交换韩国的南阳。秦、韩两国换地的谈判已完成，秦国又去进攻陉城，于是韩国将南阳割给了秦国。秦国接受了南阳，又去进攻陉城。陈轸对秦王说："两国因地形不便才交换，因两国关系不好才割地。现在韩国已割地给秦国，而两国关系仍然不好，两国换地的谈判已完成，秦国仍然进攻不停，我担心六国诸侯不会再拿换地、割地来孝敬大王了。况且大王在三川搜求百金都不可能，而在韩国搜求千金一下就得到了。现在大王进攻韩国，这是断绝了极为友好的邦交而堵塞了从诸侯获得利益的通道，我私下认为大王不应该这样做。"

三五一　五国约而攻秦

【题解】

周慎靓王三年(前318)，楚怀王为纵长攻秦，此章即其时的事。楚合五国之众不能伤秦，竟打算攻市丘以补偿费用，这个计谋是很不高明的。魏顺游说楚王停止攻打市丘，虽是为韩着想，但也不失为善后的办法。

五国约而攻秦①，楚王为从长②，不能伤秦，兵罢而留于成皋。魏顺谓市丘君曰③："五国罢，必攻市丘以偿其费。君资臣，臣请为君止天下之攻市丘。"市丘君曰④："善。"因遣之。

【注释】

①五国：楚、燕与三晋。

②楚王：楚怀王。

③魏顺：人名。魏相。

④市丘君：韩封君。市丘，地名。韩邑，在今河南荥阳东北。

【译文】

楚、燕、赵、魏、韩五国合纵攻秦，以楚王为盟主，可没有击败秦国，停战后，五国联军留驻在成皋。魏顺对市丘君说："五国停战以后，必然会进攻市丘，以此来补偿军费。如果您能资助我，我愿意为您制止五国诸侯进攻市丘。"市丘君说："好。"于是就派他出使。

魏顺南见楚王曰："王约五国而西伐秦，不能伤秦，天下且以是轻王而重秦，故王胡不卜交乎？"楚王曰："奈何？"魏顺曰："天下罢，必攻市丘以偿兵费。王令之勿攻市丘。四国重王，且听王之言而不攻市丘；不重王，且反王之言而攻市丘。然则王之轻重必明矣。"故楚王卜交而市丘存。

【译文】

魏顺南下拜见楚王说："大王联合五国西攻秦国，没有打败它，诸侯将会因此看轻大王，而重视秦国，所以，大王为何不考查一下诸侯是否尊重大王呢？"楚王说："该怎么办呢？"魏顺说："五国诸侯停战，必然会进攻市丘,以此来抵偿军费。大王可以命令他们不要进攻市丘。如果四国尊重大王,就必然听从大王而不进攻市丘;如果不尊重大王,就一定会反对大王,而去攻打市丘。这样大王地位的轻重就自然明白了。"因此,楚王就用这个办法来考查和诸侯的交情,市丘于是得以保存。

三五二　郑彊载八百金入秦

【题解】

周赧王十五年(前300),韩太子婴死,公子咎与公子几瑟争立。公叔支持公子咎,反对几瑟。几瑟在楚,公叔因而攻楚。

郑遗民郑彊仇视韩国,冷向建议郑彊使秦王怀疑公叔态度转变,欲亲楚而攻秦,即可使秦国出兵伐韩。

郑彊载八百金入秦①,请以伐韩。冷向谓郑彊曰②:"公以八百金请伐人之与国,秦必不听公。公不如令秦王疑公叔③。"郑彊曰:"何如?"曰:"公叔之攻楚也,以几瑟之存焉,故言先楚也。今已令楚王奉几瑟以车百乘居阳翟④,令昭鱼转而与之处⑤。旬有余,彼已觉。而几瑟,公叔之仇也;而昭鱼,公叔之人也。秦王闻之,必疑公叔为楚也。"

【注释】

①郑彊:人名。韩人,郑国遗民。

②冷向:人名。秦臣。

③秦王:秦昭王。

④楚王:楚怀王。阳翟:地名。韩邑,在今河南禹州。

⑤昭鱼:人名。楚人,时仕韩。

【译文】

郑彊载着八百金进入秦国，请求攻打韩国。冷向对郑彊说："您用八百金请求秦国去攻打他的同盟国，秦国一定不会听从。您不如让秦王怀疑韩相公叔。"郑彊说："该怎么办呢？"冷向说："公叔当年攻打楚国时，由于几瑟在楚国，所以才主张先打楚国。现在已经让楚王用一百辆车把几瑟送到阳翟，公叔又要昭鱼到阳翟与几瑟同住。十几天以后，公叔已察觉到此举对他不利。几瑟是公叔的仇敌，昭鱼又是公叔的同党。秦王听说后，一定会怀疑公叔在帮助楚国。"

三五三　郑彊之走张仪于秦

【题解】

张仪由秦国出走，主要由于秦国群臣说他的坏话和秦武王对他的不满，本文说由于郑彊的游说，激怒秦王驱逐张仪出境，乃是出于游士的夸张，并不可信。

郑彊之走张仪于秦，曰仪之使者，必之楚矣。故谓太宰曰[1]："公留仪之使者，彊请西图仪于秦。"故因西请秦王曰[2]："张仪使人致上庸之地[3]，故使使臣再拜谒王。"秦王怒，张仪走。

【注释】

①太宰：楚官名。掌管王室事务，出纳王命。
②秦王：秦武王。
③上庸：地名。本楚邑，此时为秦地，在今湖北竹山西南。

【译文】

郑彊想使张仪被秦国赶走，声称张仪的使者一定去了楚国。因而对楚太宰说:"您留住张仪的使者,我要求向西到秦国去对付张仪。"随后他就西去拜见秦王,说:"张仪派人把上庸之地还给楚国,所以楚王派我做使者来拜见大王。"秦王大怒,张仪便逃走了。

三五四　宜阳之役

【题解】

周赧王七年(前308),秦武王派甘茂领军攻打韩国的宜阳。秦大臣公孙显与甘茂不和。策士杨达替公孙显设想了一个压倒甘茂的办法。他说,让他别出奇兵,领兵攻打西周,引起天下救韩、甘茂攻韩的行动定会失败。

杨达的意见,只不过是一种拟议,并未成为事实。

宜阳之役,杨达谓公孙显曰[①]:"请为公以五万攻西周,得之,是以九鼎抑甘茂也;不然,秦攻西周,天下恶之,其救韩必疾,则茂事败矣。"

【注释】

①杨达:人名。秦人。公孙显:秦臣。是甘茂的政敌。

【译文】

宜阳战役时,杨达对公孙显说:"我愿为您领兵五万攻打西周,如战胜,则因取得九鼎而压倒甘茂;如战事不利,因秦攻打西周,会引起各国的憎恶,定会迅速出兵救韩,那么甘茂的事就会遭致失败。"

三五五上　秦围宜阳

【题解】

本章和上章是同时的事。

秦军围攻宜阳，游腾向韩国公仲献策，要韩退还赵地，联合赵国，并逼魏背弃秦国，与齐亲善，以孤立秦国。秦既孤立，则宜阳可以保全。

　　秦围宜阳，游腾谓公仲曰①："公何不与赵蔺、离石、祁②，以质许地，则楼缓必败矣③。收韩、赵之兵以临魏，楼鼻必败矣④。韩、赵为一，魏必倍秦，甘茂必败矣。以成阳资翟强于齐⑤，楚必败之，须秦必败。秦失魏，宜阳必不拔矣。"

【注释】

①游腾：人名。西周臣，游说之士。

②蔺、离石、祁：皆赵地，一度属韩。

③楼缓：人名。赵人，主张连赵亲秦。

④楼鼻：人名。魏人，主张连魏亲秦。

⑤成阳：地名。韩邑，在今山东曹县西北。翟强：人名。曾为魏相，主张联合齐、魏，排斥楚国。

【译文】

秦国围攻宜阳，游腾对韩相公仲说："您为何不要赵国派人质来，然后割给赵国蔺、离石、祁等地，楼缓就必定失败。如果韩、赵两国的军队联合进攻魏国，楼鼻也必定失败。韩、赵两国联合，魏国一定会背叛秦国，甘茂必然失败。用奉送成阳给齐国的办法资助翟强，楚国感到不利，必然加以破坏，这样秦国的计划也会失败。秦国失去魏国的支持，宜阳一定不会被攻下的。"

三五五下　公仲以宜阳之故仇甘茂

【题解】

周赧王八年(前307),甘茂攻占韩的宜阳,因而与韩相公仲倗结仇,后秦王怀疑甘茂,杜赫为公仲乘机在秦王面前挑拨离间,使秦王对甘茂大为恼怒,甘茂无奈,只好逃向齐国。

公仲以宜阳之故仇甘茂。其后,秦归武隧于韩[1]。已而,秦王固疑甘茂之以武隧解于公仲也[2]。杜赫为公仲谓秦王曰[3]:"倗也愿因茂以事王。"秦王大怒于甘茂,故樗里疾大说杜赫[4]。

【注释】

[1]武隧:地名。在今山西临汾西南。

[2]秦王:秦昭王。

[3]杜赫:人名。楚人,游说之士。

[4]樗里疾大说杜赫:樗里疾与甘茂为秦左右丞相,甘茂受到怀疑,秦王必将重视樗里疾。说,同"悦"。

【译文】

韩相公仲因宜阳的缘故仇恨甘茂。之后,秦将武隧归还了韩。不久,秦王怀疑甘茂用武隧化解了他和公仲之间的怨恨。杜赫为韩相公仲对秦王说:"我听说公仲倗愿意通过甘茂来事奉大王。"秦王听后,对甘茂很生气。因此,樗里疾非常感激杜赫。

三五六　秦、韩战于浊泽

【题解】

公元前 314 年，秦、韩爆发了浊泽之战，韩国失利。韩相公仲佣提出了倒向秦国，转而和秦联合伐楚的意见，说这样可以把祸患转嫁给楚国。

楚国谋臣陈轸要楚王作出救韩的姿态，让韩国高兴，感激楚国，以避免秦、韩的攻打。公仲也不是容易欺骗的，他看透了陈轸的用心，说如果不派人使秦而去相信陈轸的话，定会后悔。韩王不听公仲忠告，果然遭遇岸门大败，陈轸则在一旁暗自发笑。

公仲和陈轸双雄斗智，韩王把胜利送给陈轸，公仲只好徒唤奈何。

秦、韩战于浊泽①，韩氏急。公仲佣谓韩王曰②："与国不可恃，今秦之心欲伐楚，王不如因张仪为和于秦，赂之以一名都，与之伐楚，此以一易二之计也。"韩王曰："善。"乃儆公仲之行，将西讲于秦。

【注释】

①浊泽：地名。韩地，在今河南长葛西与禹州西北交界处。

②韩王：韩宣惠王。

【译文】

秦、韩两国在浊泽大战，韩军处境危急。公仲佣对韩王说："盟国是不能依靠的，现在秦国想的是攻打楚国，大王不如通过张仪与秦国讲和，送上一座大城，让秦国去攻打楚国，这是一石二鸟之计。"韩王说："好。"于是为公仲佣准备好一切，派他到秦国去谈判。

　　楚王闻之①，大恐，召陈轸而告之。陈轸曰："秦之欲伐我久矣，今又得韩之名都一而具甲，秦、韩并兵南乡②，此秦所以庙祠而求也。今已得之矣，楚国必伐矣。王听臣，为之徼四境之内，选师言救韩，令战车满道路。发信臣，多其车，重其币，使信王之救己也。韩为不能听我，韩必德王也，必不为雁行以来③。是秦、韩不和，兵虽至楚，国不大病矣。为能听我，绝和于秦，秦必大怒，以厚怨于韩。韩得楚救，必轻秦；轻秦，其应秦必不敬。是我困秦、韩之兵，而免楚国之患也。"

【注释】

①楚王：楚怀王。

②乡：通"向"。

③雁行：跟随。

【译文】

　　楚王听说，大为恐慌，急忙召见陈轸把这件事告诉他。陈轸说："秦国一直想攻打楚国，现在又得到韩国的一座大城，并准备好了军队，秦、韩起兵南进，这是秦国多次祈求神灵所想的事。现在终于实现，楚国肯定会遭到攻打。大王听我一言，在全国调集军队，对外宣称准备出兵救韩，让战车塞满道路。同时派出使者，多备车辆，带上重礼，让韩国相信楚国会救它。韩国就算不相信楚国，也将会感谢大王，定不会与秦国一起攻楚。这样，秦国、韩国不能团结一致，就算攻打楚国，楚国也不会有太大的危险。如果韩国相信楚国，不和秦国联合，秦国必定会大怒，深恨韩国。韩国得到楚国的援救，就会看轻秦国；看轻秦国，这样对秦国的要求也不会言听计从。这样楚国就能阻挡秦、韩的军队，而免除楚国的祸患了。"

楚王大说，乃儌四境之内选师，言救韩，发信臣，多其车，重其币，谓韩王曰："弊邑虽小，已悉起之矣。愿大国遂肆意于秦，弊邑将以楚殉韩。"

【译文】

楚王十分高兴，于是下令在全国调集军队，声称要援救韩国；派出使者，带上车辆和重礼，对韩王说："我国虽小，已经调动全国之兵来援。希望贵国下决心抵抗秦国，楚国将与韩国共存亡。"

韩王大说，乃止公仲。公仲曰："不可。夫以实困我者，秦也；以虚名救我者，楚也。恃楚之虚名，轻绝强秦之敌，必为天下笑矣。且楚、韩非兄弟之国也，又非素约而谋伐秦也。秦欲伐楚，楚因以起师言救韩，此必陈轸之谋也。且王以使人报于秦矣，今弗行，是欺秦也。夫轻强秦之祸，而信楚之谋臣，王必悔之矣。"

【译文】

韩王大为高兴，让公仲侗停止出发。公仲侗说："不能这样。以战争之实陷我们于困苦窘迫之地的是秦；用诺言假说来援救我们的是楚。相信楚国的谎言而轻易地与强秦为敌，必定会让天下耻笑。况且，楚、韩又不是友好国家，没有共同攻打秦国的约定。秦国想要攻打楚国，所以楚国声言起兵救韩，这一定是陈轸的计策。而且大王已派人通知秦王要去和谈，现在又反悔，就是欺骗秦国。轻视强秦的威胁而听信楚王的谋臣，大王是一定会后悔啊！"

韩王弗听，遂绝和于秦。秦果大怒，兴师与韩氏战于岸门①,楚救不至,韩氏大败。

【注释】

①岸门:在今河南长葛北。

【译文】

韩王没有听从公仲侈的意见,和秦国断交。秦国大怒,兴兵与韩军在岸门大战,楚国援军并没有到达,韩军大败。

韩氏之兵非削弱也,民非蒙愚也,兵为秦禽,智为楚笑,过听于陈轸,失计于韩也。

【译文】

韩国的军队并没有削弱,韩国的百姓也并不愚昧,韩军被秦军打败、行动被楚国耻笑的原因,是由于误听陈轸的诓言而没有采纳公仲侈的正确主张啊。

三五七　颜率见公仲

【题解】

颜率见公仲不得,他就扬言要揭公仲的老底,暴露公仲的丑行,公仲连忙接见他。

颜率的说法近于要挟,这样的做法,是难以让人心服的。

颜率见公仲①,公仲不见。颜率谓公仲之谒者曰:"公仲必以率为阳也,故不见率也。公仲好内,率曰好士;仲啬于财,率曰散施;公仲无行,率曰好义。自今以来,率且正言之而已矣。"公仲之谒者以告公仲,公仲遽起而见之。

【注释】

①颜率:人名。周臣。

【译文】

　　颜率求见韩相公仲,公仲不见。颜率对公仲的传达人员说:"公仲一定认为我不诚实,所以不肯见我。公仲喜欢女色,我却说他好士;公仲对钱财吝啬,我却说他慷慨施舍;公仲行为不端,我却说他追求道义。从今以后,我将直言不讳就是了。"公仲的传达人员把这些话告诉公仲,公仲连忙起身接见他。

三五八　为韩公仲谓向寿曰

【题解】

　　秦国的向寿与甘茂、公孙郝不和。周赧王九年(前306),宜阳之役以后,韩相公仲派苏代游说向寿,让向寿联韩抗楚,以巩固秦王对他的信任,并与甘茂等抗衡,从而为韩国解除了兵祸。

　　为韩公仲谓向寿曰①:"禽困覆车。公破韩,辱公仲,公仲收国复事秦,自以为必可以封。今公与楚解口地②,封小令尹以杜阳③。秦、楚合,复攻韩,韩必亡。公仲且躬率其私徒以斗于秦。愿公之熟计之也。"

【注释】

①向寿:人名。秦昭王母宣太后的外族,秦武王近臣。

②解口:地名。秦邑,在今河南洛阳东。

③**小令尹**：官名。即令尹，楚执政大臣。**杜阳**：地名。秦邑，在今陕西麟游西北。

【译文】

有人为韩公仲对向寿说："野兽被追急了，还会把猎车撞翻。您打败了韩国，羞辱了公仲，公仲收拾残破的韩国来事奉秦国，他自己认为必定可以受到秦国的封赏。现在您把秦地解口给了楚国，又把杜阳封给楚令尹。秦、楚联合，再次进攻韩国，韩国必亡。公仲就将亲自率领他的部属到秦国和您拼命。希望您三思。"

向寿曰："吾合秦、楚，非以当韩也，子为我谒之公仲，曰：'秦、韩之交可合也。'"对曰："愿有复于公。谚曰：'贵其所以贵者贵。'今王之爱习公也，不如公孙郝①；其知能公也②，不如甘茂。今二人者皆不得亲于事矣，而公独与王主断于国者，彼有以失之也。公孙郝党于韩，而甘茂党于魏，故王不信也。今秦、楚争强，而公党于楚，是与公孙郝、甘茂同道也，公何以异之？人皆言楚之多变也，而公必亡之，是自为责也。公不如与王谋其变也，善韩以备之，若此，则无祸矣。韩氏先以国从公孙郝，而后委国于甘茂，是韩，公之雠也。今公言'善韩以备楚'，是'外举不辟雠'也。"

【注释】

①**公孙郝**：人名。秦国贵臣。
②**知**：同"智"。

【译文】

向寿说："我联合秦、楚两国，并不是为了对付韩国，请您替我告诉公仲说：'秦国和韩国的邦交是可以恢复的。'"那人说："我还有话向您陈述。俗话说：'尊重别人所尊重的，就会受到尊重。'现在，论秦王所宠爱的人，您不如公孙郝；论智能，您不如甘茂。现在这两个人都不能执掌国政，唯独您能与秦王决断国事，这是因为他们都有所偏向的缘故。公孙郝偏袒韩国，而甘茂偏袒魏国，所以秦王不信任他们。当今，秦国和楚国争强，而您亲楚国，这就和公孙郝、甘茂一样，都有偏向，您和他们有什么分别呢？人们都说楚国变化多端，而您却不这样看，这是在秦王面前自找责备。您不如和秦王研究如何对待楚国的善变，与韩国亲善以防备楚国，这样就不会有祸患了。当初韩国把国事交给公孙郝，以后又交给了甘茂，可见韩国就是您的仇敌。如果您提出'亲近韩国以防备楚国'的策略，这正是'外举不避仇'的贤臣啊！"

向寿曰："吾甚欲韩合。"对曰："甘茂许公仲以武隧，反宜阳之民，今公徒收之，甚难。"

【译文】

向寿说："我很想与韩国联合。"那人回答说："甘茂答应公仲把武隧还给韩国，让宜阳的百姓返回家园，可现在您不做任何付出，想去拉拢韩国，这可太难了。"

向子曰："然则奈何？武隧终不可得已。"对曰："公何不以秦为韩求颖川于楚①？此乃韩之寄地也。公求而得之，是令行于楚，而以其地德韩也。公求而弗得，是韩、楚之怨不解，而交走秦也。秦、楚争强，而公徐过楚以收韩，此利于秦。"

【译文】

向寿说："这可怎么办呢？韩国终于得不到武隧了。"那人回答说：

"您为何不借秦国的力量为韩国向楚国要回颖川呢？颖川是韩国被楚国夺去的土地。您向楚索取而得到颖川，这说明您的话在楚国是管用的，会因为颖川而使韩国感谢您。如果您要求颖川而没有得到，这说明韩、楚两国的怨仇还没有消除，那两国将分别与秦国结交。秦、楚两国争强，您责备楚国，而拉拢韩国，这对秦国有利。"

向子曰："奈何？"对曰："此善事也。甘茂欲以魏取韩，公孙郝欲以韩取齐，今公取宜阳以为功，收楚、韩以安之，而诛齐、魏之罪，是以公孙郝、甘茂无事也。"

【译文】

向寿说："该怎么办呢？"那人回答说："这是好事。甘茂想借助魏国来联合齐国，公孙郝想借助韩国来联合齐国，现在您夺取宜阳立了功，又联合楚、韩两国，那守卫宜阳就没有后患了。您再责备齐国与魏国不跟秦国联合的罪过，这样，公孙郝与甘茂就会失去权势了。"

三五九　或谓公仲曰

【题解】

周赧王九年（前306），韩公仲以宜阳被拔的缘故仇视甘茂。有人劝公仲拉拢公孙郝、行愿以对付甘茂。这时齐、魏正在互相攻打，公仲准备助齐。公孙郝和甘茂一个亲齐，一个善魏，有人游说公仲在齐、魏之间保持中立，就可达到打击甘茂的目的。

或谓公仲曰："听者听国，非必听贵也。故先王听谚于市，愿公之听臣言也。公求中立于秦而弗能得也，善公孙郝以难甘茂,劝齐兵以劝止魏,楚、赵皆公之仇也。臣恐国之以此为患也,愿公之复求中立于秦也。”

【译文】

有人对韩国相国公仲说:“听话要听民众的话,不必听权贵的话。所以,先王在公共场合聆听街谈巷议,我希望您能听我的话。您对秦国表示韩国要在齐、魏冲突中保持中立,这很难实现,您与公孙郝友好而与甘茂为难,您帮助齐兵来控制魏国,楚、赵两国都是您的仇敌。我担心国家因此会招来祸患,希望您仍旧对秦国表示韩国要保持中立。”

公仲曰:“奈何?”对曰:“秦王以公孙郝为党于公而弗之听,甘茂不善于公而弗为公言,公何不因行愿以与秦王语①?行愿之为秦王臣也公,臣请为公谓秦王曰:‘齐、魏合与离,于秦孰利?齐、魏别与合,于秦孰强?’秦王必曰:‘齐、魏离则秦重,合则秦轻。齐、魏别则秦强,合则秦弱。’臣即曰:‘今王之听公孙郝,以韩、秦之兵应齐而攻魏,魏不敢战,归地而合于齐,是秦轻也,臣以公孙郝为不忠。今王听甘茂,以韩、秦之兵据魏而攻齐,齐不敢战,亦求割地而合于魏,是秦轻也,臣以甘茂为不忠。

【注释】

①行愿:人名。秦臣。

【译文】

公仲说:“该怎么办呢?”回答说:“秦王认为公孙郝偏袒您而不听您的,甘茂与您不友好而不会为您说话,您何不通过行愿和秦王交谈? 行愿作为秦王的大臣为人公正无私,我愿为您请求行愿对秦王说:‘齐国和魏国联合还是分离，哪种情况对秦国有利呢？齐、魏分离与联合，哪种情况可以加强秦国呢？'秦王一定会说：'齐、魏两国分离，秦国就会受到重视；齐、魏两国联合，秦国就会被轻视。齐、魏两国分离，秦国就强盛；齐、魏两国联合，秦国就会削弱。'我就说：'如果大王听从公孙郝的话，以韩、秦两国的军队响应齐国去进攻魏国，魏国不敢应战，而会献地与齐国联合，这样秦国就被看轻了，我认为公孙郝不忠。如果大王听甘茂的话，以韩、秦两国的军队依靠魏国去进攻齐国，齐国不敢应战，也会要求割地与魏国讲和，这就说明秦国受到轻视了，我认为甘茂不忠。

　　"故王不如令韩中立以攻齐，王言救魏以劲之，齐、魏不能相听，久离兵事。王欲则信公孙郝于齐，为韩取南阳、易谷川以归，此惠王之愿也。王欲则信甘茂于魏，以韩、秦之兵据魏以郄齐，此武王之愿也。臣以为令韩中立以攻齐，最秦之大急也。公孙郝党于齐而不肯言，甘茂薄而不敢谒也，此二人，王之大患也，愿王之熟计之也。'"

【译文】

　　"所以，大王不如让韩国保持中立，攻打齐国，声言救魏来使齐、魏互相攻击，使齐、魏两国互不相让，就要长期进行战争。大王若想派公孙郝到齐国，为韩国夺取魏国的南阳用来交换韩国的谷川一带为秦国所有，这是秦惠王的愿望。大王若想派甘茂到魏国，以韩、秦两国的军队依靠魏国击退齐国，这是秦武王的愿望。我认为让韩国中立，使齐、魏两国互相攻击，这是秦国的头等大事啊。公孙郝偏袒齐国而不肯说，甘茂受魏国的冷遇也不敢说，公孙郝和甘茂二人是大王的大患，希望大王仔细考虑。'"

三六〇　韩公仲相

【题解】

周赧王二年（前 313），韩公仲佣出任齐相后，齐、楚关系友好。秦、魏两国约会，准备破坏齐、楚的邦交，秦使景鲤参与会晤。

楚王重视齐、楚邦交，怪罪景鲤。有人在楚王面前为景鲤开脱，楚王就没惩罚景鲤。

韩公仲相，齐、楚之交善。秦、魏遇，且以善齐而绝齐乎楚。楚王使景鲤之秦，鲤与于秦、魏之遇。楚王怒景鲤①，恐齐以楚遇为有阴于秦、魏也，且罪景鲤。

【注释】

①楚王：楚怀王。景鲤：人名。楚臣。

【译文】

韩国公仲担任相国，齐、楚两国邦交友好。这时秦、魏两国会晤，将拿与齐国友好为条件，而使齐、楚两国绝交。楚王派景鲤到秦国去，景鲤却参加了秦、魏的会晤。楚王对景鲤很生气，担心齐国以为景鲤参加了这次会晤，是楚国与秦、魏两国有私交，将要惩罚景鲤。

为谓楚王曰："臣贺鲤之与于遇也。秦、魏之遇也，将以合齐、秦而绝齐于楚也。今鲤与于遇，齐无以信魏之合己于秦而攻于楚也，齐又畏楚之有阴于秦、魏也，必重楚。故鲤之与于遇，王之大资也。今鲤不与于遇，魏之绝于楚明矣。齐信之，必轻王，故王不如无罪景鲤以视于齐有秦、魏，齐必重楚，而且疑秦、魏于齐。"王曰："诺。"因不罪而益其列。

【译文】

有人为景鲤对楚王说:"我祝贺景鲤参加了秦、魏两国的会晤。秦、魏两国会晤的目的,是要使齐、秦两国联合起来,以拆散齐、楚两国的邦交。现在景鲤参加了秦、魏的会晤,秦国不会相信魏国会使齐国与秦国联合而与楚国对立,齐国又害怕楚国与秦、魏两国有密约,必然会看重楚国。所以景鲤参加这次秦、魏会晤,对大王非常有利。如果景鲤不参加这次会晤,魏国和楚国绝交,就是非常明显的。如果齐国相信了,一定会轻视大王,所以大王不如不惩处景鲤,以此向齐国表示楚国和秦、魏两国关系友好,齐国必然会重视楚国,而且让齐国对秦、魏产生怀疑。"楚王说:"好。"因此,楚王没有惩处景鲤,反而提升了他的官职。

三六一　王曰向也

【题解】

本章乃《楚策四·虞卿谓春申君》之文,重出于此。

虞卿对魏王的一席话,提出了量力而行的重要性,不要做力不能及的事。

王曰:"向也,子曰'天下无敌';今也,子曰'乃且攻燕'者,何也?"对曰:"今谓'马多力'则有矣,若曰'胜千钧'则不然者,何也? 夫千钧非马之任也。今谓'楚强大'则有矣,若夫'越赵、魏而斗兵于燕',则岂楚之任也哉! 且非楚之任而楚为之,是弊楚也。强楚、弊楚,其于王孰便也?"

【译文】

魏王说:"刚才您说'楚国天下无敌',现在您说'要进攻燕国',这是

为什么?"虞卿回答说:"如果说'马的力量很大',这是可能的,如果说
'马可以载三万斤重的东西',那可不一定。这是为什么?因为三万斤
的重量绝不是马力所能胜任的。如果说'楚国很强大',这是可以的,如
果说'它可以越过赵、魏两国去进攻燕国',那楚国怎么能胜任呢!楚国
既不能胜任,而又要去进攻燕国,那是自取疲惫。使楚国疲惫,还是使
楚国强大,这两种结果,那一种结果对大王有利呢?"

三六二　或谓魏王

【题解】

秦始皇六年(前341),东方诸侯合纵伐秦,楚王为纵约长,由春申君
主持其事。魏国积极参与,在国内进行动员,并派人和春申君联系。

秦王闻听此消息后,对魏王进行挑拨,想离间楚、魏的联合。

或谓魏王[①]:"王儆四疆之内,其从于王者,十日之内,备
不具者死。王因取其游之舟上系之。臣为王之楚,王胥臣
反,乃行。"春申君闻之[②],谓使者曰:"子为我反,无见王矣[③]。
十日之内,数万之众,今涉魏境。"秦使闻之,以告秦王[④]。秦
王谓魏王曰:"大国有意必来,以是而足矣。"

【注释】

①魏王:魏景闵王。
②春申君:楚令尹。
③王:楚考烈王。
④秦王:秦王嬴政。

【译文】

有人对魏王说："大王警戒全国，凡是随军出发的人，若在十天以内准备不全的，处死。于是，大王把旌旗的下垂装饰物系在车辕上，准备出发。我愿为大王出使楚国，大王等我回来后再出发。"楚相春申君听说后，对魏国的这位使者说："您为我返回魏国去吧，不必见楚王了。十天以内，数万大军即将开入魏国边境。"秦国的使臣知道后，把这情况报告了秦王。秦王对魏王说："贵国一定要来，凭你们的兵力已经足够了。"

三六三　观津人朱英谓春申君曰

【题解】

秦王政六年（前241），说客朱英对春申君分析说，魏国危亡在即，秦地将与楚日益靠近，容易受到秦的攻击。楚考烈王采纳了他的意见，离开陈城，东徙寿春。

观津人朱英谓春申君曰[①]："人皆以楚为强，而君用之弱，其于英也不然。先君时，二十余年未尝见攻，何也？秦欲逾兵于渑隘之塞而攻楚[②]，不便；假道两周，倍韩、魏以攻楚，不可。今则不然，魏旦暮亡矣，不能爱其许、鄢陵，其计割以予秦，秦兵去陈百六十里[③]。臣之所见者，秦、楚斗之日也已。"

【注释】

①朱英：人名。观津（今河北武邑东）人，春申君门客。
②渑（miǎn）隘之塞：楚险塞名。在今河南信阳西南平靖关。

③陈：地名。在今河南淮阳，时楚徙都陈。

【译文】

观津人朱英对春申君说："人们都认为楚国本是强国，从您执政就变弱了，但是我不会这样看。在先君时，二十多年从未受秦国进攻，为什么？因为从前秦国想越过渑隘要塞来攻楚，不方便；向两周借路，背着韩、魏去攻楚，又不行。现在却不然，魏国危在旦夕，不会爱惜许、鄢陵，而是会把它们割给秦国的，这样秦兵距离陈城不到一百六十里。依我看来，秦、楚争斗的日子不远了。"

三六四　公仲数不信于诸侯

【题解】

公仲侈原为韩相而亲秦。秦惠王时，韩尝与秦连横，大败楚、齐的部队，所以本章说公仲多次失信于诸侯。

秦武王时，秦下兵三川，攻占韩的大县宜阳，因而造成赵、楚、齐、秦四国对公仲的不信任，所以说这是公仲应该坚持守信的时候了。

周赧王八年（前307），有人为公仲游说楚王，劝他接受公仲的委国相从。说客的进言，颇委婉而有情致。

　　公仲数不信于诸侯，诸侯锢之。南委国于楚，楚王弗听①。苏代为楚王曰："不若听而备于其反也。侈之反也，常仗赵而畔楚，仗齐而畔秦。今四国锢之，而无所入矣，亦甚患之，此方其为尾生之时也②。"

【注释】

①楚王：楚怀王。

②尾生:古代传说中坚守信约的人,他和女子约会在桥上见面,水涨了不肯离开,终于死在桥下。

【译文】

韩相国公仲倗对诸侯多次不讲信用,诸侯都不和他交往。他要把国事托付给南边的楚国,楚王不同意。苏代为公仲倗对楚王说:"不如听从他,而又防备他反覆无常。公仲倗反覆无常,常常是倚仗赵国来背叛楚国,倚仗齐国来背叛秦国。现在四国都对他进行封锁制裁,他已经走投无路了,他也非常担忧,现在是他该像尾生那样坚守信用的时候了。"

卷二十七　韩策二

三六五　楚围雍氏五月

【题解】

周赧王三年(前312)，秦、韩联合，大败楚军于丹阳。周赧王八年(前307)，楚乘秦昭王新立、宣太后掌权的时机，进行报复，围韩雍氏，五月不能拔。韩派向靳赴秦求救，秦不肯出兵。韩又另派张翠前往，张翠故意缓慢行进，从容不迫，反而引起秦国的重视。张翠对秦相甘茂说，如韩国危急、将转而与楚、魏联合，形成三国伐秦的局面，对秦不利。

张翠这一招果然起了作用，秦不愿失去昔日的盟友，更不愿看到盟友与敌人联合，于是态度转变，积极地出兵救韩，楚军退走，雍氏解围。

楚围雍氏五月①，韩令使者求救于秦，冠盖相望也，秦师不下崤②。韩又令尚靳使秦③，谓秦王曰④："韩之于秦也，居为隐蔽，出为雁行。今韩已病矣，秦师不下崤，臣闻之，唇揭者其齿寒，愿大王之熟计之。"

【注释】

①雍氏:地名。韩邑,在今河南禹州东北。

②崤(xiáo):山名。在今河南洛宁北。

③尚靳(jìn):人名。韩臣。

④秦王:秦昭王,时初立。

【译文】

楚国包围了雍氏,已经五个月,韩国派使者去秦国求救,使者的车辆络绎不绝,秦军没有东出崤塞援韩。韩国又派尚靳出使秦国,对秦王说:"韩国对秦国来说,平时是秦国的屏障,战时出兵就充当先锋。现在韩国处境困难,秦军还不出崤塞援助。我听说,唇亡则齿寒,愿大王深思熟虑。"

宣太后曰:"使者来者众矣,独尚子之言是。"召尚子入。宣太后谓尚子曰:"妾事先王也,先王以其髀加妾之身,妾困不支也;尽置其身妾之上,而妾弗重也,何也? 以其少有利焉。今佐韩,兵不众,粮不多,则不足以救韩。夫救韩之危,日费千金,独不可使妾少有利焉?"

【译文】

宣太后说:"韩国的使者来了不少,只有尚先生的话说得对。"于是召见尚靳。宣太后对尚靳说:"我服侍先王,先王把大腿压在我身上,我受不了;但把身子全压在我身上,我不以为重,为什么呢? 因为对我有好处。现在援救韩国,如果兵力不足、粮食不多就不足以救韩。解救韩国被围困之危,每天要耗费千金,难道就不能稍微给我一点好处吗?"

尚靳归报韩王,韩王遣张翠①。张翠称病,日行一县。

张翠至,甘茂曰:"韩急矣? 先生病而来。"张翠曰:"韩未急也,且急矣。"甘茂曰:"秦重国知王也^②,韩之急缓莫不知。今先生言不急,可乎?"张翠曰:"韩急,则折而入于楚矣,臣安敢来?"甘茂曰:"先生毋复言也。"

【注释】

①张翠:人名。韩臣。

②知:同"智"。

【译文】

　　尚靳回来报告韩王,韩王派张翠前往秦国。张翠称有病,每天只走一个县。他到了秦国,甘茂说:"韩国形势紧急吗? 先生竟抱病而来。"张翠说:"韩国还不紧急,将要紧急了。"甘茂说:"秦国国大君贤,对韩国紧急不紧急了如指掌。现在先生说不紧急,可以吗?"张翠说:"韩国如果紧急的话,就会转而投靠楚国,我还敢来吗?"甘茂说:"先生不要再说了。"

　　甘茂入言秦王曰:"公仲柄得秦师,故敢捍楚。今雍氏围而秦师不下崤,是无韩也。公仲且抑首而不朝,公叔且以国南合于楚。楚、韩为一,魏氏不敢不听,是楚以三国谋秦也。如此则伐秦之形成矣。不识坐而待伐,孰与伐人之利?"秦王曰:"善。"果下师于崤以救韩。

【译文】

　　甘茂入朝报告秦王说:"公仲在韩国掌权,得到秦国的军事援助,所以敢于对抗楚国。现在雍氏被楚国围困,而秦军不出崤塞去支援,这样就会失掉韩国。况且公仲低头忧闷而不上朝,公叔势必会向南与楚国联合。若楚、韩合而为一，魏国不敢不听从，这样楚国就可用楚、韩、魏三国的力量来图谋秦国。这样，攻打秦国的局面就形成了。我不知是坐等被人进攻有利呢，还是进攻别人有利？"秦王说："好。"于是派兵出崤塞去援救韩国。

三六六　楚围雍氏

【题解】

周赧王三年(前312)，韩、魏听从张仪连横的策略，秦、韩、魏与齐、楚形成对峙的局面，楚发大军包围韩的雍氏，韩派冷向入秦求救。秦派使臣公孙入韩，转述秦王的话说，秦将分三路进军援韩，一军由南郑攻楚汉中，一军由蓝田出武关至商於攻楚，另一军由三川以救韩。

秦、韩合力，展开反攻。一面反包围楚将景翠于雍氏，一面又共败楚将屈匄于商於，楚军大败而回。

楚围雍氏，韩令冷向借救于秦①，秦为发使公孙昧入韩②。公仲曰："子以秦为将救韩乎？其不乎？"对曰："秦王之言曰③，请道于南郑、蓝田以入攻楚，出兵于三川以待公，殆不合矣。"

【注释】

①冷向：人名。秦臣。

②公孙昧：人名。秦臣，疑即公孙郝，主张亲韩。

③秦王：秦惠文王。

【译文】

楚国包围了雍氏，韩国派冷向去秦国请求救兵，秦王派了公孙昧出使韩国。韩相国公仲倗问："您以为秦国将会出兵救韩呢？还是不出兵呢？"公孙昧回答说："秦王说了，一路军出兵由南郑攻楚，一路军由蓝田经商洛攻楚，又一路军出兵至三川等待您，恐怕不会与韩国真正会合了。"

公仲曰："奈何？"对曰："秦王必祖张仪之故谋。楚威王攻梁，张仪谓秦王曰：'与楚攻梁，魏折而入于楚。韩固其与国也，是秦孤也。故不如出兵以劲魏。'魏氏劲，威王怒，楚与魏大战，秦取西河之外以归。今也其状阳言救韩而阴善楚，公恃秦而劲，必轻与楚战。楚阴得秦之不用也，必易与公相支也。公战胜楚，遂与公乘楚，易三川而归。公战不胜楚，塞三川而守之，公不能救也。臣甚恶其事。司马康三反之郢矣[1]，甘茂与昭鱼遇于境，其言曰收玺，其实类有约也。"

【注释】

①司马康：人名。秦臣。

【译文】

公仲说："该怎么办呢？"公孙昧回答说："秦王一定会因袭张仪以前的老办法。当时楚威王进攻魏国，张仪对秦王说：'与楚国一道去进攻魏国，魏国会转而又与楚国联合。韩国本来就是魏国的盟国，这样秦国就孤立了。所以不如出兵去增强魏国。'魏国因秦国出兵而力量增强，楚威王大怒，楚与魏大战，秦军便占领了魏国的西河之外而后返回。现在秦表面上宣称援救韩国，但暗地与楚国交好，您依靠秦国而态度强硬，一定会轻易与楚国作战。楚国暗中明白秦国不为韩国所用，一定会轻易地和您交战。您战胜了楚国，秦国就会乘势占领楚国的土地，再用这块土地交换韩国的三川而返。您如果不能战胜楚国，秦国在三川险要之地据守,您也无法去援救。我为此事很担忧。秦臣司马康多次往返于楚国郢都,甘茂和昭鱼在秦、楚边境会晤,扬言说昭鱼想取得秦的官印,其实在密约攻韩。”

公仲恐曰:“然则奈何?”对曰:“公必先韩而后秦,先身而后张仪。公不如亟以国合于齐、楚,秦必委国于公以解伐。是公之所以外者仪而已,其实犹之不失秦也。”

【译文】

公仲惊恐地说:“那该怎么办呢?”公孙昧回答说:“您必须先考虑韩国自救,而后再考虑秦国的援助,先为自己谋划,而后再考虑张仪的帮助。您不如赶快让韩国与齐、楚联合,秦国一定会把国家托付给您,以解除楚国的进攻。这样,您所疏远的只不过张仪而已,其实并没有失去秦国的支援。”

三六七　公仲为韩、魏易地

【题解】

周显王四十八年(前321),公仲为韩相而亲秦,促使魏与秦连横而由张仪为魏相。公仲听从张仪的计谋,为韩、魏易地,其目的在便于攻取楚、赵的土地,因而受到楚、赵的反对,未成事实。

公仲之所以愿将中原之地交换魏的上党,因韩的上党仅有太行东南的狭窄道路和韩的国都相通,若兼有韩、魏两上党,则便于防守。

公仲为韩、魏易地,公叔争之而不听,且亡。史惕谓公叔曰[①]:“公亡,则易必可成矣。公无辞以复反,且示天下轻

公,公不若顺之。夫韩地易于上则害于赵,魏地易于下则害
于楚。公不如告楚、赵,楚、赵恶之。赵闻之,起兵临羊肠;
楚闻之,发兵临方城,而易必败矣。"

【注释】

①史惕:人名。韩国史官。

【译文】

　　公仲为韩、魏两国交换土地,公叔劝阻而公仲不听,公叔想要出走。
史惕对公叔说:"您要是出走,韩、魏两国交换土地就一定成功。那时您
没有借口再回来,这将使诸侯知道韩国轻视您,因此您不如顺从公仲。
如果韩国换得了北面的土地就会对赵国构成威胁,魏国换得了南面的
土地就威胁到楚国。您不如把换地的事告诉楚、赵,楚、赵会厌恶这件
事。赵国听说后,就会发兵守卫羊肠;楚国听说后,就会出兵守卫方城。
韩、魏换地的事定会失败。"

三六八　锜宣之教韩王取秦曰

【题解】

　　锜宣向韩王建议,先派公叔至楚,再派公仲向秦王扬言要用三川与
楚国交换土地,然后迫使秦派出公子作为人质,以达到秦、韩亲善和稳
定三川地位的目的。

　　锜宣之教韩王取秦曰①:"为公叔具车百乘,言之楚易三
川,因令公仲谓秦王曰②:'三川之言曰,秦王必取我,韩王之
心不可解矣。王何不试以襄子为质于韩③,令韩王知王之不
取三川也。'因以出襄子而德太子。"

【注释】

①锜(yǐ)宣：人名。韩臣。韩王：韩襄王。

②秦王：秦昭王。

③襄子：人名。秦公子中和太子不和的人。

【译文】

锜宣劝说韩王要与秦国联合，说："为公叔备好车子百辆，告诉他到楚国去，用三川交换楚地，而且要公仲对秦王说：'三川的人说，秦王一定会取得三川，韩王对此是不会放心的。大王为什么不派襄子到韩国去做人质，让韩王知道大王不会夺取三川。'因为让襄子离开秦国，太子就会对您心存感激。"

三六九　襄陵之役

【题解】

周显王四十六年(前323)，楚、魏襄陵战役前夕，毕长建议韩公叔不要介入战争，而应劝两国讲和，则两国都会感激韩国。

楚使昭阳伐魏，意欲把入质于楚的公子高，纳入魏国而立为太子，若昭阳有理由回复楚王，不必进行这次战役，将使太子嗣与魏惠王感激公叔，由于昭阳"战未必胜"，因而亦将感激公叔，故云："太子嗣、昭阳、梁王皆德公矣。"

结果是楚大司马昭阳在襄陵大败魏军，毕长的意见，只不过表达了一种愿望而已。

襄陵之役①，毕长谓公叔曰②："请毋用兵，而楚、魏皆德公之国矣。夫楚欲置公子高③，必以兵临魏。公何不令人说昭子曰④：'战未必胜，请为子起兵以之魏。'子有辞以毋战，于是太子与昭阳、梁王皆德公矣⑤。”

【注释】

①襄陵：地名。魏邑，在今河南睢县。

②毕长：人名。魏臣。

③公子高：人名。魏公子。

④昭子：人名。即昭阳，楚大司马。

⑤太子：指魏惠王太子，即后来的魏襄王。梁王：魏惠王。

【译文】

襄陵战役中，毕长对公叔说：“请不要动用军队，这样，楚国和魏国都会感激您的国家。楚国想拥立在楚国的太子高为魏太子，所以定想用武装送公子高返回魏国。您为何不让人说服楚大司马昭阳：‘这次出战未必能胜，我愿为您派兵到魏国去。’您又托辞不战。这样，太子和昭阳、魏王都会感谢您。”

三七〇　公叔使冯君于秦

【题解】

周赧王十五年（前300），韩相公叔派冯君出使秦国，担心他会被扣留，故又派阳向游说秦王，不要留下冯君，定会取得韩的好感。

公叔使冯君于秦①，恐留，教阳向说秦王曰②：“留冯君以善韩辰③，非上知也。王不如善冯君而资之以秦。冯君德王而不听公叔，以与太子争，则王泽布而善于韩矣。”

【注释】

①冯君：人名。一说，冯，通"朋"，或以为即公仲倗。

②阳向：人名。韩人。秦王：秦昭王。

③韩辰：人名。韩相。

【译文】

韩公叔派冯君去秦国，冯君担心被扣留，他让阳向劝说秦王道："扣留冯君来讨好韩辰，这不是上策。大王不如善待冯君并以秦国支持他。冯君便会亲附大王而不听公叔，以此来和太子争夺国权，那么大王就对冯君有恩而和韩国友善了。"

三七一　谓公叔曰

【题解】

周赧王八年（前307），秦攻占韩宜阳后，渡河，在武隧修筑城防工事。次年，秦把武隧归还韩国，本章事当在周赧王九年（前306），秦归韩武隧前夕。

有说客向公叔建议，可以通过楚王，让秦交还韩的武隧。这个愿望，果然如愿以偿。

谓公叔曰："公欲得武隧于秦①，而不患楚之能伤河外也②。公不如令人恐楚王，而令人为公求武隧于秦。谓楚王曰③：'发重使为韩求武隧于秦。秦王听④，是令得行于万乘之主也。韩得武隧以限秦，毋秦患而得楚。韩，楚之县而已。秦不听，是秦、韩之怨深而交楚也。'"

【注释】

①武隧：地名。在今山西临汾西南。

②河外：地区名。在今河南郑州及滑县一带。

③楚王：楚怀王。

④秦王：秦昭王。

【译文】

有人对公叔说："您想要从秦国收回武隧，不担心楚国能够伤害河外之地。您不如派人恐吓楚王，再派人到秦国去为您讨回武隧。您对楚王说：'公叔已经派特使到秦国去索取武隧了。如果秦王听从，这样，他的命令可对万乘的国君行使了。韩国收回武隧可以遏制秦国，没有秦国的战祸便有利于楚国。韩国只是楚国一个县而已。如果秦国不同意，就会使秦、韩两国的怨仇加深，秦、韩都会来与楚国结交了。'"

三七二　谓公叔曰

【题解】

周显王四十八年(前321)，韩公叔自以为得到齐田婴的支持，因而轻秦。有人用乘船作比喻，劝公叔像重视轩然大波那样重视秦国，否则就会招来灭顶之灾。

谓公叔曰："乘舟，舟漏而弗塞，则舟沉矣；塞漏舟而轻阳侯之波①，则舟覆矣。今公自以辩于薛公而轻秦②，是塞漏舟而轻阳侯之波也。愿公之察也。"

【注释】

①阳侯之波：水神掀起的大波。阳侯，水神名。

②薛公：田婴。

【译文】

　　有人对公叔说："乘船，船漏了却不知堵塞，船就会沉没；只注意堵塞漏洞，却不顾水神掀起的大波浪，就会翻船。如今您自认为能力超过薛公就忽视秦国，这就等于只注意堵塞漏船而忽视了水神掀起的大波浪啊。希望您能明察。"

三七三　齐令周最使韩

【题解】

　　周赧王十六年（前299），齐王派周最去韩，要求罢免公叔和立韩咎为太子。周最和公叔有交情，因而不愿出使。史舍为他游说公叔，说周最使韩，乃是出于不得已，他的进言，将表现出缓慢而不着急的态度，韩王必然不会同意他的要求。

　　公叔听了很高兴，对周最仍然非常重视。

　　齐令周最使韩，立韩咎而废公叔①。周最患之曰："公叔之与周君交也，今我使韩，立韩咎而废公叔。语曰：'怒于室者色于市。'今公叔怨齐，无奈何也，必绝周君而深怨我矣。"史舍曰②："公行矣，请令公叔必重公。"

【注释】

　　①韩咎：人名。韩公子，后立为太子。

　　②史舍：齐使臣，与周最一同出使韩国。

【译文】

　　齐国派周最出使韩国，要立韩咎而废掉公叔。周最为此而担忧说：

"公叔和周君交谊很好，如今我出使韩国，要立韩咎而罢免公叔。俗话说：'人在家里生气，一定会在大庭广众之中表露出来。'如今公叔怨恨齐国，可是没有办法，他一定会与周君关系恶化，而且会深深地怨恨我。"史舍说："您出发吧，我让公叔一定看重您。"

　　周最行至郑，公叔大怒。史舍人见曰："周最固不欲来使，臣窃强之。周最不欲来，以为公也；臣之强之也，亦以为公也。"公叔曰："请闻其说。"对曰："齐大夫诸子有犬^①，犬猛不可叱，叱之必噬人。客有请叱之者，疾视而徐叱之，犬不动，复叱之，犬遂无噬人之心。今周最固得事足下，而以不得已之故来使，彼将礼陈其辞而缓其言，郑王必以齐王为不急^②，必不许也。今周最不来，他人必来。来使者无交于公，而欲德于韩咎，其使之必疾，言之必急，则韩王必许之矣。"公叔曰："善。"遂重周最。王果不许韩咎。

【注释】

①诸子：人名。齐臣。

②郑王：韩襄王。齐王：齐闵王。

【译文】

　　周最到了韩国，公叔大怒。史舍入见公叔说："周最本来不想出使，是我强迫他来的。周最不愿来，是为了您；我强迫他来，也是为了您。"公叔说："愿听听您的说法。"史舍回答说："齐国大王储子养了条狗，狗凶猛不能呵斥它，呵斥它就咬人。有人要呵斥它，注目熟视而又轻轻地呵斥它，狗没有动；又呵斥它，狗竟然没有咬人的意思。周最以前有幸能够侍奉足下，是因为不得已而出使贵国，他将有礼貌地慢慢地陈述他的意见，韩王定会认为齐王并不急近，一定不会同意。如果周最不来，其他人也必会来。来的使者与您没有旧交,而想先讨好韩咎,那他办事一定很快,说话也一定很急,韩王就一定会同意。"公叔说:"好。"公叔就很重视周最。韩王果然没有同意重用韩咎。

三七四　韩公叔与几瑟争国

【题解】

本章和《楚策一·韩公叔有齐魏》章的文字大体相同,乃是重出之文。

公叔和几瑟所争的乃是治国的权力,不是争立为相,也不是争立为太子。

韩公叔与几瑟争国。郑彊为楚王使于韩①,矫以新城、阳人予世子②,以与公叔争国。楚怒将罪之。郑彊曰:"臣之矫与之,以为国也。臣曰,世子得新城、阳人以与公叔争国,而得全,魏必急韩氏;韩氏急,必县命于楚③,又何新城、阳人敢索?若战而不胜,走而不死,今且以至,又安敢言地?"楚王曰:"善。"乃弗罪。

【注释】

①郑彊:人名。楚臣。楚王:楚怀王。

②新城:地名。楚邑,在今河南伊川西南。阳人:地名。楚邑,在今河南临汝西。

③县(xuán):悬挂。

【译文】

韩公叔帮助公子咎和几瑟争掌政权。郑彊为楚王出使韩国,假传楚王命令,把新城、阳人两地给予几瑟,以此来和公叔争权。楚王很生气,准备惩处郑彊。郑彊说:"我假传王命送给几瑟土地是为了楚国的利益。我以为几瑟得到新城、阳人两地,用来与公叔争权能够成功,魏国一定会猛攻韩国;韩国危急,必然会把命运托付给楚国,又哪敢要求新城、阳人呢?假如韩国战而不胜,几瑟幸而不死,他将会逃到楚国来,又怎么敢提起新城、阳人两地的事呢?"楚王说:"好。"于是没有处罚郑彊。

三七五　韩公叔与几瑟争国

【题解】

周赧王十五年(前300),公叔为韩相,他倚仗齐相孟尝君田文,得到齐、魏的支持,既与公仲争权,又和争立为太子的几瑟争权。

郑彊劝几瑟抓住时机,除掉公叔,几瑟不听。这时韩与齐、魏联合,欲进攻楚国,公叔于是接纳齐军入韩,用以巩固他的相位,并迫使几瑟逃亡到楚国。

韩公叔与几瑟争国 。中庶子彊谓太子曰①:"不若及齐师未入,急击公叔。"太子曰②:"不可。战之于国中,国必分。"对曰:"事不成,身必危,尚何足以图国之全为?"太子弗听,齐师果入,太子出走。

【注释】

①中庶子彊:中庶子,太子的属官。彊,即郑彊。
②太子:指几瑟。

【译文】

韩公叔与几瑟争夺政权。中庶子强对太子说:"您不如乘齐军还没有进入韩国,就加紧袭击公叔。"太子说:"不行。在国内打起来,国家必然分裂。"中庶子强道:"大事不成,自身必不能保,哪里还有可能考虑国家的安全呢?"太子不听,齐军果然开进了韩国,太子只得出逃。

三七六　齐明谓公叔曰

【题解】

周赧王十五年(前300),楚国想推进和齐国的邦交。韩臣齐明向公叔建议,不如乘机通过齐王要求楚国驱逐几瑟,借此考查齐、楚的交情,不论楚国是否听从,都对公叔有利。

齐明谓公叔曰①:"齐逐几瑟,楚善之。今楚欲善齐甚,公何不令齐王谓楚王②:'王为我逐几瑟以穷之。'楚听,是齐、楚合而几瑟走也;楚王不听,是有阴于韩也。"

【注释】

①齐明:人名。韩臣。
②齐王:齐闵王。楚王:楚怀王。

【译文】

齐明对公叔说:"齐国出兵把几瑟赶出韩国,楚国优待他。现在楚国很想和齐国搞好关系,您为何不让齐王对楚王说:'大王为我赶走几瑟,使他走投无路。'楚王如果听从,那齐、楚两国联合,几瑟只好逃亡;楚王如果不听,那就说明楚国与韩国私下有联络。"

三七七　公叔将杀几瑟

【题解】

公叔准备杀掉几瑟，有人劝他留住几瑟，以牵制公子咎。公子咎如果得立为太子，就会长期重用他。

公叔将杀几瑟也。谓公叔曰："太子之重公也^①，畏几瑟也。今几瑟死，太子无患，必轻公。韩大夫见王老，冀太子之用事也，固欲事之。太子外无几瑟之患^②，而内收诸大夫以自辅也，公必轻矣。不如无杀几瑟，以恐太子，太子必终身重公矣。"

【注释】

①太子：指公子咎。

②外：指几瑟出亡在外。

【译文】

公叔准备杀害几瑟。有人对公叔说："太子之所以尊重您，是因为害怕几瑟。如果几瑟死了，太子没有后顾之忧，定会轻视您。韩国大夫见韩王年老，希望太子执政，他们本来都想拥立太子。太子在外没有几瑟的威胁，在内有诸大夫辅佐，您一定会被看轻。倒不如不杀几瑟，使太子感到威胁，这样，太子一定会终身重视您。"

三七八　公叔且杀几瑟

【题解】

本章和上章乃是一事的两传，内容大致相同。

　　几瑟在国内,尚未出走,所以公叔才有杀掉他的机会。此时伯婴、几瑟、公子咎三人争夺太子之位,公叔时为相国,欲立公子咎,准备杀掉几瑟,宋赫加以劝阻,说这样就可控制伯婴,不敢作乱。

　　公叔且杀几瑟也,宋赫为谓公叔曰①:"几瑟之能为乱也,内得父兄而外得秦、楚也②。今公杀之,太子无患,必轻公。韩大夫知王之老而太子定,必阴事之。秦、楚若无韩,必阴事伯婴③。伯婴亦几瑟也。公不如勿杀,伯婴恐,必保于公。韩大夫不能必其不入也,必不敢辅伯婴以为乱。秦、楚挟几瑟以塞伯婴。伯婴外无秦、楚之权,内无父兄之众,必不能为乱矣,此便于公。"

【注释】

①宋赫:人名。事迹不详。

②内得父兄:指公仲倗。

③伯婴:人名。韩公子中参与争立的人。

【译文】

　　韩相国公叔将要杀害几瑟,宋赫为几瑟对公叔说:"几瑟之所以能制造乱子,是由于在国内得到父兄的支持,在国外得到秦、楚的援助。如果您杀了他,公子咎没有后患,一定会看轻您。韩国大夫知道韩王年老,已确定了太子,他们一定会暗暗讨好太子。秦国和楚国如果没有韩国支持,一定会暗中支持伯婴。伯婴也就和几瑟一样了。您不如不杀几瑟,伯婴害怕了,一定会暗中依附您。韩国大夫不能保证几瑟一定不返国,必不敢帮助伯婴在国内作乱。秦国和楚国就帮助几瑟来对付伯婴。伯婴外无秦国和楚国的帮助,内无父兄的支持,一定没法作乱,这对您是有利的。"

三七九　谓新城君曰

【题解】

韩襄王时，诸公子争立。公叔支持公子咎，伯婴孤立而无援，都害怕秦、楚送几瑟回国。

有客游说秦新城君，为韩向楚索取几瑟，秦、楚合韩，要挟魏国，孤立齐国，再挑起韩、楚矛盾，则秦可从中得利。

谓新城君曰[①]："公叔、伯婴恐秦、楚之内几瑟也，公何不为韩求质子于楚？楚王听而入质子于韩[②]，则公叔、伯婴必知秦、楚之不以几瑟为事也，必以韩合于秦、楚矣。秦、楚挟韩以窘魏，魏氏不敢东，是齐孤也。公又令秦求质子于楚，楚不听则怨结于韩，韩挟齐、魏以昭楚，楚王必重公矣。公挟秦、楚之重以积德于韩，则公叔、伯婴必以国事公矣。"

【注释】

①新城君：秦封君。秦宣太后弟芈戎。

②楚王：楚怀王。

【译文】

有人对新城君说："公叔、伯婴担心秦国和楚国会拥戴几瑟，您为何不替韩国要求楚王派人质呢？楚王如果同意把人质派到韩国，那公叔、伯婴一定可以了解到秦、楚两国并不重视几瑟，他一定会使韩国与秦、楚联合，这样，齐国就孤立了。您再让秦国向楚国索取人质，楚国如果不同意，那楚国就必然与韩国结怨。韩国倚仗齐国和魏国而和楚国结怨，楚王必会看重您。您倚仗自己在秦、楚两国的重要地位，为韩国做好事，那么公叔、伯婴一定会以韩国来事奉您。"

三八〇　胡衍之出几瑟于楚

【题解】

本章说韩太子几瑟在楚做人质，胡衍劝公仲倗假意尊奉公子咎，然后激发楚国以强力送几瑟入韩。

本章有几点与事实不合：几瑟未尝立为太子，本文说他是"太子在楚"，一不合；几瑟是逃亡到楚国，本文却说他在楚做人质，二不合；支持公子咎的是公叔，本文却公仲奉公子咎而为之请立为太子，三不合。本文应是游士拟托之作。

胡衍之出几瑟于楚也①，教公仲谓魏王曰②："太子在楚，韩不敢离楚也。公何不试奉公子咎，而为之请太子。因令人谓楚王曰，韩立公子咎而弃几瑟，是王抱虚质也。王不如亟归几瑟，几瑟入，必以韩权报雠于魏而德王矣。"

【注释】

①胡衍：人名。韩人。
②魏王：魏襄王。

【译文】

胡衍让几瑟自楚国回归韩国时，告诉公仲说："您对魏王说，几瑟在楚国，韩国就不敢背叛楚国。您何不试着支持公子咎，而要求立公子咎为太子。接着派人对楚王说，韩国要立公子咎为太子，废掉几瑟，这样，大王只是拥有一个没有用处的人质。大王不如赶快送回几瑟，几瑟回国后，一定会用在韩国的权力报复魏国，而感激大王。"

三八一　几瑟亡之楚

【题解】

楚国准备联合秦国，拥立几瑟。有人建议，秦国不如向韩表示友好，祝贺伯婴得立为太子，再取得齐、魏好感，以压制楚国。

本文说，有人游说秦大臣芈戎，让秦王祝贺伯婴得立。从历史事实看，韩襄王诸公子争国，几瑟出亡之后，得立的乃是公子咎。伯婴既未立，秦何从向他祝贺？此当因几瑟出亡至楚，遂编造出这一段故事，且祝贺伯婴得立，就可以使秦成就"王业"，也未免过于夸张了。此章乃是辩士练习游谈的作品，应是毫无疑义的。

几瑟亡之楚，楚将收秦而复之。谓芈戎曰[1]："废公叔而相几瑟者，楚也。今几瑟亡之楚，楚又收秦而复之，几瑟入郑之日，韩，楚之县已。公不如令秦王贺伯婴之立也。韩绝于楚，其事秦必疾，秦挟韩亲魏，齐、楚后至者先亡，此王业也。"

【注释】

[1]芈（mǐ）戎：人名。即新城君，秦宣太后弟。

【译文】

几瑟逃亡到楚国，楚国准备联络秦国，把几瑟送回韩国。有人对芈戎说："废掉公叔而又帮助几瑟的是楚国。现在几瑟逃亡到楚国，楚国又联络秦国把他送回韩国，他回到韩国的那一天，韩国就会成为楚国的一个县了。您不如要秦王去祝贺伯婴立为太子。当韩国一旦与楚国绝交，一定会极力与秦国友好，秦国控制了韩国，又与魏国亲善，齐国和楚国中最后倒向秦国的，将最先灭亡，这样王业可成了。"

三八二上　冷向谓韩咎曰

【题解】

本章说,冷向劝韩公子咎借领兵抵御楚国的机会,联合楚军共立几瑟以自重。

公子咎是和几瑟争立的对头,如何会劝楚国拥立几瑟? 这是不近情理的。本章应是拟托的作品。

有人说本章可能是冷向对公仲的说辞。

冷向谓韩咎曰①:"几瑟亡在楚,楚王欲复之甚②,令楚兵十余万在方城之外③。臣请令楚筑万家之都于雍氏之旁,韩必起兵以禁之,公必将矣。公因以楚、韩之兵奉几瑟而内之郑,几瑟得入而德公,必以韩、楚奉公矣。"

【注释】

①冷向:人名。秦臣。

②楚王:楚怀王。

③方城:楚在北方所筑的长城。

【译文】

冷向对韩咎说:"几瑟逃亡到楚国,楚王很想把几瑟送回韩国,派了十几万楚军驻扎在方城以北。我请求让楚国在雍氏之旁筑万户的大城来屯兵,韩国一定会派兵来防御,您也一定会成为将领了。您乘机率领楚、韩联军护送几瑟回国。几瑟能回韩国就会感谢您,一定会让韩国和楚国都尊重您。"

三八二中　楚令景鲤入韩

【题解】

景鲤到韩国，韩太子伯婴将入秦。景鲤让冷向告诉伯婴，入秦前景堪忧，有被秦扣留的可能。

本文称伯婴为太子，伯婴实未尝得立，所以本章当为拟托的文字。

楚令景鲤入韩①，韩且内伯婴于秦，景鲤患之。冷向谓伯婴曰："太子入秦②，秦必留太子而合楚，以复几瑟也，是太子反弃之。"

【注释】

①景鲤：人名。楚怀王相。

②太子：此指伯婴。

【译文】

楚王派景鲤到韩国，韩国准备把伯婴送回秦国，景鲤为此担忧。冷向对伯婴说："太子到了秦国，秦国一定会扣留您，而与楚国联合，恢复几瑟为太子，这样，您反而会丢掉太子的地位。"

三八二下　韩咎立为君而未定

【题解】

周赧王十六年(前299)，齐、魏两国的君主，亲自来到韩国，支持公子咎立为太子。

周欲送韩公子咎的弟弟回国，又怕公子咎的地位还未稳定，綦母恢为周君设两可之辞，以免造成被动的局面。

韩咎立为君而未定也。其弟在周,周欲重而送之,恐韩咎不立也。綦母恢曰①:"不如以车百乘送之,韩咎立,因曰以为戒;不立,则曰来效贼也。"

【注释】

①綦母恢:人名。周臣。

【译文】

韩咎将立为太子,尚未最后确定。他的弟弟在周国,周君准备隆重地送他弟弟返国,但担心韩咎不能立为太子。綦母恢说:"不如用一百辆车送他的弟弟,韩咎得立,就说是为了戒备;如果韩咎不能立为太子,就说是押送罪犯的。"

三八三　史疾为韩使楚

【题解】

战国时期,各国竞相实行变革,以求富国强兵。北方各国的改革比较顺利,在楚国则受到守旧势力的严重阻碍,中途而废。

吴起在楚国实行变法,曾取得南平百越,北并陈、蔡的效果。后来吴起被贵戚杀害,楚国改革的成果随风而逝,国内形势大变,盗贼公行,名实混淆,史疾所言,说明楚国的局势着实让人担忧。

楚国尽管地半天下,但在和秦斗争中,连遭挫败,终致丧失抵抗能力,一再迁都,逃跑了又逃跑,这和楚国高层人物不懂得"正可以治国"是分不开的。

史疾为韩使楚①,楚王问曰②:"客何方所循?"曰:"治列子圉寇之言③。"曰:"何贵?"曰:"贵正。"王曰:"正亦可为国乎?"曰:"可。"王曰:"楚国多盗,正可以圉盗乎④?"曰:"可。"曰:"以正圉盗,奈何?"顷间有鹊止于屋上者,曰:"请问楚人谓此鸟何?"王曰:"谓之鹊。"曰:"谓之乌,可乎?"曰:"不可。"曰:"今王之国有柱国、令尹、司马、典令⑤,其任官置吏,必曰廉洁胜任。今盗贼公行而弗能禁也,此乌不为乌,鹊不为鹊也。"

【注释】

①史疾:韩臣。

②楚王:不详何王。

③列子圉(yǔ)寇:即列御寇,又称列子,战国时郑国学者。

④圉:防御,禁止。

⑤司马:主管军事。典令:主管发布政令。

【译文】

史疾替韩国出使楚国,楚王问道:"先生研究何种学问?"史疾回答说:"钻研列子圉寇的学说。"楚王又问:"看重什么?"史疾回答:"看重正。"楚王说:"正也可用来治国吗?"史疾回答说:"可以。"楚王说:"楚国的盗贼多,正可以御盗吗?"史疾回答说:"可以。"楚王问:"以正御盗,如何实施?"不久,有只鹊停在了屋上,史疾问:"请问楚国把这种鸟称为什么?"楚王说:"叫它鹊。"史疾问:"称为乌鸦,可以吗?"赵王回答说:"不可以。"史疾说:"如今大王的国内有柱国、令尹、司马、典令等官,在任用官员时,定要叫他们廉洁胜任。如今盗贼横行而不能禁止,这就是乌不成乌,鹊不成鹊啊。"

三八四　韩傀相韩

【题解】

聂政刺韩傀的事,发生在周安王五年(前397),在韩是烈侯三年。

韩国大臣韩傀和严遂因争权发生矛盾,严遂直斥韩傀的错误,因害怕遭到报复,于是逃亡至齐,寻求可以为他报仇的人。他结识了以屠为生的勇士聂政,厚相结纳。聂政说,他有老母在堂,不敢轻易以身许人,为别人卖命,但严遂对聂政始终礼遇不衰。

后来,聂政母死,他为了报答严遂知遇之恩,就去濮阳,询问严遂,谁是他的仇人。严遂告诉他,对头是韩相国韩傀。聂政独行仗剑入韩,恰好韩国有东孟之会,韩傀和烈侯都参与此会。聂政排开侍卫,直刺韩傀,兼中烈侯,然后用剑剖面,自屠而死。

本章的主题是在说明"士为知己者死"。但这种行为带有很大的盲目性,只看个人恩怨,不问是非曲直,是不能不加分析地一概肯定的。

韩傀相韩①,严遂重于君②,二人相害也。严遂政议直指,举韩傀之过。韩傀叱之于朝,严遂拔剑趋之,以救解。于是严遂惧诛,亡去游。求人可以报韩傀者。

【注释】

①韩傀:人名。即侠累,任韩相,韩烈侯的叔父。
②严遂:人名。字仲子,韩烈侯的大臣。

【译文】

韩傀在韩国做相国,严遂也很受韩君的器重,他们两人却互相攻击。严遂公开地直接指斥韩傀的过错。韩傀为此在朝廷上大骂严遂,严遂拔出剑来奔向韩傀,由于旁人的劝阻,才化解了这场纠纷。事后,严遂担心遭到杀害,就逃离了韩国。他周游各国,寻找可以替自己报仇的人。

至齐,齐人或言:"轵深井里聂政①,勇敢士也。避仇隐于屠者之间。"严遂阴交于聂政,以意厚之。聂政问曰:"子欲安用我乎?"严遂曰:"吾得为役之日浅,事今薄,奚敢有请?"于是严遂乃具酒觞聂政母前。仲子奉黄金百镒②,前为聂政母寿。聂政惊,愈怪其厚,固谢严仲子。仲子固进,而聂政谢曰:"臣有老母,家贫,客游以为狗屠,可旦夕得甘脆以养亲。亲供养备,义不敢当仲子之赐。"

【注释】

①轵(zhǐ):地名。韩邑,在今河南济源南。深井里:轵的里名。聂政:人名。勇士。

②镒(yì):古代重量单位,二十两,或说二十四两。

【译文】

严遂到了齐国,听到齐国有人说:"轵县深井里的聂政是个勇敢的人。他为躲避仇人而隐居在屠夫中间。"严遂就私下结交了聂政,有意识地厚待他。聂政问:"您想怎么用我呢?"严遂说:"我为您效劳的日子还很短,服侍也不够,哪里敢请您为我办事呢?"于是严遂就置办了酒宴,向聂政的母亲敬酒。严遂捧出了百镒黄金,上前献给聂政的母亲,表示祝福。聂政很惊讶,更加不理解严遂厚待自己的用意,就坚持谢绝了严遂的厚礼。严遂坚持奉献,聂政又推辞说:"我有老母亲在世,家里又穷,流落他乡以杀狗为生,每天可以挣钱买些可口的食物奉养母亲。现在我能够让母亲不缺吃用,按理说是不敢接受您的厚赐的。"

严仲子辟人①,因为聂政语曰:"臣有仇,而行游诸侯众矣。然至齐，闻足下义甚高。故直进百金者，特以为大人粗粝之费，以交足下之欢，岂敢以有求邪？"聂政曰："臣所以降志辱身，居市井者，徒幸而养老母。老母在，政身未敢以许人也。"严仲子固让，聂政竟不肯受。然仲子卒备宾主之礼而去。

【注释】

①辟：躲避。

【译文】

严遂避开旁人，趁机对聂政说："我有仇人，为此我已走遍很多国家。到了齐国，才听说您是个极重义气的人。我之所以径直奉上百金，作为老夫人用来买些粗淡的食物的费用，只是与您交个朋友，哪里敢有所要求呢？"聂政说："我之所以降低心志，辱没自己，屈居于市井之中，仅仅是希望能够养活老母。老母亲在世，我是不能够以生命应允别人什么的。"严遂再三地客气，聂政始终不肯接受。然而严遂还是尽了宾主之礼以后再辞别而去。

久之，聂政母死，既葬，除服。聂政曰："嗟乎！政乃市井之人，鼓刀以屠，而严仲子乃诸侯之卿相也，不远千里，枉车骑而交臣，臣之所以待之，至浅鲜矣，未有大功可以称者。而严仲子举百金为亲寿，我虽不受，然是深知政也。夫贤者以感忿睚眦之意，而亲信穷僻之人，而政独安可嘿然而止乎？且前日要政，政徒以老母。老母今以天年终，政将为知己者用。"

【译文】

过了许久，聂政的母亲去世，安葬完毕，守孝期也满了。聂政说：

"唉！我不过是个普通的市民，整天挥刀杀狗，而严遂却是诸侯下面的卿相大臣，他不远千里屈尊来与我交友，可我对待他的确太淡薄了，又没有什么功劳可以补偿他待我的情意。他曾捧出百镒黄金，为我的母亲祝寿，虽然我没有接受，但他却是深深理解我的。这位有身份的人为了伸冤报仇，而来亲近我这个小人物，我哪能独自沉默不语就算完了呢？再说，他以前也约请过我，我只因有老母而未能应允他。现在老母已得享天年，我就要为知己效力了。"

　　遂西至濮阳①，见严仲子曰："前所以不许仲子者，徒以亲在。今亲不幸，仲子所欲报仇者为谁？请得从事焉。"严仲子具告曰："臣之仇，韩相傀。傀又韩君之季父也，宗族盛，兵卫设，臣使人刺之，终莫能就。今足下幸而不弃，请益车骑壮士以为羽翼。"政曰："韩与卫中间相去不远，今杀人之相，相又国君之亲，此其势不可以多人。多人不能无生得失，生得失则语泄，语泄则韩举国而与仲子为雠也，岂不殆哉！"遂谢车骑人徒，辞，独行仗剑至韩。

【注释】

①濮阳：地名。卫邑，在今河南濮阳西南。

【译文】

　　聂政西行到了濮阳，见到严遂说："以前之所以没有应允您，只是因为我的老母在世。现在老母已不幸去世了，您所要报仇的那个人是谁啊？我愿意帮您解决。"严遂就把全部情况告诉了他，说："我的仇人就是韩国的相国韩傀。韩傀又是国君的叔父，他的家族很有势力，住处又有士兵守卫着，我曾派人去刺杀过他，但一直没有成功。现在有幸得到您的支持，我要多为您准备车马和勇士来作为您的帮手。"聂政说："韩、卫两国,相距不远,此行是去刺杀人家的相国,相国又是国君的亲属,这种情况不宜人多。人多了就不可能不出差错,出了差错就会泄露秘密,一泄密就会导致韩国上下与您结仇,岂不是很危险吗!"于是,他谢绝了车马随从,辞别了严遂,独自一个人仗剑前往韩国。

　　韩适有东孟之会①,韩王及相皆在焉,持兵戟而卫者甚众。聂政直入,上阶刺韩傀。韩傀走而抱烈侯,聂政刺之,兼中哀侯。左右大乱,聂政大呼,所杀者数十人。因自皮面抉眼,自屠出肠,遂以死。

【注释】

①东孟:地名。韩邑,即酸枣,在今河南延津西南。

【译文】

　　正巧韩国在东孟举行会议,韩君和韩相都在场,拿上武器的保卫人员很多。聂政径直闯了进去,冲上台阶就去刺杀韩傀。韩傀惊惶地奔逃到韩哀侯的身边,抱住烈侯,聂政上去刺死了他,还连带刺中了韩烈侯。左右的人一片混乱,聂政大声呼喊着,接连杀死了几十个人。接着他用刀子刺毁自己的面容,剜出自己的眼珠,剖腹挑出自己的肠子,就死去了。

　　韩取聂政尸暴于市,县购之千金①,久之莫知谁子。政姊闻之曰:"弟至贤。不可爱妾之躯,灭吾弟之名。非弟意也。"乃之韩,视之曰:"勇哉,气矜之隆! 是其轶贲、育而高成荆矣②。今死而无名,父母既殁矣,兄弟无有,此为我故也。夫爱身不扬弟之名,吾不忍也。"乃抱尸而哭之曰:"此吾弟轵深井里聂政也。"亦自杀于尸下。

【注释】

①县(xuán)购:悬赏征求知道的人。县,悬赏。

②贲、育:人名。即孟贲、夏育,古代勇士。成荆:人名。也是古代
　勇士。

【译文】

韩国人把聂政的尸体陈放在街市上,悬赏千金,招募能够辨认的人,过了许久,还是没有人知道他究竟是谁。聂政的姐姐听说了这件事说:"我的弟弟真是太好了。我不能为了爱惜自己而埋没了弟弟的名声。虽然这不是弟弟的本意,我还是要前去认尸的。"于是她就到了韩国,看着弟弟的遗体说:"英勇啊!气势是何等的豪迈啊!真是超过了孟贲、夏育,比成荆还伟大啊。现在你死了而不肯留下英名,我们的父母皆已去世,又没有旁的兄弟,我知道你这是为了我啊,如果为了保全自己而不去显扬弟弟的英名,我是不能心安的。"于是她抱着聂政的尸身,哭着告诉人们说:"这是我弟弟,轵县深井里的聂政啊。"说完,也自杀在聂政的尸体旁边。

晋、楚、齐、卫闻之曰:"非独政之能,乃其姊者亦列女也。"聂政之所以名施于后世者,其姊不避菹醢之诛以扬其名也①。

【注释】

①菹(zū)醢(hǎi):古代把人剁成肉酱的酷刑。

【译文】

晋、楚、齐、卫等国知道此事以后,都说:"不仅聂政这么勇敢,他姐姐也是个烈女啊。"聂政之所以能名垂千古,都是由于他姐姐不怕死亡而替他扬名的缘故啊。

卷二十八 韩策三

三八五 或谓韩公仲曰

【题解】

有客游说公仲倗，劝他和韩安成君一道促成秦、魏和好。这时公仲正为韩相。这位策士为他谋划，说这样做就可以使韩、魏安定而终身为相，稳定自己的地位，并可以"裂地而为诸侯"。实则不过是在复杂的国际环境中，利用秦国支持，自保、自重而已。

或谓韩公仲曰："夫孪子之相似者，唯其母知之而已；利害之相似者，唯智者知之而已。今公国，其利害之相似，正如孪子之相似也。得以其道为之，则主尊而身安；不得其道，则主卑而身危。今秦、魏之和成，而非公适束之，则韩必谋矣。若韩随魏以善秦，是为魏从也，则韩轻矣，主卑矣。秦已善韩，必将欲置其所爱信者，令用事于韩以完之，是公危矣。

【译文】

有人对韩国的相国公仲说:"双胞胎长得几乎完全相同,只有他们的母亲才可以分辨出来;利与害几乎完全相同,只有明智的人才能分辨出来。如今您的国家,它面临的利与害很相似,正如孪生孩子长得相似一样。能够用正确的治国之道治理它,就会使国君尊贵,自身平安;不能运用正确的治国之道,就会使国君卑贱,自身危险。如今秦、魏两国的联合就要成功了,却不是您把它们联合在一起的,那么韩国一定会遭到人家的算计。如果韩国随魏国去亲近秦国,这就使韩国成为魏国的附庸,韩国就将受到轻视,国君的地位也会降低。假如秦国已经跟韩国修好,秦国一定会在韩国安置它所亲近、信任的人,让他在韩国执掌政事,保全秦国的利益,这样您的处境就危险了。

"今公与安成君为秦、魏之和①,成固为福,不成亦为福。秦、魏之和成,而公适束之,是韩为秦、魏之门户也,是韩重而主尊矣。安成君东重于魏而西贵于秦,操右契而为公责德于秦、魏之王②,裂地而为诸侯,公之事也。若夫安韩、魏而终身相,公之下服,此主尊而身安矣。秦、魏不终相听者也。齐怒于不得魏,必欲善韩以塞魏;魏不听秦,必务善韩以备秦,是公择布而割也。秦、魏和则两国德公,不和则两国争事公,所谓'成为福,不成亦为福'者也,愿公之无疑也。"

【注释】

①安成君:韩宣惠王时封君。
②右契:契约的右半部,可持以取债。

【译文】

"如今您和安成君去促成秦、魏两国的联合,成功固然是您的福气,不能成功也是您的福气。秦、魏两国联合成功,恰好是您使它们联合在一起的,这样韩国就成了秦、魏两国的门户,韩国就会受到重视,韩王也会受到尊重。安成君在东面受到韩国的推重,在西面得到秦国的重视,就可以拿着右半契约为您向秦、魏两国国君索取回报,将来分割土地成为诸侯,就是您该做的事了。至于使韩、魏两国安定,自己终身做韩国的相国,不但君王受到诸侯尊重,而且您也能自身安宁。然而秦、魏两国是不可能永远相互信任的。齐国恼怒得不到魏国的联合,一定想亲近韩国断绝与魏国的联系;魏国也不会完全听从秦国的号令,一定会尽力亲近韩国来防备秦国,这样您调整韩国与其他国家的关系,就像挑选布匹随意裁剪一样得心应手。秦国、魏国讲和,两个国家都会感激您;如果它们不能讲和,两国就会争着讨好您,这就是所谓'成功了,是好事;不成功,也是好事'的道理,希望您不要怀疑我的这项策略。"

三八六　或谓公仲曰

【题解】

周赧王四十八年(前267),有客游说公仲侈,率先以韩侍奉秦国。这样,就可使韩国获得休养生息的机会,并可使自己长保富贵,成为诸侯。

或谓公仲曰:"今有一举而可以忠于主,便于国,利于身,愿公之行之也。今天下散而事秦,则韩最轻矣;天下合而离秦,则韩最弱矣。合离之相续,则韩最先危矣,此君国长民之大患也。

【译文】

有人对韩国相国公仲倗说："现在有一种方法，它可以效忠于国君，对国家有益，对自己有利，但愿您能拿来实行。如今假如天下诸侯分散着去服侍秦国，那么韩国是最受到轻视的；假如天下诸侯联合起来背弃秦国，那么韩国是最弱小的；假如天下诸侯联合对抗秦国的做法断断续续，那么韩国就是最先遇到危险的，这是治理国家统治百姓最大的忧患。

"今公以韩先合于秦，天下随之，是韩以天下事秦，秦之德韩也厚矣。韩与天下朝秦，而独厚取德焉，公行之计，是其于主也至忠矣。

【译文】

"现在如果您让韩国先同秦国联合，天下诸侯也相继来服侍秦国，这等于是韩国带领天下诸侯侍奉秦国，秦国一定会很感激韩国。韩国同天下诸侯一样朝拜秦国，却独自领受了秦国深深的感激，您实行这样的计策，这对于国君来说，也算是最忠心了。

"天下不合秦，秦令而不听，秦必起兵以诛不服。秦久与天下结怨构难而兵不决，韩息士民以待其衅，公行之计，是其于国也，大便也。

【译文】

"如果天下诸侯不同秦国联合，秦国的号令就没有人听从，那么秦国就会发兵讨伐不服的诸侯。秦国长时间地与天下诸侯结仇交战，中原兵连祸接，韩国则趁机休养生息等待有利的时机，您实行这种计谋，那是国家的极大幸运。

　　"昔者，周佼以西周善于秦而封于梗阳①；周启以东周善于秦而封于平原②。今公以韩善秦，韩之重于两周也无计，而秦之争机也，万于周之时。今公以韩为天下先合于秦，秦必以公为诸侯，以明示天下，公行之计，是其于身大利也，愿公之加务也。"

【注释】

①周佼：人名。西周臣。梗阳：地名。秦邑，在今山西清源。
②周启：人名。东周君。平原：地名。赵邑，在今山东平原西南，属于遥封。

【译文】

　　"从前，周佼让西周同秦国亲近，受封于梗阳；周启让东周同秦国联合，受封于平原。现在如果您让韩国亲近秦国，韩国的重要之处比起两周来，无可计数，而秦国争着与韩国结交的愿望，超过两周结交时的万倍。如今您如果让韩国领先天下诸侯与秦国联合，秦国一定会推举您做诸侯，来昭示天下，假如您能实行这个计谋，这对于您本身是很有利的，希望您赶紧实施。"

三八七　韩珉攻宋

【题解】

　　周赧王二十九年（前286），齐相韩珉领兵攻宋。秦、宋亲善，韩珉又是亲秦派，因而秦王大怒。苏秦为齐游说秦昭王，说齐如果灭宋，楚、魏必然恐惧而西向事秦，秦可以不损一兵一将而得到安邑。秦、齐之间成立约定,秦许齐灭宋,齐许秦取得魏的旧都安邑。在齐、秦合作的形势下,魏果然在是年把安邑献给秦国。

韩珉攻宋①,秦王大怒曰②:"吾爱宋与新城、阳晋同也③。韩珉与我交,而攻我甚所爱,何也?"苏秦为齐说秦王曰:"韩珉之攻宋,所以为王也。以齐之强,辅之以宋,楚、魏必恐,恐,必西面事秦。王不折一兵,不杀一人,无事而割安邑,此韩珉之所以祷于秦也。

【注释】

①韩珉:人名。时为齐相,本为亲秦派。

②秦王:秦昭王。

③新城:地名。原为韩邑,在今河南汤阴境。阳晋:地名。原为卫邑,在今山东郓城西。

【译文】

韩珉为齐国攻打宋国,秦王大怒说:"我爱宋国和爱新城、阳晋是一样的。韩珉同我交往,却又攻打我所爱的地方,为什么呢?"苏秦为齐游说秦王说:"韩珉攻打宋国,正是为大王着想。凭齐国的强大,再加上宋国,楚、魏两国必然会惊慌,只要他们一恐惧,就一定会到西面来侍奉秦国。大王不损一兵一卒,不杀一人,不经过战争就可以割取安邑,这是韩珉为秦国祈求的事。"

秦王曰:"吾固患齐之难知,一从一横,此其说何也?"对曰:"天下固令齐可知也。齐故已攻宋矣,其西面事秦,以万乘自辅,不西事秦,则宋地不安矣。中国白头游敖之士,皆积智欲离秦、齐之交,伏轼结靷西驰者①,未有一人言善齐者也；伏轼结靷东驰者，未有一人言善秦者也。皆不欲齐、秦之合者，何也？则晋、楚智而齐、秦愚也。晋、楚合必伺齐、秦，齐、秦合必图晋、楚。请以决事。"秦王曰："善。"

【注释】

①轼：车前横木。靷(yǐn)：引车前进的皮带，一端系在轴上，一端系在牲口胸前。

【译文】

　　秦王说："我本来就担心齐国的行动难以意料，一会儿合纵一会儿连横，您的说法又是什么呢？"苏秦回答说："天下诸侯都知道齐国的动向了。齐国已经攻打宋国，假如到西面来服侍秦国，秦国就会来帮助；如果凭万辆兵车的国力自救，不向西服侍秦国，那么宋地也不会安宁。中原一带的白头说客，都想方设法离间秦、齐两国的连横战线，那些伏在车前横木上，系好拉车皮带向西而来的说客，没有一个说应该亲近齐国的；另一些伏在车轼上，系好拉车皮带向东而去的说客，没有一个说应该亲近秦国的。他们都不愿意齐、秦两国联合，为什么？这就是魏、楚两国聪明，而齐、秦两国太傻了。魏、楚两国联合，一定会窥探齐、秦两国的动静，齐、秦两国联合必然要图谋魏国、楚国。但愿您根据这种形势决定一切吧。"秦王说："好吧。"

三八八　或谓韩王曰

【题解】

　　周赧王二十八年(前287)，秦将出兵攻打魏的绛和安邑。有人劝韩王派遣特使，与魏、赵结盟，三国共同派出精兵，戍守韩、魏的西部边境，合纵抗秦，只有这样，才能摆脱被秦灭亡的命运。

这位说客预言了六国的灭亡，真是具有远见卓识。

或谓韩王曰^①："秦王欲出事于梁^②，而欲攻绛、安邑^③，韩计将安出矣？秦之欲伐韩以东窥周室甚，唯寐忘之。今韩不察，因欲与秦，必为山东大祸矣。秦之欲攻梁也，欲得梁以临韩，恐梁之不听也，故欲病之以固交也。王不察，因欲中立，梁必怒于韩之不与己，必折为秦用，韩必举矣，愿王熟虑之也。不如急发重使之赵、梁，约复为兄弟，使山东皆以锐师戍韩、梁之西边，非为此也，山东无以救亡，此万世之计也。

【注释】

①韩王：韩襄王。

②秦王：秦昭王。

③绛：地名。指新绛，魏邑，在今山西侯马。安邑：地名。魏邑，在今山西夏县西北。

【译文】

有一个人对韩王说："秦王想要征伐魏，并想夺取绛、安邑等城，不知韩国将要采取什么样的策略呢？秦王想要进攻韩国，进而图谋东方的周室，恐怕只有睡着了才能忘记。如今假如韩国不了解情况，就想与秦国建交，一定会酿成崤山以东六国的大祸。秦国要进攻魏国，是想在得到魏国之后兵临韩国，唯恐魏国不听从，所以就想使它陷入困境来巩固邦交。如果大王不明察事实真相，就想保持中立，魏国必然会恼怒韩国不帮助自己，一定会掉头为秦国所驱使，韩国一定会被攻下，但愿大王能深思熟虑。不如赶快派遣重要的使臣去赵国、魏国，定约重新成为同舟共济的兄弟之邦，使崤山以东各国都派出精锐军队，戍守韩国、魏国的西部边界,不这样做,崤山以东各国便没有任何办法挽救被灭亡的命运,这是影响万世的策略。

　　"秦之欲并天下而王之也,不与古同。事之虽如子之事父,犹将亡之也。行虽如伯夷①,犹将亡之也。行虽如桀、纣,犹将亡之也。虽善事之无益也,不可以为存,适足以自令亟亡也。然则山东非能从亲,合而相坚如一者,必皆亡矣。"

【注释】

①伯夷:人名。孤竹君之子。武王克商,他耻食周粟,饿死于首阳山。

【译文】

　　"秦国想兼并天下诸侯,称霸天下,与古代称霸者不同。即使侍奉秦国像儿子侍奉父亲一样,仍将会被灭亡。国君的品行像伯夷一样,仍将被灭掉。国君的品行如夏桀、殷纣,也同样将被灭掉。即使很好地侍奉秦国,也没有任何益处,不但不可以存活下去,反而会为此而加速国家灭亡。如果崤山以东各诸侯不能结成合纵之盟,坚决地联合一致,到最后一定都会被秦国灭亡了。"

三八九　谓郑王曰

【题解】

　　有说客用韩昭釐侯朝魏、越王勾践事吴等事例作比喻,劝韩桓惠王首先朝秦,才是明智之举。秦昭王五十三年(前359),韩王朝秦,可能就是采纳了此人的建议。

　　谓郑王曰^①:"昭釐侯^②,一世之明君也;申不害,一世之贤士也。韩与魏敌侔之国也,申不害与昭釐侯执珪而见梁君^③,非好卑而恶尊也,非虑过而议失也。申不害之计事曰:'我执珪于魏,魏君必得志于韩,必外靡于天下矣,是魏弊矣。诸侯恶魏必事韩,是我免于一人之下,而信于万人之上也^④。夫弱魏之兵而重韩之权,莫如朝魏。'昭釐侯听而行之,明君也;申不害虑事而言之,忠臣也。

【注释】

①郑王:韩桓惠王。

②昭釐侯:即韩昭侯。

③执珪(guī):执玉圭前去朝见。圭,玉器,它的形状有上圆下方的,有上锐下方的。梁君:魏惠王。

④信:通"伸"。

【译文】

有人对韩桓惠王说:"昭釐侯是一代明君,申不害是一代贤人。韩、魏本来是敌对的国家,申不害与昭釐侯手拿着珪玉去朝见魏王,他们并不是喜欢卑贱而厌恶尊贵,也不是考虑不周,议事失策。申不害谋划此事时说:'我们手拿珪玉去朝拜魏国,魏王一定会对韩国志得意满,必定会向天下诸侯用兵,消耗魏国的国力,这样魏国就衰败了。天下诸侯厌恶魏国必然侍奉韩国,这样我们虽屈居一人之下,却可以高居万人之上。想削弱魏国军队,而增强韩国的权势,没有什么比朝见魏国更有效的。'昭釐侯听取意见并加以实行,他是一个明君;申不害认真考虑问题并说出来,他是一个忠臣。

　　"今之韩弱于始之韩,而今之秦强于始之秦。今秦有梁君之心矣,而王与诸臣不事为尊秦以定韩者,臣窃以为王之明为不如昭釐侯,而王之诸臣忠莫如申不害也。

【译文】

"现在的韩国比原来的韩国衰弱,而现在的秦国却比原来的秦国强盛。如今秦王有魏王那样的野心,而大王和大臣们却不用事秦来安定韩国,私下里认为大王远不如昭釐侯明智,而大王的群臣们的忠贞也远不如申不害。

"昔者,穆公一胜于韩原而霸西州①,晋文公一胜于城濮而定天下②,此以一胜立尊名,成功名于天下。今秦数世强矣,大胜以十数,小胜以百数,大之不王,小之不霸,尊名无所立,制令无所行,然而春秋用兵者,非以求主尊成名于天下也。昔先王之攻,有为名者,有为实者。为名者攻其心,为实者攻其形。

【注释】

①"穆公一胜"句:穆公,春秋时秦君,名任好。公元前645年,与晋惠公战于韩原,败晋军,俘惠公。韩原,地名。晋邑,在今山西芮城东北。

②"晋文公一胜"句:晋文公,春秋时晋君,名重耳。公元前632年,晋败楚军于城濮,成为中原霸主。城濮,地名。卫邑,在今山东鄄城西南。

【译文】

"从前,秦穆公经过韩原一次大捷,就使秦国称霸西方,晋文公在城濮打了一次胜仗就决定了称霸天下的局面,这都是仰仗一次胜利而建立威权,使自己在天下成就功名。如今秦国连续几代强盛,大的胜仗用十来记数,小的胜仗用百来记数,取得大胜仗没有称王,获得小的胜利也没有称霸,也没有确立什么尊贵的名分,制定法令也没有得到推行,可是秦国终年发动战争,并不全是为了求得国君的尊贵或在天下成名。从前先王进行的征伐,有的是为名分,有的是为实利。为名分而争,就要瓦解对方的斗志;为实利而争,就要攻取土地、掠夺人口。

"昔者,吴与越战,越人大败,保于会稽之上①。吴人入越而户抚之。越王使大夫种行成于吴②,请男为臣,女为妾,身执禽而随诸御③。吴人果听其辞,与成而不盟,此攻其心者也。其后越与吴战,吴人大败④,亦请男为臣,女为妾,反以越事吴之礼事越,越人不听也,遂残吴国而禽夫差⑤,此攻其形者也。今将攻其心乎? 宜使如吴;攻其形乎? 宜使如越。夫攻形不如越,而攻心不如吴,而君臣上下少长贵贱毕呼霸王,臣窃以为犹之井中而谓曰:'我将为尔求火也。'"

【注释】

①会稽:指会稽山,在今浙江绍兴、东阳之间。

②越王:指勾践。大夫种:指文种。

③执禽:手执禽鸟朝见,表示臣服。

④吴人大败:公元前473年,越大败吴军。

⑤夫差:吴王名。

【译文】

"过去,吴国与越国交战,越国人被打得大败,退守在会稽山上。吴国人攻入越国后,按户安抚越国百姓。越王派大夫文种向吴国求和,请求让男子做奴隶,女子做侍妾,自己亲自拿着禽鸟作为见面礼,跟随在管事人的身后。吴国人果然接受了这项条件，同越国讲和却没有订下盟约，这用的就是攻心战术啊。在这以后，越国与吴国开战，吴国人被打得大败，也请求让男子做奴隶，让女子做侍妾，反过来用越国人侍奉吴国人的礼节侍奉越国人，越国人没有接受，于是消灭了吴国，生擒了夫差，这用的是攻形战术啊。现在您要用攻心战术吗？就应该使敌人像吴国一样；您想用攻形战术吗？就应该使敌人像越国一样。如果攻取土地、夺取人口赶不上越国，瓦解敌人斗志赶不上吴国，君臣上下、少长、贵贱，都高喊霸王的事业已经成功，我私下认为这就像落入井里却说：'我将为你找火。'"

三九〇　东孟之会

【题解】

此当依鲍本，与上连为一章。

"东孟之会①，聂政、阳坚刺相兼君②。许异蹴烈侯而殪之③，立以为郑君，韩氏之众无不听令者，则许异为之先也。是故烈侯为君，而许异终身相焉。而韩氏之尊许异也，犹其尊烈侯也。今曰郑君不可得而为也，虽终身相之焉，然而吾弗为云者，岂不为过谋哉？昔齐桓公九合诸侯，未尝不以周襄王之命。然则虽尊襄王，桓公亦定霸矣。九合之尊桓公也，犹其尊襄王也。今曰天子不可得而为也，虽为桓公吾弗为云者，岂不为过谋而不知尊哉？

【注释】

①东孟：地名。韩邑，在今河南延津西南。

②阳坚：人名。聂政的助手。

③许异：人名。韩臣。蹴(cù)：踢。殪(yì)：死。

【译文】

"东孟集会时，聂政、阳坚等人谋刺韩国相国伤到烈侯。许异暗中用脚踢烈侯，叫他装死，韩烈侯被立为国君后，韩国臣民百姓无不服从命令，那是因为有许异的关系。因此韩烈侯做国君，许异终身做他的相国。韩国人尊重许异，就像他们尊重烈侯一样。今天'韩王'是做不成了，即使终身做相国也是好事，然而我们却不去做，难道不是谋划失误吗？从前齐桓公九次会合诸侯，未尝不依照周襄王的命令。然而虽然遵从周襄王，齐桓公也还是确定了霸主的地位。九次会合的诸侯，尊重齐桓公，就像尊重周襄王一样。今天天子是做不成了，即使可以做一个'桓公'，我们也不去做，这难道不是计谋失误而不知尊重别人吗？

"韩氏之士数十万，皆戴烈侯以为君，而许异独取相焉者，无他；诸侯之君无不任事于周室也，而桓公独取霸者，亦无他也。今强国将有帝王之衅①，而以国先者，此桓公，许异之类也，岂可不谓善谋哉！夫先与强国之利，强国能王，则我必为之霸；强国不能王，则可以辟其兵②，使之无伐我。然则强国事成，则我立帝而霸；强国之事不成，犹之厚德我也。今与强国，强国之事成则有福，不成则无患。然则先与强国者，圣人之计也。"

【注释】

①衅：征兆。

②辟：躲避。

【译文】

"韩国的才智之士有几十万,都拥护烈侯为国君,只有许异做了相国,这没有别的原因;诸侯的国君没有一个不是在周王朝任职的,唯独齐桓公成就了霸业,也没有别的原因。现在秦国将有称帝称王的征兆,能首先和秦国联合,可以收到齐桓公和许异同样的效果,难道不可以说是善于谋划吗?先帮助强国会得到好处:强国能称王,则我必可称霸;强国不能称王,则可避开他的战祸,使他不会攻打我。那强国大事成功了,我就可以依靠他的帝业而成就自己的霸业;如果强国的大事不成,它仍然会深深地感谢我。现在帮助强国,强国大事成功了,就会有福,大事不成功,也不会有祸。如此说来,先帮助强国,这是圣人的妙计啊。"

三九一　韩阳役于三川而欲归

【题解】

秦庄襄王元年(前249),韩三川形势危急,韩公子韩阳带兵在三川和秦作战。他想要回国,说客足彊便为他谎称兵士将拥戴他为君,迫使韩王召回韩阳。

韩阳役于三川而欲归[①],足彊为之说韩王曰[②]:"三川服矣,王亦知之乎?役且共贵公子。"王于是召诸公子役于三川者而归之。

【注释】

①韩阳:人名。韩公子。

②足彊:人名。韩人。韩王:韩桓惠王。

【译文】

韩阳在三川带兵，想要回来，足彊为韩阳游说韩王说："三川已经归服韩阳了，大王可知道吗？所有在那里服役的人都准备拥戴公子韩阳为君。"韩王于是把韩阳等在三川服役的公子们都一起召回。

三九二　秦大国

【题解】

此章言韩以卖美人之金事秦，结果是赔了美人又折金。事类小说，难信为实，乃是拟托的作品。

秦大国也，韩小国也。韩甚疏秦，然而见亲秦。计之，非金无以也，故卖美人。美人之贾贵，诸侯不能买，故秦买之三千金，韩因以其金事秦，秦反得其金与韩之美人。韩之美人因言于秦曰："韩甚疏秦。"从是观之，韩亡美人与金，其疏秦乃始益明。故客有说韩者曰："不如止淫用，以是为金以事秦，是金必行，而韩之疏秦亦明。美人知内行者也，故善为计者，不见内行。"

【译文】

秦国是一个大国，韩国是一个小国。韩国对秦国很疏远，然而如今想跟秦国通好。考虑到非用黄金不可，韩国不得已就出售美人。美人的价钱很贵，诸侯都买不起，秦国用三千金来买，于是韩国把这些黄金献给秦国，这样秦国不但收回黄金，又得到韩国的美人。因而韩国美人就对秦王说："韩国很厌烦秦国。"由此看来，韩国不但丧失了美人和黄金，而且使疏远秦国的态度更加暴露。有位宾客游说韩国说："实在不如停止一切奢侈生活，然后积存黄金事秦。只要有黄金必然能奏效，而韩国的疏秦也就不会过于露骨。美人知道韩国的隐事，所以善于计谋的，不能让别人知道国家的内情。”

三九三　张丑之合齐、楚讲于魏

【题解】

魏与齐、楚、韩交战，张丑为魏谋求讲和。他先说服韩相公仲倗停止攻魏的郓城，然后对齐、楚说，韩、魏已经结盟，迫使齐、楚与魏讲和。

张丑之合齐、楚讲于魏也[①]，谓韩公仲曰：“今公疾攻魏之运[②]，魏急，则必以地和于齐、楚，故公不如勿攻也。魏缓则必战。战胜，攻运而取之，易矣；战不胜，则魏且内之。”公仲曰：“诺。”张丑因谓齐、楚曰：“韩已与魏矣，以为不然，则盍观公仲之攻也。”公仲不攻，齐、楚恐，因讲于魏而不告韩。

【注释】

①张丑：人名。齐臣。

②运：地名。即郓，魏邑。时有两郓，西郓在今山东郓城东。

【译文】

张丑联合齐、楚而跟魏国讲和，他对韩相公仲说：“现在您加紧进攻魏国的郓地，当魏国形势危急时，必然割地跟齐、楚讲和，所以您不如停止攻打郓。等到魏国缓和下来之后，必然再跟齐、楚作战。即使魏国战胜，韩国也可乘其疲倦轻而易举地攻下郓；假如魏国战败，那魏国就将把郓割让给韩国。”公仲说：“先生的话很有道理。”因而张丑就对齐、楚说：“韩国已经跟魏国结盟，假如贵国不肯相信的话，就请观察公仲是否进攻郢！"公仲停止进攻，齐、楚恐惧，就与魏讲和而不告诉韩国。

三九四　或谓韩相国曰

【题解】

秦、赵互为敌国，赵国公子平原君是反秦最坚决的人。韩相国公仲倗因倒向平原君而受到秦国的憎恨，有人劝他考虑改变态度，以取得秦的好感。

或谓韩相国曰："人之所以善扁鹊者^①，为有痈肿也；使善扁鹊而无痈肿也，则人莫之为之也。今君以所事善平原君者，为恶于秦也；而善平原君乃所以恶于秦也，愿君之熟计之也。"

【注释】

①扁鹊：人名。春秋时名医。

【译文】

有人对韩相国公仲说："人们所以尊重扁鹊，是因为他们长了肿瘤；如果尊重扁鹊反而使自己患上肿瘤，那么就没有人愿意尊重扁鹊了。现在您与平原君友好，那是由于您受到秦国憎恨的缘故；可是您和平原君友好，正好招来秦国的怨恨，希望您好好考虑吧。"

三九五上　公仲使韩珉之秦求武隧

【题解】

周赧王九年（前306），韩相公仲派亲秦的韩珉往秦，要求归还武隧，担心楚国生气。楚臣唐客向公仲表明，楚王支持公仲相韩，公仲这才放心，并让唐客处理楚、韩间的事务。

公仲使韩珉之秦求武隧①，而恐楚之怒也，唐客谓公仲曰②："韩之事秦也，且以求武隧也，非弊邑之所憎也。韩已得武隧，其形乃可以善楚。臣愿有言而不敢为楚计。今韩之父兄得众者毋相，韩不能独立，势必不善楚。王曰：'吾欲以国辅韩朋而相之可乎？父兄恶朋，朋必以国保楚。'"公仲说，士唐客于诸公而使之主韩、楚之事③。

【注释】

①武隧：地名。韩邑，时为秦所取，在今山西临汾西南。"隧"一作"遂"。

②唐客：人名。楚人。

③士：通"仕"。

【译文】

韩相公仲派韩珉出使秦国索要武隧，不过又担心会引起楚国的愤怒，这时楚臣唐客对公仲说："韩国之所以臣事秦国，就是为了要回武隧，这并不是我楚国所憎恨的。假如韩国要回武隧，势必能和楚国修好。这是我的一番真心话，并不敢为楚国出谋划策。现在韩国大臣们得民心的都不想做宰相，假如韩国因此而不能独立，那势必不和楚国修好。这时楚王必然会说：'我想要用楚国支持韩朋做韩国宰相，不知是否可以？'韩国的大臣们讨厌韩朋，韩朋一定会让自己的国家维护楚国的利益。"公仲听这话很高兴，就向各位大臣推荐唐客，让他掌理韩、楚两国间的政务。

三九五中　韩相公仲倗使韩珉之秦

【题解】

韩珉奉命出使秦国，联系秦攻魏。韩相公仲倗死，韩、魏结盟。韩珉说服秦王，让他在秦国任职。

　　韩相公仲倗使韩珉之秦，请攻魏，秦王说之^①。韩珉在唐^②，公仲倗死。韩珉谓秦王曰："魏之使者谓后相韩辰曰^③：'公必为魏罪韩珉。'韩辰曰：'不可。秦王仕之，又与约事。'使者曰：'秦之仕韩珉也，以重公仲也。今公仲死，韩珉之秦，秦必弗入。入，又奚为挟之以恨魏王乎？'韩辰患之，将听之矣。今王不召韩珉，韩珉且伏于山中矣。"秦王曰："何意寡人如是之权也！今安伏？"召韩珉而仕之。

【注释】

①秦王：秦昭王。

②唐：地名。在今河南洛阳东北，为自韩往秦必经之地。

③韩辰：人名。韩相。

【译文】

韩国相国公仲倗派韩珉前往秦国，请求秦国出兵攻打魏国，秦王同意了。韩珉走到途中的唐邑，公仲倗就死了。韩珉对秦王说："魏国的使者对新任的相国韩辰说：'您一定要替魏国惩罚韩珉。'韩辰说：'不可以。秦王让他做官，又同他相约出兵攻打魏国。'使者说：'秦国让韩珉做官，是因为重视公仲。现在公仲死了，韩珉去秦国，秦国必然不让他入境。假如秦国准许他入境，又怎么会胁同他一起仇视魏王呢？'韩辰很担心，准备接受魏国使者的话。今天如果大王不召见我，我就要躲藏到山中。"秦王说:"为什么要认为寡人这么多变呢! 您现在还要在哪里躲藏呢?"于是召见韩珉让他任职。

三九五下　客卿为韩谓秦王曰

【题解】

周赧王四年(前311),秦武王刚即位,这时张仪尚在朝中。原来张仪、甘茂、公孙郝、樗里疾分别挟诸侯以为重,相互争夺权力。秦武王即位后,加以纠正,使群臣各司其职,共同效忠国君,内外不相勾结,大权集中到国君手中。

这位客卿称颂秦武王是明君,并希望他注意韩公仲表现出的对秦的友好态度。

客卿为韩谓秦王曰①:"韩珉之议,知其君不知异君,知其国不知异国。彼公仲者,秦势能诎之②。秦之强,首之者,珉为疾矣。进齐、宋之兵至首垣③,远薄梁郭,所以不及魏者,以为成而过南阳之道④,欲以四国西首也。所以不者,皆曰以燕亡于齐,魏亡于秦,陈、蔡亡于楚,此皆绝地形,群臣比周以蔽其上,大臣为诸侯轻国也。

【注释】

①客卿:官名。位在相国之下一等。秦王:秦武王。

②诎(qū):屈服,折服。

③首垣:地名。魏邑,在今河南长垣东北。

④成:和解,媾和。

【译文】

韩客卿为韩国去对秦王说："韩珉的计谋，只知道自己的君主，不知道他国的君主；只知道自己的国家而不知道其他的国家。公仲这个人，只有秦国的势力能折服他。像秦国这样强大的国家，而韩珉竟然敢跟秦国进行武力对抗，他必定会害了自己的国家。韩国发动齐、宋之军到首垣，远远望见魏都大梁的城郭，他们之所以不进逼魏都大梁，是因为准备跟魏国讲和然后取道南阳，率韩、齐、宋、魏四国联军向西伐秦。他们之所以没有那样做，是由于他们都说燕国差点被齐灭掉，魏的旧都被秦夺去，陈、蔡被楚灭亡，这都是由于地形不利，群臣勾结起来蒙蔽主上，大臣媚外，反而轻视自己国家的缘故。

"今王位正①，张仪之贵不得议公孙郝，是从臣不事大臣也；公孙郝之贵不得议甘茂，则大臣不得事近臣也。贵贱不相事，各得其位，辐凑以事其上，则群臣之贤不肖可得而知也。王之明一也。

【注释】

①位正：莅政。正，通"政"。

【译文】

"现在大王执政，像张仪这样的贵臣不能议论公孙郝，说明侍从之臣不能插手大臣的事；像公孙郝这样的贵臣也不能非议甘茂，这说明大臣也不能干预近臣的事。上下级互不干预，各司其职，臣下同心协力，一致服务于君上，这样，群臣中谁有才能谁没有才能就可以了如指掌。这是大王的英明之处，此其一。

"公孙郝尝挟齐、韩而不加贵，则为大臣不敢为诸侯轻国矣。齐、韩尝因公孙郝而不受，则诸侯不敢因群臣以为能矣。外内不相为，则诸侯之情伪可得而知也。王之明二也。

【译文】

"公孙郝曾经拉拢齐、韩两国，但他并没有因此更加显贵，这样一来，做大臣的就不敢为了别国而看轻自己的国家了。齐、韩曾想通过公孙郝讨好秦国而没有被接受，这样，诸侯就不敢通过群臣来进行活动了。内外不能勾结利用，那么诸侯的国情真伪就可以一清二楚了。这是大王的英明之处，此其二。

"公孙郝、樗里疾请无攻韩，陈而辟去，王犹攻之也。甘茂约楚、赵而反敬魏，是其讲我。茂且攻宜阳，王犹校之也。群臣之知无几于王之明者，臣故愿公仲之国以侍于王，而无自左右也。"

【译文】

"公孙郝、樗里疾请求不要攻打韩国，陈述后就退下，可是大王仍然进攻了它。甘茂联合楚、赵，又敬重魏国，让它们与秦国媾和。甘茂准备进攻宜阳，大王还要衡量利弊才作出决定。群臣的智慧没有人能赶得上大王的英明，所以我希望让公仲用韩国来侍奉大王，不要听从其他人的意见。"

三九六　韩珉相齐

【题解】

周赧王二十五年(前290)，韩珉任齐相，他对公畴竖不满，想把他从周赶走。成阳君准备入秦，经过周国时，被周留下。韩珉对周很生气。有人为这两人游说韩珉说，这两人都是贤人，让这两人留居小国，比起让他们到大国去，对您更为有利。

韩珉相齐，令吏逐公畴竖①，大怒于周之留成阳君也②。谓韩珉曰："公以二人者为贤人也，所入之国因用之乎？则不如其处小国。何也？成阳君为秦去韩，公畴竖楚王善之。今公因逐之，二人者必入秦、楚，必为公患，且明公之不善于天下。天下之不善公者，与欲有求于齐者，且收之以临齐而市公。"

【注释】

①公畴竖：人名。事迹不详，时在周。

②成阳君：韩封君。时在周，主张联合秦、韩。

【译文】

韩珉担任齐相时，命人驱逐公畴竖，又因为周国收留成阳君而十分生气。有人对韩珉说："您认为他们两人是贤人，所到的国家都会任用他们吗？那么倒不如让他们留在小国。为什么呢？成阳君为了秦国才离开韩国，公畴竖很受楚人的重视。现在您把他们赶走，他们两人进入秦、楚，必然成为您的后患，并且表明您和诸侯的关系不好。诸侯中和您关系不好的，和那些有求于齐国的人，将会收留他们以进逼齐国，从而夺取您的相位。"

三九七　或谓山阳君曰

【题解】

有人对山阳君说，秦把山阳封给您，齐把莒邑封给您，这表明它们对韩的重视。如今楚国出兵攻莒，对您和韩国都不利。山阳君便派他去楚，阻止这次行动。

或谓山阳君曰[①]："秦封君以山阳[②]，齐封君以莒[③]。齐、秦非重韩则贤君之行也。今楚攻齐取莒，上不交齐，次弗纳于君，是棘齐、秦之威而轻韩也。"山阳君因使之楚。

【注释】

①山阳君：韩釐王时封君。

②山阳：地名。在今河南焦作东南，本魏邑，时已为秦所取。

③莒：地名。齐邑，在今山东莒县。

【译文】

有人对韩臣山阳君说："秦国把山阳封给您，齐国把莒邑封给您。齐、秦要不是尊重韩国，那就是敬仰您的德行。现在楚国攻打齐国，夺取莒邑，首先您失去了和齐的交往通道，其次，楚国也不会把莒城交还给您，这就损害了齐、秦两国的威信，而又看轻了韩国。"山阳君就派他出使楚国。

三九八　赵、魏攻华阳

【题解】

周赧王四十二年(前273)，赵、魏两国攻打韩的华阳。韩向秦求救，秦不肯出兵。田苓使秦，向穰侯进说，如果秦不救韩，韩就会背弃秦。

秦遂出兵救韩，击败赵、魏联军。

　　赵、魏攻华阳①，韩谒急于秦，冠盖相望，秦不救。韩相国谓田苓曰②："事急，愿公虽疾，为一宿之行。"田苓见穰侯，穰侯曰："韩急乎？何故使公来？"田苓对曰："未急也。"穰侯怒曰："是何以为公之王使乎？冠盖相望，告弊邑甚急，公曰未急，何也？"田苓曰："彼韩急则将变矣。"穰侯曰："公无见王矣，臣请今发兵救韩。"八日中，大败赵、魏于华阳之下。

【注释】

①华阳：地名。韩邑，在今河南修武北。

②田苓：人名。韩臣。

【译文】

　　赵、魏两国攻打华阳，韩国就派人向秦国告急，求救使者车马沿途相望，可是秦国就是不肯出兵援救。韩国相国对田苓说："事态很紧急，您虽然生病，但还是希望您跑一趟。"田苓拜见穰侯。穰侯说："韩国形势危急了吗？为什么派您来呢？"田苓回答说："韩国并没有危急。"穰侯大怒说："既然不危急，那为什么让您做韩王的使者呢？使者连续不断，告诉敝国说你们情况很紧急，可您却说不危急，这是为什么？"田苓说："韩国如果危急，就会屈从赵、魏了。"穰侯说："您不要见大王了，我马上请求发兵援救韩国。"于是秦国在八天之内发兵救韩，在华阳城下大败赵、魏两国军队。

三九九　秦招楚而伐齐

【题解】

秦想联楚攻齐,冷向用设为问答的话劝楚臣陈轸绝齐而亲秦。楚若与秦靠拢,燕、赵必然紧随其后,齐国自然就孤立了。

陈轸一贯主张楚、齐亲善,何以冷向反而劝他孤立齐国? 此事颇令人费解,此章或是游士拟托之作。

秦招楚而伐齐,冷向谓陈轸曰①:"秦王必谓向②:'楚之齐者,知西不合于秦,必且务以楚合于齐。齐、楚合,燕、赵不敢不听。齐以四国敌秦,是齐不穷也。'向曰:'秦王诚必欲伐齐乎? 不如先收于楚之齐者,楚之齐者无务以楚合于齐,则楚必即秦矣。以强秦而有楚,则燕、赵不敢不听,是齐孤矣。'向请为公说秦王。"

【注释】

①冷向:人名。秦臣。

②秦王:秦惠王。

【译文】

秦国邀约楚国攻打齐国,冷向对陈轸说:"秦王一定对我说:'楚国那些亲齐的人知道楚国不会与西边的秦国联合,必将致力于让楚国与齐国联合。齐、楚两国联合了,燕、赵两国不敢不服从。齐国用四国来对抗秦国,那么齐国是不可能陷入困境的。'我说:'大王一定要攻打齐国吗? 不如先联合那些亲齐的楚国人,那些亲齐的楚国人不致力于和齐国联合,楚国就一定会倒向秦国了。以强大的秦国而又有楚国支持,那么燕、赵就不敢不服从,这样齐国就孤立了。'请让我为您去说服秦王。"

四○○　韩氏逐向晋于周

【题解】

韩王想把向晋从周赶走，周臣成恢为他游说魏王，让周留下向晋。回过头来，成恢又游说韩王，请求周召回向晋。

韩国在让周对向晋一逐一召的过程中，成恢起了关键的作用。成恢的说辞，空泛而无事实。本章当为拟托的作品，以表现辩士的才智，能使被驱逐的人重新受到任用。

韩氏逐向晋于周[①]，周成恢为之谓魏王曰[②]："周必宽而反之，王何不为之先言？是王有向晋于周也。"魏王曰："诺。"成恢因为谓韩王曰："逐向晋者韩也，而还之者魏也，岂如道韩反之哉！是魏有向晋于周，而韩王失之也。"韩王曰："善。"亦因请复之。

【注释】

①向晋：人名。周臣。

②成恢：人名。周臣。

【译文】

韩国把向晋从周驱逐出境，周臣成恢为向晋对魏王说："周君必然以宽大的态度让向晋回去，君王为什么不先于周君说这话呢？因为这样就等于君王在周室有一个可利用的心腹。"魏王说："寡人知道了。"于是成恢就为向晋对韩王说："驱逐向晋的是韩国，而使向晋回去的是魏国，所以最好是由韩国让向晋回去！否则就等于魏国有一位忠实的心腹在周都，而韩王却在周失去了一位忠臣。"韩王说："确实是这样。"于是韩王也请求让向晋回到周国。

四〇一　张登谓费绁曰

【题解】

费绁得罪了西周，张登为他托人游说韩王，任他为三川郡守，西周必会惶恐而免除他的罪过。

此章张登谓费绁家有万金，即可请韩置为三川守，以家财而得任郡守，与战国时各国任用官吏的制度不合，此章或系出自游士的拟作。

张登谓费绁曰[①]："请令公子年谓韩王曰[②]：'费绁，西周雠之，东周宝之。此其家万金，王何不召之以为三川之守，是绁以三川与西周戒也，必尽其家以事王。西周恶之，必效先王之器以止王。'韩王必为之。西周闻之，必解子之罪，以止子之事。"

【注释】

①张登：人名。中山臣。费绁(xiè)：人名。韩人。

②公子年：人名。韩国公子。

【译文】

张登对费绁说："请您让公子年对韩王说：'费绁，西周仇恨他，东周器重他。他家中有积蓄万金，大王为什么不召他来，让他做三川太守呢？这样费绁就会在三川对西周加以防备，而且会倾其家财来侍奉大王。西周憎恨他，一定会献出先王的宝器来阻止大王任用他为太守。'韩王一定会这样做。西周知道后，一定会赦免您的罪，以便来阻止您做三川太守。"

四〇二　安邑之御史死

【题解】

安邑的御史死了,他的副职担心不能继任,派人诈用国王的话说安邑令,任命副职为御史。

本章乃琐事,与策谋无关,应当是策士储备来用作游说之辞的材料。

安邑之御史死^①,其次恐不得也。输人为之谓安邑令曰^②:“公孙綦为人请御史于王^③,王曰:‘彼固有次乎,吾难败其法。’”因遽置之。

【注释】

①安邑:地名。本魏邑,在今山西夏县西北。御史:邑令属官。

②输:安邑里名。

③公孙綦:人名。事迹不详。

【译文】

魏国安邑的御史死了,他的副手唯恐不能继任。这时输里人为他对安邑令说:“公孙綦让人向大王请求做御史,大王说:‘那里本来就有副职,我不好破坏他们的规定。’”于是安邑令马上任命副手为御史。

四〇三　魏王为九里之盟

【题解】

周显王二十五年(前344),魏惠王召集九里之会,会后率领诸侯朝周,准备建立霸业。房喜劝韩王不要听魏国的支配,因为他知道韩王不愿看到魏国强大,凌驾于韩国之上。

魏王为九里之盟①,且复天子。房喜谓韩王曰②:"勿听之也,大国恶有天子,而小国利之。王与大国弗听,魏安能与小国立之。"

【注释】

①魏王:魏惠王。九里:地名。周地,在今河南登封西北。
②房喜:人名。韩臣。韩王:韩昭侯。

【译文】

魏惠王在九里与诸侯会盟,目的是想恢复天子的尊位。房喜对韩王说:"不可以听魏王的号令,因为大国讨厌有天子,而小国认为有天子对自己有利。大王和其他大国不听魏王的号令,魏国怎么能和几个小国恢复天子的尊位呢?"

四〇四 建信君轻韩熙

【题解】

赵相建信君瞧不起韩大臣韩熙。赵敖劝建信君说,赵要合纵抗秦,必须联合韩国。不然,韩国与秦连横,一旦出兵东向,赵国就危险了。

建信君轻韩熙①,赵敖为谓建信君曰②:"国形有之而存,无之而亡者,魏也。不可无而从者,韩也。今君之轻韩熙者,交善楚、魏也。秦见君之交反善于楚、魏也,其收韩必重矣。从则韩轻,横则韩重,则无从轻矣。秦出兵于三川,则南围鄢③,蔡、邵之道不通矣④。魏急,其救赵必缓矣。秦举兵破邯郸,赵必亡矣。故君收韩可以无衅。"

【注释】

①建信君:赵孝成王相邦。韩熙:人名。韩臣。

②赵敖:人名。赵人。

③鄢:地名。即鄢陵,在今河南鄢陵西南。

④蔡、邵:地名。蔡指上蔡,邵即召陵。

【译文】

赵国宠臣建信君轻视韩熙,赵敖为韩熙对建信君说:"从赵国的形势上看,有邻国的联合就能生存,没有就会灭亡,那就是魏国。不能舍弃邻国而必须进行合纵才能生存的,那就是韩国。如今您之所以轻视韩熙,是因为想同楚、魏两国建立友好的邦交。秦国看到您反而与楚、魏两国交往密切,秦国一定会更加重视拉拢韩国。如果合纵,韩国就受到轻视,如果连横,韩国就会受重视,韩国就不会选择使自己受到轻视的那条路。秦国如果从韩国三川出兵,就会向南围困鄢陵,那上蔡和召陵之间的道路就不通了。魏国形势危急,诸侯们救援赵国的行动就会延缓进行,秦国发兵攻破邯郸,赵国必然会灭亡。所以您联合韩国,就可以避免出现漏洞。"

四〇五　段产谓新城君曰

【题解】

段产对新城君说,他能做到不说别人的坏话,但阻止别人的谗毁却很难,希望新城君能够详察,不要听信谗言。

段产谓新城君曰①:"夫宵行者能无为奸,而不能令狗无吠己。今臣处郎中②,能无议君于王,而不能令人毋议臣于君。愿君察之也。"

【注释】
①段产:人名。秦人。新城君:芈戎。
②郎中:国君的亲近侍从之臣。

【译文】

段产对新城君说:"走夜路的人能够不做坏事,可是却不能禁止狗朝自己叫。现在我担任宫中侍卫之臣,可以保证做到在大王面前不议论您,却无法叫别人不在您面前非议我。希望您能明察。"

四〇六　段干越人谓新城君曰

【题解】

祸患的发生,不会突然而来,总有一个由小到大的积累过程。有远见的人,善于发现苗头,防微杜渐,不让它发展到不可收拾,段干越人和造父弟子都是这样的人。对于个人来说,有了小的错误就要及时纠正,迷途知返。大风起于萍末,细流汇成江河,小小问题,哪怕对事情的影响只有万分之一,也不可以忽视。"不因善小而不为,不因恶小而为之",不要忘记这两句有益的教诲。

段干越人谓新城君曰①:"王良之弟子驾②,云取千里,遇造父之弟子③。造父之弟子曰:'马不千里。'王良弟子曰:'马④,千里之马也;服⑤,千里之服也,而不能取千里,何也?'曰:'子骖牵长⑥。'故骖牵于事,万分之一也,而难千里之行。今臣虽不肖,于秦亦万分之一也,而相国见臣不释塞者,是缪牵长也。”

【注释】

①段干越人：魏国人。段干，复姓。越人，名。新城君：芈戎，秦相。

②王良：赵简子的驾车者，善驾车马。

③造父：周穆王的驾车者，也以善驾车马闻名。

④马：古代以四马驾车，两边是骖（cān）马，当中夹辕的是服马。此
　　“马”当指“骖”。

⑤服：指服马。

⑥缪（mò）牵：马缰绳。

【译文】

段干越人对新城君说：“王良的弟子把马套好，说是要行千里，遇到
了造父的弟子。造父的弟子说：‘马行不了千里。’王良的弟子说：‘这骖
马是千里马，服马也是千里马，你却说行不了千里，这是为什么？’造父
的弟子回答说：‘你牵马的绳索过长。’牵马索对于这事来说，只占万分
之一，却影响到千里马的行程。如今我虽然不才，对秦国也算是万分之
一吧，可是相国您却不为我排除障碍，这就等于是驾马时牵马的绳索过
长啊！”

卷二十九　燕策一

四〇七　苏秦将为从

【题解】

苏秦游说燕文侯，主要强调燕的地广兵强，出产丰富。其次点出，燕所以能不受秦攻，是有赵作为南方的屏障。又说燕、赵壤地相接、赵若攻燕，很快就能直达燕的国都，所以燕应该与赵合纵相亲。

本章和其他苏秦说各国合纵的文字一样，也是出于拟托。

苏秦将为从，北说燕文侯曰："燕东有朝鲜、辽东①，北有林胡、楼烦②，西有云中、九原③，南有呼沱、易水④。地方二千余里，带甲数十万，车七百乘，骑六千匹，粟支十年。南有碣石、雁门之饶⑤，北有枣栗之利。民虽不田作，枣栗之实足食于民矣，此所谓天府也。

【注释】

①朝鲜：地名。在今朝鲜半岛，非燕地。辽东：地区名。今辽东半岛。

②林胡、楼烦：族名。林胡在今内蒙古包头以南一带。楼烦在今山
　西北部。此二族所在俱非燕地。

③云中：郡名。赵武灵王置，在今内蒙古托克托东北。九原：地名。
　赵邑，在今内蒙古包头西。云中、九原俱赵地，不属燕。

④呼沱、易水：二水名。呼沱即滹沱，在今河北西北部，源出今山西
　繁峙泰戏山。易水，在今河北西部，源出河北易县境。

⑤碣石、雁门：二山名。碣石在今河北卢隆东南。雁门在今山西代
　县西北。碣石在燕东，海上的货物由此入河；雁门在西北，沙漠的
　货物由此入燕，两条路皆连接燕南，所以说"南有碣石、雁门之饶"。

【译文】

　　苏秦将要实行合纵策略，往北游说燕文侯道："燕国东有朝鲜和辽东，北有林胡和楼烦，西有云中和九原，南有呼沱河和易水。国土纵横两千多里，战士好几十万，战车七百辆，战马六千匹，储存的粮食足够几年之用。南面可从碣石山、雁门山输入丰富的物资，北边可以种植枣栗获得很大利益。即使百姓不耕种田地，单是枣栗的收入也就够富裕了。这真是天然的府库啊！

　　"夫安乐无事，不见覆军杀将之忧，无过燕矣。大王知其所以然乎？夫燕之所以不犯寇被兵者，以赵之为蔽于南也。秦、赵五战，秦再胜而赵三胜，秦、赵相弊，而王以全燕制其后，此燕之所以不犯难也。且夫秦之攻燕也，逾云中、九原，过代、上谷①，弥地踵道数千里，虽得燕城，秦计固不能守也。秦之不能害燕亦明矣。

【注释】

①代：赵郡名。秦代治所在今山西代县。上谷：燕郡名。秦代治所

在今河北怀来东南。

【译文】

"安居乐业,没有战争,见不到将士死亡的危险,这点没有谁比得上燕国。大王您明白这是什么原因吗?燕国之所以不遭受侵犯,不受战争摧残,是因为赵国做了它南方的屏障。假使秦国和赵国打五次仗,秦国胜两次而赵国胜三次,秦、赵两国互相消耗,大王可以用完好的燕国从后面控制它们,这就是燕国之所以不受敌国侵害的原因。而且秦国如要攻打燕国,要越过云中、九原,经过代郡、上谷,穿行几千里,即使能攻下燕城,秦国也会考虑到没法守住。秦国不能加害燕国,这是明摆着的事情。

"今赵之攻燕也,发兴号令,不至十日,而数十万之众军于东垣矣[①]。度呼沱,涉易水,不至四五日,距国都矣。故曰,秦之攻燕也,战于千里之外;赵之攻燕也,战于百里之内。夫不忧百里之患,而重千里之外,计无过于此者。是故愿大王与赵从亲,天下为一,则国必无患矣。"

【注释】

①东垣(yuán):地名。赵邑,在今河北石家庄东北。

【译文】

"现在赵国如果要进攻燕国,发布号令,不到十天就可以有几十万军队进驻到边境的东垣一带。接着,赵军再渡过呼沱和易水,不到四五天,便直抵燕国的都城了。所以说,秦国进攻燕国,是到千里之外去作战;赵国攻打燕国,是在百里之内作战。不担心近在百里之内的祸患,而却看重千里之外的敌人,没有比这更错误的政策了。因而我希望大王能和赵国联合,天下联合为一,那么燕国一定没有祸患了。"

燕王曰："寡人国小，西迫强赵，南近齐，齐、赵强国也，今主君幸教诏之，合从以安燕，敬以国从。"于是赍苏秦车马金帛以至赵。

【译文】

燕王说："我们的国家很小，西边靠近强大的赵国，南边接近齐国，齐、赵都是强国，今天有幸得到您的教导，用合纵政策来安定燕国，我愿把国家交给您安排。"于是为苏秦提供车马和金帛，资助他到赵国去。

四〇八　奉阳君李兑甚不取于苏秦

【题解】

周赧王二十六年（前289），苏秦为燕离间齐、赵，被赵相国奉阳君李兑发觉，加以拘留，由于燕昭王出面说情，才被释放。本章是苏秦归燕后，有人游说李兑，劝他和苏秦改善关系。

奉阳君李兑甚不取于苏秦。苏秦在燕，为苏秦谓奉阳君曰："齐、燕离则赵重，齐、燕合则赵轻，今君之齐，非赵之利也，臣窃为君不取也。"

【译文】

奉阳君李兑和苏秦的关系很不融洽。苏秦在燕国，有人为苏秦对奉阳君说："齐、燕分离则赵国受到重视，齐、燕联合则赵国会被看轻，如今您驱使燕国倒向齐国，这对赵国是不利的，我私下认为您的做法并不可取。"

奉阳君曰:"何吾合燕于齐?"曰:"夫制燕者苏子也,而燕弱国也,东不如齐,西不如赵,岂能东无齐、西无赵哉?而君甚不善苏秦,苏秦能抱弱燕而孤于天下哉?是驱燕而使合于齐也。且燕亡国之余也,其以权立以重外,以事贵。故为君计,善苏秦则取之,不善亦取之,以疑燕、齐。燕、齐疑,则赵重矣。齐王疑苏秦,则君多资。"奉阳君曰:"善。"乃使使与苏秦结交。

【译文】

奉阳君说:"为什么说我使燕国和齐国联合呢?"回答道:"控制燕国的是苏秦,而燕是个弱国,东边比不上齐国,西边比不上赵国,它怎么能东边失去齐国、西边失去赵国呢?现在您很讨厌苏秦,苏秦怎么能守着一个力量微弱的燕国处在孤立的地位呢?所以说您是驱使燕国和齐国联合啊。再说,燕国是在被灭后重新复国的,燕国太子已死,昭王以权宜得以即位,在外倚靠赵国以求稳定,在内因燕国发生变故而得到尊贵。所以,我为您考虑,喜欢苏秦就和他交好,不喜欢也要和他友好,使燕、齐互相猜疑。燕、齐互相猜疑,赵国自然显得重要了。齐王怀疑苏秦,您就会得到苏秦更多的帮助。"奉阳君说:"好。"就派出使者和苏秦搞好关系。

四〇九　权之难

【题解】

周赧王十九年(前296),齐、燕两国在权地交战,燕军连战连败,赵国不肯出兵相救,燕昭王只好派郭任割地事齐。后来,赵国终于起兵救燕。

权之难①,燕再战不胜,赵弗救。郭任谓昭王曰②:"不如以地请合于齐,赵必救我。若不吾救,不得不事。"文公曰:"善。"令郭任以地请讲于齐。赵闻之,遂出兵救燕。

【注释】

①权之难:齐、燕之间的一次大战,燕军大败,"覆三军,杀二将"。权,地名。中山邑,在今河北正定北。

②郭任:人名。燕臣。昭王:燕昭王,名职,公元前311—前279年在位。

【译文】

燕、齐两国在权地大战,燕国两战两败,赵国不肯出兵援救。郭任对燕昭王说:"不如割地向齐国求和,赵国必然援救我们。如果赵国不救我们,我们只好事奉齐国。"昭王说:"好。"派郭任割地向齐国求和。赵国听到这个消息,就立刻出兵救燕。

四一〇　燕王哙时

【题解】

周赧王八年(前307),齐攻燕,取十城。

苏秦为燕昭王游说齐宣王说:"燕国虽然弱小,可是强秦的少婿啊!您侵占它的十城,与强秦为仇,后果是很严重的。

齐王问他应该怎么办才好。苏秦说:"大王如能把十城归还燕国,并向秦国道歉,秦、燕两国都会感激大王,事奉大王。大王号令天下,谁敢不从? 霸王之业就能实现了。"齐王听了大为高兴,就把十城归还燕国。

燕王哙时,秦惠王以其女为燕太子妇。王哙卒,昭王立。齐宣王因燕丧攻之,取十城。

【译文】

燕王哙时，秦惠王把他的女儿嫁给燕太子。燕王哙死，昭王继立。齐宣王乘着燕国有丧事出兵攻打燕国，占领了十座城邑。

武安君苏秦为燕说齐王，再拜而贺，因仰而吊。齐王按戈而卻曰："此一何庆吊相随之速也？"对曰："人之饥所以不食乌喙者①，以为虽偷充腹，而与死同患也。今燕虽弱小，强秦之少婿也。王利其十城，而深与强秦为仇。今使弱燕为雁行，而强秦制其后，以招天下之精兵，此食乌喙之类也。"

【注释】

①乌喙(huì)：中药附子的别称。

【译文】

后来武安君苏秦为燕国游说齐宣王，拜了两拜表示祝贺，接下来又抬头仰面表示吊唁。齐王按下手中的戈，责问苏秦道："你为什么在祝贺之后紧跟着就进行吊唁呢？"苏秦回答说："人在饥饿时所以不吃附子，因为虽然暂时填饱了肚子，却会带来死亡的祸患啊。如今燕国虽然弱小，却是强秦的小女婿。大王只看到占领十城对齐国有利，却深深地和强秦结下仇怨。这会使燕国打头阵，强秦紧随其后，引来天下精兵的攻击，这可和吃附子是同类的事啊。"

齐王曰："然则奈何？"对曰："圣人之制事也，转祸而为福，因败而为功。故桓公负妇人而名益尊①，韩献开罪而交愈固②，此皆转祸而为福，因败而为功者也。

【注释】

①桓公负妇人而名益尊：桓公，指春秋的齐桓公。他休弃了妃子蔡姬，接着又侵蔡、伐楚，所以说他对不起蔡姬。妇人，指蔡姬。名益尊，指齐桓公伐楚之后成为霸主。

②韩献开罪而交愈固：韩献，人名。指春秋时晋臣韩献子（韩厥）。他处罚了晋国大臣赵盾的下属，赵盾没有怪罪他，和他的交情反而更加巩固。

【译文】

齐王说："那么怎么办呢？"苏秦回答说："圣人办事情，能把祸事转变为得福，能把失败转化为成功。所以齐桓公虽然对不起蔡姬，但他的声名却更加显赫；韩献子得罪了赵盾，他们的交情却更加牢固，这些都是把祸患转变为得福，把失败转变为成功的例子。

"王能听臣，莫如归燕之十城，卑辞以谢秦。秦知王以己之故归燕城也，秦必德王。燕无故而得十城，燕亦德王。是弃强仇而立厚交也。且夫燕、秦之俱事齐，则大王号令天下皆从。是王以虚辞附秦，而以十城取天下也，此霸王之业矣。所谓转祸为福，因败成功者也。"

【译文】

"大王如果愿意听取我的意见，最好把十城归还燕国，用谦卑的言辞向秦国致歉。秦国知道大王是因为它的缘故归还燕国的十城，它必然感激大王。燕国不费力气就收回十城，它也感谢大王。这样就避免了和强国结仇，而和它建立了深厚的友谊。燕和秦如果都来事奉齐国，那么大王发号施令，天下都会服从。大王仅仅用空话敷衍秦国，用十座城就取得天下的归附，这样称霸称王的伟业就建成了。这就是我所说的把祸患转变为福分,由失败转为成功的办法啊。”

齐王大说,乃归燕城,以金千斤谢其后,顿首涂中,愿为兄弟而请罪于秦。

【译文】

齐王听了大为高兴,就把十城归还给燕国,并用千金给秦,非常谦卑,愿意和秦结为兄弟之国,并向秦国请罪。

四一一　人有恶苏秦于燕王者曰

【题解】

公元前307年,齐攻占燕国十城。这时苏秦为燕使齐,说服齐闵王归还十城,初试锋芒,为燕国立了大功。

苏秦的成功,招来了燕臣的嫉妒,他们语快如风,口沫四溅,躲在阴暗的角落里施放冷箭,中伤苏秦,因而苏秦在返燕时受到冷遇。苏秦以忠心而遭受笞打的侍妾为例,希望燕王能详察内情,不使自己含冤负屈。

孝、廉、信都是儒家充分肯定的美德,苏秦却对之提出异议,认为这些品德都偏于自我修养,而不是进取之道,可见作为纵横家的代表人物,他的思想是开放和进取的。

人有恶苏秦于燕王者曰:“武安君①,天下不信人也。王以万乘下之,尊之于廷,示天下与小人群也。”

【注释】

①武安君:苏秦在燕国的封号。

【译文】

有人在燕昭王面前谗毁苏秦说:"武安君苏秦是天下最不讲信用的人。大王以万乘大国君主的身份,屈尊礼待他,在朝廷上敬重他,这是向天下表示与小人为伍啊。"

武安君从齐来,而燕王不馆也。谓燕王曰:"臣东周之鄙人也,见足下身无咫尺之功,而足下迎臣于郊,显臣于廷。今臣为足下使,利得十城,功存危燕,足下不听臣者,人必有言臣不信,伤臣于王者。臣之不信,是足下之福也。使臣信如尾生,廉如伯夷,孝如曾参,三者天下之高行,而以事足下可乎?"燕王曰:"可。"曰:"有此,臣亦不事足下矣。"

【译文】

武安君从齐国返回,燕王不再任用他。他对燕王说:"我是东周的郊野小民,前来见您,身无微功,您亲身到郊外迎接我,让我在朝廷上占居显要位置。如今我为您出使齐国,得到十城的利益,有保存危燕的功劳,您却不相信我,一定有人说我不讲信用,在大王面前中伤我。我不守信用,是您的福分。如果我像尾生那样守信,像伯夷那样廉洁,像曾参那样尽孝,有这三种天下最可贵的德行,来为您办事,可以吗?"燕王说:"可以。"苏秦说:"有这样的臣子,也不会来事奉您了。"

苏秦曰:"且夫孝如曾参,义不离亲一夕宿于外,足下安得使之之齐? 廉如伯夷,不取素餐①,污武王之义而不臣,焉辞孤竹之君②,饿而死于首阳之山③。廉如此者,何肯步行千里,而事弱燕之危主乎? 信如尾生,期而不来,抱梁柱而死。信至如此,何肯扬燕、秦之威于齐而取大功乎? 且夫信行者,所以自为也,非所以为人也,皆自覆之术④,非进取之道也。且夫三王代兴,五霸迭盛,皆不自覆也。君以自覆为可乎? 则齐不益于营丘⑤,足下不逾楚境⑥,不窥于边城之外。且臣有老母于周,离老母而事足下,去自覆之术,而谋进取之道,臣之趣固不与足下合者。足下者自覆之君也,仆者进取之臣也,所谓以忠信得罪于君者也。"

【注释】

①素餐:无功而食。

②孤竹:古国名。在今河北卢龙南。

③首阳之山:首阳山,在今河南偃师西北。

④自覆:自满。

⑤营丘:即临淄,齐国早期都城,在今山东临淄东北。

⑥足下不逾楚境:当作"楚境不逾沮、漳"。沮、漳二水在湖北汉水之西,合流后,在江陵西流入长江。

【译文】

苏秦接着又说:"况且像曾参那样的孝子,他的行为准则是不会离开父母在外住宿一个晚上,您怎么能使他到齐国去呢? 像伯夷那样廉洁,不受无功之禄,认为武王的行为不合正义,不肯做他的臣子,于是辞掉孤竹君位,饿死在首阳山。像这样廉洁的人,怎么肯步行千里来到微弱的燕国,事奉处境艰危的国君呢? 像尾生那样守信,约会的时间到了而情人没有来,河水暴涨,宁肯抱着桥柱死去,也不愿离开。守信到了这种程度,怎么会到齐国去宣扬燕、秦的威望而成就大功呢? 况且守信的行为,是为自己而不是为别人,是安于现状而不是进取的途径。况且三王轮流兴起,五霸先后强盛,都不满足现状。您认为安于现状是可行的吗? 那么齐国的势力就不会超出营丘,楚国的势力也不能越过沮、漳二水,不能在边城以外去寻求发展。况且我在东周有老母在堂,我离开老母而事奉大王,去掉自满而谋求进取,我的趋向本来就和您不一致。您是安于现状的君主,我是积极进取的臣子,这就是所谓因忠信而得罪君主的人啊。"

燕王曰:"夫忠信又何罪之有也?"对曰:"足下不知也。臣邻家有远为吏者,其妻私人。其夫且归,其私之者忧之。其妻曰:'公勿忧也,吾已为药酒以待之矣。'后二日,夫至,妻使妾奉卮酒进之。妾知其药酒也,进之则杀主父,言之则逐主母,乃阳僵弃酒。主父大怒而笞之。故妾一僵而弃酒,上以活主父,下以存主母也。忠至如此,然不免于笞,此以忠信得罪者也。臣之事,适不幸而有类妾之弃酒也。且臣之事足下,亢义益国,今乃得罪,臣恐天下后事足下者,莫敢自必也。且臣之说齐,曾不欺之也?使说齐者,莫如臣之言也,虽尧、舜之智不敢取也。"

【译文】

燕王问:"忠信又有什么罪过呢?"苏秦回答说:"您是不了解的。我的邻居有到远方做官的人,他的妻子有了外遇。他快要回家了,他妻子的相好感到担忧。他的妻子说:'您不要担忧,我已经为归家的丈夫准备好药酒了。'隔了两天,丈夫到家,妻子叫侍妾捧着酒杯递上。侍妾知道杯里装的是药酒,递上去就会使男主人丧命,把事情说明就会使女主人被驱逐,就假装倒地,把酒洒在地上。男主人非常生气地殴打了她。这个侍妾仆倒而洒酒,在上则挽救了男主人的性命,在下则保全了女主人。忠心达到这样的程度,但仍不免遭受责打,这就是因为忠信而背负罪名啊。我的情况与这个仆倒洒酒的妾相类似。况且我为您办事,合乎道义而又有益于国家,现在竟然获罪,我担心日后所有替您办事的人,都会丧失信心啊。并且我对齐王说的话,不是曾经欺骗他吗?要是游说齐王的人都不是像我那样进言,即使有尧、舜那样的智慧,也是不能给国家带来任何利益的。"

四一二　张仪为秦破从连横

【题解】

本章记张仪说燕,列举赵国以往行为及当前表现,说明它不可信赖。又转而申述秦国强大,可轻易夺取燕的易水、长城,威胁燕国。燕国如肯事秦,则西有秦国为援,南方亦可免除齐、赵之患。

本章也属于纵横之士拟托的作品。

张仪为秦破从连横,谓燕王曰:"大王之所亲莫如赵。昔赵王以其姊为代王妻①,欲并代,约与代王遇于句注之塞②,乃令工人作为金斗③,长其尾,令之可以击人。与代王饮,而阴告厨人曰:'即酒酣乐,进热歠④,即因反斗击之。'于是酒酣乐,取热歠,厨人进斟羹,因反斗而击之,代王脑涂地。其姊闻之,摩笄以自刺也⑤,故至今有摩笄之山⑥。天下莫不闻。

【注释】

①赵王:指赵襄子。赵称王在武灵王时,襄子不得称赵王。代王:其时代亦未称王,当称"代君"。代,国名。在今河北蔚县东北。

②句注:山名。在今山西代县西北。

③金:铜。斗:酒器。

④热歠（chuò）：指羹汤。

⑤摩：通"磨"。笄（jī）：簪子。

⑥摩笄之山：山名。在今河北张家口东南。

【译文】

张仪为秦国破除合纵，推行连横策略，对燕王说："大王所亲近的莫过于赵国吧。从前赵襄子曾经让他的姐姐嫁给代王为妻，后来他想要吞并代国，邀约代王在句注山的要塞相会，他先令工人制作了金斗，把金斗的尾部做得很长，使它可以用来袭击别人。赵襄子在和代王饮酒时，悄悄吩咐厨子说：'趁着酒饮得酣畅高兴的时候，你送去热汤，然后掉转金斗袭击代王。'于是在酒饮到酣畅高兴之时，上热汤了，厨子送上汤勺，随即将金斗倒转过来打死了代王，代王的脑浆流了一地。赵襄子的姐姐听到这个消息，便磨快头上的金簪自刺而死，所以到现在就有了磨笄山这个名称。代王的死因，天下没有谁不知道的。

"夫赵王之狼戾无亲，大王之所明见也。且以赵王为可亲邪？赵兴兵而攻燕，再围燕都而劫大王，大王割十城乃郤以谢。今赵王已入朝渑池，效河间以事秦①。大王不事秦，秦下甲云中、九原，驱赵而攻燕，则易水、长城非王之有也②。

【注释】

①"今赵王"二句：朝渑池时，无割河间事。且张仪死于公元前309年，渑池之会在公元前279年，这时张仪已死三十年。渑（miǎn）池，地名。秦邑，在今河南渑池西。河间，地名。赵邑，在今河北献县东南。

②长城：地名。指燕南长城，在今河北易县西南，与赵接境。

【译文】

"赵王如此狠毒,不讲亲情,大王应该看得很清楚吧。又怎能把赵王当做是可以亲近的人呢?赵国起兵进攻燕国,两次围困了燕的都城,要挟大王,迫使大王割让了十座城来谢罪。现在赵王已经到渑池朝见秦王,献上河间一带来侍奉秦国。大王如果不归附秦国,秦就会发兵到云中、九原,驱使赵国进攻燕国。这样一来,易水、长城就不再属于大王所有了。

"且今时赵之于秦,犹郡县也,不敢妄兴师以征伐。今大王事秦,秦王必喜,而赵不敢妄动矣。是西有强秦之援,而南无齐、赵之患,是故愿大王之熟计之也。"

【译文】

"再说现在的赵国对于秦国而言,好比秦的一个郡县而已,不敢妄自兴兵打仗。目前大王如果依附秦国,秦必定高兴,赵又不敢轻举妄动,这样燕国西面有强大的秦国为援,同时南面没有齐国、赵国的侵犯,所以希望大王慎重地考虑这件事情吧。"

燕王曰:"寡人蛮夷辟处①,虽大男子裁如婴儿,言不足以求正,谋不足以决事。今大客幸而教之,请奉社稷西面而事秦,献常山之尾五城②。"

【注释】

①辟:邪僻。

②献常山之尾五城:此与史实和地理均不合。常山,山名。即北岳恒山,在今河北曲阳与山西接壤处。

【译文】

燕王说:"我像蛮夷一样处在偏僻的地区,虽然是个大男子,行为就像小孩一样,说的话不值得作为正确的意见看待,智谋不能用来决断事情。今天幸承贵宾指教,我愿西向依附秦国,并献上常山末端的五座城邑。"

四一三　宫他为燕使魏

【题解】

周慎靓王六年(前315),燕国发生内乱,燕派宫他出使魏国求助,魏王不听,并扣留了宫他。有个说客劝魏王乘燕国内乱谋取利益,魏王就同意召见宫他。

宫他为求得魏王召见,不惜献上燕的珍宝和土地,是个丧心病狂、出卖国家利益的人。

宫他为燕使魏①,魏不听,留之数月。客谓魏王曰②:"不听燕使何也?"曰:"以其乱也。"对曰:"汤之伐桀,欲其乱也。故大乱者可得其地,小乱者可得其宝。今燕客之言曰:'事苟可听,虽尽宝、地犹为之也。'王何为不见?"魏王说,因见燕客而遣之。

【注释】

①宫他:人名。周人,时在燕任职。

②魏王:魏襄王。

【译文】

宫他替燕国出使魏国,魏王不想接见他,把他扣留了几个月。有人对魏王说:"为什么不接见燕国使臣呢?"魏王说:"因为他们国内动乱。"那人回答说:"从前汤王讨伐夏桀,就希望他夏国内混乱。所以说对方大乱可以得到敌国的土地,对方小乱可以得到敌国的珍宝。现在燕国使臣的话是这样说的:'假如大王能够听从我的意见,即使送尽珍宝和土地,我仍然愿意去办。'大王为什么不接见他呢?"魏王很高兴,于是召见宫他,并把他送回燕国。

四一四　苏秦北见燕昭王曰

【题解】

本章由两个部分组成,上半部分写燕昭王下令求贤之后,苏秦由周至燕,和燕昭王讨论伐齐报仇的谈话。燕昭王说他对齐国有深仇大恨,寝不安席,食不甘味,誓报齐国破燕之仇。苏秦如能帮他实现心愿,他愿把国政托付给苏秦。

后半部分则是苏秦分析齐国灭宋后,燕国攻齐的条件已趋于成熟。一是齐在长期战争中,国力消耗,民劳兵敝。二是齐国驻守在济西、河北备燕的兵力已经抽走,边防空虚。三是苏秦可做内应,与燕军内外夹攻,可操胜算。

《孙子兵法·用间》篇说:"燕之兴也,苏秦在齐。"可见苏秦在齐国心脏里的成功战斗,已成为间谍活动的范例,载入了不朽的《孙子兵法》。

苏秦北见燕昭王曰:"臣东周之鄙人也,窃闻王义甚高甚顺,鄙人不敏,窃释锄耨而干大王,至于邯郸,所闻于邯郸者,又高于所闻东周。臣窃负其志,乃至燕廷,观王之群臣下吏,大王天下之明主也。"

【译文】

苏秦北行去见燕昭王说："我是东周郊野小民，听说大王的德义很崇高，我不才，就放下农具来求见大王，到了邯郸，所听说的，又比在东周听到的评价更高。我怀着理想，来到燕国朝廷，见到了大王的众多臣下，了解大王真是天下最英明的君主。"

王曰："子之所谓天下之明主者，何如者也？"对曰："臣闻之，明主者务闻其过，不欲闻其善，臣请谒王之过。夫齐者，王之仇雠也，楚、魏者，王之援国也。今王奉仇雠以伐援国，非所以利燕也。王自虑此则计过，无以谏者，非忠臣也！"

【译文】

燕王说："您所说的英明君主，是什么样的人呢？"苏秦回答说："我听说，英明的君主特别喜欢听别人指责他的错误，不愿听别人说他的好话，因此，我愿告诉大王有什么过失。齐国是大王的仇敌，楚、魏是援助大王的国家。如今大王侍奉仇敌去攻打友邦，不是对燕国有利的事。大王自己决定这样做，是错误的决策，臣下没有人劝告，可不是忠臣啊！"

王曰："寡人之于齐也，非所敢欲伐也。"曰："夫无谋人之心而令人疑之，殆；有谋人之心而令人知之，拙；谋未发而闻于外则危。今臣闻王居处不安，食饮不甘，思念报齐，身自削甲扎①，曰有大数矣，妻自组甲絣②，曰有大数矣，有之乎？"

【注释】

①甲:战袍。扎:甲上的叶片。

②绷(bēng):编甲的绳。

【译文】

　　燕王说:"我对齐国,并不敢去攻打它。"苏秦说:"没有算计别人的想法却让人心存疑虑,不安全;有算计别人的心而让人知道,笨拙;计划尚未实施就让外边知道,这是危险的。如今我听说大王寝不安席,食不甘味,一心想报复齐国,亲自裁制铠甲上的甲片,说是有定额;妻子自己搓编组甲片的绳子,也说是有定额,有这回事吗?"

　　王曰:"子闻之,寡人不敢隐也。我有深怨积怒于齐,而欲报之二年矣。齐者,我雠国也,故寡人之所欲伐也。直患国弊,力不足矣。子能以燕敌齐,则寡人奉国而委之于子矣。"

【译文】

　　燕王说:"既然您都知道了,我也不敢隐瞒。我对齐有深仇大恨,想要报复,已有两年之久了。齐国是我的死对头,所以我想讨伐它。只是忧虑国家疲敝,力量不够。您能用燕国攻打齐国,我愿把国家大政交给您支配。"

　　对曰:"凡天下之战国七,而燕处弱焉。独战则不能,有所附则无不重。南附楚则楚重,西附秦则秦重,中附韩、魏则韩、魏重。且苟所附之国重,此必使王重矣。今夫齐王长主也①,而自用也。南攻楚五年,蓄积散;西困秦三年,民憔瘁,士罢弊;北与燕战,覆三军,获二将②;而又以其余兵南面而举五千乘之劲宋③,而包十二诸侯。此其君之欲得也,其民力竭也,安犹取哉？且臣闻之,数战则民劳,久师则兵弊。"

【注释】

①齐王:齐闵王。

②"北与燕战"三句:此指公元前 296 年,齐、燕权(今河北正定北)之战。"覆三军,杀二将",指燕军的损失。

③举五千乘之劲宋:指公元前 286 年,齐灭宋事。

【译文】

苏秦回答说:"天下互相攻打的国家有七个,而燕国是较弱的。单独作战则力量不够,依附哪国则该国就显得重要。向南依附楚国则楚国重要,向西依附秦国则秦国地位提高,中间依附韩、魏则韩、魏受到重视。假如所依附的国家被看重,这定会使大王举足轻重了。如今齐王算是诸侯的老大,自认为很强大。向南连续攻楚五年,积蓄受到消耗;向西连续三年困扰秦国,百姓憔悴,战士疲敝;在北边和燕国交战,击溃燕军,擒获两员燕将;又率领他长期作战的部队,向南重创拥有五千辆战车的宋国,又囊括了泗水流域的一些小国。这都是梦寐以求的,但民力也因此耗尽了,还能有什么作为呢!并且我听说,多次战斗则民力辛劳,长期用兵则战士疲敝。"

王曰:"吾闻齐有清济、浊河可以为固①,有长城、巨防足以为塞②,诚有之乎?"对曰:"天时不与,虽有清济、浊河,何足以为固? 民力穷弊,虽有长城、巨防,何足以为塞? 且异日也,济西不役③,所以备赵也;河北不师④,所以备燕也。今济西、河北尽以役矣,封内弊矣。夫骄主必不好计,而亡国之臣贪于财。王诚能毋爱宠子、母弟以为质,宝珠玉帛以事其左右,彼且德燕而轻亡宋,则齐可亡已。"

【注释】

①清济、浊河：济水清，黄河浊，二水皆在齐的西北境。

②长城：齐长城西起平阴（今山东平阴东北），缘汶水经泰山千余里，东至琅邪台入海。巨防：大堤。

③济西：济水以西，在今山东聊城、高唐一带。不役：免于征调，养兵备敌。

④河北：在今河北沧县、景县一带。

【译文】

　　燕王问："我听说齐国有济水、黄河可以作为屏障，有长城、大堤可以作为要塞，真是这样吗？"苏秦回答说："得不到天时的支持，纵有济水、黄河，哪里能作为屏障？民力疲弊，即使有长城、大堤，怎么能作为要塞？况且从前不征调济水以西的民众服役，是为了防备赵国；不动用黄河以北的部队，是为了防备燕国。如今济西、河北的兵力都已动用，国内已十分疲敝了。骄傲的君主一定不善于计谋，亡国的臣子都是贪财的。大王要真能把宠爱的儿子或弟弟送去做人质，再拿珍贵的珠玉财物去拉拢他身边的人，他将会感激燕国，并把灭亡宋国看得很容易，就可伺机灭亡齐国了。"

　　王曰："吾终以子受命于天矣。"曰："内寇不与，外敌不可距。王自治其外，臣自报其内，此乃亡之之势也。"

【译文】

　　燕王说："我将顺应天意始终信任您。"苏秦说："内乱不生，外边不能轻易行动。大王在外面策划对付齐国，我在它的内部制造混乱，这样，灭亡齐国的形势就形成了。"

四一五上　燕王哙既立

【题解】

周慎靓王三年(前318)，燕王哙听信苏代的话，信任相国子之，后又听从鹿毛寿的劝说，把王位让给子之。三年后，燕国大乱，太子平谋攻子之，齐国出兵破燕。

本章所言苏氏兄弟事，俱不可信。文末言"燕人立公子职，是为燕昭王"，也与事实不合。太子平已死于乱军之中，赵送燕公子职回国即位，即为燕昭王。

燕王哙既立，苏秦死于齐①。苏秦之在燕也，与其相子之为婚，而苏代与子之交。及苏秦死，而齐宣王复用苏代②。燕哙三年，与楚、三晋攻秦，不胜而还。子之相燕，贵重主断。苏代为齐使于燕，燕王问之曰："齐宣王何如？"对曰："必不霸。"燕王曰："何也。"对曰："不信其臣。"苏代欲以激燕王以厚任子之也。于是燕王大信子之。子之因遗苏代百金③，听其所使。

【注释】

①"燕王哙"二句：苏秦死于公元前284年，燕军破齐，他为燕反间的阴谋败露之时，这里所说，不合史实。下文说他与燕相子之为婚，也不可信。

②"及苏秦死"二句：苏秦死于齐闵王末年，这里所说，也出于后来附会。

③遗(wèi)：给与。

【译文】

燕王哙即位之后，苏秦死在齐国。当苏秦在燕时，和它的相国子之结为儿女亲家，苏代和子之也有交情。苏秦死后，齐宣王重新任用苏代。燕王哙三年，和楚国、三晋联合攻秦，失败而回。子之做燕的相国，地位高而独断专行。苏代为齐国出使燕国，燕王问他道："齐宣王是什么样的君主？"回答说："一定不能称霸。"燕王问："为什么？"回答说："不相信他的大臣。"苏代想用这样的话激发燕王更加重用子之。于是燕王果然更加信任子之。于是子之就送给苏代百金，让他随意使用。

　　鹿毛寿谓燕王曰[①]："不如以国让子之。人谓尧贤者，以其让天下于许由[②]，由必不受，有让天下之名，实不失天下。今王以国让相子之，子之必不敢受，是王与尧同行也。"燕王因举国属子之，子之大重。

【注释】

①鹿毛寿：人名。燕臣。
②许由：人名。尧时隐士。

【译文】

鹿毛寿对燕王说："不如把君位让给子之。人们之所以说尧是贤君，是因为他把天下让给许由，许由必然不肯接受，尧既有让天下的美名，实际上并没有失去天下。如今大王把君位让给相国子之，子之必然不敢接受，那么大王的行为就和尧同样高尚了。"燕王就把整个国家交给子之，子之的权势更为重要。

　　或曰："禹授益而以启人为吏[①]，及老而以启为不足任天下[②]，传之益也，启与支党攻益而夺之天下，是禹名传天下于益,其实令启自取之。今王言属国子之,而吏无非太子人者,是名属子之,而太子用事。"王因收印自三百石吏而效之子之。子之南面行王事,而哙老不听政,顾为臣,国事皆决子之。

【注释】

①益:人名。即伯益,禹臣。

②启:人名。禹的儿子。

【译文】

又有人对燕王说:"禹把大权交给伯益,而用启手下的人做官吏,到禹年老时,认为启不能担当治理天下的重任,就传位给伯益,启就和他的同党攻打伯益而夺取了他的天下,这是禹表面上说把天下传给伯益,实际上是让启自行取得君位。如今大王说是把国家托付给子之,但所用的官吏都是太子的亲信,这样,名义上是交给子之,实际上是太子在管事。"燕王就把俸禄在三百石以上的官吏的印信都交给子之。子之向南坐上君位,行使国王的权力。哙因年老不再过问政事,反而成为臣下,国家事务都由子之决定。

"子之三年,燕国大乱,百姓恫怨。将军市被、太子平谋①,将攻子之。储子谓齐宣王②:"因而仆之,破燕必矣。"王因令人谓太子平曰:"寡人闻太子之议,将废私而立公,饬君臣之义,正父子之位。寡人之国小,不足先后。虽然,则唯太子所以令之。"太子因数党聚众,将军市被围公宫,攻子之,不克。百姓乃反攻太子平,将军市被死已殉,国构难数月,死者数万众,燕人恫怨,百姓离意。

【注释】

①市被:人名。燕将。

②储子:人名。齐相。

【译文】

"子之执政三年,燕国局势大乱,百姓惊恐万分。将军市被和太子平商量,准备攻打子之。储子对齐宣王说:"乘机出击,必能攻破燕国。"宣王就派人向太子平说:"我听说太子的议论,将废除私利而确立公道,整顿君臣的关系,端正父子继承的秩序。我的国家很小,不能在您身边效力。虽然如此,还是愿意听从太子的差遣。"太子于是聚集党羽,将军市被包围王宫,攻打子之,未能取胜。百姓回头转攻太子平,将军市被和太子都战死,内乱持续数月,死亡数万人,民众恐惧,百姓离心离德。

孟轲谓齐宣王曰①:"今伐燕,此文、武之时,不可失也。"王因令章子将五都之兵②。以因北地之众以伐燕③。士卒不战,城门不闭,燕王哙死。齐大胜燕,子之亡。二年,燕人立公子职,是为燕昭王。

【注释】

①孟轲:人名。字子舆,邹人,儒家学派大师,时在齐。

②章子:人名。匡章,齐将。五都之兵:齐国精兵。都,大邑。临淄、平陆皆在五都之内。

③北地:齐的北边,靠近燕国的地方。

【译文】

孟轲对齐宣王说:"如今攻打燕国,就像当年周文王、武王兴兵伐商的大好时机一样,千万不要错过。"宣王于是派章子率领五都的部队,结合齐国北部的边防军攻打燕国。燕国的士兵不愿作战,连城门也不关闲,燕王哙被杀。齐国大胜燕国,子之也死去。两年后,燕国人拥立公子职,这就是燕昭王。

四一五下　初苏秦弟厉因燕质子而求见齐王

【题解】

通过燕的质子而得见齐王及侍燕质子于齐,都是苏秦的事;本章却把这些事归到苏厉、苏代身上,这与史实不合,当为辩士拟托之作。

初苏秦弟厉因燕质子而求见齐王。齐王怨苏秦,欲囚厉,燕质子为谢乃已,遂委质为臣。燕相子之与苏代婚,而欲得燕权,乃使苏代持质子于齐。齐使代报燕,燕王哙问曰:"齐王其伯也乎①?"曰:"不能。"曰:"何也?"曰:"不信其臣。"于是燕王专任子之,已而让位,燕大乱。齐伐燕②,杀王哙、子之。燕立昭王,而苏代、厉遂不敢入燕,皆终归齐,齐善待之。

【注释】

①伯:通"霸"。

②齐伐燕:事在公元前314年。

【译文】

当初苏秦的弟弟苏厉通过燕国的质子求见齐王。齐王怨恨苏秦,打算把苏厉囚禁起来,因燕国质子替他向齐王谢罪才作罢,他就送上臣子见君的礼物而做了齐臣。燕的相国子之和苏代结为亲家,想要取得燕国的政权,就派苏代到齐国侍奉质子。齐王派遣苏代回国复命,燕王哙问他道:"齐王能称霸吗?"苏代回答说:"不能。"燕王问:"为什么?"苏代回答说:"因为他不信任自己的臣子。"于是燕王让子之控制燕国的全权,不久又让位给他,引起了燕国大乱。齐国进攻燕国,杀死燕王哙和子之。燕国拥立了昭王,苏代、苏厉不敢再进入燕国,都归附了齐国,齐很优待他们。

四一六　苏秦过魏

【题解】

苏秦经过魏国,魏国把他扣留起来,齐国派人说服魏王,使苏秦出使宋国。

本章是《魏策一·苏秦拘于魏章》重出的文字。

苏秦过魏,魏为燕执秦。齐使人谓魏王曰:"齐请以宋封泾阳君,秦不受。秦非不利有齐而得宋地也,不信齐王与苏秦也。今齐、魏不和如此其甚,则齐不欺秦。秦信齐,齐、秦合,泾阳君有宋地,非魏之利也。故王不如东苏秦,秦必疑而不信苏秦矣。齐、秦不合,天下无变,伐齐之形成矣。"

【译文】

苏秦经过魏国,魏国替燕国拘留了苏秦。齐王派人对魏王说:"齐国提出把宋国的土地封给秦王的弟弟泾阳君,秦国定不肯接受。秦国并非不希望拉拢齐国和取得宋国的地盘,只不过是不相信齐王和苏秦罢了。现在齐、魏两国矛盾这样严重,那么齐国就不会欺骗秦国。秦国如果信任齐国,齐、秦两国联合,泾阳君得到宋地,这对魏国可是不利啊。所以大王不如让苏秦往东去到齐国,秦国必然产生怀疑而不信苏秦了。齐、秦不能联合,天下又不发生什么变化,那么伐齐的局面就形成了。"

四一七　燕昭王收破燕后即位

【题解】

齐宣王攻破燕国后,由于燕国民众奋起反抗,各国诸侯也纷纷派出救燕的军队,齐军被迫撤退。赵国于公元前311年送燕公子职返国即位,是为燕昭王。

昭王复国后,面对残破的燕国,如何报仇雪耻,是个严峻的问题。他把选用人材作为首要任务,"昭王延郭隗,遂筑黄金台",各国贤士闻风而至。昭王发展生产,振作士气,与百姓同甘共苦,燕国上下团结,气象一新。对外则与秦、三晋联合,最大限度地壮大了自己,孤立了敌人。乐毅率五国联军横扫齐国,终于完成昭王复仇的心愿。

燕昭王收破燕后即位[①],卑身厚币,以招贤者,欲将以报仇。故往见郭隗先生曰[②]:"齐因孤国之乱,而袭破燕。孤极知燕小力少,不足以报。然得贤士与共国,以雪先王之耻[③],孤之愿也。敢问以国报仇者奈何?"

【注释】

①燕昭王:名职,燕王哙之子,公元前311—前278年在位。

②郭隗(wěi):燕国贤人。

③先王之耻:公元前316年,燕王哙把王位让给相国子之,引起内乱,齐宣王乘机攻破燕国,杀死燕王哙。先王,指燕王哙。

【译文】

燕昭王在收拾残破的燕国后登位,他谦恭有礼,用丰厚的礼品延聘贤人,打算依靠他们为国报仇。他特地去见郭隗先生说:"齐国乘着我国的内乱而攻破我国。我深知燕国国小力弱,没有足够的力量报仇。

但如能得到贤士和我共同治理国家,为先王报仇雪恨,这可是我的心愿啊。请问先生,怎样才能为国复仇呢?"

　　郭隗先生对曰:"帝者与师处,王者与友处,霸者与臣处,亡国与役处。诎指而事之,北面而受学,则百己者至。先趋而后息,先问而后嘿①,则什己者至。人趋己趋,则若己者至。冯几据杖②,眄视指使③,则厮役之人至。若恣睢奋击④,呴籍叱咄⑤,则徒隶之人至矣。此古服道致士之法也。王诚博选国中之贤者,而朝其门下,天下闻王朝其贤臣,天下之士必趋于燕矣。"

【注释】

①嘿:同"默"。

②冯:同"凭"。

③眄(miǎn)视:斜视。

④恣睢(suī):放肆骄横。

⑤呴(jū)籍:凌辱。叱咄(chì duō):大声吼叫。

【译文】

　　郭隗先生回答说:"成就帝业的国君,把贤人当做师长对待;成就王业的国君,把贤人当做朋友对待;成就霸业的国君,把贤人当做普通臣下对待;亡国的君主,则把贤人当做仆役对待。国君如能屈己奉人,像弟子一样向贤人求教,才能超过自己百倍的人就会到来。如果做事抢先而休息在后,发问在前而沉默在后,才能高出自己十倍的人就会到来。如果跟着别人亦步亦趋,才能与自己相当的人就会到来。如果身靠几案,手拄拐杖,斜眼看人,指手画脚,那么供跑腿差使的人就会到来。如果放肆骄横,对人任意凌辱,狂呼乱叫,那就只有奴隶般的人到来了。这是从古以来事奉贤者,招致人材的方法啊。大王真能广泛选拔国内的贤人,亲自登门求教,天下的贤人听到这个消息,定会赶到燕国来。"

昭王曰:"寡人将谁朝而可?"郭隗先生曰:"臣闻古之人君,有以千金求千里马者,三年不能得。涓人言于君曰①:'请求之。'君遣之。三月得千里马,马已死,买其首五百金,反以报君。君大怒曰:'所求者生马,安事死马而捐五百金?'涓人对曰:'死马且买之五百金,况生马乎? 天下必以王为能市马,马今至矣。'于是不能期年,千里之马至者三。今王诚欲致士,先从隗始。隗且见事,况贤于隗者乎? 岂远千里哉?"

【注释】

①涓人:国君身边的侍从。

【译文】

燕昭王说:"我去拜见谁才好呢?"郭隗先生说:"我听说古代有一位国君,用千金求购千里马,三年都没能买到。他身边的侍臣对他说:'请让我去寻求吧。'国君就派他去了。三个月后得到了千里马,可马已经死了,他就用五百金买下死马的头,回去向国君复命。国君非常生气地说:'我寻求的是活马,怎么去买死马而白费我的五百金呢?'侍臣答道:'死马尚且用五百金来买它,何况活马呢? 天下都知道大王喜欢买好马,千里马就会来到了。'于是不到一年,买到的千里马就有三四。如今大王真想招致贤士,请先从我郭隗开始。我郭隗尚且受到重视,何况胜过郭隗的呢? 他们难道会嫌燕国太远而不肯前来吗?"

于是昭王为隗筑宫而师之。乐毅自魏往①,邹衍自齐往②,剧辛自赵往③,士争凑燕。燕王吊死问生,与百姓同其甘苦。二十八年,燕国殷富,士卒乐佚轻战。于是遂以乐毅为上将军④,与秦、三晋合谋以伐齐。齐兵败,闵王出走于外。燕兵独追北入至临淄,尽取齐宝,烧其宫室宗庙。齐城之不下者,唯独莒、即墨。

【注释】

①乐毅:原为中山国灵寿(今河北平山东北)人,赵灭中山,成为赵人,后入燕,成为燕国名将。

②邹衍:齐国学者。

③剧辛:赵国贤人。

④上将军:位在诸将之上,相当于统帅。

【译文】

于是燕昭王为郭隗修建了房舍,拜他为师。接着,乐毅从魏国前来,邹衍从齐国前来,剧辛从赵国前来,贤士们争着聚集到燕国。燕昭王悼唁死去的人,慰问生存的人,和百姓同甘共苦。经过二十八年,燕国富庶,战士们安乐舒适,敢于战斗。于是燕昭王任用乐毅做上将军,和秦、韩、赵、魏等国共同策划攻打齐国。齐军被打得大败,齐闵王逃亡国外。燕军单独追击败逃的齐军,直入临淄,搬走齐国的所有珍宝,烧毁齐国的宫室宗庙。齐国的城邑,只有莒和即墨未被攻下。

四一八　齐伐宋

【题解】

周赧王三十年(前285),齐伐宋,燕、赵助齐。苏秦写信给燕昭王,提出燕国应佯装尊重齐国,劝齐攻秦,然后联合秦、赵,由燕、赵、秦并立为三帝,共同伐齐,达到报仇的目的。

　　苏秦"并立三帝"的建议虽未成为事实,但由此可知,五国合纵伐齐,以秦、赵、燕三国为主,韩、魏的参与,乃是被形势所驱使。秦国派泾阳君、高陵君到赵、燕做人质,表明三国团结一致,共同对付齐国。

　　齐伐宋,宋急。苏秦乃遗燕昭王书曰:"夫列在万乘而寄质于齐①,名卑而权轻。奉齐助之伐宋,民劳而实费。破宋,残楚淮北,肥大齐,雠强而国弱也。此三者,皆国之大败也!而足下行之,将欲以取信于齐也。而齐未加信于足下,而忌燕也愈甚矣。然则足下之事齐也,失所为矣。

【注释】

　　①寄质于齐:燕昭王曾派其弟襄安君到齐国做人质。

【译文】

　　齐国攻打宋国,宋国危急。苏秦就写信给燕昭王道:"燕国作为一个万乘大国,却派出人质寄居在齐国,名声低下而权势卑微。以整个燕国的力量都助齐攻打宋国,百姓疲劳而财力损耗。攻破宋国,侵犯楚国的淮北,使齐国壮大,敌人强大而自己的国家受害。这三种情况都是对国家的大害啊!然而您还是愿意这样办,无非是为了取得齐国的信任罢了。但齐国却更加不相信您,对燕国更加怀恨,这表明您的策略错了。

　　"夫民劳而实费,又无尺寸之功,破宋肥雠,而世负其祸矣。夫以宋加之淮北,强万乘之国也,而齐并之,是益一齐也。九夷方七百里①,加之以鲁、卫,此所谓强万乘之国也。而齐并之,是益二齐也。夫一齐之强而燕犹不能支也,今乃以三齐临燕,其祸必大矣。

【注释】

①九夷:族名。分布在淮河、泗水之间,南与楚接,北与齐接。

【译文】

"劳民伤财,又没有一点功绩,攻破宋国来扩大敌国的领土,将使后代蒙受祸患。宋国再加上淮北的地盘,力量超过了万乘的大国,齐国把它吞并之后,等于增加了一个齐国。九夷的土地纵横七百里,加上鲁、卫两国的地方,也胜过一个万乘的大国,齐国把它们吞并之后,等于增加了两个齐国。以一个齐国的力量,燕国都难以应付,现在以三个齐国的力量压到燕国头上,那祸害就一定很大了。

"虽然,臣闻知者之举事也,转祸而为福,因败而成功者也。齐人紫,败素也,而贾十倍①。越王勾践栖于会稽,而后残吴霸天下。此皆转祸而为福、因败而为功者也。

【注释】

①贾:同"价"。

【译文】

"虽是这么说,我听说聪明人办事,能够变祸为福,转败为胜。比如齐国的紫色绢帛,本是用破旧的白绢染成,它的价格反而提高了十倍。越王勾践被困在会稽山,后来却击败了强大的吴国而称霸天下。这都是变祸为福、转败为胜的事例啊。

"今王若欲转祸而为福,因败而为功乎,则莫如遥伯齐而厚尊之①,使使盟于周室,尽焚天下之秦符,约曰:'大上破

秦,其次长宾之^②。'秦挟宾以待破;秦王必患之。秦五世以
伐诸侯,今为齐下,秦王之志,苟得穷齐,不惮以一国都为
功,然而王何不使布衣之人以穷齐之说说秦。

【注释】

①伯:通"霸"。

②宾:通"摈"。

【译文】

"现在您如果想要变祸为福,转败为胜,最好是推举齐国为霸主而
尊重它,让各国派遣使臣在周室结盟,烧掉秦国的符节,宣告说:'最好
的策略是攻破秦国,其次是永远排斥它。'秦受到排斥并时刻担心被别
人攻破,秦王一定非常忧虑。秦国接连五代君主都是主动出击诸侯,现
在反而屈居齐国之下,秦王的想法,只要能使齐国陷入困境,不难以全
国力量相拼,既然如此,大王为什么不派遣一个普通百姓用使齐国陷入
困境的办法游说秦国。

"谓秦王曰:'燕、赵破宋肥齐尊齐而为之下者,燕、赵非
利之也。弗利而势为之者,何也? 以不信秦王也。今王何
不使可以信者接收燕、赵。令泾阳君若高陵君先于燕、赵
曰^①,秦有变,因以为质,则燕、赵信秦矣。秦为西帝,赵为中
帝,燕为北帝,立为三帝而以令诸侯。韩、魏不听,则秦伐
之;齐不听,则燕、赵伐之,天下孰敢不听? 天下服听,因驱
韩、魏以攻齐,曰,必反宋地而归楚之淮北。夫反宋地,归楚
之淮北,燕、赵之所同利也。并立三帝,燕、赵之所同愿也。
夫实得所利,名得所愿,则燕、赵之弃齐也,犹释弊蹻^②。今

不收燕、赵，则齐伯必成矣。诸侯戴齐而王独弗从也，是国伐也；诸侯戴齐而王从之，是名卑也。王不收燕、赵，名卑而国危；王收燕、赵，名尊而国安。夫去尊安而就卑危，知者不为也。'

【注释】

①泾阳君：名巿（fú）。高陵君：名悝（kuí）。二人皆秦昭王同母弟。

②蹝（xǐ）：同"躧"，草鞋。

【译文】

"对秦王说：'燕、赵两国支持攻破宋国，壮大齐国，尊重并屈从它，燕、赵并不想从中得利。不能得利而势必这样做，这是因为不相信秦王的缘故。现在大王为什么不派遣能让燕、赵两国相信的人去联络他们，派泾阳君、高陵君先到燕、赵两国去，说是如怕秦国的外交路线有变，就以他们二人作为人质，那么燕、赵两国必然相信秦国。秦国做西帝，赵国做中帝，燕国做北帝，树立三帝，向天下发号施令。韩、魏不服从，赵国就讨伐它；齐国不服从，燕、赵就讨伐它，天下还有谁敢不服从？天下都服从了，于是驱使韩、魏去讨伐齐国，说，一定要交出宋国的土地，归还楚国的淮北。交出宋国的土地，归还楚国的淮北，这是对燕、赵都有利的事。树立三帝，是燕、赵非常愿意的。这样，在实际方面能得到利益，在提高名声方面能如愿以偿，燕、赵将像丢掉破鞋一样把齐国抛弃了。现在如果您不拉拢燕、赵，齐国的霸业一定会成功。诸侯都拥护齐国，而只有您不服从，国家将遭到攻伐；诸侯拥护齐国，您也一样服从，您的名声就卑下了。现在您不拉拢燕、赵，会使国家危险而名声低下；拉拢燕、赵，会使国家安定而名望崇高。抛弃名尊国安的做法而选取国危名卑的做法，聪明人是不会这样干的。'

“秦王闻若说也，必如刺心，然则王何不务使知士以若此言说秦？秦伐齐必矣。夫取秦，上交也；伐齐，正利也。尊上交，务正利，圣王之事也。”

【译文】

“秦王听了这个说法，心头一定感到刺痛，那么您为什么不派一个富有智慧的人用这番话去游说秦国呢？秦国一定会去讨伐齐国了。争取秦国，是重要的外交；讨伐齐国，是正当的利益。处理好重要的外交，谋求正当的利益，这是圣王的事业啊。”

燕昭王善其书，曰：“先人尝有德苏氏，子之之乱而苏氏去燕。燕欲报仇于齐，非苏氏莫可。”乃召苏氏，复善待之，与谋伐齐，竟破齐，闵王出走。

【译文】

燕昭王认为这封信写得好，说：“先王曾对苏家有过恩德，后来由于子之的乱事，使得苏家兄弟离开了燕国。燕国要想向齐国报仇，非用苏家弟兄不可。”于是召回苏秦，仍然很好地待他，和他商量讨伐齐国的大计，终于攻破齐国，迫使齐闵王逃奔在外。

四一九　苏秦谓燕昭王曰

【题解】

苏秦对燕昭王说，事奉君王，仅有孝、信、廉三个条件是不够的，必须要积极进取，不能满足现状。

苏秦在齐国为燕国努力工作，却受到燕王身边一些人的攻击。他希望燕昭王能明辨是非，不听别人的谗言。

本章和前边《人有恶苏秦于燕王》章的文字大同小异，当为一事两传。

苏秦谓燕昭王曰："今有人于此，孝如曾参、孝己，信如尾生高，廉如鲍焦、史鰌①，兼此三行以事王，奚如?"王曰："如是足矣。"对曰："足下以为足，则臣不事足下矣。臣且处无为之事，归耕乎周之上地，耕而食之，织而衣之。"

【注释】

①鲍焦：人名。周时隐士。史鰌(qiū)：人名。春秋时卫国大夫。

【译文】

苏秦对燕昭王说："如果现在有一个这样的人，像曾参、孝己那样孝顺，像尾生高那样守信，像鲍焦、史鰌那样廉洁，兼有这三种品行来侍奉大王，怎么样?"燕昭王说："这样就够了。"苏秦回答说："您认为这样就够了，那么我就不会侍奉您了。我就会无事可做，回到老家的土地上，种田吃饭，织布穿衣。"

王曰："何故也?"对曰："孝如曾参、孝己，则不过养其亲耳。信如尾生高，则不过不欺人耳。廉如鲍焦、史鰌，则不过不窃人之财耳。今臣为进取者也。臣以为廉不与身俱达，义不与生俱立，仁义者，自完之道也，非进取之术也。"

【译文】

燕昭王问："这是为什么呢?"苏秦回答说："像曾参、孝己那样孝顺，不过是奉养自己的父母而已。像尾生高那样守信，不过是不欺骗人而

已。像鲍焦、史鳝那样廉洁,不过是不盗窃别人的财物而已。现在我是
一个有进取心的人。我认为廉洁不会给自己带来显达,信义和生命不
能两全,仁义不过是独善其身之道,不是进取的路子。"

王曰:"自忧不足乎?"对曰:"以自忧为足,则秦不出崤
塞,齐不出营丘,楚不出疏章①。三王代位,五伯改政,皆以
不自忧故也。若自忧而足,则臣亦之周负笼耳,何为烦大王
之廷耶?

【注释】

①疏章:水名。疏即沮,在湖北中部偏西,在当阳与漳会合为沮漳
河,南流到江陵西入长江。

【译文】

燕昭王说:"自我完善还不够吗?"回答说:"如果认为满足现状就够
了,那么秦国的势力就不会超出崤山,齐国就不会走出营丘,楚国就不
会越过疏章。三代的明君互相更替,五霸先后改革政治,都是因为不局
限于自我满足的缘故。如果仅限于自我满足就够了,我不如回家去种
地,何必来到大王的朝廷呢?

"昔者楚取章武①,诸侯北面而朝。秦取西戎,诸侯西面
而朝。曩者②,使燕毋去周室之王,则诸侯不为别驾而朝矣。
臣闻之,善为事者,先量其国之大小,而揣其兵之强弱,故功
可成而名可立也。不能为事者,不先量其国之大小,不揣其
兵之强弱,故功不可成而名不可立也。今王有东向伐齐之
心,而愚臣知之。"

【注释】

①章武：即上文的疏章。

②曩（nǎng）：以前，先前。

【译文】

"从前楚国攻取章武，诸侯就向北朝拜。秦国攻取西戎，诸侯就向西面朝拜。从前，如果燕国的先君不离开周王室，那么诸侯就不会驾上车辆来朝拜燕国了。我听说，善于治理国家的人，先估量自己国家的大小，再考虑本国兵力的强弱，所以能够功成名就。至于不善于治理国家的人，不先估量自己国家的大小，也不衡量本国兵力的强弱，所以事情办不成，名声也不能树立。现在大王有向东攻打齐国的想法，愚臣我是心知肚明的。"

王曰："子何以知之？"对曰："矜戟砥剑，登丘东向而叹，是以愚臣知之。今夫乌获举千钧之重，行年八十而求扶持。故齐虽强国也，西劳于宋，南罢于楚，则齐军可败，而河间可取。"

【译文】

燕昭王问："您是怎么知道的？"苏秦回答说："您常常手持长戟，磨砺宝剑，登上山丘，向东叹息，所以我就知道了。像乌获那样的力士，能举起千钧的重量，到了八十岁的时候，也需要旁人搀扶。齐国虽然是个强国，西边因攻宋而劳顿，南边因攻楚而疲惫，所以齐国的军队是可以打败的，齐国的河间也是可以攻取的。"

燕王曰："善。吾请拜子为上卿，奉子车百乘，子以此为寡人东游于齐，何如？"对曰："足下以爱之故与，则何不与爱子与诸舅、叔父、负床之孙，不得，而乃以与无能之臣，何也？王之论臣，何如人哉？今臣之所以事足下者，忠信也。恐以忠信之故，见罪于左右。"

【译文】

　　燕昭王说："很好。请允许我拜您为上卿，给您奉上百辆马车，您带上这些替我到东边的齐国去办事，怎么样？"苏秦回答说："您是因为爱护我的缘故才赏赐我，那么为什么不赏赐您的爱子和各位舅父、叔父和那些靠床站立，还不会走路的孙子呢？他们得不到这些，却把这些赐给无能的我，为什么？大王评价我，是什么样的人呢？现在我之所以侍奉您，是出于尽忠守信。担心正由于尽忠守信的缘故，而得罪了您身边的亲信。"

　　王曰："安有为人臣尽其力，竭其能，而得罪者乎？"对曰："臣请为王譬。昔周之上地尝有之。其丈夫宦三年不归，其妻爱人。其所爱者曰：'子之丈夫来，则且奈何乎？'其妻曰：'勿忧也，吾已为药酒而待其来矣。'已而，其丈夫果来，于是因令其妾酌药酒而进之。其妾知之，半道而立，虑曰：'吾以此饮吾主父，则杀吾主父；以此事告吾主父，则逐吾主母。与杀吾主父、逐吾主母者，宁佯踬而覆之①。'于是因佯僵而仆之。其妻曰：'为子之远行来之，故为美酒，今妾奉而仆之。'其丈夫不知，缚其妾而笞之。故妾所以笞者，忠信也。

【注释】

　　①踬（zhì）：跌倒。

【译文】

燕昭王说："哪有为人臣尽心竭力，反而获罪的呢？"苏秦回答说："我请求为大王作个比喻。从前周国的上地曾经有过这样一件事。做丈夫的在外做官三年没有回家，他的妻子和人私通。妻子的情夫就说：'你的丈夫就要回来了，我们该怎么办呢？'妻子说：'不必担忧，我已经准备好了毒酒，正等他回来呢。'不久，做丈夫的果然回来了，于是妻子让侍妾斟上毒酒，给丈夫送去。侍妾知道这件事，走到半路就站住了，心中考虑道：'我如果把毒酒给男主人喝，就会杀死男主人；如果把此事告诉男主人，男主人就会赶走女主人。与其杀死男主人，或者赶走女主人，我宁肯故意跌倒，打翻酒杯。'于是就故意跌倒，把毒酒洒了一地。妻子说：'为了迎接您远行归来，我特地准备了美酒，现在被侍妾端酒跌倒打翻了。'丈夫不知道实情，就绑起侍妾鞭打。侍妾所以遭受鞭打，就是因为她尽忠守信的缘故。

"今臣为足下使于齐，恐忠信不谕于左右也。臣闻之曰：万乘之主，不制于人臣；十乘之家，不制于众人；匹夫徒步之士，不制于妻妾，而又况于当世之贤主乎？臣请行矣，愿足下之无制于群臣也！"

【译文】

"如今我为您到齐国出使，担心我的忠信不被您身边的臣子所理解。我曾听说：拥有万辆兵车的君主，不受臣子的控制；有十辆马车的家长，不受手下的控制；没有车子，徒步而行的士人，不受妻妾的控制，更何况是当代贤明的君主呢？我就要请求出发了，希望您不要受到群臣的摆布啊！"

四二○　燕王谓苏代曰

【题解】

燕王对苏代说自己不喜欢说话不诚实的人。苏代便以周地媒人在男女双方两边说好话作比喻，说服燕王，聊以自我解嘲。

燕王谓苏代曰："寡人甚不喜诔者言也[①]。"苏代对曰："周地贱媒，为其两誉也。之男家曰女美，之女家曰男富。然而周之俗不自为取妻。且夫处女无媒，老且不嫁；舍媒而自衒[②]，弊而不售。顺而无败，售而不弊者，唯媒而已矣。且事非权不立，非势不成。夫使人坐受成事者，唯诔者耳。"王曰："善矣。"

【注释】

①诔（tuó）：欺骗。

②衒（xuàn）：自夸，自荐。

【译文】

燕王对苏代说："我很不喜欢骗子的话。"苏代回答说："周地看不起媒人，因为媒人两边说好话。到男方去就说女儿美丽，到女方去就夸男方富有。但是周地的风俗男子是不能自行娶妻的。并且处女没有媒人，到老也嫁不出去；不要媒人而自己去找婆家，费尽心机也无法出嫁。顺应风俗习惯才能把事情办成，要想出嫁而不必花费唇舌，只有通过媒人才行。办事不用权谋就办不好，不认清形势就不能成功。要使一个人能够坐享成功，只有依靠说谎话的人。"燕王说："您说得不错。"

卷三十　燕策二

四二一　秦召燕王

【题解】

周赧王三十五年(前 280),秦国邀请燕王,燕王准备前往,苏代加以劝止。

苏代列举大量事实,说明秦国依靠它的兵力强大,行为暴戾,想攻打哪国就攻打哪国,用兵时总是可以找到借口,"其言如循环,用兵如刺绣",杀掉三晋的百姓数百万,侵占了三晋土地的一半,是绝对不可相信的。

苏代反复叮咛,揭露秦国言行不一的欺骗性,语言犀利明快,具有极强的说服力,所以燕昭王听了他的劝告后,终止了自己的入秦之行。

　　秦召燕王①,燕王欲往。苏代约燕王曰:"楚得枳而国亡②,齐得宋而国亡,齐、楚不得以有枳、宋事秦者,何也? 是则有功者,秦之深雠也。秦取天下,非行义也,暴也。

【注释】

①燕王:燕昭王。

②楚得枳(zhì)而国亡:公元前279年,楚军西上,向黔中一带进攻,攻占枳邑。次年,秦白起攻陷楚的郢都。"国亡"指此。枳,地名。属巴地,在今四川涪陵。

【译文】

秦国邀请燕王,燕王准备前往。苏代劝阻燕王说:"楚国因得到了枳地而亡国,齐国因取得宋国而亡国,齐、楚不能占有枳、宋而终于向秦国屈服,是什么缘故呢?那是因为只要取得战功的国家,秦国都看成是它的死对头。秦国夺取天下,不是靠实行仁义,而是靠使用暴力。

"秦之行暴于天下,正告楚曰:'蜀地之甲,轻舟浮于汶①,乘夏水而下江,五日而至郢。汉中之甲,乘舟出于巴②,乘夏水而下汉,四日而至五渚③。寡人积甲宛④,东下随⑤,知者不及谋,勇者不及怒,寡人如射隼矣。王乃待天下之攻函谷,不亦远乎?'楚王为是之故,十七年事秦。

【注释】

①汶:同"岷",水名。即岷江。

②巴:水名。与汉水相近。

③五渚:水名。在湖南洞庭湖。沅、澧、资、湘四水自南流入,荆江从北面流过,洞庭把它们潴留其中,称为五渚。

④宛:地名。在今河南南阳,时为秦邑。

⑤随:地名。楚邑,在今湖北随州。

【译文】

"秦对天下使用暴力,正式警告楚国说:'蜀地的军队在岷江上乘船浮行,随着夏季的水势直入长江,五天就能到达楚的郢都。汉中的军队,乘船从巴水出来,趁夏季水势直入汉水,四天就能到达五渚。我在宛县聚集军队,东下向随县进军,楚国的智士还来不及提出对策,勇士还来不及发挥威力,我已像用飞箭射杀鹰隼一样迅速取得胜利。大王你还想等天下的军队攻打函谷关,不是为时过晚了吗?"楚王因为这个缘故,向秦臣服了十七年。

　　"秦正告韩曰:'我起乎少曲①,一日而继太行。我起乎宜阳而触平阳②,二日而莫不尽繇③。我离两周而触郑,五日而国举。'韩氏以为然,故事秦。

【注释】

　　①少曲:地名。韩邑,在今河南沁阳西北。
　　②平阳:地名。韩邑,在今山西临汾西南。
　　③繇:通"摇",动摇。

【译文】

　　"秦国警告韩国说:'我从少曲发兵,一天就可截断太行山的通道。我从宜阳发兵,攻击平阳,两天就会使韩国全境动摇。我穿越两周攻击新郑,五天就可攻占韩国。'韩国认为确是如此,所以向秦国臣服。

　　"秦正告魏曰:'我举安邑,塞女戟①,韩氏太行卷。我下枳②,道南阳、封、冀③,包两周,乘夏水,浮轻舟,强弩在前,铦戈在后④,决荥口⑤,魏无大梁;决白马之口⑥,魏无济阳⑦;决宿胥之口⑧,魏无虚、顿丘⑨。陆攻则击河内,水攻则灭大梁。'魏氏以为然,故事秦。

【注释】

　　①女戟:地名。魏邑,在太行山之西。

②枳：地名。一作"轵"，魏邑，在今河南济源南。

③南阳：地名。魏邑，在今河南修武。封：地名。即封陵，魏邑，在今山西风陵渡。冀：地名。魏邑，在今山西稷山。

④铦(xiān)：锐利的。

⑤荥口：地名。即荥泽之口。荥泽，古泽名。在今河南郑州西北。

⑥白马之口：津渡名。白马津在今河南滑县东北。

⑦济阳：地名。魏邑，在今河南兰考东北。

⑧宿胥：水名。在今河南浚县西南。

⑨虚：地名。魏邑，在今河南延津东南。顿丘：地名。魏邑，在今河南清丰西。

【译文】

"秦国警告魏国说：'我攻下安邑，堵住女戟要道，韩国通往太行山的路就会截断。我从轵出发，取道南阳、封、冀，包围东西两周，趁着夏季水涨的时候，乘着轻便的战船，强弩在前，锐戈在后，掘开荥口，魏国的大梁就不复存在；掘开白马渡口，魏国的济阳就不复存在，掘开宿胥渡口，魏国的虚、顿丘就不复存在。从陆上进攻，可以击破河内；水路进攻，可以毁灭大梁。'魏国认为确是如此，所以向秦国臣服。

"秦欲攻安邑，恐齐救之，则以宋委于齐曰：'宋王无道①，为木人以写寡人，射其面。寡人地绝兵远，不能攻也。王苟能破宋有之，寡人如自得之。'已得安邑，塞女戟，因以破宋为齐罪。

【注释】

①宋王：宋王偃。

【译文】

"秦国想攻取安邑，害怕齐国援救，就把宋地丢给齐国说：'宋王无道，做了一个像我的木偶，用箭射它的面孔。我的路途阻绝，军队遥远，没法去攻打他。您假如能攻破宋国并占有它，那就像我自己占有一样。'在秦国取得安邑，堵塞女戟之后，就反过来把攻破宋国作为齐国的罪过。

"秦欲攻韩，恐天下救之，则以齐委于天下曰：'齐王四与寡人约[①]，四欺寡人，必率天下以攻寡人者三。有齐无秦，无齐有秦，必伐之，必亡之。'已得宜阳、少曲，致蔺、石[②]，因以破齐为天下罪。

【注释】

①齐王：齐闵王。

②蔺、石：地名。乃赵地，非韩地，此处有误。

【译文】

"秦国想攻打韩国，害怕天下援助，就把齐国丢给天下，说：'齐国曾四次和我订立盟约，却四次欺骗我，三次下决心要率领天下攻击我。有齐国就没有秦国，有秦国就没有齐国，一定要讨伐它，灭亡它。'等到秦国取得了韩国的宜阳、少曲，占领了蔺和离石，就反过来把攻破齐国作为天下各国的罪名。

"秦欲攻魏，重楚，则以南阳委于楚曰[①]：'寡人固与韩且绝矣，残均陵[②]，塞黾隘[③]，苟利于楚，寡人如自有之。'魏弃与国而合于秦，因以塞黾隘为楚罪。

【注释】

①南阳:地名。在今河南南阳。

②均陵:地名。在今湖北均县。

③黾(méng)隘:要塞名。在今河南信阳西南平靖关。

【译文】

　　"秦国想进攻魏国,害怕楚国援助,就把南阳丢给楚国,说:'我本来就要与韩国绝交了,攻破均陵,堵塞黾隘,只要有利于楚国,我就会像自己占有这些地方一样高兴。'等到魏国抛弃盟国转过去和秦国联合,于是把堵塞黾隘作为楚国的罪过。

　　"兵困于林中①,重燕、赵,以胶东委于燕②,以济西委于赵。已得讲于魏,质公子延③,因犀首属行而攻赵。

【注释】

①林中:地名。魏邑,在今河南新郑东。

②胶东:地区名。在今山东胶河以东,三面环海之地。

③公子延:人名。秦国公子。

【译文】

　　"秦国的军队在林中受困,怕燕、赵乘机攻击,就把胶东丢给燕国,把济水以西丢给赵国。等到与魏讲和,并以公子延作为人质之后,便用公孙衍连续攻打赵国。

　　"兵伤于离石,遇败于马陵,而重魏,则以叶、蔡委于魏。已得讲于赵,则劫魏不为割。困则使太后、穰侯为和,嬴则兼欺舅与母。

【译文】

"秦军在离石受到挫折,又在马陵被打败,怕魏国乘机攻击,就把叶、蔡丢给魏国。一到和赵国讲和,就胁迫魏国,魏国不肯割地。处在困境时,就派太后的弟弟穰侯去讲和,顺利时,连舅舅与母亲都要欺侮。

"适燕者曰以胶东,适赵者曰以济西①,适魏者曰以叶、蔡,适楚者曰以塞黾隘,适齐者曰以宋。此必令其言如循环,用兵如刺绣,母不能制,舅不能约。

【注释】

①适(zhé):通"谪",谴责。

【译文】

"秦国要责备燕国,便把攻打胶东作为罪名;责备赵国,便以夺取济西作为罪名;责备魏国,就把占领叶、蔡作为罪名;责备楚国,就把堵塞郢隘作为罪名;责备齐国,就以攻打宋国作为罪名。它谴责各国,总会找到循环不断的借口。它把交错用兵看得像刺绣一样容易,母亲管不了,舅舅也不能约束。

"龙贾之战①,岸门之战②,封陵之战③,高商之战④,赵庄之战⑤,秦之所杀三晋之民数百万,在今其生者,皆死秦之孤也。西河之外、上雒之地、三川,晋国之祸,三晋之半。秦祸如此其大,而燕、赵之秦者,皆以争事秦说其主,此臣之所大患。"

【注释】

①龙贾之战:公元前330年,秦在雕阴打败魏军,擒魏将龙贾。

②岸门之战：公元前314年，秦在岸门打败韩军。岸门，地名。韩
　邑，在今河南许昌北。

③封陵之战：公元前303年，秦攻下魏的封陵。封陵，地名。在今
　山西风陵渡东。

④高商之战：事迹不详。

⑤赵庄之战：公元前313年，秦攻下赵的蔺邑，俘虏赵将赵庄。

【译文】

"龙贾的战斗，岸门的战役，封陵的战役，高商的战役，和赵庄的
战斗，秦国前后杀掉三晋的百姓有好几百万，现在那些还活着的，都
是被秦国杀死的人的遗孤。西河之外、上雒之地、三川一带受到秦
国的攻击，去掉了晋国的一半。秦国带来的灾祸严重到了这种程
度，而燕、赵亲秦的人都争相以侍奉秦国劝说他们的国君，这正是我
最担忧的事。"

燕昭王不行，苏代复重于燕。燕乃约诸侯从亲，如苏秦
时，或从或不，而天下由此宗苏氏之从约。代、厉皆以寿死，
名显诸侯。

【译文】

燕昭王因此便不到秦国去了，苏代又受到燕国的重用。燕国派苏
代联络诸侯合纵抗秦，像苏秦在世时一样。有的参加，有的没有参加，
天下从此推崇苏氏兄弟缔结的合纵盟约。苏代、苏厉都长寿而死，在诸
侯间获得显赫的名声。

四二二 苏秦说奉阳君合燕于赵以伐齐

【题解】

周赧王二十六年(前 289),苏秦为燕游说奉阳君李兑,使燕、赵联合伐齐,可是奉阳君不同意。于是苏秦到齐国去说赵国的坏话,使齐、赵绝交。

后来,苏秦对燕昭王说,他在赵离间齐、赵关系时,被人发觉,向奉阳君揭发,奉阳君便拘留了他,并派武装人员看守。他说只要能使齐、赵关系恶化,他虽死犹生。

苏秦说奉阳君合燕于赵以伐齐,奉阳君不听。乃入齐恶赵,令齐绝于赵。齐已绝于赵,因之燕,谓昭王曰:"韩为谓臣曰①:'人告奉阳君曰:使齐不信赵者,苏子也;令齐王召蜀子使不伐宋者②,苏子也;与齐王谋,道取秦以谋赵者,苏子也;令齐守赵之质子以甲者,又苏子也。请告子以情。齐果以守赵之质子以甲,吾必守子以甲。'其言恶矣。

【注释】

①韩为:人名。亦作韩徐为,赵臣。
②蜀子:人名。齐将。

【译文】

苏秦为燕国游说赵国的奉阳君李兑,以便燕、赵共同出兵伐齐,可是奉阳君不听。于是苏秦到齐国去诬蔑赵国,让齐国与赵国绝交。齐国与赵国已经绝交,他就回到燕国去,对燕昭王说:"韩徐为对我说:'有人告诉奉阳君说:让齐国不信任赵国的是苏秦;让齐王召回蜀子叫他不要进攻宋国的是苏秦;和齐王共谋说要争取秦国,图谋赵国的是苏秦;

让齐国用武装监视赵国人质的还是苏秦。请让我告诉您实情,齐国真的要以武装监视赵国的人质,我韩徐为一定用武装监视您。'这话可真不客气。

"虽然,王勿患也。臣故知入齐之有赵累也,由为之以成所欲。臣死而齐大恶于赵,臣犹生也。今齐、赵绝,可大纷已。特臣非张孟谈也^①,使臣也如张孟谈也,齐、赵必有为智伯者矣。"

【注释】

①张孟谈:人名。赵襄子的谋臣,帮助赵襄子扭转局势,在晋阳城下击败智伯。

【译文】

"虽然如此,大王也不必为我担心。臣早就知道入齐之后会遭到赵国的伤害,为了实现大王想要达到的目的,我仍然离开赵国前往齐国。即使臣死在赵国,如果齐国和赵国关系恶化,我就等于还活着一样。现在赵国和齐国断交,齐国也可能陷于混乱。但我比不上赵国从前足智多谋的张孟谈,如果我能和张孟谈相比,齐、赵两国中必定会有一个要像智伯那样灭亡的。"

四二三　奉阳君告朱谨与赵足曰

【题解】

本章和上章相连。苏秦告诉燕昭王,奉阳君表示,他对齐国已经很不信任,正好乘此时机,使齐、赵矛盾激化。不抓住这个机会,要是齐、赵重新和好,可就不好办了。

苏秦说，权衡轻重，他认为最好是逃离赵国。从前有许多豪杰之士，都曾有过出逃的经历，但并不影响他们建功立业。只要能成就大事，逃走并不算什么耻辱。

后来，苏秦在燕昭王支持下，终于离赵返齐，使齐、赵绝交，实现了燕国联赵破齐的目的。

"奉阳君告朱讙与赵足曰[1]：'齐王使公玉丹命说曰[2]，必不反韩珉[3]，今召之矣。必不任苏子以事，今封而相之。必不合燕，今以燕为上交。吾所恃者，顺也[4]，今其言变，有甚于其父。顺始与苏子为仇，见之如厉[5]，今贤之两之，已矣，吾无齐矣！'

【注释】

①朱讙(huān)与赵足：人名。皆赵臣。

②公玉丹：齐臣。说：人名。"说"为"兑"之讹。兑，奉阳君李兑自称己名。

③反：同"返"。韩珉：人名。齐臣中主张亲秦的人。

④顺：人名。亦称顺子，齐国公子，时在赵做人质。

⑤厉(lài)：癞疮，恶疮。

【译文】

"奉阳君告诉朱讙和赵足说：'齐王让公玉丹传命我，一定不要召回韩珉，如今却把他叫回来。绝对不委派政事给苏秦，如今却封赏了他，任命他为相国。绝对不和燕国联合，如今却和燕国有很好的邦交。我所依靠的人是顺子，现在他说话不算数比他父亲还厉害。顺子开始的时候同苏秦为仇，见到苏秦就像见到生癞疮的人，可是现在竟认为苏秦贤能，与苏秦和平共处。完了，我失去齐国的支持了！'

"奉阳君之怒甚矣。知齐王之不信赵，而小人奉阳君也，因是而倍之。不以今时大纷之，解而复合，则后不可奈何也。故齐、赵之合苟可纷也，死不足以为臣患，逃不足以为臣耻，为诸侯不足以为臣荣，被发自漆为厉不足以为臣辱。然而臣有患也，臣死而齐、赵不纷，恶交纷于臣也，而复相交，是臣之患也。若臣死而必相攻也，臣必勉之而求死焉。尧、舜之贤而死，禹、汤之知而死，孟贲之勇而死，乌获之力而死，生之物固有不死者乎？在必然之物以成所欲，王何疑焉？

【译文】

"奉阳君非常恼怒。知道齐王不信任赵国，并轻视奉阳君，就会因此而背叛齐国。不趁现在时机拆散齐、赵两国，它们的矛盾解开后重新联合起来，那么以后对它们就无可奈何了。所以如能拆散它齐、赵两国的联合，即使身死，我也不会认为是祸患；即使逃亡，我也不会认为是臣的耻辱；即使被封为诸侯，我也不会以此为光荣；即使披头散发装疯卖傻，用漆涂身生疮变形，我也不会以此耻辱。然而臣下认为最大的忧患，就是臣下死而齐、赵不产生矛盾，它们邦交没有因臣下的干扰而恶化，此后，齐、赵又重新交好，这是臣下所忧虑的。如果臣下死去它们会互相攻打，那臣下必然奋力要求一死。像尧、舜那样贤能都死去了，像禹、汤那样智慧都死去了，像孟贲那样勇敢都死去了，像乌获那样有力也死去了，活着的万物难道有不死的吗？顺应必然的事理，完成您的志向，大王还有什么疑虑的呢？

"臣以为不若逃而去之。臣以韩、魏纷齐，而为之取秦，深结赵以劲之，如是则近于相攻。臣虽为之，累燕。奉阳君告朱讙曰：'苏子怒于燕王之以吾故弗予相，又不予卿也，殆无燕矣。'其疑至于此，故臣虽为之，不累燕，又不辱王。伊尹再逃汤而之桀，再逃桀而之汤，果与鸣条之战[①]，而以汤为天子。伍子胥逃楚而之吴，果与柏举之战[②]，而报其父之雠。今臣逃而纷齐、赵，殆可著于春秋。

【注释】

①鸣条之战：伊尹助汤伐桀，与桀在鸣条（今河南封丘）之野决战，击溃桀军。

②柏举之战：伍子胥父兄皆被楚王杀害，他逃到吴国，鼓动吴王阖庐伐楚。公元前506年，吴与楚在柏举大战，楚军大败，吴军连战皆捷，攻占楚国郢都。柏举，春秋楚地，今湖北麻城东北。

【译文】

"臣下认为，不如逃离赵国。我率韩、魏两国反对齐国，并助其拉拢秦国，结交赵国来加强三晋，这样，就差不多形成了三晋共同对付齐国的局面。我这样安排，又担心牵累燕国。奉阳君对朱讙说：'苏秦对燕王恼怒并不是由于我而引起的，若不任苏秦为相，又不任苏秦为卿，则差不多要失去燕国了。'奉阳君竟然如此疑心，所以我这样安排是为了不牵累燕国，又不玷辱大王。伊尹多次逃离成汤，投奔夏桀，又多次逃离夏桀，投奔成汤，最后与夏桀战于鸣条之野，而拥立成汤为天子。伍子胥逃离楚国，投奔吴国，最后帮助吴王阖庐与楚昭王战于柏举，攻入楚都，而报了杀父之仇。现在我逃离燕国，打乱齐、赵邦交，将可使臣留名青史。

"且举大事者孰不逃？桓公之难，管仲逃于鲁[①]；阳虎之难，孔子逃于卫[②]；张仪逃于楚[③]；白圭逃于秦[④]；望诸相中山也使赵,赵劫之求地,望诸攻关而出逃⑤;外孙之难,薛公释载逃出于关⑥,三晋称以为士。故举大事,逃不足以为辱矣。"卒绝齐于赵,赵合于燕以攻齐,败之。

【注释】

①"桓公之难"二句:公元前686年,齐襄公被杀,齐国发生内乱,鲍叔牙奉公子小白出奔莒国;管仲奉公子纠出奔鲁国。后小白返齐即位,即齐桓公。

②"阳虎之难"二句:阳虎,人名。春秋末期鲁国掌权者季孙氏的家臣。公元前502年,他欲杀"三桓"(鲁国当权的孟孙氏、叔孙氏、季孙氏),不成,后逃奔齐国。公元前497年,孔子欲缩小三桓都邑的规模,与三桓发生矛盾,于是离鲁赴卫,此事和阳虎之难无必然联系。

③张仪逃于楚:张仪因欺骗楚怀王,楚怀王准备杀他,后通过楚宠臣靳向和宠姬郑袖为他求情,才得脱身。

④白圭逃于秦:白圭先仕魏,后仕秦,因事出逃。

⑤望诸攻关而出逃:此"望诸"和乐毅的封号相同,非指乐毅。

⑥薛公释载逃出于关:公元前299年,田文入秦为相。次年,秦昭王把他囚禁起来,准备杀他,他通过秦宠姬求情,才得放出,他连夜逃出函谷关。

【译文】

"况且成就大事业的人,哪个没有经过逃亡之苦? 齐桓公遭难之时,管仲逃到鲁国;阳虎遭难之时,孔子逃到卫国;张仪逃出楚国;白圭逃出秦国;望诸君任中山相时,出使赵国,赵国挟他,要求割地,望诸君突破关卡逃出;在秦免掉相位而被困时,薛公抛下车子,逃出关卡,三晋称他是有才能的人。所以,凡是一个图谋大事的人,逃亡不能认为是耻辱。"苏秦终于使齐、赵两国绝交,赵国和燕国联合进攻齐国,把它打败。

四二四　苏秦为燕说齐

【题解】

苏秦在觐见齐王之前,先用卖马人借助伯乐提高马的身价的故事,请求淳于髡在齐王面前推荐自己,终于如愿以偿。

苏秦为燕说齐,未见齐王①,先说淳于髡曰②:"人有卖骏马者,比三旦立市,人莫之知。往见伯乐曰③:'臣有骏马,欲卖之,比三旦立于市,人莫与言,愿子还而视之,去而顾之,臣请献一朝之贾。'伯乐乃还而视之,去而顾之,一旦而马价十倍。今臣欲以骏马见于王,莫为臣先后者,足下有意为臣伯乐乎?臣请献白璧一双、黄金十镒④,以为马食。"淳于髡曰:"谨闻命矣。"入言之王而见之,齐王大说苏子。

【注释】

①齐王:齐闵王。

②淳于髡:人名。齐稷下学士,以博学著称,滑稽善辩,曾多次劝谏齐王。

③伯乐:人名。古代善相马的人。

④镒(yì):古代重量单位,二十四两合一镒。

【译文】

苏秦为燕国而去游说齐王,在未见齐王之前,他先对淳于髡说:"有个卖千里马的人,接连三个早晨站在集市上,没有人说出这是千里马。他去拜访伯乐说:'我有一匹千里马,想卖掉它,接连三个早晨站在集市上,也没人来问价,希望您绕着我的马细看一下,离开以后再回头来看看我的马,我可以给您一天的收入。'伯乐就绕着他的马仔细看了一番,离开以后又回头看看马，于是一个早上马价涨了十倍。现在我想以千里马自荐，去拜见齐王，可没有人为我介绍，先生愿意充当我的伯乐吗？我愿献上白璧一双、黄金二百两，以作为您的酬劳费。"淳于髡说："我愿听从您的嘱咐。"淳于髡于是进宫告诉了齐王并推荐了他，齐王接见了苏秦，而且非常器重苏秦。

四二五　苏秦自齐使人谓燕昭王曰

【题解】

周赧王三十年(前285)，苏秦离间齐、赵成功后，约燕攻齐。后苏秦受齐闵王派遣，率兵抵御燕军，在晋、阳城两次战败，齐兵损失数万，导致燕军破齐。

阳城和狸都深处燕的腹地，是燕境内的重要都邑，狸是燕长城外的防守要地。本章说苏秦败于晋下，收余兵防守阳城，又说燕攻阳城及狸，都是不明地理的妄说。

本章乃是策士所拟托，用来夸张苏秦为燕在齐做间谍，终于取得破齐的重大成就。

苏秦自齐使人谓燕昭王曰："臣间离齐、赵，齐、赵已孤矣。王何不出兵以攻齐？臣请为王弱之。"燕乃伐齐攻晋①。

【注释】

①晋：齐邑，今地不详。

【译文】

苏秦从齐国派人对燕昭王说："我离间齐国和赵国，齐、赵两国已经孤立了。大王为什么不出兵攻打齐国呢？我愿为大王削弱它。"燕国于是派兵攻打齐国的晋城。

　　令人谓闵王曰："燕之攻齐也，欲以复振古地也。燕兵在晋而不进，则是兵弱而计疑也。王何不令苏子将而应燕乎？夫以苏子之贤，将而应弱燕，燕破必矣。燕破则赵不敢不听，是王破燕而服赵也。"闵王曰："善。"乃谓苏子曰："燕兵在晋，今寡人发兵应之，愿子为寡人为之将。"对曰："臣之于兵，何足以当之，王其改举。王使臣也，是败王之兵而以臣遗燕也，战不胜，不可振也。"王曰："行，寡人知子矣。"

【译文】

　　苏秦派人对齐闵王说："燕国之所以攻打齐国，只是想恢复它原有的国土。燕军在晋城停留下来，那是因为军力不强而举棋不定。大王为什么不派苏秦率齐军去迎战燕军呢？凭苏秦的才能，领军迎战弱小的燕军，燕军必败。燕军被打败后，赵国就不敢不听齐国的指挥，这就是大王一举使两国服从。"齐闵王说："好。"齐闵王对苏秦说："燕军驻扎在晋城，现在我派兵迎战，希望您做我军的统帅。"苏秦说："我对领兵打仗很不适应，请大王另派贤能。大王派我领军，就会使齐军战败而把我送到燕国手中，打不了胜仗，局势就难于挽救了。"齐闵王说："去吧！我是了解您的。"

　　苏子遂将而与燕人战于晋下，齐军败，燕得甲首二万人。苏子收其余兵以守阳城①，而报于闵王曰："王过举，令臣应燕。今军败亡二万人，臣有斧质之罪②，请自归于吏以戮。"闵王曰："此寡人之过也，子无以为罪。"

【注释】

①阳城：齐邑，在今河北清宛西南。

②斧质：砍人的刑具。

【译文】

苏秦于是率齐军与燕军在晋城交战，齐军大败，燕军杀掉齐军二万。苏秦收集残兵败将退守阳城，向齐闵王报告说："大王过分相信我，派我迎战燕军。现在损失二万人，我犯了杀头的死罪，甘愿回去接受处分。"齐闵王说："这是我的错，您是没有罪过的。"

明日，又使燕攻阳城及狸①。又使人谓闵王曰："日者，齐不胜于晋下，此非兵之过，齐不幸而燕有天幸也。今燕又攻阳城及狸，是以天幸自为功也。王复使苏子应之，苏子先败王之兵，其后必务以胜报王矣。"王曰："善。"乃复使苏子，苏子固辞，王不听。遂将以与燕战于阳城，燕人大胜，得首三万。齐君臣不亲，百姓离心，燕因使乐毅大起兵伐齐，破之。

【注释】

①狸：齐邑，在今河北任丘东北。

【译文】

第二天，苏秦又让燕军攻打阳城和狸邑。苏秦又派人对齐闵王说："前两天，齐军在晋城打了败仗，这不是用兵的过错，而是齐国不幸而燕国走运。现在燕军又攻打阳城和狸邑，是把走运当成自己的功劳。大王可再派苏秦前去应战，苏秦先前打了败仗，今后必会全力取胜来报答大王。"齐闵王说："好。"于是再次派苏秦领军，苏秦一再推辞，齐闵王不同意。于是苏秦率齐军和燕军战于阳城，燕军大胜，斩齐军三万人。齐国君臣不和，百姓离心，燕王于是派乐毅兴倾国之兵攻破了齐国。

四二六　苏秦自齐献书于燕王曰

【题解】

周赧王二十九年(前286),苏秦从齐国献书给燕昭王,说他离间齐、赵已取得成功,并得到了齐王的信任,以至于齐国把北方的边防力量全部撤走,可是燕昭王却相信别人的谗言,准备派人替换他,他要求返燕说明情况。

苏秦自齐献书于燕王曰:“臣之行也,固知必将有口事,故献御书而行曰:‘臣贵于齐,燕大夫将不信臣;臣贱,将轻臣;臣用,将多望于臣;齐有不善,将归罪于臣;天下不攻齐,将曰善为齐谋;天下攻齐,将与齐兼弃臣。臣之所处者,重卵也。’

【译文】

苏秦从齐国献书给燕昭王说:“我在离燕时,知道定会有人在背后诽谤我,所以在行前曾给大王上书说:‘燕臣中对我吹毛求疵的不乏其人。我如在齐成为显贵,燕国大夫们将不相信我;我如不受重用,他们将轻视我;我如被任用,将对我提出很多要求;齐国如与燕关系不好,将归罪于我;各国不攻齐,将指责我善于为齐国打算;各国如攻齐,将与齐国一道抛弃我。我的处境就像是叠起的鸟卵一样,非常危险,动辄得罪。’

“王谓臣曰:‘吾必不听众口与谗言,吾信汝也,犹龁也。上,可以得用于齐;次,可以得信;下,苟无死,女无不为也。以孥自信可也①;与言曰去燕之齐,可;甚者,与谋燕,可。期

于成事而已。'

【注释】

①孥(nú)：指妻子和儿女。

【译文】

"大王告诉我说：'我决不听信众人的谗言，我对你的信任，坚定不移。最理想的，是你在齐国受到重用；其次，是能取得齐王的相信；往最坏处想，只要不死，你怎么办都行。你把家属接到齐国，使齐王相信你，可以；和齐王说，你是怎么离燕到齐的，可以；甚至于你和齐王商量如何对付燕国，也可以。总之，目的在于把我们的事办成功。'

"臣受令以任齐交五年，齐数出兵，未尝谋燕。齐、赵之交，一美一恶，一合一离，燕不与齐谋赵，则与赵谋齐。齐之信燕也，至于虚北地行其兵。今王信田伐与参、去疾之言①，且攻齐，使齐大戒而不信燕。

【注释】

①田伐、参、去疾：皆人名。三人皆燕臣。

【译文】

"我奉命到齐国工作五年，齐国多次出兵，都没有打过燕国的主意。齐、赵的邦交时好时坏，时合时离，燕国不是和齐一起对付赵国，就是和赵一起对付齐国。齐国由于相信燕国，达到尽撤北边的防务，把兵力抽调到其他地方的程度。如今大王听信田伐、参和去疾的话，打算攻齐，使齐国加强戒心，不再信任燕国，眼见将使我长期工作的成果付诸东流。

"今王又使庆令臣曰^①:‘吾欲用所善。’王苟欲用之,则臣请为王事之。王欲醳臣刬任所善^②,则臣请归醳事。臣苟得时见,则盈愿矣。"

【注释】

①庆:人名。即盛庆,燕臣。

②醳(shì):同"释"。刬:同"专"。

【译文】

"现在大王又派盛庆命令臣下说:‘我想任用我信任的人。’大王如果想这样做的话,那么臣下请求替大王辅助他。君王假如遗弃我而专任用所喜欢的人,那么臣下就可以从齐国回来辞去一切职务。假如臣能够见到君王,那将是臣最大的愿望。"

四二七　陈翠合齐、燕

【题解】

周赧王十九年(前296),齐、燕权之战,燕军失败,燕昭王欲让其弟到齐国做人质,太后不同意,陈翠说服了太后。

陈翠说的话,和《赵策四·赵太后新用事章》赵左师触龙劝说赵太后的话颇有相似之处。

陈翠合齐、燕^①,将令燕王之弟为质于齐^②,燕王许诺。太后闻之大怒曰:"陈公不能为人之国,亦则已矣,焉有离人子母者? 老妇欲得志焉!"

【注释】

①陈翠：人名。燕臣。

②燕王之弟：燕昭王之弟襄安君。

【译文】

　　陈翠为了联合齐、燕，准备把燕昭王的弟弟送到齐国做人质，燕昭王答应了。可是燕太后却很生气，说："陈翠不能帮助燕国就算了，怎么能拆散人家母子俩骨肉分离呢？我一定要把他治罪才甘心！"

　　陈翠欲见太后，王曰："太后方怒子，子其待之。"陈翠曰："无害也。"遂入见太后曰："何臞也①？"太后曰："赖得先王雁鹜之余食，不宜臞，臞者，忧公子之且为质于齐也。"

【注释】

①臞（qú）：消瘦。

【译文】

　　陈翠想要拜见燕太后，燕昭王说："太后正生您的气，您等一段时间吧。"陈翠说："不要紧的。"于是陈翠就晋见了燕太后，说："太后怎么变瘦了？"燕太后说："侥幸有先生剩余的大鹅和鸭肉可吃，按道理应当是不该瘦的，瘦，只是因为忧虑把太子送到齐国去做人质。"

　　陈翠曰："人主之爱子也，不如布衣之甚也；非徒不爱子也，又不爱丈夫子独甚。"太后曰："何也？"对曰："太后嫁女诸侯，奉以千金，赍地百里，以为人之终也。今王愿封公子，百官持职，群臣效忠，曰：'公子无功不当封。'今王之以公子为质也，且以为公子功而封之也。太后弗听，臣是以知人主之不爱丈夫，子独甚也。

【译文】

陈翠说："太后爱子女，不如平民爱得深；其实不但不爱护子女，而且更不爱儿子。"燕太后生气地问，"您这话是什么意思?"陈翠回答说："太后嫁女给诸侯，陪嫁给她一千斤黄金，一百里土地，为的是替她终身设想。如今君王想要封赐公子，但是百官坚守职分，群臣效忠，他们异口同声说：'公子没有功劳，不应该接受封爵。'因此君王想把公子送到齐国做人质，目的就是准备让公子为国家立功，然后加封他。可惜太后不肯让公子去，如此臣才知道君主不爱儿子，尤其太后更是如此。

"且太后与王幸而在，故公子贵；太后千秋之后，王弃国家而太子即位，公子贱于布衣。故非及太后与王封公子，则公子终身不封矣。"

【译文】

"所幸的是太后和君主还在世，所以公子在朝中还相当有地位；可是一旦太后和大王辞世，由太子即位，到那时公子连一个平民都不如。所以如果不乘太后和君主在世时让公子立功受封，那公子这一辈子都没有受封的机会了!"

太后曰："老妇不知长者之计。"乃命公子束车制衣为行具。

【译文】

太后说："我先前不知道您的打算。"于是让公子准备车马、服装以及远行的一切用具。

四二八　燕昭王且与天下伐齐

【题解】

周赧王三十年(前285)，燕昭王在组织诸侯伐齐前夕，同时又召见一位齐国在燕任职的人，让他出面阻止，从而为攻齐如果失败，和齐国恢复邦交，预留后路。

本章主要说明燕昭王谋虑深远，在燕、齐关系全面破裂时，就事先为燕、齐的重新和好布下一着棋子。

燕昭王且与天下伐齐，而有齐人仕于燕者，昭王召而谓之曰："寡人且与天下伐齐，旦暮出令矣。子必争之①，争之而不听，子因去而之齐。寡人有时复合，且以因子而事齐。"当此之时也，燕、齐不两立，然而常独欲有复收之之志若此也。

【注释】

①争：通"诤"，规劝。

【译文】

燕昭王准备联合诸侯伐齐，这时有齐人在燕国做官，于是就召见这个齐人说："寡人将要联合天下诸侯攻打齐国，而且最近就下令出兵。到那时您一定出面劝阻我，劝阻我假如我不听，您就回到齐国去。假如寡人以后要与齐讲和时，寡人愿通过您来跟齐国谈判。"当时，齐、燕属于势不两立的状态，然而燕昭王却一直有这种和齐国重建邦交的想法。

四二九 燕饥,赵将伐之

【题解】

燕国发生饥荒,赵国乘人之危,准备出兵攻打它。这时,楚国一位出使燕国的使臣途经魏国,会见了赵恢。赵恢和他交谈,以历史事实为例,让他劝赵王停止攻燕,以免被秦军以背后攻击。

楚使依照赵恢的话劝说赵王,赵王决定停止攻燕,一场迫在眉睫的战祸,无形中消弭了。

赵恢的一席话,给燕、赵两国创造了和平环境,真是一位善于总结历史经验,令人牢记前车之鉴,热心救世的志士仁人。

燕饥,赵将伐之。楚使将军之燕,过魏,见赵恢。赵恢曰:"使除患无至,易于救患。伍子胥、宫之奇不用①,烛之武、张孟谈受大赏②。是故谋者皆从事于除患之道,而无使除患无至者。今与以百金送公也,不如以言。

【注释】

①伍子胥:人名。春秋时吴国北上伐齐时,他曾提出反对意见,未被采纳。宫之奇:人名。春秋时虞国大夫。晋国向虞国借路伐虢时,他曾提出反对意见,未被采纳。他们二人都是除患于未然的人。

②烛之武:人名。春秋时郑国人。当秦、晋围郑时,他说服秦国撤军。张孟谈:人名。赵襄子的谋臣。当智、韩、魏三家在晋阳围攻赵襄子时,他设谋联合韩、魏,反击智伯,使赵氏转危为安。他们二人都是除患的人。

【译文】

燕国发生饥荒,赵国准备攻燕。楚国派一名将军前往燕国,当这位将军途经魏国时，拜见了赵恢。赵恢对楚将说："预防灾祸，使它不来，比救灾要容易得多。伍子胥、宫之奇等防患未然的人不受重用，而烛之武、张孟谈救灾的人却受大赏。所以一个出谋划策的人都注重防范灾祸的方法，把灾祸除掉使它不发生。现在我赠送将军一百金，也不如赠送阁下一句忠言。

"公听吾言而说赵王曰：'昔者吴伐齐，为其饥也，伐齐未必胜也，而弱越乘弊以霸。今王之伐燕也，亦为其饥也，伐之未必胜，而强秦将以兵承王之西，是使弱赵居强吴之处，而使强秦处弱越之所以霸也。愿王之熟计之也。'"使者乃以说赵王，赵王大悦，乃止。燕昭王闻之，乃封之以地。

【译文】

"假如将军能听我的话，就去规劝赵王道：'以前吴国攻打齐国是由于齐国正在闹饥荒，可是还没有等吴国伐齐成功，越王就乘吴国疲惫打败吴国而称霸。现在大王攻打燕国，也是由于燕国闹饥荒，可能还没等到赵国战胜燕国，强秦就会发兵攻打赵国的西边，这等于是让弱赵处在强吴的地位，而叫强秦处在以往弱越的地位。所以希望大王要深思熟虑。'"于是这位将军就用这番话去劝说赵王，赵王听了十分高兴，就打消了攻燕的想法。燕昭王知道以后，就把土地封赏给赵恢。

四三〇　昌国君乐毅为燕昭王合五国之兵而攻齐

【题解】

名将乐毅领兵破齐，仅余三城未下，适逢燕昭王去世，燕惠王即位，他中了齐人反间之计，临阵换将，召乐毅回国。乐毅见事不妙，逃往赵国,赵封他为望诸君。乐毅在燕国停留的时间很长,对燕国的情况一清二楚。燕惠王害怕乐毅为赵攻燕,对燕国不利,于是写信责备乐毅,说他背弃了昭王对他的知遇之恩。

本来是燕惠王听信谗言的错,他却反过来责怪乐毅,真是强辞夺理。在一般情况下,乐毅会满怀怨愤,恨恨不平,可是乐毅回复的书信,其措辞却大大出人意表。

乐毅在复信中,反复强调的,是表明自己的心迹,对燕惠王没有一句反唇相讥的话。他说:"君子绝交,不出恶声。"又声明他不会以幸为利,表明他虽在异国,终身不敢谋燕。心平气和,委婉曲折,是从真性情中流出的至文,感动了后代无数的读者。

昌国君乐毅为燕昭王合五国之兵而攻齐,下七十余城,尽郡县之以属燕,三城未下而燕昭王死。惠王即位,用齐人反间,疑乐毅,而使骑劫代之将。乐毅奔赵,赵封以为望诸君。齐田单欺诈骑劫,卒败燕军,复收七十城以复齐。燕王悔,惧赵用乐毅承燕之弊以伐燕。

【译文】

昌国君乐毅为燕昭王率领五国联军攻打齐国,拿下了七十多座城池,把它们都编入燕国的郡县,还有三座城池没有攻下,燕昭王就去世了。燕惠王即位,相信了齐国人的反间计,怀疑乐毅,就派骑劫去取代他统领燕军。乐毅逃往赵国,赵王封他为望诸君。齐国的田单用计对付骑劫,终于打破燕军,把齐国失去的七十座城池完全收复。燕王后悔,害怕赵国用乐毅趁燕国疲惫来攻打燕国。

燕王乃使人让乐毅,且谢之曰:"先王举国而委将军,将

军为燕破齐,报先王之雠,天下莫不振动。寡人岂敢一日而
忘将军之功哉! 会先王弃群臣,寡人新即位,左右误寡人。
寡人之使骑劫代将军者,为将军久暴露于外,故召将军且休
计事。将军过听,以与寡人有郤,遂捐燕而归赵。将军自为
计则可矣,而亦何以报先王之所以遇将军之意乎?"

【译文】

　　燕王就派人责备乐毅,又婉转地说:"先王把国家完全交给将军,将
军替燕国攻破了齐国,替先王报了仇,天下都感到振动。我每天都不敢
忘记将军的功劳! 正遇上先王去世,我刚即位,身边的人误导了我。我
之所以派骑劫代替您,是因为将军长期辛苦在外,所以让您回国休息。
将军误听别人的话,对我有了意见,抛弃燕国去了赵国。您为自己打
算,这样做是可以的,但这怎么能够报答先王对将军的情谊呢?"

　　望诸君乃使人献书报燕王曰:"臣不佞,不能奉承先王
之教①,以顺左右之心,恐抵斧质之罪,以伤先王之明,而又
害于足下之义,故遁逃奔赵。自以负不肖之罪,故不敢为辞
说。今王使使者数之罪,臣恐侍御者之不察先王之所以畜
幸臣之理,而又不白于臣之所以事先王之心,故敢以书对。

【注释】

　　①先王之教:当作"王命"。

【译文】

　　望诸君于是派人献上书信,回复燕王说:"我不才,不能领会大王的
意图,顺从您左右亲信的心意,担心遭受死罪,影响到先王的知人之明,
而又会给您带来加害功臣的不义名声,所以逃奔到赵国。自认为身负

不肖的罪名,所以不敢用言语辩解。现在大王派使者数落我的罪过,我担心您身边的人不了解先王信任我的原因,又不明白我对先王尽心尽力的心情,所以敢于用书信来回答。

"臣闻贤圣之君,不以禄私其亲,功多者授之;不以官随其爱,能当者处之。故察能而授官者,成功之君也;论行而结交者,立名之士也。臣以所学者观之,先王之举错有高世之心①,故假节于魏王②,而以身得察于燕。先王过举,擢之乎宾客之中,而立之乎群臣之上,不谋于父兄,而使臣为亚卿③。臣自以为奉令承教,可以幸无罪矣,故受命而不辞。

【注释】

①错:通"措"。

②节:使者所持的凭证。

③亚卿:很高的爵位。

【译文】

"我听说贤明的君主不把俸禄随意奖给亲近的人,功劳大的才授给他;不把官职交给个人喜欢的人,有能力的才让他担任职务。所以考察臣下的才能而授以适当的官职的,这是成功的君主;考虑朋友的行为正确才和他结交的,这才是建立功名的人。我根据自己学到的知识来观察,先王的行为超出于世间一般人,所以在担任魏国使臣时,得到燕国方面的了解。先王过分抬举我,把我从宾客当中提拔起来,让我处在群臣之上,不和同姓贵臣商量,就任命我做亚卿。我自认为接受先王的命令和教诲,可以免除罪过,所以接受任命而没有推辞。

"先王命之曰:'我有积怨深怒于齐,不量轻弱,而欲以齐为事。'臣对曰:'夫齐,霸国之余教也,而骤胜之遗事也,闲于兵甲^①,习于战攻。王若欲攻之,则必举天下而图之;举天下而图之,莫径于结赵矣。且又淮北宋地,楚、魏之所同愿也。赵若许,约楚、魏、宋尽力,四国攻之,齐可大破也。'先王曰:'善。'臣乃口受令,具符节,南使臣于赵。顾反命,起兵随而攻齐。以天之道,先王之灵,河北之地,随先王举而有之于济上。济上之军奉令击齐,大胜之。轻卒锐兵,长驱至国。齐王逃遁走莒^②,仅以身免。珠玉财宝,车甲珍器,尽收入燕。大吕陈于元英^③,故鼎反于历室^④,齐器设于宁台^⑤。蓟丘之植^⑥,植于汶皇。自五伯以来,功未有及先王者也。先王以为惬其志,以臣为不顿命,故裂地而封之,使之得比乎小国诸侯。臣不佞,自以为奉令承教,可以幸无罪矣,故受命而弗辞。

【注释】

①闲:通"娴",熟习。

②齐王:齐闵王。莒:在今山东莒县。

③大吕:齐钟名。元英:燕宫。

④历室:燕宫。

⑤宁台:燕台。

⑥蓟丘:燕都蓟城的标志性地方,在今北京白云观西。

【译文】

　　"先王告诉我:'我对齐国有深仇大恨,不自量国力微弱,想把对付齐国作为目标。'我回答:'齐国有霸国的传统,又有多次战胜的余威,对兵器很熟练,对战事很熟悉。大王如果想攻打它,就必须联合各国对付它,去对付它;联合各国对付它,首先就要拉拢赵国。淮北是宋国的地方，楚、魏两国都想得到它。赵国如果同意和燕国结盟，楚、魏、宋也愿尽力，四国联合，就可以大破齐国。'先王说：'好。'我就接受口头的命令，准备好使臣所用的符节，向南出使赵国。在我回国复命后，随即发兵攻齐。由于上天的保佑和先王的英明，河北的地方都被先王占领，济上的部队奉命追击，大获全胜。精锐的兵士长驱直入，直达齐都。齐王孤身逃到莒城，仅以身免珠玉财宝，兵器和贵重的器物，全都运回燕国。齐国的大吕钟陈放在燕国的元英宫，燕国从前失去的鼎也回归燕国的历室，齐国的器物陈放在燕国的宁台上。蓟丘种植的竹子，现在移植在齐国的汶水。自五霸以来，没有谁的功劳能与先王相比。先王感到很满意，认为我能完成使命，所以割地封我，让我能和小国诸侯相提并论。我不才，自认为按照先王的指令办事，可以避免罪过，所以接受命令，没有推辞。

　　"臣闻贤明之君，功立而不废，故著于春秋；蚤知之士，名成而不毁，故称于后世。若先王之报怨雪耻，夷万乘之强国，收八百岁之蓄积，及至弃群臣之日，余令诏后嗣之遗义，执政任事之臣，所以能循法令，顺庶孽者，施及萌隶，皆可以教于后世。

【译文】

　　"我听说贤明的君主，功劳建立后，不会半途而废，所以载入史册；有先见之明的人，成名后善于保持，所以被后世称道。像先王那样能报仇雪恨，削平万乘的大国，取走齐国八百年的积蓄，在他去世后，他的影响继续存在，执政的大臣们整顿法令，理顺嫡庶关系，把遗教推行到民众之中，先王的所作所为，都可用来教育后代。

"臣闻善作者不必善成，善始者不必善终。昔者伍子胥说听乎阖闾，故吴王远迹至于郢。夫差弗是也，赐之鸱夷而浮之江①。故吴王夫差不悟先论之可以立功，故沉子胥而不悔；子胥不蚤见主之不同量，故入江而不改。夫免身全功以明先王之迹者，臣之上计也；离毁辱之非，堕先王之名者，臣之所大恐也。临不测之罪，以幸为利者，义之所不敢出也。

【注释】

①鸱（chī）夷：皮囊。

【译文】

"我听说善于开创的人不一定善于完成，有好的开头不一定有好的结尾。从前伍子胥的意见被吴王阖闾采纳，所以吴王远征打到楚的郢都。夫差不听子胥的意见，杀死他后，用皮革裹尸，沉在江中。吴王夫差不知道采纳子胥先前的意见可以立功，所以把子胥沉入江水，并不后悔；子胥没有及早发现两个君主度量不同，所以无法改变沉江的命运。免掉杀身之祸，保全已有的功劳，阐扬先王的伟业，这是我的上策；遭受侮辱性的诽谤，损害先王知人的名声，这是我最为恐惧的。面对无法预见的后果，侥幸为别国从中取利，从道义上讲，我绝不会这样去做。

"臣闻古之君子，交绝不出恶声；忠臣之去也，不洁其名。臣虽不佞，数奉教于君子矣。恐侍御者之亲左右之说，而不察疏远之行也，故敢以书报，唯君之留意焉。"

【译文】

"我听说古时的君子，在绝交的时候，不会说自己之长，揭别人之短；忠臣在离国的时候，不把功劳归于自己，把错误归于君上。我虽不

才,也曾多次受到过君子的教诲。我担心大王听信身边人的议论而不
了解我远在赵国的行为,所以敢于用书信来回答,希望大王能够谅察。"

四三一 或献书燕王

【题解】

有人上书给燕昭王,用比目鱼和驾车的人作比喻,劝燕昭王和三晋
结盟。燕昭王采纳了他的意见,向南派出部队,和三晋合纵抗秦。

或献书燕王①:"王而不能自恃,不恶卑名以事强,事强
可以令国安长久,万世之计。以事强而不可以为万世,则不
如合弱,将奈何合弱而不能如一,此臣之所为山东苦也。

【注释】

①燕王:燕昭王。

【译文】

有人献书给燕昭王说:"大王如果不能依靠自己的力量保存国家,
不如不在乎名声的卑贱臣事强国,假如臣事强国可以使国家长久得到
安宁,也是泽被万世之策。认为臣事强国不能奠定万世基业,那就不如
联合弱国,为什么弱国联合而不能团结一致,这是臣下为崤山以东各诸
侯感到忧虑的事。

"比目之鱼,不相得则不能行,故古之人称之,以其合两
而如一也。今山东合弱而不能如一,是山东之知不如鱼也。
又譬如车士之引车也,三人不能行,索二人,五人而车因行
矣。今山东三国弱而不能敌秦,索二国,因能胜秦矣。然而

山东不知相索者,智固不如车士矣。

【译文】

"比目鱼,不能互相配合就不能游动,古人所以这样称呼它,是因为它能合二如一。如今崤山以东各弱国联合却不能步调一致,这就看出崤山以东六国人的才智赶不上比目鱼。又譬如车夫驾车,三个人拉车就不能走,如再增加两个人,这样就是有五个人拉车,车就会前进了。现在崤山以东任何三个国家都不能对抗秦国,但再联合两个国家,就能战胜秦国了。然而崤山以东各国却不知道互相联合,可见智慧还不如车夫。

"胡与越人,言语不相知,志意不相通,同舟而凌波,至其相救助如一也。今山东之相与也,如同舟而济,秦之兵至,不能相救助如一,智又不如胡、越之人矣。三物者,人之所能为也,山东之主遂不悟,此臣之所为山东苦也。愿大王之熟虑之也。

【译文】

"胡人和越国人言语不相通,思想观念也不同,可是他们却能同舟共济,彼此互助有如一个人。如今崤山以东各国相互联合,正像同舟共济一样,秦兵一旦到来,不能互相救助像一个整体,智慧又赶不上胡人、越国人了。以上三件事,是常人所能做到的,可是崤山以东各国的国君却始终不觉悟,这是臣下为崤山以东诸侯感到忧心的。希望大王想一想这件事。

"山东相合,之主者不卑名,之国者可长存之卒者。出士以戍韩、梁之西边,此燕之上计也。不急为此,国必危矣,主必大忧。今韩、梁、赵三国以合矣,秦见三晋之坚也,必南伐楚。赵见秦之伐楚也,必北攻燕。物固有势异而患同者。秦久伐韩,故中山亡;今久伐楚,燕必亡。

【译文】

"崤山以东诸侯合作无间,他们国君的名声并不卑微,他们的国家也可以长存。和盟国出兵把守韩、魏的西边,这是燕国的上策。假如不赶快这样做,那国家一定危险,大王一定有大祸。现在韩、魏、赵三国已经联合,秦国一看三晋团结一致,一定往南攻打楚国。赵国一看秦兵攻打楚国,必然发兵向北攻打燕国。事态本来有情况不同而忧患相同的。秦国一直攻打韩国而使中山灭亡;如今又一直攻打楚国,那燕国必亡。

"臣窃为王计,不如以兵南合三晋,约戍韩、梁之西边。山东不能坚为此,此必皆亡。"燕果以兵南合三晋也。

【译文】

"所以臣在私下为君王考虑,君王实在不如向南跟韩、赵、魏缔结军事同盟,三国约定共同把守韩、魏西疆。假如崤山以东各国不能如此团结一致,到最后一定都会被秦灭亡。"燕昭王果然向南方派出军队,跟韩、赵、魏三国缔结了军事同盟。

四三二　客谓燕王曰

【题解】

苏秦告诉燕昭王,齐国兵强马壮,如果北上攻燕,五个燕国也不是敌手,何不派人出使齐国,设法消耗齐的兵力呢？ 燕王闻听正合心意,于是派苏秦南行使齐。

　　苏秦竭力怂恿齐闵王攻宋,说宋王偃对天地不敬,并放肆地侮辱诸侯,是十分无道和不义的行为,应该受到讨伐。齐国出兵攻宋,名正言顺,又可获得占领膏腴之地的实利,何乐而不为呢？ 齐闵王被苏秦的话所打动,不知其中有诈,接连三次攻打宋国,终于灭宋。齐军在攻宋战役中元气大伤,给乐毅破齐提供了机会,成就了燕昭王的中兴。

　　齐闵王中了苏秦的圈套,致使国破身亡,史学家班固在《汉书·古今人表》中,把他列为"下下愚人",看来,他真是愚不可及。

　　客谓燕王曰:"齐南破楚,西屈秦,用韩、魏之兵,燕、赵之众,犹鞭笑也。使齐北面伐燕,即虽五燕不能当。王何不阴出使,散游士,顿齐兵,弊其众,使世世无患。"燕王曰:"假寡人五年,寡人得其志矣。"苏子曰①:"请假王十年。"燕王说,奉苏子车五十乘,南使于齐。

【注释】

　　①苏子:苏秦。

【译文】

　　苏秦对燕王说:"齐国在南面打败了楚国,西边使秦国屈服,使用韩、魏、燕、赵的兵力就像驾马一样容易。如果齐国北攻燕国,就算是五个燕国也不能抵挡。大王为什么不暗中派遣使者,使为齐国效劳的人散去,使齐国的兵力疲敝,使齐国的国力消耗,这就会使燕国世代无忧。"燕王说:"给我五年时间,我就能做到这些。"苏秦说:"我愿给大王十年时间。"燕王听了很高兴,派苏秦带上五十辆车,向南出使齐国。

　　谓齐王曰①："齐南破楚,西屈秦,用韩、魏之兵,燕、赵之众,犹鞭笍也②。臣闻当世之举王,必诛暴正乱,举无道,攻不义。今宋王射天笞地③,铸诸侯之象,使侍屏匽④,展其臂,弹其鼻,此天下之无道不义,而王不伐,王名终不成。且夫宋,中国膏腴之地,邻民之所处也,与其得百里于燕,不如得十里于宋。伐之,名则义,实则利,王何为弗为?"

【注释】

①齐王:齐闵王。

②笍(cè):同"策",马鞭子。

③宋王:名偃,公元前 328—前 286 年在位。

④屏匽:厕所。

【译文】

　　苏秦对齐王说:"齐国南败楚国,西败秦国,用韩、魏、燕、赵的军队就如同驾马一样。我听说当代的王者,一定会伐暴救民,战胜无道的昏君,攻打不义之师。现在宋王举箭射天,用鞭子笞地,铸诸侯之像放在厕所边上,摇他们的手,弹他们的鼻子,这就是典型的无道不义的昏君,如果大王不加讨伐,大王的名声就难以树立。况且宋国是中原最肥沃的地方,齐国边境的人很多都杂居在那里,与其在燕国得到百里的土地,不如在宋国得到十里的土地。讨伐宋国会名利双收,大王为什么不这样做呢?"

　　齐王曰:"善。"遂兴兵伐宋。三覆宋,宋遂举。燕王闻之,绝交于齐,率天下之兵以伐齐,大战一,小战再,顿齐国,成其名。

【译文】

齐王说:"好。"于是兴兵攻宋。三次攻宋,终于灭掉了宋国。燕王听说后,就与齐国断交,率诸侯之兵攻打齐国,一次大战,二次小战,重创了齐国,燕国因而名闻天下。

故曰,因其强而强之,乃可折也;因其广而广之,乃可缺也。

【译文】

所以说,因为国家强大而让它炫耀武力,就可以打败它;因为国土广阔而让它扩充地盘,就可以使它残破。

四三三　赵且伐燕

【题解】

本章所写的鹬蚌相争,渔人得利,是一个流传千古的寓言,凡是双方相争而让第三者得利,都是这个寓言所嘲讽的对象。

历史是一面镜子,要避免重蹈覆辙,就应多读这一类充满智慧的寓言。

赵且伐燕,苏代为燕谓惠王曰①:"今者臣来,过易水,蚌方出曝,而鹬啄其肉②,蚌合而拑其喙③。鹬曰:'今日不雨,明日不雨,即有死蚌④。'蚌亦谓鹬曰:'今日不出,明日不出,即有死鹬。'两者不肯相舍,渔者得而并禽之。今赵且伐燕,燕、赵久相支以弊大众,臣恐强秦之为渔父也。故愿王之熟计之也。"惠王曰:"善。"乃止。

【注释】

①苏代：苏秦弟。惠王：赵惠文王。

②鹬（yù）：鸟名。

③拑：夹住。喙（huì）：嘴。

④即有死蚌：当作"蚌将为脯"。

【译文】

赵国准备攻打燕国，苏代为燕国向赵惠文王进言说："今天我来的时候，经过易水，看见一个河蚌出来晒太阳，一只鹬鸟正啄它的肉，河蚌紧紧夹住了鹬的嘴。鹬鸟说：'今天不下雨，明天不下雨，就必然会有一个死蚌。'河蚌也对鹬鸟说：'您今天不抽嘴出来，明天不抽嘴出来，必定会有一只死鹬。'鹬蚌互不相让，渔翁就可以捕捉到它们。现在赵国将攻打燕国，燕、赵长期对抗，使得民力疲惫，我担心强大的秦国就会像渔翁一样从中得利。希望大王好好地想一想。"赵惠文王说："好。"于是停止了攻燕的计划。

四三四　齐、魏争燕

【题解】

本章事在燕乐毅伐齐前夕，当周赧王三十年（前285）。

苏秦为燕国在齐活动的目的有二：一是让齐伐宋，把齐国这股祸水引向南方。二是挑拨齐、赵关系，替燕多结盟友，孤立齐国。本章说燕因合于魏而得赵，其实这乃是苏秦的预谋，一切尽在他的掌握中。

齐、魏争燕。齐谓燕王曰①："吾得赵矣。"魏亦谓燕王曰："吾得赵矣。"燕无以决之，而未有适予也。苏子谓燕相曰②："臣闻辞卑而币重者，失天下者也；辞倨而币薄者，得天

下者也。今魏之辞倨而币薄。”燕因合于魏，得赵，齐遂
北矣。

【注释】

①燕王：燕昭王。

②苏子：指苏秦。

【译文】

齐、魏两国争夺燕国作为盟邦。齐国对燕王说：“我已和赵国联合了。”魏国也对燕王说：“我已和赵国联合了。”燕国难以决定，究竟应选择和谁亲近。苏子对燕相说：“我听说言辞卑而财礼丰厚的，说明它没有得到天下诸侯；言辞倨傲而财礼菲薄的，说明它已经得到天下诸侯。如今魏国的言辞傲慢而礼物微薄。”于是燕国就和魏国联合，并获得了赵国的支持，齐国于是被打败了。

卷三十一　燕策三

四三五　齐、韩、魏共攻燕

【题解】

周赧王三年(前 312),齐、韩、魏攻燕,楚派景阳领军往救。

本章写景阳具有卓越的军事指挥艺术,着重写了两件事:其一,在驻军扎营的问题上,景阳发现驻地易遭水淹,及时命令部队离开,使楚军免遭灭顶之灾。其二,写齐、魏在楚军东西两面形成夹击的态势,楚军被困,难以脱身。景阳高燃火炬,派使者和魏军往来,齐军以为燕、楚与魏有合作的阴谋,急忙退兵。魏军势孤,也慌忙连夜撤走。

景阳不战而屈人之兵,出色地完成了救燕的任务,真是一位优秀的将领。

齐、韩、魏共攻燕,燕使太子请救于楚。楚王使景阳将而救之①。暮舍,使左右司马各营壁地②,已,稹表③。景阳怒曰:"女所营者,水皆至灭表,此焉可以舍?"乃令徙。明日大雨,山水大出,所营者,水皆灭表,军吏乃服。于是遂不救燕而攻魏雍丘④,取之以与宋。三国惧,乃罢兵。魏军其西,齐军其东，楚军欲还，不可得也。景阳乃开西和门⑤，昼以车骑，暮以烛炬，通使于魏。齐师怪之，以为燕、楚与魏谋之，乃引兵而去。齐兵已去，魏失其与国，无与共击楚，乃夜遁。楚师乃还。

【注释】

①楚王：楚怀王。景阳：人名。楚国名将。

②左右司马：左司马、右司马，楚国的中级武官。壁：营垒。

③稙表：在地上插木以作为军营的标记。稙，通"植"。

④雍（yōng）丘：地名。魏邑，在今河南杞县。

⑤西和门：军门称为和，树立两旗为标识。

【译文】

　　齐、韩、魏三国共同进攻燕国，燕国派太子前往楚国求援。楚王任命景阳为大将率兵救燕。傍晚宿营时，景阳却命令左右二司马各自选地扎营，等全军树立好军营标记以后，这时景阳大发脾气地说："你们安营的地方，洪水可以淹没军营的标记，这里怎么能扎营呢？"于是命令军队转移。第二天下起了大雨，山洪爆发，原来安营的地方，军营的标记全部被洪水淹没了，于是将士们都很佩服景阳。在这种情况下楚军没有去援救燕国，而是去进攻魏国的雍丘，攻下雍丘后把它送给宋国。齐、韩、魏三国都很恐惧，于是停止进攻燕国。魏国军队在西面，齐国军队在东面，楚国军队想要回国，没能成功。景阳就打开军营的西门，白天让车马来往，晚上用烛火照得通明，还时常派使者到魏国军营。齐国军队觉得很奇怪，以为燕、楚两国与魏国图谋自己，于是齐军就自动撤退。齐国军队撤离后，魏国丧失了盟国，没有同它一起进攻楚军的盟军，于是在夜里逃跑了。楚国军队也班师回国。

四三六　张丑为质于燕

【题解】

齐臣张丑在燕国做人质，燕王想要杀他，他逃到边境，用诈言恐吓边吏，得以脱身而去。

《韩非子·说林上》也记载了同样的故事，而主角却是伍子胥，本章乃是寓言，并非实事。

张丑为质于燕①，燕王欲杀之，走且出境，境吏得丑。丑曰："燕王所为将杀我者，人言我有宝珠也，王欲得之，今我已亡之矣，而燕王不我信。今子致我，我且言子之夺我珠而吞之，燕王必当杀子，刳子腹及子之肠矣。夫欲得之君，不可说以利。我要且死，子肠亦且寸绝。"境吏恐而赦之。

【注释】

①张丑：人名。齐臣。

【译文】

齐臣张丑在燕国做人质，燕王想要杀他，张丑逃跑了，当他快要逃出边境时，边防人员抓到他。张丑说："燕王之所以要杀死我，是因为有人说我有宝珠的缘故，燕王想得到它，但是现在我已经丢了宝珠，可燕王不相信我的话。假如今天你们准备把我送到燕王那里，我就会说你们抢了我的宝珠并吞进了肚子，贪心很重的燕王不但要把你们都杀死，而且会剖开你们的肚子和肠子。想要得到君王的赏识，也不该用财物取悦于他。我如果要死，你们的肠子也会一寸寸地被割断。"边防人员很害怕，就释放了张丑。

四三七　燕王喜使栗腹以百金为赵孝成王寿

【题解】

燕王喜轻信栗腹的话，认为赵国兵力在长平之战中严重受损，打算起兵攻赵，乐间劝阻，燕王不听，终于遭受重大挫败，乐间也因而离燕入赵。

燕王喜写信责备乐间，信中提出："仁不轻绝，智不轻怨。"指责乐间出走是不仁不智；并指出乐间离燕，"本欲以明寡人之薄，而君不得厚；扬寡人之辱，而君不得荣，此一举而两失也"。总之，这是属于损人而不利己的行为。接着又举出柳下惠屡遭罢黜而不肯离弃故国的事为例，希望乐间能够返回燕国。

这封信写得委婉含蓄，很有分寸；但骨子里却是拒谏饰非，不肯认错，无怪乎乐间不予置理，更不愿离赵返燕了。

本章有人认为燕王所写的信是燕惠王写给乐毅的，此外，还有其他的说法，诸说不妨并存。

燕王喜使栗腹以百金为赵孝成王寿①，酒三日，反报曰："赵民其壮者皆死于长平，其孤未壮，可伐也。"王乃召昌国君乐间而问曰②："何如?"对曰："赵，四达之国也，其民皆习于兵，不可与战。"王曰："吾以倍攻之，可乎?"曰："不可。"曰："以三可乎?"曰："不可。"王大怒。左右皆以为赵可伐，遽起兵六十万以攻赵，令栗腹以四十万攻鄗③，使庆秦以二十万攻代④。赵使廉颇以八万遇栗腹于鄗，使乐乘以五万遇庆秦于代⑤，燕人大败，乐间入赵。

【注释】

①栗腹：人名。燕相。

②乐间：人名。乐毅的儿子。乐毅奔赵后，燕惠王又封其子乐间为昌国君。

③鄗（hào）：同"镐"。地名。赵邑，在今河北高邑东。

④庆秦：人名。燕将。

⑤乐乘：人名。乐毅的同族。

【译文】

　　燕王喜派栗腹带着百金去给赵孝成王祝福，饮酒三天之后，栗腹回报燕王说："赵国百姓中壮年的都死在长平，他们的遗孤还没有长大，我国可以乘机进攻赵国。"燕王于是召见昌国君乐间，向他询问说："贤卿以为乘机进攻赵国如何？"乐间回答说："赵国是一个四通八达的国家，它的百姓善于作战，不能和它开战。"燕王说："我用两倍的兵力进攻它，可以吗？"乐间回答说："不可以。"燕王又说："用三倍的兵力可以吗？"乐间回答说："不可以。"燕王很生气。身边的大臣们都认为可以进攻赵国，很快就发兵六十万攻赵，派栗腹率四十万军队攻打鄗邑，派庆秦用二十万军队攻打代郡。赵国派廉颇率八万军队在鄗邑迎击栗腹，派乐乘率五万军队在代郡迎击庆秦，结果燕军大败，乐间也投奔了赵国。

　　燕王以书让间，且谢焉，曰："寡人不佞，不能奉顺君意，故君捐国而去，则寡人之不肖明矣。敢竭其愿，而君不肯听，故使使者陈愚意，君试论之。语曰：'仁不轻绝，智不轻怨。'君之于先王也，世之所明知也。寡人望有非则君掩盖之，不虞君之明罪之也；望有过则君教诲之，不虞君之明罪之也。

【译文】

燕王用书信谴责乐间并谢罪，说：“寡人无才，没有依从您的话，所以您抛弃燕国而离开，寡人的无能是明白不过的了。寡人希望贤卿继续回来效命，但您却不肯听从，因此派使者向您陈述一下寡人的心意，希望您三思而行。常言道：‘仁德的人不轻易和人绝交，聪明的人不轻易怨恨别人。’您同先王的关系是世人所知的。寡人如果有过错时，希望您能帮助掩盖，不料您却张扬寡人的罪过；寡人有过失时，希望您能给予教导，不料您却宣扬寡人的过失。

“且寡人之罪，国人莫不知，天下莫不闻，君微出明怨以弃寡人，寡人必有罪矣。虽然，恐君之未尽厚也。谚曰：‘厚者不毁人以自益也，仁者不危人以要名。’以故掩人之邪者，厚人之行也；救人之过者，仁者之道也。世有掩寡人之邪、救寡人之过，非君恶所望之？

【译文】

“况且寡人的罪过，国人没有不知道的，天下没有不听说的，您又暗地里跑出燕国表明您的怨恨，抛弃寡人，寡人有罪过是一定的了。尽管如此，恐怕您没有尽到忠诚的责任。谚语说：‘忠厚的人不靠伤害别人来抬高自己的声誉，仁德的人不靠伤害别人求得好名声。’因此掩饰别人过失的，是忠厚者的行为；挽救别人过失的，是仁者的本分。世上有能掩饰寡人的过错，纠正寡人的错误，除了您寡人还能指望谁呢？

“今君厚受位于先王以成尊，轻弃寡人以快心，则掩邪救过，难得于君矣。且世有厚薄，故施异；行有得失，故患同。今使寡人任不肖之罪，而君有失厚之累，于为君择之也，无所取之。

【译文】

　　"如今您从先王那里得到高位而安享尊荣，却轻易地抛弃寡人以逞心头之快，那么掩饰寡人的错误，挽救寡人的过失的愿望，在您这里恐怕难以实现了。况且世人待寡人虽然薄情，但寡人却厚待他们；别人的行为有了过失，寡人却仁爱地信任他们。如今使寡人背负了不贤的罪名，而您也不会受到有失忠厚的指责，如果替您作出选择，您的做法是没有可取之处的。

　　"国之有封疆，犹家之有垣墙，所以合好掩恶也。室不能相和，出语邻家，未为通计也。怨恶未见而明弃之，未为尽厚也。

【译文】

　　"国家有疆界，就如同家庭的院墙，是为了全家和睦，掩饰丑事。这里不能和睦相处，出去告诉邻居，这不是解决问题的办法。寡人的怨恨、憎恶还没有表现出来，您就公开弃国而去，不能算尽了忠厚的本分。

　　"寡人虽不肖乎，未如殷纣之乱也；君虽不得意乎，未如商容、箕子之累也①。然则不内盖寡人，而明怨于外，恐其适足以伤于高而薄于行也，非然也？苟可以明君之义，成君之高，虽任恶名，不难受也。本欲以为明寡人之薄，而君不得厚；扬寡人之辱，而君不得荣，此一举而两失也。义者不亏人以自益，况伤人以自损乎？愿君无以寡人不肖，累往事之美。

【注释】

①商容：人名。纣臣。谏纣王不听，退而隐居。箕子：人名。纣王
　的叔父，谏纣王不听，就假装疯狂。

【译文】

　　"寡人虽然不好，但还没有像殷纣王那样暴虐；您虽然很不得意，也
没有像商容、箕子那样的忧患。然而您不在国内掩饰寡人犯的过错，却
跑到国外表明您的怨恨，恐怕您那样做有损于您的义行，别人会瞧不起
您的行为，难道不是这样吗？假如可以表明您的仁义，成就您高尚的品
行，寡人即使承担恶名，也不难接受。本来想表明我的不忠厚，而您自
己也得不到忠厚之名；本来想张扬寡人的耻辱，而您也得不到荣耀，这
样做一举两失。一个仁义的人不靠损害别人来抬高自己，更何况伤害
别人也会伤害自己呢？希望您不要因为我的不好，而破坏了以往君臣
之间的良好感情。

　　"昔者柳下惠吏于鲁①，三黜而不去。或谓之曰：'可以
去。'柳下惠曰：'苟与人之异，恶往而不黜乎？犹且黜乎，宁
于故国尔。'柳下惠不以三黜自累，故前业不忘；不以去为
心，故远近无议。今寡人之罪，国人未知，而议寡人者遍天
下。语曰：'论不循心，议不累物，仁不轻绝，智不简功。'弃
大功者，辍也；轻绝厚利者，怨也。辍而弃之，怨而累之，宜
在远者，不望之乎君也。

【注释】

①柳下惠：人名。春秋时鲁国大夫。展氏，名禽，字季。柳下是他
　的食邑，"惠"是他的谥。

【译文】

　　"从前柳下惠在鲁国做官,多次被罢黜也不离开鲁国。有人对他说:'您可以离开鲁国。'柳下惠说:'假如自己的做法与别人不一样,那么到那里能不被罢黜呢?到那里都是被罢黜,我宁愿留在故国。'柳下惠不因多次被罢黜丧失自信,所以人们不会忘怀他以前的功绩;他不愿离开本国,所以朝野上下都没有非议他的。如今我的罪过,国人并不知晓,而议论我的人却遍及天下。常言道:'评价人不要任意而行,议论事情不要去伤害别人,仁义的人不轻易断绝交情,聪明的人不随便抛弃以前的成就。'抛弃伟大功业的,是因为他停止了努力;轻率地拒绝丰厚好处的,是因为他产生了怨恨。停止努力,抛弃功业,心怀怨恨而越积越深,这种事应该发生在被疏远的大臣身上,不希望出现在您的身上。

　　"今以寡人无罪,君岂怨之乎?愿君捐怨,追惟先生,复以教寡人。意君曰,余且慝心以成而过①,不顾先王以明而恶,使寡人进不得修功,退不得改过,君之所制也,唯君图之!此寡人之愚意也,敬以书谒之。"乐间怨不用其计,卒留赵不报。

【注释】

　　①慝(nì):暗藏,隐匿。

【译文】

　　"何况寡人今天并没有罪过,您难道还怨恨寡人吗?希望您捐弃前嫌,追念先王的恩德,重新来教导寡人。寡人考虑您的想法是,暗藏报复的心理,促成寡人的过失,不顾及先生的恩德,张扬寡人的丑事,这样就使寡人进不能建立功业,退不能改正过失,到底怎么办,全在您的掌握中,希望您再考虑一下!这些是寡人的区区心意,恭敬地以书信向您说明。"乐间怨恨燕王没有采纳自己的计策,最终还是留在赵国,没有回答燕王。

四三八　秦并赵

【题解】

本章事在秦始皇十一年(前236)。上年,赵王入秦朝见,秦王在首都咸阳设宴款待,秦、赵相亲,秦支持赵攻燕。本年,燕王喜在遭到进攻时,派使者入秦,游说秦王不要以灭燕来加强赵的国力。秦王认同他的说法,就起兵救燕。

秦并赵,北向迎燕。燕王闻之①,使人贺秦王②。使者过赵,赵王系之③。使者曰:"秦、赵为一而天下服矣,燕之所以受命于赵者,为秦也。今臣使秦而赵系之,是秦、赵有郤。秦、赵有郤,天下必不服,而燕不受命矣。且臣之使秦,无妨于赵之伐燕也。"赵王以为然而遣之。

【注释】

①燕王:燕王喜。

②秦王:秦王政。

③赵王:赵悼襄王。

【译文】

秦国联合赵国后,又向北方的燕国发兵。燕王知道这个消息后,派人去祝贺秦王。使者经过赵国,赵王拘捕了他。使者说:"秦、赵合一,使天下诸侯折服,燕国之所以接受赵国的命令,是由于强大的秦国做后盾的缘故。现在臣下出使秦国而被赵国拘留,这就是说秦、赵两国有了隔阂。秦、赵两国有了隔阂，天下诸侯一定不会再屈服，而燕国也绝不会再接受赵国的命令。再说臣下出使秦国，对赵国进攻燕国也没有什么妨害。"赵王认为燕使说的话很对，于是释放了他。

使者见秦王曰："燕王窃闻秦并赵，燕王使使者贺千金。"秦王曰："夫燕无道，吾使赵有之，子何贺？"使者曰："臣闻全赵之时，西邻为秦，北下曲阳为燕①，赵广三百里，而与秦相距五十余年矣，所以不能反胜秦者，国小而地无所取。今王使赵北并燕，燕、赵同力，必不复受命于秦矣。臣窃为王患之。"秦王以为然，起兵而救燕。

【注释】

①下曲阳：地名。赵邑，在今河北晋县西。

【译文】

燕国使者见到秦王说："燕王私下听说秦联合了赵国，燕王就派使者前来，送上千金以示祝贺。"秦王说："燕王无道，我派赵国攻占燕国，你为什么还向寡人祝贺？"使者说："臣下听说赵国全盛的时候，西面有秦国为邻，北面的下曲阳与燕国为邻，赵国方圆三百里，同秦国相持五十多年，没能反过来战胜秦国的原因是因为国土狭小，不能从秦国获取土地。现在大王让赵国向北兼并燕国，燕、赵很快就合二为一，到那时一定不会再听秦国的号令。臣下私下替大王担忧。"秦王认为他说得对，就发兵援救燕国。

四三九　燕太子丹质于秦

【题解】

本章实际上是一篇《荆轲传》。

　　荆轲是战国末年有名的勇士,由于田光的推荐,燕太子丹召见他,待以上卿之礼。后来秦将王翦破赵,兵临易水,燕国形势危急,太子丹要求他赴秦,劫持秦王。荆轲有所等待,迟迟未发。太子丹心情急躁,催促他及早上路。临行,太子和宾客都白衣素冠,在易水边为他饯别。他的好友高渐离击筑,荆轲相和而歌。接着又唱出一曲《易水歌》,凄凉悲壮,流传千古。

　　荆轲至秦,持樊於期头及燕国督亢地区的地图,献给秦王。在献图地,荆轲副手秦武阳恐惧色变,荆轲谈笑自若,替他解释。

　　在奉图的时候,图穷而匕首见,荆轲刺秦王不中,秦王拔剑击断荆轲左股,行刺的事遂告失败。陶渊明《咏荆轲》诗说:"惜哉剑术疏,奇功遂不成。"为荆轲的失败深致惋惜。

　　燕太子丹质于秦^①,亡归。见秦且灭六国,兵以临易水,恐其祸至,太子丹患之,谓其太傅鞠武曰^②:"燕、秦不两立,愿太傅幸而图之。"武对曰:"秦地遍天下,威胁韩、魏、赵氏,则易水以北未有所定也。奈何以见陵之怨,欲批其逆鳞哉?"太子曰:"然则何曲?"太傅曰:"请今图之。"

【注释】

　　①燕太子丹:燕王喜的太子。

　　②鞠(jū)武:人名。燕臣,任太傅。

【译文】

　　燕太子丹在秦国做人质,后来逃回燕国。他看到秦国将要灭掉六国,秦军已经逼近易水,担心大祸临头,就忧心忡忡地对太傅鞠武说:"燕、秦两国势不两立,希望太傅替我想想对付秦国的办法吧。"鞠武说:"秦国的地盘已遍布天下,正在威胁着韩、魏、赵等国家,那么易水以北的土地,还不知会归谁呢。何必为曾受凌辱的怨恨,而去触怒强暴的秦国呢?"太子说:"虽然如此,那该怎么办才好呢?"太傅说:"请让我好好考虑一下。"

居之有间,樊将军亡秦之燕①,太子容之。太傅鞠武谏曰:"不可。夫秦王之暴而积怨于燕②,足为寒心,又况闻樊将军之在乎! 是以委肉当饿虎之蹊,祸必不振矣! 虽有管、晏③,不能为谋。愿太子急遣樊将军入匈奴以灭口④,请西约三晋,南连齐、楚,北讲于单于⑤,然后乃可图也。"

【注释】

①樊将军:秦将樊於(wū)期,因得罪秦王,逃到燕国。

②秦王:秦王政。

③管、晏:管,管仲,春秋时齐桓公相。晏,晏婴,春秋时齐庄公、景公相。

④匈奴:古族名。战国时分布在燕、赵的北边,以游牧为生。

⑤单于(chán yú):匈奴王的称号。

【译文】

不久,樊将军从秦国逃到了燕国,太子收留了他。太傅鞠武劝阻太子说:"不行啊。秦王那样残暴,又对燕国久怀仇恨,这已经够叫人担惊受怕的了,何况他又听说樊将军还藏在这里呢! 这样做,就像把肉放置在饿虎经过的小路上,灾祸一定不可挽救了! 即使有管仲、晏婴在世,也是想不出好办法的。希望太子赶快把樊将军打发到匈奴去,以便堵住秦王的借口,请您联合西边的三晋和南边的齐、楚,北边和匈奴王媾和,这样以后才有办法对付秦国啊。"

太子丹曰:"太傅之计,旷日弥久,心惛然,恐不能须臾。且非独于此也。夫樊将军困穷于天下,归身于丹,丹终不迫于强秦而弃所哀怜之交,置之匈奴,是丹命固卒之时也。愿太傅更虑之。"鞠武曰:"燕有田光先生者,其智深,其勇沉,可与之谋也。"太子曰:"愿因太傅交于田光先生,可乎?"鞠武曰:"敬诺。"

【译文】

太子丹说:"太傅的计策,要费很多的时间,我心里忧闷不堪,怕是不能等待了。况且问题还不仅如此。樊将军处境艰难,无处安身,才投奔到我这里来,我毕竟不能因为强秦的威逼而抛弃这可怜的朋友,而把他推到匈奴去呀,看来是我的生命该当结束的时候了。希望太傅另想办法吧。"鞠武说:"燕国有位田光先生,他智勇双全,深谋远虑,可以和他商量这事。"太子说:"希望能通过太傅而结识田先生,可以吗?"鞠武说:"好吧。"

出见田光,道太子曰:"愿图国事于先生。"田光曰:"敬奉教。"乃造焉。太子跪而逢迎,却行为道,跪而拂席。田先生坐定,左右无人,太子避席而请曰:"燕、秦不两立,愿先生留意也。"田光曰:"臣闻骐骥盛壮之时,一日而驰千里,至其衰也,驽马先之。今太子闻光壮盛之时,不知吾精已消亡矣。虽然,光不敢以乏国事也。所善荆轲可使也。"太子曰:"愿因先生得交于荆轲,可乎?"田光曰:"敬诺。"即起,趋出。太子送之至门,戒曰:"丹所报先生,所言者,国大事也,愿先生勿泄也。"田光俛而笑曰[1]:"诺。"

【注释】

①俛(fǔ)：同"俯"。

【译文】

鞠武就去会见田光，并且传达太子丹的意思，说："太子希望和先生商量国家大事。"田光说："谨遵指教。"于是田光就去拜访太子。太子跪着迎接田光，倒退着为他引路，还跪下来为他拂拭他的座位。田光坐定后，旁边没有其他人，太子就离开座位向田光请教说："燕、秦两国势不两立，希望先生给想想办法吧。"田光说："我听说良马壮年之时，一天奔驰千里，到它衰老时，劣马也能越过它。如今，太子听到的只是我壮年时的名声，不知道我的精力已经衰老得不行了。尽管这样，我也不敢因此耽误了国家大事啊。我的朋友荆轲是个可以任用的人。"太子说："希望通过先生能够结识荆轲，可以吗？"田光说："好吧。"于是马上起身走了出去，太子送他到门口说："我刚才告诉先生的话都是国家大事，希望先生不要泄露啊。"田光俯身笑了笑说："好。"

　　偻行见荆轲曰："光与子相善，燕国莫不知。今太子闻光壮盛之时，不知吾形已不逮也。幸而教之曰：'燕、秦不两立，愿先生留意也。'光窃不自外，言足下于太子，愿足下过太子于宫。"荆轲曰："谨奉教。"田光曰："光闻长者之行，不使人疑之，今太子约光曰：'所言者，国之大事也，愿先生勿泄也。'是太子疑光也。夫为行使人疑之，非节侠士也。"欲自杀以激荆轲，曰："愿足下急过太子，言光已死，明不言也。"遂自刭而死。

【译文】

田光弯着腰步行去见荆轲说："我和您友好，燕国人没有不知道的。

如今太子只听到我壮年时的名声,却不知道我的体力已经不及当年了。我荣幸地听到太子开导我说:'燕、秦两国势不两立,希望先生给我想想办法。'我自以为和您不见外,就把您介绍给太子,希望您进宫去拜见太子。"荆轲说:"谨遵指教。"田光说:"我听说德高望重的人做事是不会让人怀疑的,现在太子特地和我相约说:'咱们所谈的都是国家大事,希望先生不要泄露出去。'由此看来,太子信不过我。如果做事让人家怀疑,就算不上是有节操、讲义气的人。"他想用自杀来激励荆轲,说:"请您快些去见太子,就说我已经死了,以表明我永远不会泄露机密。"说完就挥剑自刎了。

荆轲见太子,言田光已死,明不言也。太子再拜而跪,膝行流涕,有顷而后言曰:"丹所请田先生无言者,欲以成大事之谋。今田先生以死明不泄言,岂丹之心哉?"

【译文】

　　荆轲去见太子,说田光已经自杀身死,用以表明不会泄露机密。太子听后,拜了两拜,跪下流着泪用两膝走到荆轲面前,停了一会儿才说:"我之所以请田先生不要对外人泄露,是想把这件大事办成。现在田先生用死来表明自己信守秘密,这难道是我的本意吗?"

　　荆轲坐定,太子避席顿首曰:"田先生不知丹不肖,使得至前,愿有所道,此天所以哀燕而不弃其孤也。今秦有贪饕之心,而欲不可足也。非尽天下之地,臣海内之王者,其意不餍①。今秦已虏韩王②,尽纳其地,又举兵南伐楚,北临赵。王翦将数十万之众③,临漳、邺,而李信出太原、云中④。赵不能支秦,必入臣,入臣则祸至燕。燕小弱,数困于兵,今计举国不足以当秦。诸侯服秦，莫敢合从。丹之私计，愚以为诚得天下之勇士使于秦，窥以重利，秦王贪其贽，必得所愿矣。诚得劫秦王，使悉反诸侯之侵地，若曹沫之与齐桓公⑤，则大善矣；则不可，因而刺杀之。彼大将擅兵于外，而内有大乱，则君臣相疑，以其间诸侯得合从，其破秦必矣。此丹之上愿，而不知所以委命，唯荆卿留意焉。"

【注释】

①餍（yàn）：满足。

②今秦已虏韩王：公元前230年，秦灭韩，虏韩王安。

③王翦：人名。秦国名将，频阳（今陕西富平东北）人。

④李信：人名。秦将。

⑤曹沫之与齐桓公：曹沫，人名。即曹刿，春秋时鲁国人，与齐作战，屡次失败，后劫持齐桓公，迫使他归还了鲁的侵地。

【译文】

荆轲坐下后，太子又离开自己的坐席对他叩头说："田先生不知道我的无能，使您能够屈驾光临，愿意对我指教，这是老天可怜燕国而不抛弃它的后人啊。如今秦国残暴贪婪，欲望永远不能满足。不把天下的土地吞并光，不臣服海内所有的诸侯，他们的贪欲是不会满足的。现在，秦国已经俘虏了韩王，占领了韩国的全部领土，又发兵攻打南边的楚国，进逼北边的赵国。王翦率领几十万大军逼近漳水、邺城一带，李信率兵在太原、云中地区出没。赵国抵抗不住秦国就会投降，赵国一旦投降，那灾祸就轮到燕国了。燕国这么弱小，屡次遭受到战争的蹂躏，现在看来即使动员全国的力量也不足以抵挡秦国了。诸侯们害怕秦国，谁都不敢坚持合纵。我个人有个想法，认为如果能找到一位天下最勇敢的人出使到秦国，用重利来引诱秦王，只要秦王贪图这份厚礼，我们就一定能够达到目的了。假如能够乘机挟持秦王，逼他把侵占过来的土地全部退还给诸侯，就像曹沫挟持齐桓公一样，那就好了；如果他不答应，就乘机刺杀他。秦国的大将都领兵在外，要是国内出了大乱子，他们就会上下互相猜疑，我们乘机去说服诸侯，使他们联合起来，就一定能够实现击败秦国的愿望了。这是我最大的愿望，但是不知道该把这个使命付托给何人，所以只有请您多加费心了。"

久之，荆轲曰："此国之大事也，臣驽下，恐不足任使。"太子前顿首，固请无让，然后许诺。于是尊荆轲为上卿，舍上舍，太子日日造问，供太牢，具异物，间进车骑美女，恣荆轲所欲，以顺适其意。

【译文】

过了很长时间，荆轲才回答说："这可是国家大事，我愚钝无能，恐怕不能够胜任呀。"太子上前向他叩头，坚决请求他不要推辞，这样荆轲才答应了。于是太子奉荆轲为上卿，请他住在高级的宾馆里，每天都去拜望、问候，供给他丰盛的筵席和珍异的物品，还不断送去车马和美女，尽量满足荆轲的一切愿望，使他心情畅快。

久之，荆卿未有行意。秦将王翦破赵，虏赵王[①]，尽收其地，进兵北略地，至燕南界。太子丹恐惧，乃请荆卿曰："秦兵旦暮渡易水，则虽欲长侍足下，岂可得哉？"荆卿曰："微太子言，臣愿得谒之。今行而无信，则秦未可亲也。夫樊将军，秦王购之金千斤，邑万家。诚能得樊将军首与燕督亢之地图献秦王[②]，秦王必说见臣，臣乃得有以报太子。"太子曰："樊将军以穷困来归丹，丹不忍以己之私而伤长者之意。愿足下更虑之。"

【注释】

①虏赵王：事在公元前228年。

②督亢：地区名。在今河北涿州东，地跨数县。

【译文】

过了许久，荆轲还没有动身的意思。这时，秦国大将王翦已经攻破了赵国，俘虏了赵王，占领了赵国的全部土地，并且继续向北进军掠夺，一直到了燕国南边的国境。太子丹十分害怕，就去请求荆轲说："秦军早晚就要渡过易水了，那么我虽然希望能够长久地侍奉您，可是哪里还能办到呢？"荆轲说："即使太子不说，我也要向太子请求行动了。现在动身而没有信物，那秦王是无法接近的。如今樊将军本人，秦王正以千金黄金和万户封邑的赏格来缉拿他。假如能够得到樊将军的首级和燕国督亢地区的地图一起献给秦王，秦王一定会设法地接见我，那我也就有机会报效太子了。"太子说："樊将军因为走投无路才投奔到了我这里，我不忍心为了自己的事情而辜负了这位长者的一番心意。请您另想别的办法吧。"

荆轲知太子不忍，乃遂私见樊於期曰："秦之遇将军，可谓深矣，父母宗族皆为戮没。今闻购将军之首，金千斤，邑万家，将奈何？"樊将军仰天太息流涕曰："吾每念，常痛于骨髓，顾计不知所出耳。"轲曰："今有一言可以解燕国之患，而报将军之仇者，何如？"樊於期乃前曰："为之奈何？"荆轲曰："愿得将军之首以献秦，秦王必喜而善见臣，臣左手把其袖，而右手揕其胸，然则将军之仇报，而燕国见陵之耻除矣。将军岂有意乎？"樊於期偏袒扼腕而进曰："此臣日夜切齿拊心

也,乃今得闻教。"遂自刎。太子闻之,驰往,伏尸而哭,极
哀。既已无可奈何,乃遂收盛樊於期之首,函封之。

【译文】

　　荆轲知道太子心不忍,就私自去见樊於期,说:"秦国对待将军可以
说是太残忍了,您的父母和族人全被他们杀掉。现在听说正在购求将
军的首级,出价是黄金千斤和万户之邑,您打算怎么办啊?"樊将军仰天
长叹,流着眼泪说:"我每想到这事,常常痛入骨髓,只是不知道从那里
想办法啊。"荆轲说:"现在我有一句话对您说,这既可以解救燕国的危
难,又可以替将军报仇,您看怎样?"樊於期就凑近荆轲跟前问:"您准备
怎么办?"荆轲说:"我想得到将军的首级拿去献给秦王,秦王必定高兴
而很好的接见我,我就左手抓住他的衣袖,右手击刺他的胸膛,这就既
报了将军的仇,燕国被欺侮的耻辱也能洗雪了。将军有这个意思吗?"
樊於期激动地袒露出一只肩臂,一手紧握着另一只手,向前跨了几步
说:"我正是日夜咬牙、捶胸而气愤的事啊,今天才听到了您的指教。"说
完就挥刀自杀了。太子听说了此事,急忙驱车赶去,伏在樊将军尸体上
痛哭,悲伤极了。可是事已如此,无法挽回,只好拾掇起樊於期的首级,
用匣子封装起来。

　　于是太子预求天下之利匕首,得赵人徐夫人之匕首,取
之百金,使工以药淬之,以试人,血濡缕人无不立死者。乃
为装遣荆轲。燕国有勇士秦武阳,年十二杀人,人不敢忤
视,乃令秦武阳为副。

【译文】

　　这时,太子丹就预先在各地访求锋利的匕首,结果得到了赵国徐夫

人的一把匕首，用百斤黄金买了下来，并叫工匠用毒药水浸泡了它，拿它一试，只要在人身上稍刺破一点，见到一丝血，那人没有不立即死亡的。于是，太子就为荆轲准备好了行装，打算送他上路。燕国有个勇士，名叫秦武阳，十二岁时就杀人，人们不敢和他正面相视，太子就派他给荆轲当了助手。

荆轲有所待，欲与俱，其人居远未来，而为留待。顷之未发，太子迟之，疑其改悔，乃复请之曰："日以尽矣，荆卿岂无意哉？丹请先遣秦武阳。"荆轲怒叱太子曰："今日往而不反者，竖子也！今提一匕首入不测之强秦，仆所以留者，待吾客与俱。今太子迟之，请辞决矣！"遂发。

【译文】

荆轲还在等一个人，准备让那个人与自己一同前往，而那个人住在远处，尚未赶到，因此荆轲还想等他一下。过了些时候，荆轲还未出发，太子嫌他拖延了时间，疑心荆轲主意改变了，就又去催促说："时间已很紧迫了，难道您不想去了吗？请让我先打发秦武阳动身吧。"荆轲非常生气，高声地斥责太子说："我这次去了，如果不能完成使命，这是小孩子的行为！现在，我只带一把匕首，就前往凶险难料的秦国，所以没有动身，就是要等我的朋友一同前往啊。现在太子既然嫌我拖了时间，那就让我告辞吧！"说罢，就动身了。

太子及宾客知其事者，皆白衣冠以送之①，至易水上。既祖②，取道。高渐离击筑③，荆轲和而歌，为变徵之声④，士皆垂泪涕泣。又前而为歌曰："风萧萧兮易水寒，壮士一去兮不复还！"复为慷慨羽声，士皆瞋目，发尽上指冠。于是荆轲遂就车而去,终已不顾。

【注释】

①白衣冠:凶丧的服装。知入秦难返,所以穿丧服送他,也包含激
　　励的意思。

②既祖:既已饯行。古代远行必祭道路之神,将行,饮酒祭神,称
　　为祖。

③高渐离:人名。荆轲的友人。筑:乐器,似琴而大,安弦,用竹击打。

④变徵(zhǐ)之声:高亢的调子,适于悲歌。

【译文】

　　太子及门客中知道了这件事的人,都穿戴了白衣、白帽前来送行,
到了易水边上。饯行之后,就要上路。高渐离敲着筑,荆轲和着筑声唱
歌,声调非常悲壮凄凉,人们听后都伤心地掉下泪来。荆轲又向前跨了
几步,唱道:“风萧萧兮易水寒,壮士一去兮不复还!”按着又奏起慷慨激
昂的曲调,激励得人们个个怒目圆睁,连头发都竖了起来,直顶着帽子。
荆轲遂即跳上车离开了,始终连头也没回一下。

　　既至秦,持千金之资币物,厚遗秦王宠臣中庶子蒙
嘉①。嘉为先言于秦王曰:“燕王诚振怖大王之威,不敢兴
兵以逆军吏,愿举国为内臣,比诸侯之列,给贡职如郡县,
而得奉守先王之宗庙。恐惧不敢自陈,谨斩樊於期头及献
燕之督亢之地图,函封,燕王拜送于庭,使使以闻大王,唯
大王命之。”

【注释】

①中庶子:官名。秦王身边的侍从之臣。蒙嘉:人名。蒙恬之弟。

【译文】

荆轲到了秦国,先用价值千金的厚礼贿赂了秦王的宠臣中庶子蒙嘉。蒙嘉就预先在秦王面前说:"燕王实在畏惧大王的威势,不敢出兵对抗大军,愿意让全国上下都做大王的臣民,与其他降服的诸侯一样,并像秦国的郡县一样给大王纳贡,只求能够保全祖先的宗庙。他心中害怕,不敢亲自前来向大王面陈,特地斩下樊於期的脑袋,并献出燕国督亢地区的地图,封装在匣子里,在他的宫廷前举行了拜送仪式,派使者前来禀报大王。现在正听候大王发落。"

秦王闻之,大喜。乃朝服,设九宾①,见燕使者咸阳宫。荆轲奉樊於期头函,而秦武阳奉地图匣,以次进至陛下。秦武阳色变振恐,群臣怪之。荆轲顾笑武阳,前为谢曰:"北蛮夷之鄙人,未尝见天子,故振慑,愿大王少假借之,使得毕使于前。"

【注释】

①设九宾:派出九位礼宾人员,以次传呼使者上殿,是极其隆重的外交礼节。宾,傧相。

【译文】

秦王听说后,非常高兴。就换上朝服,用最隆重的外交礼节,在咸阳宫里接见了燕国使者。荆轲捧着盛有樊於期首级的匣子,秦武阳捧着装有地图的匣子,一前一后地走到了宫殿的台阶前。这时,秦武阳由于心里害怕而脸色大变,举止失常,秦国的大臣们都感到奇怪。荆轲镇定地回头向秦武阳笑了笑,到前面替秦武阳向秦王谢罪说:"他是我们北方荒僻之地的粗野人,从来没有见过天子,所以吓得发抖,希望大王对他稍加宽容,让他能在大王面前完成他的使命。"

秦王谓轲曰:"起,取武阳所持图。"轲既取图奉之。秦王发图,图穷而匕首见。因左手把秦王之袖而右手持匕首揕之。未至身,秦王惊,自引而起,绝袖。拔剑,剑长,摲其室。时惶急,剑坚,故不可立拔。荆轲逐秦王,秦王还柱而走。群臣惊愕,卒起不意,尽失其度。而秦法,群臣侍殿上者,不得持尺寸之兵。诸郎中执兵皆陈殿下①,非有诏不得上。方急时,不及召下兵,以故荆轲逐秦王,而卒惶急无以击轲,而乃以手共搏之。是时,侍医夏无且以其所奉药囊提轲。秦王之方还柱走,卒惶急不知所为②,左右乃曰:"王负剑! 王负剑!"遂拔剑击荆轲,断其左股。

【注释】

①郎中:秦王身边的侍卫之臣。

②卒:同"猝"。

【译文】

秦王对荆轲说:"起来吧,把秦武阳手上的地图拿过来。"荆轲就拿过图来献上。秦王打开地图,当地图展到尽头时,藏在地图里面的匕首露了出来。荆轲乘势用左手抓住了秦王的衣袖,右手握住匕首向他刺去。没有刺着秦王,秦王大吃一惊,从座位上跳了起来,连衣袖都挣断了。秦王要拔身上的佩剑,剑太长,慌忙中只抓住了剑鞘。当时惊慌急迫,偏偏剑又在鞘里卡得很紧,所以一下子拔不出来。荆轲追赶秦王,秦王绕着柱子奔跑。大臣们也都惊呆了,事情发生得太突然,太意外,所以都吓得失去了常态。按秦国的法规,大臣侍立在殿上时,一律不得携带任何武器。那些警卫官员,虽然手执兵器,但都站在宫殿的台阶下面,没有秦王的命令,是不得擅自上殿的。在这紧急的时刻,来不及传唤殿阶下的卫士,所以干看着荆轲追赶秦王,惶急之中没有武器还击荆轲,只好徒手去与他拼斗。这时,有个名叫夏无且的侍医,就用手中的药袋向荆轲掷去。秦王正在绕着柱子快跑,惊慌得不知怎么办才好,旁边的人乘这个空子才对秦王喊道:"大王快把剑背起来!大王快把剑背起来!"这样秦王才把佩剑鞘推到身后,抽出了剑去砍荆轲,结果砍断了荆轲的左腿。

　　荆轲废,乃引其匕首提秦王,不中,中柱。秦王复击轲,轲被八创。轲自知事不就,倚柱而笑,箕踞以骂曰:"事所以不成者,乃欲以生劫之,必得约契以报太子也。"左右既前斩荆轲,秦王目眩良久。已而论功赏群臣及当坐者,各有差。而赐夏无且黄金二百镒,曰:"无且爱我,乃以药囊提荆轲也。"

【译文】

　　荆轲受了重伤倒下,就举起匕首向秦王投去,没有刺中秦王,却扎到柱子上。秦王继续用剑砍杀荆轲,荆轲被砍伤了八处。荆轲知道事情不会成功了,就倚着柱子笑了起来,他叉开两腿坐在地上,大骂着说:"这事所以没有成功,是因为我要活捉你,迫使你订出契约,我好向太子回报。"旁边的人一拥而上,杀死了荆轲,秦王却头晕目眩了好久。事后,秦王评定臣子们在这次事件中的功过,分别按等级奖赏或处罚他们。他赏给夏无且黄金二百镒,说:"无且真心爱护我,才会用药袋去投击荆轲。"

　　于是,秦大怒燕,益发兵诣赵,诏王翦军以伐燕。十月而拔燕蓟城①。燕王喜、太子丹等皆率其精兵东保于辽东②。秦将李信追击燕王。王急,用代王嘉计③,杀太子丹,欲献之

秦。秦复进兵攻之,五岁而卒灭燕国而虏燕王喜④。秦兼
天下。

【注释】

①蓟城:燕都,在今北京市。

②辽东:地区名。在今辽宁东南部,在辽水之东。

③代王嘉:公元前228年,秦灭赵,虏赵王迁,公子嘉自立为代王。

④灭燕国:秦灭燕,在公元前222年。

【译文】

发生这件事后,秦王非常恼恨燕国,就增派军队开赴赵国,并命令
王翦率领军队去攻打燕国。在秦王政二十一年十月,攻占了燕都蓟城。
燕王喜、太子丹等人只好率领燕国精兵退守到辽东郡一带。秦将李信
不停地追击燕王。燕王着急了,就采用了代王嘉的计策,杀了太子丹,
打算把他献给秦国。秦国又来攻打燕国,先后经过了五年时间,终于灭
掉了燕国,俘虏了燕王喜。于是,秦国也就并吞了天下,统一了六国。

　　其后荆轲客高渐离以击筑见秦皇帝,而以筑击秦皇帝,
为燕报仇,不中而死。

【译文】

后来,荆轲的朋友高渐离由于善击筑而被秦始皇召见,他乘为秦始
皇击筑的机会拿起筑来向秦始皇砸去,用以替燕国报仇,可惜没有击中
而被杀害了。

卷三十二　宋卫策

四四〇　齐攻宋

【题解】

　　周赧王二十九(前286)，齐国攻宋，宋派臧子出使楚国求救，楚王很爽快就答应了。臧子担心楚国会不来救援，结果正如他的预料。

　　这时齐国正暗中与楚国联络，相约灭宋后共分它的土地，楚不救宋，自在意料之中，臧子的话，表明他还没有看到问题的根本原因所在。

　　齐攻宋，宋使臧子索救于荆①。荆王大说，许救甚劝。臧子忧而反。其御曰："索救而得，有忧色，何也？"臧子曰："宋小而齐大。夫救于小宋而恶于大齐，此王之所忧也；而荆王说甚②，必以坚我。我坚而齐弊，荆之利也。"臧子乃归。齐王果攻③，拔宋五城而荆救不至。

【注释】

　　①臧子：人名。宋臣。
　　②荆王：楚顷襄王。说，同"悦"。

③齐王：齐闵王。

【译文】

　　齐国攻打宋国，宋国派臧子到楚国去求救。楚王高兴地接受要求，满口答应救援。臧子满怀忧虑地返回宋国。他的驾车人问："阁下求救而获得允许，为什么还面带忧色呢？"臧子说："宋国小而齐国大。援救小国宋国而得罪强大的齐国，这是常人所担忧的；而楚王却表现得十分高兴，必然是坚定我抗齐的决心。我坚决抵抗，而使齐军疲惫，这对楚国是很有利的。"臧子归国之后，齐王果然发兵攻克宋五座城池，而楚国也没有派来救兵。

四四一　公输般为楚设机

【题解】

　　公元前444年，楚军东侵，地盘一直扩充到了泗水流域，准备北上攻宋，恰好巧匠公输般又制成了攻城利器云梯，更促成楚王攻宋的决心。

　　主张兼爱、非攻的墨子，悲天悯人，反对非正义战争，他为制止楚国攻宋，从齐国出发，穿越楚方城防线，翻过伏牛山，取道南阳，向西南行进，步行十天十夜，脚底打起了老茧，郢都终于在望。

　　他一到就去拜访同乡公输般，劝他不要攻宋。他们当场进行攻防演习，公输般已无攻城之方，墨子守卫之法却还游刃有余，公输般认输，只好引他去见楚王。

　　墨子把楚王攻宋比喻成患有偷窃病的人，放着自己家里的好东西不去享受，却去偷邻居的劣等品，这不是得了偷窃病吗？楚王被说得无言以对，只好说："我愿放弃攻宋的打算。"

　　公输般为楚设机①，将以攻宋。墨子闻之②，百舍重

茧^③,往见公输般,谓之曰:"吾自宋闻子,吾欲藉子杀人。"公
输般曰:"吾义固不杀人。"墨子曰:"闻公为云梯,将以攻宋。
宋何罪之有? 义不杀人而攻国,是不杀少而杀众。敢问攻
宋何义也?"公输般服焉,请见之王。

【注释】

①公输般:春秋末年鲁国人,是著名的巧匠。

②墨子:名翟,春秋末年鲁国人,是墨家学派的创始者,主张兼爱、
非攻。

③百舍:百里一舍。

【译文】

公输般为楚国设计了攻城的器械,将要用来攻打宋国。墨子听说
之后,步行了上万里,脚都打起老茧,去见公输般,对他说:"我从宋国听
说您的大名,我想请您为我杀人。"公输般回答:"我是不会随便杀人
的。"墨子说:"听说您制造云梯之类的攻城器械,准备用来攻打宋国。
宋国何罪之有? 不乱杀人却攻打宋国,这不是少杀人而是多杀人。请
问攻打宋国有什么理由呢?"公输般无言以对,请墨子觐见楚王。

墨子见楚王曰^①:"今有人于此,舍其文轩,邻有弊舆而
欲窃之;舍其锦绣,邻有裋褐而欲窃之^②;舍其粱肉^③,邻有糟
糠而欲窃之。此为何若人也?"王曰:"必为有窃疾矣。"

【注释】

①楚王:楚惠王。

②裋(shù)褐:粗布上衣。

③粱肉:精美的食物。

【译文】

墨子觐见楚王说:"现在有这样一个人,抛弃自己的彩车,邻居有一辆破车他却想去偷;扔掉自己华丽的服装,邻居有粗布衣服他却想去偷;舍弃自己的美味,邻居有米糠他却想去偷。这是什么样的人啊?"楚王说:"他肯定是患了偷窃的病。"

墨子曰:"荆之地方五千里,宋方五百里,此犹文轩之与弊舆也;荆有云梦,犀、兕、麋、鹿盈之,江、汉鱼、鳖、鼋、鼍为天下饶,宋所谓无雉兔、鲋鱼者也,此犹粱肉之与糟糠也;荆有长松、文梓、楩、楠、豫樟,宋无长木,此犹锦绣之与短褐也。臣以王吏之攻宋为与此同类也。"王曰:"善哉! 请无攻宋。"

【译文】

墨子说:"楚国方圆五千里,宋国仅有五百里,这就好像彩车和破车一样;楚国有云梦泽,到处都是犀、兕、麋、鹿等珍稀动物,长江、汉水里的鱼、鳖、鼋、鼍等珍稀鱼类是天下最多的,宋国只是一个连小兔、小鱼都没有的地方,这就好像美味和米糠一样;楚国有长松、文梓、楩、楠、豫樟这些珍贵的高大树木,宋国连普通的大树都没有,这就好像华丽的服装和粗布衣服一样。我认为大王的手下想去攻宋与此同类。"楚王说:"您讲得太对了! 我不会攻打宋国了。"

四四二　犀首伐黄

【题解】

周显王十四年(前355),犀首率魏军攻打宋国黄池,途经卫国时,派人威胁卫成侯。卫大夫南文子分析形势，指出魏军不论胜负，都不会攻卫。犀首战胜后，果然直接领军回国。

犀首伐黄^①，过卫，使人谓卫君曰^②："弊邑之师过大国之郊，曾无一介之使以存之乎？敢请其罪。今黄城将下矣，已，将移兵而造大国之城下。"

【注释】

①犀首：魏将公孙衍。黄：地名。即黄池，宋邑，在今河南封丘西南。

②卫君：卫成侯。

【译文】

魏将犀首率兵攻打黄城，经过卫国时，派人对卫君说："敝国的军队路过大国的郊外，难道贵国就不派一名使者来慰问吗？这简直太没礼貌了。如今黄城将要被攻破了，事后，将移兵直到贵国的都城之下。"

卫君惧，束组三百绲^①，黄金三百镒，以随使者。南文子止之曰^②："是胜黄城，必不敢来；不胜，亦不敢来。是胜黄城，则功大名美，内临其伦。夫在中者恶临，且议其事。蒙大名，挟成功，坐御以待中之议，犀首虽愚，必不为也。是不胜黄城，破心而走，归恐不免于罪矣！彼安敢攻卫以重其不胜之罪哉？"果胜黄城，帅师而归，遂不敢过卫。

【注释】

①绲（gǔn）：捆、束。

②南文子：人名。卫大夫。

【译文】

卫君害怕了,用织花的好丝帛三百捆,黄金三百镒,让使者带走。卫大夫南文子阻止说:"犀首攻下黄城,必定不肯来卫;攻不下,更不敢来。犀首攻下黄城,则立大功,得美名,在国内就居功自傲。朝中大臣必然讨厌他的耀武扬威,就要谗毁他攻黄的事。享受盛名,挟着成功,呆在卫国那里,来等待朝中的谤议,犀首虽然愚蠢也一定不这样做。犀首攻不下黄城,那他就会惊惶而逃,回国还担心不免要受处分!他哪里还敢攻打卫国来加重战败的罪过呢?"犀首结果拿下黄城,径直率师回国,果然不敢经过卫国。

四四三　梁王伐邯郸

【题解】

周显王十五年(前354),魏惠王逼宋助他伐赵,宋既不敢违背魏国,又不想得罪赵国,只好派使者到赵国说明情况,然后出兵虚围一座赵城,使赵、魏双方都感到高兴,可以说是善于处理和大国的关系。

梁王伐邯郸①,而征师于宋。宋君使使者请于赵王曰②:"夫梁兵劲而权重,今征师于弊邑,弊邑不从则恐危社稷,若扶梁伐赵以害赵国,则寡人不忍也。愿大王之有以命弊邑。"

【注释】

①梁王:魏惠王。
②宋君:宋剔成君。赵王:指赵成侯。

【译文】

　　魏王攻伐赵国都城邯郸，向宋国征兵。宋君派使者请示赵王说："魏兵强大，而且魏国权势大，现在向敝国征兵，如果敝国不听从，那可能危害到我国的命运，如果都助魏国攻打赵国，从而加害赵国，那是寡人不忍心做的事。愿大王替敝国拿个主意。"

　　赵王曰："然。夫宋之不足如梁也，寡人知之矣。弱赵以强梁，宋必不利也。则吾何以告子而可乎？"使者曰："臣请受边城，徐其攻而留其日，以待下吏之有城而已。"赵王曰："善。"

【译文】

　　赵王说："是的。宋国不能抵挡魏，寡人知道了。削弱赵来加强魏，对宋也肯定是不利的。那么我告诉您什么才好呢？"使者说："臣请攻打赵国的一座边城来应付魏国，缓和魏国攻打赵国的时间，以等待您部下守城罢了。"赵王说："很好。"

　　宋人因遂举兵入赵境而围一城焉。梁王甚说曰："宋人助我攻矣。"赵王亦说曰："宋人止于此矣。"故兵退难解，德施于梁，而无怨于赵。故名有所加，而实有所归。

【译文】

　　于是宋人就此发兵侵入赵境，包围了一座城市。魏王十分高兴，说："宋人帮助我攻赵。"赵王也高兴地说："宋人果然协同我们作战了。"因此，宋兵退走后，恩德加于魏而且不受赵的怨恨。所以，既增加了名声又得到了拉拢魏、赵的实效。

四四四　谓大尹曰

【题解】

宋王初即位时,年纪尚幼,由太后代为听政,太后却倚重大尹。有人给大尹出主意,让楚国贺宋君孝顺,以达到大尹伙同太后长期执政的目的。

谓大尹曰①:"君日长矣,自知政,则公无事。公不如令楚贺君之孝,则君不夺太后之事矣,则公常用宋矣。"

【注释】

①大尹:官名。宋卿,辅王执政。

【译文】

有人对宋臣大尹说:"宋君一天天长大成人,自己就要亲自理政,那么您就再也不能执掌政事。您不如让楚国来称颂宋君的孝行,那么宋君就不会剥夺太后执掌政事的权力,那么您就长期握有宋国的实权了。"

四四五上　宋与楚为兄弟

【题解】

周赧王二十九年(前286),齐攻宋,楚答应救宋,宋反而借此与齐讲和,苏秦劝齐相同意以激怒楚国,使它和宋绝交。苏秦的话是为攻宋作准备,以便使齐国兵力消耗,为燕国攻齐提供条件。

宋与楚为兄弟。齐攻宋,楚王言救宋①,宋因卖楚重以求讲于齐,齐不听。苏秦谓齐相曰②:"不如与之,以明宋之卖楚重于齐也。楚怒,必绝于宋而事齐。齐、楚合,则攻宋易矣。"

【注释】

①楚王:楚顷襄王。

②齐相:指韩珉。

【译文】

宋国与楚国结为兄弟之邦。当齐国攻打宋国时,楚王就声言援救宋国。宋国因而炫耀受到楚国的强大支持,来请求与齐讲和。齐国没有接受。这时苏秦对齐相说:"不如答应跟宋国讲和,以此来表明宋国曾向齐炫耀楚国的支持。楚国必然对宋国很恼怒,一定会与宋绝交而来亲近齐。齐、楚联合,那么攻宋就轻而易举了。"

四四五下　魏太子自将

【题解】

周显王二十八年(前341),魏太子申率军攻齐,宋人徐子对他说,不论战胜与否,都对他不利,最好是领军而还,才是百战百胜之术。太子没有采纳,终于战死于马陵之役。

徐子的说法确是很有道理,但太子申既然领兵出征,有如箭在弦上,是不可能中途停止下来的。

魏太子自将①,过宋外黄②。外黄徐子曰:"臣有百战百胜之术,太子能听臣乎?"太子曰:"愿闻之。"客曰:"固愿效之。今太子自将攻齐,大胜并莒③,则富不过有魏,而贵不益为王。若战不胜,则万世无魏,此臣之百战百胜之术也。"太子曰:"诺。请必从公之言而还。"客曰:"太子虽欲还不得矣,彼利太子之战攻而欲满其意者众,太子虽欲还,恐不得矣。"太子上车请还。其御曰:"将出而还与北同,不如遂行。"遂行,与齐人战而死,卒不得魏④。

【注释】

①魏太子:魏惠王太子申。

②外黄:地名。宋邑,在今河南兰考东南。

③莒:地名。齐邑,在今山东莒县。

④卒不得魏:齐人败魏于马陵,太子申被杀。

【译文】

　　魏国太子申亲自率兵攻打齐国,路过宋的外黄城。外黄城的徐子对太子申说:"臣有百战百胜的方法,不知太子是否愿意听?"太子申说:"愿意听一听。"徐子说:"非常愿意效劳。现在太子亲自率兵攻齐,大胜,占领莒城,则富也不过拥有魏,而贵也超不过为王。如果打不赢,就可能会永远失去魏。这就是臣的百战百胜的方法。"太子申说:"是的。我一定遵照您的话,立刻率兵回国。"徐子说:"太子虽想率兵回国,可惜现在已经办不到了。那些想利用太子攻战来满足自己欲望的人很多,所以太子虽想回国恐怕不可能了。"太子申上车要回国,驾车人说:"刚刚出师就返回,与战败一样,不如前进。"于是进军,太子申与齐人交战而被杀,终于没能得到魏国。

四四六　宋康王之时

【题解】

　　宋康王时,有只小鸟生出了大鸟,占卜的人对他说,这是天降祥瑞,您定能称霸天下。宋王相信了，于是暴戾凶残，四处用兵。周赧王十八年（前297），灭滕伐薛。周赧王二十九年（286），齐兵攻宋，宋康王身死国亡。可见所谓祥瑞，只不过是骗人的话。

宋康王之时①，有雀生鹯于城之陬②。使史占之③，曰："小而生巨，必霸天下。"康王大喜。于是灭滕、伐薛④，取淮北之地，乃愈自信。欲霸之亟成，故射天笞地，斩社稷而焚灭之，曰："威服天地鬼神。"骂国老谏者，为无颜之冠以示勇，剖伛者之背，锲朝涉之胫，而国人大骇。齐闻而伐之，民散，城不守。王乃逃倪侯之馆⑤，遂得而死。见祥而为不可，祥反为祸。

【注释】

①宋康王：宋王偃的谥号。

②鹯（zhān）：鹞，鹞鸟。

③史：官名。太史，主占卜吉凶。

④滕：国名。在今山东滕县西南。薛：地名。齐邑，在今山东滕县西。

⑤倪侯：不详。

【译文】

宋康王的时候，有只小鸟在城墙的角落生了只鹞鸟。宋王让太史占卜，太史说："小鸟生出了大鸟，意谓以小可以制大，所以宋国一定能称霸天下。"宋康王听了很高兴。于是出兵灭掉了滕国，进攻薛邑，夺取了淮北的土地，宋康王就更加自信。宋康王想尽快实现霸业，所以他用箭射天神，又鞭打地神，还砍掉了土神、谷神的神位，把它们烧掉，说："我用威力降服天地鬼神。"辱骂那些年老敢于劝谏的大臣，戴遮不住额头的帽子来表示自己勇敢绝伦,派人剖开驼背人的背,砍断早晨过河人的腿,以致宋国的人都非常恐慌。齐国听说后进攻宋国,百姓四散奔逃,所有城池都没有人防守。宋康王逃到倪侯的住所,很快被齐国人抓住杀死了。可见,即使天降吉祥,如果不行善政,吉祥反而变成祸害。

四四七上　智伯欲伐卫

【题解】

智伯想攻卫,先送给卫良马和白璧,这是一种反常现象,这种现象背后,肯定隐藏着阴谋。南文子具有先见之明,加强了防卫措施,维护了卫的安全。

智伯欲伐卫[①],遗卫君野马四、白璧一[②]。卫君大悦,群臣皆贺,南文子有忧色。卫君曰:"大国交欢,而子有忧色,何?"文子曰:"无功之赏,无力之礼,不可不察也。野马四、白璧一,此小国之礼也,而大国致之。君其图之。"卫君以其言告边境。智伯果起兵而袭卫,至境而反,曰:"卫有贤人,先知吾谋也。"

【注释】

①智伯:晋卿智瑶。

②卫君:卫悼公。野马:骏马。

【译文】

智伯想要攻打卫国,送给卫君良马四匹、白璧一只。卫君非常高兴,群臣都来道贺,唯独南文子却面带愁容。卫君就问他说:"大国对我很有好感,而您却面有忧色,这是为什么呢?"南文子说:"无功劳的奖赏,不出力的馈赠,不可以不详察。良马四匹、白璧一只,这是小国送大国的礼物,而大国却也这样送给我们。君王要特别谨慎考虑。"卫君把南文子的话告知边防人员,让他们立刻加强防御措施。智伯果然起兵袭击卫国,到达边境又返回,说:"卫有贤人,预先知道我的计谋了。"

四四七下　智伯欲袭卫

【题解】

智伯想用他的太子假装逃亡,阴谋袭击卫国,被南文子识破,事先作了防备,智伯只好放弃了偷袭的打算。

本章和上章的内容大同小异,可能是一事两传。

智伯欲袭卫,乃佯亡其太子,使奔卫。南文子曰:"太子颜为君子也,甚爱而有宠,非有大罪而亡,必有故。"使人迎之于境曰:"车过五乘,慎勿纳也。"智伯闻之,乃止。

【译文】

智伯想要偷袭卫国,就故意让他的太子逃亡,去投奔卫国。这时南文子说:"太子颜作为智伯的儿子,很受喜爱而且得宠,没有大罪就逃亡,这里面一定有文章,"于是卫国派人到边境去迎接太子,嘱咐边防人员说:"来车超过五辆,千万不要让它入境。"智伯听说卫国有备,于是打消了偷袭卫国的计划。

四四八　秦攻卫之蒲

【题解】

周赧王四年(前311),秦将樗里疾攻打卫国的蒲邑,韩人胡衍游说樗里疾,使他放弃进攻,两人都从卫国得到了好处。

秦攻卫之蒲①。胡衍谓樗里疾曰②:"公之伐蒲,以为秦乎? 以为魏乎? 为魏则善,为秦则不赖矣。卫所以为卫者,以有蒲也。今蒲入于秦,卫必折而入于魏。魏亡西河之外③,而弗能复取者,弱也。今并卫于魏,魏必强。魏强之日,西河之外必危。且秦王亦将观公之事④,害秦以善魏,秦王必怨公。"樗里疾曰:"奈何?"胡衍曰:"公释蒲勿攻,臣请为公入戒蒲守以德卫君。"樗里疾曰:"善。"

【注释】

①蒲:地名。卫邑,在今河南长垣。

②胡衍:人名。卫人。

③魏亡西河之外:秦惠王八年(前330),魏纳河西地。后二年,魏纳上郡于秦,而西河滨洛之地尽。

④秦王:秦惠王。

【译文】

秦国攻打卫国的蒲邑。胡衍对秦相樗里疾说:"将军去攻打蒲城,究竟是为了秦国呢? 还是为了魏国呢? 假如是为了魏国还有利,可为了秦国就无利可图了。卫之所以成为卫,是因为有蒲。如果蒲归于秦,卫必转向魏。魏国自从丧失西河以外之地,到现在还没有从秦国手中收复回来,这是由于魏国国力薄弱。现在使卫入于魏,魏必然强盛。魏国强盛那天,西河之外必定危险。再说,秦王也要考察您的行事。损秦以益魏,秦王必定怨恨您。"樗里疾说:"那该怎么办呢?"胡衍说:"您放弃蒲,不要攻打,臣请替您去通知蒲邑守将,从而使卫君感激您。"樗里疾说:"好的。"

　　胡衍因入蒲,谓其守曰:"樗里子知蒲之病也,其言曰:'吾必取蒲。'今臣能使释蒲勿攻。"蒲守再拜,因效金三百镒焉,曰:"秦兵诚去,请厚子于卫君。"胡衍取金于蒲以自重于卫。樗里子亦得三百金而归,又以德卫君也。

【译文】

　　胡衍因而进入蒲邑,对蒲城的守将说:"樗里疾知道蒲城军民疲惫,他曾说:'我一定攻取蒲邑。'现在臣能使他放弃蒲而不来攻打。"蒲守拜了两拜,因献黄金三百镒,说:"假如秦兵真的撤退,我一定请求卫君厚厚地待您。"胡衍在蒲邑得到金钱,并因此受卫的重视。樗里疾得到三百镒黄金而归,又得到卫君的感激。

四四九　卫使客事魏

【题解】

　　卫国派人去拜见魏王,可过了三年也没有受到接见。卫客用重金送给梧下先生,梧下先生就说服了魏王,接见卫客。看来这位梧下先生乃是一个贪财的人。

　　卫使客事魏,三年不得见。卫客患之,乃见梧下先生①,许之以百金。梧下先生曰:"诺。"乃见魏王曰:"臣闻秦出兵,未知其所之。秦、魏交而不修之日久矣。王专事秦,无有佗计。"魏王曰:"诺。"

【注释】

①梧下先生:居住的地方有大梧树,因而用作别号。

【译文】

卫国派人去服侍魏王,可是过了三年还没见到魏王。卫国人很担心,便去见梧下先生,答应给他百金。梧下先生说:"好吧。"于是见魏王说:"臣听说秦国出兵,但不知往哪里去。秦、魏两国外交,有很长时间没有修好了。愿大王一心一意事秦,不可有其他的打算。"魏王说:"好吧。"

客趋出,至郎门而反曰①:"臣恐王事秦之晚。"王曰:"何也?"先生曰:"夫人于事己者过急,于事人者过缓。今王缓于事己者,安能急于事人?""奚以知之?""卫客曰:'事王三年不得见。'臣以是知王缓也。"魏王趋见卫客。

【注释】

①郎门:宫中的门。反:同"返"。

【译文】

梧下先生快步走出,走到郎门就返回来说:"我担心大王臣事秦国已经晚了。"魏王问:"为什么呢?"梧下先生说:"人们要求别人服事自己,都很着急;对于服侍别人则多半缓慢。如今大王对服侍自己的都这么消极,怎么会急着去服侍别人呢?"魏王问:"何以见得呢?"梧下先生说:"卫来的人说:'来魏国求见大王已经三年,还没有见到大王。'我因此知道大王态度消极。"魏王连忙接见卫国派来的人。

四五〇　卫嗣君病

【题解】

周赧王二十二年(前293),卫嗣君病重,富术劝殷顺且以忠言进谏,卫嗣君果然听从,任殷顺且为相,辅佐新君。

卫嗣君病①。富术谓殷顺且曰②:"子听吾言也以说君,勿益损也,君必善子。人生之所行,与死之心异。始君之所行于世者,食高丽也,所用者,绁错、挐薄也③。群臣尽以为君轻国而好高丽,必无与君言国事者。子谓君:'君之所行天下者甚谬。绁错主断于国,而挐薄辅之,自今以往者,公孙氏必不血食矣④。'"

【注释】

①卫嗣君:卫平侯之子。

②富术、殷顺且(jū):人名。皆卫臣。

③绁(xiè)错、挐薄:人名。卫君的宠臣。

④公孙氏:卫君以公孙为氏。

【译文】

卫嗣君病了。富术对殷顺且说:"您按我的话来劝谏嗣君,不要有所增减,嗣君必定对您很好。人活着时的行为,与临死时的心情不一样。开始,嗣君在世上所做的,是崇尚美色,所宠信的,是绁错和挐薄。群臣都以为嗣君轻国家而好美色,必定没有与嗣君谈论国事的。您对嗣君说:'您以前的所作所为非常荒唐,竟让绁错独断国政,而由挐薄辅佐他,从今以后,卫的祖先公孙氏的祭祀必将断绝。'"

君曰："善。"与之相印,曰："我死,子制之。"嗣君死,殷顺且以君令相公期①,绁错、挐薄之族皆逐也。

【注释】

①公期:人名。卫嗣君之子,即卫怀君。

【译文】

卫君听完这些话后说:"太好了。"就把相印交给了殷顺且,说:"我死之后,您就管理卫国。"卫嗣君死后,殷顺且就根据先君的遗命出任宰相扶佐公子期,绁错、挐薄的亲族都被驱逐。

四五一上　卫嗣君时

【题解】

卫嗣君时,有个罪犯逃亡到魏国,卫嗣君打算用一座城来赎回,以阻止逃亡的事继续发生。他的目的是,即使付出很大的代价,也要使国家的法令得到贯彻。

卫嗣君时,胥靡逃之魏①,卫赎之百金,不与,乃请以左氏②。群臣谏曰:"以百金之地赎一胥靡,无乃不可乎?"君曰:"治无小,乱无大。教化喻于民,三里之城足以为治。民无廉耻,虽有十左氏,将何以用之?"

【注释】

①胥靡:犯罪的刑徒,罚作苦工。

②左氏:地名。卫邑,在今山东定陶西。

【译文】

卫嗣君执政时,有个刑徒逃到了魏国,卫国想用百镒黄金赎回他,魏国不答应,于是卫国就准备用左氏换回刑徒。这时群臣极力劝谏说:"用百金和土地,赎一个罪犯,恐怕不值得吧?"卫君说:"安定不在国小,混乱不因国大。教化晓谕于民众,三里大的城邑,足以治理。假如民众没有廉耻,即使有十个左氏邑,那又有什么用呢?"

四五一下　卫人迎新妇

【题解】

本章记卫国人迎娶新妇,新妇性急说话不择时机的故事。它提醒人们,说话要注意时间、场合等客观因素。

卫人迎新妇。妇上车,问:"骖马①,谁马也?"御曰:"借之。"新妇谓仆曰:"拊骖,无笞服②。"车至门,扶,教送母曰:"灭灶,将失火。"入室见臼,曰"徙之牖下,妨往来者。"主人笑之。此三言者,皆要言也,然而不免为笑者,蚤晚之时失也③。

【注释】

①骖马:两旁的马。

②服:中间驾辕的马称为服马。

③蚤:通"早"。

【译文】

有一个卫国人迎娶新娘。新娘上车后,问道:"两旁骖马,是谁的马呢?"驾车人说:"是借的。"新娘对仆人说:"击打骖马,但不要鞭笞中间

驾辕的马。"车到夫家门前后,新娘由人扶下车,新娘告诫送她的保姆:
"把家中灶火熄灭,以免失火。"当新娘进入房间时,看见捣米臼又说:
"把它移到窗下,以免妨碍行人往来。"主人嘲笑她。这三句话,都是很
中肯的话,但不免被人嘲笑,是因为她说话没有选择好恰当的时机。

卷三十三　中山策

四五二　魏文侯欲残中山

【题解】

魏文侯想灭掉中山国，常庄谈建议赵襄子娶魏文侯的女儿，再把她封在中山，这样就使中山重新复立了。

魏文侯欲残中山①。常庄谈谓赵襄子曰②："魏并中山，必无赵矣。公何不请公子倾以为正妻③，因封之中山，是中山复立也。"

【注释】

①中山：国名。其中心在今河北定县、平山一带。

②常庄谈：赵襄子臣。

③公子倾：魏君的女儿。

【译文】

魏文侯想灭掉中山。这时赵臣常庄谈对赵襄子说："魏国如果吞并中山，那赵国也必然灭亡了。您为什么不请求魏文侯，让他的女儿公子倾做您的正妻,并把她封在中山,这样中山就会继续存在。"

四五三　犀首立五王

【题解】

公元前 341 年的马陵之战,使魏惠王的霸业由盛转衰,他采纳惠施的建议,和齐威王在徐州相会,互尊为王,向齐国屈服。魏、齐相王并没有让魏国摆脱困境,魏在西方又受到秦的不断攻击,丧失了河西、上郡七百里的地方。看来,单靠魏国本身的力量,无法抗御齐、秦的进攻。因此,魏惠王采用犀首广泛争取同盟的建议,约集受齐、秦、楚威胁和侵略的国家,在公元前 323 年一起称王,联合魏、赵、韩和燕、中山五个较弱的国家,一起来抵抗齐、秦、楚三个强大的国家。

齐、秦、楚对五国联合极为仇视,极力想法破坏。齐国以中山国小为借口,不肯承认它有称王资格,想拉拢赵、魏不许中山称王,以破坏五国联合。张登为中山游说齐国大臣田婴,让他不再反对中山称王,得到田婴的许诺,加上赵、魏也没有同意干涉中山称王的计划,反而和中山更加亲善,中山称王的事,终于尘埃落定。

犀首立五王[①],而中山后持。齐谓赵、魏曰:"寡人羞与中山并为王,愿与大国伐之,以废其王。"中山闻之,大恐,召张登而告之[②],曰:"寡人且王,齐谓赵、魏曰,羞与寡人并为王,而欲伐寡人。恐亡其国,不在索王,非子莫能吾救。"

【注释】

①犀首:魏相公孙衍。立五王:约三晋和燕、中山同时称王。
②张登:中山臣。

【译文】

犀首让五国互相称王，只有中山落在最后。齐王对赵、魏说："我为与中山并立为王而羞愧，希望和你们一起讨伐它，取消它的王号。"中山君听说后大为恐慌，召见张登告诉他说："我将要称王，齐王对赵、魏说，羞于和我一起称王，想讨伐我。我很怕自己的国家灭亡，并不要求一定称王，现在只有您能救我。"

登对曰："君为臣多车重币，臣请见田婴。"中山之君遣之齐，见婴子曰："臣闻君欲废中山之王，将与赵、魏伐之，过矣。以中山之小而三国伐之，中山虽益废王，犹且听也。且中山恐，必为赵、魏废其王而务附焉，是君为赵、魏驱羊也，非齐之利也。岂若中山废其王而事齐哉？"

【译文】

张登回答道："请给我准备车辆和重礼，我愿去拜见齐国的大臣田婴。"中山国君派张登出使齐国，对田婴说："我听说您想废除中山的王号，将和赵、魏一起攻打中山，这个打算错了。小小的一个中山却用三个国家来攻打，就算是比取消王号更严重的事，中山也会听从。如果中山害怕，必定会因为赵、魏要取消它的王号而依附它们，齐君就把中山逼到赵、魏那边去了，这对齐国是没有任何好处的。哪里比得上让中山废除王号而依附齐国呢？"

田婴曰："奈何？"张登曰："今君召中山，与之遇而许之王，中山必喜而绝赵、魏，赵、魏怒而攻中山，中山急而为君难其王，则中山必恐，为君废王事齐。彼患亡其国，是君废其王而立其国，贤于为赵、魏驱羊也。"田婴曰："诺。"

【译文】

田婴说:"我该怎么办呢?"张登说:"现在您去会见中山国君,答应他称王,中山必定会高兴而和赵、魏绝交,赵、魏一定会生气,攻打中山,中山感到危急而齐国又阻止它称王,那么中山就会恐惧,就会为了您废掉王号依附齐国。中山国君害怕国家灭亡,您在废掉它的王号后去安抚他,显然胜过把它驱赶到赵、魏方面去啊。"田婴说:"好。"

张丑曰[①]:"不可。臣闻之,同欲者相憎,同忧者相亲。今五国相与王也,负海不与焉[②],此其欲皆在为王,而忧在负海。今召中山,与之遇而许之王,是夺四国而益负海也。致中山而塞四国,四国寒心,必先与之王而故亲之,是君临中山而失四国也。且张登之为人也,善以微计荐中山之君久矣,难信以为利。"

【注释】

①张丑:齐臣。

②负海:指齐国。

【译文】

张丑说:"不可以这样。我听说,欲望相同的人会彼此憎恨,有共同忧患的人会互相靠拢。现在五国相约称王,齐国没有参与,五国都想称王,害怕齐国不同意。现在会见中山国君,同意他称王,是分散了四国的团结而增强了齐国的力量。拉拢中山而排斥四国,四国就会害怕,定会先同意中山称王而和它亲善,那么您就会因拉拢中山而失去四国的支持。况且张登的为人善于用阴谋来讨好中山国君很久了,他的话难以令人相信是有利的。"

田婴不听，果召中山君而许之王。张登因谓赵、魏曰：
"齐欲伐河东^①，何以知之？齐羞与中山并为王甚矣，今召中
山，与之遇而许之王，是欲用其兵也，岂若令大国先与之王，
以止其遇哉？"

【注释】

①河东：赵、魏边境。

【译文】

田婴不听张丑的劝告，果然召见中山国君，同意他称王。张登对
赵、魏说："齐国想攻打赵、魏河东之地，怎么知道呢？齐国非常不愿意
和中山共同称王，现在召见中山国君，同意中山称王，是想支配它的兵
力，哪里比得上你们先同意中山称王而破坏他们的会见呢？"

赵、魏许诺，果与中山王而亲之。中山果绝齐而从
赵、魏。

【译文】

赵、魏两国同意了，果然和中山一起称王，改善了他们的关系。中
山果然和齐国绝交而倒向了赵、魏。

四五四　中山与燕、赵为王

【题解】

本章和上章是同时的事。公元前 323 年，五国相王时，齐国贿赂
燕、赵，以阻止中山称王。中山臣张登提出，他愿去游说齐王，使他支持
中山。对此，中山相蓝诸君持怀疑态度，于是戏剧性的一幕出现了。

张登提出让蓝诸君扮演齐王,他自己扮演使者进行游说,经过反复辩论,扮演齐王的蓝诸君被说服了。他认为张登的建议具有可行性,于是依计而行,派遣张登前往。

张登用计挑拨齐和燕、赵的关系,使得三国都同意中山称王,中山称王的事终于实现了。

中山与燕、赵为王,齐闭关不通中山之使,其言曰:"我万乘之国也,中山千乘之国也,何侔名于我?"欲割平邑以赂燕、赵①,出兵以攻中山。蓝诸君患之②。

【注释】

①平邑:地名。本赵地,后为齐所取,在今河南南乐东北。

②蓝诸君:中山相。

【译文】

中山和燕、赵两国准备称王,齐国封锁关隘,不准中山使者通过,他们宣称:"我们是拥有万辆兵车的国家,中山只是个拥有千辆兵车的小国,哪有资格和我并肩称王呢?"齐国打算割让平邑来贿赂燕、赵,让它们出兵进攻中山。蓝诸君对此感到担忧。

张登谓蓝诸君曰:"公何患于齐?"蓝诸君曰:"齐强,万乘之国,耻与中山侔名,不惮割地以赂燕、赵,出兵以攻中山。燕、赵好倍而贪地,吾恐其不吾据也。大者危国,次者废王,奈何吾弗患也?"张登曰:"请令燕、赵固辅中山而成其王,事遂定,公欲之乎?"蓝诸君曰:"此所欲也。"曰:"请以公为齐王①,而登试说公,可,乃行之。"蓝诸君曰:"愿闻其说。"

【注释】

①齐王：齐威王。

【译文】

张登对蓝诸君说："您对齐国有什么恐惧呢？"蓝诸君说："齐国很强大，是一个拥有万辆兵车的国家，耻于和中山同时称王，现在它竟不惜割让土地贿赂燕、赵，让它们出兵进攻中山。燕、赵都喜好背弃盟约，贪得土地，我担心它们不会支持我们。往大处说会危及国家，其次也得废掉王号，怎么能让我不担心呢？"张登说："请让我出使燕、赵，让它们协助中山称王，此事就会定下来，您想不想这样做呢？"蓝诸君说："这正是我所希望的。"张登说："现在请您扮演齐王，我来说服您，如果可以，就这样办。"蓝诸君说："我愿意听您是怎么说的。"

登曰："王之所以不惮割地以赂燕、赵，出兵以攻中山者，其实欲废中山之王也。王曰：'然。'然则王之为费且危。夫割地以赂燕、赵，是强敌也；出兵以攻中山，首难也。王行二者，所求中山未必得。王如用臣之道，地不亏而兵不用，中山可废也。王必曰：'子之道奈何？'"蓝诸君曰："然则子之道奈何？"

【译文】

张登说："大王之所以不惜割让土地贿赂燕、赵，让它们出兵攻打中山，其实是想废掉中山君的王号。大王一定会说：'是这样。'那么这样做大王不仅会浪费钱财，而且会遇到危险。割地贿赂燕、赵，这会增强敌人的力量；出兵进攻中山，这是首先挑起战端。大王做这两件事，在中山寻求的东西也不一定能够得到。大王如果采纳我的策略，既不必割让土地，也不必用兵，就能轻而易举地把中山君的王号废掉。齐王一定会问：

'您的办法是什么呢?'"蓝诸君说:"对啊,您的办法究竟是什么呢?"

张登曰:"王发重使,使告中山君曰:'寡人所以闭关不通使者,为中山之独与燕、赵为王,而寡人不与闻焉,是以隘之。王苟举趾以见寡人,请亦佐君。'中山恐燕、赵之不己据也,今齐之辞云'即佐王',中山必遁燕、赵与王相见,燕、赵闻之,怒绝之,王亦绝之,是中山孤,孤何得无废? 以此说齐王,齐王听乎?"蓝诸君曰:"是则必听矣,此所以废之,何在其所以存之矣?"

【译文】

张登说:"请大王派遣特使告诉中山君说:'我之所以封锁关隘不让使者通行,是因为中山想和燕、赵独自称王,我没有从你们那里听到这个消息,因此封锁关隘。大王如果能移步来见我,请让我也来帮助您。'中山君害怕燕、赵不支持自己,现在大王传话说'马上帮助中山君称王',中山君一定暗中回避燕、赵,来和大王相见,燕、赵知道后,一定会气愤地与中山断绝邦交,大王也趁此与中山断绝邦交,这样中山就会陷于孤立,既然孤立,王号又怎能不废掉呢? 用这些话游说齐王,齐王会不会听呢?"蓝诸君说:"这样他一定会听从,这是废掉王号的办法,怎么能说是保存中山王号呢?"

张登曰:"此王所以存者也。齐以是辞来,因言告燕、赵而无往,以积厚于燕、赵。燕、赵必曰:'齐之欲割平邑以赂我者,非欲废中山之王也,徒欲以离我于中山而己亲之也。'虽百平邑,燕、赵必不受也。"蓝诸君曰:"善。"遣张登往,果以是辞来。中山因告燕、赵而不往，燕、赵果俱辅中山而使其王，事遂定。

【译文】

张登说："这就是保存王号的策略。齐王用这番话来说中山君，您就把这番话转告燕、赵，使它们同齐国不再来往，加深中山同燕、赵的友好关系。燕、赵两国一定会说：'齐国割让平邑贿赂我们，并不是想废除中山君的王号，只是想离间我们同中山的关系，而自己好同中山建立友好邦交。'可见即使割让一百个平邑，燕、赵也一定不会接受。"蓝诸君说："此计甚妙。"于是派张登去到齐国，张登果然用这番话来游说。中山君就转告燕、赵，不同齐国来往，燕、赵果然共同辅助中山，让中山君称王，事情就这样定了。

四五五　司马憙使赵

【题解】

司马憙想借助赵国的力量取得中山的相位，当公孙弘在中山君面前中伤他时，他爽快地承认了错误。中山君怀疑公孙弘别有用心，公孙弘只好逃到国外。

　　司马憙使赵①，为己求相中山。公孙弘阴知之②。中山君出，司马憙御，公孙弘骖乘。弘曰："为人臣，招大国之威以为己求相，于君何如？"君曰："吾食其肉，不以分人。"司马憙顿首于轼曰："臣自知死至矣。"君曰："何也？""臣抵罪。"君曰："行，吾知之矣。"居顷之，赵使来，为司马憙求相。中山君大疑公孙弘，公孙弘走出。

【注释】

①司马憙(xǐ)：人名。中山臣。

②公孙弘：人名。中山臣。

【译文】

中山国大臣司马憙让赵国替自己谋求相国的职位。公孙弘暗中知道了这件事。一次中山君外出，司马憙驾车，公孙弘陪乘。公孙弘说："做人臣子的，假借大国的声威为自己谋求相位，君王认为这种人怎么样？"中山君说："我把他杀了，吃他的肉，还不把肉分给别人。"司马憙一听这话，急忙在车前的横木上叩头说："臣下自知死期到了。"中山君说："为什么这么说？"司马憙说："臣下应当受罚。"中山君说："走吧，我知道了。"过了一段时间，赵国的使者来到中山，为司马憙谋取相位。中山君怀疑公孙弘陷害司马憙，于是公孙弘只好逃亡国外。

四五六　司马憙三相中山

【题解】

司马憙前后三次出任中山的相国，中山君的宠妃阴简很忌恨他。他采纳田简的建议，劝中山君立阴简为后，从而解决了他和阴简的矛盾。

司马憙三相中山，阴简难之①。田简谓司马憙曰②："赵使者来属耳，独不可语阴简之美乎？赵必请之，君与之，即公无内难矣；君弗与赵，公因劝君立之以为正妻，阴简之德公无所穷矣。"

【注释】

①阴简：人名。中山王宠妃。

②田简：人名。中山臣。

【译文】

司马憙三次出任中山的相国，中山君的宠妃阴简很忌恨他。这时田简对司马憙说："赵国使者来中山探听情况，为什么不把阴简的美貌告诉赵使呢？赵王一定会要阴简，如果君王把阴简送给赵王，您就没有内患了；如果君王不把阴简送给赵王，您就趁机劝君王立阴简为正妻，阴简感激您的恩德，就会报答不尽。"

　　果令赵请，君弗与。司马憙曰："君弗与赵，赵王必大怒①，大怒则君必危矣。然则立以为妻，固无请人之妻不得而怨人者也。"田简自谓取使，可以为司马憙，可以为阴简，可以令赵勿请也。

【注释】

①赵王：赵武灵王。

【译文】

司马憙果真让赵国要阴简，中山君不给。司马憙说："您不把阴简送给赵国，赵王一定会大怒，赵王大怒，您一定很危险。既然如此，那么可以把阴简立为正妻，因为世间没有要人家的正妻不成而怨恨人家的人。"田简自称这样做可以说服赵国使者，也可以帮助司马憙，更可以帮助阴简，尤其又可以使赵国无法请求娶走阴简。

四五七　阴姬与江姬争为后

【题解】

中山君的两位宠妃阴姬和江姬争着想当王后，司马憙设法帮助阴姬，说赵王喜欢美女，想向中山要求阴姬为妻。中山君听了，连忙立阴姬为后，让她如愿以偿。

本章与上章事大致相同而文字小异，当是传闻异辞。

阴姬与江姬争为后①。司马憙谓阴姬公曰②："事成则有土子民，不成则恐无身。欲成之，何不见臣乎？"阴姬公稽首曰："诚如君言，事何可豫道者。"司马憙即奏书中山王曰："臣能弱赵强中山。"中山王悦而见之曰："愿闻弱赵强中山之说。"司马憙曰："臣愿之赵，观其地形险阻，人民贫富，君臣贤不肖，商敲为资，未可豫陈也。"中山王遣之。

【注释】

①阴姬、江姬：俱中山王宠妃。阴姬即阴简。

②阴姬公：阴姬的父亲。

【译文】

阴姬和江姬争夺中山王后地位。司马憙对阴姬的父亲说："立后的事情如果能够成功，就能拥有土地统治百姓；如果立后的事情不能成功，恐怕连性命也保不住。要想使事情成功，为何不来见臣下呢？"阴姬的父亲叩头说："真像您说的那样，不用说，我也会事先向您道谢。"司马憙就向中山王献上奏书说："臣下已经有了削弱赵国强大中山的办法。"中山王高兴地召见他说："愿意听一听削弱赵国，强大中山的计谋。"司马憙说："臣下希望到赵国访问，观察赵国的山川险阻情况，了解那里百姓的贫富,君臣的贤明和无能,比较敌我力量作为参考,不能事先妄言。"于是中山王就派司马憙前往赵国。

见赵王曰①:"臣闻赵,天下善为音,佳丽人之所出也。今者,臣来至境,入都邑,观人民谣俗,容貌颜色殊无佳丽好美者。以臣所行多矣,周流无所不通,未尝见人如中山阴姬者也,不知者特以为神。其容貌颜色,固已过绝人矣,若乃其眉目准颊权衡②,犀角偃月,彼乃帝王之后,非诸侯之姬也。"赵王意移,大悦曰:"吾愿请之,何如?"司马憙曰:"臣窃见其佳丽,口不能无道尔,即欲请之,是非臣所敢议,愿王无泄也。"

【注释】

①赵王:赵武灵王。

②颊(è):鼻梁。

【译文】

司马憙见到赵王说:"据臣下所知,赵国是天下最擅长音律,多出漂亮美女的地方。如今,臣下来到赵国以后,进入都城邯郸,观察人们的歌谣风俗,从人们的容貌脸色上看,并没有发现特别漂亮的美女。臣下到过的地方很多,周游各地无所不去,从来没见过像中山阴姬那样漂亮的美女,不知道的人,还认为她是仙女,她的美艳不是语言所能形容的。她的容貌姿色超过了那些绝代佳人,如果说到她的眉目、鼻子、面颊、眉宇、头型和额头,那真是帝王之后的长相,决不该是诸侯的姬妾。"赵王开始动心了,很高兴地说:"我希望把她要来,怎么样?"司马憙说:"臣私下见到她那样美丽,嘴上不觉就说出来,您就想把她要来,这不是臣下所敢议论的事,希望大王不要泄露出去。"

司马憙辞去,归报中山王曰:"赵王非贤王也。不好道德,而好声色;不好仁义,而好勇力。臣闻其乃欲请所谓阴姬者。"中山王作色不悦。司马憙曰:"赵,强国也,其请之必矣。王如不与,即社稷危矣;与之,即为诸侯笑。"中山王曰:"为将奈何?"司马憙曰:"王立为后,以绝赵王之意。世无请后者,虽欲得请之,邻国不与也。"中山王遂立以为后,赵王亦无请言也。

【译文】

司马憙告别了赵王后,回国奏报中山王说:"赵王并不是一个贤明的君王。他不重道德而好声色,不讲求仁义而崇尚勇力。臣下听说他竟然想要阴姬。"中山王听了这些话,立刻脸色大变,很不高兴。司马憙说:"赵国是一个强国,赵王想要就一定会要。大王如果不给,国家就会危险;给他,就要被诸侯嘲笑。"中山王说:"那该怎么办呢?"司马憙说:"大王可以马上立阴姬为王后,来断绝赵王的邪念。世间还没有要人家王后的呢。即使赵王想要,邻国也不会答应。"中山王于是就立阴姬为后,赵王也没有再提要阴姬的事了。

四五八上　主父欲伐中山

【题解】

赵武灵王想攻打中山,派李疵去了解情况。李疵侦察后,回来报告,认为可伐。他所持的理由有两条:一是"举士",二是"朝贤"。他认为"举士"则农民不安心生产,"朝贤"则导致耕地的人怠惰而战士不肯奋勇作战。

李疵的话和法家的观点相近。

　　主父欲伐中山①,使李疵观之②。李疵曰:"可伐也。君弗攻,恐后天下。"主父曰:"何以?"对曰:"中山之君,所倾盖与车而朝穷闾隘巷之士者,七十家。"主父曰:"是贤君也,安可伐?"李疵曰:"不然。举士,则民务名不存本;朝贤,则耕者惰而战士懦。若此不亡者,未之有也。"

【注释】

①主父:赵武灵王。

②李疵:人名。赵臣。

【译文】

　　赵武灵王想要攻打中山国,派李疵去观察情况。李疵回来奏报说:"可以进攻中山国了。如果您再不出兵攻打,恐怕就要落在别的国家后面了。"赵武灵王说:"什么道理呢?"李疵回答说:"中山国的国君,去掉车盖空车去拜访住在穷街窄巷的读书人,拜访了七十家之多。"赵武灵王说:"这是一位贤明君王,怎么可以攻打呢?"李疵说:"不是这样。举用读书人,那么百姓就只重名利而不务本业;拜访贤者,那么耕种的人就会懒惰,战士怯懦贪生。像这样而不亡国,还从来没有过啊。"

四五八下　中山君飨都士大夫

【题解】

　　本章言中山君因羊羹招待不周而亡国,以一壶飧赏给快要饿死的人而得两个人的追随。这与春秋时宋国华元飨士和晋国赵宣子救济桑下饿人的事相似,当是根据上述两个故事而拟作的。

　　中山君飨都士大夫,司马子期在焉①。羊羹不遍,司马子期怒而走于楚,说楚王伐中山。中山君亡,有二人挈戈而随其后者,中山君顾谓二人:"子奚为者也?"二人对曰:"臣有父,尝饿且死,君下壶飧饵之。臣父且死,曰:'中山有事,汝必死之。'故来死君也。"中山君喟然而仰叹曰:"与不期众少,其于当厄;怨不期深浅,其于伤心。吾以一杯羊羹亡国,以一壶飧得士二人②。"

【注释】

①司马子期:人名。中山人。

②飧(cān):同"餐"。

【译文】

中山君设宴款待都城中的士大夫,司马子期也在被邀请之列。分羊羹时没有分到司马子期那里,司马子期盛怒之下跑到了楚国,游说楚王出兵进攻中山。中山君被逼逃亡,有两个人手提着戈跟随在他的后面,中山君回头对两人说:"你们俩跟在我后面干什么?"那两个人回答说:"臣下有老父,曾经饿得快死了,您拿出壶中的食物给他吃。臣下老父临死之前说:'中山国一旦遭遇国难,你们一定要以死报效国家。'所以我们来为君王死战。"中山君仰天长叹说:"施恩不在于多少,应在最困难的时候施与;结仇不在于深浅,而是看是否伤人心。我因为一杯羊羹导致亡国,因为一壶食物而赢得两位义士。"

四五九　乐羊为魏将

【题解】

本章和《魏策一·乐羊为魏将而攻中山章》的内容大致相同,此系重出之文。

乐羊为魏将，攻中山①，其子时在中山，中山君烹之，作羹致于乐羊，乐羊食之。古今称之：乐羊食子以自信，明害父以求法。

【注释】

①"乐羊为魏将"二句：乐羊攻中山，事在公元前408年。

【译文】

乐羊担任魏国将领，攻打中山，他的儿子当时在中山，中山君把他煮死，做成羹汤送给乐羊，乐羊把它吃了。古今的人都谈论这件事情说：乐羊吃了自己的儿子以换取国君对自己的信任，说明他损害了做父亲的道理以求维护军法。

四六〇　昭王既息民缮兵

【题解】

周赧王五十七年（前258），秦昭王经过一番休整，决定再度大举伐赵。白起为他分析，赵国在长平之战后，君臣上下一心，发展生产，通好各国，并积极加强战备，伐赵不是时机。但秦昭王急于求成，派王陵伐赵，战事果然失利。秦昭王欲改派武安君白起，白起称病不行。秦昭王派应侯范雎去责备白起，说白起从前善于以少击众，用兵如神，为什么现在以强击弱，却反而迟迟不肯就任呢？

白起是久经沙场的名将，他具体分析几次指挥大战取得胜利的原因，都是有其必然性，并无神奇可言。又指出如今赵国臣民一心，上下同力，攻赵必然失利。应侯只好惭愧而退。秦昭王又调兵遣将，强攻赵国，却招致了更大的失败。

秦昭王不反省自己强行攻赵，不合客观实际，反而责怪白起说："君如不出，寡人恨君。”白起说自己宁肯受诛，也不愿做败军之将。秦昭王愤而离去。

白起对战争胜负的冷静分析，和秦昭王的固执己见、盲目冒进，在本章中形成鲜明的对照。

本篇当依鲍本，列在《秦策》。

昭王既息民缮兵，复欲伐赵。武安君曰：“不可。”王曰：“前年国虚民饥，君不量百姓之力，求益军粮以灭赵。今寡人息民以养士，蓄积粮食，三军之俸有倍于前，而曰‘不可’，其说何也？”

【译文】

秦昭王在百姓得到休养生息，兵器车辆得到整顿之后，就准备再度进攻赵国。武安君说：“不可以进攻赵国。”秦王说：“前年国库空虚百姓受饥，您不考虑百姓的艰苦，要求增调军粮消灭赵国。现在寡人休整百姓，安养士卒，国家蓄积大量的粮食，三军将士的俸禄超过以前一倍，而您却说‘不可以进攻赵国’，这是什么道理呢？”

武安君曰：“长平之事①，秦军大克，赵军大破。秦人欢喜，赵人畏惧。秦民之死者厚葬，伤者厚养，劳者相飨，饮食餔馈②，以靡其财。赵人之死者不得收，伤者不得疗，涕泣相哀，勠力同忧，耕田疾作以生其财。今王发军虽倍其前，臣料赵国守备亦以十倍矣。赵自长平以来，君臣忧惧，早期晏退，卑辞重币，四面出嫁。结亲燕、魏，连好齐、楚，积虑并心，备秦为务。其国内实，其交外成。当今之时，赵未可伐也。”

【注释】

①长平之事:秦、赵长平之战在公元前260年。长平,地名。赵邑,在今山西高平西北。

②馎馈(bū kuì):馈赠食物。馈,通"馈"。

【译文】

武安君说:"长平之战,秦军大胜,赵军大败。秦国人欢喜,赵国人恐惧。秦国战死的人得到厚葬,受伤的人得到很好地治疗,战胜归来的人获得慰劳,吃饱喝足并得到馈饷,以弥补他们精神物质的损失。赵国战死的人得不到收殓,受伤的人得不到治疗,全国军民哭泣哀号,尽力共同分担忧患,加紧努力耕作多生资财。如今大王能够派出的军队虽然超过从前的一倍,臣下料想赵国守备国家的军队也会超出原来的十倍。赵国自从长平之战以来,君臣忧虑恐惧,早晨很早上朝,晚上很晚退朝,用低下的言辞和厚重的礼物,向四方派出使者向诸侯求和。同燕、魏两国结同盟,同齐、楚两国结成友好之邦,处心积虑,一切都以防范秦国为当务之急。赵国国内国力充实,在外外交成功。正当这个时候,是不可以攻打赵国的。"

王曰:"寡人既以兴师矣。"乃使五大夫王陵将而伐赵①。陵战失利,亡五校②。王欲使武安君,武安君称疾不行。王乃使应侯往见武安君,责之曰:"楚地方五千里,持戟百万,君前率数万之众入楚,拔鄢、郢③,焚其庙④,东至竟陵⑤,楚人震恐,东徙而不敢西向。

【注释】

①五大夫:秦爵第九级。王陵:人名。秦将。

②校:秦国的军队建制。

③拔鄢、郢：秦军在公元前 279 年取鄢，公元前 278 年取郢。

④焚其庙：秦军焚毁楚夷陵（今湖北宜昌东南）先王的坟墓。

⑤竟陵：地名。楚邑，在今湖北潜江西北。

【译文】

秦王说："寡人已经准备好发兵了。"于是派五大夫王陵为主将大举兴兵进攻赵国。结果王陵作战失败，损失了五校军队。秦王想派武安君率兵出战，可是武安君却称病不出。秦王就派应侯去探望武安君，责备他说："楚国土地方圆五千里，持戟的士兵有一百万，您从前率几万人的军队攻入楚国境内，攻克鄢、郢，焚烧夷陵的宗庙，往东攻到竟陵，使楚国人都感到震惊恐慌，只好向东迁徙，而不敢往西继续抵抗。

"韩、魏相率，兴兵甚众，君所将之，不能半之，而与战之于伊阙①，大破二国之军，流血漂卤，斩首二十四万，韩、魏以故至今称东藩。此君之功，天下莫不闻。

【注释】

①伊阙：山名。在今河南洛阳南。伊阙之战在公元前 293 年。

【译文】

"韩、魏两国联合发兵，动用的军队很多，您所率领的军队人数还不到韩、魏两国军队人数的一半，而您却在伊阙大战，大败了这两个国家的军队，死亡者的血能漂起作战的大盾，斩下敌人二十四万首级，韩、魏就因为这个缘故所以至今仍自称是秦国东面的藩国。这是将军的汗马功劳，天下诸侯没有人不知道的。

"今赵卒之死于长平者已十七、八，其国虚弱，是以寡人大发军，人数倍于赵国之众，愿使君将，必欲灭之矣。君尝以寡击众,取胜如神,况以强击弱、以众击寡乎?"

【译文】

"如今赵国士卒在长平之战中死去的,已有十之七八,他们的国家很虚弱,因此寡人大举发兵,人数超过赵国军队的几倍,希望您能为将,必然可以一举灭亡赵国。您曾以寡击众,取得胜利像神兵一样,何况现在是以强击弱、以多击少呢?"

武安君曰:"是时楚王恃其国大[①],不恤其政,而群臣相妒以功,谄谀用事,良臣斥疏,百姓心离,城池不修,既无良臣,又无守备,故起所以得引兵深入,多倍城邑,发梁焚舟以专民心,掠于郊野以足军食。当此之时,秦中士卒以军中为家,将帅为父母,不约而亲,不谋而信,一心同功,死不旋踵。楚人自战其地,咸顾其家,各有散心,莫有斗志,是以能有功也。

【注释】

①楚王:楚顷襄王。

【译文】

武安君说:"当时楚王仗恃国家强大,不顾念国政,而群臣因为争功互相嫉妒,阿谀谄媚逢迎者受到重用,贤臣遭到排斥疏远,百姓离心离德,城墙和护城河不加修治,内无良臣,外无守备,所以我能够率兵深入楚国,占领很多城邑,折断桥梁,焚毁木船,使士卒专心作战,并在城邑的郊外掠得粮食补足军粮。在那个时候,我秦兵以军队为家,把将帅当做父母,不用约束自然就很亲近,不用商量自然就信任,全军一心想着同获战功,奋勇直前死而不后退。反之楚国人在自己国家作战,每个人都顾念自己的家,各怀心事,毫无斗志,因此我能取得成功。

"伊阙之战,韩孤顾魏,不欲先用其众。魏恃韩之锐,欲推以为锋。二军争便之力不同,是以臣得设疑兵以待韩阵,专军并锐,触魏之不意。魏军既败,韩军自溃,乘胜逐北,以是之故能立功。皆计利形势,自然之理,何神之有哉!

【译文】

"伊阙之战,韩国力单势孤只考虑利用魏国,不想先令自己的军队作战。魏国依赖韩国的精锐雄师,想让韩国军队打先锋。两国军队争利,不能同心协力,因此臣下才能设下疑兵与韩军对阵,另派精锐军队,乘魏军不备而下令攻击。魏军已经失败,韩军也不战自溃了,乘胜追击败北的军队,臣下因为这个缘故才能立下战功。这都是因为考虑了地形是否有利,军队的形势如何,顺理成章,哪有什么神兵啊!

"今秦破赵军于长平,不遂以时乘其振惧而灭之,畏而释之,使得耕稼以益蓄积,养孤长幼以益其众,缮治兵甲以益其强,增城浚池以益其固,主折节以下其臣,臣推体以下死士。至于平原君之属,皆令妻妾补缝于行伍之间。臣人一心,上下同力,犹勾践困于会稽之时也①。以今伐之,赵必固守,挑其军战,必不肯出。围其国都,必不可克;攻其列城,必未可拔;掠其郊野,必无所得。兵出无功,诸侯生心,外救必至。臣见其害,未睹其利,又病,未能行。"

【注释】

①勾践困于会稽:春秋时,越王勾践被吴军打败,退保会稽,后来发愤图强,终于灭吴称霸。

【译文】

"后来秦军在长平击败赵军时,没有趁着赵国恐惧万分的时候灭亡赵国,竟然由于看到赵国畏惧屈服就放弃灭赵,使赵国能够抓紧耕种,增加储备,抚养遗孤,让幼儿长大以扩充军队,修缮兵甲以增强兵力,疏浚护城河使城邑更加坚固,国君委屈自己,亲近大臣,大臣不惜自己的生命,亲近效死力的士兵。至于平原君那样的人,都让自己的妻妾到军队中为将士们缝补衣服。臣民一心,上下共同努力,恰好像勾践会稽山之耻以后的卧薪尝胆那样。假如现在去攻打赵国,赵国一定会死守阵地,假如诱使赵军作战,赵军一定不肯出战。围困赵国国都一定不能攻克;攻打其他城邑,也未必能攻得下;在城邑的郊外抢掠,一定会一无所获。假如出师而毫无战功,天下诸侯必生异心,赵国的救兵必然会赶来。臣下只见到攻赵之害,没有看到攻赵之利。臣下现在又有病,不能出征。"

应侯惭而退,以言于王。王曰:"微白起^①,吾不能灭赵乎?"复益发军,更使王龁代王陵伐赵^②,围邯郸八九月,死伤者众而弗下。赵王出轻锐以寇其后^③,秦数不利。武安君曰:"不听臣计,今果何如?"王闻之怒,因见武安君,强起之,曰:"君虽病,强为寡人卧而将之。有功,寡人之愿,将加重于君。如君不行,寡人恨君。"

【注释】

①微:没有。

②王龁(hé):人名。秦国左庶长。

③赵王:赵孝成王。

【译文】

应侯范雎惭愧地退了出去,把武安君的话转告给秦王。秦王说:"难道没有白起,我就不能灭掉赵国了吗?"又增派军队,另派王龁代替王陵率军进攻赵国,秦军围困邯郸八九个月,死伤众多,然而却没有攻克邯郸。赵王派出一支轻装劲旅的小股部队骚扰秦军后方,以致使秦军出战多次失利。武安君说:"不听我的劝谏,如今结果如何呢?"秦王听说后大怒,于是去见武安君,逼着武安君起床,说:"您虽然身体有病,也得勉强为寡人抱病带兵。如果您能建立战功,而完成寡人的愿望,那寡人将会重赏您。如果您不肯奉命出战,那寡人就会怨恨您。"

武安君顿首曰:"臣知行虽无功,得免于罪。虽不行无罪,不免于诛。然惟愿大王览臣愚计,释赵养民,以观诸侯之变。抚其恐惧,伐其憍慢①,诛灭无道,以令诸侯,天下可定,何必以赵为先乎? 此所谓为一臣屈而胜天下也。

【注释】

①憍:同"骄"。

【译文】

武安君叩头至地,说:"臣下虽然知道出战即便没有建立战功,但是可以免于获罪。如果不奉命出战,即使没有罪过,也免不了遭受诛杀。然而臣下只是希望大王能够接受我的愚见,放弃攻打赵国给百姓以休养生息之机,以应付诸侯之间局势的转变。安抚恐惧的国家,攻打骄傲的国家,诛灭无道的国家,以此来号令诸侯,天下就可以平定,为什么一定要把赵国作为首先进攻的对象呢? 这就是所谓被一个臣子折服,却可以战胜天下的做法。

"大王若不察臣愚计，必欲快心于赵，以致臣罪，此亦所谓胜一臣而为天下屈者也。夫胜一臣之严焉，孰若胜天下之威大耶？臣闻明主爱其国，忠臣爱其名；破国不可复完，死卒不可复生。臣宁伏受重诛而死，不忍为辱军之将。愿大王察之。"王不答而去。

【译文】

"大王如果不明察臣下的愚见，一定要先灭亡赵国才感到心满意足，以至于降罪臣下，这就是所谓的压服一个大臣，却被天下人屈服的做法。压服一个大臣的威严，同战胜天下的威严相比，哪个更大呢？臣下听说贤明的君王爱惜国家，忠诚的大臣爱惜名誉；被击破的国家不能复原，死去的人不能复活。臣下宁愿受重罚而死，不忍做蒙受耻辱的军队的将领。希望大王明察。"秦王没有回答就转身走了。

中华经典名著
全本全注全译丛书
（已出书目）

周易	晏子春秋
尚书	穆天子传
诗经	战国策
周礼	史记
仪礼	吴越春秋
礼记	越绝书
左传	华阳国志
韩诗外传	水经注
春秋公羊传	洛阳伽蓝记
春秋穀梁传	大唐西域记
孝经·忠经	史通
论语·大学·中庸	贞观政要
尔雅	营造法式
孟子	东京梦华录
春秋繁露	唐才子传
说文解字	大明律
释名	廉吏传
国语	徐霞客游记

读通鉴论

宋论

文史通义

老子

道德经

帛书老子

鹖冠子

黄帝四经·关尹子·尸子

孙子兵法

墨子

管子

孔子家语

曾子·子思子·孔丛子

吴子·司马法

商君书

慎子·太白阴经

列子

鬼谷子

庄子

公孙龙子(外三种)

荀子

六韬

吕氏春秋

韩非子

山海经

黄帝内经

素书

新书

淮南子

九章算术(附海岛算经)

新序

说苑

列仙传

盐铁论

法言

方言

白虎通义

论衡

潜夫论

政论·昌言

风俗通义

申鉴·中论

太平经

伤寒论

周易参同契

人物志

博物志

抱朴子内篇

抱朴子外篇

西京杂记

神仙传

搜神记

拾遗记

世说新语

弘明集

齐民要术

刘子

颜氏家训

中说

群书治要

帝范·臣轨·庭训格言

坛经

大慈恩寺三藏法师传

长短经

蒙求·童蒙须知

茶经·续茶经

玄怪录·续玄怪录

酉阳杂俎

历代名画记

化书·无能子

梦溪笔谈

东坡志林

北山酒经(外二种)

容斋随笔

近思录

洗冤集录

传习录

焚书

菜根谭

增广贤文

呻吟语

了凡四训

龙文鞭影

长物志

智囊全集

天工开物

溪山琴况·琴声十六法

温疫论

明夷待访录·破邪论

陶庵梦忆

西湖梦寻

幼学琼林

笠翁对韵

声律启蒙

老老恒言

随园食单

阅微草堂笔记

格言联璧

曾国藩家书

曾国藩家训

劝学篇

楚辞

文心雕龙

文选

玉台新咏

二十四诗品·续诗品

词品

闲情偶寄

古文观止

聊斋志异

虞初新志

唐宋八大家文钞

浮生六记

三字经·百家姓·千字
文·弟子规·千家诗

经史百家杂钞